Handbook of Psychology of Emotion

感情心理学
ハンドブック

日本感情心理学会
企画

内山伊知郎
監修

北大路書房

はじめに

　日本感情心理学会は，1992年に松山義則先生を初代会長として設立され，四半世紀を超える期間，感情に関心のある研究者によって多くの知見が積み重ねられてきた。当初は浜　治世先生，そして鈴木直人先生をはじめ，感情研究に携わる先生方が中心となり学会の基盤を築かれた。そして，学会が隆盛となり，荘厳舜哉先生が理事長，大坊郁夫先生が副理事長を務めるころ，学会でハンドブックをという声が強く聞かれるようになった。

　2011年には，大平英樹先生や中村　真先生が中心となり国際感情学会（ISRE：International Society for Research on Emotion）の大会を京都で開催し，多くの感情研究者が世界中から参加した。2013年にカリフォルニア大学バークレー校で開催されたISRE大会でも監修者が運営に参画し，日本の感情心理学が国際的に認知されるようになった。日本の多くの研究者が研鑽を積み，国際的に高いレベルの研究が広がっていることを鑑み，本学会でハンドブックの刊行が実現するに至った。

　各部の編集は学会をリードする先生方にご担当いただき，執筆は感情心理学の研究領域で活躍する先生方にお願いしている。なかでも，有光興記先生，中村　真先生，湯川進太郎先生にはとりわけ編集にご尽力をいただいた。お忙しい中を編集・執筆にご尽力いただいた先生方に感謝申し上げる。本書が感情心理学に関心を持つ専門家，また，これから研究者を目指す方の目に留めていただくことがあればうれしく思う。

　また，本書をまとめるにあたって，北大路書房の薄木敏之氏には最初から細やかなサポートをいただいたことを感謝申し上げる。行き届かない点は監修者に責があるが，ご寛容のほどお願い申し上げたい。

2019年8月
監修者　内山伊知郎

用語について

　このハンドブックを手に取る読者の最も中心的な関心事の1つと思われる，感情とその関連語の定義と表記について，簡単に解説しておく。
　結論から言うと，本書では，「感情」の定義や表記を各執筆者に任せ，統一はしていない。感情の心理学的研究の分野では，国内外を問わず，「感情」を定義することの重要性とその難しさが繰り返し指摘されてきた。基本概念の定義や関連用語の統一は，当該研究分野の独立性や正当性を示す指標であり，本書の編集作業においても重要な課題の1つであった。実際に，本書は「感情とは何か」と題する第Ⅰ部から始まり，1章では感情の定義について論じている。しかし，そこにおいても用語の定義を統一することは論じられていない。
　結果的に，本書全体を通じて，感情，情動，情緒，情感，感じなど，いわゆる感情を表すさまざまな用語が混在している。英語との関係についても，emotion, affect, feeling などと，どのように日本語を対応させるかにはさまざまな立場がある。快-不快，ポジティブ-ネガティブ，肯定的-否定的などの用語についても同様である。
　このような定義や表記の不統一は，ある意味で本書の欠点と見なされるかもしれない。実際，章ごとにテーマを設定して，さまざまな側面について論じられている感情は，テーマとの関係で異なる現象を指していることも少なくない。しかし，そうである以上基本用語を統一できないことは，当該分野の未熟さを表す一方で，その分野の多様性や豊かさ，発展の可能性を反映していると考えることにしたい（この点については，定義について論じた1章でも取り上げられている）。
　一方で，本書では，上記の感情を表す用語を除いて，基本用語や理論，研究法，脳部位を指す用語やその表記については，可能な限り調整し，統一を試みた。最新の理論や概念については原語自体にも揺れがあることを考慮して訳語に幅を認めているが，これらの用語の多くについては，感情研究の基本用語として活用することができるだろう。なお，近年の脳神経科学の発展を反映して，多くの章でテーマに関係する脳部位に言及しているが，主要部位については図9-1（p.177），図9-2（p.188）にまとめられている。適宜参照していただきたい。

編集者一同

目次

はじめに　i
用語について　ii

第1部　感情とは何か　　　　　　　　　　　　　　　　　　　　　1

1章　感情の定義と理論　2

1節　はじめに　2
1. 感情と情動の操作的定義とモジュール仮説　3
2. ニューロンとモジュール機能　3
3. 情動・感情の個体差　5

2節　感情概念のパースペクティブ　6
1. いとぐち　6
2. 用語の問題　6
3. 感情を表す語の変遷　7
4. 感情の構造　9
5. 道徳感情　12
6. 感情研究の多様性と重要性　13

3節　感情の理論　14
1. 古典的な二大感情理論　14
2. 二大感情理論の論争と共通背景　16
3. 論点1：感情経験の起源　17
4. 論点2：感情の適応的意義・現代的機能　21

2章　進化と感情　27

1節　はじめに　27

2節　進化心理学の基礎　29
1. 至近要因と究極要因による説明　29
2. ヒトの社会性に関わる進化の理論　30
3. 適応論的説明に対する誤解　31

3節　感情と適応的行動　32
1. 適応的行動と感情　32
2. なぜ認知ではなく感情なのか？　34
3. 感情の非適応的側面　35

4節　表情と進化　36
1. 表情は適応か？　36
2. シグナルの進化　37
3. 表情はシグナルなのか？　39

5節　まとめ　41

3章　文化と感情：文化的自己観，文化比較研究からみた感情　44

1節　感情の「普遍性」　44
2節　感情表出と認知における多様性　48
3節　感情の意味づけ　50
4節　文化的自己観　51
5節　感情概念の多様性　56
6節　まとめ　57

4章　自己と感情　60

1節　中核自己感　62
　　1．身体的自己感　62
　　2．行為主体としての自己の感覚　68
2節　意識の主観性，経験の一人称性　70
3節　他者との関わりの中の自己の感覚　71
　　1．意図の間主観的制作　71
　　2．他者という鏡　72
　　3．自己意識の社会性　73
4節　おわりに　75

5章　感情心理学の潮流　78

1節　感情研究に対する関心の高まり　78
2節　感情の捉え方　79
3節　感情研究の展開　79
　　1．進化論的立場　80
　　2．身体学的立場　81
　　3．神経学的立場　83
　　4．認知的評価の立場　85
4節　感情心理学における課題　89
5節　国際感情学会の創立と日本感情心理学会の創立　92
　　1．国際感情学会の創設　92
　　2．日本感情心理学会の創設　93

第 2 部　感情の基本要素　　　　　　　　　　　　　　　99

6 章　感情の評価・知識・経験　100

1 節　現代の感情理論における感情の基本要素　100
2 節　評価要素と主観的情感要素の定義　102
 1. 評価要素　102
 2. 主観的情感要素　104
3 節　現代の感情理論における評価要素と主観的情感要素　105
4 節　評価理論の「風味」　108
5 節　コンポーネント・プロセス・モデルにおける感情の評価・知識・経験　112
 1. 評価：刺激評価チェックと構成要素パターニング　112
 2. 経験：主観的情感と最頻的感情　115
 3. 知識：主観的情感のカテゴリー化と言語化　116
 4. CPM の実証的展開　118
6 節　心理学的構成主義における感情の評価・知識・経験　121
 1. 経験と知識：アフェクトと感情概念　122
 2. 構成感情理論における感情概念の発達と個人差　125
7 節　評価理論と心理学的構成主義の対立をいかに考えるか　127
 1. 感情と言語・文化　127
 2. Scherer と Barrett の主張の重なりとずれ　130
 3. 感情理論の風味検出・次元化・階層化　134
8 節　補足とまとめ　138

7 章　感情のコミュニケーション：表情, 声, 身体接触, 言語, 文化差　144

1 節　表情　144
2 節　声　147
3 節　身体接触　150
4 節　言語（感情語）　151
5 節　文化差　154

8 章　感情の身体的変化　161

1 節　自律神経系の解剖学的構造と機能　162
 1. 神経系の分類　162
 2. 交感神経系と副交感神経系　162
 3. 自律神経系活動の指標と測定方法　164
2 節　感情理論における身体的変化　165
 1. 末梢起源説と中枢起源説　165
 2. ソマティック・マーカー仮説　166

3. 脳内における感情の身体化　169
　　　4. 心理学的構成理論における身体的変化　170
3 節　感情と自律神経系反応　170
　　　1. 防衛反応としての自律神経系活動　170
　　　2. 自律神経系活動による感情の分類　171
　　　3. 心拍変動による感情制御能力の個人差　173

9 章　感情の脳科学　176

1 節　はじめに：感情への神経科学的アプローチ　176
2 節　感情を生み出す脳　178
　　　1. 恐れることを失った脳　178
　　　2. 多様な感情を支える脳　179
　　　3. 感情に関わる神経伝達物質　180
3 節　感情と認知の相互作用　182
　　　1. 認知機能を調節する感情の神経基盤　182
　　　2. 認知機能による感情の制御　183
4 節　社会性と感情　184
　　　1. 社会的感情　184
　　　2. 道徳感情の神経基盤　186
　　　3. 神経科学からみる共感　187
5 節　感情の個人差とライフスパン　189
　　　1. 感情の個人差を生じさせる神経遺伝機序　189
　　　2. 感情の神経基盤の変化：発達と加齢　190
6 節　おわりに：今後の感情と脳科学の方向性　192

10 章　感情科学の展開：
　　　　内受容感覚の予測的符号化と感情経験の創発　195

1 節　はじめに　195
2 節　心理学的構成主義における感情の構造　196
　　　1. 内受容感覚によりコア・アフェクトが形成される　196
　　　2. なぜ内受容感覚が重要なのか　199
3 節　内受容感覚の予測的符号化　201
　　　1. 運動と知覚　201
　　　2. 予測的符号化と自由エネルギー原理　202
　　　3. 予測的符号化の解剖学的基盤　205
　　　4. 内受容感覚への拡張　205
　　　5. 予測的符号化における感情　207
4 節　実証的研究と計算論モデル　209
　　　1. 予測的符号化の脳機能に関する実証的知見　209
　　　2. 内受容感覚の計算論モデル　212
　　　3. 予測誤差の変化により感情が創発される　215
　　　4. 内受容感覚の病理　216

5節　結語：今後の研究における課題　219
1. 内受容感覚は領域一般的か領域特異的か　219
2. 内受容感覚の予測的符号化過程の実証的検討　219
3. カテゴリー化過程の理論的・実証的検討　220
4. 疾患や健康への応用　220

第3部　感情と社会生活　225

11章　感情の発達　226

1節　感情の初期発達　226
1. 感情の発達モデル　226
2. 基本感情の発達　228
3. 自己意識的な感情の芽生え　230
4. 初期の感情発達に必要なこと　230

2節　感情制御の発達　231
1. 感情制御に課題を抱える子どもの問題　231
2. 安心・安全による制御の発達：愛着と感情制御　232
3. 感情と言葉がつながることによる制御の発達：感情の社会化　233
4. 感情制御の発達不全の問題　234
5. 「発達障害」と感情制御の発達不全の問題　236

3節　感情認知の発達　236
1. 感情認知の萌芽　236
2. 基本感情の弁別としての感情認知　237
3. 行為あるいは状況の解釈としての感情認知　238
4. 感情表出動機の認知　239

12章　人間関係における感情　243

1節　親密な関係における感情　243
1. はじめに　243
2. 親密な関係における感情　243
3. 親密な関係特有の感情　244
4. 親密な関係における感情の働き　245
5. 親密な関係が規定する感情経験　246

2節　他者との関係性で生じる感情　248

3節　道徳や法と感情　252

4節　集団間感情　254
1. 集団間感情理論　254
2. 集団間感情が導く集団間行動　256
3. 集団間感情の視点からの集団間紛争解決　258

13章　感情と認知　262

1節　社会的認知と感情　262
1. 感情ネットワークモデル　262
2. 記銘時の気分と想起時の気分の効果　263
3. 感情導入の方法　263
4. 他の認知機能への影響　264
5. ポジティブ・ネガティブ・非対称　264
6. 社会的判断への影響　265
7. 感情情報説　265
8. 感情調整説　266
9. 感情混入モデル　266
10. 文化およびマインドセットへのさらなる展開　267

2節　感情認知の神経基盤　267
1. はじめに　267
2. 知覚過程　267
3. シミュレーション過程　270
4. 状況評価過程　271
5. 統合過程　271
6. まとめ　272

第4部　感情の個人差　277

14章　感情特性　278

1節　気質とパーソナリティ　278
1. 気質とは　278
2. 気質の連続性　278
3. 気質からパーソナリティへ　280
4. 幼少期以降の発達に及ぼす気質の影響　281

2節　愛着の内的作業モデル　282
1. 「愛着」とは　282
2. 内的作業モデル　283
3. IWMの形成と安定　283
4. IWMの影響　283
5. IWMの測定　284
6. IWMの自動性　286

3節　情動知能（EI）　287
1. 成績や知能テストで測れないもの　287
2. 情動に関する知能　287
3. EIの与える影響　289
4. 測定方法への指摘　289
5. 新たな解釈　289

4節　感情の「感じやすさ」　290
1. 感情体験のしやすさ　290

2. さまざまな感情特性の例　290
3. 感情特性の測定方法に関する指摘　292

15章　幼児期・児童期の感情障害　296

1節　うつ病障害　298
1. うつ病／大うつ病性障害のおもな診断基準と症状　299
2. 有病率と疫学　301
3. 要因と治療，支援　301

2節　双極性障害　302
1. 双極性障害のおもな診断基準と症状　303
2. 有病率と疫学　304
3. 要因と治療，支援　305

3節　不安障害　305
1. 不安障害のおもな診断基準と症状　306
2. 有病率と疫学　308
3. 要因と治療，支援　308

4節　強迫性障害　309
1. 強迫性障害のおもな診断基準と症状　309
2. 有病率と疫学　311
3. 要因と治療，支援　311

16章　青年期・成人期の感情障害　314

1節　はじめに　314

2節　感情障害に含まれる各疾患の特徴　315
1. 悲しみの経験によって特徴づけられる疾患　316
2. ポジティブ感情の経験によって特徴づけられる疾患　317
3. 不安・恐怖の経験によって特徴づけられる疾患　318

3節　DSM-IV-TR から DSM-5 にかけての推移　321

4節　各疾患の有病率と併存　323

5節　感情障害の規定因　325
1. 遺伝と環境　325
2. ストレスフルな出来事　326
3. 反すうと反復性思考　328
4. 心的イメージ　329
5. 回避行動　330
6. 衝動性　331

6節　おわりに　333

17章　感情とウェルビーイング　336

1節　はじめに　336

2節　ポジティブ感情とは　337

3節　ポジティブ感情の理論：拡張-形成理論　337
　　1. ポジティブ感情の拡張機能　338
　　2. ポジティブ感情の形成機能　339
　　3. ポジティブ感情からウェルビーイングへ　340
4節　ウェルビーイングとは　342
5節　主観的ウェルビーイングの考え方1：ヘドニズム　342
6節　主観的ウェルビーイングの考え方2：エウダイモニズム　344
7節　主観的ウェルビーイングの考え方における統合と展開　345

18章　感情制御：基本理論と個人差研究　350

1節　感情制御とは？　350
2節　Grossのプロセスモデル　351
　　1. モデルの概要　351
　　2. 各段階におけるさまざまな感情制御方略　352
3節　感情制御の個人差　353
　　1. 個人差を捉える視点：頻度と成功　354
　　2. 感情制御の個人差を規定するもの　355
4節　感情制御の個人差研究の展望　361
　　1. 感情制御の柔軟性　362
　　2. 感情制御アフォーダンス　363
　　3. 拡張版プロセスモデル　364

19章　感情制御と心理学的介入　368

1節　精神疾患と感情制御　368
2節　認知行動療法による感情制御の改善　370
3節　マインドフルネスに基づく介入による感情制御の改善　372

文献　379
人名索引　439
事項索引　445
あとがき　457

トピックス

01	▶▶▶	笑いと涙　25
02	▶▶▶	犯罪不安　26
03	▶▶▶	コンパッションの文化差　42
04	▶▶▶	屈辱感　43
05	▶▶▶	感情は複雑だからこそ研究は拡がる　58
06	▶▶▶	顔表情データベースの活用　59
07	▶▶▶	日本における抑うつと反すうの関連　76
08	▶▶▶	羞恥感情と健康行動　77
09	▶▶▶	養育者による情動的な映し出し　95
10	▶▶▶	幸福感の含意と協調的幸福感　96
11	▶▶▶	文化的自己観尺度について　97
12	▶▶▶	ベジタリアンと嫌悪　142
13	▶▶▶	顕在的・潜在的自尊感情の不一致がもたらすもの　143
14	▶▶▶	化粧行動の発達　159
15	▶▶▶	食科学が熱い　160
16	▶▶▶	地域への愛着　174
17	▶▶▶	少年院とマインドフルネストレーニング　175
18	▶▶▶	若者の攻撃的衝動と音楽　193
19	▶▶▶	悲しみのパラドックス　194
20	▶▶▶	行動免疫と感情の心理学　222
21	▶▶▶	熱き血潮にふれもみで―異性に対する接触回避と恋愛感情―　223
22	▶▶▶	ストレスと循環する脳－身体　224
23	▶▶▶	他者の感情を正確に判断できるのか　241
24	▶▶▶	ステレオタイプ内容モデル　242
25	▶▶▶	感情を偽る―感謝の嘘が獲得される背景―　260
26	▶▶▶	微笑み・笑うタイミング―対話者どうしの微表情の時系列的変化―　261
27	▶▶▶	グループワークにおける感情の変化　273
28	▶▶▶	感情研究と教育モデルの構築　274
29	▶▶▶	情動多様性と適応―加齢との関わり―　275
30	▶▶▶	加齢とポジティビティ効果　294
31	▶▶▶	上を向いて歩こう―姿勢と感情―　295
32	▶▶▶	畏怖，または喝　312
33	▶▶▶	トラウマの筆記開示が心身の機能に及ぼす影響　313
34	▶▶▶	持たざる者の悪意　334
35	▶▶▶	スマイルは０円でも―職業場面における感情管理への注目―　335
36	▶▶▶	高齢者と若年者の感情認知　348
37	▶▶▶	認知症介護ストレスによるバーンアウトと感情労働　349
38	▶▶▶	音楽における感情体験とは？　366
39	▶▶▶	感動研究の動向　367
40	▶▶▶	深さの怖れ　375
41	▶▶▶	感情と言葉　376
42	▶▶▶	武の術と心　377

第1部

感情とは何か

1章

感情の定義と理論

1節　はじめに

　感情あるいは情動を構成的に定義することは難しい。なぜならば今のところ，情動や感情を伴う「こころ」を生み出すニューロンの情報処理過程をリアルタイムで解析することはできないし，仮にできたとしても，処理されたのちは個人に生じた人の主観でしかないものに，質的あるいは量的に明確な定義を下すことは，そもそもできないからである。したがって，この章において使われている情動と感情というタームについて，3名の執筆者の間で統一した見解が共有されているわけではないことを，最初に断っておく。しかしながら操作的に定義をしておかなければ情動や感情の概念そのものが議論にならないので，両者の関係について短く考察する。

　情動は動機づけ過程であり，その発生メカニズムはヒトや動物に共通であるが，認知を伴う感情は個人的経験であり，両者のメカニズムは完全に異なっているというのが Damasio（1999）の見解である。例えば痛みの感覚の座は島皮質（insula cortex）にあることがわかっているが，fMRI 画像を解析すると実際に痛みを感じているときの活性化領域と，他者の痛みを観察している際に活性化している領域は異なっている（e.g., Singer, 2006; Singer et al., 2004）。

　島皮質を含むミラーニューロン・システムは感情理解の中枢でもあるが，システムの発達には遺伝的要因とともに，母子相互作用のような発達の初期環境が影響を与えていることも確認されている（e.g., Iacoboni, 2008; 友田，2017）。つまり感情理解には個体差が反映されているのである。したがって構成主義的な感情の統一理

論はあり得ないし，文化を含む個人の生育史と関わる感情と，動物と共通した環境への適応機能である情動を，同一次元上で操作的に扱うこともできない。Darwinが指摘したように，ヒトと動物の情動の表出に共通要素が指摘できるとしても，情動と感情をつなぐメタ理論は成立しないのである。そこで情動と感情に関する，それぞれの操作的定義が必要となる。

1. 感情と情動の操作的定義とモジュール仮説

ラテン語の *afficere* を語源とする感情（affect）は人間の広範な意識活動に随伴しており，前頭前皮質（prefrontal cortex）を中心とする高次機能に関係して思考や認知のあり方に影響を与える（Damasio, 1994）。一方，*emotus* を語源とする情動（emotion）は，意識された知覚内容を行動に現すための動因（drive）として機能している。つまり情動の生起に直接関係する座は大脳辺縁系（limbic system）や新皮質（neocortex）のミラーニューロン・システムにあるが，動物と共通の身体生理的変化としての情動は記憶に参照され，生理的変化に意味が付与される。意味の付与は前頭前皮質で行われるが，中にはヘビに遭遇したときやその可能性を知覚したときに，潜在意識のレベルで活性化し自動的に回避行動を引き起こす情動モジュール（"ヘビ細胞"）の存在が，刺激の一次評価の中枢である扁桃体（amygdala）に確認されている。他にも扁桃体には回避行動につながる"クモ細胞"や，逆に接近行動を喚起する"笑顔細胞"や"スイカ細胞"など，特殊なモジュールが確認されているし，また外側溝に深く折りたたまれた島皮質には痛みや嫌悪感，味覚，嗅覚などのモジュールが，上側頭溝（superior temporal sulcus: STS）には顔関連のモジュールがあることもわかっている（Rizzolatti & Sinigaglia, 2006）。これは感情や情動が，生き残りのための進化生態学的適応価をもつことの証左でもある。

2. ニューロンとモジュール機能

脳の情報処理の主役はニューロンという神経細胞であるが，ヒトの脳のニューロンは平均で860億個と計算されている（Gazzaniga, 2011）。ニューロンにおける信号伝達は「電気信号」と「化学信号」の2種類があるが，電気信号は細胞体から軸索の末端までの伝達を担い，「シナプス」と呼ばれる末端部分にまで興奮が到達すると，隣接するシナプス間隙に化学伝達物質がばらまかれ，受容体がこれを受け取

って後細胞のシナプスを興奮させる。詳細については本論の目的ではないので省略するが，Hebb（1949）の細胞集成体（cell assembly）理論が示唆するように，脳では同様の機能をもつ複数のニューロンが集まり，互いの間で発火の時間調整をすることでシナプス結合が強化される。

　こうして脳には単純な機能をもつ80〜100個ほどの神経細胞が集まった組織（ミニカラム）ができあがり，これが100個ほど集まってカラムが，さらにカラムが集積して領域に固有な機能を担うモジュールが形成され，情報処理機能の高次化が推進された。感情・情動を含む意識の複雑系は，このようにして進化してきた。

　モジュールはこのように互いが独立した領域固有性をもち，多重的な分散型ネットワークでつながっている。感情や情動も前頭前皮質で意識化されるとき，分散しているいくつかの，あるいは数十，数百のモジュールが多重的にコヒーレント[★1]な関係で活性化しあって具現化される結果であろうが，詳細はまだわかっていない。そこで情動や感情をscienceとして研究するための操作的定義が必要になる。定義のできない現象はscienceの研究対象とはならないからである。足がかりは，先に述べたHebbの細胞集成体理論にある。

　意識は脳のニューロン活動の所産である。Hebb仮説に従えば，このとき複数のニューロンがともに発火することによって回路が形成され，モジュールとしての機能が成立する。脳には言語をはじめ，数や物理，生物，あるいは美など，数多くのモジュールが生得的に固定化されているが，記憶再生課題で海馬において確認されているように，再生時の記憶痕跡（エングラム）のつながりはそのたびに同じではない（Kitamura et al., 2017）。そこで感情や情動の種類や状況に応じた強弱およびその質の成り立ちを，モジュールにおける時々のエングラム連鎖の違いとそれによって生じる内受容感覚の違いと措定すれば，意識内容は文化決定で"構造化"されるとする社会構成主義者やコネクショニストたちの主張も（e.g., 北山，1998），モジュールのエングラム連鎖とコヒーレントに活性化するネットワークの違いで説明できる。

　例えば言語は記号であり，音素を普遍文法に従って操作することで意味の伝達が可能になる（Chomsky, 1955/1975）が，英語と日本語では文法が異なるし，また母音の数や子音の発音の仕方などには文化固有の規則がある。したがって発達初期に個体が帰属する文化の特徴を学習する必要があるが，これにはミラーニューロン

★1　coherent（cohenenceの形容詞形）　波動の性質の1つで，互いに関係し合う位相の揃い具合。

という模倣システムが関わっている（Rizzolatti & Craighero, 2004）。模倣は学習であり，たとえそれがエミュレーション学習であったとしても，他個体の行為に対する興味・関心がなければ成立しない。そのため他者に対する興味が著しく制限されている。例えばカナー型自閉症者の中には，その生涯にわたって言葉自体を獲得することができない例も見出される。

3. 情動・感情の個体差

　Darwin が指摘したヒトと動物に共通である情動は生得的であるが，同質の経験に反復曝露されることでルーティーン化された情報処理回路が形成され，時々に組み替えられるエングラムの連鎖とコヒーレンスのあり方の違いによって個体差が生じる。怒りを例にとるならば，その時々のコヒーレント関係の組み合わせにより，攻撃に直結する激怒から軽い不快感までスペクトラムに創成されている可能性があるし，エングラムの組み替えによってその質を違えている可能性もある。最初はその意味がさほど評価されていなかった喚起刺激が，記憶の中のさまざまな先行経験に参照される過程で激怒に変化していくこともあるし，強い同情になったり時には愛に変容したりすることもある。意識は後づけなのである。

　また，生命維持機能から出発した情動が狭いコヒーレントな関係にあるのに対して，認知の要素をもつ感情のコヒーレンスは広いのかもしれない。自閉症の人たちは相手の心の動きを読むことが苦手であるが，その原因はミラーニューロン・システムのはたらきが健常者と異なる，つまりコヒーレンスの組み合わせの違いにある（Iacoboni, 2008）。通常は無意識のうちに相手の行動や情動を読むのだが，それは脳の中で相手の行為の模倣が起こっているからである。これは時空を越えたコヒーレンスの存在を示唆している。ところが自閉症の人たちのコヒーレント関係は狭く，自らの脳内に限定されるため，他者の心のはたらきを自分の中にうまく取り込むことができないのである。

　最近の脳科学や遺伝子研究では，このような認知のあり方には帰属する文化環境が影響を与えているという知見も数多く発表されるようになってきた（e.g., Kim et al., 2010; Nisbett, 2003）。認知が文化に影響を受けているのであるから，意識内容としての感情が文化によって，あるいはもっと狭く個体の発達環境によって違いが生じているとするならば，冒頭に述べたようにその統一的定義はおよそ不可能ということになる。情動と感情の定義に関する諸問題は，ヒトが人であり続ける限り永

遠に残る，心理学におけるシジフォスの岩的課題なのである．

2節　感情概念のパースペクティブ

1. いとぐち

心理学の教科書や辞典にある感情の説明には，統一性がみられない（中村，2012; 小川・飯田，2015）．他分野の人々からみれば，感情の研究者が自分の研究対象である感情について，明確に定義することができないというのは，不思議に思えるかもしれないが，実際，明確な定義はない．著名な心理学者たちが異口同音に，「感情の定義に一致がみられたためしはない」と書いている（Lazarus, 1991; Oatley, 1992; Izard, 2010）．欧米の言語において感情の概念を定義することができないのに，日本語になおすと正確な定義が可能になるとは，とうてい考えられない．しかし，感情研究において，感情の境界を限定するような定義は本当に必要なのであろうか．

過去の実験心理学者はみな，それぞれの独創性をもって研究を進め，心理学上の概念を切り拓いてきた．感情もその例にもれない．誰かが新しく興味深い研究テーマを見つけ，それを感情研究として発表するたびに，感情研究の領域は拡大する．1つの研究が感情研究であるならば，その発展もまた感情研究であるに違いない．結果的に，感情の定義は広がっていき，統一性を欠くことにもなる．しかしこれは，当該分野が新しい切り口を得て発展しているということの反映であり，否定的に考えるべきことではないのではなかろうか．

2. 用語の問題

感情の概念があいまいであると批判される一因は，感情がごく日常的な現象であり，感情に関する言葉の多くが日常語であり，研究においても日常語が使われることにある．さらに，翻訳の問題がある．Richards（1932）は孟子の思想に関する著書の中で，英語のfeelingがすでに厄介な語であると述べたうえで中国語の「情」に言及し，中国語の「情」はfeelingという意味だけでなく，他の意味，例えばcircumstanceという意味をもつと述べている．日本語でもそうであるが，「事情」とか「情報」というときの「情」は，およそ感情とは無関係であろう．

現代の日本の心理学は，おおむね19世紀の末に始まった欧米の科学的な心理学の輸入から始まったため，欧米の術語を日本語に翻訳する必要があった。西周は訳書「心理学」の中でfeelingに「感動」の語を充て，emotionに主として「情緒」の語をあてている（宇津木，2013）。

　近年の英語で書かれた心理学の論文では，feelingという主観的な経験に関わる語は使われなくなり，もっぱらemotionの語が使われる。文部省・日本心理学会（編）(1986)の『学術用語集―心理学篇』によれば，emotionの訳語は「情動」である。適切な訳語ではあるが，いかにも学術的専門用語らしい言葉である。問題は英語のemotionが学術用語ではないというところにある。その意味では，emotionに対しては感情の語をあてるほうがよさそうである。本ハンドブックの表題も「感情心理学」であるから，次節の阿部の記述のように，一貫してemotionに「感情」の訳語をあてることによって学術的な整合性が保たれる。一方で英米におけるemotionの語が，主観的経験についても，身体の（あるいは神経系の）活動についても両義的に用いられている現状を考えると，前節で荘厳が「文化を含む個人の生育史と関わる感情と，動物に共通した適応機能である情動」と述べているように，emotionの語の英米語における二義的使い分けを，日本語の感情と情動によって区別して整理することには利点が少なくないと思われる。

　本節では感情研究の歴史的経緯にもふれる都合上，原語と訳語との対応に留意せざるをえない。原則としてemotionには「感情」の訳語をあてるが，これをあてにくい場合には，原語のままemotionを使用する。歴史的にはpassionは「情念」と訳されるが，本節ではpassionのまま使用する。対象に対する肯定的または否定的な意見や態度を指す語であるsentimentも「感情」と訳されることが多いが，本節ではsentimentを使用する。これらの，feeling, emotion, passion, sentimentなどすべてを含意する語として，英語ではaffectiveという形容詞が使われることが少なくない。この訳語に相当するものとして「感情的」を使用する。以下では，①感情研究者が「感情」と総称してきた概念の変遷について概観し，②感情概念の類型論的把握と特性論的把握について述べ，③感情概念拡張の例として道徳感情について述べる。

3. 感情を表す語の変遷

　今日，心理学の世界で最も普段に術語として使われている感情（emotion）であ

るが，17世紀初頭まではこれにほぼ相当するものとして，古代ギリシア時代のpathosに起源をもつpassion（英語・フランス語）やラテン語のaffectusに起源をもつAffekte（ドイツ語）が使われていた（宇津木，2015）。言語学の立場から感情の用語を検討した鈴木（2015）は，passionには「被る」という受動の意味があることを強調している。古代ギリシア時代から，喜怒哀楽は魂が外部の力によって動かされることと考えられていたが，そこにはさまざまな身体的変化が随伴することも，当然認識されていた。デカルト（Descartes）の「情念論」ではフランス語のpassionは知覚（魂の受動）として，フランス語のémotionは身体的動揺の側面として捉えられていた（Descartes, 1649）。しかしそれから90年後，「人性論」を書いた英国のヒューム（Hume）は，emotionを知覚として捉えた（Hume, 1739）。Humeによれば，emotionは外的事物に対する評価であるが，passionは欲求的であり，身体の活動を含むものである。両者の言葉の使い方は正反対に近いが，感情といわれるもの（emotionともpassionとも呼ばれうるもの）には知覚的側面と身体運動的側面があるという認識において，両者に違いはなかった。また，デカルトもヒュームも著作の中で，この2つの語を同義語として使ってもいる。知覚的側面と身体的側面は，実際には不可分であるということであろう。

　現代の神学者であるDixonは，神学の世界の中で感情を眺めるのではなく，世俗的な（secular）心理学における感情語の歴史的変遷を検討し，appetite, passion, sentimentといった18世紀はじめまで英語圏で使用されていた内容の豊かな語がemotionの語によって駆逐されていった歴史的経緯を，批判的に論じている（Dixon, 2003）。

　ヒューム以後，古色蒼然としたpassionの語が，しだいに使われなくなっていく一方で，知覚としてのemotionは，130年ほど後のJamesに受け継がれた。Jamesが"*What is an emotion?*"を書いたのは，その導入部から推察すれば，個々のemotionを枚挙的に精査しても「感情なるもの」の本質には迫ることができないと，彼が考えたからである（James, 1884）。Jamesは1892年の教科書の第24章の冒頭で"An emotion is a tendency to feel, and instinct is a tendency to act."（感情とは感じようとする性向であり，本能とは活動しようとする性向である：訳は筆者）と述べている（James, 1892）。Jamesによれば，emotionは，自律神経系および随意神経の遠心性神経系の活動に随伴する知覚的側面（意識的経験）である。そのような意識的経験の「感じ（feeling）」は，遠心性神経系の活動のしかたに従って際限なく多様になる。

したがって悲しみと悲哀はどう違うかなど，「感じ」の研究をしても，感情の心理学研究にはならないというのである。つまり James は，「心理学が感情に関連して研究対象とすべきものは，個々の意識的経験ではなく，意識的経験を引き起こす過程である」と述べたのだと考えてよい。

James 以後の欧米の感情研究は，James の考えに沿って，主観的経験と混同されがちな知覚を感情の必要条件とするのではなく，むしろ身体の活動を必要条件とするものになっていった。ここで詳しい経緯を追うことはできないが，行動主義の心理学では研究の対象が emotional reactions（Watson, 1930/1967）になったこと，アメリカの心理学が James の理論を検証しようとする過程で身体の活動に注目したこと（e.g., Schachter & Singer, 1962），自然科学は意識内容を研究の直接対象にしないという一般的傾向が影響したことなどが考えられる。時代とともに，綴りは同じ emotion でも，その意味するところは知覚から身体活動へと，むしろデカルトの用法に近づく方向に変化してきた。現在では，本ハンドブックの各章で述べられているように，感情と脳内の特定部位の活動や特定の伝達物質，あるいは遺伝子情報との関連が，研究の最前線となっている。データの空間が広がっていくのであるから，その空間を代表する感情の語の意味もまた広がっていくのは，当然のように思われる。

4. 感情の構造

ここで感情の構造というのは，複数のブラックボックスがどれも大きな「感情」集合の一員としてまとまり，他の複数のブラックボックスの集合，例えば「認知」とは区別されるという前提のもとに，ブラックボックス相互の関連性や相対的位置を決定する枠組みということである。このような枠組みにはおそらく2つの考え方がある。1つは「喜び」「悲しみ」のような，相互に異なる個別的なブラックボックスが複数存在するという，類型論の立場である。もう1つは，感情を連続的な空間と想定して，個々のブラックボックスを空間上に配置する，特性論の立場である。

(1) 類型論的構造

類型論は，複数の個別的な「感情」が他の感情と区別されて存在すると考える。James は感情（emotion）を，本能（instinct）に付随する知覚的経験と考えていたから（James, 1884），類型論の立場に立っていたといってもよいであろう。先に述

べたように James は 1892 年の教科書で「情動とは感じようとする性向であり，本能とは活動しようとする性向である」と考えた（James, 1892）。James は求心性の神経活動が大脳皮質で反射して遠心性神経の活動となると考えていたので，一連の神経系の活動のうち，大脳皮質に向かう求心性の活動は，意識されるかどうかにはかかわらず，すべて to feel であるとする。例えば「毒ヘビ」という視覚刺激は，大脳皮質に達するまでは単なる視覚刺激であって，視覚刺激自体は視覚的知覚しか生み出さない。しかし毒ヘビの視覚刺激は大脳皮質において反射され，一連の身体の活動を開始させる。これは，生得的な刺激－反応の対という，一種の本能論である。実際，James は，恐怖を情動の章で述べるか本能の章で述べるかは，便宜的であり，どちらでもよいと述べている。

　James は本能に関して書かれた第 25 章で，本能の数に言及している。複数の本能があるのであれば，その数だけの感情があることになる。そうであれば，感情を定義するかわりに本能を定義し，あるいは特定の刺激が特定の身体運動を開始させる「反射」を定義すればよい。「反射」が感情と呼ばれるものの本体であるという考えは，行動主義を提唱した Watson にも受け継がれた。Watson は，刺激と反応の対が生得的に完成しているという本能論には賛成しなかったが，発達の非常に早い段階で少なくとも X, Y, Z という 3 つの異なった情動反応（emotional reactions）があり，それぞれが異なる特定の刺激に対して生じると述べている（Watson, 1930/1967）。また Watson は，James は感情を引き起こす刺激を見つけるという仕事をするべきだったのに，そうしなかったとも述べている。

　類型的な感情，あるいは情動の数については，研究者の間で一致していない。最少は Watson の 3 つであり，最多は，McDougall の 18 であった（宇津木, 2007）。動物の種内の個体同士のコミュニケーションに注目した Darwin は，ヒトの 37 の表出行動を記述しているが，ヒトに 37 の本能があると述べたわけではない。Darwin の感情理論への貢献は，「本能的な（instinctive）」表出行動が動物にもヒトにも多数準備されていると考えた点であろう（Darwin, 1872）。

　有用な身体の機能は保存されるという Darwin の考えを発展させた Tomkins (1970) は，ヒトは基本的な環境対処の枠組みを一定の個数，生得的にもっており，感情はそれらに対応していると考えた。感情を生得的な認知と行動のプログラムであるとする考えは，Ekman, Izard, Toda らに受け継がれた（Ekman & Friesen, 1975; Izard, 1977; Toda, 1980）（本章 3 節 4. を参照）。Toda は，特定の生物種が高頻度に遭遇する環境の事態において，高頻度で生じる一群の情報処理や行動を生じ

させるプログラムの集合をアージ（urge）と呼んだ。戸田（Toda）は、「ふつう『感情』と呼ばれているものの大部分……はすべてこの個別的アージである」と述べている（戸田，1992）。

ただし，戸田自身が述べているように，アージの中には喜怒哀楽で代表されるような感情を生じないものが含まれる。つまりアージの中に，感情であるアージと感情ではないアージとが含まれることになり，感情とは何かという問題が再び現れてくる。次に述べる特性論は，人が感情をどのように捉えているかを示すうえで，つまり感情概念の広がりを視覚化するうえで有益なツールを提供するものである。

(2) 特性論的構造

Semantic Differentials（SD）法を案出した Osgood は，森羅万象のコンセプトの感情的意味は Evaluation, Potency, Activity の三次元の意味空間で表現することができると考えた（Osgood et al., 1957）。特性論の立場に立てば，個々の感情的事象もまた，この三次元空間上に特定の位置を占めるものとして表現できるに違いない。Scherer は，感情（emotion）は学術的概念ではなく素朴概念（folk concept）であるという立場から，感情経験を日常言語で評価させることを提案した（Scherer, 2005）。つまり，私たちが例えば「怒り」と「悲しみ」を日常的に区別しているとすれば，私たちはそのような区別を必要としているのであり，また，何らかの側面において，この2つは区別できるということである。この提案に基づいた Scherer らの GRID プロジェクトでは，評価（appraisal），身体的変化，顔と音声の表情，行動傾向，主観的な感じ，制御可能性という観点から世界各国の人々に感情体験を評定させ，結果として valence と power からなる二次元平面を得た（Scherer & Meuleman, 2013）。この空間上には，それぞれの社会，あるいは言語において使用される有限個の感情の名称を配置することができる。この方法は，多数の感情（の名称）の相互関係を空間内に表現することができるから，言語や文化を異にする場合を比較するうえで，また言語や文化がほぼ同一でも居住地を異にする場合を比較するうえで，優れた方法であると思われる。このような研究によって得られるものは，感情それ自体の構造というよりは，私たちが人間の心のはたらきに対してもつ認識の構造であるかもしれない。しかし私たちがいったい何を感情であると認識しているのかという問題を離れて，感情を定義することはできないであろう。

感情はもともと曖昧な概念であるということであれば，意味空間にファジー集合

を使った研究も可能であろう（Lazarus, 1991）。このような試みは，現在は主として情報工学の分野で行われているが，心理学の分野でよく知られたモデルや理論が使われている。Kazemzadeh et al.（2013）はファジー集合を使って Osgood の三次元の意味空間上に個別的な情動名をプロットする試みを行っている。本章では表出行動の分類にはふれないが，人工知能（AI）研究の工学領域では，人の顔面データを取り込み，ファジー集合を使ってそれが所属する感情カテゴリーを決定するという研究は少なくないようである。中には，最終的に落としこむ感情の空間として，よく知られた Plutchik（1962）のモデルを使ったもの（Fan et al., 2015）もみられる。

5. 道徳感情

　Sentiment（対象に対する肯定的または否定的な意見，態度，感想）は喜怒哀楽で代表される感情（emotion）とは異なった感情的事象であり，むしろ知的な判断を多分に含んでいるとみなされる。自律神経系など身体の活動を伴うものとはされていないが，例えば Frijda（2000）のように，sentiment を emotion から排除する必要はないと考える心理学者もいる。

　Sentiment のうち，善悪の判断，とりわけ公共の善悪に関わる場合は特に道徳感情（moral sentiment）と呼ばれる。古代ギリシア以来，西欧の哲学や神学の伝統においては，善とはすべての存在がそれを求めるものであり，悪とはすべての存在が忌避するものであるとされる。羊が牧草を求めるのは，牧草が羊にとって善であるからであり，羊が狼を避けるのは狼が羊にとって悪であるからである。キリスト教の伝統的な考え方によれば，羊には知性はないが，このような善悪の判断は神によって与えられていると考えられている。

　近世になって全能神の存在に疑いがもたれ，あるいは全能神は天地を創造した後のことはすべて人に委ねたのだという考えが広まってくると，具体的なモノやコトの善悪の判断の基準を神に求めることができなくなった。したがって，人は，何に基づいて善悪の判断をするのかということが問題になった。経験論の立場からすれば，先験的な基準がないのであるから，善悪の判断は快不快の判断に帰結する。しかしここで問題になるのは，快への接近と不快の忌避の個人における実現が，他者の善，集団（公共）の善と，しばしば衝突することである。経済学者として知られる Adam Smith は，「国富論」において，個人が自分自身の快（経済的利益）を

追求すると，自然に，有名な「神の見えざる手」によって，社会がうまく動いていくと述べた（Smith, 1776）。その一方で Smith は，人は他者の快を思いやる気持ち（道徳感情）を本性として与えられているとも考えた（『道徳感情論』，Smith, 1759）。Smith は，人は生まれつき利己主義者であると同時に利他主義者でもあるという考え方をもつ思想家の1人である（宇津木，2017）。経済学は，心理学とは違って，個人の幸福ではなく社会全体の幸福を企図するものであるから，道徳感情は，経済学，とりわけ行動経済学において，中心的なテーマの1つとなっている。近年ではとりわけ多文化の共生が現実の課題となり，道徳性について語る心理学者も増えている（e.g., Haidt, 2006; Tomasello, 2009; de Waal, 2013）。このように豊かな内容と社会的重要性と発展性を備えた研究領域を，感情研究から排除する理由は見当たらない。

6. 感情研究の多様性と重要性

　感情の定義が曖昧であるとしても，それは感情研究の必要性を減じるものではないだろう。1つには，人の感情的な（といわれる）経験（エピソード）は，当該人物のその後の生活のさまざまな局面において，注意・判断・行動に影響を及ぼすからである。例えば気分一致効果（Blaney, 1986）や PTSD をあげることができる。また，私たちの注意・判断・行動は，他者の感情表出行動を知覚することによって影響される。笑顔は安全の信号であり（Campos & Stenberg, 1981），笑顔の人物は親切な人に見え（Otta et al., 1996），笑顔の人物が注目している商品の魅力度は高くなる（Bayliss et al., 2010）。さらに，感情的な経験は病気に対する耐性をも変化させる可能性がある（D'Acquisto, 2017）。それぞれの分野における感情の意味はそれぞれに異なっているかもしれないが，それぞれの研究がもつ重要性に疑いはない。それぞれの研究者がもっているすべての感情概念の共通項を探すのではなく，たとえ大きくなっても，それらの和集合をとればよいと，筆者は考える。私たちが感情に注目して研究するのは，他でもない，人の社会生活において感情が非常に重要な意味をもっているからである。厳密な定義を求めて感情研究の豊かさを失うことは避けるべきではなかろうか。

3節　感情の理論

1. 古典的な二大感情理論

　Dunlap は，James と Lange の 1880 年代の著作を再録し，"*The emotions*" という書籍にまとめた（Lange & James, 1922）。この書籍のおかげで，私たちは James-Lange 説を一望することができる。Cannon（1927）は，Dunlap（1922）によるこの書籍の巻頭言を引用して James-Lange 説の感情研究における価値に言及した後に，James や Lange が活躍した時代にはなかった新たな発見をもって，この説に対する修正を試みたいと宣言し，新たな説を展開した。それが後に Cannon-Bard 説といわれるようになり，James-Lange 説と並ぶ，古典的な二大感情理論となった。

　James-Lange 説は，James（1884）と Lange（1922，デンマーク語による原著初版は 1885 年）が独立に行った研究成果を総称した感情理論である。James は興奮性の刺激の直後に生ずる身体変化，とりわけ内臓の変化を感じることが感情（emotion）であるとし，Lange は循環系の活動を強調した（Newman et al., 1930）。すなわち，環境変化で生じた末梢活動の変化が感情経験の起源になるということであり，今日では末梢起源説（peripheralist theory）ともいわれている。

　一方，Cannon-Bard 説では，受容器からの信号は，視床（thalamus）で集約されて「パターン」を形成し，それが末梢に伝達されて身体変化が生じ，大脳皮質に伝達されて感情経験となるとする。末梢の身体変化ではなく視床を感情過程の起点とみなすことから，Cannon（1927）自らは，これを視床説（thalamic theory）★[2]とした。末梢起源説と対比して，中枢起源説（centralist theory）と呼ばれることもある。

　Cannon（1931）による，James-Lange 説と Cannon-Bard 説の図解を整理し直して図 1-1 に示した。

　図 1-1 左側の James-Lange 説では，受容器からの感覚信号は，求心性経路（J1）で大脳皮質に伝えられることによって，「対象が単純に把握される（object-simply-

---

★ 2　視床説における視床とは，視床下部（hypothalamus）も含む広範な視床部 thalamic region を指す（Cannon, 1931, p.282 脚注 3）。以降，Cannon-Bard 説における視床など，視床と視床下部を総称するときは視床部と表記する。

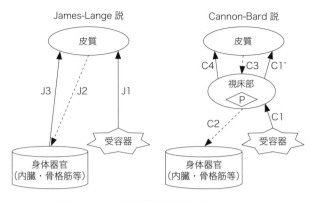

図 1-1　2つの説の概念的区別（Cannon, 1931）
実線は求心経路，点線は遠心経路。Pはパターン。

apprehended）」。そして遠心性経路（J2）で身体器官に伝えられた信号が身体変化を生じ，その反応が求心性経路（J3）を介して皮質に伝えられることで，「対象が感情として感じられる（object-emotionally-felt）」。すなわち，「興奮性の事実の知覚直後に身体変化が生じる。その変化のありようを感じることが感情である」（James, 1884, pp.189-190）。単なる外界の知覚が，身体活動のフィードバックによって感情経験に翻訳されるのである。

一方，図 1-1 右側の Cannon-Bard 説では，受容器からの信号は，求心性経路（C1）を介してすべて視床部に到達する（嗅覚を除くすべての感覚）。そして視床部で感情反応の原型となるパターン・構造（internal pattern or preformed structure）が形成される（菱形で囲ったP）。これが遠心性経路（C2）によって身体器官に連絡し，身体変化を生じる。感情表出も同様である。視床部のパターンは同時に求心性経路（C4）で皮質に伝達され，感情経験を生ずる。たとえるなら，ダムの放水によって増水した川下の水位の情報（身体変化）ではなく，放水指令（視床部で形成されたパターン）をモニターして感情経験を生ずるということである。James-Lange 説における J3 のような，末梢の反応の皮質への連絡は感情過程として想定されていない。C1' については，Cannon による明確な説明がないが，視床部の加工を受けない感覚情報の経路，James-Lange 説における「対象が単純に把握される（object-simply-apprehended）」（James, 1884）に対応する，単純な知覚の経路であろう。なお皮質は，生理反応・感情表出・感情経験のすべての起点となるパターンの形成に，反応の抑制（C3）という形で関与している。

2. 二大感情理論の論争と共通背景

　Cannon（1927）は，James-Lange 説に対して5点の問題提起をしているが，それらは内臓からのフィードバックは感情過程に不要であるという主張に集約される。これに対して Newman et al.（1930）は論点を4つに絞って反論したが，まとめれば，内臓や循環器の変化は感情過程に必須の要素であるという主張である。そしてさらに Cannon（1931）は，先の図 1-1（の原図）によって2つの説の違いを明瞭に示し，感情の起源（source）は，末梢反応のフィードバックではなく，視床部で形成されるパターンであることを強調した。

　往々にして両者の違いを，「身体変化は感情経験の前か後か」の問題として捉えがちである。しかし，James と Lange の没後に，その支持者と Cannon との間で交わされた論争の中心課題は，感情経験は身体変化の知覚の反映か，視床部で形成されたパターンの反映かということであった。感情経験の起源は，その後も感情研究の重要な論点となった（後述の論点1）。

　また，James-Lange 説と Cannon-Bard 説は，ともに感情の本来的役割を，生存を有利にする生態学的機能に見出し，進化論的視点で感情を捉える点では共通していた。

　Dunlap（1922）は，興味深い逸話を紹介している。Darwin（1872）が，『人及び動物の表情について（*The expression of the emotions in man and animals*）』を3人の心理学者に寄贈したことが，感情を生体過程（organic processes）として捉える理論の発展に結びついたというのである。その3人のうち，1人はオーストラリアの Sutherland であり，残る2人が，デンマークの Lange とアメリカの James だったという。

　Darwin の進化論の立場に立てば，動物と人間は進化的な連続性を有するものである。この連続性の中で表情を考えたとき，例えば嫌悪の表情は，間違って苦いものを口にしたときに吐き出す顔面の運動に起源を求めることができる。苦いものは毒かもしれない。口の中に少しの残りもなくなるよう，顔や舌の筋肉を総動員して必死で吐き出す。毒を摂取しないためには有益な反応である。政治家の不正を見聞きして生ずる現代人の嫌悪の表情は，害毒を排除しようとする太古の行動の名残だということになる。Darwin の進化論的表情論に刺激された James や Lange は，感情を動物と連続する進化論的視点で捉えたはずである。環境変化に対する身体の即時的・自動的応答が感情という心身機能の本体であり，感情経験は，その身体変

化のモニターという副次的要素であるという前提が，James-Lange説の根底にうかがえる。

　この点はCannonも同様である。「平穏時に成立している体の蓄えを支える機能が，ストレス時には即座に停止・廃止されて，この蓄えを惜しみなく攻撃や防御もしくは逃走の力の増大に引き当てられる」(Cannon, 1914a, p.275)，すなわち，闘争か逃走か (fight or flight) という，野生環境における差し迫った場面において，視床下部，そして交感神経－副腎髄質系 (sympathetic adrenomedullary system/ axis) が賦活し，一時的にエネルギーの大量消費に適した体内環境，すなわち危急反応 (emergency reaction)★3 が形成される。このようにCannon-Bard説も，人間の感情過程を，野生動物の生死を分ける環境適応に由来することを前提としている。

　感情の適応的意義は後の研究者の関心を呼び，さらには，感情の適応的意義が希薄になったように感じられる現代における感情の機能が後代の研究者たちの論点となった（論点2）。

　以降，上記2つの論点（論点1: 感情経験の起源，論点2: 感情の適応的意義・現代的機能）から，2つの古典的感情論のあとに続く感情論の展開を振り返ってみたい。

3. 論点1：感情経験の起源

　Schachter & Singer (1962) は，「感情状態 (emotional state) は，生理学的な覚醒 (arousal) と，これにふさわしい認知，この両者の状態の関数であると考えられる」(p.398) とした。環境変化によって生じた生理的覚醒と状況が照合されて生ずる認知的解釈が感情経験のバリエーションを生じるとするこの説は，二要因説 (two factor theory)，あるいはシャクター説 (Schachter theory) と呼ばれる。

　彼らは，参加者にエピネフリン (epinephrine: アドレナリン adrenaline の異称。

★3　「闘争か逃走か」，「危急反応」の出典として引用されることの多いCannonの著作においては，概念は提出されているものの，用語は定まっていない。例えばCannon (1914a) では，"the emotion of fear is associated with the instinct for *flight*, and the emotion of anger or rage with the instinct for *fighting or attack* (p.264)"，"bodily reactions which may be of the utmost importance life at times of critical *emergency* (p.275；Cannon, 1929, p.269 にも同文)"，Cannon (1914b) では，"the fear emotion and the anger emotion are, in wild life, likely to be followed by activities (*running or fighting*) (p.362)"，"the function of the adrenal medulla at times of great *emergency* (p.372)"，Cannon (1929) では，"the organism in the strenuous efforts of *fighting or escape* that might accompany or follow distress or fear or rage (p.202)"，"the necessities of *fighting or flight* (p.211)"，"the *emergency functions* of secreted adrenin (p.185, Cannon は adrenaline を adrenin と称していた)" などと表現されている。

以降アドレナリン）を注射して，その感情経験の自己報告と，行動観察のデータを採取することで，感情の変化を観察した。ただしこの際，アドレナリンによって生理的覚醒を生じるという正しい情報を与えた群と与えない群を設けた。また，この2群をさらに分割し，同席したサクラが怒る群と愉快にふるまう群を設けた。その結果，アドレナリンによる生理的覚醒水準の変化が等しく生じても，アドレナリンの正しい情報のあるなし，およびサクラの言動によって結果は異なっていた。覚醒がアドレナリンの作用だと認知されると感情は生起せず，サクラの言動によって怒る場面か愉快な場面かの手がかりが与えられると，その手がかりに同調した感情が生起していたのである。すなわち，生理的覚醒の原因が状況の認知によって意味づけされることによって感情経験や感情表出が生じることが示されたのである。

　二要因説は，James-Lange 説と Cannon-Bard 説を統合・止揚し，対立を解消する説だとみなされることがある。しかし，状況認知と生理反応の両者を参照するアイディアは，object-simply-apprehended が object-emotionally-felt によって感情に翻訳される（James, 1884）という James-Lange 説と近似していること，Cannon-Bard 説が否定する生理反応のフィードバックを認めていることをふまえると，James-Lange 説寄り，あるいはその修正とみなしえよう。

　Schachter & Singer が二要因説を発表したのと同じ 1962 年，Tomkins（1962）はその著書の中で，顔面フィードバック仮説（facial feedback hypothesis）を論じた。顔面フィードバック仮説は，内臓活動に代わって表情筋の活動を感情経験の源とするものである。Cannon（1927, 1931）は，感情経験に対応するだけの豊富なバリエーションがなく，応答も遅すぎるとして，感情経験に対する内臓活動の関与を批判したが，表情はその批判をはねつける特徴を備えている。顔面フィードバック仮説も，身体変化の求心性経路の関与を支持するものである。

　Laird（1974）は，怒りスライド＋怒り表情，怒りスライド＋幸福表情，幸福スライド＋怒り表情，幸福スライド＋幸福表情の4条件を比較し，表情筋の影響が強く認められることを示し，顔面フィードバック仮説を支持した。しかし，つくられた表情の影響がないとする実験結果も報告され（Tourangeau & Ellsworth, 1979），*Journal of Personality and Social Psychology* 誌を舞台として，新たな論争となった。

　Zajonc（1985）は，1907 年にパリで出版された Waynbaum の著作に注目し，その主張を展開させた。この理論は今日，感情導出の血管理論（vascular theory of emotional efference）と呼ばれる。それによると，表情は内的変化の結果として表出（expression）されるものではなく，顔面の血管に選択的に作用し，脳内血流や

呼吸に固有の変化をもたらして生理変化や感情経験の区別を導出する（efference）機能を有するとするものである。顔面フィードバック仮説に生理学的な基盤を提供すると同時に表情自体の適応的な意味を説明しようとする試みでもある。ただし，表情筋が影響可能な脳に連絡する血管は限定的であり，検証も不十分である。

また，顔だけでなく姿勢が感情経験に与える影響も指摘されている（Stepper & Strack, 1993）。James（1884, p.197）の次の言葉をふまえると，内臓という不随意な変化のみならず，表情や姿勢などの随意性を伴う身体活動が視野に入っていたことがうかがえる。「私たちの理論が真実だとするなら，いわゆる特定の感情の表出を意図して発現させるならば，当然，その感情そのものが立ち現れてくるはずだと結論せざるを得ない」。James は，元気が出ないときは元気になったかのように行動し，話しなさいという教訓を学生に述べていたという（Cornelius, 1996）。

Damasio らのソマティック・マーカー仮説（somatic marker hypothesis: Damasio et al., 1991; Damacio, 1994）も，リスクを伴う意思決定において，身体の興奮情報が利用されているとする点で，James-Lange 説と親和性が高い。内臓感覚などの身体的な印が自覚的／無自覚的に腹内側前頭前皮質（ventromedial prefrontal cortex）へ投射されて意思決定を導く。しかし経験の蓄積によって，身体反応がなくても腹内側前頭前皮質が扁桃体を賦活させ，あたかも身体反応を生じたかのような中枢内のループ（as-if loop）が起動して感情経験が生ずるとする。すなわち，身体変化の知覚を伴わない中枢起源の感情経験を想定することになり，この点では James-Lange 説よりも中枢起源説（Cannon-Bard 説）に近い。

LeDoux（1986）は，感情の神経学的モデルを初めて提唱したのは 17 世紀に活躍した Descartes であるとし，その心身二元論的な情念（passion）モデルを図示した（p.303）。それによれば，感覚器を通じて知覚された外界の変化が脳を経由して無意識的・自動的に身体反応を生じ，その身体反応が脳にフィードバックされ，松果体を介して魂（soul）に連絡することで感情経験となる。身体の変化が感情経験の起源となるという観点では，James-Lange 説を先取りしていたことを指摘した。そして，James-Lange 説と Cannon-Bard 説の間の論争について，その後の研究成果をふまえ，身体変化は感情経験と感情表出に影響するが，その影響は限定的であり，強度に若干影響する程度である。しかし末梢や脳の機能についてはいまだ未知の部分が多く，現段階で一方を否定することは時期尚早であるとまとめている（p.327）。なお，LeDoux（1996）は，感情学習における扁桃体の機能を重視し，皮質を経由せず素早く身体反応を生じる「視床－扁桃体経路」（直接経路）と，皮質

を経由して対象の分析を経る「視床-皮質-扁桃体経路」(間接経路)の二経路モデルを提唱した。このモデルは，視床部で形成されたパターンが起源となって，間接経路で感情経験を生じ，直接経路と間接経路を経て身体変化を生じると考えると，Cannon-Bard 説との親和性が高い。また，直接経路・間接経路は，思考・意思決定の二重過程説（dual process theory/two process theory）における，システム1・システム2と対応しているように感じられる。しかし直接経路は皮質（思考）を経由しない身体反応の経路であり，直接対応することはない。二重過程説を広範にレビューして，システム1・システム2の呼称を定着させた Stanovich & West（2000）も，二経路モデルには言及していない。

　以上，感情経験の起源という論点から，古典的な二大感情理論の後続研究をふり返ってきた。それらの多くは Cannon が否定した，身体変化のフィードバックが感情経験に影響すること，すなわち感情の身体性（embodiment）を主張するものであった。その意味で，James-Lange 説に近く，その修正案とみなし得る。しかしその一方で，ソマティック・マーカー仮説の as-if loop や二経路モデルは身体変化のフィードバックを前提としない点が注目される。

　Cannon（1927, 1931）は，皮質に直結する図1-1のJ3のような求心性経路を否定しているが，身体変化も，それぞれの受容器を通じて感覚信号として視床に帰還する。つまり，視床部におけるパターン形成に，身体変化もC1とともに寄与することは可能である。Cannon-Bard 説に，身体変化の求心性経路（C5）を追加して図1-2に示した。感情過程の主たるセンターは，視床・視床下部，あるいは扁桃体

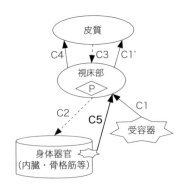

図1-2　C5経路を追加した Canon-Bard 説の修正
実線は求心経路，点線は遠心経路。Pはパターン。

や腹内側前頭前皮質などの中枢にあり，感情経験・身体変化・感情表出を司る。ただし，身体変化の情報は図 1-2 の C5 経路で帰還して感情過程を修飾している。そう考えられる。

4. 論点 2：感情の適応的意義・現代的機能

　Ekman & Friesen（1971）が，幸福・悲しみ・怒り・驚き・嫌悪・恐れの 6 つの表情の認識・区別について，地理的普遍性が存在することを明らかにしたことを契機に，基本感情（fundamental emotions）の議論が盛んになった。
　Izard（1977）は，Ekman らの基本 6 感情のうち，怒り，驚き，嫌悪，恐れの 4 つを踏襲し，残る幸福と悲しみを喜びと苦悩・不安とし，これに興味・興奮，軽蔑，恥，罪悪感の 4 つを加えた 10 の基本感情を提唱した。Plutchik（1980）は Darwin の進化論に強く共鳴し，8 つの原型的な適応行動パターンに基づく 8 つの基本情動を提唱した（結果として 6 つは Ekman らの基本 6 感情と共通。他は期待と受容）。例えば，防御の行動パターンは逃避行動であり，恐れと関連する。破壊の行動パターンは攻撃行動であり，怒りを生ずる。そして 8 つの基本情動は恐れと怒り（防御と破壊）のように対比的な 4 セットを構成する。
　Ekman & Friesen（1971）の研究は，表情に関するものであり，その認識や区別は，必ずしも感情の基本要素と対応するものではない。とはいえ，表情研究が刺激となって基本感情の議論を生み，さらに感情がいかなる背景で今日の機構を獲得したのかという関心につながった。これらの研究は，感情が環境適応として獲得された心身システムであるということを前提にしている。
　Frijda（1986）は，感情の適応的機能・生態学的意味を，レディネス（action readiness）という観点で整理した。重要な出来事に対して，身体は適切な準備状態を整える。その準備状態がレディネスである。これは，恐れに対する心拍の高進や嫌悪に伴う表情の変化など，幅広いものである。そして，怒りにおける攻撃，恐れにおける逃避のように，適応行動のレパートリーの中から適した活動が促進され，他の選択肢は抑制される。すなわち，感情ごとに固有の特異活動傾向（specific action tendency）によって速やかな環境対応をもたらす。たとえるなら，コンピュータのメモリをいったん開放して，現在使用中のアプリケーションのみにメモリを占用させるようなものである。恐怖の感情は回避という活動傾向への収斂であり，防御としての適応的機能を有する。そして，逃げ出したいという活動傾向の自覚が

感情経験として感情を特徴づける。

　戸田（1992）のアージ・システム理論（urge system theory）は，進化的な観点をさらに明瞭化させ，感情を迅速な環境適応のための心身機構であるとみなす。そして，感情が獲得された野生環境においては適応的な野生合理性を有していたが，現代の文明環境にふさわしい文明合理性はないことを指摘している。すなわち，感情とは，進化適応の環境（environment for the evolutionary adaptedness: EEA）においては生存確率を高め，有益な仕組みとして機能していたが，現代においてはその意義を失ってしまったと解釈できる。たとえるなら，草食時代に有益だった盲腸が，雑食・肉食に変化したことによって役割を失い，虫垂として退化しながら，もはや虫垂炎という害悪をもたらすのみになったようなものである。

　ところで，怒りや恐れなどの負の感情価を有する感情（負の感情）については環境への迅速な適応という観点からの説明が可能であるが，喜びや満足などの正の感情については，野生環境における適応的な価値を見出すことは難しい。Fredrickson（1998）は，拡大－建設理論（broaden-and-build theory）によって，その問題を解決しようとした。正の感情では活動が制限されるのではなく，逆に注意や思考，活動などのレパートリーが拡大され，身体的スキルや知識などの個人資源の建設に役立つものである。そしてこの個人資源が将来にわたる適応を有利にする。負の感情が活動を制限する特異性，目の前の環境変化への速やかな適応という即時性に特徴を有するとするならば，正の感情は活動レパートリーの拡大という非特異性，個人資源の増強という長期性・将来性に特徴があるというのである。

　以上の心理学的な研究の流れとは別に，Selye（1936）による汎適応症候群（general adaptation syndrome）の発見と，それから発展したストレス（stress）研究は，生理学的な観点から，感情の適応的意義について多くの示唆を与えるものであった。ストレス反応とは，非特異的なさまざまな（汎）緊急事態に対する適応反応（症候群）である。その反応は，HPA系（hypothalamic-pituitary-adrenal system/axis，視床下部－下垂体－副腎（皮質）系）の賦活によってもたらされ，Cannon の見出した交感神経－副腎髄質系の活動，危急反応とともに視床下部の支配を受けながら協調し合う重要な生理機構である。しかしこの適応反応は，野生環境では有益なものであったが，現代の文明環境に暮らす人間にとっては健康を害する原因となる。日常の微細なやっかい事（daily hassles）の蓄積は，気晴らし（daily uplifts）で解消されない限りストレス反応を惹起して，過剰な心身負担に結びつくのである。野生環境で有益だった機構が文明環境で自動車の空ぶかしのような（阿部，2002），

無駄な興奮をもたらすという構造は，現代においては，感情が生態学的価値を失い，進化の遺物・負の遺産となっていることを示唆する。

　一方，社会構成主義（social constructivism）の研究者は感情をこの立場で捉えず，まさに今日的意義を強調する。「感情はダーウィンが主張したような，過去に役立っていた習慣の残滓ではない。むしろ現在役立っているものである。そして感情症候群[★4]が現在果たしている機能に光を当てることが私の理論の課題の1つである」というAverill（1980）の主張がその立場を明言している（社会構成主義については3章3節以降も参照）。

　社会構成主義者にとっての感情とは，「言語も含めた，ある文化の社会的な慣わしによって実体化され，その文化の道徳的秩序に参与し，一部を形作り，維持に寄与する」ものである（Cornelius, 1996, p.151）。例えば，電車待ちの列に厳格な文化においては，横入りは道徳的秩序からの逸脱である。逸脱者自身に生じた恥の感情や，それを見た周囲の人々の怒りの感情は，その逸脱行為を抑制する方向に影響する。しかし電車待ちの列に無頓着な文化であれば，横入りが恥や怒りの原因となることはない。

　社会構成主義は，感情を文化の賜物であり，同時に文化の調節装置とみなす立場である。感情を進化の遺物とみなす立場とは大きく異なる。両者の立場は相入れないものであるが，もし統合可能だとしたら，それは外適応（exadaptation: 前適応 preadaptation ともいう）による説明だと思われる。外適応は進化論の概念であり，それまで他の機能をもっていた形質が，新たな機能の獲得に際して違う役割をもって転用されることを指す。例えば，恐竜の一部は，保温に役立つ羽毛を獲得した。この系統の恐竜が鳥に進化したとき，羽毛は空を飛ぶための重要な機能を担った。このとき，保温という機能を担って進化したはずの羽毛が，飛行という新たな機能に有益な器官として外適応したことになる。

　これを感情過程に当てはめるとこうなる。感情過程は，太古の野生環境において，緊急事態に面して素早く生理反応を立ち上げて活動水準を上げ，生存確率を高める機能として獲得され，長い間有益に機能してきた。しかし加速的な文明の発達によって文明環境となった今，そのような機能の価値は相対的に低下した。むしろ，活動を伴わない生理的興奮は，自動車の空ぶかしのように健康を蝕む原因となった。しかし感情は，文明環境の中で，社会生活を調節するという新たな機能を担い，文

[★4] 感情に伴う一連の反応群だと推察される。

化形成の基盤として外適応するに至った。

　このように，外適応という補助線を入れて感情を捉えなおしたとき，「進化の遺物か進化の賜物か」，あるいは「文化の邪魔者か文化の礎か」という対立的な視点は，対立的状況を残したまま併存可能なものとなる。感情研究とは，このような対立を内包する現象を対象としているのである。

笑いと涙

　ボウリング場での笑顔は，投球の成否が決したときではなく，後ろの友人を振り返ったときに多発する（Kraut & Johnston, 1979）。この笑顔は随意である。一方，笑ってはいけない状況でこみ上げてくる笑いをがまんすることはかなり困難である。この笑いは不随意である。この両者の違いは，随意・不随意の切り替えが可能な呼吸との類似性よりも，微笑（smile）と哄笑（laughter）の機構が異なると考えたほうがよいように思えるが，定かではない。

　泣くこと（crying）については，ウソ泣きという随意の活動をあげることができるが，これは一種の演技であり，ボウリング場における随意的微笑とは異なるだろう。赤ちゃんが泣くこと，転んだ痛みによる涙，あるいは予防注射への恐れ，迷子になった不安・寂しさ，ペットロスの悲しみ，映画の感動，孫の大学合格を知った歓喜など，涙があふれる状況・随伴する感情経験は実に多彩であるが，いずれも不随意の反応である。そして，子どもの頃は痛くて泣くが，大人になると痛さで泣くことはなくなる。むしろ感動で涙する機会が増える。個体発生的な変化が明瞭である。

　「泣くから悲しいのであり，殴るから頭にくるのであり，震えるから恐ろしく感じるのである」とはジェームズの言である（James, 1884, p.190）。殴る・震えるは，感情表出の専売特許ではなく，ストレス解消でサンドバッグを殴ることもあれば，寒くて震えることもある。しかし泣くことは感情表出に特化した反応である。哄笑も同様である。この2つは，感情表出の中でも別格に，感情表出特異性が高い。

　その一方で，痛くても，悲しくても，嬉しくても泣くように，泣くことは感情経験特異性が低い。哄笑も，お笑い番組を見てお腹を抱えて笑うのと，水戸黄門のような高笑いに付随する感情経験は異なる。汎適応症候群にならうなら，これらの感情表出，とりわけ泣くことは，汎感情症候群と表現できよう。

　感情表出特異性と感情経験非特異性という共通性を持つ泣きと哄笑。Morris（1977, pp.256-259）によれば，哄笑は泣くことから派生したものだという。冒頭で記したように，やはり，微笑と哄笑は別物のように思えてならない。

犯罪不安

　私たちは誰しも，犯罪の被害に遭いたくはないであろうし，子どもや配偶者などの親密な他者が被害に遭うことを考えればなおさら不安を感じるであろう。このような，"犯罪や犯罪に関連づけられるシンボルに対する恐れ（dread）または不安（anxiety）といった感情的な反応"を犯罪不安（Fear of Crime）という（Ferraro & LaGrange, 1987; Ferraro, 1995）。日本では，犯罪不安とほぼ同義で，体感治安などとされることもある。

　心理学においては，fear を"不安"と捉えることには違和感を覚える部分もあるが，犯罪不安研究の歴史的変遷において，犯罪不安という用語自体が明確に議論されずに，現在の形に定着している。心理学的に現象を捉えるならば，Fear of Crime とは，状況依存的で特定の罪種に対する強度の強い感情反応である（Garofalo, 1981）。また，恐怖であることから，Fear of Crime には，即自的で急激な生理的反応が付随する（Warr, 2000）。すなわち，Fear of Crime は，犯罪不安というよりは，犯罪恐怖とでもいえよう。一方，Anxiety about Crime は，将来，自己あるいは自己の一部と捉えられる親密な他者（子ども，配偶者など）の存在を脅かすような犯罪被害をもたらす要因を，漠然と予期することで生じる認知・感情・行動的反応と捉えられる（Warr, 2000）。また，不安である以上，Anxiety about Crime でも生理的反応が生じるが，恐怖に比べて，その強度は緩やかで慢性的である。つまり，Anxiety about Crime こそが犯罪不安といえるであろう。

　犯罪不安研究を理解する際に，犯罪不安という概念の整理は大切である。まず，犯罪恐怖と犯罪不安とを区別することで，これまでの研究知見の整理に役立つ。その研究が犯罪恐怖を扱っているのか，犯罪不安を扱っているのかで，理解できることや言えることは異なる。そして，これらを区別することで具体的な対策立案に役立つ。例えば，状況に依存する犯罪恐怖であるならば，当該環境や状況を物理的，直接的に改善することが必要である。一方，犯罪不安の場合，対象が漠然としているため，例えば，公的機関による安全情報の発信などの，より広範囲に及ぶ対策が必要である。犯罪恐怖と犯罪不安とは相互規定的であると考えられるが，両者を区別することもまた大切である。

2章

進化と感情

1節　はじめに

　感情について進化論的観点から検討を行った最初の研究者は，進化論の提唱者である Charles Darwin その人であった。Darwin が1872年に出版した『人及び動物の表情について（*The expression of the emotions in man and animals*）』では，現代の感情心理学につながる多くの考察がなされている。例えば，Darwin が取り上げているテーマの中には悲しみにくれる人の眉がハの字になること，他者に対する軽蔑が唇の片方を上げるという表出を伴うこと，羞恥が赤面を伴うことなどが含まれていた。また，Darwin が採用した研究方法も，現代の心理学に大きな影響を与えていると思われる。例えば，Darwin は各地の識者に質問紙を送付し情報収集することで，感情表出（表情だけではなく身体的表出を含む）の文化を超えた普遍性を検証している。また，感情表出の生得性を検討するために，新生児と先天的視覚障害をもつ人たちの表出を調べている。さらに，電気刺激によりあたかも笑っているように見える人物の写真（Duchenne によって撮影されたもの）を事情を知らない人たちに提示し，その笑顔が真の笑顔に見えるかどうかを判断させたりもしている。

　一方，日本では世界に先駆けて戸田正直が，感情の適応的機能を指摘した感情のアージ理論（urge theory of emotion）を提唱している（戸田, 1992）。戸田は，感情の役割を，瞬時に適応的な行動を導く，ある種の割り込み処理であると捉えている。例えば，サバンナで狩りをしているときにライオンに出会った場合，恐怖（fear）により闘争・逃走反応（fight-or-flight response）が生じる。ライオンに対する恐

27

怖は，それまでの行動（狩り）を中止して，「今ここ」で必要な行動（この例ではライオンから逃げること）を動機づける。進化心理学の考え方が受け入れられた今となっては，戸田の主張はしごく当たり前のことに思える。しかし，戸田が感情のアージ理論を提唱したのは，認知研究全盛の時代であり，感情は合理的判断を妨げるやっかいものとみなされていた。このような時期に，感情の適応的な側面を看破した戸田のアージ理論は画期的であった。

　しかし，Darwinと戸田の研究はいずれも感情の進化に関する研究ではあるが，その内容はまったく違ったものにみえる。戸田の理論は感情が適応的な行動を促すというものであり，Darwinの研究は感情がどのように表出されるかに関するものである。一見しただけでは，これらの研究間の関係は自明ではない。しかし，同じ化学物質が個体の中ではホルモンとしてはたらき，体外に排出されるとフェロモンとして機能する場合にたとえると，この関係は理解しやすくなるかもしれない。例えば，金魚のメスの排卵時に卵巣でつくられるホルモンは，そのメス自身の脳に作用して性行動を促す。一方，この化学物質は尿とともに体外に排出されるとオスに対するフェロモンとしてはたらき，オスの性行動を促す（小林・棟方，2016）。つまり，同じ化学物質に，それを作り出した個体の行動を適応的なものに変化させるはたらきと，周囲の個体の行動を自分にとって適切なものに変化させるはたらきがあるということである。感情にも同じようにそれを経験する個人の行動を適応的なものに変化させるはたらきと，周囲の者の行動を変化させるはたらき（例えば，周囲の者は見るからにイライラした人にちょっかいを出したりしないだろう）があると考えられる。戸田とDarwinの感情の研究は，それぞれ感情がそれを経験する個人の行動に与える影響と，周囲の人々の行動に与える影響を扱っているのである。

　この章では，進化心理学の基本的な考え方を概説した後，感情それ自体の適応的機能，表情の適応的機能についてそれぞれ検討する。ところで，金魚の例では，メスとオスの行動変化は，どちらも性行動であるという意味で対応関係があった。同じように，感情を経験する者の行動と，表情から感情を読み取った者の行動にも対応関係があるのではないだろうか。本章の目的は，この対応関係に迫ることでもある。

2節　進化心理学の基礎

1. 至近要因と究極要因による説明

　進化心理学とは，進化論をメタ理論としてヒトの心のはたらきを統合的に理解しようとする分野である。したがって，進化心理学では観察される心理現象（例えば，頑健な認知バイアスや一般的な恐怖症等）の適応的な機能について理解することが目指される。これに対して，従来の心理学（生理心理学，認知心理学，社会心理学，感情心理学など）では，観察された現象のメカニズム（例えば，行動に至る認知情報処理，神経学的基盤）に関する説明が重視されてきた。つまり，従来の心理学は心のはたらきの至近要因（proximate cause）を検討する分野であった。このため，心のはたらきの機能については，これまであまり議論されてこなかった。仮に機能に関する説明があったとしても，「自尊感情を高める機能」のように，それ自体は適応に直結しない説明であった。しかしこれでは，なぜ自尊感情を高く保つ必要があるのかという次の疑問が生じる。進化論的な視点をとった場合の機能的説明は，ある心のはたらきが個体の生存・繁殖という適応度（fitness）を高めるかどうかに帰着する。適応度を高める機能があるからこのような心のはたらきが進化した（備わっている）のだという説明であれば，それ以上の「なぜ」は必要ない。そのため，適応度を上昇させるという機能に基づく説明を，究極要因（ultimate cause）による説明という。

　従来の心理学がおもに至近要因による説明を行っていたのに対して，進化心理学は究極要因による説明を重視する。これは同じ現象に対して異なるレベルの説明を求めているということであり，進化心理学が従来の心理学と競合したり，矛盾したりするということを意味しない。例えば，カメレオンが体色を変化させるという現象に対して，それがどのような神経学的，化学的，光学的メカニズムで実装されているのかという説明（至近要因による説明）が可能である（e.g., Teyssier et al., 2015）。それに対して，カメレオンが体色を変化させるのは配偶相手をめぐるライバルを威嚇するためであるとか，捕食者から隠れるためであるといった適応的機能についての説明も可能である。これらは，体色の変化という現象についてのレベルの異なる説明であり，お互いに補い合いこそすれ，競合・矛盾するものではない。これと同様に，メカニズムの解明を重視してきた従来の心理学と，適応上の機能を

重視している進化心理学は，相互補完的な関係にある。

2. ヒトの社会性に関わる進化の理論

　進化心理学の理論的基盤である進化論の考え方は，次のように簡潔にまとめることができる。ある形質（身体的形質であれ心理的なものであれ）に遺伝（inheritance）により親から子に伝達される変異（variation）があり，特定の形質が生存・繁殖上有利（または不利）であれば，それに淘汰（selection）がかかり，適応度の高い遺伝子の頻度が集団の中で増加する。これは，Darwin が『種の起源（On the origin of species）』において主張したことの骨子である（Darwin, 1859/1964）。非常に抽象度が高いためあらゆる生命現象の究極の説明になりうる一方，個別の生命現象に関する説明には向いていない。そこで，Darwin の進化論の考え方を配偶，協力などの特定の領域に適用して，そこでの生物のふるまいについて説明をするやや具体性の高い理論が必要である。Buss（2015）は，これを中レベルの理論と呼んでいる。進化心理学でよく用いられる中レベルの理論には，繁殖に関する「性淘汰と配偶戦略に関する理論」，血縁間の相互作用に関する「血縁淘汰理論」，血縁関係にない二者間の協力に関する「互恵的利他主義理論」などがある（長谷川・長谷川，2000; 北村・大坪，2012）。

　中レベルの理論は，進化論の考え方に基づきつつ，変異・遺伝・淘汰による遺伝子頻度の変化という理解からはにわかには説明できない現象を説明するものである。例えば，同じ種のオスとメスの形質が大きく異なることを性的二形（sexual dimorphism）というが，同じ自然環境に適応しているはずのオスとメスが，なぜ異なる形質をもつのだろうか。これは性淘汰（sexual selection）という考え方で説明される。性淘汰とは，一方の性（通常はメス）が配偶相手を選り好みする結果，配偶相手として好まれる形質が他方の性（通常はオス）に進化するという理論である（Darwin, 1871; 長谷川，2005）。

　利他行動もまた，一見すると進化論の考え方に反しているように思われる。利他行動は，自らの適応度を下げて他個体の適応度を上昇させる行動と定義される。自分の適応度を下げてしまうような行動傾向は，淘汰されてなくなりこそすれ，それが進化することはないように思われる。しかし，20世紀後半以降，利他行動の進化的な説明は多数提唱されている。代表的なものとしては血縁淘汰理論（Hamilton, 1964）や互恵的利他主義理論（Trivers, 1971）がある。血縁淘汰理論によれば，自

分と同じ遺伝子のコピーをもつ可能性のある血縁への利他行動は，確率的・間接的に自分自身の適応度を上昇させることになる。そのため，間接的な利益が利他行動の直接的なコストを上回るのであれば，利他行動が進化可能である。互恵的利他主義の理論によれば，お互いに小さなコストで大きな利益を相手に与えることができるときに，互恵的利他行動が進化可能である。

3. 適応論的説明に対する誤解

　先に，進化心理学は究極要因についての説明であり，至近要因についての説明ではないと述べた。しかし，この違いがよく理解されずに誤解を生むこともある。例えば，人類学者の Sahlins（1976）による血縁淘汰理論批判は，この誤解の典型例である。血縁淘汰により利他行動が進化する条件は，ハミルトン則（$rb > c$）として知られている。この不等式では，利他行動のためのコストが c，それにより相手が受け取る利益が b，利他行動の行為者と受け手との血縁度が r と表されている。例えば，親は自分の遺伝子の半分を子に与えるため，親子間の血縁度は 0.5 である。ハミルトン則によれば，親が1単位の適応上のコストを支払って，2単位より大きな適応上の利益を子に与えることができるのであれば，親から子に向けられるこの利他行動は進化可能である。

　Sahlins（1976）によれば，多くの狩猟採集社会には小数のような概念がない。そのため，自他のコスト・利益を血縁度（小数で表される）で重みづけて勘案することを要求するハミルトン則のような行動規則を，ヒトの祖先が使えたはずがない。ゆえに，血縁淘汰理論が正しいはずがない，と Sahlins は論じた。しかし，ハミルトン則は利他行動が進化する条件を記述したものであり，ヒトや動物がこのような意思決定ルールを意識的に用いていると述べているわけではない。Dawkins（1979）は，Sahlins の批判を取り上げ，これはあたかもクモが数学的に複雑な構造をもつ巣を作ることから，クモが数学を理解していると考えているようなものだと反論した。Dawkins にいわせれば，クモは，単に環境の中にある適切な手がかりに反応し巣を作っているのである。

　血縁淘汰の場合も同様である。多くの動物は適切な手がかりをもとに血縁識別（kin recognition）をしており，それに基づき利他的にふるまうかどうかを決定している。例えば，過去の経験（同じ巣穴で育ったなど）や表現型マッチング（体臭や容姿が似ているなど）は，血縁識別の手がかりとしてヒトを含むさまざまな生物

に利用されている（e.g., Holmes & Sherman, 1982; Mateo, 2003）。同じ巣穴で育った相手とそうでない相手を区別し，同じ巣穴で育った相手にだけ利他的にふるまう傾向があるとすれば，その行動は自ずと血縁淘汰理論の予測に近いものになる（ただし，ここでは詳述しないが，血縁淘汰理論にとって血縁識別能力は不可欠な要素ではない）。

　進化心理学とは，ヒトの心のはたらきを，その適応的機能から説明しようする分野である。配偶や血縁関係といった個々の文脈での適応的行動は，具体性の高い中レベルの理論により与えられる。ただし，説明対象である生物が中レベルの理論で用いられる概念を理解している必要はない。環境中の手がかりに反応して行動することで，行動を適応的なものにすることができるからである。

3節　感情と適応的行動

1. 適応的行動と感情

　進化心理学的観点から考えると，感情の機能は「ある状況に特異的な脅威やチャンスに対して，適応的に反応するための能力や傾向を上昇させるように，個体の生理的，心理的，行動的なパラメータを調整する」（Nesse, 1990, p.268）ことである。この説明からすぐに想起されるのは，恐怖により生起する闘争・逃走反応だろう。恐怖はエピネフリンの放出といった生理的変化を伴い，環境中の脅威に対する適応的な反応（戦うか逃げるか）を促す。

　Nesse の説明の中で進化心理学の立場をよく表しているのは，感情と適応的な反応（行動）を結びつけている点である。というのは，感情が行動にまったく影響しないとすれば，生存・繁殖にも影響しようがなく，淘汰の対象になりえないからである。そのため，感情を適応的行動と関連づけて理解しているのは Nesse だけではない。進化心理学者の Neuberg et al.（2010）は，淘汰により形成された心理メカニズムをアフォーダンス管理システム（affordance management system）と呼び，その一連のはたらきを，環境中に存在する適応に関連する手がかりの知覚，適切な認知・感情の起動，それに基づく対処行動の実行としている。つまり，環境中の手がかりによって適応的な対処行動がアフォードされる際に，感情や認知といった心理プロセスがそれを媒介すると考えられている。同様に，本章1節でも紹介した戸

田も，感情を「認知された外部状況に応じて適応的な行動を選択して実行する」（戸田，1992, p.25）アージ・システムと表現した。このように，進化論的に感情を捉えると，感情は環境への反応（対処行動）と不可分なのである。

感情が適応的な行動を促進する1つの例として，近親相姦回避の心理メカニズムを考えよう（遺伝的に近しい男女の間に生まれる子どもには，健康上の問題が生じる確率が高いため，近親相姦回避は適応的な行動傾向である）。Lieberman et al.（2007）の研究によれば，以下の2つの幼少期の経験が血縁識別の手がかりとして機能している。①幼少期に自分の母親が新生児の世話をしているところを見た，②幼少期に長期間同じ家で育った。Lieberman et al. の研究結果によれば，上記の手がかり①・②のうち一方でもあると，成長後に相手（ほとんどの場合は血のつながったきょうだいであるだろう）と性的関係をもつことに嫌悪（disgust）を催すようになる。このため，異性に関心をもつ年頃になっても，相手に対して性的関心をもつことがなく，近親相姦が回避される。この現象は，環境の中の手がかり（幼少期の経験）が，感情（性的嫌悪）を介して適応的行動（近親相姦回避）を促す例といえる。

ここで，適応的反応・行動が必ずしも反射的で画一的なものを意味しないことに注意してほしい（闘争・逃走反応も，少なくとも2種類の反応を想定している）。例えば，嫉妬（jealousy）という配偶に関連した感情について考えよう（Buss et al., 1992; Daly et al., 1982）。嫉妬は，恋人や配偶者との関係がライバルによって脅かされている場合に生じる感情で，状況に応じて多様な行動を引き起こす。例えば，ライバルやパートナーへの攻撃や威嚇，パートナーへの束縛を強めたりパートナーをライバルから隠そうとすること，自傷行為などによってパートナーの注意を惹こうとすることなどであり，まとめて配偶者保持戦術（mate retention tactics）と呼ばれている（Buss, 1988; Buss & Shackelford, 1997）。配偶者保持戦術を個別にみていくと，それぞれまったく異なる行動である。しかし，うまくいけばいずれも配偶者との関係維持に役に立つ行動であり，配偶者を失うかもしれないという脅威に対する適応的な反応である。

このように，感情は環境の中にある脅威やチャンスに適応的に反応するための能力や傾向を上昇させる（手がかりとそれに対する反応・行動を媒介する）心理メカニズムである。ただし，似たような脅威であっても杓子定規には対処できないため，感情と行動は必ずしも一対一で対応しているわけではない。

2. なぜ認知ではなく感情なのか？

　感情の機能は環境に対する適応的な反応を促進することである。しかし，手がかりを知覚し行動を起こすために，なぜ認知情報処理ではなく，あえて感情を用いるのだろうか。ここでは，この問いに対する2通りの答えを紹介する。

　1つの答えはスピードである。脅威場面は瞬間的な反応を必要とすることが多い。目の前にライオンがいるときに，どのように逃げるのが効率的かと腰を据えて考えるよりも，一目散に逃げ出したほうが助かる確率は高いだろう。戸田（1992）は，感情のこのような機能を「今ここ」原理と呼んだ。感情は「今ここ」に迫っている脅威に対して，迅速に対処するための情報処理のモードなのである。これは，LeDoux（1996）によって示された，脳における恐怖情報の二重の処理ともよく対応した考え方である。恐怖刺激が知覚されると，その情報を受け取った視床（thalamus）はそれを扁桃体（amygdala）と新皮質（neocortex）に送る。すると，扁桃体はただちに闘争・逃走のための身体反応を引き起こす。一方，皮質では詳細な認知情報処理が行われ，やや遅れて感情反応を制御する。扁桃体の反応は，認知的な情報処理を省略したスピード重視の反応といえる。

　なぜ認知ではなく感情なのかという問いに対するもう1つの答えは，感情がコミットメント装置として機能するというものである（Frank, 1988）。Frankの考え方によれば，感情は長期的な自己利益（適応）につながる行動に自分自身をコミットさせるための心理的メカニズムなのである。例えば，先に紹介した嫉妬により生じる配偶者保持戦術の中には，ライバルやパートナーへの攻撃が含まれていた。このため嫉妬が殺人につながることも少なくない（Daly et al., 1982）。殺人罪で長期間刑務所に入るリスクを犯すくらいなら，今のパートナーを失うほうがましではないだろうか。このように合理的に考えて，パートナーを誰かに取られても，何の反応もしないとしたらどうだろうか。このような人物が魅力的なパートナーを得たとしても，多くのライバルは躊躇せずにそのパートナーを奪おうとするだろう。しかし，嫉妬にかられて何をするかわからない人物だったらどうだろうか。このような人物のパートナーには，誰も手を出さないだろう。つまり，嫉妬にかられて我を忘れてふるまうこと（認知的な判断より感情に従って行動すること）は短期的には非合理的であるが，長期的には配偶者の保持という観点で合理的かもしれないのである。Frankによれば，感情の機能は，人を長期的にみて大きな利益をもたらす行動にコミットさせることである。もちろん，感情にかられた行動が本当に長期的にみて利

益をもたらすのかどうか，行為者自身がそれを評価することは難しい。しかし，自然淘汰は最終的により繁殖成功度の高い形質を残し，低い形質を取り除くプロセスである。感情にかられた行動が長期的にみてより適応度を上昇させるのであれば，そのような感情反応が進化するはずである。

3. 感情の非適応的側面

　ここまでにみてきたように，感情は適応であると考えられる。しかし，それではなぜ感情はしばしば非適応的なものとみなされるのだろうか。ここでは感情の非適応的な面を，どのように適応論の枠組みで説明できるのかを考える。

　感情が非適応的になる状況として，手がかりとそれに対する反応が対応していない場合が考えられる。例えば，イスラエルのキブツという共同体では，農業生産などの労働をコミュニティ内で平等に担うため，キブツ内の子どもたちはコミュニティの保育施設で一緒に過ごすことになる。そのようにして成長した子どもたちは，共同保育の期間が長い相手に対して性的嫌悪を催しやすい（Lieberman & Lobel, 2012）。この例にみるように，適応に関連する手がかりはあくまでも確率的なものであり，常にそれが正しいわけではない。しかし，何の手がかりも使わずにでたらめに行動することと比べれば，平均すれば適応的な結果が得られるだろう。そのため，自然淘汰によって確率的な手がかりの利用は進化するのである。

　本来は適応的である手がかりへの反応が過剰であるために，その結果として非適応的な状態に陥ることもある。例えば，ヘビ恐怖症の人は，自分を襲ってくる危険がないとわかっているときにも強い恐怖を感じ，不必要な逃走行動などをとる。日常生活を送るうえで，これは不便である。しかし，過剰な恐怖や不安を引き起こす典型的な手がかり（例えば，広場，小動物，病気）は，それらの感情が進化した進化的適応環境（environment of evolutionary adaptedness: EEA）では，生存にとっての大きな脅威であったと考えられる。そして，それらの脅威に対する感情的反応は適応的であったはずである。ヘビを怖がることで毒ヘビに咬まれるリスクを大きく減少させることができるし，手洗いの習慣をつけることで感染症のリスクを下げることができる。Nesse（1990）は，火災報知機の例を出し，火事のときに鳴らない火災報知器よりも，火事ではないときにも時々誤作動するが火事のときには確実に鳴る火災報知器のほうがましであるという例をあげ，恐怖や不安などが過剰に作動しやすいのは，より致命的な危険を避けるという意味で適応的だからであると

論じる (Nesse & Williams, 1994)。もちろん，これらの反応が過剰なレベルになったときには日常生活に支障をきたし，非適応的なものとなる。しかし，平均すると，進化的適応環境での脅威に対して過剰反応しやすい傾向は，むしろ適応的なものであったと考えられる。

4節 表情と進化

1. 表情は適応か？

感情表出の普遍性については，Darwin (1872) の先駆的研究に始まり，Ekman らの研究によって実証的に確認されている (Ekman & Friesen, 1971; Ekman et al., 1969)。しかし，文化を超えた普遍性があることは，ただちにそれが適応であることを意味しない。例えば，尾てい骨は世界中の人が持っているが，現生人類にとって適応的な機能はない。また，血液の色が赤であることも世界中の人に共通しているが，ヘモグロビンによって酸素を体に運ぶという機能に伴い副次的に生じた形質であり，赤色であることに積極的な機能はない。同様に，表情が世界共通であったとしても，それは感情の本来の機能に伴う副次的形質であり，それ自体には適応的な機能はないかもしれない。

実際, Darwin は, 表情を適応とみなす説明を意図的に避けたといわれる (Barrett, 2011; Fridlund, 1994)。というのは，感情表出が適応的機能をもつという議論は，そのまま創造論者からヒトが創造主により機能的にデザインされた証拠として使われてしまうからである。しかし，ある感情表出に動物との連続性があり，それ自体に適応的な機能がないにもかかわらず普遍性をもつとすれば，それは創造論では説明できない。一方，進化論では尾てい骨を痕跡器官として説明するのと同様に，特別な機能のない表情の普遍性を説明可能である。もちろん，Darwin が感情表出の適応的な面についてまったく議論していないわけではない。感情表出を説明するために Darwin があげた3つの原理の1つは，有用なる連合性習慣の原理（principle of serviceable associated habits）といって，環境中の脅威への適応的な対処行動が，そのまま典型的な感情表出になっている可能性を示唆するものである。

表情が環境への対処行動になっている例としては，恐怖や嫌悪の表情をあげることができる (Susskind et al., 2008)。恐怖表情の特徴である大きく見開かれた目に

よって，視野が広がることが示されている。つまり，この表情は，環境中の脅威を発見しやすくするための適応と考えられる。また，鼻にしわをよせるような嫌悪表情により，鼻腔を通る空気の量が減少し，毒性のある気体が体内に侵入することを防ぐことができると考えられている。表情がこのような理由で進化したとしたら，これは感情の適応的機能を実現するために生じた形質である。つまり，血液の赤色と同じように，副次的な形質ということになる。

もし表情それ自体が適応だとすれば，それがコミュニケーションに役立つ場合であろう。例えば，いったん，恐怖や嫌悪が上記のような特徴的な表情を伴うように進化すれば，観察者がそれを感情読み取りに利用するような外適応（exaptation）が起き，結果的に表情がコミュニケーション機能をもつようになったかもしれない（Shariff & Tracy, 2011）。

2. シグナルの進化

表情が本当にコミュニケーション機能をもつかどうかを評価するためには，シグナルの進化に関する生物学的議論が参考になる。シグナルとは，他個体の行動を変化させることを通じて自身の適応度を上昇させるような形態または行動と定義される（Maynard Smith & Harper, 1995）。例えば，ある魚に，水面に落ちてくる赤い木の実（餌）に近づく傾向があるとしよう。この魚のオスが体に赤い模様を持っていれば，メスが近づいてくるだろう。したがって，このオスの赤い模様はシグナルとして（それがなければ近づいてこないメスをおびき寄せる機能のために）進化するかもしれない。このように，シグナルの受け手（この例ではメス）にそもそも備わっている特定の刺激への反応性を利用してシグナルが進化することを，感覚利用（sensory exploitation）という。ただし，感覚利用により進化したシグナルは，必ずしも進化的に安定ではないかもしれない。オスは自分自身の適応度を上げるためにメスの反応性を利用しているわけだが，メスにとって利用されることが適応度を下げることになれば，メスの側には反応性を低くする進化が起こると考えられるからである。

上記の可能性をふまえると，生物の間で観察されるほとんどのシグナルは，次の4つの条件を満たしていると考えられる（Laidre & Johnstone, 2013）。シグナルとは，①送り手の側の形態もしくは行動であり，②受け手に情報を伝えるために進化したものである。③伝達される情報は受け手からの反応を引き出す。④シグナルへ

の反応は平均すればシグナルの送り手と受け手の双方の適応度を上昇させる。上記の魚のオスの赤い模様の例でも、オスの赤い模様に反応することでメスに利益があれば、シグナルとして安定することになる。実際、多くの種で赤い色は食物から摂取したカロテンに由来しており、鮮明な体色は栄養を十分に摂ることができる強い個体（つまり、望ましい配偶相手）であることをシグナルしている可能性がある（Searcy & Nowicki, 2005）。

　ただし、表情とは違って、体の模様はその時々の状態に応じてすぐに変化するものではない。そこで、次に、相互の攻撃行動を調整する威嚇シグナルについて考えよう。威嚇をする者は、相手の行動しだいでは攻撃を仕掛けることを相手に伝えている。この情報を受け取った相手が、それ以上の挑発行動を止めることで、双方ともに無益な争いを避けることができる（Laidre & Johnstone, 2013）。もちろん、シグナルの送り手は、相手が引き下がらなかったときには、実際に攻撃を仕掛けなければならない（さもなくば、単なるはったりのシグナルはすぐに無視されるようになる）。理論的にも、このようなシグナルは進化可能であることが示されている（Enquist, 1985）。

　上記の威嚇シグナルと表情（特に怒り表情）の関係は、次のように理解できる。今、BはAの資源を奪おうとしており、そのことにAが怒っているとしよう。そして、怒りはAを攻撃行動にコミットさせる（Bが引き下がらなければ、Aは結果を考えずにBを攻撃する）と考えよう。もし、ケンカになったらお互いに大けがをすることが予想できれば、双方にとってケンカを避けることが適応的である。怒っているAが攻撃行動にコミットしてしまっているのであれば、Bは引き下がるほうがよい（逆に、Aが攻撃行動にコミットしていないのであれば、Bは資源を奪うほうがよい）。怒り感情を読み取ることができないのであれば、このような調整は不可能である。ところが、表情のようなシグナルを通じて感情の読み取りが可能になれば、AとBの間でお互いの行動を調整してケンカを回避することが可能になる。このように、表情をシグナルであるとみなすことで、感情を経験しているA（シグナルの送り手）と表情から相手の感情を読み取るB（シグナルの受け手）の行動傾向が、お互いにとっての最適反応となっていること、言い換えれば、両者が共進化したことが了解可能になる。

　しかし、すべての表情がシグナルとして進化したかどうかは、より慎重に検討する必要がある。特に、シグナルと手掛かり（cue）を区別することが表情の進化を考えるうえで重要である。手掛かりとは、他個体に情報を与えるために進化したも

のではないのに，他個体がそれから情報を得ているようなものである（この章では環境に存在する情報を「手がかり」としている。シグナル研究の専門用語である"cue"は，「手掛かり」と表記してそれと区別する）。例えば，あなたが甘いものが好きで，毎日同じコンビニエンスストアでデザートを買っているとしよう。店員は，あなたの購買行動から，あなたが甘いもの好きであると知るだろう。しかし，あなたは店員に自分が甘いもの好きだという情報を伝達しようとしているわけではない。それにもかかわらず，あなたの購買行動は，店員に情報（あなたの嗜好）を伝えることになる。このときの購買行動は，生物学的にはシグナルではなく手掛かりである。この区別は，表情の機能をコミュニケーションと考えるかどうかにとっても重要である。他者が一方的に表情から情報を読み取っているのであれば，その表情はシグナルではなく，手掛かりとして利用されているだけである。

3. 表情はシグナルなのか？

　シグナルを，他者に情報を伝達する機能のために進化したものと定義すると，表情が本当にシグナルであるかどうかについての証拠は，必ずしも十分とはいえない。例えば，アカゲザルの子どもは，親がヘビを恐がっている様子を観察することで，ヘビに対する恐怖を獲得する（Mineka et al., 1984）。このことから，親の恐怖表情がシグナルとして機能していると議論されることがある。しかし，子ザルは，目を大きく見開いた親の恐怖表情を手掛かりとして利用しているだけかもしれない。ヒトの場合にも，他者の恐怖表情を閾下で提示しても扁桃体が活動するという一連の知見（Vuilleumier, 2002）をもって，シグナルへの反応性の生物学的基盤があると議論されることがある。しかし，この場合にも，観察者側が恐怖表情を手掛かりとして利用しているだけかもしれない。さらにその反応性も，進化的に獲得されたものではなく，経験により学習されただけかもしれない（Barrett, 2011）。恐怖表情がシグナルであると議論したければ，自分自身が恐怖を感じているという情報を積極的に発信することで，発信者にどのような適応的なメリットがあるのかを示さなければならない。

　笑顔を信頼性のシグナルと解釈する場合はどうだろうか。Fridlund（1994）は，真の笑顔が友人関係（信頼関係）を築こうという意図を伝えるシグナルであると論じている。この仮説を支持する知見として，笑顔の人物は真顔の人物よりも信頼されやすいこと（Centorrino et al., 2015; Scharlemann et al., 2001），他者から信頼さ

れることが大事な場面では人々はより笑顔を表出する傾向があること（Centorrino et al., 2015）があげられる。また，いくら嬉しい場面であっても，他人から見られていない場合には笑顔の表出が減少することを示す研究もある（Fernández-Dols & Ruiz-Belda, 1995; Kraut & Johnston, 1979）。つまり，笑顔が他者から見られることを前提として表出されること，さらに，受け手が笑顔に信頼をもって反応することが示されているのである。このことから，笑顔が信頼関係構築を促すシグナルである可能性は高いといえる。しかし，この解釈の問題点は，真の笑顔の正直さを保証するメカニズムがわかっていないということである。もし笑顔を表出するだけで他者から信頼してもらえるのであれば，なぜ笑顔を悪用する（他者の信頼を裏切って搾取する）偽のシグナルが進化しなかったのだろうか。

　一般に，送り手と受け手の利害が一致してれば，不正直なシグナルが進化することを心配する必要はない。例えば，子どもが迷子になったとき，親も子もなんとか再会したいと思っており，利害が一致している。そのため，子が大声で親を呼ぶときに偽りの情報を伝達するとは考えられない。しかし，捕食者が被捕食者を探している場合のように，両者の利害が一致しないのであれば，被捕食者は自分の居場所を偽るシグナルを発するかもしれない。上記の笑顔の例でも，笑顔を表出する人とそれを知覚する人の間で必ずしも利害が一致していない。Laidre & Johnstone (2013) は，このような状況でシグナルの正直さを保証する以下の5つのメカニズムをあげている。

①一定の資源をもっていないと大きく成長させることができないような身体的特徴があるとすれば，その大きさは資源保持能力（resource holding potential）の正直な指標となる。
②能力の高い個体には容易にできる（低コストでできる）が，能力の低い個体には容易にはできない行為は，能力の高さを示す正直なシグナルになる。
③シグナルの受け手の反応から一部の個体だけが大きな利益を得て，別の個体は利益を得ない場合には（利益を得ない個体はシグナルを発しないので），シグナルはニーズの大きさを正直に示すことになる。
④シグナルにコストはかからないが，虚偽のシグナルに罰が課せられる場合は（虚偽のシグナルを発する誘因が削がれるため），シグナルは正直なものとなる。
⑤偽のシグナルを発することが不正直者という評判につながり，その結果，正

直であれば得られるはずの利益を失う場合にはシグナルは正直なものとなる。

　搾取的な個体に真の笑顔を真似る傾向が進化しなかった理由について，これら5つの説明のうちいずれが妥当であるについては，まだ十分に検討がなされていない。

　このように，表情の普遍性，観察者側に備わった表情読み取り能力を示す研究は蓄積されており，表情が情報のやりとりに利用されていることはほぼ確実である。しかし，表情が本当にシグナルとして進化したのか，それとも手掛かりとして利用されているだけなのかを弁別する研究はいまだ十分とはいえない。また，笑顔など特定の表情がシグナルであるとすれば，どのようなメカニズムによって，その正直さが保証されているのか検討する必要がある。

5節　まとめ

　進化と感情については大きく2つの問題を考える必要がある。感情を経験することの適応的意義と，その感情を表情として表出すること（他者に自分自身の感情状態を伝えること）の適応的意義である。前者については，緊急場面で迅速な対処行動を引き出すという機能，コミットメント装置として長期的利益につながる行動をとらせるという機能が考えられる。一方，表情の適応的意義は，シグナルという観点から考えるべきである。生物学におけるシグナルは，単に他者に情報を与える形態・行動ではなく，情報を伝達する機能のために進化したものと定義される。どのような表情はシグナルとして進化したのか，その場合，表情を表出する人と利用する人にとっての適応的利益は何であるのかが，理論的・実証的に検討されなければならない。ある表情がシグナルとして進化したことを明らかにするという作業は，感情を経験する人の行動と，それを表情から読み取った人の行動の共進化を理解することであり，感情研究に深い洞察を与えることになるはずである。

コンパッションの文化差

　コンパッション（compassion）は，自己や他者の苦しみを感じ，それを解決し取り除こうと深く関わることである。コンパッションは，自分に向けるセルフ・コンパッションと他者に向けるものに区別することができる。セルフ・コンパッションは，肯定的感情の増進や否定的感情の低減につながり，幸福感を高める要因として知られている。一方，他者へのコンパッションは，他者への援助行動にはつながるが，自身の肯定的感情や幸福感とは無関係であるか，むしろ負担となって否定的感情を高めることを示す研究も存在する。

　セルフ・コンパッションと諸変数の関係性への文化の影響については，あまり検討されていない。セルフ・コンパッションを高める介入では，「自分は幸せになる価値などない」と考えて抵抗や恐怖感を示す参加者がおり，自己批判的傾向が強い場合に介入の効果が減じられる。自己批判的な傾向が強い日本文化では，セルフ・コンパッションは欧米ほど幸福感を高める要因にならない可能性が考えられる。一方で，日本文化は他者に配慮し，他者を優先するなど相互協調的な傾向があり，他者へのコンパッションは欧米よりも適応的と予測される。こうした仮説のもとで実施した，日米の一般成人を対象としたコンパッションと幸福感と肯定的・否定的感情に関する web 調査の結果を紹介する（Arimitsu et al., 2018）。分析の結果，セルフ・コンパッションは日米で肯定的感情を高める要因であったが，アメリカのほうが日本よりも関係性が強いことが明らかとなった。一方，他者へのコンパッションは，肯定的感情への影響については文化差がなかったが，協調的幸福感については日本だけで関係性が認められた。協調的幸福感とは，他者と同じことをしたり，自分も他者も楽しい気持ちでいることへの幸福感である。この結果は，コンパッションの文化差を示しており，日本では自分だけでなく他者へのコンパッションが幸福感を高める要因であることを示唆している。

屈辱感

　あなたは，会社で高い評価を獲得するために，一生懸命仕事に取り組んでいる。しかし，あなたは遵守すべき会社の規則を破ってしまい，多くの人間がいる前で上司に激しく叱責された。このとき，あなたはどのような感情を抱くだろうか。

　このような状況で生じる感情が屈辱感（humiliation）である。Hartling & Luchetta（1999）は，屈辱感の内的経験は，不当に傷つけられた，嘲笑された，こき下ろされた，特にアイデンティティが貶められた，もしくは低く評価されたという認識と関連する，激しく不快な感情であると定義している。屈辱感は，うつなどの精神病理（e.g., Kendler et al., 2003），復讐願望のような攻撃性（e.g., Combs et al., 2010）との関連性が示されている。では，屈辱感が生起する要因は何か。例えば，冒頭にあげた場面と同様の叱責場面を扱った研究から，叱責者が意図的に多くの人の前で激しく叱責する（Combs et al., 2010），叱責者が嫌いな人間である（薊，2010）場合に，屈辱感が高まることが示されている。なお，屈辱感の生起には，場面が道徳的か否かは関係ない（Elison & Harter, 2007）。

　屈辱感は，集団における自身の地位の優劣に反応する感情である。Gilbert（1997）は，集団における自身の地位が高ければ，受けられる恩恵が多いために，私たちは集団内での自身の地位を高めるための方略をとるよう進化してきたと論じた。方略は2つある。第1に，自身の強さを顕示して，他者を服従させようとする原始的な攻撃的方略である。第2に，第1の方略とは対照的に，親しみやすさ，能力の高さなどの魅力を示すことで協力的な同盟関係を構築し，社会的地位を獲得する方略である。Gilbert（1997）によれば，屈辱感は前者の方略を動機づけるという。屈辱感が動機づける攻撃的方略は，恐怖や脅威に基づいたもので，敵対的関係を作ることにもなりうる。したがって，屈辱感に基づく原始的な攻撃的方略は，現代の多くの状況において，社会不適応的結果に結びつきやすいといえよう。

　最後に，屈辱感に関する実証的研究の多くは，個人や対人的問題を扱ったものであり，集団としての屈辱感の問題を扱った研究は少ない。McCauley（2017）はテロリズムと屈辱感との関連性を指摘し，集団間の暴力を理解するために，集団レベルでの屈辱感をより理解することが重要であると述べている。集団としての屈辱感の問題にも着目するべきである。

3章

文化と感情：文化的自己観，文化比較研究からみた感情

　本章では，心理学における長年の問題である「理論とデータの北米偏重」(Henrich et al., 2010) に対し 90 年代に提唱された文化的自己観理論と，Darwin に端を発する感情の文化比較研究についてまとめる。文化的自己観理論は後者の途中に現れた社会心理学の理論であり，20 世紀後半にかけて一連の文化比較研究に生じた問題に対して有用な観点を提供している。

1節　感情の「普遍性」

　Darwin は『種の起源 (On the origin of the species)』(1859 年) に続き『人及び動物の表情について (The expression of the emotions in man and animals)』(1872 年) を出版し，人と動物の連続性を主張した。彼は 19 世紀中頃の時点で，当時世界中に点在していた宣教師，商人や旅行者など，西欧文化から遠く離れた土地にいる人へ手紙を送った。この手紙で Darwin は「ある人が憤慨したり，喧嘩腰になった場合，彼は自分の身体と頭を直立させ，肩を張り，拳を握りしめますか？」といった質問を並べ，感情が，どこに住む人にも確認され，それが動物と共通しているということを，彼は進化論を支持する証左の 1 つと考えた。

　Darwin の視点を用いて Tomkins は，情動には普遍的で，少数の，それぞれ異なる種類が存在すると考えた。その後 Ekman や Izard は，表情（顔面筋に司られる行動）や生理的変化を情動の操作的定義とし，霊長類との比較や幼児との比較，

神経指標，Darwin のような比較文化データを 20 世紀後半の心理学研究法によって改善し収集することで基本情動説を提唱した。

　表情認知の比較文化データは，表情に対して人が文化を超えて少数の異なる感情を認知することをもって感情の進化的基礎性を支持する証左の 1 つとされた。例えば Ekman et al. (1987) は，エストニア，ドイツ，ギリシャ，香港，イタリア，日本，スコットランド，スマトラ，トルコ，アメリカの学生を対象とした調査を行い，表情の解釈に強い普遍性が認められること，意図的につくった表情（例えば，表情の提示者が，指示に従って表情筋を動かすこと）に伴い自律神経系の活動に変化がみられることを示した（Levenson et al., 1990; Levenson et al., 1992）。

　Ekman らによる基本情動説の中核的主張は，感情が進化由来の適応行動であり，その残滓として人にはそれぞれの情動（感情の中でも強力で短期的・行動的な類）に固有の生理的・神経的反応と表情[★1]が生来備わっており，特に感情が生じたことのシグナルである表情は，地球上の地域を越えて普遍的であるという点である。この主張は，『菊と刀（The chrysanthemum and the sword: Patterns of Japanese culture)』（1946 年）などで有名な Benedict など 20 世紀前半の文化人類学的知見に通底した，感情は社会・文化によって完全に異なるという認識論に反対する主旨があり，それゆえ顔面表情プログラムについては基本的に普遍であると主張された。ゆえに，表情に観察される文化の多様性はこの基本的な感情の発露とは独立したメカニズムであり，すべての文化に備わる基本情動をどのように他者に提示するべきかという規範の違い，すなわち文化表示規則に基づくとした。例えば，Friesen (1972) は，日米の学生を対象に割礼儀式（ある部族において行われる身体部位切除を伴う成人の儀式）の映像などを提示し，実験者が同席するという規範の強い状況と，そうでない状況の間で，前者では日本人学生のみが否定的な表情表出を抑制もしくは手などで隠す仕草を見せたことを示した。すなわち，嫌悪など基本情動は普遍的であるものの，日本のように他者の前で否定的な表情を抑制するという文化表示規則がある文化では，人々は基本情動をそのまま表出はしないと主張された（Matsumoto et al., 2008 も参照）。顔面表情プログラムと文化表示規則を包括して情動の神経文化説がつくられた。

　Ekman らの表情認知の普遍性の主張に網羅的な批判を行った Russell (1994) は，普遍性の主張には，具体的に「どこの表出者においても顔面筋に特定のパターン行

★1　顔面の骨格筋の動きで非意識的に生じる感情行動（顔面表情プログラム）。

動（表情など）がみられること」「どこの表出者においても各表情は表出者の決まった感情の現れであること」「どこの認知者においても表出された表情から同じ感情の意味を汲み取る（シグナルとして機能するなど）こと」「どこの認知者においても表出された表情が何の感情の現れであるか正解できること」という，実質的には異なる側面が重複していることを指摘した。さらに彼は，この後者2点に関わるEkmanらの研究デザインに対する批判として，西洋文化に比べて非西洋文化で一致率が系統的に低いこと，非西洋文化でも参加者に西洋文化に接触した人（学生など）が多いこと，練習試行があったこと，参加者内デザインであったこと，カウンターバランスの欠如，理論的に予備選択された表情写真であること，意図的表出であること，ダシール法（状況文を提示して表情写真を選ばせる課題）の妥当性の問題が一致率を不当に上げた可能性を指摘した。

　さらに彼は，Ekmanらの調査法の大半を占めた強制選択という方法が，文字通り強制[★2]となっている可能性があることを指摘した。例えば，表情刺激（怒り顔など）を提示して「自由回答」を要求した場合，欧米の参加者であっても研究者が意図した感情語（例えば，"anger（怒り）"）のみを回答するわけではなく（例えば，"frustration（不満）"と回答することも多い），相対的な手がかりになりうる他の表情を見せずにある表情を単独で提示すると一致率はさらに低下する（Tanaka-Matsumi et al., 1995）。Russell（1994）は，Izardらのデータの中で強制選択ではなく自由回答（および事後的分類）で集められたデータを取り出すと，提示した表情と回答分類の間の一致が極端に低いことを指摘し，自らもアメリカ，ギリシャ，および日本の一般人サンプルで彼らと同様の事後的分類を用いて再検証した。その結果，3か国中で日本は最も強制選択課題に比べて自由回答の一致率が低く，例えば恐怖表情に対する最頻回答などは北米の一致率が62％で"fear"関連の言葉だったところ，日本では一致率が14％で「驚き」関連の言葉であった。また，Ekmanらのデータにおいても，当時西洋文化圏からの影響が少なかった文化（ボルネオのサドン族，ニューギニアのフォレ族，バヒネモ族，ダニ族，マレーシアのテムアン族など）では，偶然水準以上ではあるものの，欧米ほど高い一致率にはならないこと，および，データの中でさらに西洋文化圏との接触が低い下位集団では幸福以外の表情で一致率がきわめて低くなることを指摘した。

[★2] 選択肢上の感情語の中に限って選択させた場合，異なる文化の参加者が表情のみを見て表象する感情語が選択肢のものとは別にあったとしても，提示された感情語の選択肢が模範としてはたらくことで理論的な分類に当てはめて答えてしまうために一致率が高まる。

これらの批判に対してIzard（1994）は，Russellが普遍的意味的帰属★3のみを取り上げて批判しているとし，普遍的意味的帰属は基本情動説全体にとってはあくまで表情表出と認知の間に一致がみられるという一指標にすぎないという見解を示した。そして，基本情動説が霊長類や幼児との類似性や自律神経系反応，および「表情フィードバック現象」（表情筋を操作することで，被操作者の刺激に対する感情的な評価が左右されること）といった，言語表象を迂回した証拠によっても支えられていると反論した。また，生態学的妥当性の低さ★4に対しても，オリンピックやパラリンピック（生まれつきの全盲の選手）で金メダルを取った瞬間の表情に選手の文化的所属を超えた共通性があることや（Matsumoto & Willingham, 2009），自発的に生じた表情をおさめた写真を用いても文化を超えた一致率が得られること（Ekman et al., 1987）が示されている。近年はエコー写真による胎児の表情表出研究（Reissland et al., 2011）や，意図的表情模倣に伴う神経活動の変化（Lee et al., 2006）も確認され，基本情動説は現在も支えられている。

　しかし，Russell（1994）が述べたように，実際の喚起感情と表情がどれほど一致しているのか，認知者における感情の意味や解釈といった側面では，その検証方法も含めて議論の余地が残る。特に，表情刺激における文脈の欠如は，感情評価における喚起状況の重要性や，表情以外の身体部分の感情的表出（Meeren et al., 2005），さらに，表情の解釈に用いられる文脈情報の文化差（Masuda et al., 2008）なども考慮すると，文脈から独立させた表情刺激を用いるという研究枠組みに，後述するような欧米的な前提がないわけではない。Ekmanらとの論争を経てRussell（1995）は「最小限の普遍性」を提案している。これはさまざまな文化の人々が他者の顔面筋の動きから何らかの情報を認知することはできるものの，日常生活で顔面筋のどの動きに対し，それをどの程度表出者の中にある感情の表出だと認知し，ある感情と別の感情の区分をどこに引いて認知するか，といった表情認知の意味論に文化的な多様性を許容する枠組みである。

★3　理論的に用意された表情刺激を，用意された感情のいずれかの現れだと認知し，それら感情の言語表象に宛がう課題で要求される認知・ラベリング的処理のこと。
★4　表情刺激はモデルが表情を意図的につくったもので，現実的ではないこと。

2節　感情表出と認知における多様性

　Fridlund（1991）は，そもそも文化間や種間で表情が類似していることは，必ずしも表情の系統的進化があったことを十分に意味しないこと（同様のことは収束的進化や，文化に共通の学習経験からでも説明される）を指摘したうえで，個体内にある真正な感情がもれ出たものが表情であるとする Ekman らの主張に対し，表情は自己と他者との社会的相互作用（コミュニケーション）のための機能をもった行動であるとする，表情に対する行動生態学的観点（behavioral ecology view）を提案した。社会的文脈における表情の社会的機能に注目しているという点で，この観点は，表情を文化的文脈におけるコミュニケーションのあり方と結びつけた考え方といえる。

　Elfenbein & Ambady（2002）は，基本情動説に立った研究のメタ分析を行うことで，表情認知に「内集団有利」が生じていることを明らかにした。すなわち，表情表出とその認知には，どこの文化でも偶然以上の正解ができるものの，日常生活でのコミュニケーションによって刈り込まれた文化的な機微も存在すると主張した。内集団有利とは，表出者の所属文化と認知者の所属文化が同じである場合，両者が異なる場合に比べて，その分一致率が高まる現象である。内集団有利の存在は，表情に，感情の表出と認知というコミュニケーション上のプロセスにおいて，あたかも言語における方言のように，送り手の表情の機微と受け手の解釈との間に，どこの文化集団でも認知できる大きな一致を超えた微細な集団内合意が存在していることを示唆する。実際，中性表情に比べ，表情を浮かべた場合，アメリカ人の社会人は提示された提示者が日本人か，日系アメリカ人であるかをより正解することができる（Marsh et al., 2003）。表情には，提示者の文化的な「アクセント」が浮かび上がっており，表情認知に際してこれは一定の情報価をもつのである。

　Matsumoto（2007）は，Elfenbein らの内集団有利の指摘に対し，実際にその微細な行動が表出された顔面筋の動きとして物理的に実在していなければそれを立証することはできないとした。しかし，Jack et al.（2012）は，表情筋の基本単位であるアクション・ユニットを，欧米人顔とアジア人顔の上で系統的に操作したコンピュータ・グラフィック表情動画を作成し，欧米人とアジア人参加者を対象に，基本情動説に基づいた感情分類を繰り返し行わせた。人工的な動画ではあるが，統制された実験環境において独立変数である表情筋のみを操作した動画モデルの表情を

分類する参加者の判断に共通性がみられない場合，これは普遍的意味的帰属を否定する根拠になる。分析の結果，欧米人参加者であれば基本情動説に沿って正しく分類することができたが，アジア人参加者の場合分類の過誤が有意に多くなった。これは，普遍的意味的帰属とされるものが実際は西欧文化圏の人々が共有する表情に対する解釈の意味づけである可能性（Russell, 1995）を示唆するものである。

さらに Jack らは，中性表情にノイズをかけ，その表情が基本情動のいずれに見えるかという参加者らの分類をプログラムに繰り返し学習させ，欧米人とアジア人の参加者がモデルの表情から感情を解釈する際に表情動画のどの部分に注目しているかをデータから再構成した。その結果，アジア人は欧米人に比べ，特に恐怖や嫌悪の表情の解釈時に「目」周辺へ注目する度合いが高いこと，および，表情筋以上に「黒目の動き（目をそらす，など）」に着目した解釈を行っていることが示された。ちなみに，恐怖と嫌悪は，当時方法や刺激が比較的同一であった Ekman らの日米のデータにおいて，アメリカより日本の一致率が大きく低かった3表情（恐怖，嫌悪，怒り）のうち2つでもある。また，日米間で幸福表情の中で目と口の表出の程度を操作した刺激を用いた Yuki et al.（2007）は，日本では目の，アメリカでは口の表出が表情全体の幸福の認知と関連することを示し，ここでも日本人にとって目の変化が重要な意味をもつことが指摘されている。

これらは，文化集団によって，表情という物理刺激に対して異なる認知の枠組みが用いられていることを示している。同様のことは感情の音声刺激の文化比較研究などからも示唆される。例えば音声刺激（参加者がわからない言語で話す発話者の感情を判断する課題）のイントネーションからは，活性度の次元の解釈に文化差がみられる（Van Bezooijen et al., 1983）。また，Ishii et al.（2003）は，日本人学生が欧州系アメリカ人学生に比べ，音声ストループ課題において刺激単語の言い方の感情価を認知すること（例えば，「うれしい」と怒ったように発声した刺激に対し，これをネガティブと判断すること）の正答率が高く，欧州系アメリカ人学生は日本人学生に比べ，刺激単語の内容の感情価を認知すること（例えば，「うれしい」と怒ったように発声した刺激に対し，これをポジティブと判断すること）の正答率が高いことを指摘している。すなわち，音声情報という物理的には単一の刺激から，人は文化的な実践の中で機能するような意味づけ[★5]によって選択的に情報収集を違

★5　発言に表裏があることを前提として言い方を聞き取ることを重視するか，発言者自身の意図である内容を聞き取ることを重視するか，ということ。

えている可能性が示唆される。

　音声も表情と同様に感情を伝達する基本的な行動であり，それゆえ感情の伝達行動は普段の文化集団内におけるコミュニケーションの中でその意味や機能が社会的に規定されている。このように考えると，東アジアにおいて表情認知の際に北米よりも「目の動き」に着目する傾向があることは，前者の文化における自己や他者，および両者の間で普段保たれている人間関係のあり方の中で，日常的に機能する感情の意味づけと何らかの関係があるのかもしれない。

3節　感情の意味づけ

　感情の意味や主観的経験を扱った理論では，感情の文化差が重要なテーマとされてきた。例えば認知的評価理論（Frijda, 2006; Lazarus, 1995）は，認知的評価の次元に基礎的な次元と文化差の大きい次元が存在するとした（Mauro et al., 1992; Scherer et al., 1988）。基本情動の分類枠組み（例えば，幸福，怒り，悲しみなどを独立したものと捉える分類）に異を唱える研究者もおり（Ellsworth, 2013），基本情動に縛られない多様な向社会的感情（愛や畏敬など）の構成要素について，近年は迷走神経の活動や文化比較，一般人の感情の枠組みを抽出する方法を用いた再検討を行っている（Keltner, 2009; Cowen & Keltner, 2017）。心理構成主義（Barrett et al., 2007; Lindquist et al., 2012）は，コア・アフェクトに，経験によって培った感情概念（活性，関係性，状況に関する表象など）が加わり主観的経験が現出するとしている（Lindquist et al., 2006）。そして，こういった意味づけを経て，個人は，感情経験を言語化し，身近な他者と共有（sharing）することで，他者との一体感や共感，類似性の知覚に基づいた社会的サポートといった共同生活に欠かせない社会的な行動を起こすという（Rimé, 2009）。

　感情の意味づけに関する近年の発展は，個人の感情に，社会・文化との不可分な対応関係があることを主張している。Mesquita & Boiger（2014）は，感情が，文化的に奨励された人間像を達成することと不可分であるという感情のソシオダイナミックモデルを提唱している。このモデルでは，文化によって状況や感情経験の中で重視する関心事，すなわち文化的焦点（cultural focus）が存在すると考える。例えば，名誉を守ることに文化的焦点のあるトルコでは恥と怒りが奨励される一方，面子を守ることに文化的焦点のある日本では恥は奨励するが不和につながる怒りは

奨励されない。ゆえに，トルコでは恥や怒り強く生じる出来事ほど頻繁に生じると考えられ，日本では恥を強く生じる出来事ほど頻繁に生じると考えられている (Boiger et al., 2014)。

また，De Leersnyder et al. (2011) らは，移民の感情経験がホスト文化の平均的感情経験に類似している程度がホスト文化への暴露・関与度と相関することを指摘し，個人の感情経験と文化集団の感情的特徴の間に相関を報告している。つまり，この社会構成主義的な観点では個人の感情は文化とは切り離せない，複層的な一個のシステムと捉えている (Kitayama & Markus, 1994)。

文化に依存した道徳基準と人々が感じる道徳的感情に関係があることや (Vasquez et al., 2001)，何によって幸福を得られるかが文化的な価値観によって異なること (Oishi et al., 1999)，日常生活で日米の学生の間に独立的－協調的な感情の主観的強度に違いがあること (Kitayama et al., 2006) などを鑑みると，個人の感情は文化の一部であると考えることもできる。社会構成主義は感情価にみられる文化差にも説明を加えており，例えば北米より日本では肯定的な感情と否定的な感情の経験頻度が正に相関し (Kitayama et al., 2000)，日本人学生は自分が他者よりよい成績をおさめたような基本的には嬉しい状況において他者を困らせることを危惧する (Miyamoto et al., 2010)。Miyamoto & Ma (2011) は，これを肯定的感情に対する東アジア的な弁証法的信念として測定し，それが日米で肯定的感情経験時 (例えば，よい成績をとること) に感情を鎮めることと関連することを示している。社会構成主義的観点は，感情の認知のみならず，感情経験そのものが個人の文化的文脈と不可分であることを物語っている。感情と文化をつなぐ心理的メカニズムは自己である。

4節　文化的自己観

文化的自己観理論 (Markus & Kitayama, 1991) は，その学術的なスタンスとして，北米に偏った心理学の諸理論と WEIRD な (Western, Educated, Industrialized, Rich and Democratic: 西洋圏の，教育歴のある，産業化社会の，収入のある，民主主義的な: Henrich et al., 2010) 社会集団からサンプリングされた参加者に偏った心理学のデータが，「普遍的な」人の心理の研究においていかに歪んでいるかを批判的に指摘した。この理論に基づく研究は，しばしば東アジアと北米のみを比較す

ることが問題視されるが，特定の山のカラスが黒いことを観察してこの世のカラスがすべて黒いという誤った主張に対して黒でないカラスを見つけること自体が意味をもつのと同じように，心理学理論やデータが北米への偏りをもつ場合には重要性がある。実際，北米の心理学的知見の数々には，人間の中でも特殊な人間観[★6]の影響を受けたものが散見される。この独立的な人間理解は，ますます国際化する社会心理学，臨床心理学，発達心理学などの諸理論の暗黙の前提となっていた，または現在もなっていることも忘れてはならない。

　Markus & Kitayama（1991）は，90年代までの北米の社会心理学における主要な理論（原因帰属理論や自尊心，幸福感研究など）について，それらがいかに独立的な人間理解に制約されたものであるかを，代替証拠としての日本との比較によって指摘した。例えば基本的帰属錯誤（ある個人の行動の原因を推測する際に，その個人の内的特性に過度に原因を求める現象）が基本的，すなわち，普遍的であるとするデータが北米から繰り返し報告されていたが，日本と比較するとこの現象の効果は大きくないことが指摘された。また，自尊心尺度で測定される自尊感情が北米やカナダで高いことの背景に，自己の内的で肯定的な特性を多くあげる北米文化と，反省を旨とする儒教的な自己成長の考え方のもとで自分の不十分なところを見つけ，規範的なあり方に沿うように改善していくことが重要とされる日本の文化の違いがあるとした研究も行われた（Heine et al., 2001）。

　文化的自己観理論から導かれる予測の中で感情心理学にとって特に重要であったものは感情の東西差である。Kitayama et al.（2000）は，さまざまな感情経験の頻度を尋ね，肯定的感情（幸せ，うきうき，おちつき，リラックスなど）と強く相関する他の感情を探った。その結果，北米では誇りなど自己の内的な肯定的特徴を意識する状況で感じる感情が，日本では尊敬など他者との人間関係が肯定的であることを意識する状況で感じる感情が，それぞれより強く相関した。すなわち，幸せなど一般的な肯定的感情は，独立的な文化においては自他を峻別し，その中で自己を肯定的に感じるような人間像に近づくことが，それに対して協調的な文化においては自他を同化し（高田，2004），その中で関係性を肯定的に感じるような人間像に近づくことが文化的に奨励されていると解釈された。この発想は，上述した感情の社会構成主義的観点を生み，特に洋の東西で感情価の肯定・否定性が両立すること

[★6] 自他が明確に区別され，自己の肯定性を理想とし，内的な特性が原因となって個人が望むように環境を統制し，感情は個人のプライベートな経験であってそれが表出される，などの特徴をもつ，いわば独立性（independence）を旨とする人間理解，これを相互独立的自己観という。

を説明する文化的要因として,弁証法的信念（Miyamoto & Ma, 2011）や,他者を困らせるなど対人関係の調和に関する懸念（Miyamoto et al., 2010; Hitokoto, 2016）などが指摘されている。

2000年代の文化的自己観理論の研究は,それまでの文化差記述的関心を超え,文化差の起源に関する研究が増加した。この発想を早くに打ち出したのは「名誉の文化」についてアメリカ南部と北部の文化差の研究を行ったNisbett & Cohen（2003）の研究である。この研究では,移動可能な資源（家畜など）と,葛藤を仲裁する中立的な権力（警察など）が弱いという社会環境が過去にあったことによって,そうでなくなった現在までその文化が伝達されたことにより,名誉を汚された場合に暴力的に反撃する行動や,侮辱に対する怒りなどの感情に基づいた行動が他者に容認される文化が南部に生まれたとしている。また,その文化を内面化した個人は,そのような文化的に重要な状況（侮辱される）に直面すると文化的に規定されたパターンで行動する（Leung & Cohen, 2011）ことが南部諸州,および,その出身者にみられることが示されている。

洋の東西にわたる文化的自己観の1つの起源についても研究が進んだ。北米における独立的な精神は,西漸運動で役立った開拓者精神がフロンティア消失後も北米全土に広まった結果であるとする仮説がつくられた（Kitayama et al., 2006）。この仮説を検証するため,独立的な自己が優勢でない文化にありながらフロンティアの歴史をもつ地域が個人主義的であるかが検討された。対象となったのは明治期に本州からの開拓が進んだ日本の北海道であり,この研究では北海道出身の北大生,本州出身の北大生,本州の学生と北米の学生の4群で,上記の原因帰属や幸福感の比較が行われた。その結果,北海道出身の北大生が最も北米学生に近いパターンを示した。すなわち,独立的な精神は開拓に重要な自己依拠や統制感といった精神を育む歴史によって生まれると考えられる。

Uskul et al.（2008）は,社会環境の中でも生きるために糧を得る方法である生業が文化の原因として強力である可能性を指摘した。Uskulらは,トルコ黒海沿岸に位置し,地理的には近接しているが生業方法の異なる地域において,農業が包括的思考（東洋圏にみられる,物事を文脈の中に位置づけて認識する認知スタイル）と,漁業が分析的思考（西洋圏にみられる,物事から抽象的な法則を抽出して認識する認知スタイル）と対応することを指摘した。生業は,西漸運動のように近代に近い過去で起きたことではなく,人類の文明化の長い歴史で繰り返された生存のための社会的な手立てであり,それが現在にまで残滓を残す影響をもっているという点は

重要である。

　Oishi & Graham（2010）は，集団を取り巻く社会生態環境が先行要因となり，個人の心理や行動の原因となっているという社会生態学的心理学を唱え，その1つとして住居流動性（residential mobility）の研究を行った。例えば，人々の住居が頻繁に変わる環境は，そこで暮らす人々に対し，人間関係が変わりゆくために生じるさまざまな適応問題をつきつける。その解決として，人間は例えば自己の肯定的な側面へ注目したり，所属集団への同一化が低下したりする。Oishi, Lun et al.（2007）は，住居流動性を実験場面で高めたグループでは初対面の他者から自己の内的な特徴を認められることが幸福につながることや，住居流動性が低い地域では地元の野球チームのファンがそのチームの勝敗にかかわらず応援に観戦していることを日米双方で示している（Oishi, Rothman et al., 2007; Oishi et al., 2009）。社会生態学的心理学は国内の文化差を説明でき，かつ，社会の変化を予測する（すなわち，都市化することが人々をどう変えうるか）ことも念頭に置いた社会学と心理学の重要な協働作業である（ただし，扱う問題によっては国や民族という文化的単位が重要となる移民の適応問題なども存在することには注意が必要である：Berry, 2008）。

　社会生態環境は，社会の進化とともに変遷を遂げてきた。そして，農耕文化の誕生など，人間は集団で何らかの生業を効率的に営む中で，集団で生活できる社会生態環境を築いてきた。その中でも，協調性の起源として大きな影響力をもったと考えられている生業が稲作である。水田を維持するためには，同じ場所に暮らす多くの他者と歩調を合わせて水資源の管理や水田の維持を続けなければならず，このような生業を行う社会では協調的な行動をとることが課題となる（Talhelm et al., 2014）。中国国内の地域差比較によって行われたこの研究では，耕地面積に占める水田の広さが，それぞれの地域における人々の包括的思考と関連することが示された。この稲作と包括的思考の地域的相関については，中国のように水田が気温と正の相関にない日本の県差でも再現される（Talhelm & Hitokoto, under review）。

　北米偏重の心理学を是正しようという動きは，このように社会学や進化的視点との共同作業を産み，現在も文化の独立変数を探す一連の試みとして発展している（竹村・佐藤，2012）。一方で，文化心理学の重要なテーマ（文化的慣習や社会的実践がどこまで，また，どのように深く人の心を変化させ，換えているか：Schweder, 1995）について，神経科学との連携で発展させようとする分野が誕生し，文化神経科学（cultural neuroscience）と呼ばれている（Ambady & Bharucha, 2009;

Kitayama, & Tompson, 2010)。

　文化神経科学は，日常で人々が繰り返し実践している文化的に規定された行動が，どのように人間の中枢メカニズムに影響しているかを探る学際的融合分野である。例えば，東アジア文化の日常的実践で求められる感情抑制の習慣により，感情喚起刺激に対し感情を抑制するよう教示された課題中に感情抑制に関わる後頭部の陰性電位 LPP (late positive potential) が，東アジア人のほうが欧州系アメリカ人よりも早い時点で強く生じる (Murata et al., 2013)。このように，文化神経科学では，毎日繰り返す文化的実践によって神経機序に系統的な文化差があることを指摘している。

　自己に関わる神経プロセスで比較的処理時間が早いものに，自己にとって肯定的，もしくは否定的な事態が生じたという自動的処理が存在する。自己にとって肯定的または否定的と評価される事態は，文化的にそのように意味づけられた事態である。そのため，意味づけが文化によって異なる同一の刺激や事態に対する脳波を測定すれば，それらに対する自己の偽り難い処理を測定することも可能である。時間分解能の高い事象関連電位を用いた文化神経科学の領域において，異なる文化的自己の真正な反応を捉えようとした研究がある (Park & Kitayama, 2012)。この研究では，失敗時に生じるエラー関連電位を指標とし，課題を自分のために行うか，友人のために行うかという課題の条件，および，欧州系アメリカ人と東アジア人という文化集団を独立変数とした実験を行った。その結果，東アジア人が友人のために失敗を犯した瞬間にエラー関連電位が他の条件や欧州系のそれよりも大きくなることが示された。これは協調的な東アジア文化において，他者の前で行った行為が失敗することが重大な意味をもつことが反映されたと解釈される。

　「他者」は，独立的な文化では肯定的な意味をもつが，協調的な文化では否定的な意味をもつ。これは，前者の文化では，他者とは互いの独自性と尊厳を認め合い，潜在的に新しい関係を築く対象として受け入れることが多いためである一方で，後者の文化では，他者とは自己に対して内集団規範に基づく義務的期待をする主体であり，それゆえにある種の脅威をもった存在であることが多いためである。この他者の意味づけは強力であり，それがたとえ線画の顔であっても，上記の意味づけがそれぞれの文化の成員に異なる自動的処理を駆動させる。例えば，欧州系とアジア系アメリカ人を対象に，線画の顔を瞬間提示した条件とそうでない統制条件を用意し，かつ，それぞれの条件下で単純な賭け事をさせて自己の行動が成功（得点）したか，もしくは失敗（失点）したかを知らせると，各文化におけるフィードバック

関連電位（自分の行為の成否の情報で生じ，一般的に失敗時（feedback related negativity: FRN）のほうが成功時（feedback related positivity: FRP）より大きい陰性電位が観察される）に文化差が認められる。具体的には，顔が否定的な意味をもつアジア系では，統制条件より顔条件において FRN/FRP の比率が大きくなり，顔が肯定的な意味をもつ欧州系においては統制条件より顔条件において FRN/FRP の比率が小さくなる（Hitokoto et al., 2016）。また，FRN/FRP の差を顔によるプライミング効果と定義したとき，この効果の大きさは文化集団を超えて協調的自己観と相関する。つまり，東洋的な自己観をもつ個人ほど，国を越えて，顔を脅威と意味づけた反応を示す。

5節　感情概念の多様性

　文化的自己観理論から導かれる感情の文化差の研究は，幸福感という特定の感情の含意の比較に留まらず，感情概念それ自体の文化差比較へと派生した。Uchida et al.（2009）は，感情観★7 に欧州系アメリカ人と東アジア人では異なる特徴があると論じた。前者に共有される感情観とは，基本的に個人の中に内在するもので，それゆえプライベートな経験であって他者とは隔絶しており，個人の独自性の発露であると認識される。後者のそれは，自分と他者の間で生じ，それゆえ自他の間で共有される，関係的な経験であると認識される。

　Uchida et al.（2009）は，オリンピック選手のヒーロー・インタビューの報道を分析し，欧州系アメリカ人と日本人の選手が，それぞれどのような状況で最も自らの喜び（感情）に言及したか比較した。この研究デザインは，基本情動論者らが自発的な表情が観察される状況として用いたものでありながら，報道という自国の一般他者に対する自己提示場面であるという点において，それぞれの選手の文化的感情観に則った行動が現れやすいものとなっていた。この結果，アメリカ人選手の場合はインタビュアーが選手自身の感情を尋ねた際に，日本人選手の場合は選手の身近な人間関係（家族，コーチ，友人）について尋ねた際に，より頻繁に自らの喜びの感情について言及することがわかった。さらに，学生を参加者とし，集団競技

★7　「感情」自体の認識論であり，感情はどういったもので，何をもって自他に感情の存在を認識するかといった，感情に関する素人理論。

のメダル授賞式の写真として選手単独の写真とチームとの集合写真を提示し，その選手の感情を観察者の立場で学生に説明させた。欧州系アメリカ人学生の場合は単独写真の場合に，日本人学生の場合は集合写真の場合に，より選手の感情に言及した。以上の知見は，選手は自らの感情を報告する際に，学生は他者（選手）の感情を推測する際に，欧州系アメリカ人学生は感情経験者個人に焦点化し，日本人学生は関係性に焦点化することが，より強力な感情推測の手がかりとなったことを示している。

　感情は，自ら感じたと認識し，あるいは，他者の感情を認知することで社会的に伝達されるものであるが，そもそもそのような感情のコミュニケーションが十全に成立するためには，成員の文化で意味づけられる感情観に沿った手がかりがその契機となる。この点は，Russell（1994）の Ekman に対する批判でも論じられていたことであり，個人の表情のみを文脈から切り取って感情表出と感情認知の普遍性を論じることの限界が理解できよう。

6節　まとめ

　感情は，生来の生物的メカニズムによりながらも，生存するための社会生態環境とそこで歴史的に伝達された文化によって，その機能と意味づけに多様性が生じる神経・心理・社会の複合的・複層的現象である。これらを理解するためには，学際的視点と，多文化でのデータ収集，および，既存の研究で用いられている感情の測定方法に対する文化的妥当性の検討を更新し続けることが必要である。特に，独立的な感情観に立つほど，感情のもつ文脈依存性は見過ごされやすい（Markus & Conner, 2013）。この問題は，異なる集団間の軋轢や（Graham et al., 2009），ナイーブな感情の国際比較と安易な政策決定につながる危険もあり（内田，2015），文化に根づいた真に多様で持続的な社会に貢献する感情心理学として賢明な研究を行うことが望まれている。

感情は複雑だからこそ研究は拡がる

　感情は，いつどこでもさまざまに生じる心の現象であり，その生起過程には多くの要因が関連している。感情は，容易に経験できるものであり，まずもって観察可能である（研究の方法に依存するが）。日常的な現象であるがために，感情のどの側面に焦点を合わせるかによって研究は多様に展開される。それは日本感情心理学会の研究領域の多様さに如実に表れている。心理学自体の扱う領域の拡がりと同等であり，年々学際的，領域融合的な研究の進展，多様な研究を産み出している。このことは，感情生起過程の微細な現象把握，測定する技術の精緻化，分析方法の工夫――特に生理学，脳科学，情報工学等の進展――に依っている。

　日本感情心理学会創立者，初代理事長である松山義則先生は，「……感情心理学の対象である感情をどの範囲に規定するのか，また用語をどのように用いるかは，いまだに一致しがたい課題であります。日本語においても，外国語においても感情にかかわる用語は多様であり，また人間がそれぞれの文化，歴史，社会において用いる感情語そのものが，感情研究の重要な課題になることから考えても，ただちに，専門用語として一義的に定義しておくことの困難さがみられると存じます。」（「発刊の辞」，感情心理学研究，1(1)，1993 年）と，感情研究の多義性，領域の拡がりを前提とし，感情研究は「越境」科学たることを述べている。

　感情を構成する要因は，個々人らしさを反映する主観性（個人の内発的な過程），心のダイナミックな変化（時間の過程），個人差要因，感情喚起の刺激要因，状況，対人関係や集団・社会性と多岐にわたる。先にあげた現代の科学趨勢から，感情概念は拡張化しつつある。それは，異なる視点からの研究の複合化による関心領域の拡大がある。

　今や社会的関係や価値観と大きく関わる感謝，感動の概念などは，主要な研究課題になっている。このことなどからすると，情動，情緒の概念に込められるこれまでの感情研究の対象に拘泥しない新たな科学概念を設定すべき時代になってきたともいえよう。現代は，James (1891) の感情概念を大きく超える研究趨勢がある。では，「感情」に換わる新たな概念は必要であろうか。感情は野生環境における生存にとっての適応に由来する合理的な進化プログラムであるとする戸田（1992）のアージ（urge）理論などは，この趣旨にとって大きな示唆に富む。新たな「感情」概念が必要ではなかろうか。

顔表情データベースの活用

　感情研究において，喜びや怒りを表した表情は，実験刺激として古くから利用されてきた。最も有名な顔表情データベースは，Ekman らが作成した Picture of Facial Affect（POFA: Ekman & Friesen, 1976）だろう。POFA には，基本 6 感情を表した表情写真が 110 枚収録されている。この表情刺激のモデルとなっている人物は，感情研究に携わる者であれば一度は目にしたことがあるかもしれない。POFA は作成から 40 年以上経った今も，399 ドルで販売されており（2018年 4 月現在），現在でも需要があることが伺える。一方で，表情刺激としての生態学的妥当性を考慮し，現在では，動画で多方向から撮影した表情刺激を含むデータベースも開発されつつある（The MPI Facial Expression Database: Kaulard et al., 2012; MMI Facial Expression Database: Pantic et al., 2005; ADFES: van der Schalk et al., 2011）。

　日本人を対象とした実験を行う場合，上記のデータベースを活用することも可能であるが，表情表出や認知様式の文化差を考慮すると，日本人がモデルの表情刺激を使用するのが望ましい。現在，利用できるものとしては，ATR 顔表情データベースがある。正面画像として 10 個の表情が含まれており，利用は有償である。ATR 顔表情データベースは静止画写真で構成されているため，筆者らは，日本人モデルの動画表情を含む AIST 顔表情データベースを開発した（Fujimura & Umemura, 2018）。これは，男女 4 名ずつのモデルが 12 種類の表情（真顔，喜び，悲しみ，驚き，開口怒り，閉口怒り，開口嫌悪，閉口嫌悪，恐れ，興奮，リラックス，眠気）を表出しており，正面顔に加えて，左右 45 度と 90 度の方向から撮影した画像を収録している。現在，無償公開に向けて準備中である。

　顔表情データベースは，情報工学の領域においても，顔や表情検知のアルゴリズム作成のツールとして需要が高まっている。こうした利用においては，膨大な数のモデルや表情種，さらにいえば，日常的にみられるような，複数の感情が入り混じっていたり，あいまいな表情も必要となるだろう。さまざまなニーズに応えた顔表情データベースの開発と拡張が期待される。

4章

自己と感情

　アメリカ心理学の祖とも呼ばれる William James が，自己を，知る主体としての自己（純粋自我または主我）と知られる客体としての自己（客我）に区別したことは，1890 年の『諸原理 (*The principles of psychology*)』ならびにその 2 年後の 1892 年に出版された要約本である『要論 (*Psychology: Briefer course*)』を通じてよく知られている。James は，それらの著作において，客我の構成要素を，物質的客我，社会的客我，精神的客我の 3 つに分け，その構成要素が引き起こす満足や不満足の感情（自己評価），構成要素が促す動作（自己追求・自己保存）について論じている。James は，また，複数の異なる客我間の対立や客我の階層性についても論じている。

　他方，James は，主我については研究が困難であることを認めている。しかし，James が，主我を，霊魂のような何か不変的な実体とは考えていないことは注目すべきことである。James は，自己論に先立つ，『諸原理』では「思考の流れ」，『要論』では「意識の流れ」と題された章において，思考または心の状態は絶えず変化することを強調している。James にとって，主我もまた，瞬間ごとにその一瞬前の思考とは異なる，思考それ自身であり，その都度の客我を認識・構成する，時間を超越した先験的自我のようなものではない。にもかかわらず，「すべての人格的意識は連続したものと感じられる」。ここで，James は，主我もまた瞬間ごとに変化していくのだとすれば，主我の同一性や連続性はどのように成立するのかという重要な問いを発することになる。

　その後のアメリカの心理学における自己の研究は，この James による枠組みに沿って，おもに客我の研究が自己概念研究として進められ，認知革命以降は知識構

造としての自己論として発展していく（詳細は，佐藤，2012）。James の自己研究への功績は大変大きい。しかし，その自己論にも限界がある。その1つは，そもそも『諸原理』における章のタイトルが「自己意識」であり，自己意識による「主客分裂」以前の自己については論じられていないことである。とすれば，自己意識獲得以前の乳児には自己はないのか，自己意識の指標とされる鏡像自己認知課題を通過しない動物には自己がないのかといった疑問が生じる。James はそう考えていた節があるが，それは James がいう自己の範囲が狭すぎるだけのことである。2つ目の限界点は，James が思考の流れまたは意識の流れの性質の1つとして，あらゆる思考は人格的意識の一部であると述べていることである。James によると，すべての考えは，誰の考えでもないただの考えではなく，考えている私の考えであり，考えているあなたの考えだということになる。人格的自我の存在は疑えないのだと James はいう。James は自己の存在を自明の前提として論を進める。しかし，精神疾患や神経疾患では，自分の手が自分の手であると感じられなくなる，自分が話しているのに自分が話していると感じられなくなるなど，自分が自分であるという感覚は，さまざまな疾患でさまざまに失われる（統合失調症の自己感の異常については，佐藤，2018b）。3つ目の限界点は，「客我」としての自己の研究，すなわち，自己概念研究は，その内容によって自己の研究になりえているが，概念には事物についての概念もあれば，感情についての概念もあり，自己概念はそうした多くの概念のうちの1つにすぎないということである。そこに自己特有の処理を見出すことはできない（Legrand & Ruby, 2009; 佐藤，2011）。自己概念を「自己」概念としているのは，概念によるカテゴリー化プロセスそのものではなく，それ以前に成立する原初的な自己の感覚である。

　こうした限界点をふまえ，本章では，まず，内省以前，言語以前の，時間延長をもたない，今この瞬間に限定された直接的・原初的な自己の感覚を中核自己感と呼び，それらの感覚がどのように生じるかを論じる。本章では，中核自己感を，身体に感じる自己（身体的自己感）と行為主体としての自己の感覚（自己主体感）に区別する（e.g., Gallagher, 2000）。身体的自己感は，さらに，身体の自己所属感，自己の位置の感覚，一人称的視点の3つの側面に区別される（Blanke, 2012）。中核自己感のさらに根底には，意識や経験に自己性を付与する，基準点としての原自己あるいは神経主観フレームが存在する（Damasio, 1999, 2010; Park & Tallon-Baudry, 2014）。これらは，自己意識以前の発達の初期から存在し（その萌芽は誕生以前の胎児期にもみられる），他の動物にも共通して存在すると考えられる（自

己感の初期発達については，佐藤，2018a）。そして，次に，ヒト（ホモ・サピエンス）の自己感の発達が，その最早期から他者との関係性に埋め込まれていることを紹介する。

それぞれの社会，それぞれの時代，それぞれの社会階層によって，自己とは何であるか，自己はどうあるべきか，どうあるのが望ましいかの概念は異なる（Markus, & Kitayama, 1991; Stephens et al., 2014）。アイデンティティの形成に深く関与するとされる自伝的記憶の想起もまた，仕事や人間関係といったテーマごとに分類された人生の時期に関する知識や，人の態度はそう変わるものではないといった暗黙の人間観などの概念的知識に導かれ，その影響を強く受ける（Conway, 2005; Ross, 1989）。確かに，その想起に，暖かみや親しみの感覚，懐かしさの感覚が伴えば，自分の記憶だという記憶の自己所有感が得られるかもしれない（James, 1892; Tulving, 2001）。しかし，いずれにせよ，中核自己感の成立を前提に，その経験が，それ自体は自己特有ではない概念によってカテゴリー化されたものが自己の経験の内容であり（それらが記録されたのがいわゆるエピソード記憶），それらがさらに感情概念や性格概念によって再カテゴリー化されたものが「自分は勇敢な人間だ」といったメタ的な経験である（感情について同様な議論は，Russell, 2003 参照）。自己概念も自伝的記憶も自己意識も，中核自己感，さらには，それらを背後で支える主観フレームを基盤にしており，それらが失われれば，その自己性は成立しなくなる（そもそも経験が成立しない）。まずは，身体的自己感からみていくことにしよう。

1節　中核自己感

1．身体的自己感

身体的自己感は，少なくとも，身体の自己所属感，自己の位置の感覚，一人称的視点の3つの側面に区別することができる（Blanke, 2012）。身体の自己所属感とはこの手は自分の手であるといった感覚である。自己の位置の感覚とは空間上のどこに自分が存在するかに関する感覚であり，通常は物理的身体の中に自分が位置していると感じられる。一人称的視点とは，どこから自分が世界を知覚しているかに関する感覚であり，通常はどこでもないところからではなく，今ここの物理的身体

から世界を眺めているように感じられている。

　通常，私たちはこれらの感覚を，内省以前，言語化以前に，自明なものとして経験しており，「ここに自分の手があるということは確実なことか」などと問いはしない。しかし，いわゆる体外離脱体験では，これら3つの側面のすべてに異常が生じる（Blanke et al., 2004; 佐藤，2016b）。体外離脱体験は，自分が物理的な身体から離れて浮かび上がり，その浮き上がった視点から自分の身体を見るという体験のことであり，仰向けに横になっているときに起こることが多い。その場合，仰向けになったまま浮かび上がり，180度回転して向かい合った形で自分の物理的な身体を見ることになる。自分は物理的身体の外のやや高い位置にいると感じられ（位置の感覚の異常），そこから反転して自分の身体や周りの世界が知覚される（一人称的視点の異常）。また，自己所属感は物理的身体に対してではなく，その浮き上がった身体に感じられる（自己所属感の異常）。体外離脱体験は右の側頭・頭頂接合部の異常で生じることが多く，また，同部位を電気刺激すると体外離脱体験が生じる（Blanke et al., 2002）。健常者でも，例えば，睡眠麻痺いわゆる金縛りの際に体外離脱体験を体験することもある（Cheyne & Girard, 2009）。実験操作によってこれらの自己感覚の変容を引き起こすことも可能であり，それにより何が身体的自己感の成立に関わっているのかを明らかにすることができる。

(1) 身体の自己所属感と自己の位置の感覚

　身体の自己所属感と自己の位置の感覚を簡単に変容させることのできる手続きが，いわゆるゴムの手錯覚実験である。まず，実際の自分の手を衝立の外側に置いて自分からは見えないようにする。目の前にはゴムの手があるが，このゴムの手はそれが自分の手だとしても不自然ではない位置に置かれている。そのうえで，実際の自分の手と同時に同方向に撫でられるゴムの手を見るのだが，ほんの数分もすれば，見ているゴムの手が自分の手であるかのように感じられ，感じられる手の位置も見えている手のほうに移動するようになる（Botvinick & Cohen, 1998）。

　自己受容ドリフトと呼ばれる感じられる手の位置の移動を引き起こすには，ゴムの手を見ているだけでも可能であり，必ずしも同時に撫でる必要はない。しかし，身体の自己所属感の錯覚が生じるには同時に撫でる必要がある（Cowie et al., 2013; Rohde et al., 2011）。これらの結果は，少なくとも手に関しては，身体の自己所属感と自己の位置の感覚は異なるプロセス，すなわち，前者は視覚と触覚の統合，後者は視覚と自己受容感覚の統合におもに依拠することを示唆する。

しかし，同時に撫でれば，何に対してもゴムの手錯覚が生じるわけではない。確かに，何もないところを手があるかのように実験者が実験参加者の手と同時に同方向に撫でると，そこに手があるかのような錯覚は生じる（Guterstam et al., 2013）。しかし，同時に撫でても，木の板や，身体の構造上ありえない位置にある手では錯覚は生じない（Tsakiris et al., 2010; Tsakiris & Haggard, 2005）。身体の自己所属感は，既存の身体スキーマに基づく，何が自分の身体であるかに関する予測によって制約される。

(2) 身体の自己所属感の変容の効果

身体の自己所属感の錯覚が生じている際にゴムの手に注射針を刺そうとすると，自分の手に刺そうとされるのと同様に，不安や痛みの予期に関わる前部島（anterior insula: AI）や前部帯状皮質（anterior cingulate cortex: ACC）の活動が観察される（Ehrsson et al., 2007）。強い皮膚コンダクタンス反応（skin conductance response: SCR）も観察され，皮膚コンダクタンス反応は多くの研究において自己報告によらない身体の自己所属感の指標として用いられている。また，錯覚が生じている間，身体の自己所属感の錯覚が強ければ強いほど，ゴムの手に自分の手の位置が奪われた実際の自分の手の皮膚温の低下やヒスタミン反応の増強がみられる（Barnsley et al., 2011; Moseley et al., 2008）。このことは身体の自己所属感がトップダウン的に体温調節や免疫系のはたらきにも影響を与えることを示唆する。

ゴムの手錯覚は，ゴムの手と自分の手が肌の色や形が似ていなくても生じる（Longo et al., 2009）。重要なことは手の客観的な類似性は錯覚に影響を与えないが，錯覚が生じることによってゴムの手と自分の手が似ていると感じられるようになることである。この手続きは外集団差別の緩和に応用することができる。白人に黒い肌のゴムの手を用いた研究では，黒い肌のゴムの手に身体の自己所属感を感じるほど，潜在連合テストで測定する黒い肌に対する潜在的な態度がよりポジティブになることが報告されている（Maister et al., 2013）。

(3) ゴムの手錯覚の個人差

ゴムの手錯覚の生じやすさには個人差があり，心拍カウント課題（一定期間の心拍数を数え実際の心拍数と比較）で測定する内受容感覚の正確性が低い者ほど錯覚が生じやすい（Tsakiris et al., 2011）。ゴムの手錯覚と同様の現象は顔でもみられるが（Tajadura-Jiménez et al., 2012; Tsakiris, 2008），ここでも，ゴムの手錯覚の

場合と同様に,内受容感覚の正確性が低い者のみでモニター上の顔にナイフが近づいた場合に強い皮膚コンダクタンス反応がみられることが報告されている (Tajadura-Jiménez & Tsakiris, 2014)。

　身体に関する各モダリティ情報の相対的な信頼性(精度)の個人差は,精神疾患の症状を理解するうえでも有用である。例えば,摂食障害患者では寛解後でさえ心拍カウント課題の成績が健常群より悪く(e.g., Klabunde et al., 2013),ゴムの手錯覚も生じやすい(e.g., Eshkevari et al., 2012)。内受容感覚の正確性が低い人ほど自身の身体を評価の対象として捉える傾向が強いが(Ainley & Tsakiris, 2013),摂食障害患者では,内受容感覚の正確性が低いからこそ,身体像の形成が視覚情報に大きく依存し,身体像の歪みや外見という視覚的な身体への過剰なこだわりが生じている可能性がある。逆に,自閉症スペクトラム障害(autism spectrum disorder: ASD)の子どもでは自己受容ドリフトが生じにくく(生じるのに時間がかかる),それが共感性の低さと相関することも報告されている(Cascio et al., 2012)。ASDでは運動学習が過剰に運動指令と自己受容感覚の連合に依拠しており,そうした自己受容感覚への過剰な依拠がASDの社会性の障害と関連していることが報告されている(Haswell et al., 2009)。自己受容感覚への過剰な依拠とそれに伴う視覚情報との連合の低下がASDの社会性の障害の背景にあるのかもしれない。

(4) 全身錯覚

　同様の錯覚は全身像を用いても可能である。例えば,立ったままヘッドマウントディスプレイを装着し,2メートル後方にあるカメラから撮影したアバターの背中の立体映像を見るとする。この背中が実際の自分の背中と同期して撫でられるのを数分でも見ると,しだいに見えている身体が自分の身体であるかのように感じられ,自分の位置も見えている身体のほうに感じられるようになる(Lenggenhager et al., 2007)。この見えている身体をハンマーで叩こうとでもすれば,自身の身体が脅かされているかのように皮膚コンダクタンス反応が誘発される(Ehrsson, 2007)。しかし,既存の身体スキーマとまるで似ていない柱と同時に撫でられたところで錯覚は生じない(Lenggenhager et al., 2007)。ゴムの手錯覚と同様に(Suzuki et al., 2013),心拍と同期させて全身像を光らせる場合も(Aspell et al., 2013),呼吸と同期させて全身像を光らせる場合も負荷のない通常の呼吸であれば錯覚が生じる(Allard et al., 2017)。透明人間にもなることができるし,スリムにも肥満にも,小人にも巨人にもなれる(Guterstam et al., 2015; Preston & Ehrsson, 2014; Van der

Hoort et al., 2011)。透明人間になって聴衆の前に立てば通常は生じる不安反応も生じなくなるし，スリムにでもなれば身体満足度も高くなる。小人になれば，同じ大きさのものでも大きく感じ，同じ距離にあるものでも遠く感じる。逆も然りである。また，ゴムの手錯覚と同様に，実際の身体の皮膚温の低下や痛覚閾の上昇も報告されている（Hänsel et al., 2011; Salomon et al., 2013）。さらに，自分の位置が錯覚によって移動すれば，物理的身体からは遠い位置であっても移動した自分の位置の周辺であれば近いと感じられるようにもなる（Canzoneri et al., 2016）。

(5) 一人称視点

　実験操作によって，一部の人では，視点の反転まで引き起こすことができる。全身像を用いた錯覚の導入の多くは立位または座位でなされるが，今回は，仰向けに横たわって，背中が撫でられる映像を見ながら自身の背中が撫でられるとしよう。ここで仕掛けは見ている背中の映像にある。自分は仰向けであるが，見えているのはうつ伏せの背中である。このように，重力手がかりが前庭感覚と視覚情報とで矛盾する場合，その矛盾の解決の仕方は大きく 2 通り考えられる。前庭感覚優位で矛盾を解決するか，視覚優位で矛盾を解決するかである。前庭感覚優位で矛盾を解決する人では実際の身体の視点通り上のほうに身体が見えるのに対し，信頼できる前庭感覚情報が利用できず，その分，視覚情報に頼らざるをえない人では，視点の反転が起き，自分の下のほうに身体が見えるようになる（Ionta et al., 2011）。

　行為と知覚の結びつけもまた一人称視点の成立に重要な役割を果たしている（Legrand & Ruby, 2009）。私たちは身体を持ち，世界内を動く。私たちが動くと，それに伴って知覚が変わる。ギブソンによると，動物が移動をすると，それに応じて環境内にある面からの反射によって観察点に収斂している光の配列（包囲光配列）も体系的に変化する（Gibson, 1979）。動物が移動しても変化しない情報もあり，それは周囲の環境を特定する情報となる。逆に，動物の移動に相関した包囲光配列の変化は，観察点の変化についての情報を含み，自己を特定する情報として利用される。人は環境を知覚すると同時に，自分自身をも知覚するのである。

(6) 一人称視点と自伝的自己

　自伝的記憶の想起は，想起された過去の出来事と現在の自分を結びつけ，自己の連続性の感覚，一貫性の感覚，さらには，アイデンティティの形成に深く関わっていると考えられている（Conway, 2005; McAdams, 1996; Neisser, 1993; Schacter,

1996; Tulving, 1985)。エピソード記憶は，過去経験の要素を検索しそれらを柔軟に組み合わせて自身の将来に起こる出来事をシミュレーションする能力，すなわち，エピソディックな未来思考を支えもする (Schacter & Addis, 2007)。

未来思考は，意思決定，感情制御，意図形成，プランニングなど多くの機能に役立つ (Schacter et al., 2017)。未来思考は，想起された出来事と将来の予測される出来事を結びつけることで，強い自己の連続性感をもたらすことも報告されている (D'Argembeau et al., 2012)。

近年，実験的に体外離脱体験を導入すると，離脱中の海馬依存のエピソード記憶の符号化が損なわれることが報告されている (Bergouignan et al., 2014)。この結果は物理的な身体を中心とする一人称視点から世界を知覚することが，自己のアイデンティティの基盤ともなる出来事のエピソディックな符号化に不可欠であることを示唆する。

(7) 予測誤差の最小化

以上，概観したように，身体的自己感は，視覚，自己受容感覚，触覚，内受容感覚，前庭感覚など，身体に関する複数のモダリティの関係性の中から生じる。私たちは複数のモダリティからの情報を受けて自己の身体についてのモデルを立て，そのより階層的に上位のモデルからの予測と矛盾する事態に遭遇した場合，それぞれのモダリティからの情報の相対的な信頼性に基づいて，信頼性によって重みづけられた予測誤差の総量を最小化すべく，モデルを更新していく (e.g., Apps & Tsakiris, 2014; Seth, 2013)。内受容感覚の信頼性が高い者には，心拍と同期して脈打たない手は，ゴムの手と自分の手が同期して撫でられようが，自分の手ではない。しかし，内受容感覚の信頼性が低い者では，相対的に信頼性の高い視覚情報と触覚情報の相関関係に基づいて，相対的に信頼性の低い（分散が大きい）自己受容感覚の予測誤差を克服するのが，予測誤差の総量を最小化する方法であり，かくして，モデルが更新され，見える手が自分の手に感じられるようになる。しかし，一般的に，内受容感覚よりも運動情報（と視覚情報の相関性）のほうが信頼できる手がかりであり，自らの手の動きと同期してゴムの手が動くのを見れば，その手が心拍と同期して光ろうが光るまいが（心拍と同期する場合，心拍検出の正確性が高い者では自己受容ドリフトが生じる），感じられる手の位置は見える手のほうに移動していく (Suzuki et al., 2013)。身体的自己感それぞれではおもに関与する感覚モダリティが異なるが，いずれも原理は同じと考えられる。身体的自己感は固定されたも

のではなく，簡単な実験操作によって変容しうるような動的なものである。そして，その更新されたモデルが体温調整のような恒常性維持機能の調整にも関わるのである。

2. 行為主体としての自己の感覚

(1) 意図的な行為の成立

　灯をつけようとスイッチを押すことができるのは，スイッチを押すと灯がつくと予測できるからである。Jamesが述べるように，無作為だろうが，反射的だろうが，不随意的だろうが，いったん特定の動作が起こり，記憶の中にそのイメージが残れば，その動作は再び欲せられることも，目的として企てられることも，意図的に選択されることも可能となるが，それ以前にはそれを意志することなど不可能である（James, 1890）。初めは無目的な動作でも，その動作に特定の感覚結果が随伴するという経験を繰り返せば，それにより動作と感覚結果の間の双方向的な関係についての表象が形成され，動作によってその感覚結果が予測できるようになるとともに，その予測された感覚結果を引き起こすために意図的にその動作を選択できるようになる（Elsner & Hommel, 2001）。今ここにないものを動作によって引き起こそうとするには，動作の結果を予測できる必要があり，予測ができるには動作とその結果の随伴関係についての学習が必要である。

(2) 行為主体としての自己の感覚の成立要因

　生後18時間以内の新生児でも，自分の手が自分の頬に触れる場合と自分以外の手が頬に触れる場合とを区別できる（Rochat & Hespos, 1997）。この研究は自己由来の感覚と環境由来の感覚を区別する能力が新生児にも備わっていることを示している。自分の動作によって引き起こした結果であれば，運動指令の遠心性コピー（運動を実行する際につくられる運動ニューロンから筋へ向けた運動指令信号のコピー）に基づいてその感覚結果を正確に予測することができる（Frith et al., 2000; 概説，佐藤，2015）。それゆえ，予測と実際の感覚フィードバックの間に不一致は生じない。しかし，環境由来の感覚の場合，その感覚は予測することもできず，両者の間の不一致はきわめて大きいものとなる。こうした予測は，自己運動に由来する感覚を相殺または減衰させ，自己由来の感覚と環境由来の感覚を区別することを可能とするとともに，自己主体感をつくる重要な手がかりとなる（Sato, 2008; Sato

& Yasuda, 2005)。動作の感覚結果の予測と感覚結果の一致性は、身体の自己所属感の錯覚をも作り出す。実験参加者の動作に随伴ならびに同期してアバターが動くと、そのアバターの身体が自分の身体であるかのように感じられることは、バーチャルリアリティを用いた多くの研究で報告されている (e.g., Banakou et al., 2013)。

視覚系の発達は比較的遅く、爆発的に発達するのは誕生後であるが、誕生以前でも、それ以外の感覚、すなわち、内受容感覚、痛覚、自己受容感覚、前庭感覚、触覚などは発達しており、運動も活発になされている。胎児期においてもこれらの感覚の共変関係をもとに自己の身体スキーマづくりは活発になされている。発達の遅い視覚系でも、目の前で繰り返し自分の手を動かしては見つめる、いわゆるハンドリガードが出現し、消えていく、生後5か月頃にもなると、自己の動作に随伴ならびに同期して動く映像とそうでない映像を区別し、予測と異なる動きを示す映像のほうを注視するようになる (Bahrick & Watson, 1985)。動作の感覚結果の予測は発達初期から利用できる重要な自己主体感の手がかりである。

しかし、発達とともに、自己主体感の手がかりも増えてくる。行為に先行する思考とその後の行為やその結果の一致性もその1つである (Wegner, 2002)。実際には何の因果関係がなくとも、結果と一致する情報が行為に先行して適切なタイミングで与えられると、その結果を引き起こしたのは自分だと感じられる (Wegner et al., 2004; Wegner & Wheatley, 1999)。予告は意識される必要さえなく、予告を閾下呈示した場合でも、それが後の結果と一致しさえすれば、後づけ的に自己主体感は高まることになる (Sato, 2009)。

以上のように、自己主体感に寄与する要因は多く存在する。複数存在する手がかりがどのように統合され、自己主体感をもたらすかは、それぞれの手がかりの利用可能性や相対的な信頼性しだいである。それぞれの手がかりの相対的な信頼性に応じて、自己主体感に及ぼす、それぞれの手がかりの重みづけが変化する (Synofzik et al., 2009; Vosgerau & Synofzik, 2012)。例えば、佐藤 (2013) は、学習セッションの有無により動作の感覚結果を予測する順モデルの信頼性（精度）を操作し、順モデルによる予測の手がかりとしての信頼性が高い場合には、自己主体判断に対して、予測と感覚結果の一致性に大きな重み付けが、逆に、順モデルによる予測の手がかりとしての信頼性が低い場合には、先行思考と結果の概念的一致性に相対的に大きな重み付けが付与されることを示している。

2節　意識の主観性，経験の一人称性

　しかし，これまでの議論だけでは意識の主観性，あるいは，経験の一人称性までは説明できない。カントは『純粋理性批判』の中で，「我思う」ということが私のあらゆる表象に伴いうるのでなければならないと主張している。それが時間を超越する先験的自我でないとすれば，あらゆる表象に伴う「我」はどのように生じるのだろうか。

　私たちの身体の構造は生涯を通じて安定しており，その働きも一生涯ほとんど変わらない。また，内部環境の状態や内臓の状態は可能な変化の幅が限られている。体温にしろ，血糖値にしろ，生命を維持するには有機体内部の環境を一定範囲内に安定させる必要があり，そのためには，常に内部環境や内臓の現在の状態をモニターし，不均衡が生じたらそれを修復する必要がある。脳は常に内部環境や内臓の現在の状態の報告を受け取っている。前庭や骨格筋の状態についても同様である。ただ立っているとか，座っているとか，特に目立った動作がなされていないときでさえ，脳は骨格筋の状態を知らされている。脳は，刻一刻，こうした比較的安定した身体の動的表象を手に入れている。Damasioのいう原自己は，こうした身体の状態を刻一刻マッピングしている統一のとれた一連の神経パターン（現在の身体状態の表象）のことである（Damasio, 1999, 2010）。この原自己は意識されることはないが，その都度の経験の基準点となる。

　Damasioの中核意識（言語に依存しない，今ここに限局された意識）は，何らかの対象によって原自己の状態に変化が引き起こされ，原自己の変化に関する表象とその原因となった対象についての表象の双方が再表象されることで生じる。Damasioのいう中核自己感が生じるのはその瞬間である。それは，自分が認識しているとか，他の誰でもない自分の考えだとか，自分がしているといった感覚をもたらす。中核意識ならびに中核自己感は，対象が原自己と相互作用して原自己に変化を起こし，原自己の状態の変化が対象に関する表象と結びつけられる限り，継続的に生み出される。はじめの対象によって変化した原自己は，後の対象に対するはじまりの原自己になる。意識は流れる。

　意識が生じるには，対象についての表象が，それ自体は意識されず，いまだ自己とも特定されないものの，それでも自己に由来する身体入力と結びつけられる必要があるというのが，Damasioの考えである。この意味において，Damasioの考え

では,意識とは常に私の意識であり,経験とは常に私の経験だということになる。また,意識は常に何ものか(原自己の状態に変化を引き起こした対象)についての意識だということになる。Damasio の考えは,意識の流れ,意識の一人称性,意識の志向性を見事に説明しているものと考えられる。

　意識の主観性の成立において,特に重要なのは,内受容感覚である(e.g., Craig, 2009; Park & Tallon-Baudry, 2014)。それ自体は意識されない絶えず更新される身体の内的状態(内臓情報)に関する神経マップが,経験の一人称性を成立させる準拠点となる。そして,この神経主観フレームは,知覚経験,自己意識,感情のフィーリングなど,あらゆる主観経験の基盤となる(Park & Tallon-Baudry, 2014)。近年,自発的な思考中の主我感と客我感の高低が,潜時と部位こそ異なるが(主我感は T 波のピークから 298-327 ms 後に腹側楔前部(ventral precuneus),客我感は T 波のピークから 94-169 ms 後に腹内側前頭前皮質(ventromedial prefrontal cortex: VMPFC),いずれも心拍誘導電位の振幅と共変するという報告がなされている(Babo-Rebelo et al., 2016)。楔前部(precuneus)と腹内側前頭前皮質は,安静時,自己内省時,自己の性格判断時,自伝的記憶の想起時,自身の将来に起こる出来事の想像時などに賦活が観察される,いわゆるデフォルトネットワークの一部である(メタ分析は,Qin & Northoff, 2011)。この結果は,自己意識の最中においてさえ,その自己性を支えているのが内受容感覚であることを強く示唆する。

3 節　他者との関わりの中の自己の感覚

1. 意図の間主観的制作

　生命を維持するには有機体内部の環境を一定範囲内に安定させる必要がある。そして,そのためには常に内部環境や内臓の現在の状態をモニターする必要がある。この身体の内的状態の神経表象が,中核自己感をも含む,すべての主観的体験を成立させる基準点になるとは,すでに述べたとおりである。ところで,生まれたばかりの乳児は自分自身だけで恒常性を維持することはできない。血糖値が下がったからといって,自分で冷蔵庫を開けて,シュークリームを食べたりはしない。不均衡が生じれば,その不快感を,泣くなどの行動で表出し,養育者がそれを読み取り,不均衡を修復する。その中で,内部環境の不均衡がどのように修復されるのかに関

するモデルも形成されるようになる。養育者はまた，ただ黙々とおっぱいを与えるのではない。「お腹が空いていたのね」「おっぱいおいしいね」「お腹が空いて不機嫌だったのね」など，乳児の内的状態に関する語りかけを行いながら，乳児の内部環境の不均衡を修復していくのである。乳児の経験はそうした言語ラベリングのもとに組織化されていく。

　すでに述べたように，動作の結果を予測できなければ，意図的に何かを行うことはできない。予測ができるには動作とその結果の随伴関係についての学習が必要である。乳児において，意図は，多くの場合，養育者（養育者はすでに特定の文化の中に埋め込まれている）と共同で制作され，満たされることになる。養育者は，通常，乳児が感情や欲求や意図といった心的状態をもっていると想定して，乳児に関わる傾向がある（Meins, 1997）。乳児の行動の背後に意図や感情を読み込み，運動能力に限界のある乳児のいわば身体となって，乳児が意図したと養育者が読み込んだことで乳児を満たす。意図は間主観的に制作される（Sato & Itakura, 2013）。乳児もまた，他人が自身の意図を理解し，それを満たしてくれると期待して，他人がいる前では手の届かないものに対しても手を伸ばす（Ramenzoni & Liskowski, 2016）。それは後に要求的な指さしになる。行為主体としての自己の感覚が「われわれ」としての主体感にまで拡張される。しかし，その分，自他の分離は困難になる。篠原（2013）は，乳児の行動に心的状態を読み込む傾向が強い母親の子どもは，36 か月時での自分とは異なる他者の欲求の理解，48 か月時の他者の誤信念の理解が遅れることを示している。

2. 他者という鏡

　おそらく，胎児にも経験する主体としての自己の感覚は存在する。生後 2 か月頃にもなれば，意図する主体としての自己の感覚も芽生え始める。ただし，それらは，内受容感覚や自己受容感覚といった自分にしか感じられない感覚に多くを依拠した自己感覚である（自己受容的身体）。光は他者にも感覚可能であり，他者との共有も可能である。自己受容的身体が遅く発達する視覚といかに結びつくか，それは，なぜ，他者も自分と同様に経験する主体であり，意図する主体であると思えるのかを解く鍵である。

　乳児は，誕生後すぐに，他者との関わりの中で，自己受容的身体感と視覚を結びつけていく。他者の表情は見ることができても感じることはできない。逆に，自分

の表情は感じることができても直接見ることはできない。しかし，新生児は，他者の表情を見て，それを再現することができる（Field et al., 1982; Meltzoff & Moore, 1977）。生後2か月が近づくと，こうした新生児模倣はしだいにみられなくなるが，他者に向けられた微笑みである社会的微笑は多くみられるようになる。そして，乳児と養育者の間の微笑みの相互的なやりとりが頻繁になされるようになる。この対面的なやりとりの中で，養育者は誇張した表現で乳児がその内側で感じていると思われるものを映し出す。乳児は一人称的に感じていることを，他者という鏡を通じて見ることになる。こうした相互的な模倣のやりとりの中で，乳児は，自分では直接見ることのできない自分の表情を他者の顔に見ることで，運動情報（ならびに自己受容感覚）と視覚情報を結びつけ，いわゆるミラーニューロンを発達させていく（Heyes, 2010）。それは他者の行為理解の基盤ともなる（Rizzolatti et al., 2001）。相互的な模倣は，経験の共有や自他の類似性の知覚をも可能とする。自分の動作と随伴して動くものは自分である（Sato & Yasuda, 2005）。そして，その類似性の知覚を基盤に，意図する主体としての自己の感覚が芽生えれば，自分と同じような他者もまた，意図する主体であると感じられるようになる（Melzoff, 2007）。それとともに，相互的な模倣は，物理的な鏡体験に先立って，自己と他者の視点の交換をも可能とする。乳児の感情（まずはコア・アフェクト）が調整されるのもこうした相互的なやりとりの中においてであり，このやりとりの質が後の子どもの自己制御能力を予測することになる（Feldman, 2007）。いうまでもなく，このやりとりは黙々となされるのではない。「欲しいけれど取れなくて怒っているのね」といった語りかけとともに行われ，その中で文化特有の感情概念を学んでいく。

3. 自己意識の社会性

　一般的に，自己意識の有無は，鏡像自己認知課題の通過の有無で判断される。典型的な課題では，乳児に気づかれないように，乳児からは直接見えない額に口紅を塗り，乳児が気づいていないことを確認したうえで，乳児を鏡の前に連れていく。鏡を見て，乳児が口紅を取ろうとすれば，鏡に映っている像が自分だと同定できていることになる。ヒトでは18か月を過ぎる頃からこの課題を通過するようになるが，通過が可能なのはヒトに限らない。ヒト以外では，チンパンジーなどの大型類人猿，イルカ，アジアゾウ，カササギなどで，鏡像自己認知課題の通過が報告されており（Gallup, 1970; Plotnik et al., 2006; Prior et al., 2008; Reiss & Marino, 2001），

近年では，以前は通過が困難とされたアカゲザルでも，鏡の使用法に加えて，視覚（鏡像）と自己受容感覚の関係性を学習させれば，鏡像自己認知課題に通過することが報告されている（Chang et al., 2017）。

ヒトの自己意識の起源は，むしろ，鏡像自己認知課題通過以前の，乳児と大人のコミュニケーションにある。共同注意が始まる生後9か月以前の養育者と乳児のコミュニケーションの話題は，周囲にある対象というよりも，乳児自身や乳児の行動である。養育者の注意はもっぱら乳児に向けられ，何かを伝えようとの意図をもって乳児と関わる。乳児もまた，周囲の大人が自分に向けて何かを伝えようとしていることを知らせるアイコンタクトやマザリーズなどの直示的信号に敏感である。こうした直示的信号に基づく教授法は，人工知能のように事例の蓄積によらずとも知識の一般化を可能とする人類特有の社会的学習法だと考えられている（Csibra & Gergely, 2009）。実際，新生児は，視線がそれているよりも，視線が自分に向いているほうを好んでよく見ることが報告されている（Farroni et al., 2002）。4か月の乳児を対象とした研究では，他者とアイコンタクトがある場合には，成人と同様に，対象としての自己を意識する際に活動が観察される内側前頭前皮質（medial prefrontal cortex: MPFC）の活動がみられている（Grossmann et al., 2008）。

Reddy は，共同注意が始まる前でさえ，乳児は，他者が注意を向ける存在であるとともに，その注意の対象が自分であることに気づいているとし，この気づきこそが心的存在として自己や他者を表象することにつながるのだと論じている（Reddy, 2003）。そして，Reddy は，他者に注目された際の喜びや苦痛，無関心などの表情，他者の注意が向けられていない場合のそれを求める呼び声などを，他者の注意の対象が自分であると乳児が気づいていることの証拠としてあげている。自分と同じように経験する主体であり，意図する主体である他者と注意を共有できるようになると，乳児は，その他者の視点を通して世界を学ぶことができるようになる。さらに，その共有された注意の対象が自分であることに気づくようにもなると，乳児は，その他者の視点を通して自分を知るようにもなる（Tomasello, 1999）。それこそが客我の起源である（Cooley, 1902; Mead, 1934）。一人称的な自己の感覚に，他者から見られた自己，いわゆる三人称視点からの自己の感覚が加わるようになる。両者は常に食い違う。その食い違いにどう対処するか，それがその人の人生を方向づける。

さて，標準的な鏡像自己認知課題では，周囲の誰もステッカーを額に貼っていない。だから，乳児はそれに気づくと剥がす。しかし，周囲の大人が皆，額にステッ

カーを貼っているとすれば,話は別である。鏡に映っているのが自分だと気づけば,むしろ,剥がしたがらないのである（Rochat et al., 2012)。ヒトの自己意識の起源は本質的に社会的なものである。ヒトにとって生きるということは他者とともに生きるということであり,他者との協力関係がなければ,生存も繁殖も不可能である。そうした他者との関係を形成・維持することこそが自己意識の機能であり,他者との関係性の質をモニターすることこそが自尊感情の機能なのである（Leary, 1999; Rochat, 2009; 佐藤, 2016a)。

4節　おわりに

　恒常性の維持に関わる内受容感覚からの情報が経験に自己性を付与する準拠点となり,その主観フレームを背景に,自己受容感覚,前庭感覚,触覚,視覚,運動情報などが結びつけられ,中核自己感が成立する。そして,こうした自己感を基盤に,他者との関係性の中で自己意識や自己に関する概念を発達させていく。かくして,ヒトは人として文化を内在化させていく。

　近年,内受容感覚の変化の原因に関する能動的・予測的推測プロセスが主観的な感情経験をもたらすとの議論が盛んになされている（Barrett, 2017; Seth & Friston, 2016)。自己と感情は密接に関わっている。本章で紹介した自己理論とそうした感情理論との接続は容易であり,統一モデルの提起が今後の課題である。多くの精神疾患が自己と感情に関わっており,それは精神病理学にも多大な貢献をもたらすだろう。

日本における抑うつと反すうの関連

　16 章で紹介するように，抑うつと反すうの関連は欧米諸国で行われた多くの研究で確認されている。この結果は日本でも再現されるのだろうか。

　筆者は反すうの頻度を測定する Ruminative Responses Scale（RRS）の日本語版を作成し（Hasegawa, 2013），日本人大学生を対象とした調査を行った。RRS の合計得点を反すうの指標として用いた検討を行い，以下の結果が得られた。①反すうは，同時点で測定された抑うつと中等度の正の相関関係にある（r = .61: Hasegawa, 2013）。②過去に抑うつエピソードを経験したことがあるが，調査時点では抑うつ状態が落ち着いていた大学生は，エピソードを経験したことがない大学生よりも反すうしやすい（Hasegawa et al., 2014; 長谷川ら, 2016）。③ベースラインの時点で反すうしやすい者は，その時点で測定された抑うつの影響を統制したうえでも，4 週間後や 8 週間後に抑うつ状態が強い（Hasegawa et al., 2013; Hasegawa et al., 2018）。④ベースラインで測定された反すうの頻度は，同時点で測定された抑うつの影響を統制すると，6 か月後の抑うつ状態の強さを予測しない（Hasegawa et al., 2015）。

　上記の①〜③の結果は，欧米で行われた先行研究の結果とおおむね一致する（e.g., Butler & Nolen-Hoeksema, 1994; Nolan et al., 1998; Joormann et al., 2006）。しかし，欧米で行われた研究では，RRS の得点が 1 年以上先に測定された抑うつ状態の強さを予測することが示されているため（e.g., Nolen-Hoeksema, 2000），上記の④の結果は，欧米で得られた知見と一致していない。つまり，日本語版 RRS の得点による将来の抑うつの予測力が弱いということが示唆される。

　後者の知見の不一致をどう考えるべきであろうか。日本語版 RRS を用いて長期間の追跡研究を行ったのは Hasegawa et al.（2015）のみであるため，単なる追試の失敗の 1 つと位置づけてもよいかもしれない。翻訳の問題により，日本語版 RRS の得点による抑うつの予測力が低下した可能性もある。日本では反すうが抑うつに及ぼす影響が弱いという可能性も否定できない。いずれにしても，日本語版 RRS を用いて抑うつと反すうの関連を検討した研究は散見される程度であり，さらなる検討を重ねる必要があるだろう。

羞恥感情と健康行動

「恥ずかしいせいで人が死ぬ」。こう言われて，そのとおりだとうなずく人はあまりいないであろう。しかし実はあながち嘘ではない。例えば泌尿器科や産婦人科。特に身体に関わる医療サービス利用の大きな障壁に羞恥感情があることが指摘されている（Consedine et al., 2007）。恥ずかしいという理由で適切な医療サービスの利用がためらわれ，結果的に病気が進行し，最悪の場合死に至ることもある。こう考えると恥ずかしいせいで人が死ぬことはあり得るのである。

性感染症予防にとって重要な健康行動の1つであるコンドームの使用もまた，羞恥感情によって阻害される。コンドームの適切な使用には，購入し，保管し，運搬し，使用し，そして廃棄するというプロセスが含まれる。その最初の段階である購入について，そこでの羞恥感情の低減を目指した研究がある。

樋口・中村（2018）は，コンドーム購入時の羞恥感情には"その場でどのようなふるまいをすればよいのかわからない"という感覚が強く影響していることに注目した。そして，ビデオフィードバック法という社交不安障害への治療技法を応用した介入研究を行った。彼らは研究の参加者に対してインターネット上に作成・設置したあるビデオを視聴させた。そのビデオは男性あるいは女性の主人公がドラッグストアに入り，コンドームを1つ選び，レジで支払いをするというコンドーム購入に関わる一連のプロセスが2つのパタンで示されたものであった。第1のパタンはおどおどとコンドームを購入するもの，もう1パタンは堂々とコンドームを購入するものであった。この2パタンを参加者に見せることで，参加者は"コンドームをおどおどと買ったらおかしい。むしろこうやって堂々と買えばよいのか"とふるまい方に関する知識を得ることができる。このビデオを見た群とコンドーム使用促進を目指したパンフレットを読んだ群，さらには何もしなかった群とを比較した結果，介入後の羞恥感情はビデオを見せた群においてのみ下がっており，さらにコンドーム購入の自己効力感もビデオを見た群のみで上昇していた。

恥ずかしさのせいで健康が阻害されたり挙句の果てに死んだりすることを，放置するわけにはいかない。それは羞恥の研究者としては恥ずかしいことである。そのためにも，羞恥感情の制御の仕方を検討していく必要があるのだ。

5章

感情心理学の潮流

1節　感情研究に対する関心の高まり

　20世紀，科学技術は著しい発展を遂げ，人々はそれに伴い生活環境や生活習慣を変容させてきた。21世紀に入るとその変容の仕方にますます拍車がかかり，SNSの登場などで人の精神生活や人間関係までにも及ぶようになってきた。さらにAI（人工知能）の登場は，人類がこれまで経験したことのない，想像もつかないような変動を与える可能性すら帯びるに至っている。このようなコンピュータ技術，情報科学などの急激な，そして激しい変化は，感情研究の分野においても同様で，心理学分野のみならず，特に，脳科学を代表とする生命科学，AI技術を代表とするロボット工学などでかつてないほど感情に対する関心の高まりをもたらしている。感情は，人間を人間たらしめている人間行動そのものといっても過言ではない，ある意味合理性に欠け，制御の難しいものである。このため感情とは何か，感情表出はどのようになされ，どのように認知されるのかといった根本的な問題ですら少なくとも心理学的には解明できていない。このため，10数年前から盛んになってきたロボットに感情をもたそうとする試みは，いわば強引に擬人的な，それも極一面的な，"感情反応らしきもの"をロボットに組み込み，あたかもロボットに感情をもたすことに成功したかのように主張してきた。今後はAI技術の発展，そして心理学や社会学をはじめとする感情そのものに対する研究の知見が相まって，ロボットに真の感情をもたそうとする試みがこれまで以上になされていくものと思われる。2045年にはAIが人間の能力を超すとされるシンギュラリティが起こると予測され

ている。もし AI が人の組み込んだプログラムによらず，自律的に制御するようになり，感情をもつようになることがあるとしたら何が起こるのか今こそ真剣に考え，取り組んでいく必要があると思われる。

2節　感情の捉え方

　従来の感情の捉え方は，多くの学問の例にもれず長い間西洋の哲学界を支配してきた Plato のイディアの考え方に従ったものであった。つまり人間は 2 頭立ての馬車であり，人間は魂を正しい方向に導く賢い馬である理性（イディア）と，魂の進むべき方向を乱す暴れ馬である情熱（パッション）が牽引すると考える。Solomon (2004) は，情熱は人が意図して引き起こすものではなく，突然人に襲いかかり，一瞬にして虜にし，自律的で理性的な精神生活を破壊する，無秩序で，非合理的なものだという。つまり感情は，人の心における厄介者であり，法則や規律に従わない，あるいはかく乱させるものであるため，科学の対象として取り上げるべきものではなく，もし対象として取り上げるとした場合，それは不適応，あるいは狂気といった文脈で捉えるべきであるとする考え方であった。このように感情は邪魔者，厄介者であると捉えられてきたため，感情は近現代に至るまで等閑視されてきたものと考えられる。

　しかしながら，こうした中でも Aristoteles や，17 世紀の Spinoza たちは，感情が人の精神活動を乱すような暴れ馬ではなく，思考や信念との関わりの中で規則的に生起し，個人や社会に対し，きわめて合理的な機能を果たすと考えてきた。今では，感情と理性は対立するものではなく，協調的に結びつき，ヒトの適応を支えるものであると考えられるようになっている（Bruner, 1986; Izard, 1997; Lazarus, 1999）。

3節　感情研究の展開

　前述したように，感情研究はこれまで心理学や自然科学の領域では非科学的な存在として扱われてきたが，感情に伴う諸現象は人間活動そのものであり，ギリシア時代の昔から感情研究について思索はなされてきた。

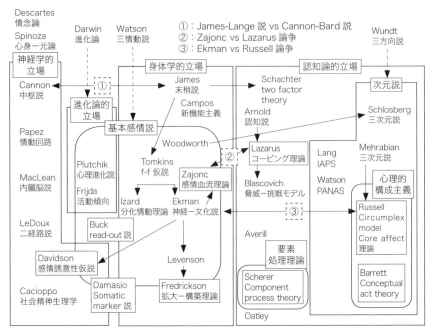

図 5-1　感情研究の潮流

この図は，感情研究の立場の流れを便宜的に示したもので各研究者たちは，必ずしも1つの立場を堅持しているわけではなく，2つ以上の流れをくむ人もいる。例えば Buck の説はメタ理論ともいうべきものであり，Barrett の考えは神経学的な研究も行っている。なお縦軸は必ずしも年代を示すものではなく，枠の大きさも研究実態の数を意味するものではない。なお矢印で結んでいるものは師弟関係もしくは共同研究者など関係が深いものである。また破線で囲んだものは，かつて行われてきた論争を表している。

　図 5-1 は，これまでの感情研究の流れを示したものである。感情研究には大きくみて 4 つの源流があると考えられる。Darwin の進化論からの進化論的立場，James に端を発する身体学的立場，Cannon の神経学的立場，そして Arnold の認知論的立場である。これらの源流には，さらに現代心理学成立以前の哲学的研究などの源泉がある。

1. 進化論的立場

　進化論的立場は，Darwin（1965/1872）の有名な著作『人及び動物の表情について（*The expression of the emotions in man and animals*）』に始まるといえる。Darwin

はこの本の60年ほど前に出版された Bell（1806）の表情は人間固有のものであるとする主張に対して，ヒトと動物の表情は進化論的な連続性が存在することを主張した。その後この立場は Plutchik の心理進化説（1980）や Frijda の活動傾向説（1988）に受け継がれている。その後 Ekman などの新ダーウィニズムの研究者たちは「感情は生存にとって必要であるため進化の過程を経て残ってきた」と主張し，後述する身体学派と結合し，基本感情説の立場を築くに至っている。

2. 身体学的立場

(1) 末梢説

「泣くから悲しい」というフレーズで有名な James（1884）の感情理論は，同時期に心臓血管系や内臓系の活動が感情体験をもたらすとした Lange（1885/1912）の説とともに James-Lange の末梢説と呼ばれている。James が感情の起源を内蔵の活動や筋肉運動に求めたのは，その当時"知"と"意"を司る脳の局在がわかってきたのに対し，"情"を司る部位がわからなかったという時代的背景が関係している。感情が身体のどこに宿るのか（どこが司るのか）は古くから関心をもたれてきた大きな問題であった（Tracy, 1976）。大きく分けると感情を司るのは脳であると考える立場と心臓であると考える立場に分けられ，James の感情理論は心臓説の立場に立つものといえる。感情が心臓の特に血液に関係するとする説は古代ギリシア時代の Empedcles（B.C.495-B.C.435）までさかのぼることができる。Empedcles は物質のアルケー（根源）は火・水・土・空気のリゾーマタ（根）からなり，結合し，調和した世界をつくる「愛（philia）」と，分離し，無秩序状態を生み出す「ネイコス（neikos）」があり，それによって4つのリゾーマタは集散離合を繰り返し，心臓の周りの血液が関係すると考えた。また Anaxagoras（B.C.499?-B.C.428?）は，相対論的立場から，すべての知覚は異なるものが異なるものに出会うことによって生じ，そこには痛みが伴う。したがって快や苦は体から生じ血液が関係すると考えた。その後 Diogenes（B.C.412-B.C.323）は，十分に空気が与えられた血液が体をめぐると「快」を感じ，逆だと「苦」になると考えた。また目に見える世界の実在を信じ，感性的な知覚に価値のあることを認め，それに伴う喜びの価値を認め，実証的な立場から今の心身一元論に近い説を唱えた，心理学の祖ともいえる Aristoteles（B.C.382-B.C.322）も同様に感情における心臓の役割を重要視した。

一方，心身一元論者として知られる Spinoza（1632-1677）は，Descartes（後述）

の機械論を神にまで適用した神即自然の汎神論を主張し，精神の変化と身体の変化は対応しており，身体から独立した精神はなく，精神から独立した身体もない，即ち心は身体とは分離したものではないと主張した。また彼は，喜び，悲しみ，欲望が基本的な感情であり，その他の感情はこの3つから成り立つと考えた。こうしたSpinozaの考えは唯脳主義を批判し，身体，脳，心は分割不可能であり，お互いに相互作用していると主張する現代のDamasio（1994, 2003）のソマティック・マーカー（somatic marker）仮説などの考えにも影響を与えると同時に，感情の脳科学研究にも大きな影響を与えている。

なお，James-Langeの末梢説は後にCannonや臨床的知見から反論を受けたが，1960年代になるとTomkinsの顔面フィードバック仮説（Tomkins, 1962），Schachter & Singer（1962）の二要因説によって見直され，Ekmanらの新ダーウィン主義と結合し，基本感情説と呼ばれる，現在の感情理論の中心的立場を占めるに至った。

(2) 基本感情説とその展開

基本感情的な感情の捉え方は，行動主義者Watsonの三情動説にもみられる。Watsonは，感情は生体を一時的にカオスの状態にするが，本能的反応はカオス的にならない。したがって感情と本能は別のものであると考え，生得的にもっている根源的な感情として恐怖，怒り，愛情の3つをあげている。

新ダーウィン主義の研究者たちが唱える，現代の基本感情説では，「感情は，生活体が生存するうえで必要に応じて，適応価の高いものが進化の過程で，遺伝的に組み込まれてきたものである。したがってその感情により生じる表情，生理的反応などは社会的，文化的違いによらず，各民族，各文化に普遍的な要素をもつ」，また，「霊長類をはじめとして他の動物にも類似した表出がみられる」と考える。この捉え方はDarwinの進化説を曲解している（Cornelius, 1996）とする批判があるのはともかくとして，例えばEkmanはこの考えに従い，少なくとも恐れ（fear），驚き（surprise），怒り（anger），嫌悪（disgust），悲しみ（sad），喜び（happy）の6つの基本感情があり，それぞれの感情は特定の刺激事象で起こり，特定の感情には特定の表情や音声，生理的反応などの表出シグナル（感情特異反応）があると主張した（e.g., Ekman, 1992）。また，EkmanやIzardは基本感情として定義する場合の条件も設定している。

基本感情説の立場に立つ研究者は多く，PlutchikやIzard, Levenson,

Matsumotoなどがその代表としてあげられ，わが国においても，本人が意識しているかどうかはともかくとして，内容的には，少なくみても過半数以上の感情研究者がこの基本感情説の立場に立っていると考えられる。しかしながら，基本感情説の立場に立つ研究者の基本感情の数が大きく異なる，またその研究方法に対する疑問など数々の疑問が出されRussellを代表とする感情の次元的アプローチ，またSchererらのコンポーネント・プロセス・モデルの立場から批判がなされている。確かに，EkmanやIzardをはじめとする，この基本感情説は，特に感情表出を研究対象とする多くの感情研究者たちに多大な影響を与え，感情研究を大きく進める原動力となったのは事実である。しかしその一方で，感情を表す言葉の定義が，国や民族，さらには研究者間で異なっている現状において，基本感情が離散的な存在であるとしたため，多くの実験結果が一致しないという混乱を引き起こすなどの問題を生じた。さらには，最近Siegel et al. (2018)が，メタ分析の結果，生理的反応に感情の特異反応は見られないとする報告をしているなど，基本感情説に対して否定的な研究結果が多数報告されていることを鑑みれば，今後見直しを含めたさらなる研究が必要となると思われる。

3. 神経学的立場

Jamesらの心臓説に対して，感情を脳が司るとした脳説の現代的感情研究はCannon (1871-1945) から始まるといってもよいであろう。感情を脳が司ると考えたのは，初めて人体解剖を行った古代イタリアの医学者であるAlcmaion (B.C.6世紀頃) であり，医学の父Hippocrtes (B.C.460-B.C.377) らも感情が脳に宿ると考えた。またPlato (B.C.427-B.C.347) も理性的な魂は脳が司ると主張したが，Aristotelesなどの心臓説が優勢になるに伴い，Galenus (130-200) に至るまで大きな進展はなかった。Galenusは精神の座は脳であり，特に重要な部分が脳室であると考え，心身の機能は精気（spirit）によりもたらされるとする精気論を唱え，16-17世紀に至るまで神聖な学説として，医学会に多大な影響を及ぼした。

(1) Descartesの情念論

近代に入るとDescartesが，現代科学における感情の脳科学研究の源泉ともいうべき情念論を唱えた。「cogito ergo sum（ラテン語）：われ思う故にわれあり」という命題で知られ，心身二元論を唱えたDescartes (1596-1650) は，彼の機械論

的世界観を心に適用することはできないため，心を科学的方法論によって考察することはできず，内省によってのみ，自分の心を主観的に知ることができると考えた。

Descartes は心身二元論の立場から感情体験をとらえた。生体が危険を知らせる感覚信号を受容すると，その感覚信号は脳に伝えられる。感覚信号は意識が介入することなく脳で評価され，この評価に基づき脳室に蓄えられている動物精気が内臓や骨格筋にはたらき，行動や内臓活動を引き起こす。この身体活動に伴う信号が脳にフィードバックされ，実体のない非物質的存在である「精神ないしはこころ」とのインターフェースの役割をしている松果体に伝えられ，松果体を介して「こころ」とコミュニケートし，「こころ」の状態に影響を与え，感情が体験されると考えた。Descartes の情念論の要諦は，「脳」は「身体」の一部であり，人の「身体」は機械である。「こころ」は「脳」の産物ではなく，松果体を介して「脳」をコントロールしており，人と他の動物との違いはこの「こころ」の有無であるというものである。彼の考えは，もちろん今では通用するものではないが，受容した感覚刺激が脳で評価を受けること，その評価に基づき自律的な反応が引き起こされ，その過程で感情が引き起こされるとした点は後々の感情理論に大きな影響を与えている。

(2) Cannon-Bard の視床説（中枢説）とその展開

Cannon（1927）は，ロシア反射学の祖 Bekhterev の内臓活動の変化は意志の支配を受けていないなどの感情表出が大脳新皮質（neocortex）から独立しているとする考えや，Cannon & Britton（1925），Bard（1928）などの大脳皮質除去動物で見せかけの怒り（sham rage）の出現報告，20 世紀初めの Roussy の片麻痺に関する報告，Head の視床症候群に関する報告などから James-Lange 説を批判し，視床説を提唱した。

Cannon は，視床（thalamus: 現在では視床下部（hypothalamus）に相当）は大脳皮質から持続的な抑制を受けており，末梢の感覚情報によって大脳皮質からのこの抑制が外れることで，感覚情報に感情的色合いがつき，パターン化された反応が生じると主張した。つまり，「感情体験や感情表出は感覚受容器からの情報に基づく新皮質から視床に加えられていた抑制の解放現象である」とするものである。この Cannon の視床説は，感情体験を生じる場所は視床下部であるとする Bard の説とともに Cannon-Bard の視床（中枢）説と呼ばれている。現在では，視床下部に加え，扁桃体（amygdala），前頭眼窩皮質（orbitofrontal cortex: OFC），前部帯状皮質（anterior cingulate cortex: ACC），島（insula）などが感情体験や感情表出に

重要な役割を担うことが示唆されている。

　神経学的立場からの感情研究は，その後 Papez（1937）の情動回路，MacLean の三位一体説（1950）などが提唱されたが，心理学的な感情研究の興味からは外れた感があった。このような中 LeDoux（1995）は，感情刺激の情報が扁桃体に直接伝えられた感情的処理情報と，新皮質を介したより高次の認知的処理情報とがフィードフォワード的に扁桃体で収斂することで感情が制御されており，急激な，激しい刺激を受けると認知的処理情報による抑制がはたらかなくなり，感情の嵐が起こるとする二経路説を唱え注目された。

(3) 脳のイメージングから見た感情の経路

　最近の感情に関わる脳の情報処理経路を要約すると，喚起刺激に対する刺激情報は大脳辺縁系（limbic system）で評価が行われ，前頭眼窩皮質や前部帯状皮質からの高次の評価による感情調節に関わる制御がフィードフォワード的に加わることでなされている。不安障害やうつ病など，両部位のバランスの悪さが原因ではないかと考えられる。また感情の経路には有力なフィードバック回路がみられず，真の適応系の回路としてのコントロールが効いていない可能性も考えられる。

4. 認知的評価の立場

　認知論の立場からの感情研究者達は，「その環境をどのように評価するか（例えば，有益か有害か，対処可能か対処不可能か）によって感情が引き起こされる」と主張する。認知論の立場によれば，感情は刺激，その知覚，評価，感情，表出，行為といった一連の行動の中で生じ，生体が受容した外部環境の変化や体内環境の変化を過去の記憶や体内環境に照らす認知的評価に基づいて生起すると考える。しかしながら，Zajonc（1980）は，単純接触効果（感情プライミング）の実験に基づき，感情の生起に認知的な評価は不要であると主張し，認知論の立場から，感情は状況に対処するためにその評価に基づいて準備状態を作り出すとする Lazarus（1982, 1984）との間で，いわゆる Zajonc-Lazarus 論争が生じた。この論争は，無意識的な処理を認知と定義するかどうかという認知の定義の違い，何をもって認知とするかという違いが原因でかみ合ったものではなかった。

(1) 認知論

　Arnold は，感情には動機づけとしての力動的なはたらきがあり，対象が個人にとって有益であれば積極的感情，不適切か有害であれば消極的感情が生じ，さらに対象とする条件が簡単な場合，衝動的感情，困難と闘うような場合には困難と闘う感情が生じ，手に入れたり，克服すべきかどうかといった条件で生じる感情が異なると考えた（Arnold & Gasson, 1954）。

　Lazarus は，感情は刺激でなく反応であるとする立場から，刺激がその個人の価値や目標，信念にとって「無関係」であるのか，「無害-肯定的」なものであるのか，それとも「ストレスフル」なものであるのかという一次的評価とストレスフルと評価された場合，いかに対処すべきかを判断するという二次的評価に分けられ，その結果に基づき克服反応（coping response）が生じると考えた。なお，ストレスフルの場合はすでに「害-損失」を与えられるものであるのか，あるいはその恐れのある「脅威」なのか，自分にとって利益や成長の可能性のある「挑戦」すべきものであるのかという評価がなされる。この Lazarus の脅威-挑戦に関する考えは，ストレスに対する心臓血管反応が，課題要求と個人の資源の多寡で規定されるとする Blascovich らの脅威-挑戦モデルに取り入れられている（e.g., Blascovich & Mendes, 2000）。

(2) 二要因説

　Schachter & Singer（1962）は，アドレナリンを用いた実験に基づき，生理的覚醒反応に対する意味づけ（認知的解釈）を行うことで感情体験が生じると主張した。この Schachter の二要因説（帰着説）は，Dutton & Aron（1974）の「吊り橋上の恋」の実験で有名になった。

(3) コンポーネント・プロセス・モデル

　Scherer（1992）のコンポーネント・プロセス・モデル（component process model）は Arnold や Lazarus とは異なるスタンスであるが，感情喚起刺激に対する認知的評価の重要性を主張する点から認知論の立場として扱った。

　Scherer（1992）は，「生体は，生き残るために重要な対になった評価尺度をもち，得られた情報を，随時評価している。感情は，この評価に基づく」と考える。すなわち生体は，その刺激の新奇性，誘意性，刺激への対処可能性などの評価に基づいて表情の要素や音声の要素，姿勢の要素などがその都度組み合わされ，その状況に

即した感情表出がなされるとするコンポーネント・プロセス・モデルを提唱した。この説によれば感情はこうした評価に基づき認知，生理学的調整，動機づけ，運動表出，モニタリング／感情の5つの要素が同調したときに生じる，生物体の機能のサブシステムであるとする。このようにSchererの立場は，ある刺激に対する感情のリストの中から1つを選び出すようなものではなく，ある特定の身体的反応がある特定の感情と結びついているわけではない，すなわち特異的反応は存在せず，その都度構成されるとする点，Ekmanらの基本感情説と対立するものである。Ortony & Turner（1990）も1個の全体としての基本感情は存在せず，喜びや悲しみといった基本感情は個人があると思い込んだものにすぎないとさえ述べている。

このコンポーネント・プロセス理論に基づく感情の捉え方は，情報処理的には十分了解できる考えである。しかしながら，人間の脳での評価過程が，このように1つひとつ行うという，いわば無駄な処理を毎回行っているのであろうかという疑問が生じる。1つの可能性として，フィンガー・トゥ・ノーズの場合のように，経験した行動を自動化する回路（それは小脳が関係していることが予想される）ができあがることにより，素早い処理を可能にしているのかもしれない。

(4) 次元説

感情の次元説は，感情を個々の感情（カテゴリカルな感情）として離散的に説明するのではなく，各感情は連続的なものであり，その感情の根底にある意味空間としての次元を説明しようとする。したがって，個々の感情そのものの特徴を説明するものではない。

感情の次元説の始まりはWundtにみることができる。Wundtは『生理学的心理学綱要（*Grundzüge der physiologischen psychologie*）』（1874年）の中で心的要素を純粋感覚と単純感情に分け，1896年の『心理学概論（*Grundriss der psychologie*）』の中で感情は，内観によって快－不快，興奮－沈静，緊張－弛緩の三次元で記述しうることを明らかにした（三方向説）。その後Schlosberg（1954）は，女性の俳優の表情写真72枚を3回反復して分類させる実験の結果，間違い方に一定の法則があることを見出し，感情は並列的なものではなく，連続し円環状に配列されていることを見出し，感情の意味空間は快－不快，緊張－眠り，注目－拒否の三次元で構成されることを報告した。その後Davitzの感情語，Mehrabianらの三次元説が提唱された。快－不快という誘意性の次元はほとんどの研究者で見出され，続いて覚醒－眠り（不覚醒）も多くの研究者が見出しているが，三次元目は，緊張－弛緩，注

目－拒否，支配－服従，統制－不統制などと研究者によって異なっている。

(5) コア・アフェクト理論及び心理的構成主義

　Mehrabian の弟子である Russell（1980）は，感情は，怒りの反応，恐れの反応などの基本感情で特異的なそれぞれの反応が生じるというような離散的なものではなく，快－不快，覚醒－睡眠の二次元で構成される感情空間上に円環状に存在し，各感情の違いは感情空間上にベクトルの違いで表しうる連続的なものである。すなわち，各感情はこの円環構造上の二次元のベクトルとして表されると主張した。そしてこの感情の意味空間構造は汎文化的であり，各民族に共通しているとする円環モデル（circumplex model）を提唱した。この円環構造は，ある感情 A と B がほぼ同じ所に位置していれば両者の相関係数はほぼ 1 に近くなり，もし，中心点を挟みまったく逆の象限に位置すれば-1，90 度の位置の場合は 0，45 度の場合の相関係数はほぼ 0.75 になるということを意味している。

　その後，Russell（2003）は，この円環モデルをさらに発展させコア・アフェクト（core affect）理論を提唱した。Russell によれば，コア・アフェクトは誘因価（快－不快）と覚醒（活性－不活性）の二次元の組み合わせで表され，経験され，意識的な世界の背景として存在する，漂うような心的な状態（free floating form）であり，この二次元は普遍的である。また強いコア・アフェクトは意識され，いわゆる情動の出来事の中心をなすものとなる。この状態に一般的には感情のラベリングがなされるが，そのラベリングは必ずしもコア・アフェクトの状態を体現しているとは限らない。一般的には感情（feeling）を表し，Thayer（1989）の"activation"，Watson & Tellegen（1985）の"affect"，Morris & Schnurr（1989）の"mood"に類似した概念であり，内的・外的な刺激に応じて変動するもので，気分として認知されることも多いものである。筆者はいわゆる構成概念である感情状態ときわめて類似した概念と考える。また Russell は，感情に伴う行動や生理的変化は，コア・アフェクトによって作り出されるというよりは，コア・アフェクトの生起の後に継起する認知的活動の産物であるとする。

　また Barrett は，感情の実態はコア・アフェクトのみにあり，感情の生起に認知的評価の介在はあるが，認知の質と特定の感情との間には本質的な関連はなく，この関連性は，学習によって獲得されたものであり，文化や社会的な影響を受けるとする概念活動理論（conceptual act theory）を提唱している。Barrett & Russell（2015）は心理的構成主義であるとされるが，Russell が感情に伴う行動や生理的変

化はコア・アフェクトの生起直後に継起する認知的活動の産物であるとするのに対し，Barrettは刺激に対する認知的評価や身体的変化に基づいてコア・アフェクトが生起すると同時並行的にコア・アフェクトのカテゴリー化が行われるとする点が異なる。

　次元説の立場として，感情の意味空間は，喜び-悲しみを代表とするポジティブ・アフェクト（PA）軸，恐れ-快適を代表とするネガティブ・アフェクト（NA）軸で構成されるとして，PANASを開発したWatson et al.（1988）も報告されている。このPA，NA軸はRussellの感情の意味空間を45度回転したものに相当し，生理的な現象と対応があることが報告されている（Witvliet & Vrana, 1995）。また，ポジティブな対象に対する評価は感情価が低くなり始めてもあまり変化しないが，感情価がある一定の値以下になると行動傾向（接近傾向）が急激に弱まる。一方，ネガティブな対象に対する評価はネガティビティが高くなるとすぐに行動傾向（回避傾向）の増大が始まり，両者が高いとき，低いときには行動傾向はみられないとするCacioppo et al.（1999）のevaluative space model（ESM）もある。

　紙面の都合で，詳細は省くが，本稿で述べた以外の感情研究の立場として，精神分析学からの立場，そしてBuck（2000）などのメタ理論ともいうべき立場が存在する。

4節　感情心理学における課題

　Russell（1980）は，Ekmanを中心とする基本感情の存在に対し，次元説の立場から批判した。この基本感情の存在の有無をめぐるEkman-Russell論争は，30年以上にわたって繰りひろげられている。この論争は，感情研究における本質的な問題を含んでいる。Ekmanの基本的感情はカテゴリー説（分類説）の立場に立つものである。すなわち怒りや喜びなどの感情は，離散的なものとして存在し，それ自体は独立しているが，基本感情が混合することでさまざまな感情（混合感情）が生じるとする。いわばパーソナリティの類型論に相当する。それに対し，Russellの次元説は，感情の違いは誘意性と覚醒の二次元で形成される意味空間上にベクトルの違いとして存在する。いわばパーソナリティの特性論に相当する。両者の測定方法として，Ekmanは6者択一の強制選択方法を用いることが多く，解析方法も従来の解析法によるものである。これに対し，Russellの方法は自由回答法やプロフ

ィール法（それぞれの感情がどれくらい含まれているかを評価する方法）を用い，多次元尺度構成法（MDS）などの多変量解析法を用いている。この解析法の違い自体が立場の違いを作り出しているともいえる。こうした立場，方法論の違いはそれ自体議論の余地があるが，何よりも問題なのは，Ekman はいわゆる情動を対象とし，Russell は感情を対象としているという，対象の違いにあると考える。つまり，Russell が問題としている感情は，誘意性，覚醒の二次元で構成される意味空間のある状態であり，ここからここまでが何々の感情というように線を引き，分けることができるようなものではない。一方 Ekman が問題としている感情は基本的な気分状態からポップアウトされ，顕在化され，強調された状態であるため，これこれの状態というように特定できる感情（いわゆる情動）である。つまり，感情（emotion）という言葉が同音異義語として用いられている。今後感情研究を行ううえで重要にして早急に解決すべき問題は，研究者間でのこうした感情に関する言葉（怒りや恐れなどのそれぞれの感情語も含む）の定義を統一することであろう。

　第2に，感情心理学を研究する人たちが，今後考えなくてはならない重要な問題にシンギュラリティ（singularity）の問題がある。シンギュラリティは「人類が人工知能（AI）と融合し，生物学的な思考速度の限界を超越することで現在の人類からして，人類の進化速度が無限大に到達したようにみえる瞬間に到達すること」とウィキペディアに紹介されている。要するに，2045 年には人間の能力を AI が上回り，2045 年以降，人間に代わり AI が発明などを担うようになり，人間が，想像もできないレベルに達し，結果としてそれ以降の進歩を予測できないという問題である。

　現代は AI ロボットがさまざまな分野で使われるようになり，その有用性が示されている。介護用ロボット，作業用ロボットなどの開発はこれからの人類にとってきわめて有用であることに論を俟たない。「自ら好奇心をもち，ヒトと寄り添いながら毎日をともに楽しく生活し，ともに成長していくパートナーとなる自律型ロボット」として 2018 年に発売が再開されたアイボなどは，老齢化社会における独居老人などの癒しにも効果がある可能性が指摘されている。また，国立情報学研究所が東京大学にロボットを入学させるとした「東ロボ君」プロジェクトは 2016 年に断念されたが，偏差値は 60 にまで到達した。一方では，AI を搭載した無人兵器の開発競争が激化し，国際問題となっている。

　こうした中，2045 年問題の一番大きな問題は，企業の講演会などで問題にされているような，AI に職を奪われるといった問題ではない。2045 年でないにしろ，

AIを組み込んだロボットが自律型に発展し，感情をもつようになったとしたら何が生じるのであろうか。現在の段階では，まだAIは人間がプログラムした範囲で制御されている。しかしながら，AIが自律型として発展し，人間がプログラムした以外のプログラムを自分で作り出す危険性は皆無であるのであろうか。AIロボットが自分から電源を落とそうとしたという話を聞いたことがある。当然，このようなプログラムは組み込まれていない。このことは何を意味するのであろうか。自律的なAIが人間の予想を超えたプログラムを作り出す可能性を示唆するものではないのだろうか。

　人とAIロボットの大きな違いは，感情の存在である。感情は，人が人であることを示す最後の砦であろう。現時点では，ロボットに感情を組み込んだといっても，所詮それはおもちゃのレベルでしかない。感情はある意味暴れ馬であり，ある意味不合理な存在である。感情はなかばランダムな現象であるが，完全にランダムではなく，制御し難い存在である。また，結果を修正すべき主たるフィードバック回路をもたない存在でもある。いい加減ではあるが，人間社会をうまくやっていくために必要な存在，人間を人間たらしめているものである。要するに，感情が何たるものか，その構造，機能，実態がよくわかっていない存在であるため，真に感情を組み込むことができないのである。しかし，歴史は，人の科学的好奇心が，人類の安寧を脅かすものにまで発展させてきた事実を示している。音の分析は，人の音の分解能力をはるかに凌駕するレベルにまで進んでいるという。科学者は，己の科学的好奇心を満たすべく，自律型のAIに感情の萌芽を組み込むかもしれない。もし仮に，AIロボットが感情をもったとすると何が起こるであろうか。不完全な人間を完全な（？）ロボットが支配するというSF小説のような状況になる可能性はないのであろうか。AIに感情をもたせることは人類を滅亡に導く愚行かもしれない。AIがもし感情をもつことができないことが証明されれば，それは人類としては喜ぶべきことである。科学は決して科学のための科学であってはならない。人間の福利厚生のために科学は存在するはずである。感情心理学者は，まだ未解明の感情の本質を，ネガティブな感情とポジティブな感情のバランスこそが人を人たらしめていること，曖昧であるからこそ物事がうまくいくことをAI技術に提供していく責務があるのではないであろうか。このためにも感情研究を推し進めなければならない。

5節　国際感情学会の創立と日本感情心理学会の創立

1. 国際感情学会の創設

　世界の感情研究にとって，大きな転機になったのは，1984年 Nico Frijda を会長として国際感情学会（International Society for Research on Emotion: ISRE）が創立されたことである。ISRE は創立時，第1に感情の問題は，総合科学であり，心理学だけで扱うべきではなく，心理学，生物学，哲学，工学，医学，社会学，文学など，広い分野の感情研究者を糾合する。第2に ISRE の identity を見失うような拡散を避けるため会員数を200名程度に限定する。第3に，70歳以上のメンバーは後進に道を譲るために，自動的にシニア会員とみなす。第4に，シニア会員は，会費を支払う必要はないが，それまで通り，会員の利益を受けることができる，という concept に基づいてつくられたものである。ISRE は，感情という最も人間の人間たる所以の問題を探求するには，心理学という一分野からだけでは不十分で，学際的かつ国際的な総合研究，意見交換が不可欠であるとの考えのもとに設立されたものである。このため設立時（1984年）の会員数は約160名と少なく，設立時の concept に従い，さまざまな領域の研究者で構成されていた。このうち，日本人会員は，土居健郎（以下敬称略，アルファベット順），濱　治世，松山義則，三宅和夫，大原健士郎の5名であった。ISRE はその後，感情研究の隆盛とともに約200名の会員という制約を取り外し，ISRE10周年（1995）の会員数は約230名に増え，日本からの参加者も濱，松山，三宅に加え糸魚川直祐，北山　忍，中村　真，鈴木直人，余語真夫が加わり8名となった。なお，2011年の ISRE 京都大会前の調査では ISRE 会員数は612名（2011年）に激増し，日本人会員も中村，鈴木，余語の3名に，有光興記，畑山俊輝，大平英樹，佐藤　香，高橋惠子，高橋雅延，竹原卓真，内山伊知郎，湯川進太郎の8名が新たに加わり12名となった。2012年の ISRE 京都大会後は，日本人会員がさらに激増しているものと思われる。残念なことは，日本からの参加者は，ほとんどが心理学を専攻する者たちであり，異分野からの会員が非常に少ないことである。

　ISRE の第1回大会は1985年6月22日〜26日，Kagan, J. を大会委員長に Harvard 大学で開催された。Stearns（Department of History, Carnegie Mellon University）が"Emotion and change: The laboratory of history"と題して特別講

演を行っている。ISRE は当初毎年開かれていたが，Shields が会長になった 1994 年からは隔年開催になり今に至っている。その後 1986 年から news letter を発行しており，1992 年に Miyake が 2000 年に Suzuki がそれぞれ日本における感情研究についての現状に関する記事を書いている。なお，ISRE は 2009 年には Russell を chief editor とする機関誌 Emotion Review（年 4 回発刊）を発刊するようになり，2011 年 7 月に京都市のガーデンパレスホテルで大平英樹を大会委員長とする ISRE 2011 が開催された。

2. 日本感情心理学会の創設

　日本感情心理学会は，ISRE と同様，本来はさまざまな分野との総合的領域として感情研究の場を提供することを目指したはずであったが，ISRE のように他分野との総合的研究はほとんどなされることはなく，心理学の諸領域の糾合に留まってしまったことは否めない。また，感情研究者が現在日本にどの程度いるのかわからないが，何らかの形で感情に関わる研究者の約半分が感情心理学会に入会し，あとの半分は入会していないものと思われる。入会していない感情研究者の多くは，感情そのものの研究というよりは，研究の内容に感情が関係している内容を扱っている研究者たちである。

　日本感情心理学会（Japan Society for Research on Emotions）の設立式典は 1992 年 9 月 10 日のランチタイムに同志社大学の礼拝堂で挙行された。前日から日本心理学会第 56 回大会が松山義則を大会委員長として開催されており，礼拝堂には多くの人が集まり盛大な式典となった。式典では日本心理学会大会に招待されていた Ekman，Frijda，Plutchik が ISRE を代表する形で祝辞を述べ，感情心理学会設立を祝った。日本感情心理学会の初代会長には松山が就任し，翌年（1993 年）の 4 月 24 日，25 日に濱治世を大会委員長として当時のホリディ・イン京都で開催された。第 1 回大会では『感情心理学の課題と心理学的美学』と題して吉田正昭が特別講演を，また『感情心理学が志向するもの』と題するシンポジウムが行われ，浅井正昭が測定法について，今田　寛が動物研究，三宅和夫が発達研究，中村　真が文化，荘厳舜哉が進化，そして筆者が精神生理の立場から話題提供を行っている。なお，一般発表は 27 件であった。『感情心理学研究』の創刊号は 1993 年 9 月に創刊され，松山の「発刊の辞」，吉田，濱，三宅，そして Campos の論文が掲載されている。なお，創刊号当時の会員数は 192 名であった。

松山は『感情心理学研究』の「発刊の辞」で「感情心理学会」という会の名称について，「(前略) 感情心理学の対象である感情を，どの範囲に規定するか，また用語をどのように用いるかは，いまだ一致しがたい課題であります。日本語においても，外国語においても感情に関わる用語は多様であり，また人間がそれぞれの文化，歴史，社会において用いる感情語そのものが，感情研究の重要な課題になることから考えても，ただちに，専門用語として一義的に定義しておくことの困難さがみられると存じます。しかし，研究者間の大体の理解は大切であります。わが国の現代社会では感情という語は最も包括的であり，自然にとられた表現であると思います。あの人は感情的な人だというときには，気分や性格なども内に含みますし，泣き，怒っているときにも，感情的になっているといいます。喜び，悲しみ，怒り，恐れなどのあらわな感情を私たちは最も多く研究対象にしますが，これについてはすでにご熟知のように，専門用語としては，情動，情緒と名づけられています。それ故に，本学会の名称は，本来，日本情動心理学会であり，また研究誌名は情動心理学研究か情緒心理学研究とすべきでありましょう。しかし，情動 (emotion) はまだ，日本の言葉としては一般になじまないように思えます。これに比べると情緒は人の口に膾炙した言葉となっていますが，なお，心理学的な諸現象を差し示すには不十分な感がまぬがれないと考えます。(後略)」と記し，感情心理学会と名づけた理由を説明している。学会名を感情とするのか，情動とするのかは，きわめて難しい問題で，情動心理学会だったら入会しないという研究者もいれば，逆に感情ではなく情動とすべきだとする研究者もいる。なお，2011年には，おもに医療系の研究者を中心とした日本情動学会が設立されている。

養育者による情動的な映し出し

　出生間もない頃から子どもは養育者との間でやりとりをするが，成長とともにそのやりとりは情動的に豊かなものになっていく。近年，そうしたやりとりの中で養育者が子どもの行動の背後に心を仮定することの意味や働きが強調され，それは内省機能（reflective function: Fonagy & Target, 1997）あるいは心を想定する傾向（mind-mindedness: Meins et al., 2001）と呼ばれてきた。こうした心理化の傾向の強い養育者は，やりとりの中で子どもの情動状態をその都度，的確に読み取っては共感し，子どもの情動表出に似た反応を頻繁に子どもに返すであろう。この養育者の行動を，情動的な映し出し（affective or emotional mirroring）という（Bigelow & Walden, 2009; Gergely & Watson, 1996; Stern, 1985）。映し出しとは，単なる模倣とは異なり，子ども側に子どもの情動を理解していることを伝えるべく，読み取った子どもの情動状態を誇張された（marked）表現で子どもに返すということである（Gergely, 2007; Gergely & Watson, 1999）。この情動的な映し出しは，その後の子どもの情動制御，共感性，心の理解の発達にかなり貢献しているのではないかと考えられてきた。

　例えば，養育者の情動的な映し出しを通じて子どもは自身の心的状態の理解が可能になり，それはさらに他者の心的状態の理解を発達させると考えられている（Fonagy et al., 2002）。また，Gergely（2007）によれば，子どもは養育者が情動的に映し出したものを自身の心的状態に結びつけて自身の心的状態への理解を発達させることで，やがて自身の情動を自己コントロールできるようになるという。さらには，共感性を支える脳内基盤とされるミラーニューロンの発達にも養育者の情動的な映し出しが深く関与している可能性が指摘されている（Iacoboni, 2008）。しかもそれは今では，仮説の域を超えた話になりつつある。Rayson et al.（2017）は，生後2か月時点で母親による映し出しの経験の多かった9か月児が，その経験の少なかった9か月児に比べてより強く，他者の表情を観察するときにも自ら表情を表出するときにも活動する運動系の脳領域を賦活させることを明らかにしている。今後さらに，情動的な映し出しが子どもの発達にどのような影響を及ぼすのかを探究していく必要があるだろう。

幸福感の含意と協調的幸福感

　Ekman らの表情研究では，「幸福」の表情は文化間で最も一致率が高い表情であった。しかし，感情の含意には文化による違いがあり（第1部3章参照），したがって幸福の含意にも文化差がある。Hitokoto & Uchida（2015）は，個人主義−集団主義の国文化差や，社会環境（i.e., 地域の平均的な世帯の大きさや離婚の多さなど）の違いがこれを説明することを示している。

　Uchida & Kitayama（2009）は，日米学生を対象に「幸せ」の特徴を列挙させ，その望ましさを評価させた。その結果，欧州系アメリカ人学生があげた言葉の98％が肯定的と評価されたのに対し，日本人のそれは66％であり，他は中性的もしくは否定的なもの（i.e., 長続きしない，手に入れがたい，他者から妬まれる）であった。協調的な文化においては，自己の幸福は常に自他間の調和を保ちながら維持される。個人の成功は調和を乱さないことを含み，乱れる懸念があれば個人の成功を秘匿する（i.e., ゼミで1人だけ就職が決まっても，他の皆が内定するまで公言しない）ことで未然に調和の乱れを回避する。義務自己の達成は重要なものであり，社会的比較には自他を同化させる比較（i.e., 私だけ遅れているので，頑張ろう）を頻用する。すなわち，関係性の調和，平穏無事であること，および人並みであることは自己の協調性の達成に等しい。

　Hitokoto & Uchida（2015）は，上記の考えのもと，協調的幸福感尺度を作成した。日米で信頼性と妥当性，因子負荷の相関が確認されたこの尺度は個人の人生満足感や肯定的感情を予測し，日本では協調的幸福感が，アメリカでは自尊心（Heine et al., 1999）より大きい予測力をもつ。協調的幸福感尺度はフィリピン（Datu et al., 2016）やタイ（Hitokoto et al., 2014）で翻訳され，日本を含めた東アジア文化圏で信頼性と妥当性が確認されている。また，Hitokoto（2017）は，「不確実性の回避」という，平穏さに関わる可能性のある，個人主義とは別の文化差と区別するため，この文化差が日米間とは異なるフィリピン，日本，ポーランドの間でも上記日米間でみられた結果が再現されることを確認した。日米それぞれの県と州の個人主義−集団主義的地域差によっても国間と同様の文化差を再現した。幸福の感情は基本的なものであるが，それに込められた関係性の調和，平穏無事および人並みであることの含意は，個人の文化・社会環境的文脈によって支えられていると考えられる。

文化的自己観尺度について

　1990年代以降，文化的自己観の操作的定義や測定尺度に関する批判が生じた。独立性と協調性の相関関係が国と個人の水準で異なることや（Singelis, 1994; 高田, 2000），尺度の平均値では個人主義－集団主義の国差，特に協調性の差が現れにくいこと（Oyserman et al., 2002），尺度は2次元以上であることが指摘され，現在も尺度研究が進められている（Singelis, 1994; 高田, 2000; Kashima & Hardie, 2000; Noguchi, 2007; Vignoles et al., 2016）。

　この論争は単なる尺度の信頼性問題にとどまらず，文化的自己観の操作化に纏わる問題であった。20世紀前半に文化と個人の水準を同一視した「文化とパーソナリティ学派」に反論した比較文化心理学者は，個人の多様性と行動主義を重んじ，報告された価値観を文化の操作的定義に用いた。一方，社会心理学の立場で文化的自己観理論を唱えた文化心理学者は，報告された自己観が文化的自己観だとする視点に同意しなかった。実際，認知・感情・動機づけに関する文化心理学的知見は，国差が明確であるものの自己観尺度との相関はなく（Na et al., 2010），文化心理学者は文化的自己観が文脈との相互作用において人の認知，感情，動機づけを導く「文化的課題」であると考えている（Kitayama et al., 2009）。つまり文化的自己観は自己内省と明示化を通して言語化できる個人特性と操作化しては妥当ではなく，文脈に位置づけられた社会的行動を起こす際に暗黙の前提としてこれを導く概念として理解されるべきものである。

　とはいえ，文化神経科学の分野で示される自己観尺度と神経活動との相関（Park & Kitayama, 2012; Hitokoto et al., 2016）や，自己観尺度や「人生の意味」と免疫指標との相関（Kitayama et al., 2016）を考慮すると，少なからず主観的評定データの分散の中にも文化的自己観の真正な情報が一部含まれている可能性はある。文化と個人の相互作用にありながら意識・非意識に跨る文化的自己観に対し，意識的・非意識的プロセスをもち，文化的に形成され，神経生理的指標に発露する感情の果たす役割は重要であり，感情の基礎研究が文化的自己観理論にとって意義ある主張を行えるかもしれない局面となっている。文化的自己観と身体的感覚との関係などは，これらの問題の基礎的過程に関わる知見を提供するかもしれない（金井・湯川, 2016）。

第2部

感情の基本要素

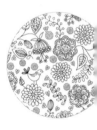

6章

感情の評価・知識・経験

1節 現代の感情理論における感情の基本要素

　近年の研究では，感情（emotion），特に「友達と遊んで楽しかった」「大事な勝負に負けて悔しい」など，意識的経験が可能な一過性・一回性の感情エピソード（emotion(al) episode: e.g., Keltner et al., 2013; Russell, 2003）を，複数の構成要素が連動して生じる変化のプロセスとして捉える見方が一般的になりつつある（e.g., Moors et al., 2013）。何を感情の構成要素とみなすかに関しては一致した見解が得られていないものの，例えば Moors et al.（2013）や Fontaine et al.（2013）は，①評価要素（appraisal component），②動機づけまたは行為傾向要素（motivational component: Moors et al., 2013; action tendency component: Fontaine et al., 2013），③生理的変化を含む身体的（反応）要素（somatic component: Moors et al., 2013; bodily reaction component: Fontaine et al., 2013），④運動表出要素（motor component: Moors et al., 2013; expression component: Fontaine et al., 2013），⑤主観的情感要素（feeling component）の5つをあげている。本ハンドブック第2部の主題は，こうした感情の基本要素であり，本章ではおもに評価要素と主観的情感要素に焦点を当てる。「感情のコミュニケーション」（7章）ではおもに運動表出要素に，「感情の身体的変化」（8章）と「感情の脳科学」（9章），「感情科学の展開」（10章）ではおもに身体的（反応）要素に焦点を当てる。

　なお，英語の emotion を情動と訳すか感情と訳すかにおいては学術的にいまださまざまな意見や立場があり，本ハンドブックにおいても訳語が混在している。本

章では，日常的・一般的には日本人が喜怒哀楽のような（英語においては通常，emotion とされている）ものを情動ではなく感情と呼んでいることをふまえて，一貫して感情と訳すこととする。また，affect は文脈に応じてアフェクトや感情と訳すこととする（情動また感情に関する種々の用語の概念整理は，遠藤（2013）や中村（2012）に詳しい）。

　感情の複数の構成要素の中で，どの構成要素を強調し重視するかは，感情の理論によって異なる。Scarantino（2016）によれば，哲学と心理学の感情理論にはおもに 3 つの伝統がある。主観的情感的伝統（feeling tradition）においては，主観的情感要素が強調され，James（1884）に由来する心理学的構成主義（psychological construction(ism) または constructivism: e.g., Russell, Barrett）が現在の主流にある（いわゆる James-Lange 説のように，James と Lange の理論を同一視することの問題点については Barrett, 2016, 2017a）。動機づけ的伝統（motivational tradition）においては，運動表出要素や動機づけ・行為傾向要素が強調され，Darwin（1872/浜中，1931）の『人及び動物の表情について（The expression of the emotions in man and animals）』や，いわゆる行動主義に由来する基本感情理論（basic emotion theory: e.g., Tomkins, Ekman, Izard）が現在の主流にある。評価的伝統（evaluative tradition）においては，評価要素が強調され，"appraisal" という用語を初めて用いた Arnold や，Lazarus に由来するさまざまな評価理論（appraisal theory: e.g., Scherer, Roseman, Ellsworth, Moors）が現在の主流にある。

　このように，どの感情理論も感情の構成要素の存在を認めているものの，評価要素の強調は評価理論において最も色濃く，主観的情感要素の強調は心理学的構成主義において最も色濃い。また，どの理論も言語や感情ラベル（emotion label や feeling label, affect label），感情語（emotion words または terms），感情知識（emotion knowledge），感情概念（emotion concept），あるいは感情のカテゴリー化（categorization）や概念化（conceptualization），言語化（verbalization）にそれぞれ共通の役割も独自の役割も与えている（e.g., Barrett, 2006a, 2006b, 2012, 2013, 2014, 2017a, 2017b; Ekman, 1992; Ekman & Cordaro, 2011; Ellsworth, 2013; Lindquist et al., 2016; Scherer, 1984a, 1984b, 2001, 2009a, 2009b, 2013a, 2013b, 2019; Russell, 2003）。本章の主題である感情の評価・知識・経験について論考するには，異なる伝統に基づくそれぞれの感情理論の前提や仮定をある程度理解しておく必要があるだろう。また，第 2 部冒頭となる本章では，感情の基本要素と代表的な感情理論を整理することで，他の章を読み進めるうえでの助けともなるようにしたい。

したがって，本章ではまず，評価と主観的情感を定義したうえで，現代の感情の代表的理論である基本感情理論，心理学的構成主義，評価理論について，それぞれの立場が感情の評価要素と主観的情感要素，また他の構成要素との関係をいかに仮定してきたのかを概観する。次に，評価理論の詳細に踏み込み，評価理論においてはさまざまなバリエーションがあることを強調する。本章では特に，長年にわたり緻密に理論的・実証的研究を積み重ねてきた Scherer の評価理論における感情の評価・知識・経験の見方を論じる。さらに，近年 Scherer との間で激しい対立をみせてきたと思われる Barrett の心理学的構成主義における感情の評価・知識・経験の見方を論じる。最後に，両者の理論の共通点と相違点を整理し，この分野における今後の展望を論じる。なお，Arnold や Lazarus の初期の評価理論については，詳しくは遠藤（2013）や手塚（2018）を参照されたい。

2節　評価要素と主観的情感要素の定義

1. 評価要素

　Moors et al.（2013）によれば，評価（appraisal）は well-being のために環境の重要性を探知し見積もるプロセスである。well-being にとって重要なのは，個人の「関心（concerns）」（Frijda, 1986, 2007）が充足したり妨害されたりすることであると考えられる。関心には欲求やアタッチメント，価値観，現在の目標，信念など，個人が気にかけるあらゆる物事が含まれ，評価は個人（評価者）と環境との相互作用で生じる（Moors et al., 2013）。言い換えれば，評価とは個人の関心に基づいて，事の重大さを意味づけ解釈し判断するプロセスである。

　評価理論では，どのような観点から出来事や状況を評価するかに関わる評価変数（appraisal variables）がこれまで多く仮定されてきた。評価変数は評価次元（appraisal dimensions）や評価規準（appraisal criteria），評価要因（appraisal factors）などとも呼ばれる（レビューとして，例えば，Ellsworth, 2013; Ellsworth & Scherer, 2003; Moors, 2014; Moors et al., 2013; Moors & Scherer, 2013）。なお，appraisal criteria は評価「基準」と訳されることが多いが，評価の観点や内容という意味であり，教育評価の分野でいうところのいわゆる「のりじゅん」に近いと考えられるため，本章では評価「規準」と訳すこととする。

評価理論の骨子は，後に詳しく論じるように，さまざまな評価変数の結果や出力（の組み合わせ）によって，生じる感情エピソードが大きく左右されるというものである。Moors et al.(2013) によれば，多くの評価理論家にとって合意の得られている評価変数には，目標との関連性（goal relevance: この出来事は自分の目標と関連するか）や目標との一致（goal congruence: この出来事は自分の目標と一致するか），確実性（certainty: この出来事が起こることをどの程度確信しているか），対処可能性（coping potential: この出来事に自分は対処できるか），主体（agency: この出来事を引き起こしたのは誰または何か）などがある。一方で，新奇性（novelty: この出来事は自分にとって目新しいか）や，本質的な感情価（intrinsic valence: この出来事は本来的に快か不快か），目標の種類（type of goal），規範・自己との適合性（norm/self compatibility: この出来事は社会的規範あるいは自己と適合するか）などについては，評価変数として仮定する理論家もいれば，仮定しない理論家もいる。なお，評価変数はカテゴリカル変数（例えば，目標の一致か不一致：Lazarus の理論）としても，無限の値を取りうる次元的な量的変数（例えば，目標にどの程度一致しているか: Ellsworth や Scherer の理論）としても捉えられることがあり，後者の場合に特に評価変数は評価次元と呼ばれているようである（e.g., Ellsworth, 2007; Keltner et al., 2013）。また，Roseman の感情システムモデル（Emotion System model: e.g., Roseman, 2013）のように，評価変数は次元的だが，システムが特定の基準点を設けるのでカテゴリカルな値もとるとする立場もある（Moors et al., 2013）。

　評価は従来，認知的評価（cognitive appraisal）とも呼ばれ，評価要素は認知的要素（cognitive component）と呼ばれることもある（e.g., Moors, 2009）。感情の構成要素として認知が含まれるか否かという問題や，認知の意味範疇に関しては，1980 年代前半のいわゆる Zajonc-Lazarus 論争（5 章）の例のようにさまざまな議論がある（e.g., Moors, 2009）。Arnold は元来，評価は通常，即時的・自動的・直観的に生じると仮定していた（Brosch, 2013; Scarantino, 2016）。しかし，評価理論に対する批判として最もよくあげられるのは，評価プロセスは複雑であるために，「評価理論はあまりにも冷たく，認知的で，意識的で，（感情を発生させるには（筆者注）遅すぎる」（Ellsworth & Scherer, 2003, p.585）というものである。この問題に対しては，認知には低次なものも高次なものもあると捉え，評価プロセスは時に自動的で無意識的で，容易に生じる（低次の認知だけでも感情は生じうる）と考えることで解決を図ることができる（e.g., Moors et al., 2013; Scherer, 2009b）。

Scherer（2009b, 2013b）によれば，情報処理の水準には4つあり，（低次のものから順に）①低次神経回路または低次感覚運動レベル（low-level neural circuit または low sensorimotor level: 特定刺激に対するパターン・マッチングなど，ほぼ遺伝的・生物学的に規定されたメカニズムを用いて処理される），②スキーマ的レベル（schematic level: 社会的学習からの記憶に基づき，ほぼ自動的・無意識的に処理される），③連合レベル（association level: さまざまな大脳皮質連合野が関与し，自動的・無意識的にも意図的・意識的にも処理される），④概念的レベル（conceptual level: 命題的知識や文化的意味システムが関与し，前頭前皮質領域（prefrontal cortical areas）の意識的でエフォートフルな計算により処理される）の4つが連続的に相互作用し，トップダウン的にもボトムアップ的にもあらゆる評価変数を処理しうるという。なお，Schererは従来，感覚運動レベル，スキーマ的レベル，概念的レベルの3水準を仮定していたが（Leventhal & Scherer, 1987），より近年では上記の4水準に分けている。また，他の評価理論家も同様に2つないし3つの処理メカニズムを仮定してきており，④概念的レベルの処理は規則基盤型メカニズム（rule-based mechanism）と呼ばれることもある（e.g., Moors et al., 2013; Moors & Scherer, 2013）。

2. 主観的情感要素

　主観的情感（subjective feeling あるいは単に feeling）は，日本語ではいわゆる「気持ち」に相当するものと考えてよいだろう（e.g., 遠藤，2013）。しかし，先の認知と同じく，主観的情感の定義も単一ではない（Moors, 2009）。「嬉しい気持ち」「悲しい気持ち」という表現からもわかるように，主観的情感（feeling）は感情（emotion）と混同されやすい概念であり，両者は日常生活でもよく相互互換的に用いられる（Fontaine & Scherer, 2013）。Moors（2009）によれば，主観的情感は感情の経験的側面（感情経験）のことであり，狭義には心の知覚できる（phenomenal）側面を意味し，広義には知覚できる側面と志向的（何かについてのものである，という哲学的な意味での intentional な）側面をあわせもつ意識的経験を意味する。主観的情感は自身が経験する感情をモニターし制御する機能を果たすとされている（Moors, 2009）。しかし，主観的情感に関しては，感情の理論間でかなり異なる特徴や役割が仮定されているため，次節以降，詳しくみていくこととする。

3節　現代の感情理論における評価要素と主観的情感要素

　ここで，感情の評価要素と主観的情感要素，また他の構成要素どうしの関係について，現代の基本感情理論，心理学的構成主義，評価理論がそれぞれどのように仮定しているのかを概観する。

　基本感情理論（e.g., Ekman, 1992, 1999; Ekman & Cordaro, 2011）では，生物種としてのヒトが古来繰り返し遭遇してきた根本的な生活課題（脅威や喪失など，生存や適応を左右する状況や問題）に対して，喜び，怒り，悲しみ，嫌悪，恐れなどの基本感情が，それぞれ対応する感情プログラム（affect program）によって急速に発動するように進化してきたと仮定する。元来 Tomkins が提唱した感情プログラムは，感情の理解に役立つ一種のメタファーであり（Ekman & Cordaro, 2011），それぞれの基本感情に対応する生物学的な脳神経回路を意味する。すなわち，基本感情にはそれぞれ特有の生理的・身体的反応や運動表出，主観的情感などの構成要素があらかじめセットされており，生存や適応に関わる特定の出来事が生じると，ほぼ自動的な評価を通して特定の感情プログラムが実行され，それら構成要素がカスケード式に瞬時に発動するとの想定がなされている（Ekman & Cordaro, 2011）。また，感情プログラムは学習経験に開かれており，特定の生活環境において個人が学習した新しい感情行動はプログラムに追記されていくが，いったんプログラムに組み込まれ獲得された反応は，他の生得的な感情反応と同様に自動的に生じるようになり，抑制が困難になるとも仮定されている（Ekman & Cordaro, 2011）。つまり，従来の基本感情理論では，感情の構成要素間の連結性が「強く」仮定されてきたといえる（Faucher, 2013; Shiota & Kalat, 2018）。ただし，Ekman & Cordaro（2011）にもみられるように，近年の基本感情理論は感情反応の個人差や文化差，文脈や状況の要因も積極的に考慮しており，個別感情に対して進化論的アプローチをとる他の研究者（e.g., Tracy, 2014）も，連結性の仮定をゆるめることで感情反応の変動性を説明しているようである（基本感情理論については1章，3章も参照されたい）。

　一方で，感情の構成要素間の実体的な連結性をそもそも「弱く」，あるいはまったくないと仮定するのが心理学的構成主義（e.g., Barrett, 2006b, 2012, 2013, 2014, 2016, 2017a, 2017b; Russell, 2003）である。概念的行為理論（conceptual act theory: Barrett, 2006b, 2012, 2013, 2014）やその発展形である構成感情理論（theory of constructed emotion: Barrett, 2016, 2017a, 2017b）を提唱した Barrett（2017a）は，

6章　感情の評価・知識・経験　　105

恐れや怒りといった同じ感情カテゴリーであっても，1回1回の感情の事例（instance）は生理的・身体的変化や運動表出が個人内でも個人間でもさまざまであることから，基本感情理論が追い求めてきたような，感情の「指紋（fingerprints）」は神話にすぎず，感情は「バリエーションが標準である（Variation is the norm）」と主張している。後により詳しく論じるように，心理学的構成主義の理論の中核は2つある。1つはコア・アフェクト（core affect: Russell, 2003）であり，神経生理学的な感情価（valence: 快－不快）と覚醒度（arousal: 覚醒－睡眠あるいは活性－不活性）の二次元の組み合わせで表現される単純な主観的情感である。もう1つは，この次元的・連続的なコア・アフェクトの変化の意味を出来事や対象に関係づけて解釈するための，原因帰属（Russell, 2003）やカテゴリー化（Barrett, 2006b）といった，何らかのメカニズムである。心理学的構成主義では，こうしたメカニズムによって，ある状況や文脈における身体のアフェクトの変化が解釈されることで，カテゴリカルな恐れや怒りといった個別感情経験がつくられると仮定する。さらに，その経験にどのような動機づけ・行為傾向，生理的・身体的変化，運動表出，主観的情感が伴うか，あるいは伴わないかは，その状況・文脈次第であると仮定する（Barrett, 2016; Russell, 2003）。

評価理論は，他の理論とは異なり，評価要素に感情エピソードにとっての中核的な役割を与えているところに大きな特徴がある（Moors et al., 2013）。評価理論では，評価が感情の原因となるかがたびたび論点となってきた（Ellsworth, 2013; Moors, 2009, 2013）。評価が感情の部分要素であるとしたら，評価が感情の原因になるというのは原因が結果に含まれてしまうとも考えられるからである。しかし，この問題は，評価が影響を与えるのはあくまでも感情の他の構成要素であると考えることで解決できる（e.g., Moors & Scherer, 2013）。あるいは，評価を評価プロセスと評価出力（appraisal output）の2つに区別し，評価出力のほうを感情の構成要素であるとみなし，評価プロセスが評価出力の原因であり，今度は評価出力が他の行為傾向や生理的反応，表出行動，主観的情感の原因となると考えることもできる（Moors, 2013）。このように，評価理論では，評価（プロセスとその出力結果）が行為傾向や生理的反応，行動，主観的情感の強度や質を規定し，これら他の構成要素の共時的変化を通じて感情エピソードを発生・分化させると仮定してきた（Moors et al., 2013）。

ただし，現在では多くの評価理論家が，評価は感情エピソードの「典型的な（typical）」原因であるとみなし，評価だけが構成要素の変化を発生させるわけでは

ないことも認めている（例えば，投薬による生理的変化。一方で，Lazarus（1991）のように，評価を感情の必要原因（necessary cause）とみなす立場もある：Moors, 2014; Moors & Scherer, 2013）。また，評価理論では，感情プロセスは連続的で再帰的（recursive）なものであり，後続する構成要素の変化が先行する構成要素にフィードバックすることを仮定するため，評価自体が他の構成要素からのフィードバックを受けて変わることで，複数の感情エピソードが同時並行的に生じる可能性があることも論じられている（Moors et al., 2013）。

　評価理論ではどのような評価変数を仮定するかが感情の分化に大きな影響を与える。先述したように，想定する評価変数の数やそれぞれの性質は評価理論家によって微妙に異なるものの，一般に評価変数が多くなるほど，より多くの組み合わせが可能となるため，より多くの感情が分化できる（Ellsworth, 2013; Moors et al., 2013）。多次元的な評価出力の組み合わせによって，その気になれば無限の（個別）感情を説明できることは，評価理論の利点の1つといえよう。

　評価理論は感情の個人差・文化差・発達差に関しても他の理論とは異なる説明をする（Moors et al., 2013）。評価理論の基本的仮定は，一般的に，ある出来事への同じ評価は同じ感情をもたらし，異なる評価は異なる感情をもたらすというものである。人が同じ出来事に対して異なる感情を経験したり，まったく異なる出来事に対して同じ感情を経験したりするのは，（出来事と感情の間にではなく，）評価と感情の間に安定した関係があるという想定によって説明できる。また，特定の個人あるいは文化に特異的な（特定の評価変数における）評価は「評価バイアス（appraisal bias）」として議論されている（Mehu & Scherer, 2015; Scherer & Brosch, 2009; Scherer, 2009b）。ここでは，いわゆる相互独立的自己観と相互協調的自己観，性善説と性悪説など，文化的に優勢なさまざまな目標や信念，価値観の次元がその文化で暮らす個人の評価のあり方（評価バイアス）をある程度規定し，結果的に，その文化に最頻的な感情特性や感情障害をもたらしうるのではないか，といった興味深い仮説が提示されている。

　さらに，系統発生的また個体発生的な発達的視座からみると，評価プロセスはどのような認知メカニズムを利用できるのかということに依存する（Moors et al., 2013）。多くの動物は出来事に対して原始的な評価ができるが，種によっては高度な評価もできる。このように，評価理論によって，感情の進化の歴史は「状況評価の多次元化の歴史」として捉えられる可能性が示唆されている（遠藤，2013; Nesse & Ellsworth, 2009）。また，特にヒトにおいては，本質的な感情価（快か不

快か)の評価は新生児からあるが,例えば自己や他者の期待や原因帰属,自己概念や社会的規範との適合に関する評価などは成熟や学習を通して後に発達すると考えられる (e.g., Lewis, 2016; Moors et al., 2013)。このように評価理論では,より複雑な評価に基づく感情はその子どもが関連する評価を発達させない限りは分化しないと考え,感情の発達が認知能力あるいは状況評価の発達にかなり依存して進むと捉えられているといえよう (Ellsworth & Scherer, 2003; Moors et al., 2013; Scherer, 2009b)。

　ここまで基本感情理論,心理学的構成主義,評価理論が感情の評価要素と主観的情感要素,また他の構成要素どうしの関係性をいかに仮定しているかを概観してきた。しかし,評価理論においては,感情の構成要素どうしの関係性の仮定や感情エピソードの分析の視点が,評価理論の種類によって異なっていることが指摘されており (Moors, 2014; Moors et al., 2013),そのことが時に近年の心理学的構成主義との間に誤解を生んできたと考えられる (e.g., Barrett, 2006a; Lindquist, Wager, Bliss-Moreau et al., 2012; Lindquist, Wager, Kober et al., 2012; Scherer, 2012)。この点に関して,次節以降,さらに議論を深めたい。

4節　評価理論の「風味」

　近年の動向として興味深いのは,評価理論の中で,基本感情理論に与しやすいもの,心理学的構成主義に与しやすいもの,また基本感情理論にも心理学的構成主義にも与しないもの,というように,評価理論の中にもバリエーションあるいは「風味 (flavors)」(Moors, 2014; Scarantino, 2016) が存在することが再確認されてきていることであろう。この洞察をなした Moors (2014) は,評価理論の根本的な2つの前提として,①状況と感情エピソードの構成要素との間に規則性 (regularities) があること,②状況が構成要素に与える影響は,生体 (organism) 自身がなす評価という心的プロセスが原因となって媒介することをあげたうえで,評価理論には2つの「風味」があると指摘した。

　評価理論の「第1風味 (first flavor)」あるいは個別的評価理論 (discrete appraisal theory: Moors, 2017) は,Lazarus (1991) や Roseman (2013) のような理論であり,怒りや恐れ,悲しみなどの,自然言語で表される特定の個別感情をおもに説明しようとする。「第2風味 (second flavor)」あるいは次元的評価理論

(dimensional appraisal theory: Moors, 2017) は，Scherer（1984a, 1984b, 1994, 2001, 2009a, 2009b, 2013a, 2013b, 2019）のコンポーネント・プロセス・モデル（Component Process Model: CPM）のような理論であり，感情エピソードを独自の状況や評価値（appraisal values）パターンで特徴づけられる多くの，あるいは無限の部分集合に分け，特定の感情ではなく，感情エピソードの（部分）構成要素をおもに説明しようとする。第2風味の理論では，例えば，怒りや恐れを説明する代わりに，攻撃や回避などの行為傾向を怒りや恐れと関連づけることなしに（究極的には，研究対象となる構成要素が感情的なものであるか否かにかかわらず）説明しようとする（Moors, 2014）。

ここで，評価理論の第1風味の検討対象はかつてLazarus（1991）が全体レベル（molar level: いわば個別感情レベル）と呼んだもの，第2風味の検討対象は分子レベル（molecular level: いわば構成要素レベル）と呼んだものと捉えられるだろう（遠藤，2013; Moors & Scherer, 2013; Moors, 2017）。あるいは，第1風味の評価理論は個別感情をおもな検討対象とする点で個別的アプローチ（discrete approaches）と呼ばれてきたもの，第2風味の評価理論は次元的アプローチ（dimensional approaches）と呼ばれてきたもの（Keltner et al., 2013）に相当すると考えられる。

Moors（2014）によれば，第1風味と第2風味は，評価が他の構成要素に与える影響についてそれぞれ異なるメカニズムを提案しているという。第1風味では，評価値が統合されパターンとなり，危険や喪失などのいわゆる中核関連テーマ（core relational theme: Lazarus, 1991）に関連づけられることで，恐れや不安などの特定の感情が生じると考える。ここでは，生じる感情が決定されるとその感情に属する他の構成要素が活動するため，感情プログラムが中核関連テーマから他の構成要素への移行を媒介すると説明することも可能である。この点で評価理論の第1風味はEkman（1992, 1999）などの基本感情理論とよく適合する。ただし，例えばLazarus（1991）においても，評価プロセスが一次的評価（primary appraisal）と二次的評価（secondary appraisal）に分けられ，分子レベルのアプローチも考慮されていることには注意する必要があるだろう。

第2風味では，それぞれの評価値が他の構成要素の部分反応を決定し，これらの部分反応が寄せ集まって総体としての感情が生じると考える。例えば，「新奇で目標に関連する（novel and goal relevant）」という評価値は定位を促し（行為傾向要素），心拍を低下させ，瞳孔を拡張し（生理的・身体的反応要素），眉とまぶたを引き上げ，あごを引き下げ，言動を中止して注視行動を引き起こす（運動表出要素）

(Moors & Scherer, 2013)。理論上, 評価値の組み合わせは無限にあるため, 生じる感情も無限にある。したがって, 第2風味の評価理論においては, 心理学的構成主義と同様に, 感情は「創発的な (emergent)」(全体が要素の単純な部分総和を超える) 現象やプロセスである (Brosch, 2013; Moors, 2014; Scherer, 2009a, 2012, 2013a)。先にみたように, 評価プロセスは感情 (の構成要素) の典型的な原因ではあるものの (Moors & Scherer, 2013), 感情発動の必要条件でも十分条件でもない (Moors, 2014)。

　ここまでの評価理論の2つの「風味」は, 評価が感情を引き起こすと考える点で, 因果的評価モデル (causal appraisal model) あるいは因果的評価理論としても知られるものである (Barrett, 2006a, 2006b, 2014, 2016; Moors & Scherer, 2013)。因果的評価モデルは, 特に心理学的構成主義の論者によって, 基本感情理論とともに, 自然類モデル (natural kinds model, 詳しくは後述) や「伝統的・古典的な (classical)」感情理論としてひとくくりにされ批判されやすい (e.g., Barrett, 2006a, 2006b, 2013, 2016, 2017a, 2017b; Lindquist, 2013; Lindquist, Wager, Bliss-Moreau et al., 2012; Lindquist, Wager, Kober et al., 2012)。すなわち, 評価理論の論者 (特に Moors) は, 第1風味と第2風味の違いを「味わう」ことが重要であると主張しているのに対して, 心理学的構成主義の論者 (特に Barrett) は, 第1風味と第2風味の違いを「味わう」ことにはそれほど魅力を感じていないと考えられる。

　一方で, 心理学的構成主義の論者 (特に Barrett) が一貫して肯定し, 因果的評価モデルとは異なるものとして「味わう」評価理論が構成的評価モデル (constitutive または constructive appraisal model) あるいは構成的評価理論である (Barrett, 2014, 2016)。構成的評価モデルは, Clore & Ortony (2013; Ortony et al., 1988) の OCC モデルに代表される。OCC は Ortony et al. (1988) の著者である Ortony, Clore, Collins の3名の頭文字をとったものである。Clore & Ortony (2013) によれば, OCC モデルは評価を感情の原因とするプロセスモデルではなく, 特定の感情の仕様を設計図のように記述する構造的 (structual) モデルであり, さまざまな個別感情の認知的・状況的要素を特定するものである。OCC モデルは感情を, 身体化され何度も生じ経験される状況の表象として捉え, 出来事の結果 (outcomes of events) についての感情 (例：悲しみや恐れ), 行為の主体 (agents of actions) についての感情 (例：誇りや称賛), 対象の帰属 (attributes of objects) についての感情 (例：愛情や嫌悪) の3つに大きく分類する。Clore & Ortony (2013) では, 隣人の妻が夫に殴られたと聞いたときに, 隣人の妻が経験した悪い結果に焦点化す

れば同情（sympathy）を感じ，夫の行為に焦点化すれば非難（reproach）を感じ，夫という人物に焦点化すれば嫌悪を感じるという例があげられている。このように，OCCモデルは他の評価理論と同様に評価変数のようなものを仮定するものの，評価は特定の感情を引き起こすトリガーではなく，特定の感情の典型的特徴を描写し，ある感情と他の感情を区別する状況の心理的側面であるとみなす。

　OCCモデルは評価をアフェクトなどとともに感情を構成し創発する要素の1つであるとするため（Clore & Ortony, 2013），創発説（emergentism）の立場に立つ心理学的構成主義と相性がよいものとされてきた（Barrett, 2006a, 2006b, 2013）。Barrett (2013, 2014) は，自身の概念的行為理論とOCCモデルに代表される構成的評価モデルをコインの裏表の関係にたとえている。具体的には，概念的行為理論が（Barrettの仮定する）領域一般的コア・システム（domain-general core systems: アフェクトやカテゴリー化，注意，言語などの，感情や認知，知覚の基となる心理学的構成要素）がいかにして相互作用し創発的な感情の事例を産出するかについて焦点化する理論であるのに対して，構成的評価モデルは創発された全体を記述する理論であると論じている。同様に，Scarantino (2016) は，OCCモデルをMoors (2014) が提唱した因果的評価モデルの第1風味・第2風味とは一線を画す，評価理論の「第3風味（third flavor）」の例として仮定し，哲学の判断主義（judgmentalism: e.g., Solomon, Nussbaum）との関連性までをも論じている。

　しかし，Scarantino (2016) が指摘したように，OCCモデルは元来，因果的評価モデルとして仮定されたものである（Ortony et al., 1988, p.12）。また，現在のClore & Ortony (2013) によって再解釈されたOCCモデルのような評価理論は，評価と他の構成要素の間に因果関係を見出さない点で，先にみたMoors (2014) の評価理論の前提とは異なっている。実際にMoors (2014) は，現在のOCCモデルのような評価理論が，状況から主観的情感に翻訳する何らかの（因果的な）心的プロセスをまったく想定せずに，評価要因（評価変数）を状況の記述としても主観的情感の内容の記述としても捉えていることに対して疑問符を突きつけている。したがって，心理学的構成主義の論者（特にBarrett）は，因果的評価モデルと構成的評価モデルを異なるものとして「味わう」ことが重要であると主張しているのに対して，評価理論の論者（特にMoors）は，評価を感情の典型的原因とみなさない構成的評価モデルを，新しい（第3の）「風味」と認めることに懐疑的であると考えられる。

5節 コンポーネント・プロセス・モデルにおける感情の評価・知識・経験

以上のように，Barrett らの心理学的構成主義の論者が批判してきた因果的評価モデルには「風味」が 2 つある。評価理論と心理学的構成主義との共通点と相違点をより細やかに整理するため，以降は感情を創発的なプロセスとして捉える評価理論の第 2 風味に着目する。本章では，1980 年代から現在まで 30 年以上にわたり理論的・実証的知見が積み重ねられている Scherer のコンポーネント・プロセス・モデル（以下，CPM）が，感情の評価・知識・経験についてどのように仮定しているのかに関して詳しくみていきたい。

1. 評価：刺激評価チェックと構成要素パターニング

CPM では，評価規準（評価変数）や他の構成要素の反応プロセスに関して，他の評価理論よりもかなり緻密な順序性や因果性が（ただし，柔軟な再帰性も）仮定されている（e.g., Scherer, 2009a, 2009b, 2013a, 2013b, 2019）。このモデルでは，図 6-1 に示したように，まず出来事が多次元的に評価される。

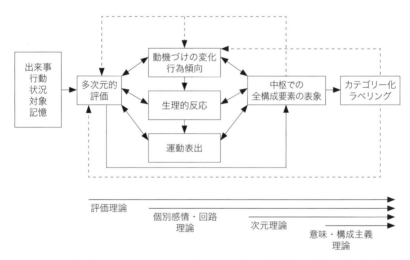

図 6-1 コンポーネント・プロセス・モデル（CPM）の構成と他の感情理論の検討領域
（Scherer, 2019 より作成）

現今のCPMでは，生体は重大な出来事を大きく4つの評価目的（appraisal objectives）で順次評価し適応的に反応するとされている（Scherer, 2001, 2009a, 2009b, 2013a, 2013b）。すなわち，①関連性（relevance: この出来事は自分にとっていかに関わり，自分や準拠する社会集団にいかなる影響を与えるのか）→②含意（implication: この出来事の含意や結果は何であり，自分のwell-beingや即時的あるいは長期的な目標にいかに影響するのか）→③対処可能性（coping potential: これらの結果に対して自分がいかにうまく対処したり，自分自身を調整したりできそうか）→④規範的重要性（normative significance: 自己概念や社会的な規範・価値観にとって，この出来事の重要性は何か）の順である。なお，CPMでは元来5つの評価目的が仮定されていた（遠藤，2013; Scherer, 1984a, 1984b）。CPMでは，生体がこれらの評価目的を達成するために，出来事を多くの刺激評価チェック（stimulus evaluation checks: SECs: Schererの理論における評価規準）で評価すると仮定する。Schererの4つの評価目的と具体的な刺激評価チェックの対応関係には多少の理論的変遷があり（遠藤，2013; 武藤，2018），今後も変動する可能性がないとはいいきれないが，本章では2013年時点の刺激評価チェック（Scherer, 2013b）を表6-1に示す。

　Schererの仮定では，一連の刺激評価チェックによる評価結果は，続いて動機づけ（行為傾向）に影響を及ぼす。さらに，評価結果と動機づけの変化が自律神経系（autonomic nervous system: ANS: 心臓血管や呼吸の体性内臓変化（somatovisceral changes）に対応）と体性神経系（somatic nervous system: SNS: 顔・音声・身体の運動表出に対応）に影響を及ぼす。評価から身体の末梢に生じるこの一連の効果は遠心性効果（efferent effects）と呼ばれ（e.g., Scherer, 2009a, 2009b），先行する構成要素は後続の構成要素に，自身の処理が終結しない段階でも迅速に影響を与える可能性があるとされている（即時的遠心性（immediate efference）: Moors et al., 2013; Moors & Scherer, 2013）。CPMでは，これらの構成要素（評価結果，行為傾向，体性内臓変化，運動表出）が出来事や評価の変化とともに絶えず更新されつつも，マルチモーダルに中枢で表象され統合され，さらに，その統合的表象の一部が時に主観的情感として意識化され，時に曖昧な感情としてカテゴリー化されたり，特定の感情語や他の言語的表現やメタファーでラベリングされたりすると仮定されている。

　CPMにおける重要な仮定は，評価理論の第2風味として先に論じたように，構成要素パターニング（component patterning）という考え方に基づき，刺激評価チ

表 6-1　刺激評価チェック（Scherer, 2013b より作成）

刺激評価チェック	出来事または行動・人物
関連性	
新奇性	出来事は突然のものか馴染みのものか予測不可能なものか
本質的な快	出来事それ自体がその人にとって快か不快か
目標・欲求との関連性	出来事が個人の目標や欲求にとって重要であり関連しているか
含意・結果	
原因帰属	出来事の原因は自分自身か／他者の行動か／偶然か，意図的か否か
結果確率	出来事の結果は予測可能か
期待との相違	出来事は期待を裏づけるか否か
目標・欲求への寄与	出来事の結果は個人にとってポジティブかネガティブか
緊急性	出来事は即時反応を要求するか
対処可能性	
一般的制御	人は一般的にその出来事の結果を制御できるか
個人の勢力	その出来事の結果を実際に制御する力が自分にあるか
調整	その出来事の結果に自分は耐えられるか
規範との適合性	
内的基準	自分自身の基準や自己の理想と一致しない出来事か
外的基準	法律または社会的に承認されている規範に違反した出来事か

ェックによる特定の評価値が他の構成要素の特定の部分反応を決定づけているというものである（例えば，新奇で目標に関連→定位促進・心拍低下・瞳孔拡張・眉とまぶたの引き上げ・あごの引き下げ・注視行動：Moors & Scherer, 2013，構成要素パターニングの詳細な仮定は Scherer, 2001, 2009a, 2009b）。特定の評価値に基づく特定の構成要素パターニングには，それぞれ特定の生物学的・社会的機能が仮定されている（Scherer, 2009a, 2009b）。つまり，CPM では感情の構成要素間の連結性が「部分的に強く」仮定されているといえる。遠藤（2013）は，それぞれの評価規準に沿って発動された構成要素パターニングの要素群（部分反応）を「評価-反応セット」と呼び，Scherer の仮定するような種々の「評価-反応セット」こそが，進化の産物たる感情（emotion）の究極の基体ではないかと考察している。すなわち，CPM では私たちが日常，感情と呼んでいるものを，出来事の評価に応じた複数の部分反応あるいは「評価-反応セット」が累積的・創発的に組み合わさった総体であると捉えているといえる（遠藤，2013; Moors, 2014; Moors & Scherer, 2013; Scherer, 2009a, 2009b, 2012, 2013a）。

2. 経験：主観的情感と最頻的感情

　また，SchererのCPMでは，主観的情感に個体自身の感情プロセスのモニターと制御の機能を割り当てているだけでなく，図6-2に示したベン図のように，主観的情感（に類するもの）には相互に重なり合う3側面があると仮定していることも大きな特徴である（e.g., Scherer, 2009a, 2009b, 2013a; なお，同様の見方としてDamasio, 2005(1994)／田中，2010の理論がある：遠藤，2013）。

　円Aは中枢神経系のモニタリングにおいてすべての構成要素（認知的評価，行為傾向，生理的変化，運動表出）の同期的変化が真に反映・表象され，（身体末梢からのフィードバックを含めた）皮質・皮質下構造から多くの情報の投影を受け取っているが，無意識の部分である。一方で，円Bは円Aの構成要素の同期（synchronization）がある程度の閾値を超えることで意識化された，中枢の統合的表象であり，主観的情感の質を構成する部分であり，哲学者がいうところのクオリア（qualia）や，一般的に「主観的情感（feeling）」と呼ばれるものに相当する部分である。また，円Cは意識的に経験された主観的情感を個人が言語的に説明する部分である。重要なのは，円A・円B・円Cはそれぞれ部分的にしか重なっておらず，唯一3つの円が重なっている，妥当な自己報告指標による測定可能ゾーン（図6-2）は，感情プロセス全体の一部でしかないということが提示されている点である。Scherer（2009b, 2013a）は，人は日常，感情そのものともいえる円Aの一部分しか意識的に表象できず，さらに，そもそも言語は複雑な意識的経験の一部し

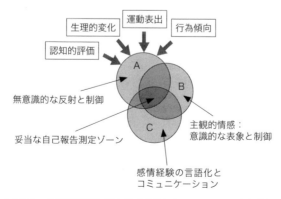

図6-2　主観的情感に関わる3側面（Scherer, 2019より作成）

か表現できないものであり,個人が無意識的に(文化的・状況的な)文脈の制約を受けたり,意図的に制御したり内に秘めたりすることもあるために,意識的経験(円B)を言語化する円Cも円Bの一部分でしかないと説明する。

さらに,評価理論の第2風味(Moors, 2014, 2017)とされるSchererのCPMは,基本感情理論のように,怒りや恐れといった個別感情に特定の感情プログラムの存在は仮定しないものの,そうした個別感情「らしきもの」の存在を,発生頻度(frequency)の観点から捉えている。すなわち,CPMでは個体が経験する日常的にきわめてありがちな評価結果から生じる感情エピソードを「最頻的感情(modal emotions)」と呼ぶ(e.g., 遠藤, 1996, 2013; Scherer, 1984a, 1994, 2001, 2009a, 2009b, 2013a)。例えば,最頻的な怒り(modal anger)は新奇で目標関連性が高く,他者が原因で,出来事の結果が予測可能であり,自分の期待に反し,自分の目標にとって邪魔であり,緊急性が高く,制御可能性が高く,不公平で不道徳であるという評価結果としてよく生じる,といったように,さまざまな最頻的感情のプロトタイプ(典型)的な評価プロフィールがCPMによって予測されている(Scherer, 2001, 2009b)。さらに,こうした最頻的な評価結果は,他の構成要素(行為傾向,生理的反応,運動表出,主観的情感)の特定の同期パターンも頻繁に生じさせるため,最頻的感情はプロトタイプ的な評価パターンとそれに対応する他の構成要素のパターニングで特徴づけられるという。そして,最頻的感情は自ずとしてその感情エピソードを経験する人々や社会・文化にとって重要なものであると認識されるため,結果として,ほとんどの言語において短い表現(たいていは1語)でラベリングされることになるらしい(Scherer, 1994)。この意味で,CPMにおける感情の個別性は怒りや恐れといった,言語的カテゴリー化や,言語的カテゴリーが反映する文化的なプロトタイプのレベルで論じられることとなる(Scherer, 2009a, 2009b, 2013a)。

3. 知識:主観的情感のカテゴリー化と言語化

Scherer(2009b 2013a)によれば,豊かな質感のある主観的情感(円B)は,適応と制御にとって高度に機能的なものではあるものの,認知的な操作や記憶,コミュニケーションには適さない。そのため,他のあらゆる認知的処理や知覚と同様に,カテゴリー化が主観的情感においても重要となるという。ただし,従来のCPMでは,主観的情感の言語ラベリングは感情プロセスや感情経験全体とは独立した行為

であると仮定されてきた点に注意が必要である (Scherer, 1994, 2013a)。つまり，CPM においては，感情エピソードは言語化される場合もあれば言語化されない場合もあり，カテゴリー化やラベリングは感情エピソードにおけるオプションのようなものとして捉えられている (Sander et al., 2018)。

　CPM では，もし感情エピソードが言語化される場合には，Rosch (1975, 1978) のプロトタイプ理論におけるカテゴリー化の原理に従って，主観的情感がカテゴリー化されると仮定されている。この研究文脈では，カテゴリーは垂直的次元 (vertical dimension: カテゴリーの包括性や階層性を表し，通常，上位 (superordinate)・基本 (basic)・下位 (subordinate) の順に具体的になる) と水平的次元 (horizontal dimension: 同一階層レベルでのカテゴリーの分化を表す) によって心的に体系化されており，水平的次元でのカテゴリー分類にはプロトタイプ (prototype: カテゴリーの典型例) がよく使用されると仮定されている。感情語あるいは感情概念・感情知識を検討の対象としたプロトタイプ・アプローチ (prototype approach: e.g., Shaver et al., 1987, 1992, 7 章も参照されたい) では，例えば，アメリカ人大学生の感情概念は上位レベルではポジティブ・ネガティブに分かれ，基本レベルでは基本感情に相当するような愛情・喜び・怒り・悲しみ・恐れに分かれ，下位レベルでは最も具体的な激怒・いらだちなどに分かれたことが示されている (Shaver et al., 1987)。

　CPM では，言語化される前のクオリアあるいは主観的情感のカテゴリー化には，心理学的構成主義の論者が仮定するような体性内臓変化のフィードバックや身体化 (embodiment) の情報だけでは不十分であり，評価結果や行為傾向の情報のほうが参考となりやすいとされている。一般的には，個人の well-being にとって重要な最頻的カテゴリー (最頻的感情) が，基本レベルや下位レベルに相当する感情語で短く言語化されるとみられている (Scherer, 2009b, 2013a)。

　それでは，意識に上ったクオリアを構成する曖昧な構成要素プロフィールは，喜びや怒りなど，日常言語で特定の意味をもつ単語とどのようにマッチングされるのだろうか。Scherer (2013a) はその認知的メカニズムに関して，評価レジスター (appraisal registers: 評価を逐次的・累積的に統合する登録機) (Scherer, 2001) と反応レジスター (response registers: 評価結果からの遠心性入力を受け取る全構成要素の登録機) を仮定することで説明を試みている。この仮説では，まず評価レジスターと反応レジスターは短期的な作業記憶の一部であり，「現在経験ベクトル (current experience vectors)」(同期した異なる構成要素の特徴の現在の状態) を

含むとされる。また，語彙記憶（lexical memory）は「意味プロトタイプベクトル（meaning prototype vectors）」によって表される1つひとつの感情語を含み，エピソード的な長期記憶は過去の個人的な感情経験の記憶の痕跡が表される「過去経験ベクトル（past experience vectors）」を含むとされる。そして，感情経験を感情語で符号化する（気持ちを言葉にする）際には，マッチングアルゴリズムによって，現在経験ベクトルと，語彙記憶で目立った複数の感情語の異なる意味プロトタイプベクトルの距離が1つひとつ計算され，最小距離をとった感情語が最も適切なものとして選び出されることになるという。また，感情語を解読する際には逆のマッチングアルゴリズムによって，特定の感情語の意味プロトタイプベクトルと複数の過去経験ベクトルの距離が計算され，最小距離が求められるという。さらに，こうしたプロフィールマッチング処理は，個々の入力プロフィールを，個人的な過去・現在経験ベクトルと意味プロトタイプベクトルが生じさせる，多次元的な主観的情感としての感情空間（affective space）の特定領域に抑制することで最適化される可能性が論じられている。

4. CPMの実証的展開

ここまでみてきたように，CPMでは感情の評価・知識・経験に関して大まかには

> 評価→経験：言語化前の主観的情感（→知識：感情語・感情概念による必要に応じての言語化）

というプロセスが（柔軟な再帰性が認められつつも）想定されていると考えられる（図6-1）。CPMは評価プロセスや構成要素の処理順序に関して比較的厳しい仮定をなすモデルであるために，これまで実証的証拠の集積が課題とされてきたが（e.g., 遠藤，2013），近年では研究手法の発展も伴い実証的知見が多数提出されるようになってきた（レビューとして，Brosch & Sander, 2013; Sander et al., 2018; Scherer, 2009b, 2013b, 2019）。

例えば，脳波（electroencephalography: EEG）の事象関連電位（event-related potentials: ERPs）を用いた脳科学的手法と，特定の評価変数を操作する実験を組み合わせた方法により，関連性→含意→対処可能性→規範的重要性の順に進むとされている4つの評価目的の下位の刺激評価チェック（表6-1）が，おおむね仮説通りの順番でなされること，さらに，少なくとも対処可能性までは約600～800ミリ

秒以内に迅速に評価が処理されることを複数の研究が明らかにしている（Gentsch et al., 2013, 2015; Grandjean & Scherer, 2008; van Peer et al., 2014）。また，従来の感情脳（emotional brain）研究の発展形として，CPM の評価プロセスや他の構成要素の変化と同期をもたらす「評価脳（appraising brain）」（Brosch & Sander, 2013）を仮定し，脳神経科学的に検証しようとする機運も高まりつつある（Sander et al., 2018）。この文脈では，例えば扁桃体（amygdala）は評価規準における新奇性や関連性の処理において重要な役割を果たす部位として仮定されている（Brosch & Sander, 2013）。このように，特に近年では感情の評価要素を実験的に操作し，行為傾向や生理的変化，運動表出，主観的情感などの他の構成要素の変化をさまざまな指標で客観的または主観的に，あるいは直接的または間接的に同時に検討する研究が増えてきている。こうした動向は，従来の評価理論の実証的研究の多くが，言語化された自己報告指標のみに頼ってきたという弱点を克服する取り組みとして期待されている（レビューとして Moors & Scherer, 2013; Scherer, 2019; Scherer & Moors, 2019）。

一方で，CPM を基盤に感情の言語化の側面に着目した研究は意味格子プロフィール（semantic grid profile: Scherer, 2005）として提案され，"GRID（格子）" パラダイムとして盛んに実証的研究が展開されている（Fontaine et al., 2013; 1 章も参照されたい）。GRID は自然言語として存在する感情語から感情の素朴概念の意味的特徴プロフィールを明らかにしようとする研究である。具体的には，表 6-2 の

表 6-2 GRID の例（Scherer, 2013a より作成）

特徴	感情			
	怒り	恐れ	恥	罪悪感
出来事が新奇	2	7	6	2
他者が原因	8	2	5	2
結果がネガティブ	7	4	5	1
心拍が速い	7	9	4	2
熱く感じる	6	2	8	2
微笑	1	1	4	1
攻撃したい	7	3	1	1
気持ちを隠そうとする	2	4	6	8
長く続く	4	2	3	7

注）数字はそれぞれの感情語でラベリングされる感情経験にそれぞれの特徴がどのくらいあてはまるかを示す。Scherer（2013a）が例示用に作成した仮想データであることに注意されたい。

ように複数の感情語を列，感情の構成要素の特徴を行に並べて格子を作る。研究参加者は，その国や地域の母語話者が感情経験を描写するためにそれぞれの感情語を使用するときに，それぞれの構成要素の特徴がどのくらい生じるか，その一般的な可能性を評定する。

GRID は，パーソナリティ研究においても要となってきた，人の生活にとって重要な特徴は日常言語として（重要なものほど1語で）言語化されるという仮説 (lexical sedimentation hypothesis: John et al., 1988; Saucier & Goldberg, 1996) の発想に基づいている (Scherer, 2013a; Scherer & Fontaine, 2019)。この仮定に基づけば，評価結果や他の構成要素間の反応のプロフィールは，質的に異なる感情どうし（例：喜びと怒り）で異なっている。そのため，感情語の意味は，全構成要素における特定の評価と反応の変化のパターンであり，ある特定の単語がある感情エピソードを描写するために使用されるときに暗示されるものとして定義できる (Scherer, 2005, 2013a)。このように感情間の質的差異を捉えれば，相互に似た感情語（例：怒りの類義語）どうしの差異や，異なる言語間の特定感情語の翻訳等価性（例：日本語の怒りと英語の anger）を直接的に検証することもできる。

実際に Fontaine et al. (2013) では，感情語 24 語と感情の構成要素の特徴 142 個（評価，生理的・身体的変化，表出，行為傾向，主観的情感，制御，持続時間が含まれる）に関して，日本を含めた 20 を超える国・地域および言語を対象とした大規模な GRID 調査の研究結果が多く紹介されている。注目すべき知見として，感情語 24 語の弁別性に関して，感情の全構成要素の特徴 142 個に対して主成分分析を行った場合には，感情価，勢力（power），覚醒度，新奇性の四次元がこの順番で抽出されたことがあげられる (Fontaine et al., 2013)。以前にも同様の知見 (Fontaine et al., 2007) が得られていたことから，Scherer らは主観的情感を十分に弁別して低次元の意味的空間に配置するには四次元が必要ではないかと主張している。さまざまな主観的情感を多次元空間に付置づけるいわゆる次元理論（dimensional theory）の研究では，Russell (1980) の円環モデル（circumplex model）に代表される，感情価と覚醒度あるいはそれらに類する二次元モデルがこれまで優勢であった (e.g., Yik et al., 1999)。Scherer らが見出した四次元モデルは，こうした二次元モデルを支持する論者，特に Russell や Barrett などのコア・アフェクトを理論的中核とする心理学的構成主義論者に対して，感情価と覚醒度だけでは主観的情感は語れない，という強い異論を突きつける格好となっており，今なお議論が続いている。

感情語の意味構造に着目する GRID 研究は，その基盤となる CPM モデルそのものを検討する際にも有用である。CPM は，評価が他の構成要素を変化させ，主観的情感として統合的に表象されるというモデルとして仮定されているが（図6-1），このプロセスを直接的に実証することは難しい。そこで，Scherer & Fontaine (2019) は，感情語の意味構造の次元で CPM のプロセスの仮定を間接的に実証することを試みた。具体的には，Fontaine et al. (2013) の結果を再分析し，階層的重回帰分析により，GRID で得られた評価要素の因子が他の反応要素（行為傾向，生理的・身体的反応，顔・音声表出）の因子を媒介して主観的情感要素の因子を予測することが示され，評価→他の構成要素の変化→主観的情感というプロセスの仮説が間接的に支持されたことが報告されている。ここでは，主観的情感が分析の従属変数として仮定されていることが注目に値する。Scherer & Moors（2019）も同様に，感情をプロセスとして捉える際には感情ラベルを従属変数として扱うことが，特に典型的な感情反応よりも微妙な感情反応が生じやすく複数の感情が混合しやすい現実的な生活場面での応用研究において，生態学的妥当性の観点からも重要であると論じている。

　GRID は CPM に基づきつつも言語に着目しており，さまざまな用い方や分析方法が可能であることから，CPM だけでなく，基本感情理論や次元理論といった他の感情理論や，感情の文化比較や言語学の諸理論・方法にも豊かな示唆を与えられるパラダイムとされている（Fontaine et al., 2013）。GRID は項目数が多いため，CoreGRID と MiniGRID という短縮版も開発されており，研究の目的や状況に応じて適切なものを利用可能である（Scherer et al., 2013）。さらに，Scherer は従来の GRID 研究の結果を応用して，言語化される前の主観的情感あるいはクオリアを構成要素のファセットで簡便に測定する尺度（Facet Assessment of Qualia: FAQ）の開発も試みている（Scherer, 2019）。この尺度の開発は，これまで主観的情感の円 B（図6-2）を測定する妥当な手法がきわめて不足していたこと（遠藤，2013）をふまえると，挑戦的な試みであると考えられ，今後の研究展開が待たれる。

6節　心理学的構成主義における感情の評価・知識・経験

　ここまでみてきた評価理論がおもに「気持ちを言葉にする（putting feelings into words）」理論であるのに対して，「言葉を気持ちにする（putting words into feelings)」理論 (Lindquist et al., 2016) として考えられるものが, Barrett の従来の概念的行為理論 (e.g., Barrett, 2006b) や, より近年の構成感情理論 (Barrett, 2016, 2017a, 2017b) である。心理学的構成主義にもさまざまな理論があるが (e.g., Barrett, 2013; Clore & Ortony, 2013; Cunningham et al., 2013; Russell, 2003), ここでは Barrett の理論が感情の評価・知識・経験についてどのように仮定しているのかを概観したい (Barrett の理論については 8 章, 10 章も参照されたい)。なお, Barrett の理論における評価の側面については本章 4 節 (「評価理論の『風味』」) の構成的評価モデルの議論を参照されたい。

1. 経験と知識：アフェクトと感情概念

　構成感情理論は心理学的構成主義だけではなく, 感情の社会構成主義 (social construction (ism)：社会・文化が感情を構成するという考え方) や神経構成主義 (neuroconstruction: 脳発達において経験が感情の脳神経を配線するという考え方) も統合した理論である (Barrett, 2016, 2017a)。構成感情理論では, 脳を五感 (視覚・聴覚・嗅覚・味覚・触覚) と内受容感覚 (interoception: 身体の臓器や組織, ホルモン, 免疫系などからの感覚の脳の表象) の入力を絶えず予測しシミュレーションしカテゴリー化するための概念発生装置 (concept generator: Barrett, 2017b) とみなす。内受容感覚の予測はアフェクト (感情価と覚醒度の円環モデル上の点として記述できる単純な主観的情感, すなわちコア・アフェクト) として経験され, 五感の知覚や行為に常に影響を与えているが, 内受容感覚やアフェクトの経験だけでは個別の感情経験は説明できない。そこで, 構成感情理論では, 脳が概念として組織化した過去の経験を用いて, 目覚めている間の行為を導き感覚入力に意味を与えると考える。そして, ある状況下で「恐れ」や「怒り」などの感情概念が関与したときに, 脳が感情の事例を構成すると仮定する (Barrett, 2016, 2017a)。
　ここで, Barrett の理論における「カテゴリー化 (categorization)」や「概念 (concept)」は, 他の感情理論における「カテゴリー化」や「概念」と比べて独特のニュアンスがあり, 脳が主語になっているようなところがあることに注意されたい。すなわち, ここでのカテゴリー化とは, 脳が概念を用いて感覚入力やアフェクトに意味を与えるプロセスのことを指す。カテゴリー化は感情だけでなく, 知覚や思考, 記憶など, 人が経験するあらゆる心的出来事で生じており, 色知覚や人物知覚と同様のカテゴリー化のプロセスが感情経験にも当てはまる。例えば, もともと

光の連続的なスペクトラムである虹が「赤」や「青」といった概念が用いられることで（さらには特定の言語圏によって6色にも7色にも）カテゴリー化されるように，もともと感情価と覚醒度の組み合わせという次元的なアフェクトの経験も「恐れ」や「怒り」といった概念が用いられることで初めて個別感情経験としてカテゴリー化される（Barrett, 2006b, 2017a）。

　また，Barrett の理論における「概念」とは，次に何が起こり，その出来事に対処するためにはどのような行動をとるのが最良であり，結果として自身のアロスタシス（allostasis: 外界の変化に応じて身体内部環境を調整すること）にどのような影響があるのかということを予測する，身体化された脳全体の表象の一群のことである（Barrett, 2017a, 2017b）。Barrett の「概念」は Barsalou の「状況に応じた概念化（状況的概念化: situated conceptualization）」（e.g., Barsalou, 2003, 2009; Wilson-Mendenhall & Barsalou, 2016）という考え方に大きく影響を受けている。つまり，ここでの「概念」はプロトタイプや最頻値をもつものではなく，その時々の状況の目標に応じて柔軟に概念化され，適切な行動を導くきわめて動的なものである（例えば，スリッパや新聞紙も状況次第で「ハエたたき」になる）。この意味で，「感情概念（emotion concepts）」は目標基盤的概念（goal-based concepts）であり，感情の行為・表出や生理的変化は事例ごとにさまざまに変動する（例えば，幸福（happiness）の事例では，状況次第で笑うことも泣き叫ぶことも，呼吸が速くなることも遅くなることもありうる: Barrett, 2017a）。

　興味深いことに，こうした Barrett のカテゴリー化や状況的概念化の仮定は，Barrett が大きく影響を受けた Russell（2003）の心理学的構成主義理論とも様相を異にしている（Barrett, 2006b）。なぜなら，Russell（2003）の心理学的構成主義では，Scherer の CPM と同様に，恐れや怒りなどの個別の感情概念や感情エピソードは，カテゴリーとしてプロトタイプ（Fehr & Russell, 1984）を有するものとして仮定されているからである。Russell（2003）の理論においては，「感情エピソード」とは，ある感情カテゴリー（例えば，恐れ（fear））のプロトタイプに十分当てはまり，その感情の事例とみなせる1回1回生じる出来事のことであり，その感情カテゴリーのプロトタイプに非常に合致する出来事は「プロトタイプ的感情エピソード（prototypical emotional episode）」として定義されている。一方で，Barrett（2006b）の状況的概念化の見方では，プロトタイプのような静的で象徴的な表象としての感情概念は，必要がない限りは構成（シミュレーション）されないものとして仮定されている。また，コア・アフェクトを対象（object）に結びつけ

個別感情を経験するメカニズムとして，Russell（2003）は意識的な原因帰属プロセスを想定したのに対して，Barrett（2006b）はカテゴリー化プロセスの自然な結果として考えており，個別感情の主観的情感は，コア・アフェクトの状態をカテゴリー化する際に関与する概念的プロセスから自動的に容易に，頻繁に生じると仮定している。

さらに，Barrett（2016, 2017a）は基本感情理論や（Schererの理論も含めた）因果的評価モデルが感情に対して本質主義（essentialism）の見方（例えば，怒りや恐れにはそれぞれ特有の脳回路がある，という信念を持つ）をとってきたのに対して，自身の理論は個体群思考（population thinking: 種は多様な個体の集団であり，何の本質ももたず，典型すらない，という Darwin（1859/ 八杉，1990）の『種の起源（*On the origin of species*）』における考え方）の見方をとっていると論じている。すなわち，恐れや怒りといった感情は自然界にもともと存在する自然類（natural kinds）ではなく，その感情語や感情概念を知っている知覚者（perceiver）の存在や，社会的現実（social reality: ある集団が言語として共有する，何かが本物である，という同意）があって初めて存在する名目類（nominal kinds）や人工物にすぎないと仮定する。この考え方では，例えば，「お金がある」（合意さえあれば「お金」は貝殻でも金属でも紙片でも構わない）というのと同じような意味で「恐れがある」「怒りがある」ということになり，「恐れ」や「怒り」という感情語や感情概念を知らなければ，その感情の経験や知覚ができないことになる。Barrett（2012, 2017a）は，例えば，「怒り（anger）」という感情概念をもつ人は，犬がうなる様子を怒りの事例として知覚し他者とも共有できるが，犬自身は「怒り」という感情概念をもたないために，快・不快など低次元のアフェクトは経験できても，怒りの感情経験は構成できず，怒りの気持ちを感じないのではないかと論じている。

Barrettらの研究グループは，実際にメタ分析によって言語使用に関わる脳領域と感情の経験・知覚に関わる脳領域がかなりオーバーラップしていることを示しており（e.g., Lindquist, Wager, Kober et al., 2012），感情語が感情の経験や知覚に大きな役割を果たすことを示唆している（e.g., Barrett, 2006b; Barrett et al., 2007; Gendron & Barrett, 2018; Lindquist et al., 2016）。Barrett（2017a）は，さまざまな心的経験に必要なのはあくまでも概念であり，感情の経験や知覚はその感情に相当する単語を持たなくとも，概念結合（conceptual combination: 既知の概念を組み合わせて新しく，より複雑な概念を構成すること: e.g., Wu & Barsalou, 2009）により可能であることを認めているものの，概念結合も，単語をもつことの効率性

にははるかに及ばないと主張している。

2. 構成感情理論における感情概念の発達と個人差

　先にみたように，評価理論においては，感情の発達は認知能力や状況評価の多次元化の発達に依存して進むと捉えられたが，心理学的構成主義の場合には，なかば必然的に，感情概念の発達が感情の発達にとってきわめて重要となる。Barrett は感情概念の発達や個人差に関しても独自の説明を展開している。Barrett（2017a）は，子どもは他者（特に親）から導かれ，単語を手がかりに統計的学習（statistical learning）を行うことで感情概念などの目標基盤的概念を学ぶと仮定した。統計的学習とは，何が似ており何が似ていないかについて観察することで確率を計算し，五感と内受容感覚のパターンを学習する脳の生得的能力のことである。例えば，子どもが親からみれば「怒り」という感情概念を使用するのが適切な状況（例：欲しいものがもらえないときに机を叩く）で，「怒っているんだね」「怒らないで」などと話しかけられるとする。また別の状況でも，「怒っているの？」などと話しかけられるとする。このように，子どもは感情概念を使用する他者，特に親などの主たる養育者からの話し言葉によって，「怒り」の感情概念に相当する感情語が用いられる場面を多く経験することで，しだいに「怒り」のパターンを学習し，「怒り」の感情概念を獲得し，同様の場面で自身の「怒り」の経験や他者の「怒り」の知覚ができるようになり，その後も生涯にわたって「怒り」や関連する他の感情語（例：いらだち・激怒）の獲得や感情概念を発達させ続けるのだという。

　近年では，子どもが大人と同様の感情概念を発達させるには何年もの年月がかかり，さまざまな感情語が使用可能になるにつれて，快か不快かの感情価に基づく広い感情概念から，より具体的で個別の感情概念に分化するという仮説（「広範から分化」仮説：broad-to-differentiated hypothesis）が提案・検証されていること（e.g., 浜名・針生，2015; Widen, 2013, 2016）も，言語が感情の構成に役立つとする心理学的構成主義の見方を支持する知見とみなされている（Barrett, 2017a; Lindquist et al., 2016）。

　さらに，Barrett は「感情粒度（emotional granularity）」という概念で感情の個人差を説明する。感情粒度はどのくらい個別に（きめ細かく）感情の経験と知覚を構成できるかという能力のことを指し（Barrett, 2017a），従来の感情の分化（differentiation）を Barrett 流に定義したものとして考えられる（Kashdan et al.,

2015)。感情粒度がきめ細かい人は，例えば異なるネガティブ状況で悲しみや恐れ，不安，気まずさ，恥，罪悪感など，さまざまな感情を分化して経験することができる。一方で，感情粒度が粗い人は，例えばこれらの状況をどれも「嫌な気持ち」といったように，快・不快の次元でしか経験できないかもしれず，個別の感情語を相互互換的に同じ意味で用いてしまう（例：悲しみと罪悪感に意味の違いを見出さない）。興味深いことに，感情粒度は後天的に獲得可能な「能力」や「スキル」であり，日常的に多くの感情語や感情概念を学び洗練することで高められることが明確に主張されており（Barrett, 2017a; Kashdan et al., 2015），感情的知性（emotional intelligence: 14章を参照されたい）との関連も指摘されている（Barrett, 2017a）。すなわち，感情粒度のきめ細やかさは脳の予測やカテゴリー化の選択肢を増やし，感覚入力の予測やカテゴリー化を効率的に行い，環境に対する行為をより柔軟で機能的にすることができるため，感情的知性の高さとして捉えられるという。一方で，感情粒度の粗さはどのような感情的状況でもごく少数の限られた概念でしかカテゴリー化できないため，感情的知性の低さとして捉えられるという。実際に，感情粒度のきめ細やかさは効果的な感情制御や身体的健康，適応，well-being をもたらす一方で，感情粒度の粗さは抑うつや対人不安，摂食障害，自閉スペクトラム症，境界性パーソナリティ障害などさまざまな精神・発達障害との関連が指摘されており，不健康や不適応をもたらす可能性が示唆されている（e.g., Barrett, 2017a; Condon et al., 2014; Kashdan et al., 2015; Lindquist & Barrett, 2008; Tugade et al., 2004）。また，アメリカの小学生高学年を対象とした感情語の学習プログラムが学業成績や社会的・情緒的コンピテンスを高めたという知見もある（Brackett et al., 2012）。

　以上みてきたように，Barrett は「概念」を身体化や言語化の側面が多分に含まれた，感情経験の構成に先立つものとして扱っている。つまり，Barrett の理論は，感情の評価・知識・経験に関して，評価理論家（特に Scherer）の「評価→経験（→知識）」という，主観的情感の言語化が必須でない感情プロセスとは異なり，個別の感情経験には概念的知識（感情語・感情概念）が必須であるという立場に立っている。したがって，Barrett の理論における感情プロセスは，

> 経験：内受容感覚の予測がもたらすコア・アフェクト→知識：感情語・感情概念を使用したカテゴリー化→経験：構成的評価モデルで記述できる個別感情経験（同様の Barrett の理論のモデル化として，Niedenthal & Ric, 2017; Scherer, 2009a）

あるいは，

> 経験：コア・アフェクト ＋ 知識：カテゴリー化→経験：個別感情経験（同様のBarrettの理論のモデル化として，Moors, 2009）

というように図式化できるかもしれない。前者の「経験→知識→経験」モデルはコア・アフェクトの後にカテゴリー化が順番に生じると仮定するのに対して，後者の「経験＋知識→経験」モデルはコア・アフェクトとそのカテゴリー化が同時並行的に生じると仮定しているといえる（遠藤，2013; Moors, 2009）。ただし，Barrett（2016）自身は，構成感情理論は高次の脳と身体の状態が時間をかけて力動的に反復する理論であるために，因果モデルとしてのモデル化が難しいと論じている。ここでは，ひとまずSchererのモデルとは異なり，Barrettのモデルは感情ラベルを従属変数に据えるモデルとは言いがたいことを確認しておきたい。

7節　評価理論と心理学的構成主義の対立をいかに考えるか

ここまで感情の評価・知識・経験に関して，おもにSchererのCPMとBarrettの構成感情理論の仮定を概観してきた。その結果，SchererのCPMはいわば「気持ちを（必要に応じて）言葉にする」理論であり，感情ラベルを感情プロセスの従属変数として仮定するモデルであるのに対して，Barrettの構成感情理論はいわば「言葉を（状況に応じた）気持ちにする」理論であり，感情ラベルを感情プロセスの従属変数に据えないモデルとして捉えられた。このように，両者は感情のプロセスに関してかなり異なる仮定をしているように思われるが，こうした理論的対立を超えて感情の評価・知識・経験を考えることは果たしてできるのだろうか。ここでは，両者の理論の相違点だけではなく，共通点も探っていくこととしたい。

1. 感情と言語・文化

最初に，SchererとBarrettの理論における感情と言語・文化の見方を整理しておきたい（感情と言語・文化の問題については3章や7章も参照されたい）。Barrettの心理学的構成主義は，実のところ，概念的行為理論を提唱した当初から，言語が思考や知覚，経験を決定づけるというWhorfの「強い」言語相対性仮説に

かなり通じるものである（Barrett, 2006b）。そのため，例えばSauter（2018）のように，感情の言語と概念と知覚はそれぞれ異なるレベルで独自に処理されうると仮定し，感情の知覚に言語は必須ではないとする研究者からは強く批判を受けている。一方で，SchererのCPMは言語の重要性を認めつつも後者の立場に立っており，感情経験のカテゴリー化・言語化はオプションであり（e.g., Sander et al., 2018; Scherer, 2009b），感情のプロセスにおいては感情経験（クオリアの意識化）が言語化に先行すると主張している（図6-1）。

　Ogarkova（2013）は，「言語ファースト（language-first）」アプローチと「文化ファースト（culture-first）」アプローチという区別によって，感情の言語と文化の問題を整理している。「言語ファースト」アプローチは言語から概念化への因果関係の存在を想定し，人の思考方法は言語（やレキシコン）によって強くバイアスを受けると考える。すなわち，Barrettの心理学的構成主義などの言語決定的な理論は「言語ファースト」アプローチとして捉えられる。Ogarkova（2013）によれば，言語決定論を支持してきたWierzbicka（1999）のNSM（Natural Semantic Metalanguage）理論も「言語ファースト」アプローチに含まれるという。NSM理論では，どの自然言語にも存在する"good"や"bad","feel"や"think"といった，それ以上分解できない基本的な概念を表す単語（例えば，英語：good, bad, feel, think；日本語：良い・悪い・感じる・考える）を普遍的な意味元素（semantic primitives）として仮定し，喜びや怒りなどの個別感情語の意味はそうした意味元素を組み合わせたスクリプトで表現できるとする。ただし，感情語に着目するNSM理論はGRID研究との関連性も検討されており（Ogarkova, 2013; Soriano, 2013; Ye, 2013），CPMやGRIDの理論的仮定を下支えする理論としても捉えられている（Scherer & Fontaine, 2019）。

　一方で，「文化ファースト」アプローチは言語共同体（lingual community）の文化的構造（感情規則や価値観，規範，優勢な概念，焦点化した関心）が語彙化を駆動し，言語の語彙的リソースに量的・質的に影響を与えると考える。例えばLevy（1984）は，特定の文化においてその経験や機能が相対的に重要であり強調されるために，相当する感情語彙が豊富に存在する「認知の精度がきわめて高い（hypercognized）」感情や，逆に，その経験や機能が相対的に重要でなく軽視されるために，相当する感情語彙が極端に少なく存在しないこともある「認知の精度がきわめて低い（hypocognized）」感情がみられる可能性を示唆した。Levy（1984）によれば，タヒチ人においては怒りや恥，恐れの感情語彙が豊富にあったのに対し，

悲しみや罪悪感に相当する感情語は見出せなかったという。

さらに，Ogarkova（2016）は，そもそも感情語の意味が異なる言語どうしで完全に一対一に対応することは不可能であり，2つの異なる言語における2つの感情語の等価性は，常に程度問題であると論じている。実際に，他の文化では1語で翻訳することができない文化特異的な感情や，ある言語では2語以上に分化しているが別の言語では1語で未分化な感情，また特定の文化において欠落している感情語や，同一の感情概念を表すものであっても文化間で意味が部分的にしか重ならない感情語，さらには上位概念としての感情（emotion）そのものに相当する語をもたない言語・文化などの存在がこれまで数多く指摘されてきた（e.g., 有光, 2015; Hupka et al., 1999; Levy, 1984; Lomas, 2016; Ogarkova, 2013, 2016; Russell, 1991）。このように，感情における言語と文化の問題はかなり複雑に絡み合っている。

しかしながら，Ogarkova（2013）は，「言語ファースト」アプローチと「文化ファースト」アプローチはそれぞれ焦点が異なっているものの，両立しないものではなく，感情の「素朴な（folk）」概念化の研究では言語的証拠が重要であるということを強調する点では，共通の仮定を置いていると主張している。Ogarkova（2013）は，SchererのCPMに基づくGRIDは，感情語の意味を構成要素プロフィールの観点で定義するため，感情語の意味における言語的・文化的な普遍性と特殊性を探る強力なパラダイムであると論じている。したがって，SchererのCPMは「言語ファースト」と「文化ファースト」の双方のアプローチに示唆を与えられる理論であるといえるだろう。

また，Scherer（2013a）は基本感情理論，（次元理論を含めた）心理学的構成主義，CPMの3つの感情理論において，感情語がどのような役割を果たしているのかに関して示唆的な整理を行っている。すなわち，基本感情理論は感情語の役割を「プログラム記述子（program descriptors）」とみなし，感じられる基本感情は各言語で適切なラベルが与えられており，大部分が普遍的なものであると仮定している。それに対して，心理学的構成主義は感情語の役割を「意味構成子（meaning constructors）」とみなし，感情語は基礎的なアフェクトのプロセスとは独立に存在する文化的構造物であり，感情価の伴う覚醒の連続的変化の意味を理解するために使用されるものとする。また，CPMは感情語を「最頻的反応マーカー（modal response markers）」とみなし，評価とそれに関連する反応パターンの頻繁に生じる多要素形態（すなわち，最頻的感情）にしるしをつけるものであると仮定する。このように，3つの感情理論では意識的な主観的情感のカテゴリー化・ラベリング

に関して異なるメカニズムを想定しているものの,感情語がどの理論にとっても重要なものとして仮定されてきた点は確認しておいてよいだろう。

2. SchererとBarrettの主張の重なりとずれ

　Barrettらの推し進める心理学的構成主義は,fMRIなどの脳科学的検討手法やメタ分析を武器に近年の躍進がすさまじいが,強い批判にさらされることも少なくない。特にSchererは自身のCPMが時折Barrett（2006a, 2006b）やLindquist, Wager, Kober et al.（2012）によって自然類モデルとみなされてきたことも受けてか,近年の心理学的構成主義の主張や知見には強く異を唱えてきた（遠藤, 2013; Scherer, 2009a, 2009b, 2012）。ここには,確かにBarrettらの心理学的構成主義論者による評価理論への一種の誤解があることも否めないだろう。

　まず,評価理論と心理学的構成主義は,感情はより基本的な部分（要素）から構成されるという点では同意している。Brosch（2013）は,心理学的構成主義と同様に,評価理論では外界から入ってくるすべての情報は,感情に特化したものではない評価メカニズムによって常に評価されていると指摘している。Scherer（2012）もまた,CPMにおいては感情に特化したものではない,より一般的で基本的な脳の情報処理メカニズム（知覚や連合,スキーマ・マッチング,予測誤差チェック,カテゴリー化,推論）を基盤とする評価によって,他の構成要素が同期的に変化し感情エピソードが創発するため,CPMの仮定は字義通りの意味で「構成主義（constructionist）」であると強く指摘している。さらに,Scherer（2009a）は,身体的変化のフィードバックを含む非言語的な感情エピソードの表象をカテゴリー化しラベリングするプロセスは,個人的あるいは文化的・状況的な意味を積極的に構成することを可能にするため,評価理論家はマイルドな構成主義にも取り組んでいると主張している。したがって,少なくともCPM（評価理論の第2風味）は自然類モデルではなく,むしろ心理学的構成主義に近い理論とも考えられる。これまでも実際に,感情を本質的にカテゴリカルなものとして捉える基本感情理論に対するものとして,評価理論と心理学的構成主義の類似性が指摘されてきた（e.g., Cunningham et al., 2013; Cowen & Keltner, 2017; 遠藤, 2013）。

　そもそもBarrett（2006b）は,コア・アフェクトの明確な生起要因を仮定しなかったRussell（2003）とは異なり,概念的行為理論を提唱した時点で,コア・アフェクトの生起要因の1つに自動的な評価を仮定していた。また,ある特定時点に

おける，ある人にとってのある状況の意味が，経験される感情と関係づけられるという点で，概念的行為理論と評価理論の前提は整合すると主張していた。Gendron & Barrett (2009) も，心理学的構成主義と評価理論は感情を意味の作成行為とみなす点で似ていると論じている。ただし，両者の理論は意味分析の対象が異なっており，心理学的構成主義では身体の内的状態が対象となるのに対して，評価理論では状況が対象となるとも指摘している。Moors (2014) も同様に，評価はカテゴリー化プロセスの一種であるものの，評価理論における評価プロセスでは状況が目標に関連するか，目標に合致するか，制御が難しいか，というようにカテゴリー化されるのに対して，心理学的構成主義では身体的変化が怒りや恐れ，悲しみなどの個別感情としてカテゴリー化されると指摘している。

近年，Moors (2017) は，上記の議論をさらに推し進め，Scherer の CPM のような第2風味の評価理論と Russell (2003) の心理学的構成主義の統合を試みている。すなわち，(Russell の理論のように) 感情や個別感情あるいは感情エピソードに科学的地位を見出すことをやめ，行為傾向や主観的情感といった構成要素それ自体を研究することに科学的地位を見出しつつも，(Scherer の理論のように) 構成要素どうしに強い因果関係があることは認める，というものである。ただし Moors (2017) は，認知的要素には従来の評価だけではなく，行動 (behavior) 研究一般で重要な「目標指向的メカニズム (goal-directed mechanism)」(行為は特定の価値の伴う結果を導くと考え，1つ以上の行為の選択肢の実用性 (utility) を見積もるメカニズム：e.g., Dickinson & Balleine, 1994) を含めて拡張すべきであるとも主張している。また，感情理論の比較と統合にとって障壁となる，それぞれの感情理論特有の専門用語を，より中立的でフォーマルな用語で呼ぶことも提案している。具体的には，刺激入力から感情出力への移行を，①何らかの入力からの情報の抽出 (extraction) と②情報の感情への翻訳 (translation) の2つの部分に分ければ，評価 (appraisal) もカテゴリー化 (categorization) も知覚 (perception) もすべて「抽出メカニズム (extraction mechanism)」であり，その観点では相互互換的な用語であると論じている。

Moors (2017) 自身が指摘するように，感情に科学的地位を見出さないこの統合理論はもはや感情の理論ではないとも考えられるが，この Moors の取り組みに対しては Russell 自身も大いに協力を寄せているようである (Moors, 2017, p.15)。ただし，Moors (2017) は，Barrett と同様に，基本感情理論や第1風味の評価理論は多様な感情現象を説明するうえでは実りの少ない古典的な理論として想定してい

るようである。今後，Moors によって，Scherer の CPM と Barrett の心理学的構成主義の統合が試みられるのも時間の問題かもしれない。

また，先にみたように，Scherer はこれまで主観的情感のラベリング行為を感情プロセスや感情経験全体とは独立したものとして扱い（e.g., Scherer, 1994, 2013a），カテゴリー化やラベリングを感情の構成要素としては明示してこなかった（e.g., Scherer, 2009a, 2009b, 2013a）。しかし，近年では，（カテゴリー化とラベリングを感情プロセスに必須ではないオプションのようなステップとして捉える点は従来通りであるものの）カテゴリー化やラベリングも感情プロセスの構成要素として考え始めてきているようである（Scherer, 2019; Scherer & Moors, 2019）。例えば，Scherer & Moors（2019）は，個人は自身の経験のカテゴリー化を構成し，感情ラベルを選んでいるという心理学的構成主義の主張は疑いのない真実であるが，今後はこのカテゴリー化行為を，先行する感情プロセスと理論的に関係づけることが重要であると論じている。こうした記述は心理学的構成主義への部分的な譲歩であるように思われる。

一方で，心理学的構成主義と評価理論との間に無視できない差異があることもまた事実であろう。特に Scherer は心理学的構成主義の要となっている Russell（2003）や Barrett（2006b）のコア・アフェクトの考え方には一貫して反対してきた（e.g., Scherer, 2009b, 2012）。Scherer は主観的情感に次元があるとする考え方（次元理論）自体には賛成している。実際に GRID においては，主観的情感要素は次元理論に基づいて操作的に定義されており，気持ちが「良い（felt good）」「悪い（felt bad）」「強い（felt strong）」「弱い（felt weak）」などの主観的情感語（feeling terms）が感情経験の一般的な質を示すのに対して，喜びや怒り，悲しみ，恐れなどの感情語（emotion terms）は，感情の構成要素の同期の全プロセスを示すと操作的に区別されている（Fontaine et al., 2013）。

しかしながら，Scherer（2009b）によれば，主観的情感としての感情経験（affective experience）の中核をなすのは感情の構成要素の同期が意識化されたクオリアである。また，先にみたように，Scherer は主観的情感の次元数を問題にし，GRID 研究の結果から，主観的情感はコア・アフェクト理論が主張するような感情価と覚醒度の二次元では捉えきれず，四次元を仮定しなければ難しいことを主張している（例えば，Fontaine et al., 2007, 2013）。さらに Scherer は，感情価と覚醒度に関してもそれぞれが一枚岩ではなく，質的に異なる複数の感情価（Scherer, 2013b）や覚醒度（Fontaine et al., 2013; Scherer & Fontaine, 2019）が存在する可能性も示唆して

いる。

　ただし，Scherer の側にも Russell や Barrett の理論に対する多少の誤解があるのかもしれない。例えばコア・アフェクトは，しばしばアフェクト・グリッド（Affect Grid: Russell et al., 1989）のような，感情価と覚醒度で表される尺度によって測定される。このことから Scherer（2009b）は，コア・アフェクトは，本来は高次元のクオリア空間をより低次元の空間に投影することで簡単に説明できると主張し，なぜ感情価と覚醒度が主観的情感の「コア（core）」とされているのか，コア・アフェクトの「コア」たる由縁に疑いを向けている（Scherer, 2009b, 2012）。また，Scherer は，James（1884）が emotion と feeling を同義語として扱ったように（Scherer, 2005），Russell や Barrett らの心理学的構成主義は，図 6-1 のように，感情の構成要素のプロセス全体において，主観的情感のカテゴリー化とラベリングの側面しか扱っていないのではないかと論じている（Scherer, 2009b, 2019）。さらに，Scherer は，他の多くの研究者と同様に，いわゆる次元理論と心理学的構成主義を同じ種類の感情理論として並列的に論じることもある（e.g., Scherer, 2013a）。

　しかし，例えば Barrett らは，心理学的構成主義がしばしば感情を感情価と覚醒度の少数次元（アフェクト）に還元する「次元（dimensional）」モデルとみなされていることに関して，この説明は的外れであると論じている（Barrett, 2016; Lindquist et al., 2013）。Barrett（2013, 2016）は，異なる感情は感情価と覚醒度のアフェクトによって十分に区別できる，あるいは，感情の事例はアフェクトに還元できる（アフェクトとして再定義できる），といった説を，心理学的構成主義に対する最大の誤解の 1 つとして一蹴している。Barrett（2016）によれば，心理学的構成主義は一般に，次元的なアフェクトの変化をカテゴリカルに解釈することで感情がつくられる（次元的なアフェクトだけでは個別感情経験は説明できない）と仮定し，感情をより基本的なメカニズムの相互作用から創発する（部分総和を超える）現象とみなすため，還元主義をそもそも不可能にする理論であるという。したがって，感情価と覚醒度はアフェクトや感情経験の低次元の記述的特徴ではあるものの，アフェクトの円環モデルは感情を説明する理論でも，感情を二次元空間に還元したものでもないという。

　また，先にみたように，Scherer の CPM における主観的情感のカテゴリー化のプロセスは，Rosch のプロトタイプ理論におけるカテゴリー化のメカニズムによって駆動すると仮定されているのに対して，Barrett の構成感情理論における内受容感覚やアフェクトのカテゴリー化は，Barsalou の状況的概念化のメカニズムで説

明され，身体化された概念が行為や表出を先導すると仮定されている。このように，Scherer と Barrett のそれぞれの理論における「カテゴリー化」や「概念」が意味するところにはかなりの差がある。

　Scherer（2019）は図 6-1 のように，CPM における感情プロセスのうち，主観的情感のカテゴリー化・ラベリングの部分を心理学的構成主義がカバーする領域として仮定している。また，他の基本感情理論や次元理論がカバーする領域も図示している。特に CPM は構成要素どうしの柔軟な再帰性を仮定するモデルであるため，こうした理解は感情理論間の類似性と差異性を考えるうえで意義深い。例えば，カテゴリー化・ラベリングから再帰的に評価や動機づけ，そしてその後の生理的反応や運動表出，主観的情感に至るプロセスは，カテゴリー化によって個別感情経験が生じるという心理学的構成主義のモデルもある程度は表現できていると思われる。しかし，Scherer の CPM における感情プロセスの始発点はあくまでも典型的原因としての評価にあり，これまで述べてきた Scherer と Barrett の「評価」（因果的評価 対 構成的評価）や「カテゴリー化」（静的なプロトタイプ 対 動的な状況的概念）の意味合いの違いをふまえると，Barrett の構成感情理論は，CPM の枠組みに含められるものではないのかもしれない。

3. 感情理論の風味検出・次元化・階層化

　ここまでみてきたように，Scherer と Barrett の理論間には一定の重なりとずれがある。また，両者の間の誤解と思われる部分に関しても，解消できそうな部分と対立が根深そうな部分がある。こうした感情理論間の重なりとずれ，あるいは主張の食い違いは，感情の評価・知識・経験は 1 つの理論の視点だけでは一概に論じられないことを物語っている。すなわち，本章で Scherer と Barrett の理論を比較してみて明瞭になったように，感情の評価や知識，経験の問題は，（他の構成要素と同様に）拠り所とする感情理論次第でかなり説明の仕方が変わってくる。

　Nesse（2014）が述べたように，元来，それぞれの感情理論が特に問題にする感情の側面や守備範囲は異なるため，それぞれの感情理論が焦点化してきた感情現象の部分をまとめ，感情現象の全体を 1 つの理論で説明するような，一般感情理論（general theory of emotion）の創発は必要なく，不可能なのかもしれない。しかし，多くの感情理論に関して，本章冒頭に述べた異なる感情理論の伝統に基づく理論間の対立点や，互いの理論の短所ばかりが強調され，互いの理論の発展を妨げるよう

なことは感情研究の将来にとって建設的な方向とはいえないであろう。無論，実証的証拠に基づく互いの理論の批判は，理論や研究の発展にとってきわめて重要であるものの，本来は，さまざまな感情現象のより深い理解を可能にするために，互いの理論の長所を認め短所を補い合うような理論の洗練化や発展が求められているのではないだろうか。

　したがって，感情の評価・知識・経験（や他の構成要素）について探究するには，1つの構成要素に焦点化するだけではなく，その背景にある多くの感情理論を多様な観点から「評価」し，感情理論の「知識」を洗練させ，感情理論の考察や吟味を豊かに「経験」する地道な努力なしには十分に成し遂げられないように思われる。今後は，研究者自身が普段（暗黙的に）どのような感情理論に立脚しているかということに自覚的になり，自身が支持する感情理論や他の感情理論を比較し，それらの関係性を吟味する作業を，他分野の研究者とも協働しながら丁寧に行っていくことがますます重要となるだろう。

　感情理論自体の評価・知識・経験という視点で考えてみると，具体的には，感情理論の「風味検出」「次元化」「階層化」の3つの方向性がひとまず有望であるように思われる（無論，感情理論の「統合化」を最終目標としてもよいが，Nesse（2014）が述べたようにきわめて困難かもしれない）。

　まず，Moors（2014）のように，従来同じカテゴリーとされてきた感情理論の中に潜む複数の特徴的な「風味」を検出し，他の「風味」や別のカテゴリーとされてきた感情理論と比較する作業は，ある理論カテゴリー内の多様性の把握や他の理論カテゴリーとの交流を図るうえで重要である。実際に，Moors（2014）が評価理論の「風味」を検出したことで，第2風味が心理学的構成主義と同じく感情を創発的に捉えていることをより明確に示せるようになったこと，さらにはRussellの心理学的構成主義との統合を試みることができるようになったこと（Moors, 2017）の意義は大きいように思われる。Moors（2014）はほかにも，心理学的構成主義に与するCunningham et al.（2013）が提唱する反復再処理モデル（iterative reprocessing model）が，刺激と関心・期待の不一致の評価からコア・アフェクトが生じると考える点で，評価の因果的役割を認めている可能性を指摘している（なお，Cunningham et al.（2013）自身も評価理論と心理学的構成主義の類似点を指摘している）。また，先にみたように，Barrett（2013, 2014）も，自身の概念的行為理論とOCCモデルに代表される構成的評価モデルをコインの裏表の関係にたとえてきた。

また，研究者が何らかの分析の観点を設定し，多くの感情理論を一種の連続体（continuum）として「次元化」する，いわば「感情理論連続体」の構成の試みも重要であろう。例えば，Gross & Barrett（2011）は，感情の発生と制御の観点から基本感情理論－評価理論－心理学的構成主義－社会構成主義をこの順で便宜的に一次元の連続体として配列して表現し，基本感情理論から社会構成主義に至るにつれ，感情の発生と制御の概念的区別がつきづらくなることを示唆している。さらにBarrett（2016）は，この連続体を微修正し，基本感情理論－評価理論－心理学的構成主義はこの順で本質主義の程度が弱くなると論じている。

　興味深いことに，Gross & Barrett（2011）とBarrett（2016）の論文中の感情理論連続体の図には，代表的な感情理論家がおおよそどこに位置づくかが目盛りのように記されており，理論家どうしの細かい位置関係が一目でわかるようになっている。具体的には，例えば基本感情理論と評価理論の境界にはLazarusやRosemanが，評価理論の中間部にはSchererやEllsworthが，評価理論と心理学的構成主義の境界にはClore & Ortonyが位置づけられている。Barrettが概念的行為理論を提唱した当初から，自身の理論と評価理論の共通点と相違点をたびたび探ってきたこともあってか（e.g., Barrett, 2006b, 2013），こうした評価理論家の位置づけが，Moors（2014）やScarantino（2016）の第1風味，第2風味，第3風味の評価理論の考え方と実によく整合していることは，これらの連続体の一定の有用性を示唆するものといえるだろう。

　さらに，多くの感情理論をその理論が取り組む概念やメカニズムのレベルに応じて「階層化」する試みも有益であろう。Sander et al.（2018）は，それぞれの感情理論は異なるレベルの問題を扱っており，特定の感情プロセスの段階あるいは特定の構成要素の性質の強調点が異なるため，特定の感情モデルがどのくらい役に立つかは，その背後にある基礎的な因果メカニズムについての仮説駆動型研究にどの程度寄与するかで決まってくると論じている。例えば，評価理論からみれば，規範に違反した相手への義憤や，うっかりミスによるいらだち，攻撃された後の激怒の評価プロフィールや強度，動機づけはそれぞれ多少異なるが，基本感情理論からみれば，それらはどれも怒りの感情族（emotion family: Ekman, 1992）に含まれるといえる。この文脈では，基本感情理論が仮定する特定の感情族が，評価理論が仮定する特定の感情を発生させる評価プロセスの結果やカテゴリー化プロセスに対して高次のレベルにあるということになる（Sander et al., 2018）。Sander et al.（2018）は，研究者は自身が取り組む感情現象のレベルを自覚することが望ましく，仮説に基づ

く構成概念や構成要素，感情エピソードの段階や，その背後にあるメカニズムを正確に特定することで，従来よりも高度な科学的な統合や再現性を達成できる可能性があると主張している。

　ここまで感情理論の風味検出・次元化・階層化のメリットばかりを主張してきた。しかしながら，こうした取り組みにおいては，研究者がもともと支持する理論的想定や，時には恣意性が容易に紛れる可能性も否定しきれないだろう。例えば，どの理論とどの理論がなぜ同じ「風味」であり，他の理論とは異なる「風味」といえるのか，どの「風味」にどの研究者を含め，どの研究者を含めないのか，また，ある感情理論連続体の中でどの部分とどの部分の差を重視し強調するのか，どの理論や研究者をどこに位置づけるのか，そもそもどのような連続体を何次元，どのような観点で仮定するのか，あるいは，どの理論を上位に据え，どの理論を下位に据えるのか，その根拠はなぜか，といったことは，まさに言語あるいは社会・文化がカテゴリー知覚に与える影響のように，先行研究の実証的根拠だけでなく，感情理論の風味検出・次元化・階層化に取り組む研究者自身の専門性・嗜好性や，これまでの研究文脈での師弟関係・仲間関係等によってもいくらでも変わりうる。

　例えば，Barrett（2016）が独自の感情理論連続体を用いて主張したかったことは，あくまでも心理学的構成主義と構成的評価理論の類似性の強調や，古典的な本質主義（基本感情理論と因果的評価理論）から個体群思考（心理学的構成主義）へのパラダイム・シフトであろう。その点で，Barrett（2016）の連続体の場合には，左側の基本感情理論から因果的評価理論までが「悪い」理論，OCC モデル（構成的評価理論）から右側の心理学的構成主義の理論が「良い」理論として描写されていることは論文全体や他の文献（e.g., Barrett, 2017a）を読めば明白であるように思われる。無論，これまでの学術的あるいは世俗的な感情の見方が基本感情理論や因果的評価理論の見方に偏っており，実証的証拠が必ずしも伴っていないという点については首肯できる部分もあるものの，こうした近年の Barrett のような先鋭化した物の言い方が，感情理論間のより深刻な対立を生まないかに関してはやや危惧されるところではある。連続体を用いたところで，現状の議論では結局は本質主義 対 構成主義のような単純な二項対立に陥っていないだろうか。

　また，評価理論の「風味」を検出した Moors は，CPM のような第 2 風味を第 1 風味よりも優れた理論として仮定しているようであるし（Moors, 2014, 2017），感情理論を階層化した Sander et al.（2018）も，自身の CPM に基づく評価駆動の構成要素アプローチを今後の感情脳の研究の方向性として支持している。このように，

感情理論の風味検出・次元化・階層化に取り組む研究者が，こうした感情理論の整理を通して，自身のもともと支持する理論の優位性を主張することは多くても，その理論の限界に気づき修正する方向性に駆り立てられることは稀なのかもしれない。

一方で，例えば近年，Cowen & Keltner (2017) は，アメリカの英語話者を対象に多くの短い映像刺激を用いた研究により，映像が喚起した自己報告の多数の感情経験が，従来の基本感情理論の仮定よりも多い 27 種類の異なる感情カテゴリーの意味空間に統計的にマッピングできることを示しただけでなく，感情カテゴリーどうしの境界が，個別的ではなく曖昧で連続的な勾配をもつことも示し，anxiety（不安）→ fear（恐れ）→ horror（恐怖）→ disgust（嫌悪）など，近接する個別感情経験の移行はスムーズである可能性を示唆している。この研究は，従来の基本感情理論のカテゴリカルな仮定と心理学的構成主義や評価理論の次元的な仮定の双方に修正が必要なことを示唆しており，カテゴリー説 対 次元説という単純な議論を超え，3 つのどの理論の発展にも影響を与える意義深いものと考えられる。

このように，感情の経験は元来，カテゴリカルな部分も次元的な部分もあわせもつものなのだろう。また，現代の代表的な感情理論はその理論が取り組む問題からみればどれもある程度は正しいといえる (Nesse, 2014)。したがって，感情理論の風味検出・次元化・階層化の作業には，その観点や基準を明確にし，他の理論を支持する研究者とも共有可能で意見交換が可能なものを提案し，それぞれの理論がどこに位置づくのかを綿密に吟味することが望まれる。結果的に，今後の研究の建設的な方向性や，将来的な理論の統合化あるいは歩み寄りの可能性が少しでも浮かび上がってくるのであれば，しめたものであろう。

8 節　補足とまとめ

感情の評価・知識・経験あるいは感情と言語の問題は古くて新しいトピックである。本章では取り上げられなかったが，「気持ちを言葉にする」理論的立場では，近年，感情ラベリング (affect labeling) の，潜在的な感情制御としての役割に注目が集まっており，自身の気持ちを言葉でラベリングすることそのものが感情の経験や生理的変化，行動などの制御，扁桃体の活動低下や腹外側前頭前皮質 (ventrolateral prefrontal cortex: VLPFC) の活動上昇などに効果的にはたらきうることが示されている (e.g., Lindquist et al., 2016; Torre & Lieberman, 2018)。感

情制御の分野では，従来，物事の見方を変える認知的再評価（cognitive reappraisal）の役割も重視されており，逆説的に，「評価」の脳神経基盤よりも「再評価」の脳神経基盤の研究が盛んになされてきたという実態がある（Sander et al., 2018; Torre & Lieberman, 2018; 感情制御について詳しくは18・19章を参照されたい）。

　また，本章では感情を表す単語に焦点化してきたが，感情語や感情概念，感情知識に関しては，例えば怒りを火にたとえるといったメタファーの研究も盛んに行われてきた（e.g., Lakoff, 2016; Soriano, 2013）。ほかにも，例えば日本語と英語ではそもそも感情表現の文体や構文の形式が異なる部分があるといった，単語の等価性の問題を超えた議論もある（e.g., 鈴木, 2015）。さらに，基本感情として仮定されている英語のsad（悲しい）の由来となった古英語（sæd）は元来「満足した」という意味であったという例（Ellsworth, 2013）が象徴するように，感情語の歴史について検討する意義や重要性は言うまでもないだろう（e.g., 武藤, 2016, 2018; Tissari, 2017; 宇津木, 2015）。歴史の視点も含めれば，感情の言語と文化の問題はさらに複雑化する。

　このように感情の評価・知識・経験に関する話題は尽きないが，Scherer（2013a）が示唆する通り，評価理論，特にCPMは基本感情理論と心理学的構成主義の架け橋となる中間理論として，今後も大きな役割を果たしていくのではないかと予想される。国内では，以前から遠藤（1996, 2013）がSchererのCPMや最頻的感情について理論的に考究し，CPMを，感情（emotion）の全体像を最も整合的に説明しうる感情理論として捉えており，感情の基体を「評価－反応セット」とみなすことで，感情の進化的基盤と文化的基盤を最も矛盾なく整合的に理解できるのではないかと主張している。

　Schererの最頻的感情という考え方は，従来の基本感情理論では光が当てられにくかった個別感情「らしきもの」を検討する際にも有用である（Algoe & Haidt, 2009; 武藤, 2018）。例えばAlgoe & Haidt（2009）はgratitude（感謝），elevation（道徳的高揚），admiration（感心・称賛）といった他者称賛感情（other-praising emotions: 他者の卓越性を評価する感情: Haidt, 2003）を最頻的感情の候補として仮定し実証的研究を行ったことで，その後の他者称賛感情研究の発展を切り拓いている（ただし，elevationを最頻的感情として捉えることの反論については武藤, 2018）。また，このようにさまざまな個別感情の研究が発展するにつれて，既存の評価変数では説明しにくい個別感情の評価パターンを工夫して説明しようとする研究もみられるようになってきた。例えばSchindler et al.（2013）は，CPMの評価

規準を一部拡張して admiration（感心・称賛）と adoration（崇拝）の評価パターンの仮説を提示している。

　同様に，武藤（2018）は，日本人の最頻的感情あるいは認知の精度がきわめて高い感情の一種に，尊敬があるのではないかと仮定し，尊敬関連語へのプロトタイプ・アプローチによって見出した敬愛（プロトタイプ的な尊敬）・心酔・畏怖・感心・驚嘆の5つの尊敬関連感情（武藤，2014, 2016）の評価パターンに関して，Schindler et al.（2013）を参考にCPMの評価規準を一部拡張した仮説を立て，大学生を対象に質問紙調査により検証している。実際に，菅原ら（2018）のプロトタイプ・アプローチでは，日本人大学生のポジティブ感情概念の基本レベルに，尊敬に相当するカテゴリーが出現しており，尊敬が日本人の最頻的感情や認知の精度がきわめて高い感情の一種であることを支持するような知見も得られている。さらに，Nakatani et al.（2019）では，人物焦点尊敬（敬愛・心酔・畏怖：優れた人物に焦点の当たった尊敬）と行為焦点尊敬（感心・驚嘆：優れた行為に焦点の当たった尊敬）の概念的区別が，共通しつつも一部異なる脳神経基盤によって支えられている可能性が示唆されている。このように，CPMに基づき最頻的感情という考え方をすることで，特定の文化において生起頻度の高い感情にアプローチできることは大きな強みといえよう。

　一方で，近年 Fernando et al.（2017）は，あらゆる個別感情が同じ評価次元のセットで処理されると仮定する，CPMも含めたこれまでの多くの評価理論を，固定セットモデル（fixed-set model）と呼び，その問題点を指摘している。そして，新たなモデルとして，そもそも感情によって用いられる評価次元のセットは異なるのではないかという，変動セットモデル（variable set model）を提案した。この変動セットモデルが評価理論の「第4風味」となりうるか，今後の動向が注目されよう。例えば，蔵永・樋口（2013）は，感謝の文化差を指摘したうえで，日本人の感謝の生起に重要な状況評価として「恩恵の受領」「他者のコスト」「起こったことの当然さ」の3つを仮定し，質問紙調査による実証的研究を行っている。こうした特定の個別感情に特徴的な評価次元を検討する研究は，変動セットモデルの例として扱ってよいかもしれない。

　感情理論は本章で取り上げた基本感情理論，評価理論，心理学的構成主義以外にも数多くある（e.g., Moors, 2009; Sander et al., 2018）。本章で述べたように，私たちは生きるために，意識の有無にかかわらず，常に連続量に線を引く営みを行っているのだろう。しかし，私たちの生活を効率化するカテゴリー化が感情理論間の不

要な対立を生んでしまっているところもあるのかもしれない。もし Barrett (2017a) が主張したように，感情は「バリエーションが標準」であるなら，それを逆手にとって，感情理論も「バリエーションが標準」であり，多様な感情理論があってよいと主張することもできるように思われる。

　Scherer や Barrett の理論の対立がいかなる決着をみせるかに関しては，今後の動向を見守るほかない。筆者としては，（八方美人であることを自覚したうえで） Scherer の CPM も Barrett の構成感情理論も，基本感情理論やその他の感情理論も，感情の評価・知識・経験とは何かを考えるうえで示唆に富むため，できる限り建設的な方向での今後の理論と研究の発展を願うばかりである。多様な感情理論に関する考察は，それぞれの理論の微妙な違いの「味わい方」を洗練するプロセスともいえるのかもしれない。

　最後に，（自戒を込めていえば，）一般に個別感情に関心を寄せる研究者は，国内外を問わず，個別感情の性質や機能に焦点を当てるために，ともすれば無意識のうちに評価理論の第 1 風味的な発想を（第 2 風味の理論に依拠しながら研究を進めていたとしても）しがちであるのかもしれず，それぞれの評価理論の違いを「味わう」趣向はこれまで乏しかったと言わざるをえないように思われる。本章が今後，評価理論や他のさまざまな感情理論を深く「味わう」ことに少しでも役立つことを願って，本章を終えることとしたい。

ベジタリアンと嫌悪

　2017年12月，海外9か国から13名の研究者を招聘し，那覇で国際会議を開催した。なんとその中の3名がベジタリアンであった。なかでもマットは厳格なベジタリアン（ビーガン）であり，肉は無論のこと，ミルク，卵も食べない。ホスト側の私たちは，パーティー会場で出される料理の一部をベジタリアン用に変更してもらうなど，対応に追われることになった。

　非喫煙者が喫煙者の喫煙行為を見つけると眉をしかめる（嫌悪の表情をうかべる）ことは珍しくない。自らの信念，信条に基づく行動を維持していくためには感情の支え，後ろ盾が必要なのだろう。はたしてマットはどうだろうか。幸いにして彼は，私たちがラフテーを注文しても，嫌悪の表情を浮かべたり，あわれみの視線を送るということはなかった。しかしラフテーそのものが彼の視野に入ると，かすかな嫌悪の表情を浮かべた。

　あれこれ聞いてみると，（他者が肉を食べている様子を見て）以前は嫌悪を感じたが今は平気である，自分は健康観に基づくベジタリアンではなく，道徳的ベジタリアンである，とのことであった。動物の肉ならびに肉由来の食品を食べることは望ましくないという信念，信条によって生きているということである。

　人はなぜ，あるものを食べ，また別のあるものを食べないのだろう。食べ物の好き嫌いはどのようにして作られ，維持されるのだろうか。ヒトは雑食性動物である（誕生後しばらくは乳のみを摂取する単食性ではあるが）。雑食性動物は，毒物など身体に危害を与えるものを摂取しないように用心に用心を重ねた食物選択を行う。食物の好き嫌いはこのような食物選択の結果として作られていく。家庭において，学校において，社会において私たちは，自らにとって望ましい食物は何か，拒否すべき食物は何かということを学習していくのである。

　食物選択の学習において重要な役割を果たすのが嫌悪感情である。嫌悪は，個体発達とともに，食物に対する嫌悪から対人嫌悪，道徳嫌悪へとその対象を広げていく（Rozin et al., 1997; Olatunji & McKay, 2009/今田・岩佐, 2014; 今田, 2019）。

　個人の倫理観，道徳観の維持には感情の支えが必要であろう。なかでも嫌悪は大きな役割を果たしているようである。確かに，誰かが他者あるいは他集団を批判する意見，主張を聞いていると，怒り，軽蔑といった感情とともに嫌悪の感情を感じ取ることが多い。感情と道徳観は深く結びついている。

顕在的・潜在的自尊感情の不一致がもたらすもの

　自尊感情（self-esteem：以下 SE）は，自分自身に対する肯定的な感情，自分を価値ある存在として捉える感覚である（伊藤，2002）。その測定には，これまで質問紙をはじめとした自己報告式の尺度が用いられてきたが，近年は Implicit Association Test（Greenwald et al., 1998）や Name Letter Task（Nuttin, 1985）などの潜在的測度を用いた測定も盛んに行われている。

　こうした潜在的測度を用いて測定された潜在的な SE（Implicit SE：以下 ISE）は，質問紙などで測定した顕在的な SE（Explicit SE：以下 ESE）と必ずしも一致しないことがあり，例えば ESE は高くとも ISE が低い，といったケースが考えられる。この不一致は何をもたらすのだろうか？　例えば，ESE が高くとも，ISE が低い場合，ISE も高い者と比して内集団ひいきを行いやすい，抑うつ・不安といったネガティブな感情が高いということが報告されている（e.g., 藤井, 2014; 原島・小口, 2007; Jordan et al., 2003）。Jordan et al.（2003）によれば，高 ESE 者には，ISE も高い「安定的」な高 SE（secure high self-esteem）タイプと，ISE は低い「防衛的」な高 SE（defensive high self-esteem）タイプの2種類が存在するという。前者は ESE・ISE の両者が高く，自己に対する確信的なポジティブさをもつ一方，後者は脅威に対して脆弱なポジティブさをもつとされる。ESE と ISE の不一致によって抑うつや不安といったネガティブな感情が生起し，それを低減するために内集団ひいきといった防衛的な行動を行っているのかもしれない。

　加えて，近年は個人の中で ESE と ISE のどちらが優位であるか，そして両者の不一致はどの程度の大きさか，ということに注目した研究が展開されている。例えば Creemers et al.（2013）は，ISE が高い場合，ESE との不一致が大きいほど（i.e., ESE がより低いほど）抑うつ傾向や自殺念慮，そして孤独感が高いという結果を報告している。同様の結果は，日本人や韓国人の大学生を対象にネガティブ感情を取り上げて検討した藤井（2015a, 2015b）のほか，自殺念慮を指標とした稲垣（藤井）ら（2017）でも得られている。このことが示すのは，単に ESE だけを高めるような介入は必ずしも奏功しない可能性があるということである。ESE と ISE の不一致がもたらすものについては，今後さらに研究が積み重ねられていくことが期待される。

感情のコミュニケーション：表情, 声, 身体接触, 言語, 文化差

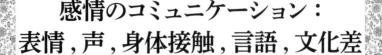

　あなたが知り合いに話しかけたとき，その知り合いがまったくの無表情で，しかも一切抑揚のないロボットのような音声で返答している状況を想像してほしい。おそらく，それは非常に奇妙で，知り合いが何を考えているのかほとんど理解できないであろう。私達が日常生活において普通に行っている，さまざまなチャネルを通したコミュニケーションは，自分自身の感情を伝達したり，相手の感情を認識したりすることに対して一役買っている。本章では，感情コミュニケーションにおける表情，声，身体接触，言語（感情語）の役割を概観して研究事例を紹介し，文化差についても論じる。

1節　表情

　「君が快く思っていないことは，顔に書いてあるからすぐわかる」などの表現からわかるように，私たちはいちいち言葉で表さなくても顔から感情を正確に読み取ってコミュニケーションを図ることが多い。とりわけ，人間の顔は情報掲示板と呼ばれるように（千葉，1993），多種多様な情報を発信するコミュニケーションの重要なリソースである。その中でも表情は，日常的な感情的コミュニケーションはいうまでもなく，化粧，アニメ，ロボット芸術，コンピュータソフトのデザイン，感情的知性等の業界においてもキーとなる役割を担っている（Fernández-Dols & Russell, 2017）。

「人間の感情は表情からどのように読み取られるのか」というコミュニケーションの基盤といっても過言ではない問題について，2つのモデルがおもに提唱されてきた。1つは，表情はカテゴリー的に知覚・認知されるというカテゴリーモデル（Ekman, 1992; Ekman & Friesen, 1971）である。このモデルでは，喜び・悲しみ・怒り・嫌悪・恐怖・驚きという6個の離散的な基本感情カテゴリーの存在を前提とし，どのような表情でもこれら6カテゴリーのどれかとして認識されると考える（Jack et al., 2016によると，基本感情は6個ではなく，4個であると論じられている）。カテゴリーモデルを研究のベースにする研究者は，基本感情は他の感情とはっきりと区別できるように経験され，生存に必要不可欠な感情のみが残留してきたとする進化論の立場を取ることが多い。

　もう1つのモデルは，表情は感情空間と呼ばれる仮想的認知空間において連続的に認識されるという次元モデル（Russell & Bullock, 1985）である。このモデルに立脚する研究者は，そもそも基本感情カテゴリーは存在せず，刺激の類似性や相対的な差異等が知覚され，少数の整数次元（感情空間：第1軸は快－不快，第2軸は覚醒度）上に連続量として円環状に概念化されると主張する。さらに，各表情は感情空間における原点からのベクトルで表わされ，表情間の境界線は曖昧で明確な区分はできないと考える。

　これら2つのモデルは長年にわたって互いに優位性に関する論争を繰り広げ，特に1994年の議論や（Ekman, 1994; Russell, 1994），Youngらの研究（Calder et al., 2000; Young et al., 1997）が有名である。より最近になり，Fujimura et al.（2012）はカテゴリーモデルと次元モデルは相反するようなものではなく，それらの折衷案として互いに共起するハイブリッドモデルを提案している。また，Mendolia（2007）も人間は表情の認識時にカテゴリー的なストラテジーと次元的なストラテジーの両方を利用すると述べている。この他，近年大いに発展しているネットワーク科学の観点から新たにアプローチした，スモールワールドネットワークモデルも提案され（Takehara et al., 2016），研究パラダイムが新しい局面に入ったとも考えることができるだろう。

　基本的な表情認識研究もさることながら，表情以外の要因を操作し，コミュニケーションに一石を投じる興味深い応用研究も多い。例えば，ほとんどの表情研究では刺激写真に正面・正立の顔画像を用いる。しかし，私たちは日常生活においてこのような正面・正立の顔ばかりを見ているわけではなく，むしろさまざまな方向から正面ではない顔を見て表情を認識していることがほとんどである。では，正面・

正立以外の表情はどのように認識されるのだろうか。この疑問に答えるべく，いくつかの研究では表情顔を横方向から撮影して感情同定を行わせている（e.g., Kleck & Mendolia, 1990; Matsumoto & Hwang, 2011）。それらによると，表情顔の向きが正面でも真横でも，同定に強制選択方法を用いた場合は基本6感情の同定率はおおむねよい水準にあった。しかし，表情の向きを正面・斜め45度・真横に設定して表情の感情強度を測定した実験では，正面向きの表情顔と比較して，斜め45度と真横の表情顔は，有意に強度が低く見積もられた（Guo & Shaw, 2015）。換言すると，顔を横方向のどの位置から見たとしても感情の同定は可能だが，そこから得られる感情強度が異なる。現在では基本6感情等の視認しやすい表情研究がほとんどなので，今後はさらに別の角度回転させた顔や，恥や困惑などの複雑な表情を扱うことが望まれる（Guo & Shaw, 2015）。

この他，発達の観点からも研究知見が報告されている。一般的に，乳児の表情認識能力はそれほど高くないと考えられがちである。しかし，Ruba et al.（2018）によると，成人でさえ識別がそれほどうまくない嫌悪と怒りの同定において，たった生後10か月の乳児でも識別できるという。また，9歳の子どもと大人の表情認識を比較した研究では，9歳児は大人よりも表情をよりポジティブだと評価したり，ポジティブ表情の覚醒度を大人よりも高く評価したりした（Vesker et al., 2018）。一方，高齢者は若年者よりも表情認識能力が劣るといわれるかもしれない。Murry & Isaacowitz（2018）は，平均年齢20歳と70歳の実験参加者を対象に，表情認識の正確性を比較検証した。その結果，恐怖表情の認識においては確かに高齢者のほうが劣っていたが，その他の表情認識能力の低下はあまり認められなかった。これらの結果は，生涯を通じて私たちの表情認識能力はかなり頑健であることを示唆しているのかもしれないし，表情を通じたコミュニケーションが一生を通してきわめて重要であることを物語っているのかもしれない。

さらに，正常な表情コミュニケーションを阻害する要因の1つとなる，心の問題の観点から解説する。近年特に大きな社会問題となっている抑うつについて，急性うつ病患者は健常者と比較して喜び・怒り・恐怖表情の認識が困難であるということが報告されている（Zwick & Wolkenstein, 2017）。その他，うつ病患者は痛みに対して典型的な表情である，しかめっ面をより強く表出することが報告されていたり（Lautenbacher et al., 2017），本来ならポジティブとネガティブの中間であるはずの喜びと嫌悪の中間表情を，ポジティブであると評価しにくいことが報告されていたりする（Sanchez et al., 2017）。また，55歳以上のうつ病患者を対象に実施さ

れた研究では，うつ病患者は健常者と比較して喜び表情に対する感度が有意に低く，中程度の強度をもつ喜び表情に対しては抑うつが寛解しても感度の低い状態が継続することが示され，喜び表情の認識がうつ病患者のマーカーになりうることが示唆されている（Shiroma et al., 2016）。

一方，抑うつと同様に心の問題として重要な心的外傷後ストレス障害（PTSD）の患者に関する研究も進んでいる。例えば，Javdani et al.（2017）は，PTSD患者が怒り表情をうまくできないことをつきとめ，その怒り表情を恐怖表情と間違えやすいことを示した。加えて，Gebhardt et al.（2017）は，戦争体験で深刻なPTSDを抱えた軍人を対象に研究を行い，彼らの感情処理が異常をきたし，表情がネガティブに評価されるバイアスを発見した。このように，心の問題は表情認識およびコミュニケーションに直結するため，認知バイアスを避ける意味においても，絶えずそのことに留意しながらコミュニケーションを図る必要があるだろう。

2節　声

人間の声は心を映す鏡であると表現され（Sundberg, 1998），最も素早くて自然なコミュニケーション手法である（El Ayadi et al., 2011）。感情コミュニケーションにおいては，前節の表情と同じく重要な位置を占めるのが声によるコミュニケーションであり，私たちは相手の内的感情状態を声から，しかもしばしば無意識に推し量る（Pell & Skorup, 2008）。声に内在する感情的意味は，いくつかの音響的なパラメータによって媒介される。例えば，音の周波数（ピッチ），強さ（音量），持続時間，リズム，声質などである（Banse & Scherer, 1996）。Juslin & Laukka（2003）によると，声による感情表出にはピッチ，強さ，発話速度が重要であるとされ，これに加えて音域等も重要であるとする研究も報告されてきた（e.g., Mozziconacci, 2001; Pell, 2001）。

声による感情表出で身近な代表例をいくつか考えてみよう。例えば，悲しみを表現する場合にはピッチや基本周波数が低くて発話速度がゆっくりであり，悲しい気分に苛まれたときに経験する状態と対応していることが直感的に理解できる。喜び・怒り・恐怖を表現する場合にはピッチや基本周波数が中程度もしくは高くて発話速度も速くなり，これも直感的に理解できるだろう。一方，喜び・怒りのピッチと基本周波数のバリエーションは豊富だが，恐怖・悲しみのそれらはそれほど豊富では

なく（Banse & Scherer, 1996; Juslin & Laukka, 2003; Pell, Paulmann et al., 2009; Sobin & Alpert, 1999）, 嫌悪や驚きに至っては研究結果が一貫しておらず，統一的な傾向を見出せていない（Banse & Scherer, 1996）。

　声における感情コミュニケーションでは，本章1節の表情と同様に，声が離散的な感情を伝達するのか，あるいは快－不快や覚醒度といった次元的な要素を伝達するのかについて古くから議論されてきた。しかし，離散的な感情を伝達するという研究成果は限定的で，相反する結果が報告されることも多い（Juslin & Laukka, 2003; Murray & Arnott, 1993; Scherer, 1986）。実際に，次元的な観点から捉えた研究が実施されたり（池本・鈴木, 2009），声は単純に感情の覚醒度だけを伝達していると報告されたり（Davitz, 1964），あるいは覚醒度と快－不快次元の組み合わせを伝達しているだけであると報告されたりしている（Bachorowski, 1999）。これらの見解の不一致や研究結果の齟齬等は，方法論的アーチファクトであろうというのが現在の共通認識であると考えられている（Juslin et al., 2018）。

　声による感情コミュニケーションで重要な側面の1つに，自然な表出なのか意図的につくった表出なのかということがあげられる。一般的に声が自然な表出であるのか，つくった表出であるのかを聞き分けることは難しいと思われるかもしれないが（Scherer & Bänziger, 2010），いくつかの研究では，声による感情表出は純粋に自然なものであることが多いと報じられている（e.g., Banse & Scherer, 1996）。しかし，その一方で，逆に意図的な要素を反映しているという研究者もいる（Fridlund, 1994）。日常生活においては自然な表出も，つくった表出も，通常双方が出現することは経験的に明白であることから理解できるように，これらの不一致の原因は程度の問題であるという考え方もある（Juslin, 2013; Juslin et al., 2018; Scherer, 2013）。

　この他にも，声と感情との関わりについて興味深い研究知見が近年報告されている。Bryant et al.（2016）は，24の社会から966人もの参加者を対象に研究を行い，2人の人が互いに笑っている状況で，彼らが見知らぬ人間どうしなのか友人どうしなのかを参加者が正確に判別できたという結果を報告している。Bryant et al.（2016）によると，判別には自発的生成と高い覚醒度という笑いの音響学的な特質が重要になり，ともに笑い合える人は人間関係の質における1つの指標になるという。加えて，このような非言語的コミュニケーションが協力行動の進化を促進してきたのかもしれないとも考えており，笑い声とコミュニケーションの興味深い一面を浮き彫りにしている。

さらに，音楽に馴染みのある参加者を対象にし，声や表情からの感情判断を行った研究がある（Weijkamp & Sadakata, 2017）。彼らは，参加者を，5年以上音楽訓練を受けたミュージシャン群と，2年未満しか訓練を受けていない非ミュージシャン群に分け，声と表情の感情ストループテストを行わせた。その結果，ミュージシャン群は声と表情の感情が一致する場合は当然のようにパフォーマンスがよく，たとえ不一致であったとしてもパフォーマンスのよさは変わらなかった。この結果は音楽の訓練そのものが音や視覚の処理に大きな影響を及ぼすことを意味しており，音楽に長期間携わることによって感情判断が正確かつ頑健になるのかもしれない。

　声からの感情処理は年齢とともに衰えるのだろうか。この問題に対してPaulmann et al.（2008）は実験を試みた。彼らは若者（18〜28歳）と中年（38〜50歳）の男性と女性を参加者とし，基本6感情の抑揚をつけた発話文から感情を正確に同定するよう求めた。その結果，全体的な正答率は約70％程度と高かったが，多くの感情発話文に対して若者のほうが中年よりも誤認識率が低かった。彼らはこの結果に対して，加齢に伴う神経解剖学的変化が影響しているのではないかと考察している。他方，訓練を通して声からの感情認識を改善すべく，効果測定した研究がある。Schlegel et al.（2017）は，実験室あるいはオンラインで531人の参加者を募り，音と映像で表現される感情表出を使って，14の異なる感情をコンピュータ上で短期訓練させた。すると，何も訓練しない統制群と比較し，訓練に参加した若年者は感情認識スコアが有意に高く，しかもその効果は1か月以上持続した。ところが，59〜90歳の高齢者群は訓練の効果が認められなかった。したがって，若年者にはたとえ短期であってもプロのような訓練が効果的だが，高齢者の場合は効果があったとしてもより長期にわたる時間が必要であると彼らは論じており，加齢に従って声からの感情処理が衰える可能性があるため効果的な訓練の考案が期待される。

　本節の最後として，現代の日常生活に欠かせなくなった人間ーコンピュータのインタラクションに応用されている声の研究を紹介する。現在，自動車の自動運転技術が年々進歩しており，それに伴ってドライバーの心的状態を，声からの自動感情認識を通じて推定するという研究が始まっている（Schuller et al., 2004）。また，声の音響学的な属性を解析して抑うつの手がかりを認識し，抑うつの診断や自殺防止に役立てようとする研究もある（France et al., 2000）。さらに，声からの感情認識はこれから大いに発展するであろう自動翻訳システムにも大きく寄与する可能性がある（El Ayadi et al., 2011）。総じて，声を通じた感情コミュニケーションは，

音声認識などの現代テクノロジーの目覚ましい進歩に伴って,研究パラダイムが古典的なものから新しいものへと,大きな転換点を迎えていると考えることもできるであろう。

3節　身体接触

　非言語的感情コミュニケーションの代表格は本章1節で概説した表情であることは間違いないだろうが,表情以外でも重要なコミュニケーションチャネルが存在する。例えば,身体接触はかなり効果的な感情コミュニケーションの1つである。霊長類の動物はよく互いに毛繕い（グルーミング）を行うことが知られている。集団の血縁関係や力関係を決めるのは毛繕いの量であるといわれており（Schino, 2001），毛繕いによる関係性は時間が経過しても安定している。また,ストレスを感じているときに,毛繕い行動はその低減に一役買っていることが判明しており（Dunbar, 2010），それに加えて,毛繕いは個体間の緊張緩和効果も有するとされている（Schino et al., 1988; Terry, 1970）。

　身体接触によるコミュニケーションには,人間社会においても重要な社会的役割がある。他者に触れる行為は自分の存在をその人にダイレクトに伝達する目的で行われ（大坊, 1998），他者との心的距離を埋めるきっかけになると考えられている（相越, 2009）。私たちが見知らぬ人と仕事上などで出会い,互いに握手を交わして信頼関係構築の第一歩にするという行為に代表されるように,他者に触れることは良好な人間関係にも関連が深く,ポジティブな感情を手軽に伝達可能にする。このような社会的身体接触は私たちの人生のあらゆる場面（親密な恋愛関係から一般的な友達付き合いまで）における感情的な結束維持に役立つ（Suvilehto et al., 2015）。

　親子間の身体接触が子どもの発達過程や社会的発達に大きく影響することは,多くの研究で報告されてきた。例えば,身体接触は養育者への反応性やふれあいを促進し（Feldman et al., 2002; Jean et al., 2014），より頻繁に愛情深い接触を行う母親は,そうでない母親よりアタッチメントが強い（Anisfeld et al., 1990; Weiss et al., 2000）。加えて,身体接触における親子関係を神経科学の観点から探った研究では,母親からあまり接触を受けなかった子どもと比較して,十分に母親から接触を受けた子どもの脳では,右背内側前頭前皮質（right dorso-medial prefrontal cortex）における神経ネットワークのつながり方がよく,子ども時代の触覚経験は社会的脳

(social brain) 発達に特に重要であることが示されている (Brauer et al., 2016)。これらの研究から，人間の社会性の発達過程においては養育者との間にどのような性質の接触が，どの程度なされたかが，キーとなることがうかがえる。

　では，他者との間の身体接触では実際にどのような感情が伝達されるのだろうか。上述したとおり，一般的に，真っ先に思い浮かぶのはポジティブな社会的感情である。近年の研究で，さまざまなポジティブ感情やそれに類似する情報も伝達されることがわかってきた。Hertenstein, Verkamp et al. (2006) は，人間，霊長類の動物，ラットを用いて身体接触のコミュニケーション機能を調べた。すると，人間では愛着・仲間意識・親密さ・心地よさ・共感に加えて好きという感情に対して身体接触が重要な役割を担っていることが明らかとなった。また，Morrison (2016) は，社会的な身体接触はストレスに対する「バッファ」になると論じており，身体接触がメンタルヘルスに対しても有効な効果をもつことがわかる。加えて，痛みの恐怖におびえている他者の手を握ると，その人の不安が低減されるなど，身体接触はポジティブ感情のコミュニケーションにおいて効果的であるのみならず，ネガティブ感情の低減にも効果を発揮することが報告されている (Coan et al., 2013)。しかし，これはいうまでもないことだが，相手を殴ったり，腕などをぐいっと強く握ったりすると，怒り感情がダイレクトに伝達されるので (Hertenstein, Keltner et al., 2006)，良好なコミュニケーション関係を構築するうえではこのような行為を避けるべきだろう。これらのいわゆる社会的身体接触は人間の人生を通して重要であるが，身体接触のタイプ，接触相手との関係性，年齢，性別などによってその意味はさまざまに変容する (Huisman, 2017)。今後も社会的身体接触は感情コミュニケーションにおいて重要な位置を占め続けるであろうがゆえに，さらなる研究が望まれる。

4節　言語（感情語）

　いくつかの感情コミュニケーションチャネルを概観してきたが，私たちが日常生活で用いる言語（感情語）によるコミュニケーションも重要であることはいうまでもない。表情，声，身体接触等の感情コミュニケーションでは顔パーツの物理的変化，声の抑揚の変化，身体接触の強さの変化等，さまざまな属性変化によって感情を表現可能であるが，言語ではそうはいかない。言語，つまり文字で表現されるも

のはフォント等の文字属性を除いて変化する要素がないため，言語で表される内容がすべての情報を有することになる。

　感情の色合いを帯びた言語を総称して感情語と呼ぶことができるかもしれない。より厳密に定義すれば，感情語には「うれしい」「悲しい」などの感情状態語，「笑う」「泣く」などの感情表出語，「わくわく」「めそめそ」などの擬情語，「やったー」「あーあ」などの感嘆詞が含められる（浜名・針生，2015）。広義には，「サラサラ」などの擬音語や「ニヤニヤ」などの擬態語の総称とされるオノマトペをも含むかもしれない。また，感情を伴って意識的な努力なしに発せられる言葉を感情語と定義する研究もあり（小林・宮谷，2005），統一的な定義が難しいのが現状である。

　感情語（概念や知識）の古典的研究といえば，Shaver et al.（1987）の研究が有名である。彼らは135個の英語感情語（知識）を評価させ，クラスター分析等で解析した。その結果，感情語（知識）は階層構造を構成しており，基本レベルの階層は愛・喜び・怒り・悲しみ・恐怖・驚きという概念で占められていることを発見した。その他，世界各国で行われている感情語研究では共通する部分や不一致をきたす部分などが入り混じり，興味深い文化差が生じている。この文化差については5節に譲ることとし，本節では日本語における感情語およびそれを用いたコミュニケーション研究を紹介する。

　世界的にみて，私たち日本人は他に類を見ないほど豊富な語彙を有している。すべての単語を数え上げればキリがないので代表的な国語辞書である日本国語大辞典第2版（北原，2003）を参照すると，なんと約50万語もの見出し語が収録されており，日本語の語彙の豊富さを改めて知ることができるだろう。では，この中で感情語はいくつくらい存在するのだろうか。今のところ，この問いに対する答えを明確に出すことはできない。なぜなら，上述のように日本語の単語数が膨大なので，松山ら（1978）などの研究を除き，感情語だけを抽出する試みがほとんど行われてこなかったからである。そのような中，感情語数が限定的とはいえども，先述の浜名・針生（2015），小林・宮谷（2005）の研究に加えて，1節で紹介した次元モデルの類似アプローチで感情語を二次元平面にプロットし，内的構造を明らかにした研究（菊谷ら，1998）や，多くの快感情を表す単語を評価させて快適感の構造を探った研究（門地ら，2009）など，留意すべき研究がいくつかある。

　近年になって，1,400人以上の参加者を対象にして，いくつかの手がかり感情から連想される感情連想語とコミュニケーションの関係に関する研究が行われた（Takehara et al., 2015）。この研究は伝統的なパラダイムと一線を画し，ベキ乗分

布という数理的な側面から感情に関する言語とコミュニケーションとの関係にアプローチしている。彼らは，1,432人の大学生に対して，喜び・悲しみ・怒り・嫌悪・恐怖・驚き・興奮・穏やかさ・リラックスという9感情を手がかり語とし，それぞれから真っ先に連想される名詞1単語を報告させた。手がかり語ごとに出現単語とその頻度を集計すると，全手がかり語において回帰直線の傾きがほぼ−1のジップの法則と呼ばれるベキ乗分布(Ferrer-i-Cancho, 2005; Tsonis et al., 1997; Zipf, 1949)に従うことが明らかになった。この法則は，出現頻度がk番目に大きい単語が全体に占める割合は1/kに比例するというもので，最も高頻度で出現する単語を1位とすると，2位の単語の出現頻度はその半分，3位の単語の出現頻度は1位の1/3となる。言い換えると，非常に高頻度で出現する単語が少数ある一方で，1度ないし2度しか出現しない単語がきわめて多数存在する。実際に，トーマス・ハーディの小説で出現する単語を解析したBaek et al. (2011)によると，最も高頻度で出現した単語は"the"で6,775回出現したが，4,959種の単語はたった1度しか出現せず，明確にジップの法則に従っていた。Takehara et al. (2015)の集計結果では，喜びから最高頻度で連想される単語は「笑顔」，悲しみからは「涙」，怒りからは「ケンカ」，嫌悪からは「虫」，恐怖からは「おばけ」，驚きからは「びっくり箱」，興奮からは「ライブ」，穏やかさからは「海」，リラックスからは「睡眠」の各語である反面，非常に多くの単語がたった1度か2度しか連想されなかった(図7-1)。

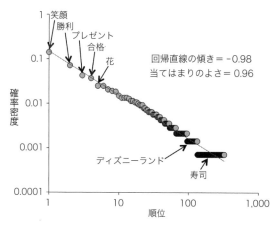

図7-1　Takehara et al. (2015)における，「喜び」から連想された感情連想語と，その出現頻度

感情連想語がジップの法則に従うという結果は，Zipf（1949）の最小努力の原理から説明される。言語コミュニケーションは情報の送信者と受信者が存在し，彼らが情報をやりとりして初めて成り立つ。ここで，もし送信者が送る言語情報の語彙が少なければ，送信者の労力（努力）は少なくてすむが，受信者は受け取る語彙が少ないため内容理解に多くの労力（努力）が必要になる。逆に，送信者の語彙が多ければ，受信者は豊富な語彙のおかげで内容理解は楽になってそれに費やす労力は少なくて済むが，送信者はたくさんの語彙を使う必要があるため労力が多くなる。この送受信者間の労力のバランスがイーブンになる，つまり送受信者双方の労力が互いに最小になることによって正常なコミュニケーションが図られるというのが最小努力の原理である。言語による感情コミュニケーションではさまざまな単語やフレーズを使い分けることになり，その適切な使用には記憶へのアクセス・検索・連想・効率化といった高度な認知処理が求められるだろう。その処理において最小努力の原理が利用されている可能性が示唆されたことはコミュニケーション研究の観点から有意義である。実際に，最近，コミュニケーションを正確かつ効率的に図る場合には高頻度で使用する単語の長さが短くなり，かつジップの法則に従うという知見が報告されていて（Kanwal et al., 2017），コミュニケーションと最小努力の原理との関係性の解明が進んでいる。言い換えると，感情連想語がジップの法則に従うという結果は，感情コミュニケーションにおける高度な認知処理の一側面を的確に捉えている証左なのかもしれない。

5節　文化差

　感情コミュニケーションは普遍的で世界共通のものなのだろうか。それとも，文化による差が存在するのだろうか。本節では，本章で取り上げた，表情，声，身体接触，言語コミュニケーションにおける文化差について興味深い研究例を概説する。

　表情コミュニケーションにおいては，従来から議論が数多くなされてきた。中でも古典ともいえるポイントが，表情は普遍的に認識されるのか，あるいは文化特異的なのかという議論である。多くの国々において基本6表情の認識率を調べた古典的研究（Ekman et al., 1987）によると，欧米及びアジア諸国を含めた基本6表情の認識率はよく，普遍性が存在すると論じている。しかし，その他の研究ではネガティブな表情の認識率は参加者の所属する文化圏によってさまざまで，私たちの日

本における恐怖表情の認識率はきわめて低い（Izard, 1971; Russell et al., 1993）。それ以降もいくつかの類似研究が存在するが，研究手法の違いなどから統一的な見解は示されていないようである。

　そのような中，最近になって，人種による顔属性の違いが表情判断に影響を及ぼすという研究例が報告された。例えば，Zebrowitz et al.（2010）は白人の実験参加者が同じ人種である白人の無表情顔を見た場合には怒り表情と類似していると捉えるが，この効果は黒人や韓国人の顔では再現されないことを示した。同様に，白人の実験参加者は白人の悲しみや怒り顔よりも喜び顔を有意に素早く認識できる一方で，黒人の表情顔は認識により長い時間を要するという発表もある（Hugenberg, 2005）。まったく表情が認識できないというわけではないが，どうやら，自人種の表情は認識しやすく，他人種の表情は認識精度が低下するか，もしくは認識に時間を要するようである。この現象は表情認識の内集団優位性と呼ばれ（Elfenbein & Ambady, 2002; Elfenbein et al., 2002），上述した文化間の認識に関する相違を説明する概念として注目されている。この他，文化間の認識の不一致には諸説あるが，回答方法等，さまざまな方法論的問題が内在していると考えられ，2017年になってようやくこの問題をまとめたレビュー論文が発表された（Matsumoto & Hwang, 2017）。そのレビュー論文では実験デザイン，サンプリングの問題，刺激の問題，従属変数の問題等におけるさまざまな問題点が数多くの研究を引用しながらフォーカスされ，今後の交差文化的研究の有用な道標となる可能性がある。

　表情コミュニケーションの最後として，喜び表情コミュニケーションの興味深い知見を紹介する。夥しい数の研究において，喜び表情は最も認識されやすく，表出も単純かつ簡単であると繰り返し報告されており，敵意がないことを容易に伝達できる表情であることは私たちも経験的に同意できるだろう。しかしながら，たとえ喜び表情であったとしても，表出に文化差が存在するようである。あくまでも床屋談義やステレオタイプのレベルかもしれないが，一般的にロシア人はあまり笑わないといわれる。これは本当だろうか。Sheldon et al.（2017）は，この問いに対してロシア人とアメリカ人の参加者を対象に研究を行った。その結果，ロシア人は見知らぬ人に対してはより喜び表情を表さない（抑制する）ことが明らかになり，「ロシア人はあまり笑わない」ことがある意味において実証された。これは文化的に規定された表出ルールの，表示規則（Ekman & Friesen, 1969; Matsumoto, 1990, 1991）が作用するためと考えられる。表示規則の概念はどのような状況下ではどのような表情表出が適切なのかという文化的規範を反映していることから，交差文化

比較研究を実施する際には特に注意する必要がある。李・松本（2011）で指摘されているように，今後の研究において押さえておくべき問題であることは間違いない。

　声によるコミュニケーションにおいても，表情と同様に興味深い文化差研究がいくつも報告されている。声からの感情認識は多くの研究で調べられ，自国語ではない言語を聞いている時でも正確に感情を認識できることが知られている（e.g., Pell, Monetta et al., 2009; Pell & Skorup, 2008; Thompson & Balkwill, 2006）。例えば，Scherer et al.（2001）はドイツ人俳優に怒り・悲しみ・恐怖・喜び・ニュートラルの感情を乗せた無意味語から成る刺激文（非自国語に相当）を発声させ，ヨーロッパ7か国，アメリカ，インドネシアの人々を対象に認識テストを実施した。その結果，正答率は52％から74％と幅があったが，全体的にはそれほど悪いというものではなかった。彼らは非自国語の感情処理を行う際に使うことができる，文化を通して類似した感情の参照規則が存在するためだろうと論じている。しかしその一方で，文化による認識の差が存在するという指摘も少なくない（Pell, Monetta et al., 2009）。その差は表情と同様に内集団優位性（Elfenbein & Ambady, 2002; Elfenbein et al., 2002）に起因すると考える研究者が多い。例えば，Thompson & Balkwill（2006）は英語・ドイツ語・中国語・日本語・タガログ語の話者に，喜び・悲しみ・怒り・恐怖の感情を伴った無意味な文章を発声させて英語が第一言語の参加者に聞かせて感情を同定させた。すると，全体的に正答率は高かったものの，詳細にみると英語の刺激を聞いた場合に，より同定の成績がよかった。今後は，Kitayama & Ishii（2002）も述べているように，さまざまな文化において自発的な発声の感情認識を詳細に調べる必要があるのかもしれない。

　身体接触の文化差でわかりやすい例は，やはり日常生活における挨拶行動であろう（Green, 2016）。例えば，イタリアではコミュニケーションの一環としてごく普通にキスやハグが行われるが，ここ日本ではそのような行動はほとんどみられない代わりに形式的なお辞儀が行われる。また，南ヨーロッパではイギリスよりも身体接触行動が頻繁にある（Remland et al., 1995）。また，地中海地方に起源をもつラテン文化の人々は頻繁にコンタクトを取るとされ（Hall, 1966），プエルトリコのバーで飲んでいるカップルはイギリスのバーで飲んでいるカップルより高頻度で身体接触行動が認められた（Jourard, 1966）。逆に，空港での別れの場面における研究では，カリブ海に住むラテンアメリカ人，東南アジア人，北ヨーロッパ人，アメリカ人たちの身体接触行動には明確な差が認められなかった（McDaniel & Andersen, 1998）。私たち日本人は感情をあまり表出しないとよく論じられること

や，上述した多様な研究結果から推測できるように，感情コミュニケーションとしての身体接触や社会的身体接触は住む国や文化によって千差万別である。有益な研究例は，Burleson et al. (2018)，Suvilehto et al. (2015)，呉 (2009) 等に詳細にレビューされているので参照されたい。

最後に，言語（感情語）コミュニケーションにおける文化差研究をいくつか解説する。古くは，人間の思考が言語を通じて行われているのなら，言語が変われば思考や認知方略も変化し，認知は言語の影響を大いに受けるというサピア・ウォーフ仮説（Sapir, 1921; Whorf, 1956）が知られていた。今となっては逆に言語は思考ではなくコミュニケーション手段であるという報告（Everett, 2017）があるなど，サピア・ウォーフ仮説は，あくまでも「仮説」という位置づけで引用されることが多く，実証的な観点から積極的に肯定すべきという研究者は少ないかもしれない。しかしながら，文化によって言語，特に感情語が異なるという研究は比較的多く報告されている。ヨーロッパの6か国に住む実験参加者に感情語を思いつくままに書き出すよう教示したところ，最も高頻度で書き出される感情語は6か国で共通であったが，それ以外は異なったことが知られている（Van Goozen & Frijda, 1993）。また，Shaver et al. (1987) と類似の手法で実施されたインドネシア語における感情語（概念）構造の研究では，愛・喜び・怒り・不安／恐怖・悲しみの5つの基本レベルのカテゴリーが導出された（Shaver et al., 2001）。つまり，上位レベルや基本レベルに属する感情語構造はインドネシア語も英語も共通であるが，下位レベルに属するものは異なることを意味しており，感情語の構造は同じようにみえる一方で，詳細なレベルでは不一致であることが読み取れるだろう。この結果は，同様のアプローチを用いたバスク語での研究においても繰り返し確認されている（Alonso-Arbiol et al., 2006）。さらに，Ogarkova et al. (2009) が感情と言語と文化差に関する詳細なレビューを発表している。それによると，西洋／東洋（Carrier, 1992; Rasmussen, 2001），集団主義／個人主義（Hofstede, 1983; Kusserow, 1999），恥／罪（Benedict, 1946）などの，文化によるさまざまな様式の違いによって，感情にまつわる言語の膨大なバリエーションが説明される。例えば，現代の中国では恥に関する単語が113ほどあるのに対し（Li et al., 2004），英語では数十しか存在しない（Wang & Fisher, 1994）。また，西洋文化圏では抑うつに関連した語彙が豊富なのに対し，西アフリカのヨルバ語文化圏や中国語文化圏などの，非西洋文化圏ではそうではない（Leff, 1973）。

この他，より最近の研究としてはShin et al. (2018) の研究がある。彼らは，

521人の韓国人とアメリカ人を対象に,「幸福」から一番最初に連想される単語を3つ書き出すよう教示し,結果を集計した。すると,韓国人は「家族」という回答が最も多く,アメリカ人は「笑顔」が最も多かった。彼らによると,幸福からの連想語を単純に数えることが,その人物が実際にどの程度幸せかということに対するよい手がかりになるかもしれないという。最後に,スペイン語における知見を紹介する。Ferré et al.（2017）は,1,380人の参加者に対して2,266語のスペイン語の単語を,驚きを除いた基本感情それぞれにおいてどれくらいそう思うかを評価させた。その結果,幸福に関連する単語は単一のカテゴリーに評価されることが多かったが,ネガティブな感情に関連する単語は複数のカテゴリーに評価されることが多かった。ただ,嫌悪に関連する単語だけは例外で,他のネガティブなカテゴリーと重複することは少なかった。感情語はその数やバリエーションがきわめて豊富であるため,今後はより広範囲の文化にわたる研究が求められるであろう。

化粧行動の発達

　現代日本の成人女性の多くは，日常的かつ習慣的に何らかの化粧をしている。なぜ化粧をするのだろうか。

　まず，化粧は自己表現の一様式であるという捉え方がある。化粧は情動状態をコントロールする手段であるほか，自己，ジェンダー観や，社会性や対人的意識のもち方，そして生活の質（QOL）と関連があると考えられる。次に，化粧は社会性や時代性と関連する。化粧（cosmetics）とその技法（make-up）は，世相・時代やファッション，文化などの美意識の影響を受ける。つまり，化粧（美粧）行動は自己表現性と社会性・時代性の相互作用のプロセスであるといえる。

　化粧行動を，心理的社会的発達という観点から考えてみよう。幼少期には「しつけ」を通じて，衛生観念と清潔を保つ習慣の獲得がなされる。青年期には，「身だしなみ」を自分で整え，周囲の友人関係やメディアに影響を受けながら，化粧行動を活発化させる。成人期には，自らの価値観や健康観，ライフスタイルに基づいた化粧行動の取捨選択をする。社会人という立場で，その場所柄や状況，置かれた立場に期待される化粧行動の調整も能動的に行われる。次世代の価値観を形成する担い手ともなり，時には親として子をしつける立場ともなる。やがて高齢期には，ライフスタイル，日常生活能力（ADL），健康状態の変化により，化粧行動も見直すことになろう。その調整をほどよく保つことは生活の質（QOL）を維持することでもある。

　また，Erikson, E. H. の心理社会的発達段階説になぞらえてみると，各発達段階に関連した化粧行動にも，不潔恐怖，摂食障害，依存症，自尊感情の低下などの心理的社会的危機のような病理性の危機があると仮定することも可能だろう（表参照）。

　最後に，「死に化粧」も一般的に行われる。遺された者にとって，故人の人生最期の面影は胸に焼きつき，記憶に留められるものである。グリーフワークの観点から，その人物の生前のイメージ保持にも貢献しているといえる。

表　化粧行動の発達と病理性

発達段階	化粧行動の発達	病理性
幼少期	「しつけ」を通じた，衛生観念と清潔を保つ習慣の獲得	衛生観念のずれや未発達・不潔恐怖
青年期	「身だしなみ」の感覚の獲得とスキルの向上 化粧行動の多様化，活発化	ボディイメージの歪み・醜形恐怖・摂食障害
成人期	TPOにあわせた化粧行動の調整 価値観・健康観・ライフスタイルに基づく選択 若い世代の価値観の形成	過度な加齢恐怖・依存性・濫用による健康被害
高齢期	変化したライフスタイル，ADLにあわせた調整 生活の質（QOL）を維持する	自尊感情の低下・閉じこもり・不衛生

食科学が熱い

　生活習慣病の予防や治療のための食事制限，世界的な人口増加による食糧危機など，食に関する問題は現代社会においてますます重要になりつつある。こうした状況を反映してか，食心理学を含む食科学（gastronomic science）が近年社会的に注目されている。2013年度からロッテ財団による大型の若手研究者育成助成（1人あたり5年×1,500万円）が始まったことや2018年度に立命館大学に食専門の学部（食マネジメント学部）が設置されたことからも，食科学に対する期待が大きいことは明らかである。

　私の専門とする知覚・認知心理学においても，食に関する研究が増えつつある。例えば，食べ物画像の上に提示した文字に対してgo/no-go課題を行うこと（Houben et al., 2012）や摂食のイメージを繰り返すことで（Morewedge et al., 2010），食べ物に対する感情や摂食量を変化させることが盛んに研究されている。また，知覚心理学の大御所であるCharles Spenceは，近年食科学に関する入門書を出版した（Spence, 2017）。心理学に限らず，工学でも食研究は注目されており，拡張現実感（augmented reality）を用いて食べ物の見た目を実際よりも大きくしたり小さくしたりすることで，満腹感を変化させる装置の開発なども行われている（Narumi et al., 2012）。

　改めて指摘するまでもなく，食において感情が果たす役割は大きい。例えば，食糧問題の解決策の1つである昆虫食を広めるためには，昆虫食に伴う嫌悪感を減らす必要があるし，食行動の問題を改善するためには食べ物に対する感情を変化させるアプローチが有効であろう。それでは，日本の感情心理学では食研究は注目されているのだろうか。過去5年度分（2012～2016年度）の感情心理学研究を調べてみたが，残念ながら食に焦点を当てた論文は1本も掲載されておらず，日本の感情心理学では食研究はあまり注目されていないようである。食行動に興味をもつ一研究者として，また感情心理学研究の編集委員の1人として，本書を読んでいる皆様の多くが食と感情に関する研究を行い，感情心理学研究に論文を投稿してくださることを願っている。

8章

感情の身体的変化

　気持ちのよい朝，いつもの通学路を自転車で風を感じながら軽快に走っていると，路地から突然車が飛び出してきて，あなたは急ブレーキをかける。間一髪のところで車と衝突することは避けられたが，あなたは顔から血の気が引いて心臓がどきどきしているのを感じる。危うく轢かれるところだったと「恐怖」という感情を抱くかもしれない。そうすると，車の運転手は窓を開けて「どこ見ているんだ！　気をつけろ！」と言い，猛スピードでその場を去って行ってしまう。今度は，あなたは頭に血が上り，顔が熱くなるのを感じ，不当な言葉を投げかけられたことに対して「怒り」を覚えるかもしれない。

　このように感情は，環境や状況に応じて刻一刻と変化し，さまざまな身体的変化を伴うことは日常経験からも明らかである。このような身体的変化は，表情表出など骨格筋レベルでも生じうるが，本章ではおもに身体内部の変化を形成する自律神経系における反応を中心に取り上げることとする。まず，自律神経系の解剖学的構造と自律神経系指標の非侵襲的な測定方法を概説し，身体における感情の生理学的機序を理解することを目指す。続いて，身体的変化が古典的な感情理論の中でどのように位置づけられ，感情生起とどのような関わりをもつと考えられてきたのかを紹介し，自律神経系活動と感情との関連について今日までに明らかになっている最新の研究についても紹介する。

　なお本章では統一して「感情」という表現を用いることとする。例外として脳神経部位およびソマティック・マーカー仮説における身体的反応に関する事柄については「情動」を用いる。

1節　自律神経系の解剖学的構造と機能

1. 神経系の分類

　ヒトの神経系は，中枢神経系と末梢神経系に分類される。中枢神経系は，脳と脊髄で構成され，末梢神経系は中枢神経系以外のすべての神経系を指す。末梢神経系は中枢神経系に出入りし，中枢神経系と末梢の感覚器官を連絡する役割を果たしている。情報の流れから末梢神経系を分類すると，外界からの感覚情報や内臓感覚を脳や脊髄に伝える求心性神経と，脳や脊髄からの指令を筋や腺，内臓に伝える遠心性神経がある。
　末梢神経系は，機能的に体性神経系と自律神経系に分類される。体性神経系は感覚や運動を制御しており，外部環境と身体の相互作用を可能にしている。一方，自律神経系は，内臓を含めた身体の内部環境を中枢神経系に伝達し，心拍数，血圧，体温，呼吸数，胃酸の分泌など，意識しなくても自律的に制御される身体活動を担っている。

2. 交感神経系と副交感神経系

　自律神経系は，機能的に交感神経系と副交感神経系に分類され，多くの内臓諸器官の活動はこの2つの系の拮抗作用によって制御されている（表8-1）。例えば，交感神経系が優位になると，心拍数の増加や瞳孔の拡張をもたらし，副交感神経系が優位になると，心拍数の減少や瞳孔の収縮をもたらす。このように，心筋や瞳孔を含め，多くの内臓諸器官は両方の神経系によって支配されており，これを二重支配という。一方，どちらかの神経系のみによって支配されているものもある。例えば，汗腺は交感神経系のみの支配であるため，発汗量の増減は，交感神経系活動に由来すると理解することができる。表8-1からもわかるように，交感神経系の活動は身体のエネルギーを放出し，諸器官に効率的に酸素を送り込み，生体の運動反応を促進する働きをする一方，副交感神経系は，睡眠時や安静時に優位になり，心拍数の低下や唾液腺や消化管の活動の促進など，エネルギーを蓄える方向に作用する。生体が天敵などの脅威刺激に直面すると，交感神経系が優位になる緊急反応が生じる。これは，闘争・逃走反応（fight-or-flight-response）とも呼ばれ，脅威刺激に立ち

表8-1　自律神経系のはたらき

器官	交感神経系のはたらき	副交感神経系のはたらき
眼	瞳孔の拡大	瞳孔の収縮
口	唾液の抑制	唾液の促進
肺	気道の弛緩	気道の収縮
心臓	心拍の増加	心拍の減少
血管	血管の収縮	−
汗腺	発汗の増加	−
腸	−	血管の拡大
胃	消化の抑制	消化の促進
肝臓	グルコース放出の促進	
副腎腺	アドレナリン放出の促進	−
皮膚	血管の収縮	血管の拡大
膀胱	膀胱の弛緩	膀胱の収縮
陰茎	射精の促進	勃起を促進

向かうか，その場から逃げるか，といった行動の準備状態を作り出す（Cannon, 1929）。交感神経系は外部環境の変化への適応的機能，副交感神経系は生体の生命維持機能として活動しているといえるだろう。

　平常時では交感神経系と副交感神経系の活動はバランスを保っているが，このバランスを崩す要因の1つとしてストレスがあげられる。強いストレス状況下では，常に緊張状態で交感神経系が優位な状態が持続する。ストレス状況から脱したときに，胃潰瘍ができることがある。これは，交感神経系の活動が急激に落ち着き，反作用的に副交感神経系が優位になり，胃の消化液が分泌過多になるためだともいわれている。これまでの心理的緊張状態から解放され，生体が休息状態へ向かう過程として副交感神経系の反応が過多になったと考えられる。

　自律神経系の解剖学的構造の大きな特徴として，2つのニューロンで構成されるという点があげられる（図8-1）。体性神経系では，中枢の運動ニューロンが効果器へ軸索を伸ばしているのに対し，自律神経系では，中枢にある節前ニューロン，自律神経節にある節後ニューロン間でシナプス接続があり，効果器への情報伝達が行われる。神経節とは，ニューロンの細胞体がごく狭い領域に高密度で存在している領域を指す。情報伝達を担う神経伝達物質として，節前ニューロンでは，交感神経系と副交感神経系ともにアセチルコリンが用いられるが，節後ニューロンでは，交感神経系ではノルアドレナリン（例外的に，汗腺と骨格筋内の血管平滑筋の支配に

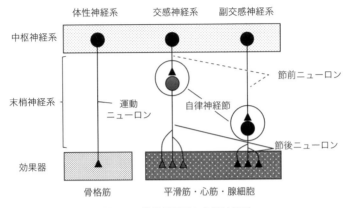

図 8-1　体性神経系と自律神経系

についてはアセチルコリン），副交感神経系ではアセチルコリンが用いられる。また，シナプス接続がある神経節は，交感神経系は中枢側にあるのに対し，副交感神経系は効果器側にあるのが特徴である。体性神経系は，脳からの指令を受けて，単一のニューロンが標的の骨格筋へ素早く正確に情報を伝達する。一方，自律神経系は，2つのニューロンを経て脳からの情報を効果器に伝えるとともに，神経伝達物質の違いによってもたらされるシナプスの興奮と抑制のバランスによって，身体の広範囲におよぶ統合された段階的な制御を遂行しているのである。

3. 自律神経系活動の指標と測定方法

　感情の精神生理学的研究において，自律神経系活動の指標としてよく用いられるのが，皮膚電気活動と心臓血管系反応である。

　皮膚電気活動（electrodermal activity）は，いわゆる発汗量を反映し，皮膚コンダクタンスレベル（skin conductance level: SCL）と皮膚コンダクタンス反応（skin conductance response: SCR）によって測定できる。SCLは，音楽聴取や映像視聴時など連続した刺激状況における，発汗の時系列的変化をモニターしたい場合に，SCRは，単発の刺激呈示に伴う発汗の一過性の変化を観察したい場合に用いる。皮膚コンダクタンスの測定原理を簡単に述べておく。2本の指先に電極を貼付し，微弱な電流を流すことで抵抗値を求める。発汗すると抵抗値が下がるため，抵抗値の逆数であるコンダクタンスが発汗量の指標となる。

心臓血管系反応の指標として代表的なものとして，心拍（heart rate: HR）があげられる。心拍は心臓の1分間あたりの拍動回数であり，比較的簡便に測定できる。測定方法としては，心電図と脈波がある。心電図は，心臓が拍動するときに発生する心筋の電気的信号であり，心臓を挟むかたちで体表面に2つの電極を貼付して記録する。心電図は，心臓の1回の拍動ごとに特徴的な波形をみせる。心拍数は，この波形の頂点間隔（秒）を60から除したもので算出される。脈波は，心臓が鼓動して送り出す血液によって変化する血管の圧のことである。手首に指をあてて感じられる脈の変化がそれである。この脈波から心拍数を推定するのである。脈波の測定原理は，赤血球が近赤外線を吸収するという性質を利用し，指先や耳たぶに装着したセンサーから近赤外線を照射し，透過した近赤外線の量から測定部の血液量を推定するというものである。血液の容積変化を求めていることから容積脈波といわれる。近年ではスマートフォン等のデバイスによっても脈波が測定でき，簡便に心拍を求めることができる。一方で，心電図は，心臓の挙動を連続的に把握することができ，副交感神経系由来の活動を推定できる心拍変動の算出も行えるという利点もある。実験の目的や研究環境に合わせて測定方法を選ぶことが望ましい。

　皮膚電気活動と心拍は，感情喚起に鋭敏に反応する有効な指標であるが，急性ストレス状態やストレッサーへの能動的対処時にも大きな変化をみせる。さらにいえば，自律神経系活動は身体の代謝要求に応じて刻一刻と変化している。したがって，自律神経系指標における変化のみを根拠として，感情が生起したと結論付けることは難しい。実験条件や感情喚起方法の妥当性を担保したうえで，生理的変化から心的状態を推察する必要がある。

2節　感情理論における身体的変化

1. 末梢起源説と中枢起源説

　代表的な感情の古典的理論である末梢起源説と中枢起源説は，感情の生起過程における身体的変化の位置づけについては鋭く対立している。それぞれの理論の詳細については，1章を参照されたいが，ここでは身体的変化という観点から2つの理論の違いを概観する（図8-2）。

　末梢起源説を提唱したJamesは，「悲しいから泣くのではない，泣くから悲しい

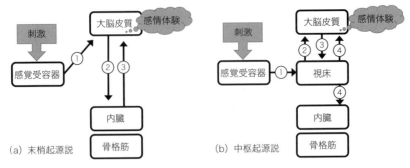

図 8-2　末梢起源説と中枢起源説

のだ」という有名な言葉を残している（James, 1884）。これは，環境の変化によって生じる身体的変化を脳が知覚することで，主観的な感情体験が生じるということを意味する。例えば，冒頭の状況で考えてみると，自分の目の前で車が急ブレーキをかけた瞬間，手足の筋肉が緊張し，心臓の鼓動や呼吸が速くなる。この身体的変化を知覚することが「怖い」という感情そのものであると考える。つまり，末梢起源説では，末梢神経系由来の反応すなわち身体的変化に感情の起源を求めている。一方で，中枢起源説では，感情生起の中枢として大脳皮質辺縁系にある視床（thalamus：現在の視床下部（hypothalamus））に着目しており，視床の興奮と情報伝達によって感情経験と身体的変化が生じると考える。つまり，目の前に車が飛び出してきたら，「怖い」と感じるのと同時に，手足の筋肉が緊張し，心臓の鼓動や呼吸が速くなるのである。現在では，中枢起源説は否定されているものの，Cannonが注目した視床は現在の視床下部に相当し，実際，自律神経機能や内分泌機能を総合的に調整している。また，視床下部の神経核は，情動に関わる扁桃体（amygdala）や前部帯状皮質（anterior cingulate cortex: ACC）（本章3節参照）からの連絡を受けている。このことから，刺激入力によって生じたこれらの情動神経回路の活性化によって身体反応が生じることが可能になる。中枢起源説が視床下部に感情の源泉を見出した点は，現代の科学的知見に通ずるといえるだろう。

2. ソマティック・マーカー仮説

末梢起源説で想定されているように，感情体験に先行して身体的変化を迅速かつ精密に知覚することは難しく，現在ではこれらの理論は大筋では否定されている。

しかしながら，末梢起源説の提唱から約100年後，米国のDamasioらのグループは，脳損傷患者の医学的知見や脳機能イメージング法による実証研究をもとに，身体的変化そのものが情動（emotion）であり，身体的変化を知覚した結果が感情（feeling）であると主張した（Damasio, 1994, 1999）。

この主張における代表的な仮説が，ソマティック・マーカー仮説である。ソマティック・マーカー仮説では，意思決定における，情動的身体反応の重要性を主張し，その神経システムの1つとして，前頭眼窩領域（orbitofrontal area）にある腹内側前頭前皮質（ventromedial prefrontal cortex: VMPFC）に着目している。Bechara et al. (1997) は，VMPFCを損傷した患者が，知的能力には問題がないにもかかわらず，日常生活において適切な意思決定ができないことに着目し，アイオワ・ギャンブリング課題を使った実験を行った。この課題では，獲得もしくは損失する金額が書かれたカードの山が4つあり，参加者は好きな山から一枚ずつカードを引いていく。4つのうち2つの山は，獲得額も損失額も小さい低リスクの山，残りの2つの山は，獲得額は大きいが損失額も大きい高リスクの山となっている。これらのカードの山の獲得額と損失額の大きさとそれらの出現率は巧妙に操作され，確率的に低リスクの山を引き続けたほうが最終的に参加者の獲得金額は大きくなるように設定されている。最初はランダムに山からカードを引くが，試行を重ねるうちに，健常者は低リスクの山を引くようになり，高リスクの山からカードを引くときは，SCRが増大した。一方で，VMPFC損傷患者は，適切な方略（低リスクの山からカードを引いたほうがよい）に気づきながらも，高リスクの山からカードを引く傾向がみられ，その際，SCRが生じなかった。こうした知見に基づき，Damasioらは，VMPFCは，過去の経験や記憶から刺激状況とそれに伴う情動を関連づけ，身体反応を生じさせるシグナルを出力していると考えた。さらに，この身体反応は「良い」か「悪い」の価値を帯びており，適切な意思決定や行動選択を導くと考え，ソマティック・マーカーと名付けた。ソマティック・マーカー仮説は，感情における身体の重要性を再考する契機をもたらしただけでなく，不合理な存在として扱われてきた感情が人間の意思決定を導くことを示した点で，特筆すべき感情理論であるといえる。

末梢起源説が批判された理由の1つとして，末梢における身体的変化は，感情生起に関与していると考えるには遅すぎるというものがある。これは，ソマティック・マーカー仮説においても例外ではないが，現在明らかになっている自律神経系の生理的機序からすれば，身体的変化の時間的特性は，感情生起に関与するには十分可

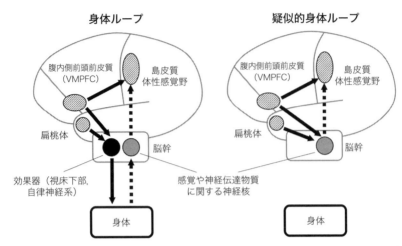

図 8-3 ソマティック・マーカー仮説における身体ループと疑似的身体ループ
(Bechara & Damasio, 2005 より改変)

能である。ソマティック・マーカー仮説では，意思決定に影響する身体情報は，迷走神経系由来とされている。第 10 脳神経である迷走神経は副交感神経系の大半を占めており，神経伝達物質であるアセチルコリンは素早く分解されること等から，その効果が急速に失われる。実際，交感神経系由来の心拍の変化は，秒単位であるのに対し，迷走神経系由来の心拍の変化は，ミリ秒（ms）単位で生じる。さらに求心性経路においても，迷走神経系の電気的刺激によって，潜時 10 ms で頭皮上における神経細胞の発火が生じる（Usami et al., 2013）。こうした知見からも，意識に上らない身体的変化と感情生起との関連については，時間的な整合性も担保されているといえるだろう。

　さらに，ソマティック・マーカー仮説では，末梢からの身体情報を処理する脳内回路としての「身体ループ（body loop）」に加えて，「疑似的身体ループ（as-if body loop）」を想定している（図 8-3）。疑似的身体ループでは，実際の刺激入力がなくても，過去に経験した状況を想起するだけで活性化する。ここでの VMPFC や扁桃体の活性は，身体的変化をもたらさずに体性感覚野や島皮質（insula cortex）（詳細は後述）で疑似的な身体的変化が再現される。Damasio（1996）は，実際に身体的変化を伴う身体ループよりも，疑似的身体ループのほうが頻繁に利用されると述べており，末梢レベルにおける身体的変化というよりも，脳内における身体情報の処理機構を重要視していたといえよう。

3. 脳内における感情の身体化

　ソマティック・マーカー仮説では，身体的変化をもたらすシグナルはVMPFCから出力されていると想定されていた。私たちは，緊張して自らの心臓の鼓動が速くなるのを感じたり，気分が悪い映像を見て胃のむかつきを感じたりすることがある。実際，このような主観的な感情体験に付随する身体的変化の知覚は，神経心理学的にどのように達成されているのだろうか。

　心理学において，内臓感覚をはじめとする身体状態の知覚にかかわるすべての感覚を内受容感覚（interoception）と呼ぶ。内受容感覚は，普段は意識に上ることはないが，例えば，自律神経系活動から生じる覚醒状態の知覚は，自身の心拍数を声に出さずに心の中で数える方法（サイレント・カウンティング）によって評価できる。この心拍数のカウンティングが実際の心拍数と一致している人ほど，日常的な感情体験における主観的覚醒度が高いことが報告されている（Barrett et al., 2004）。つまり，自らの身体内部状態への意識や気づきが感情体験の形成に寄与している可能性が考えられる。

　こうした心的過程を実現しているのが，前部島皮質（anterior insula cortex）である。内受容感覚は，求心性回路によって，視床にある神経核を経て，前部帯状皮質，島皮質，体性感覚野を経由して伝達され，さまざまな身体情報が右前部島皮質でまとめあげられる（Craig, 2003）。脳機能イメージング法を用いた研究では，身体の痛み，温度，心拍数，覚醒状態に注意を向けたりしているときに，前部島皮質が賦活することが報告されており（Critchley, 2004; Peyron et al., 2000; Pollatos et al., 2007; Williams et al., 2000），前部島皮質は，包括的な身体的変化の知覚と統制に関わっていることが示唆される。

　さらに，心拍のサイレント・カウンティングを行っているときは，前部島皮質が賦活し，同領域の活動は，他者が感情的なエピソードを語っているときの自らの感情体験の主観的強度と正の相関をもつことが報告されており（Zaki et al., 2012），前部島皮質において知覚された身体的変化から，主観的な感情体験が生み出されているといえるかもしれない。以上のことをまとめると，VMPFCが，過去の経験や記憶に基づく情動（身体反応）もしくは疑似的な身体反応を駆動し，これらの身体情報が前部島皮質で表象された結果，意識的な感情体験が生成されると考えられる。もちろん，感情に関わる神経ネットワークは多岐にわたるため（9章，10章参照），感情生起過程のレベルと関連する脳領域を多角的に考慮する必要はある。

4. 心理学的構成理論における身体的変化

　感情における身体的変化の重要性は再考されているものの，現在では，恐れや喜びといった個々の感情の固有の脳神経基盤や自律神経系反応パターンの存在は想定されなくなってきている。その考えを牽引している感情理論が，心理学的構成理論（psychological construction model: Barrett, 2006）である。心理学的構成理論では，快－不快軸と覚醒－睡眠軸で定義されるコア・アフェクト（Russell, 2003）に，外界からの刺激，骨格筋や内臓感覚情報，そして感情に関する概念知識が統合されて感情体験が生み出されるとする（6章，10章参照）。つまり「感情」そのものには実体はなく，その場の文脈や知覚の相互作用によって「立ち現れる事象」であるため，個々の感情の神経基盤や自律神経系反応パターンを想定する必要はない。しかし，これは，感情の心理生理学的研究は必要ないという意味ではなく，「立ち現れた」感情の事例（instance of emotion）を対象として，実証研究を進めていくべきだと主張している。心理学的構成理論においては，身体的変化は感情体験に先行するものではなく，感情喚起にかかわる諸要因と明確な切り分けはなされずに，感情の構成要素の1つとして位置づけられている。

3節　感情と自律神経系反応

1. 防衛反応としての自律神経系活動

　感情に伴う自律神経系活動は複雑なパターンをみせるが，感情喚起画像観察時の心拍や皮膚電気活動の変化については，一貫した知見が見出されている。米国のLangらのグループは，1,000枚以上で構成された感情喚起画像セット（international affective picture system: IAPS: Lang et al., 2008）を用いて，感情に伴う生理反応の膨大なデータを取得している。IAPSは，快－不快の程度と覚醒の程度が異なる刺激で構成され，食べ物や性的な写真，汚物や虫の写真など，ヒトの生殖や生命維持にかかわる画像を含んでいる。画像観察時の末梢神経系反応を調べた研究（Bradley et al., 2001）では，画像呈示後1〜3秒付近でHRが低下し，中でも不快画像に対するHRの低下は顕著であった。不快刺激に対するHRの低下は，一般的な理解と相反するように思えるが，動物が捕食者（天敵）をみつけたときなど脅威

場面において生じる現象として知られている（Campbell et al., 1997）。これは防衛反応の1つであり，副交感神経系の活動の亢進によって身体運動を抑制し，環境からの情報入力に鋭敏な状態を作り出していると考えられている。一方，皮膚電気活動は，人が銃を突きつけられている場面など覚醒度が高い刺激に対して大きく反応した。高覚醒の不快画像は生体にとって危急性が高いため，交感神経系活動の亢進によって闘争・逃走反応の準備状態となっていたと考えられる。恐怖や怒りといった脅威場面で生じる感情が防衛反応から派生したと考えると，これらの感情に伴う自律神経系活動が合理的に作用していることがうかがえる。

　快画像に対しても，覚醒度が高くなるほど皮膚電気活動が高まる傾向がみられたが，HRの低下は不快画像ほど顕著ではなく，画像の種類によってHRの変化パターンは異なった。新奇刺激に対する定位反応としてHRが低下したと解釈できるかもしれない。感情喚起刺激に対する自律神経系反応は，生体が刺激情報を処理し，身体を適切な行動へと駆り立てる準備状態を形成していることを教えてくれる。一方で，これらの知見は，視覚刺激に対する一過性の反応であり，自律神経系反応パターンのみで，ダイナミックに変化する感情状態を推定することは難しい。心拍や皮膚電気活動に加えて，ストレス反応を理解するために有効な血圧などの心臓血管系指標を測定したり，脳波などの中枢神経系指標と組み合わせたりすることも必要である。

2. 自律神経系活動による感情の分類

　末梢起源説はその後の感情研究の潮流を作り，自律神経系指標によって各種の感情状態が識別できるかについて多くの実証的研究がなされてきた。測定可能な身体情報から感情状態を推定することは，実用性の高い技術ともいえるだろう。基本感情説の立場にあるEkmanらのグループは，各感情には固有の自律神経系活動パターンがあると考え，表情を表出する課題と，過去の感情体験を想起する課題を用いて，基本6感情の心拍と指尖の皮膚温の変化を調べた（Ekman et al., 1983）。その結果，怒りと恐怖は，喜びよりも心拍が上昇すること，怒りは喜びよりも皮膚温が上昇することを見出している。さらには，表情表出課題を用いた追試（Levenson et al., 1990）では，怒りと恐れが喜びよりも心拍が上昇した人は6割，怒りと恐れが嫌悪よりも心拍が上昇した人は7割を超えることを報告している。以上の知見は，あくまでも個々の感情の自律神経系活動パターンの相対的差異を示す結果であり，

感情固有の身体的変化を同定しているとまではいえないだろう。

　こうした流れを受け，Kreibig (2010) は，感情に伴う自律神経系反応についての134の研究をレビューし，感情の識別には，HRやSCRなど簡易に測定できる指標だけではなく，複数の指標を組み合わせることが必要であることを指摘している。近年では，自然情報処理の1つであるパターン認識技術を用いて，自律神経系反応を含む身体情報から感情状態を推定する手法の確立が進められている。例えば，Kolodyazhniy et al. (2011) は，心臓血管系指標，呼吸，皮膚温，表情筋活動を含む14の指標を用いて，映像視聴時の恐れと悲しみの識別率について，複数のパターン認識を用いて検討した。その結果，少数の感情の識別においては，非線形モデルよりも線形モデルのほうが適合することを報告している。さらに，14の指標をすべて用いるよりも，少数の指標のみを用いたモデルで識別率が高く（82％），特に，心臓の前駆出期（左心室における電気的興奮の始まりから血液駆出開始までの時間），SCRの出現頻度の揺らぎ，血中のCO_2分圧，大頬骨筋活動，皺眉筋活動の5つの指標はいずれのモデルにおいても共通していた。ただし，感情識別に寄与する指標については一貫した知見は得られておらず，恐れの識別には他の心臓血管系指標や呼吸率が有効であるという報告もある（Stemmler, 2004）。同じラベルが付与される感情状態であっても，映像視聴や回想法など感情喚起の方法やその強度によって，まったく異なる身体反応が導かれる可能性もあるといえるだろう。

　逆説的に，同じ感情種であっても異なる身体的変化を示す事例も報告されている。Shenhav & Mendes (2014) は，2つのタイプの嫌悪感情を喚起する映像視聴時の自律神経系反応を調べた。映像刺激の1つは，排泄物や嘔吐物，それを咀嚼する人物が，もう1つは，事故やキックボクシングで負傷し（手足があらぬ方向に曲がっているが，流血等の身体的負傷そのものは映し出されない），痛みを訴えている人物が映し出されていた。前者の映像は，生理的嫌悪を喚起し，より本質的な嫌悪 (core disgust) として設定された。実験の結果，いずれの映像によっても主観的な嫌悪感情が喚起され，嫌悪表情の1つの指標である上唇鼻翼筋（鼻の両側付近の筋肉）の活動が認められた。一方で，生理的嫌悪映像では，胃腸の活動が低減し，HRが上昇したのに対し，負傷映像では，胃腸の活動は変化せず，HRが減少した。この結果は，同じ「嫌悪」というラベル付けがなされ，感情表出も類似している感情状態においても，異なる身体的変化が導かれることを示している。また，従来，ポジティブ感情は「喜び」として扱われてきたが，ポジティブ感情のサブカテゴリーは異なる自律神経系反応パターンをもつという報告もある（Shiota et al., 2011）。以

上のことから，より多くの指標を統合して，普遍的な感情の種別を同定するというよりも，喚起方法や文脈情報も考慮したうえで，ターゲットとなる感情状態に対して説明力の高い指標を選定し，他の感情状態から識別するという方略が有効といえるだろう。

3. 心拍変動による感情制御能力の個人差

これまで，一過的な感情状態における自律神経系反応を中心にみてきたが，近年，個人の自律神経系反応の特性が，感情制御能力を説明する可能性を示す知見が蓄積されてきている。自律神経系の指標となるのが，心拍変動（heart rate variability: HRV）である。心電図から算出される心臓の拍動間隔は時間とともに変化するが，その変化はある程度の規則性をもって揺らいでおり，これを HRV という。HRV に周波数解析を適用すると，2つのピークが観察され，特に高周波領域（high frequency: HF）成分（0.15〜0.4 Hz）は，迷走神経系（副交感神経系）の活動に由来するといわれている。したがって，平常時の HRV の HF 成分は，個人のリラックスした状態を反映しているといえるかもしれない。

HRV と感情制御能力との関連を示す実証研究において，Melzig et al.（2009）は，HRV が低い人は高い人に比べて，課題とは関連のない刺激に対する驚愕反射が大きいことを報告している。同様に，不快画像（Krypotos et al., 2011）や脅威的な意味を示す言葉（Johnsen et al., 2003）に対する注意バイアスも平常時の HRV と関連することが示されている。こうした不快刺激に対する脆弱性は，扁桃体に対する前頭前皮質（prefrontal cortex）からの抑制が減弱した結果，交感神経系優位になり，防御反応が増強されるためという説明がなされている（Thayer & Brosschot, 2005）。HRV の心理学的意味についてはいまだ議論の余地があるものの，感情刺激に対する反応性の個人差を説明する1つの要因として有効な身体情報であるといえるだろう。

地域への愛着

　私たちは特定の地域に対してさまざまな感情を抱くことがある。それはなにがしかのきっかけでふとした瞬間に感じる，子ども時代を過ごした地域に対する郷愁の念であったり，現在住んでいる地域へ日常的に感じている愛着であったりする。人々が居住する地域にどのように態度や意識を持っているのかに関しての包括的な研究は，コミュニティ心理学や社会心理学の分野において，コミュニティ感覚やコミュニティ意識という構成概念を用いて研究されてきた。ただしそれらの概念は，人々の地域に対する態度や意識を包括的に測定するものであるため，感情的な成分のみに焦点化したものではない。例えば，石盛ら（2013）の開発したコミュニティ意識尺度は，連帯・積極性，他者依頼，自己決定，愛着という4つの因子から構成されているが，地域への感情成分は愛着因子という1つの因子でまとめて測定されているのみである。

　それに対して環境心理学の分野では，地域への感情に焦点化した研究が多く行われている。大谷（2013）が指摘するように地域への感情研究では，場所愛着（place attachment）や場所感覚（sense of place）など類似した構成概念が併存しているが，特に場所愛着に関してとりわけ活発な研究が行われている。Gifford（2002）は場所への愛着を「場所により馴染むとともに形成されている意味の豊かさのこと」と述べているが，この記述は「われわれがそこをよく知り意味を与えたときに，空間（space）が場所（place）になる」としたTuan（1977）の現象学的地理学における論考に影響を受けたものであろう。

　大森ら（2014）は，環境心理学における地域への愛着研究の成果をふまえ，居住地の社会的な活動に携わっている9名を対象に実施したインタビュー調査の結果を分析し，地域への愛着概念の全体構造をモデル化している。その全体構造には，個人レベル，個人間レベル，地域（近隣〜自治体）レベルの3つの次元が組み込まれており，地域への愛着の形成が進むと，地域を志向した行動が促進され，そして形成により期待される成果が拡大・充実するプロセスが想定されている。地域への愛着の形成に関する実証的な研究としては，引地ら（2009）の研究があげられる。彼らは，地域への愛着の形成過程を質問紙調査によって検討し，居住地域の街並みや自然などの物理的な環境よりも，社会的環境のほうが愛着形成により大きな影響を与えていることを示した。さらに地域への愛着は単なる居住年数の長さ以上に，地域での生活の質によって強く規定されることも示唆している。

少年院と
マインドフルネストレーニング

　マインドフルネスが最も役立てられている現場の1つとして少年院がある。筆者が指導に訪れている少年院では，毎日15～20分のマインドフルネス瞑想を行うことが日課となっている。年齢や罪状もさまざまで，発達障害の診断がなされているものもいる。そうした少年たちに効果的にマインドフルネス瞑想に取り組んでもらうため，指導にも日々工夫が求められる。何より大事なことは，ただ形だけ瞑想をやるのではなく，自分自身にとって意義あるものとして取り組んでもらうことである。そのために，例えばこんな話をする。

　「みんないろいろやらかしてここに集まっていると思う。暴行，窃盗，ヤク，強姦……でも，みんな必ず通る"道"があると思う。それは，"やるしかねぇ"という思いつめた気持ち。でもそれって，最初からあるものじゃなくて，知らず知らずのうちに追い込まれる感じがあったんじゃない？　例えば，窃盗を例にとると，最初に"ブツ"を見たとき，ふと"いいな"と思うとする。そうすると，すぐに売った金で遊ぶイメージとか，売るルートについての思考とか，過去にやったスリルの記憶が勝手に出てくる。最初の心の火種は小さいけど，そうやって火に薪をくべて自分で大きくしてるんだよね。さらに"ここで盗らないとビビってると思われる"とか考えるうちに，その火は自分自身に燃え移り，いつの間にか視野が狭くなって"やるしかねぇ"ってなり，それでやらかして，見つかって捕まって，そしてここにいるんだよな」。皆照れたようにうなずく。

　「そういう小さな火に薪をくべる心の働きは，みんなだけじゃなくて人なら誰にでもあるもの。でもじゃあ，どうしたらいい？　火って，タバコの火みたいに小さいうちなら簡単に消せるけど，家一軒焼き尽くすような火は簡単には消せないよな。だから大事なのは"できるだけ早く気づく"こと。"あ，自分今こんなこと考えてる""自分の中にこんな感情がある"ってことに早く気づく力をつけたら，簡単に火は消せるかもしれない。そしてもちろん，気づいたらそれ以上薪をくべることをやめる力も必要。これは瞑想の中では，気持ちがそれているのに気づいたら，呼吸などの注意の置き所に再び注意を戻すことで養われる。マインドフルネスは，気づく力と戻す力を養う心の筋トレなんだよ」。

　こうした情動制御のプロセスの理解と，毎日の実践の積み重ねで，多くの少年がマインドフルネスを徐々に理解し，興味をもち，そして成長してくれる。指導者にとってこんなに楽しい現場はない。

9章

感情の脳科学

1節　はじめに：感情への神経科学的アプローチ

　心理学の研究者が脳を研究対象とすることは，最近ではごく一般的なことになりつつある。この背景として，1990年代から導入された非侵襲的な脳機能イメージング（生きているヒトの脳の活動をオンラインで測定する技術）により，ヒトを対象とした脳活動の可視化が実現したことがあげられる。当然，心理学における感情研究もそのような技術進歩の恩恵を受けているが，歴史を振り返ってみれば19世紀末からすでに研究者たちは，感情と他の認知機能が異なる神経・生理学的基盤を持つのか，そしてどのような脳・身体の生理学的変化により感情が生じるのかについて，大きな関心を持ち理論の構築に取り組んでいたことがわかる。例えば，有名なJames-Lange説（James, 1884; Lange, 1885）やCannon-Bard説（Bard, 1929; Cannon, 1927）（1章参照）を皮切りに，多くの理論が感情と脳・身体の関連に焦点を当て，それらを検証する動物実験を報告している。ヒトを対象とした研究では，脳損傷患者の症例報告が多数存在し，感情特異的な反応が脳の局所的損傷によって失われることが報告されている（e.g., Adolphs et al., 1994）。したがって，感情研究は古くから神経科学とともに歩みを進めてきた歴史があり，近年の脳機能イメージング技術の発展は研究のスピードを加速させている。

　脳機能イメージングとしては，脳波（electroencephalography: EEG），脳磁図（magnetoencephalography: MEG），近赤外分光法（Near infrared spectroscopy: NIRS），機能的磁気共鳴画像法（functional magnetic resonance imaging: fMRI），

ポジトロン断層撮像法（positron emission tomography: PET）など，さまざまな手法がある。EEG や MEG は脳内の神経細胞の電気的活動を電位・磁場として測定することで，また，NIRS, fMRI, PET は神経細胞の活動に伴い，その細胞周囲の酸素消費に基づく血流の変化を捉えることで，さまざまな心理過程に関わる脳部位を明らかにできる。なかでも fMRI は感情研究にとって欠かせないツールと言っても過言ではない。fMRI は脳深部を含めた全脳の活動を，比較的優れた空間分解能で測定できるからである（宮内，2013）。とりわけ，感情を扱う多くの理論が，脳深部をターゲットとして理論を構築していること，そして，後述する動物実験や脳損傷研究で報告されている感情に関わる脳領域の主要部位が脳深部であったことから，fMRI を用いた感情研究は 1990 年代後半を境に飛躍的に増加している。

本章では，動物実験や脳損傷の症例報告といった従来の神経科学的アプローチに

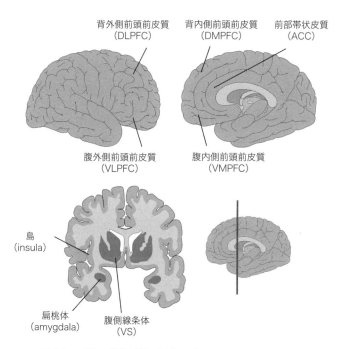

図 9-1 感情の神経科学の研究トピックに関連する脳領域

図の上段はおもに前頭前皮質の下位分類を示しており，左側が右大脳半球の外側面，右側が右大脳半球の内側面を示している。図の下段は，腹側線条体（ventral striatum: VS），島（insula），扁桃体（amygdala）を示している。

よる代表的な研究を概観したのち，ヒトを対象とした脳活動の可視化によって明らかになった感情の神経基盤の現状を概説する。本章でおもに取り上げる脳領域については，図 9-1・図 9-2（p.188）に示したので適宜参照されたい。なお，本章で使用する「感情」の用語の定義については注意が必要である。研究者や分野によってその定義はやや異なっているが，その当人にしかわからない主観的な側面を表す場合に感情（feeling）という語を用い，外部から観察可能な反応（自律神経系の活動変化，その他の身体的変化や感情が生じている際に示す行動）の集合体を指す場合に情動（emotion）という語を用いる，とする考え方がある（Damasio, 1994, 1999; 山鳥, 2008）。したがって，本章で取り上げる感情研究の多くは，あくまで観察可能な情動的側面を検討したものである点に留意されたい。

2節　感情を生み出す脳

1. 恐れることを失った脳

　脳損傷患者を対象とした神経心理学では，脳の機能局在を前提として，特定の認知機能がどの脳領域の損傷により障害を受けるかが明らかにされてきた。例えば，前頭葉のブローカ野を損傷した場合には発話が困難となり，側頭葉（temporal lobe）のウェルニッケ野の損傷では言語理解の障害が生じる。では感情と脳損傷の関係ではどのようなことが明らかにされているのだろうか？

　1930 年代末，神経科学者の Klüver & Bucy（1939）はアカゲザルの両側側頭葉を切除した結果，食べられない物を口に入れるといった摂食行動の亢進や，他種個体との性行為を試みるといった性行動の異常が生じることを発見した。この実験で最も重要な点は，この切除術により，サルが以前恐れていた天敵であるヘビへの恐怖反応が著しく減弱したことである。一連のこの症状はクリューヴァー・ビューシー症候群（Klüver-Bucy-syndrome）とよばれ，同様の症状は他の動物（e.g., ラットやネコなど）でも確認されている。その後，数多くの研究により，側頭葉のどの領域が恐怖反応の減弱に関与しているかが検討され，側頭葉内側前方に位置する扁桃体（amygdala）の損傷が，恐怖反応の減弱の責任病巣であるとされている。

　動物実験で得られた恐怖反応に関する扁桃体の役割に関しては，ヒトを対象とした研究においても確認されている。ウルバッハ・ヴィーテ病（Urbach-Wiethe disease）により両側扁桃体を選択的に損傷した症例では，恐怖反応が阻害され，恐怖条件づけが生じない（Bechara et al., 1995）。また，この患者は他者の恐怖表情を認識することもできない（Adolphs et al., 1994）。こうした知見と対応するように，PETを用いて健常者のヒト脳機能を検討した研究では，閾下刺激（意識過程では知覚されない刺激）として提示された他者の怒り表情であっても，扁桃体の活動が高まることが示されている（Morris, Öhman et al., 1998）。したがって，恐怖に関する処理における扁桃体の役割がきわめて大きいことがうかがえる。Darwin（1872）は，感情が敵や危険なものに対する警告シグナルとして，生存を支える重要な役割を持つと指摘している。動物一般に恐怖を処理するシステムが扁桃体に実装され，かつ無意識的に駆動することは生存の可能性を高めるきわめて理にかなった仕組みと考えられる。

2. 多様な感情を支える脳

上述の恐怖以外にも，私たちにはさまざまな感情が存在する。日常において喜びを感じているとき，あるいは悲しみを感じているとき，脳はどのような処理を行っているのだろうか。これまで，快−不快次元や，基本感情（basic emotions: 怒り，嫌悪，恐怖，幸福，悲しみ，驚き）に関しては多数の研究が実施されている。例えば，ポジティブ感情に関しては報酬の処理を担う報酬系の腹側線条体（ventral striatum: VS）や腹内側前頭前皮質（ventromedial prefrontal cortex: VMPFC）が関与すること（Kühn & Gallinat, 2012），また前項で触れた恐怖には一貫して扁桃体が関与することが明らかにされ（Vytal & Hamann, 2010），一定のコンセンサスも得られている。

一方，快−不快の違いが神経基盤のレベルでは必ずしも明確ではないとの指摘もある。例えば，腹側線条体がネガティブ感情にも関与すること（e.g., Jensen et al., 2003），あるいは扁桃体がポジティブ感情にも関与すること（e.g., Hamann et al., 2002）が幾度も報告されている。また，脳損傷症例に基づく研究では，特定の脳領域に特定の感情処理を単純にマッピングすることは難しいとの見方もある（Feinstein, 2013）。さらにLindquistらが最近報告しているメタ分析の結果（Lindquist et al., 2012, 2016）は注目に値する。彼女らは397のfMRI研究とPET研究（6,827人のデータが含まれる）に基づき，ポジティブ感情，ネガティブ感情のそれぞれに対応した神経基盤について検証している（Lindquist et al., 2016）。そ

の結果，ポジティブ感情とネガティブ感情に独立して関わる脳領域は見出されなかったが，ポジティブ感情とネガティブ感情に共通して関わる脳領域として，前部島（anterior insula: AI），前部帯状皮質（anterior cingulate cortex: ACC），扁桃体，腹側線条体が報告されている。したがって，ポジティブ・ネガティブな感情経験の背景には，ある程度感情普遍的に関与する複数の脳領域があることが見いだされ，これは特定の感情が特定の局所脳領域により処理されるという，いわゆる基本感情理論の考えを真っ向から否定するものである。

　では，脳には特定の感情を生み出す，特異的な神経メカニズムは本当に存在しないのだろうか。この議論は最近，解析技術の進歩と共に新たな展開を見せている。近年注目されている，機械学習アルゴリズムによるマルチボクセルパターン解析（multi-voxel pattern analysis）を用いた研究では，特定の感情状態に特異的な多数のボクセルの空間的活動パターンを見出し，どの程度そのパターンが特定の感情状態を予測できるかを検証している（e.g., Kassam et al., 2013; Kragel & LaBar, 2015; Saarimäki et al., 2016）。その結果，特定の感情は，いくつかの脳領域における異なる神経活動パターンによって予測し得ることが確認されている。とりわけ，基本感情に着目した研究では，扁桃体や島皮質などの伝統的に感情の処理に関わるとされていた領域に加え，大脳皮質を含めたより大規模な神経活動パターンによって感情システムが構築されていることが示唆されている（Saarimäki et al., 2016）。引き続き研究の推移を注視する必要があるものの，画像解析技術のさらなる発展により，今後こうした議論に終止符が打たれることが期待される。

3. 感情に関わる神経伝達物質

　前項まで，感情に関わるいくつかの脳領域を概観してきたが，脳内の神経細胞の活動の増減を担う神経伝達物質も感情の生起や抑制に深く関わる。ドーパミン，ベンゾジアゼピン，ノルアドレナリンなど，その種類は多岐にわたるが，紙面の都合上，ここでは感情と密接に関連のあるセロトニンを取り上げる。脳内にある無数の神経細胞は，神経細胞体から伸びた軸索の末端部にあるシナプス（前シナプス）を介し神経伝達物質を放出する。その後，他の神経細胞のシナプス（後シナプス）受容体に神経伝達物質が結合することで情報は伝達される。例えば，セロトニンを放出する前シナプスもあれば，その放出されたセロトニンを受け取る後シナプス受容体も存在する。なお，情報を受け取る側の神経細胞を活性化させる興奮性の受容体

と活動を抑制させる抑制性の受容体があり，それらの働きにより神経細胞間のやり取りが成立する。また放出されたセロトニンを回収するセロトニン・トランスポーターも存在し，その回収効率もまた神経細胞間のやり取りを調整する。

　セロトニンの不足は，うつ病や不安障害などの感情障害に関わることが明らかにされている。例えば，過去にうつ病の罹患歴があり，抗うつ薬治療により改善がみられた者を対象にした研究では，食事をトリプトファン含有量の低いもの（e.g., グラハムクラッカー，クリームチーズ）に制限する操作を用いたものがある（Delgado et al., 1990）。トリプトファンはセロトニンの前駆体（化学物質の前段階の形態を意味し，トリプトファンはセロトニンの素のようなもの）であるため，この操作によって脳内のセロトニン濃度は減少すると想定される。その結果，このトリプトファン枯渇によって，うつ病の症状が再発することが確認されている（なお，通常の食事を再開することで，健康状態へと回復している）。興味深い点としては，このようなトリプトファン枯渇による影響は，感情障害の既往歴や家族歴がある者に顕著な点である（Neumeister et al., 2004; Young & Leyton, 2002）。したがって，感情障害の罹患しやすさに関わる生理学的基盤が存在し，そこにセロトニンが介在していることがうかがえる。

　セロトニンを含め，神経伝達物質の脳内での作用機序に関しては，PETを用いることで明らかにできる。PETは神経伝達物質が作用する神経受容体やトランスポーターに特異的に結合する化合物を，放射性同位元素で標識して投与することで，神経伝達機能を結合能として計測できる。近年，PETは感情障害の病態生理に関する理解だけでなく，電気けいれん療法（electroconvulsive therapy: ECT）などの治療法に関与する神経伝達機能の検証にも応用されている（高野，2012）。ECTに関する有効性は古くから確認され，特にうつ病の治療法として確立されているものの，その正確な背景メカニズムについては現在でも結論が出ていない。この点に関し，ECT治療前後の比較を実施したPET研究では，治療後にセロトニン1A受容体（Lanzenberger et al., 2013）やセロトニン2A受容体（Yatham et al., 2010）の結合能の低下が，前部帯状皮質など内側前頭前皮質を含む広範囲の皮質領域で確認された。このようなセロトニン受容体の結合能の低下は抗うつ薬の投与でも確認されており（Yatham et al., 1999），ECTと抗うつ薬の作用機序の共通性を示唆するものである。

3節　感情と認知の相互作用

1. 認知機能を調節する感情の神経基盤

　感情は認知機能にさまざまな影響を及ぼすことが知られている。代表的な現象として，感情に関連する刺激が，感情と無関連の刺激よりも優先的に処理されることがあげられる。例えば，ヒトは感情を喚起する刺激に対し，より選択的に注意を向ける（Öhman et al., 2001）。また，感情に関連する刺激は記憶により定着する（Kensinger & Corkin, 2003）。こうした感情の効果はヒトの適応的な特性として議論されることも多いが，その背景にはどのような脳のメカニズムがあるのだろうか？

　注意に関する脳機能研究は，視覚刺激を用いた研究や聴覚刺激を用いた研究を中心に多数報告されている。これらの研究で明らかなのは，刺激のモダリティ（視覚，聴覚，触覚など，外界からの情報を知覚する手段）に応じた皮質領域の活動が，感情によって増強されるという点である。例えば，感情を喚起する画像刺激（e.g., 暴力を振るっている画像）に対しては視覚情報の処理と密接に関わる後頭葉皮質（occipital lobe cortex）の活動が高まり（e.g., Lang et al., 1998），感情を含む音声刺激（e.g., 怒声）に対しては音声処理に関わる側頭葉皮質（temporal lobe cortex）の活動が高まる（Grandjean et al., 2005）。このような感情の調整効果の中核的な領域として想定されるのは扁桃体である。例えば，感情によってもたらされる知覚領域の増強効果は，扁桃体の活動との相関が頻繁に確認される（e.g., Morris, Friston et al., 1998; Pessoa et al., 2002）。また，扁桃体は知覚皮質系との神経連絡経路を持つことが，動物及びヒトを対象とした研究で報告されている（e.g., Freese & Amaral, 2006; Gschwind et al., 2012）。なお，扁桃体による知覚皮質の調整は刺激処理の早い段階で無意識的（ボトムアップ処理）に生じることが一般的に示唆されているが（e.g., Phelps & LeDoux, 2005），比較的遅い意識的処理（トップダウン処理）において生じる可能性も指摘されている（Cunningham & Brosch, 2012; Todd et al., 2012; Vuilleumier, 2005）。このような見解を支持するように，感情刺激に対する扁桃体からの視覚皮質への影響は直接的な効果だけでなく，意識的な注意に関わる前頭頭頂領域を介した間接的な効果も確認されている（Lim et al., 2009）。

感情刺激に対する扁桃体の調節機能は知覚処理や注意にとどまらず，学習や記憶など，より高次の認知機能にも広く影響を及ぼす（e.g., McGaugh, 2004; Phelps, 2004）。動物実験では，パブロフの条件づけなどの学習過程に必須の役割を果たすことが示されている（Murray, 2007）。また，ヒトを対象とした研究ではエピソード記憶（個人が経験した出来事に関する記憶）における感情の効果を調べた一連の研究がきわめて重要である（McGaugh, 2004）。例えば，感情を伴ったエピソードは，そうでないエピソードに比べ記憶により定着することが知られているが，扁桃体の損傷によりこの記憶の促進効果は消失する（Cahill et al., 1995）。こうした知見は，感情を喚起する刺激の記銘や想起における扁桃体や海馬の賦活を示した脳機能画像研究とも整合性が高い（Dolcos et al., 2004, 2005; Shigemune et al., 2010）。なお興味深いことに，感情に関する記憶の固定化にも，扁桃体と海馬が関与する可能性があるとされている（Phelps, 2004）。これらは，感情を伴う情報の記銘，固定化，想起のそれぞれの段階における扁桃体の重要性を示唆するものである。

2. 認知機能による感情の制御

　感情を喚起する刺激を優先的に処理することは，動物の生存にとってはきわめて重要である。例えば，恐怖は自らの命の危機を知らせるシグナルとして機能し，その状況における回避行動を方向づける役割を担う（2節参照）。しかし，そのような感情が極端に強く生じる場合や過度に長い時間生じる場合など，感情の制御が適切に行われないことは社会生活を送るうえで不適応的な状態をもたらす。心理学の研究においては，抑うつに対する認知行動療法（Beck, 2005）など，感情制御に関わる研究が古くから行われている。当然ながら，ヒトの脳機能を対象とした研究も多数行われ，感情制御に関わる神経基盤についての研究が進められている。なかでも研究成果が蓄積されているものとして，認知的方略による感情制御があげられる。
　認知的方略の種類は多数存在するものの，ここでは代表的な2つの方略に着目し，その研究成果を紹介する。1つ目は注意のコントロールに焦点を当てた集中的気晴らし方略である。感情を喚起する刺激に対して注意が向きやすい現象はすでに紹介したが，そのような刺激から目を背けること（注意制御）で感情を減弱させることが可能である。例えば，実験参加者に感情刺激と感情に無関連の刺激を同時に呈示し，後者の刺激に注意を向けるように教示すると，前者の刺激に注意を向けた場合よりも扁桃体の活動は上昇しにくい（Pessoa et al., 2002）。このような気晴らし方

略に着目した研究では，主観的な感情体験や扁桃体活動が減じられることに加え，注意制御に関わる背外側前頭前皮質（dorsolateral prefrontal cortex: DLPFC）や頭頂葉皮質の賦活が報告されている（Dörfel et al., 2014; Kanske et al., 2011）。

もう1つの方略は認知的再評価（cognitive reappraisal）であり，認知方略の研究としては最も多くの研究が行われている。この方略では，感情を喚起する刺激に対し，その刺激の意味や刺激の背景となる状況の解釈を変更するように実験参加者に求める（Ochsner et al., 2002）。例えば，ネガティブ感情に対する認知的再評価では，実験参加者に痛々しいやけど治療の画像や映像を呈示し，医学的な視点から客観的に映像を見るように教示する（Gross, 1998）。認知的再評価の効果は怒り（Ray et al., 2008），嫌悪（Goldin et al., 2008），不安（Hofmann et al., 2009）など幅広くネガティブな感情の低下に有効であることが確認されている。また，その効果は気晴らし方略よりも長く続くとされる（Kross & Ayduk, 2008; Ochsner & Gross, 2005）。認知的再評価を用いた脳機能研究に関するメタ分析では，認知的再評価は扁桃体の活動を抑制し，普遍的な認知制御と密接に関わる前頭前皮質（prefrontal cortex）の活動を高めることが示されている（Buhle et al., 2014）。さらに，Morawetz et al.（2017）が行ったメタ分析では，多くの認知的方略には共通して腹外側前頭前皮質（ventrolateral prefrontal cortex: VLPFC）や前部島の活動が確認されるが，認知的再評価では背外側前頭前皮質，背内側前頭前皮質（dorsomedial prefrontal cortex: DMPFC），下頭頂小葉（inferior parietal lobule: IPL）の活動が顕著である点が報告されている。これらの脳領域は認知制御システムとして報告される典型的な領域であるとともに，とりわけ前頭葉領域はネガティブ感情を制御する際に扁桃体との相互作用が生じる領域である（Banks et al., 2007; Morawetz et al., 2016）。このような認知制御システムによる感情の調節は，感情の神経基盤の個人差を形成するうえでも大きな影響を及ぼすため，5節において再度ふれる。

4節　社会性と感情

1. 社会的感情

社会的感情（social emotions）とは，他者の存在や心的状態が関与する感情であり，羞恥心（embarrassment）や罪悪感（guilt），誇り（pride）や妬み（envy）など

が該当する。きわめて高度に発達した社会の中で，社会的感情はヒトの社会的行動を支える重要な役割を担う（Adolphs, 2003）。すでに述べてきたように，感情はおもに扁桃体など脳の皮質下に存在する領域の機能が重視されるが，社会的感情はそれらの領域に加え，大脳新皮質の働きに大きく依存する。とりわけ，進化的に新しい大脳新皮質が社会的感情の発生に寄与することは，この感情が高度に進化を遂げた種に特異的なものであることを意味する。

　羞恥心や罪悪感の神経基盤を検討した研究では，実験参加者が罪悪感を喚起する文章を読んでいる際には内側前頭前皮質（medial prefrontal cortex: MPFC）と後部上側頭溝（posterior superior temporal sulcus: pSTS）が活動し，羞恥心を喚起する文章を読んでいる際には側頭葉前部が活動することが報告されている（Takahashi et al., 2004）。注目すべきはこれらの領域が，心の理論（theory of mind: 自己および他者の行動を観察することで，観察した対象が持つ意図・知識・信念・思考・欲求などを把握・推測する能力：Premack & Woodruff, 1978）と密接に関わる点である（Heyes & Frith, 2014）。つまり，他者の心的状態の推測に関わる脳領域が，社会的感情の喚起に関わっていると解釈できる。

　羞恥心や罪悪感は自己に焦点を当てた社会的感情であるが，より他者に焦点を当てたものとして妬み感情がある。他者を妬む感情は，比較をする対象が自己にとってどの程度重要であるか（自己関連性）や，比較をする他者との類似性に依存する（Smith & Kim, 2007）。妬み感情の神経基盤を検討した研究では，自己関連性が高く，自己よりも優れた特徴を有する他者のプロフィールを読んだ際に，妬み感情が強く生起するとともに，前部帯状皮質の賦活が確認されている（Takahashi et al., 2009）。この領域の活動は社会的状況における心的苦痛に関わると報告されていることから（Eisenberger et al., 2003），自己より優れた他者との比較を通じて生じる妬み感情は，心的苦痛と類似した神経基盤により生じていると考えられる。

　この妬み感情が深く関わる社会的感情として，他者に不幸が訪れた際に生じるポジティブ感情がある。ドイツ語で Schadenfreude（シャーデンフロイデ）というこの感情は，不幸が訪れる他者に嫌悪感を抱いている状況や，妬み感情を抱いている状況で生じやすい（Hareli & Weiner, 2002; Smith et al., 1996）。シャーデンフロイデの神経基盤を検討した代表的な研究には，上述した妬み感情の神経基盤とともに検討したものがある（Takahashi et al., 2009）。この研究では妬み感情を抱きやすい他者に不幸が訪れた際に，報酬の処理に関わる腹側線条体の活動が高いことが示された。とりわけ，このような傾向は，妬み感情に関わる前部帯状皮質の活動が高

い者において顕著であった。こうした知見は，妬み感情を生じさせる神経基盤が，他者の不幸に報酬的価値を付与するように作用し，シャーデンフロイデの生起メカニズムの一端を担っていると解釈できる。

2. 道徳感情の神経基盤

　社会的感情の研究において，学際性に富んだ研究対象であり，神経科学的アプローチの導入により顕著な発展がみられたものとしては道徳感情（moral emotions）があげられる（e.g., Greene et al., 2001, 2004）。道徳判断の意思決定は，意識的な推論により生み出されると長らく考えられ，感情が果たす役割に関しては軽視されてきたが，Greene et al.（2001）はトロッコジレンマや歩道橋ジレンマと呼ばれるジレンマ状況を用いて，この見解に一石を投じる研究を報告している。トロッコジレンマは，暴走するトロッコが5人の作業員めがけて進行しており，実験参加者が分岐器で進路を変えれば5人を助けることができるが，トロッコの進路を変えた場合，切り替わった進路の先にいる1人の作業員が命を落とすというものである。歩道橋ジレンマは，同じく暴走するトロッコが5人の作業員めがけて進行しているが，実験参加者の隣にいる大きな体のAさんを線路の上の歩道橋から突き落とせば，Aさんが犠牲になる代わりにトロッコは確実に止まり，5人を助けることが出来るというものである。いずれの状況も，1人を犠牲にしてより多くの人を救うことが，道徳的に許されるかどうかの回答を求められる。1人を救うか5人を救うかという点で違いはないものの，トロッコジレンマは道徳的に許されると判断される割合が比較的高く，一方で歩道橋ジレンマは，道徳的には許されないと判断される割合が高いことが知られている。このジレンマ間の意思決定の違いをもたらす要因として，Greeneらは歩道橋ジレンマについての道徳的判断を行う際に，内側前頭前皮質が活動することを報告している。内側前頭前皮質は複合的な機能に関与しており，その解釈には注意を要するものの，感情の処理に密接に関わっているとされる。つまり感情の働きにより，たとえ多くの人を助けるためであっても，1人を歩道橋から突き落とすことは許されないという規範重視の判断を導いていると解釈できる。一方，認知的制御や合理的・理性的判断に関わる背外側前頭前皮質が，トロッコジレンマの道徳的判断に関わることが確認されており，1人を犠牲にしてでも5人を助けることは道徳的に許される，という結果重視の判断を導いていると考えられる。

　こうした研究は，道徳判断の意思決定をする際に，感情と認知的制御に関わる二

種類の脳機能が作用していることを意味する。これらは心理学で従来提唱されてきた二重過程理論（e.g., Chaiken & Trope, 1999; Kahneman, 2011）と脳機能画像法を組み合わせることで，人間の道徳性と意思決定のメカニズムを紐解いたものといえる。道徳感情に関する研究はいまなおさまざまな議論が続いているものの，心理学や神経科学だけでなく，哲学や経済学など異なる分野の研究者による柔軟かつ有機的な連携が，研究を急速に発展させた成功例といえるだろう。

3. 神経科学からみる共感

　感情を他者と共有する共感（empathy）のメカニズムはヒトの社会性の発達に深く関与する（Eisenberg et al., 1994）。他者の痛みの共感の神経基盤として有力な説明には，他者が感じている痛みを自己の痛みに関わる神経基盤でシミュレーションすることで，共感が可能となるというシミュレーション説（simulation theory: Gordon, 1986）に基づく解釈がある（Gallese, 2001; Gallese & Goldman, 1998）。この解釈を支持する結果として，実験参加者自身が痛みを経験している場合と，他者が痛みを経験しているのを観察した場合では，いずれにおいても痛みの処理に関わる両側の前部島，前部帯状皮質が活動することが報告されており（Fan et al., 2011; Lamm et al., 2011; Singer et al., 2004），共感の自動的側面を反映したものと考えられている（Singer et al., 2004）。さらに，このような重複領域には，一次および二次体性感覚野の活動が含まれることもあり（Lamm et al., 2011），これらは脳内における痛みの共有経験を反映していると考えられる。こうした解釈によれば，共感は知覚を主体とする比較的シンプルなメカニズムにより構成されることになる（Iacoboni, 2009）。

　一方，他者の心を理解するには他者の心に対する概念や理論構築が必要という理論説（theory theory: Gopnik & Wellman, 1992）に基づき，他者の痛みの共感は心の理論を軸とする認知的側面が主体であるという説もある（Hooker et al., 2008; Zaki, 2014）。とりわけ，共感は他者の心的状態に注意を向け推論することが重要であり，自身の痛みの処理とは別の感情システムを用いて成立させている可能性もある（e.g., Hooker et al., 2008）。脳機能研究においてもこの考えを支持する結果が多数存在する。例えば，他者の心的状態を推論するメンタライジングの機能には内側前頭前皮質，後部帯状皮質（posterior cingulate cortex: PCC），側頭頭頂接合部（temporo-parietal junction: TPJ），上側頭溝（superior temporal sulcus: STS）が

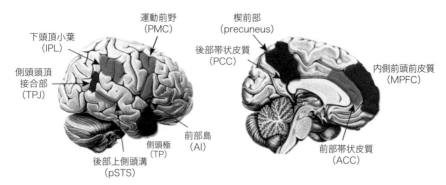

図 9-2　経験の共有（薄い灰色部分）とメンタライジング（濃い灰色部分）において賦活する主な脳領域（Zaki & Ochsner, 2012 より改変）

左側が右大脳半球の外側面から見た後部上側頭溝（posterior superior temporal sulcus: pSTS），側頭頭頂接合部（temporo-parietal junction: TPJ），下頭頂小葉（inferior parietal lobule: IPL），運動前野（premotor cortex: PMC），前部島（anterior insula: AI），側頭極（temporal pole: TP）である。右側が左大脳半球の内側面から見た内側前頭前皮質（medial prefrontal cortex: MPFC），前部帯状皮質（anterior cingulate cortex: ACC），後部帯状皮質（posterior cingulate cortex: PCC），楔前部（precuneus）である。

関与するが（Frith & Frith, 2006; Van Overwalle, 2009; Zaki & Ochsner, 2012），これらの領域は自己及び他者の痛みを想像する際にも賦活する（Jackson et al., 2006; Lamm et al., 2011）。それゆえ，他者の痛みに対する共感はメンタライジングの神経基盤によって支えられ，必ずしも痛みの共有経験を必要としない可能性がある（図 9-2）。

　こうした共感のメカニズムに対する両者の主張はいずれも説得力があるものの，議論の方向性を決定づけるエビデンスは長らく得られていなかった。しかし，近年報告された機械学習を取り入れた Krishnan et al.（2016）の研究は 1 つの回答を示している。彼女らは，自分自身の痛みに関する脳活動パターンから第 3 者の痛みを観察した際の脳活動パターンを予測するのが難しいことを報告しており，これは自身の痛みと他者の痛みの観察に関わる神経基盤の類似性はそれほど高くないことを意味する。とりわけ，自身の痛みに関しては前部および後部島，前部帯状皮質，二次体性感覚野などにより脳内で表現され，第 3 者の痛みを観察した際には内側前頭前皮質，後部帯状皮質，扁桃体，側頭頭頂接合部などメンタライジングに深く関わる領域で表現されていることが確認された。同様の研究成果は，実験参加者が恋人の痛みを観察している際でも得られている（López-Solà et al., 2017）。したがって，より最近の神経科学の研究成果を統合的に考えると，少なくとも他者の痛みに対す

る共感は，痛みそれ自体の共有経験というよりはむしろ，メンタライジング等の認知的処理を支える脳機能により形成されていると考えられる。

5節　感情の個人差とライフスパン

1. 感情の個人差を生じさせる神経遺伝機序

　基本感情や社会的感情など，ヒトの感情には多様な種類が存在するが，それらの感情がどの程度生じるのかについては個人差がある。そのような個人差は，人のパーソナリティを形成するうえで重要な要素となり，同時に抑うつ，不安などの重要な予測因にもなりうる。したがって，感情の個人差を理解することは，ヒトの複雑な行動パターンや精神疾患の機序など，ヒトの多面的側面のより深い理解につながる。

　感情の個人差を神経基盤から捉えるうえで，行動遺伝学などの遺伝的要因に対するアプローチはきわめて重要である。例えば，気分や不安障害に関しては，その個人差のうち30-40％が遺伝的要因により説明されるとの報告がある（Middeldorp et al., 2005）。また，近年の研究では脳内における前頭頭頂皮質ネットワーク（Yang et al., 2016）や感情関連のネットワーク（Budisavljevic et al., 2016）など，神経ネットワークの機能における遺伝的要因の影響が報告されている。これらの知見は，遺伝的要因の多くが感情と認知に関わる神経基盤の相互作用を介して，感情の個人差を発現することを示唆している（e.g., Scult & Hariri, 2018）。このように，感情の個人差を神経基盤の観点から紐解くうえで，遺伝的要素に関する知見は欠かせない。

　2節で取り上げた神経伝達物質であるセロトニンの機能的観点から，多くの研究が実施されているセロトニン・トランスポーターの研究では，転写調節を担うプロモーター領域（デオキシリボ核酸からメッセンジャー・リボ核酸への転写を制御する領域）に long（l）型および short（s）型と呼ばれる塩基配列の個人差があり，それらの遺伝子多型に着目した研究成果が蓄積されている。とりわけs型保有者がl型保有者と比べ，不安やストレス反応と強い関連をもつことから（e.g., Canli & Lesch, 2007; Lesch et al., 1996），感情の神経基盤を支える候補遺伝子として脚光を浴びた経緯がある。しかし，最近行われたメタ分析では遺伝子多型の効果およびストレッサー要因との交互作用効果は弱く，現在では大きく疑問視されている（Culverhouse et al., 2017）。また，初期の脳イメージング研究では，s型保有者はl

型保有者と比べ感情刺激に対する扁桃体の活動が高いことから，感情反応の過剰な活動がs型保有者の不安特性の原因と考えられていたが（Hariri et al., 2002; Heinz et al., 2005），比較的サンプル数の多い近年の研究ではそのような結果が再現されず（Viviani et al., 2010），メタ分析においても関連が弱いことが報告されている（Bastiaansen et al., 2014; Murphy et al., 2013）。これらはセロトニン・トランスポーター遺伝子多型の感情への影響に対する問題提起であると同時に，不安傾向との関係を扁桃体の単一脳領域で説明することの難しさを示唆している。

　上記の問題を受け，最近では脳内の神経ネットワークに着目し，感情刺激を処理する際の脳領域間の機能結合がs型保有者とl型保有者で異なるとする報告がある（Cao et al., 2018）。現在のところ，決定的なエビデンスが得られているとは言い難いが，このような神経ネットワークの網羅的解析は，遺伝的要因がもたらす感情の個人差の全体像にアプローチできる可能性を秘めている。あわせて，セロトニン・トランスポーター遺伝子多型以外の遺伝子要因の検証も必要である。特に，近年ゲノム上に存在する遺伝子多型を網羅的に解析するゲノムワイド関連解析を用いた研究が進められているが，感情と認知の相互作用に個人差をもたらす特徴的な一塩基多型の検証も，重要な示唆を与え得るだろう（Scult & Hariri, 2018）。

2. 感情の神経基盤の変化：発達と加齢

　ヒトの心理過程は乳児期から老年期に至るまで，発達および加齢による影響を強く受けるが，当然ながらその背景には脳機能の変化が存在する。ここでは若者と高齢者に特徴的な感情関連の心理的現象を取り上げ，その神経基盤に関する脳機能研究を紹介する。

　10代前半の若者に特徴的なものとして，感情制御の非効率性があげられる。認知制御は幼少期から青年期にかけて発達を遂げるが（e.g., Davidson et al., 2006），この発達段階と合わせるように，感情制御に関わる前頭葉皮質の活動は幼少期から青年期（Lewis et al., 2006），青年期から成人期（Luna et al., 2001）といった成長とともに，効率性が増すとの見解がある。ただし，感情の要素が伴わない認知制御に関しては幼少期からの成長とともに発達を遂げるが（Davidson et al., 2006），より現実的な感情の要素が伴う認知制御に関しては単純な線形的な関係が当てはまらないとされる（Casey et al., 2008; Somerville & Casey, 2010）。実際に，青年期において衝動的でリスキーな行動が生じやすく，その背景に感情の神経基盤が関わる

との議論がある（Steinberg, 2008）。脳機能研究においては，感情刺激に対する扁桃体の活動は児童や成人よりも青年期で強い賦活を示すこと（Hare et al., 2008），そして，報酬関連の刺激を予期する際の線条体の活動においても同様の傾向が確認されている（Van Leijenhorst et al., 2010）。これらの若者における感情反応の強さは前頭葉皮質による感情制御の非効率性に由来する可能性が高い。事実，成人よりも青年期において感情制御の際に腹外側前頭前皮質の活動が弱いことから（Eshel et al., 2007; Sebastian et al., 2011），青年期における感情制御の非効率性の解釈が支持される。

　一方，高齢者に特徴的な現象としては，ポジティビティ効果があげられる。これは，加齢に伴いネガティブな感情情報の処理が減弱する一方で，ポジティブな感情情報の処理は維持あるいは促進される現象である（Carstensen & DeLiema, 2018; Charles et al., 2003; Mather & Carstensen, 2005）。例えば，若年成人と比べ，高齢者では他者の怒り顔や悲しんでいる顔の認識が損なわれやすいが，喜ぶ顔の認識は損なわれにくい（Ruffman et al., 2008）。また高齢者はポジティブな刺激をよりポジティブに評価しやすいことも示されている（e.g., Grühn & Scheibe, 2008）。このポジティビティ効果に関わる神経科学的な説明の1つは，ネガティブ感情の処理に関わる脳機能が加齢に伴い減退することである（Cacioppo et al., 2011）。しかし，この知見からはネガティブ感情処理の減少を説明できるものの，選択的にネガティブ感情刺激の処理が減弱する理由の説明には必ずしもなっていない。これに対し，近年，高齢者の前頭葉皮質機能に関するデータの蓄積に伴い，感情制御の観点から説明が試みられている（Mather, 2016）。特に，感情制御に関して高齢者と若年成人を比較した研究では，感情刺激を処理する際の感情制御に関わる前頭葉皮質の賦活が高齢者で高いことが知られている（Mather, 2012; Nashiro et al., 2012）。また，感情刺激の覚醒度（緊張や沈静など，感情の興奮度）に着目した研究では，感情制御の困難な覚醒度の高い刺激では高齢者と若年成人で同等の扁桃体の賦活を示すが，低い覚醒度の刺激では若年成人よりも高齢者で扁桃体の賦活が弱く，前部帯状皮質の賦活が大きいことが報告されている（Dolcos et al., 2014）。このときの前部帯状皮質の活動の大きさは主観的なネガティブ感情の低さと関連が示されていることから，ポジティビティ効果の背景に感情制御の影響が存在することを裏づけている。

　脳機能の発達をライフスパンのように長期的視点から捉えた場合，より大規模な神経ネットワークの視点や脳の構造自体の発達，さらには各発達段階における社会的要因の調整効果も複雑に影響を及ぼすことが想定される。また，すでに触れた遺

伝子の影響などさまざまな調整要因も考えられるだろう。感情の神経基盤の変化をライフスパンの視点から捉えるには，より俯瞰的な視野と多面的な角度からのアプローチが必要といえる。

6節　おわりに：今後の感情と脳科学の方向性

　他者の脳活動を MRI や PET を用いて入念に調べれば，そのとき，その他者に生じている感情へアクセスすることは可能だろうか。ヒトの感情経験は非常に豊かであるものの，複数の感情間の違いは曖昧な場合も多い。例えば，800人以上を対象に2,000本を超えるさまざまな短編ビデオにより生じる感情を検討した研究では，ビデオ視聴により生じる感情は27種類あり，それらは感情間で相互に関連しているという (Cowen & Keltner, 2017)。したがって，こうした感情状態を通常の脳機能画像解析の手法を用いて，客観的に識別するのは容易ではない。実際，感情の神経基盤を検討した初期の研究は，基本感情を筆頭に特定の感情状態とそれに関わる脳領域の対応づけを行う「マッピング」が主流であり，解析手法自体が複雑な感情の予測に適していない。

　しかしながら，上記の問いは，近年の解析技術の著しい発展により解決可能となりつつある。例えば，2節で紹介したマルチボクセルパターン解析は，従来の脳機能マッピングでは検討の難しい詳細な情報の脳内表現を探索可能であり，解析手法のパラダイムシフトをもたらしている。特に，特定の感情状態ごとの脳活動を測定し，脳活動の情報をもとに機械学習アルゴリズムで識別器を作成することで，脳活動の情報からどのような感情状態であるのかを解読できる可能性が示されている (Kragel & LaBar, 2016)。今後，識別精度のきわめて高い感情解読が可能となれば，多種多様な感情は言語や行動から推測することなく，脳情報から可視化する時代が到来するかもしれない。このような手法が確立すれば，多くを言語報告に依存する感情の基礎研究と応用研究を，ともに大きく躍進させる転機となるだろう。

若者の攻撃的衝動と音楽

　若者が好んで聴く音楽に，ヘビーメタルやラップ音楽，ハードロック，パンク音楽などがある。これらの音楽は，音楽そのものの激しさに加え，歌詞には暴力的で差別的で性的な表現が含まれ，攻撃的な認知や攻撃性，非行，薬物使用，自殺と結びつくことが指摘されてきた（Selthout et al., 2008）。また，これらの音楽に対する嗜好性が精神病傾向や薬物使用，人種差別や性差別，破壊的行動や暴力と関連することから（Greitemeyer, 2011），反社会的な音楽とされてきた（Selthout et al., 2008）。こうした怒りや攻撃性は，大音量で激しいビートという刺激性の強さよりも，歌詞が暴力的で差別的，特に女性蔑視という否定的な内容を含んでいることに関連していると考えられている。

　しかしその一方で，音楽のジャンルを若者の反社会的行動や自殺傾向，薬物使用に関連づける明白な証拠はなく，音楽の好みを反映しているだけに過ぎないという指摘もなされている（Baker & Bor, 2008）。ヘビーメタルファンは不安や抑うつ傾向が高いものの，怒りにおいてはファンでない人との違いはなく，ヘビーメタルを聴いても怒りが増大することはない。むしろファンでない人が聴いた際に主観的な攻撃性が増大することが報告されている（Gowensmith & Bloom, 1997）。また，普段から攻撃的な音楽を聴く若者は，怒りの高まっている状態で攻撃的な音楽を聴くと主観的な怒りが低減することも報告されている（Sharman & Dingle, 2015）。ヘビーメタルのような激しくて攻撃的な音楽を日常的に聞く人にとっては，攻撃性を低下させる効果もあるといえよう。

　攻撃的な音楽が攻撃性と関連しているのは，日頃からヘビーメタルのような攻撃的な音楽を聴いているか否かであり，攻撃的な音楽を聴かない人にとっては攻撃性を喚起することにつながるものの，日常的に聴いている人にとってはむしろ低減効果があるといえる。攻撃的な音楽が直接攻撃性を喚起させているのではなく，攻撃的な音楽を好む若者がストレスに対して脆弱であるため，その脆弱性が攻撃的行動や反社会的行動，自殺に結びついているからであると考えられている。

悲しみのパラドックス

　悲しくて辛い気持ちになったとき，私たちはどのような音楽を聴くのだろうか。悲しい気持ちから解放され，気分を明るくするために明るい音楽を聴くのだろうか。しかし，多くの場合，ゆっくりとした短調の音楽でリズム性も低い悲嘆音楽（sad music）を聴くことが知られている。元気になろうとして明るい音楽を聴いても，かえって嫌悪感を抱いてしまう。音楽の曲想と感情の研究から，悲嘆音楽は聴取者に悲しみ感情を引き起こすにもかかわらず，悲しい気分の時や落ち込んでいるときに，悲嘆音楽を聞こうとする。これを「悲しみのパラドックス」と呼んでいる。

　人が悲しいときに悲嘆音楽を聴くのは，聴取者にとって何らかのメリットがあるからである。Taruffi & Koelsch（2014）は，悲嘆音楽には4つの報酬効果があると考えている。音楽によって日常生活では得られない悲しみを感じることのできる「非現実生活による報酬」，感情によって感情の制御ができることに対する「情動制御の報酬」，悲嘆音楽によって掻き立てられる悲しみの世界を仮想的に体験できる「想像の報酬」，音楽を通して気分の共有ができるという「共感の報酬」である。悲嘆音楽を聴くことで，悲しみだけでなく，ノスタルジアや平穏感や優しさ，芸術性も感じることができることもメリットの1つとなっている。

　Van den Tol & Edwards（2011）は，悲嘆音楽を聴くことで自己を制御できるとして，以下の7つの役割をあげている。

①感情を体験し強めるための感情経験機能
②新たな視点を得るためや認知的な再評価を行うための認知的機能
③過ぎ去った過去の出来事を思い出す記憶の想起機能
④愛するものと近づいた気持ちになるための社会的機能
⑤音楽を想像上の友人としてみなす友人機能
⑥音楽に注意を向けることで悲しみ気分から距離を置くための気そらし機能
⑦気分を高揚するために悲嘆音楽を聴く気分高揚機能

　これらの機能のうち，いずれかないしは複数を活用するために悲嘆音楽を聴くのである。
　以上のように，人は悲しみ状態になると悲嘆音楽を聴く傾向があり，それは私たちにとって意味のあることで好影響をもたらすことにつながるのである。

10章

感情科学の展開：内受容感覚の予測的符号化と感情経験の創発

1節　はじめに

　近年，心理学や認知神経科学をはじめ，数理科学，経済学，人類学，哲学，などさまざまな学問分野の視点から学際的に感情を探究しようとする，感情科学（affective science）と呼ばれる研究領域が形成されつつある。2013年にはアメリカで感情科学会（Society for Affective Science: SAS）が設立され，活発な研究活動が行われている。

　現在の感情科学において理論的な中核をなすのが，Barrett（2017a, 2017b）により展開されている感情の心理学的構成主義（psychological constructivism of affect）である。この理論は，怒り，恐怖，喜びなどの基本情動（basic emotion）を進化的に形成された実体であるとみなす立場への批判として提唱されてきた情動次元理論（dimensional theory of emotion: Russell, 1980）やコア・アフェクト（核心感情）理論（core affect theory: Russell & Barrett, 1999）を源流とし，それらを近年の神経科学的知見に基づいて発展させたものだと考えることができる。

　心理学的構成主義の主張については，基本情動理論や評価理論の立場との間に論争が続いている（e.g., Ekman & Cordaro, 2011; Scherer, 2012）。心理学的構成主義に対してどのような立場を取るにせよ，現在の感情科学の動向を知るにはこの理論を理解することが重要である。しかし，この理論には解釈の余地に幅があり，またしばしば誤解されている（この点についての詳しい議論は6章を参照）。心理学的構成主義は必ずしも難解なわけではないが，基本情動理論などに比べれば主張がや

195

や抽象的であること，またこの理論の旗手であるBarrettの主張は文献ごとに微妙に変化しており，それぞれが別の名称を付けられていること（例えば，概念的行為理論（conceptual act theory: Barrett, 2006），構成情動理論（theory of constructed emotion: Barrett, 2017b），身体化された予測的内受容符号化モデル（embodied predictive interoception coding model: Barrett et al., 2016））[*1]，などがその原因として考えられる。そこで本章は，心理学的構成主義の根幹を成す主張を主として神経科学的な視点から説明し，それが感情研究に与える示唆について考える。

2節　心理学的構成主義における感情の構造

1. 内受容感覚によりコア・アフェクトが形成される

図10-1は心理学的構成主義が主張する感情の構造を単純化して表現したものである（Moriguchi & Komaki, 2013）。この理論では，私たちの感情は少なくとも2つの過程によって成立すると主張される。その1つは，身体内部の知覚である内受容感覚（interoception）に基づいて，コア・アフェクトと呼ばれる最も基礎的な感情状態が形成される過程である。もう1つは，このコア・アフェクトの変化を解釈するカテゴリー化（categorization）と呼ばれる過程である。カテゴリー化の過程では，外界からの情報や過去の記憶により文脈が評価され，また言語の機能により内受容感覚の解釈がなされる。ここにおいて私たちは，主観的な意識を伴う情動を経験すると主張される。これら2つの過程のうちカテゴリー化については6章で詳しい説明がなされている。そこで本章では，内受容感覚からコア・アフェクトが形成され，それが意識されて基礎的な感情が創発される過程に焦点を当て，そのメカニズムについて説明する。

ここで，本章における感情に関する用語を定義しておこう[*2]。まず感情（affect）

[*1] 好意的に捉えるならば，心理学的構成主義はまだ発展途上にあると考えることもできる。またこれらの諸理論は，深く関連しつつも説明の範囲が微妙に異なる。心理学的構成主義は，それらすべてを包括する上位の理論的枠組みであると解釈することもできる。

[*2] 感情の定義と用語は，現在でも各理論により異なっており，合意が形成されていない。例えばDamasio（1999）の理論では，コア・アフェクトに相当する現象を情動（emotion）と呼び，それが意識化された現象を情感・情緒（feeling）と呼ぶ。本章は，心理学的構成主義の定義・用語に従っている。

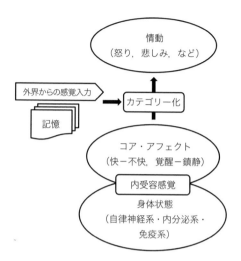

図10-1　心理学的構成主義における感情の構造（Moriguchi & Komaki, 2013 より作成）

身体状態の内受容感覚に基づいてコア・アフェクトが形成される。コア・アフェクトが外受容感覚や記憶の影響を受けカテゴリー化されたものが経験される情動である。

は最も包括的な意味を示す語であり，感情現象の全体を指すが，特に身体の神経生理学的基盤により生起する過程を指す。コア・アフェクトは心理学的構成主義に独自の用語なので，そのままの呼称とするが，脳における身体状態の表象を基に形成される最も基礎的な感情を意味する。怒り，恐怖，喜びなどの，明瞭な実感を伴う精神現象は，コア・アフェクトがカテゴリー化により意識されたものであると考え情動（emotion）と呼ぶ。

　内受容感覚とは，心房，頸動脈，大動脈の伸張受容器，頸動脈洞の化学的受容体，門脈循環における脂質受容体，骨格筋の代謝受容体からの信号を脳が受け取って生じる感覚を指し，内臓や血管の状態の知覚をもたらすものとされていた（Dworkin, 2007; 寺澤・梅田，2014）。ただし近年ではこの定義は拡張されており，痛みや体温を含む身体内環境（internal milieu）や体液の状態などの感覚も広く内受容感覚に含めて考えられている（Damasio, 2003）。本章では，これら身体内部からの信号を総称して内受容感覚と呼ぶ。また，身体内部の信号の中でも，骨格筋の紡錘細胞，ゴルジ腱器官，耳石器などからの感覚は，外部空間内における身体の位置や平衡の

状態を知らせ，運動の調節や体位の維持に寄与するものであり，これを内受容感覚と区別して固有感覚と呼ぶ。以下に記述する感情のメカニズムを考えるにあたり，これら3種類の感覚の区別が重要となる[★3]。

このように内受容感覚は，内臓や血管など身体内部状態の様子や変化を知らせるものであり，心臓の鼓動が速い，胃が圧迫される，などの意識的気づきを生じさせる。しかし，そうした感覚自体は，通常私たちが考える感情ではない。心理学的構成主義では，このような内受容感覚を基にして，感情現象の基盤となるコア・アフェクトが形成されると主張される。コア・アフェクトは身体と脳の機能により成立する神経生物学的な実体であり，常に連続的に生じていると考えられている。

心理学的構成主義では当初，コア・アフェクトは，快-不快，覚醒-鎮静という2つの次元で表現され，経験されると考えられていた（Russell & Barrett, 1999）。しかし近年，Barrett（2017b）はこの考え方を修正し，コア・アフェクトはそうした少数の次元に還元できるものではないと主張する。身体内部の信号はきわめて多次元的であり，またノイズに満ちた複雑なものである。その信号が，脳の神経ネットワークの活動として表象されたものが内受容感覚である。それゆえ内受容感覚も，本来多次元的で複雑なものであると考えられる。すると快-不快，覚醒-鎮静という次元は，そうした神経ネットワーク活動が言語により記述された概念によって解釈されたものであると考えることができるだろう。このように考えると，内受容感覚自体を意識的に経験することはできるのか，という疑問が生じる。おそらく，内受容感覚は名状しがたい身体状態としてその一部を経験することができるであろうが，それが快-不快，覚醒-鎮静などのように意識された瞬間には，すでにカテゴリー化が行われていると解するのが妥当であろう。こうした考え方は直観的に理解することが難しいが，この点は，本章の考察において重要である[★4]。

[★3] 人間の感覚を，内受容感覚，外受容感覚，固有感覚（自己受容感覚）の3つに機能的に区別する枠組みを提唱したのは，イギリスの生理学者でニューロンの機能に関する発見によりノーベル賞を受賞したCharles Sherringtonである（Sherrington, 1906）。

[★4] この主張の傍証の1つとして，アレキシサイミア（alexithymia）と呼ばれる心身症の症状をあげることができる。アレキシサイミアの患者は自らの感情の認識が障害されているとされているが，表現しがたい不快感は経験するらしい。彼らは，ある種のコア・アフェクトは経験しているが，それをカテゴリー化する過程に障害をもっている可能性がある（Moriguchi & Komaki, 2013）。

2. なぜ内受容感覚が重要なのか

このように，心理学的構成主義は感情の源泉として身体の状態と，その信号である内受容感覚を重視しており，身体性を強調する感情理論であるということができる。元来，James（1884）による情動の末梢起源説や Schachter & Singer（1962）の情動二要因説にみられるように，感情の基盤として身体の状態や反応を重視することは心理学において一般的である。また，哲学における Prinz（2004）の情動の身体知覚説や，神経科学における Damasio（1999, 2003）のソマティック・マーカー（somatic marker）仮説などにおいても，感情における身体の役割を重視する同様の発想がみられる（Ohira, 2010）。

そもそも，なぜ感情において身体信号を表象する内受容感覚が重要なのであろうか。Barrett ら（Barrett, 2017a, 2017b; Barrett & Simmons, 2015; Barrett et al., 2016）は，生体にとっては恒常性（homeostasis）を保って生命を維持することが最も重要な目標であり，脳はそれを可能にするように進化してきたためだと主張している。脳の最重要な機能は恒常性を保つために身体状態を適切に制御することであり，そのために脳は，身体の望ましい目標状態を表象し，状況に応じて血圧，血糖値，ホルモンの濃度，免疫機能に関わるサイトカインの濃度などについて保つべき適正範囲を定め，それらをセットポイント（目標値）として維持していると考えられる。内受容感覚は，現在の身体状態が，そのセットポイントの範囲内にあるか，それとも逸脱しているのかを知らせる信号として機能する。身体状態がセットポイントから逸脱していることは生体にとって危機であり，そのような場合には身体状態をセットポイントに向けて変化させようという動因（drive）が働く。そして，実際に身体状態が望ましい方向に変化しているということが快感情に対応し，そのような方向へ変化しない，あるいは逆方向に変化してしまうことが不快感情に対応すると考えることができる。

Keramati & Gutkin（2014）は，こうした発想に基づき，身体状態，動因，報酬（reward），価値（value），そして意思決定（decision-making）の関係を，図10-2のように表現している。身体状態はきわめて多次元的であるが，ここでは例として体温と血糖値を考え，そのセットポイントをこの二次元平面 H の1点 H^* と表すことにする。時点 t における身体状態の脳における表象 H_t が内受容感覚に相当する。H_t はセットポイントと離れているので，H^* に向けてこれを動かそうとする動因 $d(H_t)$ が生じる。この動因は H^* に対応する地点を頂点とする上方の曲面で表さ

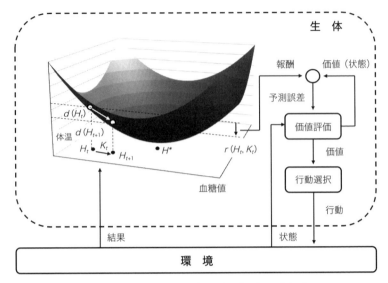

図 10-2　身体状態により規定される動因・報酬・意思決定（Keramati & Gutkin, 2014 より作成）

体温と血糖値の理想的なセットポイントを H^* と表す。時点 t における身体状態の脳における表象 H_t はセットポイントと離れているので，H^* に向けてこれを動かそうとする動因 $d(H_t)$ が生じる。この生体がある行為を選択し（意思決定），その結果次の時点で身体状態が H_{t+1} に遷移したとすれば，セットポイント H^* に K_t だけ近づいたことになるので動因が $d(H_{t+1})$ まで低下し，その差分が報酬 $r(H_t, K_t)$ として評価される。この報酬の信号が脳に伝えられ，現在の状態と行為の価値更新に利用される。こうして計算された価値に基づいて強化学習の原理により意思決定，つまり行動の選択が行われる。

れている。この生体がある行為を選択し（意思決定），その結果次の時点で身体状態が H_{t+1} に遷移したとすれば，セットポイント H^* に K_t だけ近いづいたことになるので動因が $d(H_{t+1})$ まで低下し，その差分が報酬 $r(H_t, K_t)$ として評価される。この報酬の信号も脳に伝えられ，現在の状態の価値と比較され，強化学習（reinforcement learning）[5] の原理により価値が更新されていく。このとき，身体状態の変化やそれによる動因の低減に伴う主観的経験が（快）感情であると考えることができる。重要なのは，ここで記述したような脳と身体の仕組みとそれに伴う

★5　強化学習（reinforcement learning）とは動物やロボットなどの主体（agent）が，ある環境下で得られる報酬を最大化するように行動を学習しているアルゴリズムを意味する。心理学における条件づけの知見から発想され工学の分野で発達したが，近年では動物や人間の学習や意思決定の説明に有効であることが知られている（片平，2018）。また，強化学習を支える神経基盤も解明されつつある（Schultz, 1998; Lee et al., 2012）。

感情の経験は，言語を持たずそれゆえにカテゴリー化の機能が制約されている動物でも実現可能だということである。現在の心理学的構成主義が主張するコア・アフェクトは，このレベルの原初的な感情を指していると思われる。

3節　内受容感覚の予測的符号化

1．運動と知覚

　次に，身体信号がどのように内受容感覚として表象され，身体状態を制御していくのか，そのメカニズムを考えたい。ここで重要になるのが，近年の神経科学において優勢となりつつある予測的符号化（predictive coding）の概念，つまり脳はさまざまな階層において内的モデル（inner model）を構築し，それにより生成される予測と入力される刺激の相互作用からあらゆる機能を創発しているという考え方である。

　脳が内的モデルにより制御を行っているという発想は必ずしも新しいものではない。すでに20年前，Wolpertら（Wolpert, 1997: Wolpert et al., 1995）は，脳は運動を制御するために，自身の身体と外部世界の関係を表象する内的モデルを持っているという仮説を提唱した。ここでいう内的モデルとは，自分の身体と周りの環境の振る舞いを，脳内の神経ネットワークの活動パターンで表現し記憶することを意味する。脳の一次運動野が運動指令信号を発する際，その運動が実行されたならば筋などに存在する自己受容器からどのような固有感覚信号が返ってくるか，という予測信号を同時に出力する。この予測信号を遠心性コピー（efference copy）[★6]と呼ぶ。脳の頭頂葉において，遠心性コピーは実際に返ってくる固有感覚信号と比較され，もし両者のずれ（予測誤差（prediction error）と呼ぶ）が閾値を超えて大きい場合には，何らかの誤りが生じたとみなして運動の修正を行う（Ogawa & Inui, 2007）。このメカニズムにより，私たちは神経信号の伝達に伴う時間的遅れにもかかわらず，運動を高速かつスムーズに行うことができると考えられている。

[★6]　遠心性コピーと似た概念として，Sperry（1950）により提唱された随伴発射（corollary discharge）がある。これらの用語はほぼ同じ神経機能を意味しているが，遠心性コピーは運動ニューロンから筋に向けて出力される運動指令信号の実際のコピーを指し，随伴発射は高次の運動実行系から低次の運動ニューロンの活動までを含む広範な信号を意味する（Crapse & Sommer, 2008）。

また，この運動の予測誤差が大きい場合には，運動の失敗についての意識的な気づきが生じる。キャッチボールをするとき，ボールが手を離れるより前に暴投してしまうことに気づき，相手に「ごめん！」と言うことができるのはこのためである。また熟練した運動は予測誤差がきわめて小さいため，ほとんど意識されること無しに遂行されうる。ファインプレーをしたスポーツ選手が，「体が勝手に動きました」などと言うのは，こうした場合であろう。さらに，内的モデルはその運動を行ったのは他ならない自分であるという自己主体感（sense of agency）の源泉であるとも考えられている（Frith et al., 2000）。内的モデルによる運動に伴う固有感覚の予測が，運動が実際に実行されたときの現実の固有感覚と一定範囲で一致すれば，その運動は自分が行ったのだという自己主体感が形成されると考えられている。統合失調症の患者などが訴える「させられ体験」は，本来は自分が行った運動であるのに，内的モデルの機能に異常があるために自己主体感が形成できないことに原因があると推測されている。

2. 予測的符号化と自由エネルギー原理

　予測的符号化は，こうした内的モデルに基づく脳の制御という発想を，知覚一般にまで拡張しようとする理論体系である。脳は，感覚器官から入力される刺激に受動的に反応しているのではなく，これから入力される刺激を予測する内的モデルを構成し，それによる予測と入力された感覚信号を比較し，両者のずれ（予測誤差）の計算に基づいて，知覚を能動的に創発していると考えられる。予測的符号化とは，こうした脳の働きの総称である（Friston, 2010; Friston et al., 2006; 大平, 2017a; 乾, 2018）。この発想の起源は，19世紀の物理学者ヘルムホルツが提唱した視覚の「無意識の推論（unconscious inference）」に遡る（Helmholtz, 1962/1866）。彼は，狭い中心視の範囲外では視覚像はぼやけており，網膜には盲点や表面を走行する血管があるなど，私たちの視覚装置には大きな制約があるのに安定した視覚経験が得られるのは，脳が過去の経験に基づいて限られた視覚信号から世界像を推論しているためだと考えた。こうした処理は，気付かないうちに瞬時に行われるので，ヘルムホルツはこれを「無意識の推論」と呼んだ。

　予測的符号化では，脳はベイズ統計学の原理のように推論を行うと考える（図10-3; Ainley et al., 2016）。知覚に関する内的モデルによる予測は，確率分布として表現される。これはベイズ統計学でいう事前分布（prior distribution）にあたる。

感覚信号もノイズを含んだ確率分布として入力され，予測としての事前分布とのずれとして予測誤差が計算される[7]。この感覚信号がベイズ統計学でいう観測あるいは尤度（likelihood）にあたり，ベイズの定理による更新のように事後分布（posterior distribution）が計算される。私たちが主観的に経験する知覚は，この事前分布から感覚信号の入力を受けて計算される事後分布，つまり次の時点の感覚予測が意識されたものだと考えられる。これが重要な論点であり，予測的符号化の立場からは，私たちは外界に存在する対象そのものを見たり聞いたりすることはできない。何かを見ている，何かを聞いているという実感は，あくまで脳内で生成された予測が経験されたものである。また，ここでの予測とは，脳内の神経ネットワークが自発的に示す活動パターンを意味する。これは純粋に物理的・生物学的な現象であり，意志により生じる，特定の意味内容を予見する精神活動のことではないので注意が必要である[8]。

　ここで知覚経験を規定する重要な要因の1つが，予測や感覚信号の精度（precision）である。精度は確率分布の分散の逆数を意味し，図10-3では分布の幅として表現されている。何度も経験した事象についてはベイズの定理により内的モデルが更新されるのでモデルの精度が高くなり，未知の事象では内的モデルの精度は低い。また，対象に注意を向けることで，感覚信号の精度を上げることができる。予測と感覚信号の平均間の距離が等しくても，予測と感覚信号の精度が同程度であれば主観的な知覚経験は両者の中間的なものになるのに対して（図10-3A），予測の精度が高く（分散が小さく）感覚信号の精度が低ければ（分散が大きければ），経験される知覚は実際の感覚信号とはかけ離れ，ほとんど予測をそのままなぞったようなものになる（図10-3B）。

　こうしたベイズ的な計算が，すべてのモダリティにおける知覚や運動の処理において行われており，また感覚器官の低次なレベル（例えば，網膜における信号処理）から脳の連合野における高次なレベル（例えば，前頭前皮質（prefrontal cortex）における特定の物体を認識しようとする目標）まで階層的に行われていると考えら

★7　この確率分布のずれ（距離の公理を満たさないが，距離のようなもの）をカルバック・ライブラー情報量（Kullback–Leibler: KL divergence）と呼び，次のように表される。

$$D_{KL}(P||Q) = \int_{-\infty}^{\infty} p(x) \log \frac{p(x)}{q(x)} dx$$

ここでP, Qをそれぞれ連続確率分布とする。p, qはそれぞれP, Qの確率密度関数を表す。

★8　ただし，予測的符号化による処理は階層的なので，その最も上位階層においては，認知心理学でいうスキーマ（schema）の如く意味内容を伴った予測もあり得るであろう。

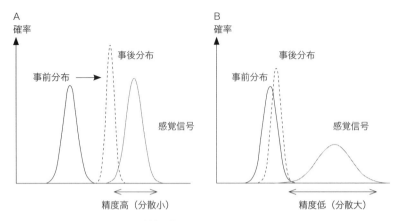

図 10-3　予測的符号化の原理（Ainley et al., 2016 より作成）

事前分布は，内的モデルにより生成される，ある知覚の予測を表す。ここに感覚信号が入力されると，予測との差分である予測誤差が計算される。これらから，ベイズの定理に基づいて事前分布が事後分布に更新される。主観的な知覚経験は，こうした一連の過程，特に事前分布から事後分布への更新が意識されたものであると考えられる。AとBでは予測は同じであり，予測と感覚信号の平均値の距離（平均予測誤差）も等しい。しかしBはAに比べて感覚信号の精度が低い（分散が大きい）。感覚信号の精度が高ければ，予測が大きく更新され，それが主観的に知覚されるが（A），感覚信号の精度が低い場合には，主観的に経験される知覚は入力された感覚信号とはかけ離れてほとんど予測と同じになる（B）。

れている。ヒトを含む生体は，そうした階層的に検出される予測誤差を最小化することで統一的で整合的な自己像と世界像を構築し，それらを維持しようと努めるのである。

　予測誤差を最小化するためには，内的モデルの更新と，外界への働きかけによる感覚信号の調整が行われる。前者はヘルムホルツが言った「無意識の推論」と似た過程である。一方，後者の過程は「能動的推論（active inference）」と呼ばれる。例えば，視覚を調整するために体を移動させて対象との距離や見る角度を変えたり，対象に注意して凝視したりする行為がそれにあたる。生体は，この両方の手段をダイナミックに用いることにより，全体として予測誤差を縮小するように振る舞うと想定され，これが脳の唯一の原理であるとして「自由エネルギー原理（free energy principle）」と呼ばれる（Friston, 2010; Friston et al., 2006）。自由エネルギーという用語は，ヘルムホルツが研究した熱力学に由来しており，システム内でいつでも力学的な「仕事」に変換可能なエネルギーを意味する。脳が予測誤差を最小化するための計算で採ると想定される一種の数学的方略が，熱力学の自由エネルギ

ーを表現するのと相同な数理的表現であるために，こう呼ばれるようになった。

3. 予測的符号化の解剖学的基盤

　Barbas & Rempel-Clower（1997）は，大脳皮質の組織学的特性によって，予測を担う脳部位と感覚信号を受け予測誤差の計算を担う脳部位が区分されると主張している。視覚，聴覚，体性感覚など，感覚入力を受ける脳部位は顆粒皮質（granular cortex）と呼ばれる。顆粒皮質には明瞭な6層の構造があり，特に第4層において，丸い形をした顆粒細胞（granule cell）を豊富に含む。ピラミッド形の錐体細胞（pyramidal cell）が長い軸索を持ち，異なる脳部位への出力を担うのに対して，顆粒細胞の神経連絡は局所的であり，脳部位局所で入力された信号を増幅する機能を担っている。このため顆粒皮質の構造は感覚情報の処理に適している。これに対して顆粒細胞を含まず，層構造が未分化な無顆粒皮質（agranular cortex）は，運動野や帯状皮質など出力に関連する脳部位である。脳のさまざまなレベルで，顆粒皮質の浅層から無顆粒皮質の深層へ，無顆粒皮質の深層から顆粒皮質の浅層へという双方向の神経連絡があり，感覚入力の処理とその調整という機能単位を構成している。

　こうした解剖学的な知見から Barbas & Rempel-Clower（1997）は，無顆粒皮質は過去の経験に基づく感覚の予測を担うと考えている。この予測は，無顆粒皮質の深層に存在する錐体細胞群の発火パターンにより符号化されている。この情報は顆粒皮質の浅層に送られ，ここに入力される感覚信号と照合されて予測誤差が計算される。この予測誤差の情報は無顆粒皮質の深層に送り返され，モデルの更新に利用される。この過程が休まず繰り返され，それにより主観的経験が連続的に形成される。

4. 内受容感覚への拡張

　Barrettら（Ainley et al., 2016; Barrett et al., 2015, 2016; Seth & Friston, 2016; Seth et al., 2012）は，外受容感覚や固有感覚だけでなく，身体内部の感覚である内受容感覚も，こうした予測的符号化により成立していると主張する。上述したように脳は，恒常性維持を目指して身体状態の制御のために，身体状態の内的モデルを構築している。そこに身体からの信号が入力されると，それが内的モデルから生成

される予測と照合され，両者のずれが予測誤差として検出される。生体は，この予測誤差を最小化することで身体状態を制御しようと努める。予測誤差の最小化のためには，他の知覚や運動と同様に，内的モデルの更新と，行動による身体の変容の両方の手段が用いられる。

ここでもやはり他の知覚や運動と同様に，主観的に経験される身体内部の知覚は，事前分布と身体からの信号入力から事後分布が計算される過程が意識されたものだと考えられる。例えば腸の蠕動運動は，通常は意識されることはほとんどない。これは普段は，内的モデルによる予測と実際の運動の予測誤差がわずかであるからである。しかし腸に感染が生じて炎症が起これば予測誤差は増大し，私たちは違和感や痛みとしてそれを知覚する。そうなると腸への注意により感覚信号の分布の精度が上がり，知覚は鋭敏になる。そのような場合には，腸のわずかな動きでさえ感じられる（Farb et al., 2015）。このような時に私たちは，腹部を手でさすったり押したりして，違和感を確認したり，痛みを鎮めようと試みる。これは能動的推論による予測誤差縮小のための行為であると解釈することができよう。

ただし視覚や聴覚などの外受容感覚とは異なり，内受容感覚では身体からの信号に比べて脳内の内的モデルの精度がきわめて高く，そのため内的モデルは身体信号によって容易には更新されない（乾，2018）。例えば，体温や血圧などの身体状態を一定の狭い範囲に保つことは，生命の維持にとり重要である。もし，外気温や環境刺激により体温や血圧の内的モデルが容易に変わってしまったとしたら，私たちは生きていくことはできないであろう。しかしその一方，上記の腸の例のように，身体信号が大きな予測誤差をもたらした場合には，私たちはすぐにそれに気づくことができる。視覚や聴覚で経験される意識的な知覚は信号を受けての事後分布，つまり次の時点の予測であると考えたが，内受容感覚の主観的な経験は別の原理を考える必要がありそうだ。本章では，「内受容感覚の予測誤差の変化」が主観的に経験されるのだと考える。これまでみてきたように，どんな感覚においても予測と実際の信号が一致し，予測誤差が小さい場合には，主観的経験は希薄になる。しかし，たとえ予測誤差が大きくても，それが長い間維持される場合には，馴化が生じてやはり主観的経験は希薄化する。一方，予測誤差が変化している場合には，それが主観的経験をもたらすのではないだろうか。この点については，後により詳しく検討する。

こうした内受容感覚の予測的符号化において重要なのが，島（insula）と呼ばれる脳部位である（詳しくは，大平，2017a を参照）。島は両側の側頭葉（temporal lobe）の内側に位置する大脳皮質であり，すべての身体からの信号を受ける。島の前部は無顆粒皮質であり，身体信号が入力されると考えられている後部は顆粒皮質である。それらの間の中部島は，無顆粒皮質と顆粒皮質の中間の形質を持つ異顆粒皮質（dysgranular cortex）である。また後部島には，前部帯状皮質（anterior cingulate cortex: ACC）や前頭眼窩皮質（orbitofrontal cortex: OFC）の無顆粒皮質からも密な神経投射がある。それらのACCやOFCは，内臓の動きを制御する内臓運動皮質（visceromotor cortex）である（Critchley & Harrison, 2013）。こうした解剖学的事実からBarrettら（Barrett, 2017a; Barrett & Simmons, 2015; Barrett et al., 2016）は，前部島，ACC，OFCなどが内受容感覚の内的モデルを形成し，後部島において身体信号との予測誤差が計算されると主張している。

5. 予測的符号化における感情

　Barrettら（Barrett, 2017a, 2017b; Barrett & Simmons, 2015; Barrett et al., 2016）はさらに，内受容感覚が外受容感覚や固有感覚と統合され，知覚や行動を制御して整合的な状態を維持していると主張する。視覚野や体性感覚野において知覚が形成されると共に，それに付随する身体状態の変化の知覚，すなわち内受容感覚が島において形成される。このため，外受容感覚や固有感覚は，常に何らかの内受容感覚を伴うことになる。言い換えれば，私たちが経験する意識は，内受容感覚を軸にして諸感覚を予測的符号化の原理により束ねることで成立すると考えられる。このように考えると，内受容感覚は感情だけに伴うものではなく，私たちが経験するすべての意識の基盤である。そして私たちは，これらの内受容感覚，外受容感覚，固有感覚における予測誤差の和を最小化するように，反応や行動を変化させると予測される。

　例えば，通い慣れた道で突然蛇に出くわしたとしよう。その瞬間，視覚野において大きな予測誤差が生じる。するとその対象を視覚的に知覚すると共に，運動野やACCやOFCなどの内臓運動皮質に予測誤差信号が送られ，それらの内的モデルが更新される。その結果，運動プログラムが発動され骨格筋や循環器の作動が変化する。そうした反応の予測的符号化によって，体性感覚野では筋のこわばりが知覚され，島では心拍や血圧の上昇などが知覚される。それら一連の処理と平行して，扁桃体（amygdala）では事象の重要性に関する評価が進行し，線条体（striatum）では価値の計算が進行する。また，OFCでは事象の置かれた文脈（同じ蛇でも，

いつもの道で出会う場合と，初めて行った山中で出会う場合では文脈が異なる）が評価され，現在の状況の価値（きわめて危険度が高いのか，そうでもないのか）が計算される（Wilson et al., 2014）。さらに，こうした処理における予測誤差を縮小するための能動的推論として，飛び上がる，逃げる，などの行動が ACC などの働きにより選択される。島はこうした一連の処理において，神経ネットワークのハブとして脳と身体の働きを調整し，予測誤差を最小化するように働く。図 10-4 は，こうした過程の神経メカニズムを表現している（大平, 2017b）。

こうした内受容感覚を基盤として予測的符号化の原理により脳に表象された知覚が，上述したコア・アフェクトだと言うことができよう。コア・アフェクトは，私

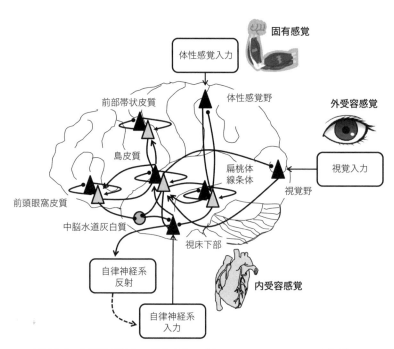

図 10-4　予測的符号化の神経メカニズム（Seth & Friston, 2016 より作成）

図中のグレーの三角形は予測を計算する細胞群，黒の三角形は予測誤差を計算する細胞群を意味する。島皮質，前頭眼窩皮質，前部帯状皮質は，予測的符号化のハブ領域であり，それらの領域中に予測を計算する細胞群と予測誤差を計算する細胞群を含む。扁桃体では各神経核がそれらの役割を果たす。視覚野や体性感覚野などは感覚入力の処理と予測誤差の計算を担う。中脳水道灰白質（periaqueductal gray: PAG）を中心とする領域は内受容感覚信号の精度を調整する。

たちが経験するすべての事象に常に随伴しており，多次元的かつ連続的に変化しながら常に生じている。そうした過程は物理的・生物学的な実体であり，哲学でいう自然種（natural kind）であると考えられる。ここで重要なのは，予測誤差が小さく諸感覚のシステムに動きがない場合（通い慣れた道を歩く状態）には，コア・アフェクトの計算・処理は自動的に進行し，ほとんど意識されない，ということである。何らかの原因（上記例の蛇の出現）により予測誤差が大となると，それを縮小するために諸感覚システムに動きが生じて予測が更新され，私たちはコア・アフェクトの変化に気づくことになる（Gu et al., 2013）。つまり感情の最も基礎的な経験とは予測の更新によりもたらされるコア・アフェクトの変化である。それを契機として，例えば快−不快，覚醒−鎮静というような次元の概念を用いてコア・アフェクトがカテゴリー化され，感情が意識化されると考えられる。その際，覚醒−鎮静次元のカテゴリー化では扁桃体が，快−不快次元のカテゴリー化ではOFCの一部である腹内側前頭前皮質の内側部が強く関与していることが示されており（Wilson-Mendenhall et al., 2013），カテゴリー化という過程を実現するのも，予測的符号化を支える神経ネットワークであることが示唆される。

4節　実証的研究と計算論モデル

1. 予測的符号化の脳機能に関する実証的知見

　こうした予測的符号化に基づく感情理論は，脳の統一原理を基盤として構想されているという点で壮大で魅力的であるのだが，反面その妥当性を実証的に検証することは難しい。しかし最近になり，心理学的実験パラダイムや生理的・薬理的な介入法と神経画像法を組み合わせた研究により，この理論の一端が実証的に検討されるようになってきた。

　以前より島は，予期や推論などにより能動的に知覚を形成する機能に関連があることが知られていた。例えば，ヒトに不快な味覚刺激を与えた場合，「まずい」という予告を与えた場合のほうが「まずくない」という予告を与えた場合よりも，機能的磁気共鳴画像法（functional magnetic resonance imaging: fMRI）で評価した前部島の活動が大きいことが示されている（Nitschke et al., 2006）。また，中程度の痛み刺激を「痛くない」と予告して与えた場合と「痛い」と予告して与えた場合

を比較すると,前者では前部島の活動がより低く,同時に主観的な痛みの評価も低かった（Atlas et al., 2010）。この研究では,予告信号に対する OFC 内側部の活動が,痛み刺激に対する前部島の活動と相関することも示されている。OFC は,良い－悪い,快－不快などの価値の前提となる文脈や現在の状況を表象し,それを保持する機能があると考えられている（Wilson et al., 2014）。つまりこの結果は,OFC による文脈や状況に関する情報によって,前部島における痛みに関する予測の生成がトップダウン的な調整を受けていることを示唆している。

　Büchel らのグループは,いわゆる確率学習（probabilistic learning）[★9] の実験パラダイムを用いて,この問題をより精緻に検討している（Geuter et al., 2017）。彼らの実験では,同じ強度の痛み刺激を高（75%）,中（50%）,低（25%）の確率で予告する手がかり刺激が複数回の試行において与えられ,手がかりと実際の痛み刺激に伴う脳活動（fMRI）と生理的反応（皮膚コンダクタンス反応（skin conductance response: SCR：末梢交感神経系の反応を反映）,瞳孔散大（pupil dilation: 脳における覚醒を反映））が計測された。前部島の活動は,痛み刺激を低確率で予告する手がかりが先行していたにもかかわらず痛み刺激が与えられた場合に最大であり,一方,痛みが高い確率で予告されたのにもかかわらず快適な刺激が与えられた場合にも大きくなった。SCR や瞳孔系の生理的反応もこれと同様なパターンを示していた。これらの結果は,上記の脳活動や生理的反応が予測誤差の計算を反映していることを意味している。一方,身体信号が入力される後部島は,予測にかかわらず痛み刺激そのものに対して高い活動を示した。Fazeli & Büchel（2018）は,痛み刺激の強度を 3 段階で操作することで,上記の知見をさらに精緻化しようと試みた。彼らは,前部島の背側部における活動が痛み予測の生成,前部島の腹側部における活動が予測誤差と痛み強度の統合を,それぞれ反映することを示している。また,生理的反応を直接起動する中脳水道灰白質（periaqueductal gray: PAG）の活動は予測と痛み強度の加算を,扁桃体や視床下部（hypothalamus）の活動は予測にかかわらず痛み刺激強度を,それぞれ反映するなど,脳の各部位において予測的符号化が想定するさまざまな計算が行われていることが示唆されている。

　実験的に操作しやすい痛みなどの刺激に比べて,内臓などの純粋な内受容感覚の検討はより困難である。しかし最近では,交感神経系活動を亢進する薬物を投与し

[★9] 動物における餌や水,ヒトにおける金銭の獲得などの報酬や,動物における電撃,ヒトにおける金銭の損失などの嫌悪的事象を,それらを予告する手がかり刺激と確率的に結びつけて提示し,報酬獲得を増やし嫌悪的事象を避ける行動を学習させる実験的パラダイム。

て内受容感覚を操作する研究が行われている（Hassanpour et al., 2018）。彼らは健常な実験参加者に，βアドレナリン作動薬であるイソプロテレノール（isoproterenol）を投与し，fMRIでその際の脳活動を計測すると共に，実験参加者に自らの心拍の変化を連続的に評価することを求めた。1-2mcgのイソプロテレノールの投与後数十秒以内に，心拍数はベースラインの70bpmから90-110bpmに急峻に上昇し，その後数十秒でベースライン近くに回復した（図10-5A）。これ程の早い回復は，カテコール-O-メチルトランスフェラーゼなどの酵素によるイソプロテレノールの代謝のみでは説明が難しく，内的モデルによる予測誤差の最小化を目指す能動的推論（脳による身体への積極的な介入）が働いていると思われる。ダイヤルを回すというアナログ的方法による心拍の主観報告は実際の心拍変化をほぼ正確にトレースしていたが，一貫して10秒程度の遅れが見られた（図10-5A）。これは，身体状態を主観的に知覚してダイヤル回しという運動を行う過程に要する時間を反映していると思われる。また，回復後に安定した心拍数は，元のベースラインより若干高い水準を示している。これは，イソプロテレノール投与による心拍上昇の結果，脳の内的モデルがより高い方向に更新されたためと解釈することができ，予測的符号化の考え方に整合している。さらに，イソプロテレノール投与の時点では中部島の活動が高まり，続く回復期には前部島と後部島の活動が顕著になったことが示された。Hassanpour et al.（2018）はこの結果を，身体状態（心臓活動）の

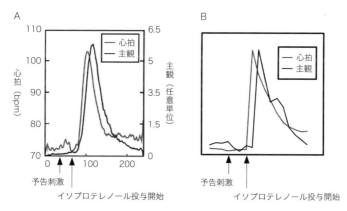

図10-5 イソプロテレノール投与による心拍数の変動と計算論モデルによるシミュレーション

A：Hassanpour et al.（2018）の実験結果。B：内受容感覚の予測的符号化の原理に基づく計算論モデルによるシミュレーションの結果。

変化がまず中部島に入力され，続いて後部島において予測誤差が計算され，さらに前部島で予測誤差を最小化するための内的モデルの更新あるいは身体状態を内的モデルに合わせるための能動的推論の処理が行われたことを示唆すると解釈している。

　ここで紹介した実証的知見はそれぞれ予測的符号化の原理と整合しているが，それらの知見はあくまで相関的あるいは定性的な傍証と言うべきであり，実際に脳で予測的符号化の理論が主張するような内受容感覚についての計算が行われているか否かは，さらなる検討を待たねばならない。

2. 内受容感覚の計算論モデル

　このような複雑なシステムの動態を自然言語だけに依拠して考えるのには限界がある。こうした際に有効な研究方略の1つは，計算論モデル（computational model）によるシミュレーションである。予測的符号化の原理に基づく内受容感覚の振る舞いを計算論モデルとして実装した例は，筆者の知る限り Stephan et al.（2016）の研究のみである。筆者は，Stephan et al.（2016）の研究に基づき，これを翻案，補足することで，内受容感覚のモデル化を試みた（大平，2018）。図10-6 は，このモデルの構成を表している（ただし，本章では大平（2018）のモデルにさらに修正を加えている）。

　ある生理的状態（x），ここでは心拍数として表現される心臓活動の内的モデルを考える★10。この内的モデルは正規分布による確率分布で表現されているとし，ある時点 t におけるその平均値を μ_t，分散を π_t^{-1}（π は精度で分散の逆数）とする。内的モデルの平均値 μ_t は，この時点における心拍数の目標値であるセットポイントとなる。本章のモデルでは，この確率分布からサンプリングすることで，この時点における心拍数の予測 p_t が出力されると考える。

　一方，この時点における実際の生理的状態（心拍数）を x_t と表す。この値は関数 $g(x)$ により脳に伝えられる。この時ノイズ e_1 が加わると考え，それを平均0，分散 π_{body}^{-1}（ここでも π は精度であり分散の逆数で，個人に特有の定数であるとす

★10　Stephan et al.（2016）の論文では内的モデル精度の更新は，$\pi_{t+1}=\pi_t+\pi_{data}$ と規定されているが（π_{data} は本稿のモデルでの π_{body} と同じ），この場合，内的モデルの精度は時間と共に単調増加することになる。身体状態 x が不変だとすれば，時間と共に推定精度は高まると考えるのは妥当であるが，ここでは身体状態 x はノイズを伴い常に変動すると考えているので現実的ではない。そこで本稿では，通常のベイズ則での精度の更新の形に変更している。この場合，内的モデルの精度は π_t と π_{data} の関係により一定の値に収束する。

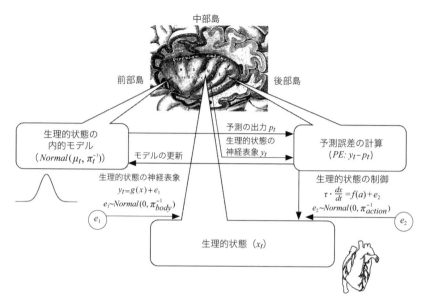

図 10-6　内受容感覚の予測的符号化を表す計算論モデル（大平（2018）のモデルを改変）
Normal：正規分布，PE：予測誤差，e：正規分布で表現されるノイズ。

る）の正規分布で表す。こうして，この時点における生理的状態の脳における神経表象 y_t が形成される。生理的状態を脳に伝えて表象する関数としてはいくつかが考えられるが，ここでは双曲線関数を採用する。すなわち，

$$g(x) = tanh(\beta_1 \cdot x),$$

ここで，β_1 はこの関数の傾きを決める定数であり，ここでは常に 1 とする。

このようにして出力された予測 p_t と生理的状態の神経表象 y_t が照合され，予測誤差 $y_t - p_t$ が計算される。予測的符号化の原理は，この予測誤差を縮小しようと働く。まず次の時点，$t+1$ における内的モデルの平均と精度（分散の逆数）が，ベイズの定理により次のように更新される。

$$\text{平均値}: u_{t+1} = u_t + w_1 \cdot \frac{\pi_{body}}{\pi_t + \pi_{body}} \cdot (y_t - p_t)$$

$$\text{精度}: x : \pi_{t+1} = \frac{\pi_t + \pi_{body}}{\pi_t \cdot \pi_{body}}$$

ここで w_1 は予測誤差によりどれ程内的モデルの平均値を更新するかを規定する変数であり，個人間でも個人内でも変動すると考える。これは身体から脳への信号連絡の強度を表している。また，内的モデルの平均値を更新する際に，内的モデルと生理的状態の精度比 $\frac{\pi_{body}}{\pi_t + \pi_{body}}$ が乗じられている。

同時に，予測誤差を縮小するために，生理的状態に働きかけてこれを変更しようとする行為（action: a）が発動される。心拍数の場合は，交感神経系と副交感神経系の活動の変更がこれにあたる。この行為の効果量を定める関数もやはり双曲線関数で表現することとする。ここでも予測と生理的状態の精度比を乗じて，次のように規定する。

$$f(\alpha) = \tanh \left(w_2 \cdot \frac{\pi_t}{\pi_t + \pi_{body}} \cdot \beta_2 \cdot -(y_t - p_t) \right)$$

予測誤差による更新の効果が内的モデルとは逆になることに注意してほしい。また，精度比の分子が内的モデルの際とは異なり，効果の方向が逆になる。ここで w_2 は予測誤差によりどれ程生理的状態に働きかけるかを規定する変数であり，脳から身体への信号連絡の強度を表している。β_2 はこの関数の傾きを決める定数である（常に1とする）。この行為の生理的状態への影響にもノイズ e_2 を伴うと考え，それを平均0，分散 π_{action}^{-1} の正規分布で表す。生理的状態は，この行為により一定の時間遅れを伴って連続的に変化すると考えて次のように表現する。

$$\tau \cdot \frac{dx}{dt} = f(\alpha) + e_2$$

τ は時間遅れを規定する時定数であり，ここでは常に5とする。

こうした内受容感覚の予測の生成と，身体信号との照合による予測誤差の計算が脳のどこで行われるかについては諸説あるが（Barrett & Simmons, 2015; Seth et al., 2012），本章では Hassanpour et al. (2018) の知見に基づいて，予測の生成は前部島，身体信号の入力は中部島，そして両者の予測誤差の計算は後部島で担われて

いると考える（図10-6）。

　この計算論モデルによるシミュレーションを行って，Hassanpour et al.（2018）の結果を再現してみよう（図10-5, p.211）。ここでは健常な個人を対象としているので，内的モデルと生理的状態の精度は共に比較的高く（$\pi_t = 10$, $\pi_{body} = 100$），脳と身体の連絡強度は適度に維持されているものとする（$w_1 = 0.5$, $w_2 = 0.5$）。また末梢身体における器質的異常は考慮しないので，生理的状態の制御に関する精度は十分に高いレベルに固定する（$\pi_{action} = 1,000$）。ベースラインでは予測と身体状態（心拍数）は一致し安定している。ここにイソプロテレノールが投与されると心臓のβアドレナリン受容体に作用するので，モデルにおける行為（action: a）が発動されることになる。その結果，多少の時間遅れを伴い心拍数は上昇する。これにより予測との間に予測誤差が生じ，すると内的モデルはこの予測誤差を最小化するために心拍数を下げるための行為（副交感神経活動の亢進と交感神経活動の抑制）を発動することにより心拍数はベースラインに向かい回復する。しかし，内的モデルもいくぶん更新されるので，回復後の心拍数は元のベースラインよりは高い水準で安定することになる。次に，実験参加者のダイヤル回しにより連続的に報告される心拍数の主観的評価は，このモデルで計算される予測誤差の変化，つまり予測誤差の時間微分により表現されると考える。さらに，Hassanpour et al.（2018）の研究でみられたように知覚と運動による遅れを導入することとする。このようにして実行されたシミュレーションは，実験により測定された実データの振る舞いをよく再現することができた（図10-5B）。この結果は，内受容感覚の予測的符号化の考え方が妥当であることを支持するものである。

3. 予測誤差の変化により感情が創発される

　上述したように，心理学的構成主義の観点によれば，主観的に経験される最も基礎的な感情とは，コア・アフェクトの変化が意識化されたものであった。Joffily & Coricelli（2013）は，こうした発想を予測的符号化の原理から定式化し，内受容感覚に関する予測誤差の変化（彼らの研究では自由エネルギーの変化として扱われているが，ここでは予測誤差に読み替える）が快不快の感情経験を作り出すと仮定している。予測誤差の時系列的変化を時間で一次微分した量は，物理量に例えるならば速度に相当する。予測誤差の一次微分の符号が正（> 0）であるということは，予測誤差が拡大していることを意味し，この事態は不快感情として経験される。逆

に予測誤差の一次微分の符号が負（< 0）であれば予測誤差が縮小していることになり，この場合には快感情が経験される。さらに，予測誤差を時間で二次微分した量は加速度に相当する。一次微分の符号が負で二次微分の符号が正であるとき，予測誤差は縮小しつつあり，さらにその縮小の度合いが加速している事態を意味する。こうした事態は幸福（happy）として経験される。一方，一次微分が0近くになり二次微分の符号が負であるということは，予測誤差の縮小がしだいに収束しつつあることを意味する。こうした事態は，身体状態が当面のセットポイントに落ち着きつつあることを示すので，主観的には安堵（relieved）として経験される。同様に，一次微分の符号も二次微分の符号も正であれば予測誤差の拡大が加速しているので恐怖（fear）が，一次微分は正だが二次微分が負であれば予測誤差は依然拡大を続けているがその度合いは収まりつつあるので不幸（unhappy）が経験される。

　この仮説は内受容感覚の予測誤差の変化という視点で，経験される感情を定式化しようとする点できわめて興味深い。しかし，これはあくまで計算論モデルによるシステムの動態の分析とその解釈であり，ここで想定されているように主観的感情が実際に経験されるのかについては，今後検証されねばならない。もう1つ重要なことは，Joffily & Coricelli（2013）がいう幸福，安堵，恐怖，不幸などは状態の名称であり，個人が経験する情動そのものとは異なることに注意が必要である。例えば，内受容感覚の予測誤差の一次微分と二次微分が共に正であっても，そのような事態に置かれた個人が常に「恐怖」という情動を訴えるわけではない。Joffily & Coricelli（2013）が記述するのは，カテゴリー化される前のコア・アフェクトのような感情状態であり，その状態が同じであっても，カテゴリー化次第でまったく異なる情動として経験され表現されることもありうることに注意せねばならない。

4. 内受容感覚の病理

　近年，本章で紹介した予測的符号化の観点から，さまざまな感情障害や心身症を内受容感覚の病理として捉えなおそうという動きが興ってきた（Khalsa et al., 2018）。そうした研究は，単に解釈だけのレベルにとどまらず，本章で紹介したような計算論モデルを作成して感情障害が発生し維持されるメカニズムを探求し，治療の新たな方針を模索することを目指しており，計算論的精神医学（computational psychiatry: Friston et al., 2014; Montague et al., 2012）あるいは計算論的心身医学（computational psychosomatic medicine: Petzschner et al., 2017）と呼ばれている。

この立場では，感情障害や心身症の本質は，何らかの原因により内受容感覚をはじめ諸感覚の予測誤差を縮小することができないことにあると考える。例えば，うつ病では ACC や OFC などの内臓運動皮質の過活動により慢性的に過剰な内受容感覚予測が内臓に送られる。このため常に大きな予測誤差が生じ，この予測誤差を縮小しようとして過剰なエネルギー代謝を導いて疲労や無気力の症状が起こる（乾, 2018; Stephan et al., 2016）。また，高不安者は内受容感覚が過敏であると言われてきたが（Stewart et al., 2001），最近では彼らは自らの身体についてむしろ鈍感で不正確な感覚を経験しているとも主張されている（Farb et al., 2015）。これは，高不安者の身体からの信号に大量のノイズが含まれているからであり，そのために内受容感覚の予測が不安定になり，それをコア・アフェクトとして経験するのが不安の正体であると考えられる。あるいは，過敏性腸症候群の患者は腸自体には異常がないのに，慢性的な腹痛や下痢・便秘に苦しめられる。これは腸の運動の内的モデルの精度が異常に高すぎるためであり，その結果正常な腸刺激を痛みや異常として知覚するのだと考えられる（Khalsa et al., 2018）。発達障害の個人はしばしば視覚や聴覚などの感覚が過敏であるが，これは外受容感覚の内的モデルの精度が低いために外界からの信号が高すぎる精度で直接的に経験されるせいだと考えられる（Uddin et al., 2013）。

　筆者は，上述した計算論モデルを利用して，こうした症状の説明を試みた（詳しくは大平，2018 を参照）。図 10-7A は典型的な個人の例で，各パラメータの設定は図 10-5 と同じである。このシミュレーションでは血圧を対象としている。①の時点で暖かい室温に曝露されたことで血圧が低下したとする。この表現として，モデルの生理的状態（血圧）を引き下げた。この時大きな予測誤差が生じるが，内的モデルによる制御によって低下した血圧は回復していく。それと共に内的モデルのセットポイントも下方修正される。この個人が主観的に経験するのは，この予測の「変化」であり，これによって自らの血圧は低下したことが感じられる。その後の予測誤差の縮小は新たな環境への馴化過程を意味し，予測誤差が 0 に近づくと予測は変化しなくなり，血圧は意識されなくなっていく。②の時点で急性ストレスが負荷されたとする。これに対処するため脳は内的モデルを変更し，血圧のセットポイントを引き上げた。これに応じて，血圧は一定の時間遅れを伴って上昇していく。ここでも最終的には予測誤差が 0 になるように制御がなされ，この状況が変わらない限りはそれが維持される。

　図 10-7B は不安が高い個人を表現するために，身体から脳への信号伝達強度を大

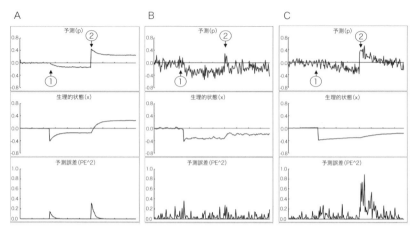

図 10-7　内受容感覚の反応とその病理のシミュレーション（大平（2018）より作成）

生理的状態は血圧を表すものとする。A：典型的な反応のシミュレーション。①の時点で外的刺激（暖かい室温など）により血圧が低下したことを示す。②の時点で，急性ストレス負荷などによりトップダウン的な血圧セットポイントの変更が行われたことを示す。①，②の事象により予測誤差が計算され，それを縮小するように，内的モデルによる予測値の変更と血圧の制御が行われる。B：不安が高い個人の反応。身体から脳への信号伝達強度を大きくし，身体信号のノイズを大きくしたことにより，常に大きな予測誤差が生じ予測は不安定となる。C：心身症患者の反応。Bに加え脳と身体の双方向の信号伝達強度を低下させたことにより，身体の反応性が乏しくなる。

きくし，身体信号のノイズを大きくした（精度を低下させる）。すると，生理的状態（血圧）は揺らぎが増すものの，その反応性は維持されていることがわかる。一方で，強調された身体ノイズにより常に大きな予測誤差が生じ，その結果，内的モデルが生成する予測の値は常に揺れ動き，きわめて不安定になる。これはまさに不安の姿であり，この予測の「変化」により，体や心がザワザワした感じを経験するのかもしれない。図 10-7C はアレキシサイミアなどの心身症を再現するために，図 10-7B の不安のシミュレーションに加えてさらに，脳と身体の双方向の信号伝達強度を低下させた。生理的状態（血圧）の恒常性は保たれ安定しているが，内的モデルによる制御を欠いているので反応性に乏しい。予測は不安と同様に高い身体ノイズのため非常に不安定で過敏であり，これが身体感覚の増強と慢性的な不快感情を生むのかもしれない。

5節　結語：今後の研究における課題

　本章で述べてきたように，心理学的構成主義と予測的符号化原理の結びつきが，現在の感情科学の潮流を形成しつつある。この理論的枠組みは，感情に関わる広範な精神現象や行動を統一的な視点から説明しうる可能性を有するため，魅力的である。ただし，こうした研究の潮流はこれまで理論先行であったために，これを支持する実証的知見は十分ではない。今後の感情科学の研究は，こうした理論的枠組みを実証的に検証する試みを中心に進むと思われる。最後に，今後の感情科学において検討されるべき重要な課題をあげておこう。

1. 内受容感覚は領域一般的か領域特異的か

　内受容感覚は，内臓，血管，自律神経系，内分泌系，免疫系など身体内部のきわめて多次元で大量の情報を伝える信号により構成されている。すると，島，OFC，ACCなどの脳領域に存在する限られた数のニューロンにより，どのように内受容感覚の内的モデルとその制御が実現されているのかが問題になる。まず，内受容感覚の内的モデルは，各々の臓器や血圧，心拍，発汗などの生理的機能ごとに構築されているのか（領域特異的：domain specific），覚醒，鎮静，疲労など生理的状態のある程度大きなまとまりとして構築されているのか（領域一般的：domain general）という問題がある。福島（2019）はこの点について，下位のレベルにおいて各臓器などの個別・局所的な内受容感覚が形成され，それを束ねる形で上位の統合的・大域的な内受容感覚が形成されるというモデルを提案している。その妥当性は今後検討されねばならない。

2. 内受容感覚の予測的符号化過程の実証的検討

　内受容感覚とその神経基盤が予測的符号化の原理に従って機能しているかについては，実証的検討が始まったばかりであり，ほとんど未知である。この検討のためには，内受容感覚の予測誤差を実験的に操作し，それに伴う脳活動，生理的反応，行動，主観的経験などを測定する必要がある。その1つの手段は，Hassanpour et al.（2018）の研究のように生理的状態に作用する薬物を使用することである。心理

学においてよりハードルが低い手段として，学習などにより内受容感覚を変容する方法が考え得る。例えば，内受容感覚の正確性を測定するテストの1つとして，自分の心拍と音などの外部刺激のタイミングの同期を判断する心拍検出課題（Garfinkel et al., 2015）がある。この課題を行いつつ1試行ごとに正誤のフィードバックを与えれば，それは一種の誤差に基づく学習課題（error-based learning task）になり，試行の進行につれて内受容感覚の正確さは高まると予想される。そのメカニズムを強化学習のような計算論モデルで記述し，直接観測できない内受容感覚の予測誤差などをモデルのパラメータとして推定することができるであろう。それらのパラメータの動きと，脳活動，生理的反応，主観的経験などの関連を探ることで，内受容感覚の予測的符号化のメカニズムを検討できると考えられる。こうした，有効な実験パラダイムの開発が喫緊の課題である。

3. カテゴリー化過程の理論的・実証的検討

本章では触れなかったが，個人がコア・アフェクトをどのようにカテゴリー化し，経験される情動を作り上げていくのかについても，未知の部分が多い。この1つの原因は，従来の心理学や神経科学において，言語，特に自然言語を客観的・定量的に扱う方法に制約があったためだと考えられる。これまでの研究は，言語に関連する脳領域を損傷した患者を対象にした神経心理学的研究，プライミングなどの手法でカテゴリー化を操作しようとする実験心理学的研究などに限定されていた（Gendron & Barrett, 2018）。しかし幸いなことに近年，言語データを定量的に扱う統計学的手法としてテキスト・マイニング（text mining）が発達している。脳活動や生理的反応と同時に情動経験に伴う自然な発話データなどを収集し，テキスト・マイニングによりさまざまな言語の特徴量を検出することで，カテゴリー化による情動の創発の研究が進む可能性がある。

4. 疾患や健康への応用

上述したように，近年，計算論的精神医学や計算論的心身医学の考え方が急速に展開しつつある。現在までのところ，こうした研究は，主としてさまざまな疾患や症状を統一的な理論的視点から説明しなおそうという方向に重点が置かれていた。今後は，計算論モデルや予測的符号化の観点から新たな治療法や健康を増進する介

入方法を開発し,その有効性を実証していくことが望まれる。

行動免疫と感情の心理学

　ヒトは文明を築き，病を遠ざけることで，個体の生存時間を引き伸ばした。私たちは医学を打ち立て，病の兆しあらばそれを治療し，病の侵入や発生を予防すべく，多様な健康行動を発展させた。そしてそれは，必然的にヒトという種の存続を促進した。こうした行動原理は，私たちの身体に備わる生物学的免疫と機能的によく似ている。言わば私たちは，その皮膚の内外において，種々の感染源や汚染物質に抵抗してきたのである。ここに至り，私たちは1つのアイデアを得る。すなわち，私たちは行動的な免疫機能を有している可能性がある。実際こうしたアイデアは，行動免疫（behavioral immune system）という概念とともに，より洗練された形で理論化されている（Schaller & Park, 2011）。

　行動免疫は，疾病回避を目標とした行動制御系だと捉えられる。それは疾病や感染の手がかりを検出し，嫌悪感情を生起させることで，対象からの回避行動を誘発する。腐った食物からは悪臭がするし，食感や味も相応に変化する。ものによっては，見た目から腐敗の進行がわかる場合もあろう。私たちはそれに顔をしかめ，けっして好んで摂取しようとはしない。ここで鍵となるのは嫌悪である。嫌悪はその不快な体験をもって，私たちを保護する番人なのだ。

　しかし，番人も時に判断を誤る。そもそも私たちの知覚的能力では病原体を直接観察できない。それゆえ疾病手がかりの検出は，対象物が有する種々の物理的性質を利用した間接的な推定となる（Miller & Maner, 2012）。そして，この推定は偽陽性に偏りがちである（Schaller et al., 2015）。つまり私たちは，実存しない感染や汚染の脅威を在るものと誤りやすい。不在の脅威を嫌悪し回避するさまは滑稽だが，実在する脅威を見落とす（偽陰性）偏りが生む悲劇よりはマシだろう。

　ただし，偽陽性への偏りが度を越すと，私たちの生活は架空の脅威で埋め尽くされてしまう。それらを嫌悪し回避することで，行動の自由や社会的機能は不当に制限される。敏感すぎる嫌悪は，例えば，強迫症のような精神疾患を引き起こし（Olatunji, 2010），外集団を今まで以上に激しく忌避させるかもしれない（Hodson et al., 2013）。これらは，行動免疫による保護と代償のバランスが崩れてしまった状態だといえる。残念ながら，このバランスを改善する方法については，まだほとんどわかっていない。それを明らかにするうえで，感情の心理学が担う役割はきわめて大きなものとなるだろう。

熱き血潮にふれもみで
― 異性に対する接触回避と恋愛感情 ―

挨拶として握手したり抱擁したりする文化もある一方，現代の日本人には他者と積極的に触れる習慣そのものがほとんどない。そのため，私たちは他者との接触について意識する機会が少ないように思う。特に身体接触に対する嫌悪感は，あからさまに表出するのは失礼なので，互いに気づきにくくなっていると思われる。

そもそも，身体接触の許容度には社会的なルールがある。特に異性との身体接触は，性的関係を許容された人（婚約者や夫婦），性的対象にならない人（子どもや年齢が離れた人など）以外では避けられている（Eibl-Eibesfeldt, 1989/日高, 2001）。このとき，異性間で「触りたくない，触られたくない」と感じることが性的接触の防止機能をもつだろう。逆に言えば，性的接触を許す可能性があるときには触りたくないという気持ちは低下するだろう。ならば，恋愛感情をいだくとその人との接触に対する抵抗感が大幅に低下するのではないか。

そこで，接触に対する抵抗感（接触回避）を測定する心理尺度を作成して，さまざまな対象者について回避の程度を測定してみた（Kawano et al., 2011）。すると，特徴的な性差が現れた。女性は基本的に男性に対して強い回避を示すが，女性にはとても回避が低かった。一方，男性は，相手が男性でも女性でもおおむね同程度の回避傾向を示した。男女のこの違いは，対象者として好ましくない属性をもつ相手が指定された場合でも，逆に友人や家族のような親密な相手でも，はっきり現れた。女性は，男性との身体接触に普段から強い抵抗感をもっているようだ。

しかし，相手として恋愛感情をいだいている異性を指定したところ，女性も男性も大きく接触回避を低下させた（河野ら，2015）。このときの回避の程度は恋愛感情の強さと負の相関があった。つまり，恋する相手については男性も女性も接触を大幅に許容するわけだ。恋に落ちるとき，身体接触に対する嫌悪感のバリアが取り払われる。そしてそれは，普段男性に対してバリアを高く保っている女性において劇的に現れるのである。

ストレスと循環する脳−身体

　「失礼します」とドアを開けたら目の前には二回リ以上年上の面接官がそろっていて，あなたの心臓は緊張のあまりドクドクと早鐘のように打ちはじめる。それと同時に，あなたの脳の深部に存在する視床下部はコルチゾールと呼ばれるストレスホルモンの分泌を指令する（Kirschbaum et al., 1993）。面接開始から15分，自分の長所や短所を述べるあなたの体内では，副腎皮質と呼ばれる臓器から少しずつコルチゾールが分泌されはじめる。面接開始から30分，何とか面接を切り抜けたあなたは退室し，緊張も和らぎ，心臓の鼓動は急速に落ち着いていく。しかし，面接が終わった安心感に反して副腎皮質はまだまだその働きを止めることはなく，体内のコルチゾールは増加し続ける。面接終了から15分後，友人と待ち合わせてカフェに入り面接の出来について得意気に話すあなたの体内では，コルチゾールの増加がようやくピークを迎え，その後少しずつ，数十分という長い時間をかけて減少していく。

　日常的なストレス状況において私たちのホルモンバランスは大きく変化するが，ヒトの感情に注目したとき，コルチゾールには興味深い特徴がある。1つは，分泌されたコルチゾールが全身を駆け巡り，脳の神経活動の調節を介して私たちの感情に影響を及ぼすことだ。例えば，心理的なストレスによるコルチゾールの増加は，衝動的な行動（Kimura et al., 2013）やネガティブな事象への注意を促進する（Pilgrim et al., 2010）。このため，面接終了後に友人とカフェに入ったあなたは，ダイエットのことを忘れて目の前の美味しそうなケーキに飛びついているかもしれない。もう1つは，コルチゾールが感情に及ぼす影響の持続時間だ。上記の例のように，コルチゾールの分泌はストレス状況の終了後数十分かけて少しずつ減少していく。このことは，ストレス状況が終了し落ち着いた気持ちのときでも，コルチゾールは感情に影響を及ぼし続けていることを意味する。

　このようなコルチゾールの動態を考えると，私たちの脳と身体の密接な，そしてとても複雑な関係性が見えてくる。脳におけるストレス状況の知覚により末梢の器官から分泌されるコルチゾールが，脳へ還ることで神経活動，ひいては私たちの感情や行動に影響を及ぼす。このような脳−身体間の循環関係は，コルチゾールだけではなく，心臓血管系（Garfinkel & Critchely, 2016）や免疫系（Dantzer, 2007）にもみられる。感情をはじめとする私たちの心の状態は，そんな脳と身体の循環的関係のダイナミクスの中でほんの一瞬だけ存在するものなのかもしれない。

第3部

感 情 と 社会生活

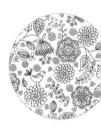

11章

感情の発達

1節　感情の初期発達

　私たちに日ごろ生起する感情は，発達段階において，いつ，どのように獲得されるのか。この疑問に対して，感情心理学や発達心理学の領域でさまざまな研究が行われている。特に，新生児から乳幼児期といった初期の感情発達は，その後の人との関わりに重要な感情理解や感情のコントロールなどの土台となる。本節では，感情発達のモデルを紹介するとともに，出生後から乳幼児期における感情の芽生えについて取り上げる。

1．感情の発達モデル

　感情はいつどのように発生・発達していくのか，この疑問に対する答えは研究者によってさまざまであり，議論が分かれている。そこで，はじめに主要な感情の発達モデルを紹介する。乳幼児の感情の発達を最初に取り上げたのは，Darwin（1872）である。彼は幼児の複雑な感情表出に進化論的起源を見出し，特に乳幼児の表情による感情表出から，人と他の動物との連続性を考察している。その後，Watson（1930）は生得的に備わっている感情として，愛（love），激怒（rage），恐れ（fear）の3つを取り上げ，条件づけによりさまざまな感情が発達すると仮定した。

　Watsonの理論に対して，Bridges（1932）は生まれて間もない新生児の感情反応は未分化な興奮状態であり，そこから生後3か月ごろに快と不快に分化し，6か

月ごろにまでに不快が恐れ，嫌悪，怒りに分化していくと考えた。また，快は生後1年ごろまでに得意や愛情に分化し，2歳ごろまでに嫉妬や喜び，大人もしくは子どもへの愛情という大人がもっているすべての感情が構成されると考えた。この考えを受け継ぎ，例えば Sroufe（1996）の感情発達理論では，新生児期には未分化な生理的興奮や緊張の表出が成長に伴い徐々に分化していくとし，生後2か月ごろに外界への関心から快が，6か月を過ぎたところで怒り，1年ごろに恐れが発現するとした。

　Lewis は，出来事 – 認知的評価 – 表出の観点から感情の発達を検討した（Lewis, 2000）。Lewis のモデルでは，新生児は感情や表情の意味を理解できないが，少なくとも快，不快を感じ，表出することはできるとし，新たな認知能力の発達により

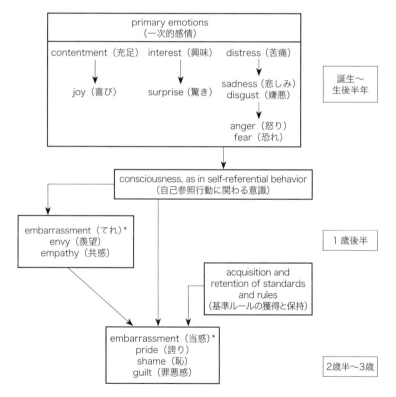

図 11-1　生後 3 年間の情動発達（Lewis, 2000 より作成）

*Lewis は 2 種類の embarrassment を仮定しており，最初に出てくるものはてれ，その後出現する embarrassment を当惑としている。

その後さまざまな感情に細分化，構成されていくとしている。Lewisの発達モデルでは，新生児の興味，充足，苦痛が生後数か月から半年にかけて，それぞれ，驚き，喜び，怒りおよび恐れといった基本感情に分化するとしている（図11-1）。

上述の理論と異なる立場としては，基本感情（basic emotion）理論，個別感情（discrete emotion）理論があり，喜び，悲しみ，怒り，恐れなどの基本感情は，神経的要素・主観的経験・表出の3つがセットになり生得的に分化した状態で組み込まれているとした（e.g., Izard & Malatesta, 1987）。Izardらは，感情発達の生物学的基盤を重視し，感情の生起に必ずしも認知を必要としないと考えている。それぞれの感情は構造化され1つのまとまりとして生得的に組み込まれ，発達早期もしくは発達のある時期に現れるとしている。

2. 基本感情の発達

乳幼児，特に新生児から乳児までは，言葉を介したコミュニケーションが困難であり，自身の状態を正確に伝えることは難しい。表情に対する基本感情のカテゴリーは3歳までにできるといわれており（Widen & Russell, 2008），新生児や乳児の表情や身体の動きを観察することで感情や認知の発達を把握している。本項では，乳児の研究を中心に，基本感情の中でも比較的初期に現れるとされる喜び，恐れ，怒りの感情の芽生えと発達を概略する。

(1) 喜び

快感情から最初に芽生えるのは喜び（Joy）である。新生児のレム睡眠中に，微笑みの表情をしているようにみえることがある。「赤ちゃんが喜んでいるのでは？」と思えるような表情であるが，これは外的刺激に関係なく生じる生理的状態を反映したものであり，快感情が生起しているわけではない。この現象は生理的微笑，もしくは自発的微笑と呼ばれ，生後すぐからみられるが，生後3か月ごろまでに減少する。生後2，3か月を過ぎると，人の顔の形が認識できるようになり，静止した人の顔を見たり，声を聞いたりして「微笑む」ようになり，この現象を社会的微笑と呼ぶ。特に養育者など特定の人物と見知らぬ人とを区別し，見慣れた顔に対して微笑するようになる。また，生後3から5か月に声や口を開けて「笑う」行動がみられるようになり，さらに，生後6から9か月になると，自分自身の活動が達成したときに微笑や喜びを示すようになる（澤田，2009）。

(2) 恐れ

　乳児の恐れ（fear）感情の発達を検討するうえで有名なのは，ビジュアルクリフ（視覚的断崖）を用いた実験である。ビジュアルクリフとは奥行き知覚の発達を検証するために作られた1メートルほどの段差にガラス製の透明なテーブルを渡した断崖装置であり，乳児の高さに対する恐れを検討することができる（Gibson & Walk, 1960）。生後6～14か月の乳児を段差の浅い側に置き，反対側に母親がいる状況を観察したとき，透明なテーブルを渡り反対側に行った乳児はわずか11％であり，多くの乳児が渡らなかった。また，ビジュアルクリフを用いて，ハイハイによる移動運動と恐れの関係を検討した実験（e.g., Schwartz et al., 1973）では，ハイハイ開始後の乳児とハイハイを開始する前の乳児を比較すると，ハイハイ開始前の乳児を段差の深いところに下ろしても心拍数に変化は認められないが，ハイハイ開始後の乳児では心拍数増加が認められた。このことから，ハイハイにより自分で移動できる経験が恐れの発現に関連していると考えられる。

　このほかに，乳幼児の人見知り現象から恐れを検討した実験（Sroufe et al., 1974）では，母親の隣に座らせた乳児に見知らぬ人が近づき，乳児を抱き上げたときの反応を検討した。その際，何らかの警戒反応を示したのは，5か月児では10％，9か月児までで60％であった。この結果から，恐れが生後5か月ごろから現れ始めることがわかる。

(3) 怒り

　乳幼児期の怒り（anger）は，フラストレーションの事態において出現する。Stenberg et al.（1983）によると，乳児が生後4か月ぐらいになると，母親に手や腕をつかまれて動くことができないフラストレーション下で，怒りの表情をみせることがわかっている。また，生後7か月の乳児にビスケットを与え，口に入れてから2, 3秒後に取り出し食べられなくすると，乳児は怒りの表情を表出した。このほかに，乳児の予防接種時の顔の表情を研究したIzardらによると，8か月以下の乳児は痛みによる苦痛の表情を示しても，怒りの表情はほとんど認められなかったが，19か月児では，怒りの表情が急激に増加し，苦痛の表出を超えることがわかった（Izard et al., 1983）。

3. 自己意識的な感情の芽生え

　生後1年を過ぎるころから，自己と他者を明確に区別できるようになり，イメージなど物事を思い浮かべるといった表象能力が現れる。そして，1歳半前後になると，自己意識や自己評価が関与する感情（社会的感情ともいわれている）が現れるようになる。Lewis（2000）は，自己意識を鏡に映った自分を認識したり，自分のことについて言及できるようになることとしており，この自己意識が発達することで，他者の存在を意識するようになり，他者との関わりから生じる感情が発達するとしている。本項では，社会的感情の中でも自己意識の芽生えにより発達するとされる，照れ，共感，羨望に焦点をあて，それらの初期発達について概略する。

　照れ（embarrassment）とは，自分が他者から見られていることで生じる感情であり，1歳半ばごろに自己意識の芽生えとともに出現しはじめ（Lewis et al., 1989），人前での照れは，2歳半ごろから徐々に現れるようになる（Lewis & Ramsay, 2002）。共感（empathy）とは，他者の気持ちを理解し他者と同様の感情反応を示すことであり，特に他者の悲しみや苦痛といったネガティブ感情に対して，慰めや援助，心配という形で現れることが多く，1歳から2歳の間に発達することがわかっている（Zahn-Waxler et al., 1992; Vaish et al., 2009）。また，鹿子木（2013）は，生後10か月の乳児においても原初的な同情的態度をとるとし，乳児期における共感・同情の発達に関する研究を進めている。羨望（envy）とは，特定のものや性質を他者はもっているが，自分にはないことを意識し，羨ましいと感じることである。例えば，他児が持っている玩具などを欲しがったり，玩具を取り上げようとしたりする行動は幼児によくみられる。Lewisによると，自己意識の成立とともに2歳ごろから羨望が出現するとしているが，実験・実証的に証明されてはいない。

4. 初期の感情発達に必要なこと

　生後から乳幼児期までの心身の発達は著しく，特に，感情や認知といった心理面の発達はその後の私たちのパーソナリティやコミュニケーション力の形成に大きな影響を与える。感情の発達は，それらが生得的に自然発生するだけでなく，その発生・発達において環境的要因を考慮することは当然大切である。環境的要因で1番にあげられるのは，養育者の関わりであろう。言葉によるコミュニケーションが未熟な乳幼児は，泣き，微笑，ぐずつきなどといった非言語的コミュニケーションを

用いることで環境に働きかける。養育者と子どもが相互に表情や声，泣き声といったやりとりを受け止めあうことを情緒応答性(emotional availability)という(Emde & Sorce, 1983)。特に養育者である母親の情緒応答性が子どもの快感情の発揮や探索行動において重要であることが明らかになっている(Sorce & Emde, 1981)。そして，生後間もない乳児においても養育者の情緒応答性の不在が養育者そのものの不在よりも苦痛を示すこと(Field, 1994)や，母親の育児に対する困難感には情緒応答性が関連していることがわかっている(小原, 2005)。

また，養育者の態度や精神的健康が子どもにもたらす影響について，例えば，抑うつ的な母親の養育行動はいら立ちやすく楽しさに欠け，子どもに対して無関心である時間が多く，対する乳児も，泣きやしかめ顔といったネガティブな行動が多く認められ，ポジティブな行動が少ないことがわかっている(Field et al., 1998; 澤田, 2009)。ほかにも，母親の自己中心的で相手に不快感を与えるといった情動表現スタイルは，子どもの否定的情動の生じやすさと関係が認められている(田中, 2009)。そこで，養育者の特性などを配慮し，適切な相互作用を育むことが子どもの感情の発達に重要となるだろう。

2節　感情制御の発達

1. 感情制御に課題を抱える子どもの問題

近年学校では，不快感情の制御に困難を抱え，ささいなことできれて暴言を吐き，席に座っていることができず，けんかになると相手がけがをするほどの暴力に至ってしまうというような問題を抱えている子どもが増加し，その対応に困惑している状況がある。一方，日常に存在するレベルでの不安や恐怖にも過剰に反応してしまう子ども，また逆に不安や恐怖をまったく認識できずに身体症状のみが悪化してしまう子どもの問題も，不登校問題と合わせて深刻なものとなっている。これらの問題は，不快感情を制御する力の発達の問題と深く関係している。

感情制御の力はどのように発達するのであろうか？　この点については一般に多くの誤解がある。「『がまんしなければならない』ことを認知的に理解することで，意志の力により制御が可能になる」というイメージ，それが誤解である。大人は自身の認知・意志により感情を制御している自覚があるので，感情制御とは「認知・

意志による制御」であると思い込んでいる。「認知・意志による制御」の力は，発達に応じて年齢相応に育つものだが，年齢相応に「認知・意志による制御」の力が育つためには，その前に「安心・安全による（自動）制御」の体験が十分に必要なのである。このことが一般にはほとんど知られていないために，指導（叱責）すればするほど，感情制御できない状況が悪化してしまうという問題が悪循環として生じてしまう。

2. 安心・安全による制御の発達：愛着と感情制御

　感情制御の発達とは，脳の中で不快感情とその身体感覚が自動制御される機能の発達を意味している。そもそも赤ちゃんはどうやって泣き止むだろうか？　赤ちゃんは，がまんする意志によって泣き止むのではなく，安心・安全の身体感覚に包まれることで泣き止むのである。ここに感情制御の脳機能の発達の基礎がある。

　愛着理論の提唱者であるBowlby（1969）は，危機的な状況に際して，あるいは潜在的な危機に備えて，特別の対象との近接を求めようとし，それにより自らが『安全であるという感覚（felt security）』を確保しようとする傾性を「愛着（アタッチメント）」と定義した。Schore（2003, 2009）は，乳幼児の愛着行動をストレッサーに対するストレス反応システムと捉え，子の母に対する愛着行動による感情制御システムには右脳の関わりが大きいことを明らかにした。また，Tucker et al.(2005)は脳の進化の文脈から，痛みを単なる身体現象として受容することにとどまるのではなく，痛みから身を守るために大脳が発達した結果（痛みシステムの大脳化），母が子を保護する関係性が必要とされ，愛着はこのような動機に起源をもつものとして位置づけられると論じている。つまり感情制御は，人生早期の親子関係を基盤にして発達する脳の機能なのである。

　ゆえに，児童虐待やアタッチメントトラウマが，神経生理学上の育ちに影響を与え，感情制御の困難を生み，そして青年期・成人のメンタルヘルスにも多大な影響を与えるということが，多くの研究によって示されてきた（Perry & Pollard, 1998; Teicher et al., 2003; Schore, 2003; Nemeroff, 2004; Van der Kolk, 2005; Felitti & Anda, 2009; Lyons-Ruth et al., 2016）。

3. 感情と言葉がつながることによる制御の発達：感情の社会化

　感情制御は，皮質（前頭前皮質（prefrontal cortex））と皮質下構造（辺縁系・脳幹部）との情報のやりとりによって行われる。皮質下構造においては，脳が命を守るための仕事をしている。いわば本能的・動物的な反応の場所である。ここで生じる不安や恐怖などの不快感情やそれに伴う身体感覚は，命を守るために生じる脳の機能，生体防御反応である。前述したように，健全な愛着が成立している親子関係においては，親が子どもの皮質下構造からの訴えをくみとり，承認することで，子どもは安心・安全を得て不快が制御される。そのとき同時に「こわかったね」「いたかったね」「いやなんだよね」という共感的な言葉を与えられることを通して，子どもは皮質下からつきあげてくる不快感情・身体感覚と，言葉（皮質領域）とのつながりを学習する。

　このプロセスは，感情の社会化といわれるが，ここで重要なのは，不快感情が言葉とつながると同時に安心に包まれて自動制御を体験しているという点である。この「安心による制御（皮質下における制御）」を乳幼児期に十分に体験している子どもは，成長とともに年齢相応に意志・認知による制御（前頭前皮質におけるトップダウン制御）が機能するようになる。つまり「授業中は立ち歩いてはいけないから，がまんして座っている」という意志・認知によるコントロールができるようになるのである（大河原，2015）。

　しかしながら，皮質下構造において命を守るために生じる本能的・感覚的な欲求（不安・恐怖・痛み・匂いの不快・生理的嫌悪感・吐き気などの内的感覚など）を親や教師・保育士などから否定されると，感情が社会化される機会を失うだけでなく，子どもは本能的に怒りを抱えることになる。なぜなら，命を守ってくれるはずの大人が命を守る機能を否定していることになるからである。体罰や虐待，厳しすぎるしつけがある養育環境，過剰に「よい子」であることを求められている養育環境にある場合などがこれにあたる。このような環境において「安心による制御」を十分に体験できずに育つ子どもは，前頭前皮質機能による「意志・認知による制御」が発達年齢相応に機能しないことになる。

　親子関係が子どもの感情制御の発達に影響を与えることについては，多くの実証研究がある（Eisenberg & Fabes, 1994; Shipman & Zeman, 2001; Edward et al., 2005; Shipman et al., 2007; Chen et al., 2012; Ellis et al., 2014）。

4. 感情制御の発達不全の問題

　子どもが育つプロセスの中で，日常的に安心・安全が得られない環境にあると，子どもはあふれてくる不快感情とその身体感覚を収めることができないことになる。現代の日本の臨床的課題に基づき，感情制御の発達不全の症状形成プロセスをモデル化したものが図 11-2 である（大河原，2010，2011）。

　Perry & Pollard（1998）によると，個が抱える不快感情に対する脆弱性は，乳幼児のストレス反応としての過覚醒（hyper arousal）反応と解離（dissociative）反応として症状化するという。過覚醒反応は乳幼児の最初のストレス反応であり，解離反応は過覚醒反応に対する適切な対応がなされないときに転じるトラウマ反応である（紀平，2007; Schore, 2009）。過覚醒反応が生じると，HPA 軸（視床下部－下垂体－副腎の間の密接な相互調整機構）における反応が亢進し，慢性的な HPA 軸における反応の亢進は，海馬や辺縁系に変容をもたらし，乳幼児期の脳を

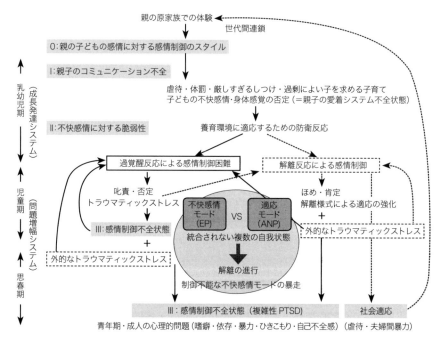

図 11-2　感情制御の発達不全の症状形成モデル（大河原，2010，2011）

変容させ，脆弱性の基盤になると考えられている（Perry & Pollard, 1998; Schore, 2009）。Porges（2007）のポリヴェーガル理論（Polyvagal Theory）によると，過覚醒反応のエスカレートのあと背側迷走神経（dorsal vagal nervous system）により，子の反応はシャットダウンし解離反応に転ずるとされている。

図 11-2 に示したように，過覚醒反応優位の子どもは興奮がおさまらず，攻撃的で落ち着きがなく，大人の制御がきかない状態を示し，解離反応優位の子どもはきわめて「よい子」の様相を示すが，場面によって，あるいは成長のある一時期から不快感情を制御できない状態に陥ることになる。過覚醒反応による感情制御困難状態も，解離反応による感情制御状態もともに，それに対する常識的な対応による「叱責やほめ」という周囲の大人の関わりの中で容易に悪循環を引き起こす。それが日常の中で慢性的なものとなれば，このシャットダウンによる解離反応は，人格の構造的解離理論（Van der Hart et al., 2010）における一次解離の構造化を引き起こすことになる。大人に適応するための適応モード（よい子モード）の自我状態（Apparently Normal Part of the Personality: ANP）と，不快感情モード（Emotional Part of the Personality: EP）の自我状態が構成されていく（大河原，2015; Van der Hart et al., 2010）。

幼児期から児童期の段階で，不快感情が承認され安心するという関係性の回復ができずに，さらになんらかの挫折体験や対人関係のトラブルなどがトラウマティックストレスとなることが重なっていくと，解離された不適応モードが，適応モードの意志の力に反して暴走し，感情制御困難状態を引き起こしていく。そのことの対応において悪循環が重ねられていくと，小学校高学年〜青年期の段階では，複雑性PTSD（complex post-traumatic stress disorder）の状態となる。統制不能な不快感情モードは，解離のメカニズムにより独立した自我状態（Ego State）として機能するようになり，認知・意志の力では制御不能な状態に陥ってしまうことになる。

この問題を予防するために必要なことは，感情制御の脳機能は「安心・安全による（自動）制御」を基盤として発達するものであるということが周知され，幼いうちにその修復に力をいれることである（大河原，2015）。青年期以降の問題解決のためには，複雑性 PTSD の治療が必要となる。感情制御の発達不全の問題をかかえながらも，解離反応による適応を維持してそのまま成人した場合には，不快感情制御のために不適切な方略を使用することにより，依存や嗜癖の問題を抱えることにもつながりやすい。また，親密な関係性の中での感情制御困難という問題を抱え，虐待や夫婦間暴力（DV）など制御できない不快感情の暴走の問題が生じることに

もつながる。Bridgette et al. (2015) は，嗜癖や暴力，虐待などの世代間連鎖は自己制御機能不全が世代間連鎖する結果であることを示している。

5.「発達障害」と感情制御の発達不全の問題

近年，学校で不快感情制御に問題を抱える子どもがいると，その状態像をもって「発達障害」とみなす傾向が強いが，生来的に「発達障害」をもっていることと，著しく不快感情制御できないことは別の問題である。発達障害をもっている子どもに，上述した感情制御の発達不全の問題が生じると，偏りの特徴が先鋭化した形で症状化する。「発達障害」をもっている子どもたちは「発達障害だから」きれるのではなく，「ハンディがあるがゆえに教室の中で不快感情を感じることが多いから」きれるのである（大河原，2015）。

重要な点は，不快感情制御の問題は「安心・安全による（自動）制御」の再体験，すなわち親子関係や教師－児童関係の改善により回復可能であるということを知るということであり，その援助の専門家がその力量を身につけることなのである。

3節　感情認知の発達

1. 感情認知の萌芽

感情認知とは，他者の感情状態を推測し理解することである。その認知プロセスには，他者の表出行動に基づき生起している感情を弁別する過程と，他者に生起している感情を状況と結びつけて解釈する過程が含まれると考えられる。これらの認知能力はいつごろから確認できるのであろうか。

ヒトの新生児には，出生直後から他児の泣き声につられて泣くというような感情伝染（emotional contagion）がみられる。Hoffman (2006) はこの現象を感情認知，さらには共感（empathy）の萌芽とみなしている。

表情を弁別する能力は新生児にも観察されるという報告もある（LaBarbara et al., 1976; Field et al., 1982）。しかし選好法や馴致法による測定の妥当性を疑問視する見解や（Walker-Andrews, 1997 など），乳児は表情の形態を識別できても感情を認知しているとはいえないという批判もあり（Oster, 1981），評価は難しい。

Walker-Andrews（1986）が行った実験では，7か月の乳児に対し怒りの表情と喜びの表情を並べ，それぞれの音声を流すとその音声の感情に合わせた表情のほうに注意が向くという傾向が示されている。つまり生後7か月頃になると，感情価を適切に評価しているかどうかはともかく，視覚的にも聴覚的にも基本的な感情カテゴリーを弁別する能力が確立しつつあるといえるだろう。

1歳頃からは他者の感情表出と状況を結びつけて解釈し自分の行動を調整する社会的参照（social referencing）ができるようになる（Klinnert et al., 1983; Saarni et al., 2006）。これは乳幼児が1歳前後から表情に基づき他者の感情あるいは状況の意味を解釈し行動することができるということを示している。

幼児期になると，文脈の中で状況と結びつけながら他者の感情を解釈できるようになっていく。Borke（1971）は幼児を対象に，物語の主人公の表情について適切な反応ができるかどうかを調べた。その結果，「楽しさ」については3歳児で70％が，4歳児になると約90％が，表情から感情経験を適切に判断できた。「悲しみ」では物語によって差は出ているものの，4歳児で約半数が，6歳児では80％以上の幼児が適切な判断を示した。感情の種類に関しては，他者の否定的な感情より肯定的な感情を正確に判断できるとする報告が多い。これについて櫻庭・今泉（2001）は，共感しやすい感情ほど認知しやすいと述べている。

2. 基本感情の弁別としての感情認知

（1）感情語の理解と表情の弁別

Izard（1971）は，2～9歳の子どもを対象に写真人物の表情を見て感情のラベリングを行うEmotion Labeling課題と，感情語を手がかりに表情を選択させるEmotion Recognition課題を行った。その結果，どちらの課題においても年齢とともに成績が上昇すること，適切なラベリングができなくても感情語を手がかりにすれば理解可能な表情が存在することを明らかにした。Harrigan（1984）や櫻庭・今泉（2001）も類似の研究を行っており，感情語を手がかりに表情を理解する課題のほうが，表情に自由にラベリングする課題よりも成績がよいことが明らかとなっている。こうした傾向は2～3歳の時点でも認められる。つまり幼児期においては感情語を用いることで表情の認知が促進されると考えられる。MacDonald et al.（1996）は，もともと表情表出を手がかりにして感情を認知あるいは弁別していた子どもが，言語発達に伴って感情語を手がかりとして優先的に使用するようにな

ると述べている。

その一方で，Emotion Labeling課題の成績のほうが悪いという事実からは，特定の感情カテゴリーを表しているとみなされている表情写真あるいは表情図が，子どもたちには異なる感情カテゴリーあるいはもっとあいまいな感情状態として認知されており，それを表現できるほど言語発達が進んでいないという可能性も考えられるだろう。

(2) 基本感情の弁別

Ekman & Friesen (1971) は6つの基本感情カテゴリー（幸福，悲しみ，怒り，驚き，嫌悪，恐怖）を設定し，物語の主人公の感情に合致する表情写真を選ばせる異文化間の比較調査を行った。その結果，異文化の子どもにおいても正しく選択できた。すなわち基本感情カテゴリーにおいて特定の表情は特定の感情状態と，文化や年齢にかかわらず普遍的に結びついているとされている。このような基本感情カテゴリーは，幼児期を通して徐々に獲得されていくと考えられる（Widen & Russell, 2008）。Pons et al. (2003) や菊池 (2004) の研究によれば，喜び・悲しみ・怒り・恐れの表情について，3歳児では約半数，5歳児では大多数が弁別可能になる。また他者の感情状態を弁別し命名する能力は言語発達に伴って4, 5歳頃から急激に発達し，5歳児では感情生起に関わる外的要因を理解できる（Pons et al., 2003）。

Russell (1980) は感情語の分類課題の結果に基づき感情の次元説を提唱している。次元説では基本感情は独立したカテゴリーとはみなされず，「快－不快」と「覚醒度」から成る2次元空間に布置される。この2次元の認知構造は感情語のみならず，表情認知や音声認知研究においても確認されており，幼児を対象とした表情写真の分類課題を用いた研究（Russell & Bullock, 1985; Russell & Bullock, 1986）においても支持された。Russell & Bullock (1985, 1986) によれば，4～5歳児の表情認知構造も大人と同様に「快－不快」・「覚醒度」という2次元から構成されており，定量的にも大人の認知構造と同じであった。すなわちこの2次元の認知構造は原初的かつ普遍的であると考えられている。

3. 行為あるいは状況の解釈としての感情認知

他者の感情経験を推測するということは，表出行動の弁別にとどまらず他者の内的な心的世界を推測することであり，そのためには他者の行為とその行為が行われ

た状況に即して推論する能力が求められる。例えば，おもちゃを取り上げられたから悲しくて泣いている，積み上げた積み木を崩されて怒っている，などの認知は，他者の行為や状況と弁別された表情などの表出行動との結びつきから，他者の感情経験を推測・解釈したものと捉えることができる。

Gnepp et al. (1982) は，状況が感情を推測するために重要な情報源として機能することを示し，幼児期から児童期にかけて，状況を把握する能力が発達するに伴って感情の推測もより精緻なものへ発達することを示している。Camras (1977) は，同性の幼稚園児のペアの間に，ひとりでしか遊べない小動物の箱が置かれ，一方が遊んでいるときに生じる葛藤状況を観察した。その結果，1人が遊んでいる最中にもう1人が小動物の箱を取り上げようとしたとき，遊んでいた子どもが箱の譲渡を拒む表情をすると，相手は箱を奪うことに躊躇した。この結果から，幼児は葛藤状況において相手の表情が意味する感情と対人的メッセージを正しく解釈できることがわかる。

笹屋 (1997) は幼児期，児童期および青年期を対象に，表情と状況の2つの手がかりが一見矛盾して受け取られるような場面を提示して，どの手がかりがどのように用いられるかについて検討した。その結果から，4歳児では状況把握能力は未発達であるが，表情認知能力はある程度高いこと，また5歳頃に状況把握能力は急激に高くなり，表情と状況の両方の手がかりを統合して用いるのは低年齢群より高年齢群に多いことが示された。つまり他者の感情を理解する手がかりは，表情から状況，そしてこれらを統合させたものに発達していくと考えられる。

幼児の社会的問題解決に関する研究において，Dodge et al. (1986) は，攻撃行動の多い子どもは対人葛藤場面において相手に敵意を認知しやすいことを報告している。また丸山 (1999) は，4～6歳児は葛藤相手の行動に基づいて敵意を認知することができ，6歳児では相手に敵意を認知した場合は言語的自己主張方略をとることが多いのに対して，敵意がないと認知した場合には「なにもしない」というような消極的方略をとることが多いことを報告している。このように幼児期の後半以降，他者の行動およびそれによって引き起こされた状況の解釈としての感情認知が，その後の適切な行動選択と遂行につながっていくと考えられる。

4. 感情表出動機の認知

他者の感情状態は，表出行動と状況から常に適切に推測・判断できるとは限らな

い。感情表出には，あえて本当の気持ちを隠す，経験とは異なる感情を表出するなどの，意図的側面が存在するからである。何らかの動機に基づいて表出される意図的な感情表出は，感情の経験的側面と表出行動の側面を区別し，コミュニケーションの中で適切に感情を制御するための重要な要因である（Saarni, 1979）。

自己の感情表出を制御・調整する過程は感情の"社会的な表出のルール（social display rules）"によって理解される。Saarni（1979）や澤田（1997）によれば，3・4歳児は感情表出のルールに従って感情を制御することができるが，それは意図的なものではなく，その動機や他者に与える影響について自覚的に制御できるようになるのは6歳以上になってからである。これに対応して，幼児は他者の制御された見かけの感情を認知できるようになり，それと同時に，あるいはそれに続いて，他者の感情表出動機を推測することができるようになる。

Harris et al.（1986）は，他者は本当に感じている感情とは異なる感情を表出することがあるということを理解し認知できるのは，6歳以上であると報告している。澤田（1997）の研究においても，他者が見かけの感情を表出することを認知できたのは，4歳児前半で約10％，4歳児後半で約30％，6歳児で約50％であった。それは，4歳児は6歳児に比べて感情制御および感情表出のルールに関する知識が少なく，制御する必要性を認知できていないためだと述べている。

他者が感情表出を制御し見かけの感情を表出しているとき，それを認知できない幼児にとって他者の感情表出は矛盾した状況である。このような矛盾した状況を幼児に示し，登場人物の感情を同定させたり，なぜこのような表情を表出しているのかと理由を求めたりするのが矛盾解消課題である。この課題を用いて幼児における他者の感情制御および感情表出動機の認知の発達過程について検討した研究によれば，4歳児や5歳児では課題そのものを理解できない子どもと，表情を手がかりとする子どもが多く，6歳児では状況を手がかりとした理由を述べる子どもが増加する（笹屋，1997; 澤田，2000）。見かけの感情が表出されていることを認知できない幼児は，おもに表情や状況などの外的な要因から表出動機を認知しようとしており，中でも早い時期から使用されるのは表情であった。

以上のように感情表出動機の認知は，感情の弁別および状況に基づく解釈を基礎とし，感情表出のルールに関する知識と照らし合わせて表出行動が制御されている可能性を吟味して初めて可能となる。したがってその萌芽は幼児期にみられるにしても，児童期以降の発達を待たねばならないであろう。

他者の感情を正確に判断できるのか

　私たちはいかにして他者の感情を判断し，どこまで正確に認識できるのか。これらの問いに挑むのが，感情の認識精度（emotion recognition accuracy: ERA）の研究である。全般的には人々の感情認識はかなり正確であるが，その精度は利用可能な手がかりや対象となる感情，社会的文脈によって左右される（e.g., Bänziger, 2016）。

　ERA の指標として，これまで多くの研究で正答率が用いられていた。しかし，正答率は判断対象や回答の選択肢，利用可能な手がかりなど課題の性質により大きく異なるため，研究間の直接的な比較が難しい。そこで，Hall et al. (2008) は，100 を超える先行研究を対象にして，共通の基準を用いてメタ分析を行った。その結果，ERA は当て推量よりもずっと正確で，パーソナリティや知能に関する判断精度を上回っていた。ERA の高さは，円滑な対人コミュニケーションの基礎となる。

　その一方で，判断対象である感情の種類や利用可能な手がかりが認識精度に強い影響を及ぼす面もある。例えば，手がかりが音声のみの場合は喜びよりも怒りのほうが正確に認識できるものの，静止画の表情が手がかりの場合には怒りよりも喜びのほうが認識精度は高くなる（Scherer et al., 2011）。感情認識の手がかりは，これまでおもに表情が注目されてきた。しかし それ以外にも，音声情報や姿勢，ジェスチャーのような視覚情報はもちろん，接触（e.g., Hertenstein et al., 2009）など多岐にわたる。通常，これらの手がかりは個別でなく統合的に，かつ自動的に処理されるため，意識的な制御が難しい（De Gelder et al., 2013）。

　さらに，社会的地位や集団成員性のような社会的文脈が ERA と関連する。社会的地位が低い者は，地位が高い者に多くの注意を払うために鋭い ERA を発揮する可能性と同時に，ERA の高い者が周囲と協調して成功を重ねて社会的地位を築く可能性もある。また，相手が外集団成員よりも内集団成員のほうが，感情の認識は正確になりやすいという内集団の優位性が指摘されている（e.g., Elfenbein & Ambady, 2002）。

ステレオタイプ内容モデル

Glick & Fiske (2001) は、表のようなステレオタイプ内容モデル（Stereotype Content Model: SCM）を提示し、私たちが社会集団、人々に対して抱くステレオタイプを整理した。もとも

表　ステレオタイプとそれに伴う感情

	能力低	能力高
温かさ高	主婦, 途上国 身体障害者 （哀れみ, 軽蔑）	中産階級, 白人 （尊敬, 賞賛）
温かさ低	ホームレス, 犯罪者 （嫌悪, 回避）	キャリア女性, 官僚 （妬み, 敵愾心）

Glick & Fiske (2001) を参考に筆者が追加．改変．カッコ内は関連する感情．

と，対人認知において，有能さに関わる知的次元と対人的な温かさの次元は重要な2つの次元とされてきた。有能さは地位をめぐる競争と関連し，序列において優位に見えるという性質を反映している。素朴な対人認知ではこれら2つの次元は逆相関することもGlick らは示している。したがって「イメージ」としては，対角の有能で冷たい人，無能で温かい人というのが世の中では多く，いずれかに分類されやすいことをも示唆している。

　近年では，文化の成熟してきた地域において人権意識が定着し，素朴な差別が社会的に減じてきている現状があり，その結果として別の形をとる巧妙な差別形態が生じてきている。そうしたことの一側面を，このSCMはうまく捉えている点が重要である。例えば，女性が重要な職業的地位につくことを一般にはもう誰も表だって非難するようなことはない。あからさまな女性蔑視などは社会から消えかけている。しかし，働かないで小さい子どもの面倒をみることをたたえ，そうした主婦的な生き方を賞賛するだけでなく，それが女性本来の重要な役割だと強調することは，主婦の人間的温かさを賞賛する一方，その背後で結果的に仕事を続ける女性の人となりを「冷たい」ものとして扱うことを意味する。有能だが冷たいというポジティブな性質とネガティブな性質を抱き合わせで与えることでネガティブな排除，非難を覆い隠し，総合価値的に中和して見せることによってその実質のステレオタイプのネガティブイメージを隠蔽するのである。一方，温かい主婦は仕事ができない相対的に能力の低い存在として扱われ，何らかの専門家でも子どもを連れて検診などにいくと「何も知識のないお母さん」として「見下げられて扱われる」事態があることなどもこうしたからくりが背景となっている。

　このように個々のカテゴリーには典型的に付随する感情が伴い，表にあるようにそれぞれ賞賛，妬み，哀れみ，嫌悪といった対人的な感情がステレオタイプのあり方によって規定されることを，この図式は示してもいるのである。

12章

人間関係における感情

1節　親密な関係における感情

1. はじめに

　私たち人間は，1人では生きていけず，数多くの人間関係を形成・維持しながら社会生活を営んでいる。親密な関係は，その中核となる人間関係である。親密な関係には，親子やきょうだいのような血縁関係もあれば，友人や恋人・夫婦のような非血縁関係もある。これらの関係の中で，多岐にわたるあらゆる感情が経験され，共有される。本節では，親密な関係における感情とその働きを紹介する。親密な関係だからこそ経験する特有の感情がある。また，感情は親密な関係を形成・維持させ，さらに発展あるいは崩壊させる機能を有する。そして，私たちは親密な関係の中で感情を経験し，伝え合い，制御している。

2. 親密な関係における感情

　人類の長い歴史の過程で，自らが生き残り子孫を残していくうえで他者との協力が必要不可欠であったため，私たちは親密な関係を形成・維持したいという基本的欲求をもつ（Baumeister & Leary, 1995）。感情は，親密な関係の形成や維持，発展において中心的な役割を果たし，また親密な関係自体も感情経験に影響を及ぼす（Schoebi & Randall, 2015）。感情は私たちを動機づけ，親密な関係を形成し，その

相手と協力的に関わり，自らの欲求を相手に伝達するように促す（Keltner & Haidt, 1999）。実際，親友や恋人，家族などの親密な関係ではそうでない関係に比べて，互いの欲求を共有するため，より積極的に感情を表出しようとする（Clark & Finkel, 2005）。

また，親密な関係は，怒りや悲しみ，恐れ，幸福，感謝，嫉妬，許しなどの広範囲にわたる感情が生じる源泉である（Knobloch & Metts, 2013）。私たちは，親密な相手とともに過ごすことで幸福を感じる一方で，相手が約束を破れば悲しみや怒りを感じる。恋人が他の人と楽しそうにしているのを見て嫉妬し，捨てられるのではないかと恐れを抱く。また，自分が困っている際に，親密な相手に助けられれば感謝するし，親密な相手に傷つけられても許すことがある。幸福のようなポジティブ感情だけでなく，恐れや不安，怒りのようなネガティブ感情でさえ親密な関係の中で表出されやすい（Clark & Finkel, 2005）。

3. 親密な関係特有の感情

親密な関係だからこそ経験する特有の感情も存在する。例えば，恋人関係や友人関係で経験する感情として，恋愛感情（romantic love）と好意（liking）がある。Rubin（1970）によれば，恋愛感情は①相手と一緒にいることを求め頼る，②相手を助け尽くす，③相手を独占して他者を遠ざける，などの特徴を合わせ持つ。また好意は，①相手を好ましく思う，②相手を尊敬する，③相手を自分と似ていると感じる，という特徴を含む。このように両概念を整理したうえで，Rubin（1970）は両感情の測定尺度を作成して，恋愛相手と友人に対する恋愛感情と好意を調査した。その結果，恋愛感情と好意は区別され，恋愛相手に対しては恋愛感情と好意のどちらも高かった一方，友人に対しては好意のみ高くなっていた。この知見は藤原・黒川・秋月（1983）によってわが国でも確認されている。Rubin（1970）や藤原ら（1983）は，恋愛関係と友人関係では好意を経験する点が共通するものの，恋愛感情の有無が異なることを実証している。この恋愛感情と好意はどちらも，親密な関係の形成や維持，発展を促す。加えて，恋愛感情には，排他的な関係維持機能があることが示唆されている。例えば，現在の恋人に恋愛感情を感じていると，それ以外の人の魅力を感じにくく（Johnson & Rusbult, 1989），他の魅力的な人物が頭に浮かびにくくなる（Gonzaga et al., 2008）。

一口に愛情（love）といっても，その構成要素や強度によって性質が異なるとい

う立場もある。Sternberg（1986）は，親密性（intimacy）・情熱（passion）・コミットメント（commitment）の3要素から親密な関係の愛情を捉える，愛情の三角理論（triangular theory of love）を提唱している。親密性は，相手とのつながりや絆を形成する感覚，親しさの感情を指す。情熱は，ロマンスや身体的魅力，性的な関わりを求める衝動である。コミットメントは，短期的には相手を愛する決意であり，長期的には相手に対する関与の継続を意味する。これらの3要素は相互に影響しあう。親密さが高まるとコミットメントが高まることや，情熱を感じなくなると親密さも低下することがありえる。さらに，3要素の組み合わせによって愛情の種類が異なるとされる。例えば，親密性が強く，情熱とコミットメントが弱いものが友情，情熱のみが高いものは一目ぼれのようなのぼせ上がりの愛，3要素すべてが強ければ完全愛であり，反対に3要素すべてが弱ければ，親密な関係ではなく表面的な関係となる。わが国でも，金政・大坊（2003）が愛情の3要素を確認しており，友人から恋人へと関係が深まるにつれて各要素が高まること，片思いでは恋人と同じくらい情熱が高い一方で親密性やコミットメントは友人と違いがないことを報告している。

4. 親密な関係における感情の働き

　愛情や好意のようなポジティブ感情は，その対象となる相手に対する接近や協力行動を促進して，親密な関係の形成や維持・発展に大いに貢献している。それでは，ネガティブ感情はどうだろうか。親密な関係で経験するネガティブ感情は当然不快なのだが，利点がないわけではない。Baker et al.（2014）は，親密な関係におけるネガティブ感情の働きとして，関係に何か問題が起きているシグナルとなる点と，その問題を解決するよう私たちを動機づける点を指摘している。親密な関係の中で問題が生じた結果ネガティブ感情を経験することで，当該の問題がより自覚されるようになり，それを解決するように動機づけられるのである。Tooby & Cosmides（2008）によれば，ネガティブ感情の機能の1つは私たちが明確に認識できるように，潜在的な危険や問題に対する注意をシフトさせることである。ソシオメーター理論でも，他者からの排斥や評価の低下によって自尊感情が低下してネガティブ感情が喚起され，私たちに対人関係の問題が生じていることを警告し，その問題を解決するよう動機づけると考えている（Leary & Baumeister, 2000）。

　ネガティブ感情は経験した人にだけ影響するわけではない。親密な関係では，ネ

ガティブ感情が相手に表出されやすい（Clark & Finkel, 2005）。ネガティブ感情を表出されるのは不快だが，親密な相手をより深く理解することができる。また，感情の開示は，関係の親密性を促進する傾向がある（Altman & Taylor, 1973）。実際，ネガティブ感情を積極的に表出しようとする人のほうがそうでない人よりも親密な友人関係を形成しやすいことが報告されている（Graham et al., 2008）。加えて，ネガティブ感情の表出は自身の欲求が満たされていないことを示すため，親密な関係では相手からサポートを引き出しやすくなる。ストレスフルな課題を準備する際，落ち着いている人よりも緊張している人のほうが周囲の人から援助提供されやすい（Graham et al., 2008）。

　ただし，解決できない問題から生じたネガティブ感情は親密な関係にとって利点が少ない。Ickes & Simpson（1997）は，相手の感情が解決できない問題に由来する場合，その感情の正確な理解は関係に有益でない可能性を指摘している。また，ネガティブ感情の伝え方にも注意を払う必要がある。はっきりとしないネガティブ感情の表出は，かえって親密な関係の問題を増大させてしまうため，相手の問題点を明確に指摘し，どのような改善を求めているかを伝えることが有効とされる（Baker et al., 2014）。そして，ネガティブ感情が親密な相手に対する攻撃行動を誘発してしまう危険性にも気をつけねばならない。さらに，親密な関係でもネガティブ感情の長期化の弊害がある。抑うつが長期間続くと，解決不能な問題に時間や労力をかけるのは無駄が多いので，しだいに当該関係で生じている問題を解決しようとする動機づけが低下していく。

5. 親密な関係が規定する感情経験

　感情が親密な関係に影響を及ぼすだけでなく，親密な関係も私たち1人ひとりの感情経験に強い影響を及ぼす。親密な関係の形成・維持は幸福感の源泉である（Argyle, 1987）。幸せを強く感じる人々には，親密な友人や恋人がおり，それなりに幸せを感じる人々よりも友人や恋人，家族と一緒に過ごす時間が長い（Diener & Seligman, 2002）。また，幸せを強く感じている学生は友人の数が多く，恋人とのデートに費やす時間が長い（Oishi et al., 2007）。ただし，離婚や別居，配偶者や家族の死など親密な関係の悪化や喪失は，甚大なストレスにもなる（Holmes & Rahe, 1967）。

　また，親密な関係にある人同士でそれぞれの感情が互いに影響を及ぼしあう。他

者の笑顔を見て，自分も思わず笑って楽しい気持ちになることや，他の人が泣いている姿を見て，自分ももらい泣きしてしまうことがある。このように，他者による特定の感情表出を知覚することで自らも同じ感情を経験する現象を情動伝染（emotional contagion: Hatfield et al., 1994）と呼ぶ。この現象は，本人も気がつかないうちに他者の表情や姿勢などの感情表出の模倣が自動的に生起し，身体的感覚のフィードバックを通じて同じ感情が経験されるために生じるとされる。単なる知り合いよりも，相手が友人や先輩・後輩である場合のような，親密な関係において情動伝染はより生じやすい（Kimura et al., 2008）。情動伝染が皮肉な結果になることもある。夫や恋人が海外の戦地に旅立った女性たちが，対処法のないまま祖国で互いの心配を親しい友人同士で話し合うことで，かえって不安が増幅してしまう圧力釜効果（pressure cooker effect: Hobfoll & London, 1986）はその例だ。

　嬉しい出来事や悲しい出来事を経験した際に誰かに話したくなることがある。このような感情経験を他者に語る行為を感情の社会的共有（social sharing）と呼ぶ。単に事実や情報を語るよりも，感情の社会的共有は親密さを高めることが示されている（Laurenceau et al., 1998）。社会的共有の対象になるのは家族や友人，恋人などの親密な関係であり，それ以外が対象になることは稀である（Rimé, 2009）しかし，経験した感情が親密な関係の中ですべて語られているわけではない。山本・余語・鈴木（2004）では，話したかったのに話せなかった感情経験を調査した結果，怒り・悲しみ・喜びの感情経験で話せなかった相手は友人が最も多く大半を占め，次に家族が続いていた。

　社会的共有は，対人感情制御（interpersonal emotion regulation）の1つとして位置づけられる。対人感情制御とは，個人内にとどまる感情制御を超えて，コミュニケーションや関係性の中で，自らの感情を制御するために他者の支援を求めることや，自らの働きかけで他者の感情を制御することを指す（Zaki & Williams, 2013）。その中には社会的共有だけでなく，共感，社会的サポート，援助行動なども含まれる。親密な関係では，個人は互いの感情制御システムの一部となっているために，対人感情制御が頻繁に行われる。自らの感情を制御するために親密な相手に関わることもあれば，相手の感情をこちらが制御するために行うこともある。また，そのプロセスは，親密な相手からのフィードバックを求める反応依存タイプと，親密な関係の中で生じるが相手からの特定の反応を必要としない反応独立タイプとに大別される。前者の例は，社会的共有を行った際に相手が受容してくれたことで気分がよくなる場合であり，後者の例は，自らの言語化により感情がラベリングさ

れて感情制御できた場合である。

2節　他者との関係性で生じる感情

　私たちは，自分の能力や意見を正しく評価しようとするとき，しばしば自分と他者とを比較する（Festinger, 1954）。そして，自分と他者を比べることで「自分は他の人達よりも劣っているようだ。どうしよう」と感じたり，「自分よりもこんなに上手にできるなんて，この人はすごいなあ」と感じたりする。このように，自分と他者とを比較することを社会的比較という。社会的比較に伴う感情は実に多様であるが，Smith（2000）は，それらを3つの観点から整理するモデルを提案している（図12-1）。

　3つのうち1つ目は，上方-下方の観点である。この観点は，社会的比較における上方比較・下方比較に該当する。上方比較とは，自分より優れた他者と自分とを比較することであり，下方比較とは，自分よりも劣った他者と自分とを比較することである。図12-1では，上方比較に伴う感情は上半分に，下方比較に伴う感情は下半分に位置づけられている。

図 12-1　社会的比較に伴うさまざまな感情の位置づけ（Smith, 2000; 澤田, 2006）

2つ目は，自己焦点−他者焦点の観点である。ここでは，社会的比較の過程で自己と他者のうち特にどちらに焦点が向いているのかという観点から感情が整理される。図12-1では，自己焦点の感情は縦軸のそばに，他者焦点の感情は横軸のそばに位置づけられている。ただし，自己・他者の焦点は，いずれか一方に向けられればもう一方には向けられないというようなトレードオフ関係にあるわけではない。実際には，自己・他者のどちらにも焦点が向けられる場合もある。Smith（2000）のモデルではこの点について，自他焦点という考え方が取り入れられている（図12-1において，自他焦点の感情は角に位置づけられている）。例えば，妬みはこのモデルにおいて上方比較の際に生じる自他焦点の感情として位置づけられているが，これは，妬みが，他者の優れた状態と，相対して劣った自己の状態のどちらにも強く焦点づけられた感情であることを意味している。

3つ目は，同化−対比の観点である。同化とは，ポジティブ−ネガティブという軸，すなわち感情価に関して，比較対象の他者と同質の感情が生じることを意味する。それとは逆に対比は，比較対象の他者と対極を成す感情価の感情が生じることを意味する。図12-1において，同化的感情は第2象限および第4象限に，対比的感情は第1象限および第3象限に位置づけられている。例えば，さきほど例にあげた妬みは，図12-1の第1象限，つまり，上方対比的感情の1つとして位置づけられている。他者が自分に比べて優れた成果をあげたときには上方比較が起こりやすいが，このとき，優れた成果をあげた他者自身は，誇らしさ等，ポジティブな感情を感じているだろう。そのような他者に向けられる対比的感情は，ポジティブとは対極の感情価にあたるネガティブな感情である。妬みは上方比較の際に生じるネガティブな感情であるため，上方対比的感情として位置づけられるということになる。

以上のようにSmith（2000）によるモデルでは，上方−下方，自己焦点−他者焦点，同化−対比という3つの観点を用いて，社会的比較に伴う感情が12の類型に整理されている。このモデルにおいて特に興味深いのは，自己焦点，他者焦点，自他焦点というように，自己・他者に焦点が向けられる度合いにバリエーションが想定されているという点である。社会的比較は自分と他者とを比較する過程であるため，必然的に自己と他者双方を意識することになる。しかし，その焦点が特に自己に向くのか，他者に向くのか，双方同程度に向くのかは，個人によって，また，状況によって異なるだろう。社会的比較に伴う感情が多様であるのは，自分と他者とを比較する際，自己と他者それぞれに対してどれくらいの割合で焦点が向けられるかという度合いの組み合わせが多様であることを反映しているものと考えられる。

ここまでは，他者との関係性の中で生じる感情として，社会的比較に伴う感情を取り上げてきた。社会的比較は，自分と他者とを比較する文脈にあるため，競争関係に関わる感情であるといえる。しかし，私たちは他者と競い合うだけでなく助け合うこともある。ここからは，他者から援助を受けるという協調関係に関わる感情として感謝と負債感を取り上げ，それらについて概説する。

　感謝と負債感は，英語でそれぞれ gratitude, indebtedness と訳されることが多い（e.g., 一言ら，2008; 蔵永・樋口，2011a）。欧米における gratitude は感情価がポジティブな感情であり，それに対して indebtedness はネガティブな感情とされる（Watkins et al., 2006）。また，欧米における gratitude と indebtedness は，いずれか一方が生じればもう一方は生じないというトレードオフ関係が想定されている（Watkins et al., 2006）。しかし，日本における感謝の感情体験の内容や，感謝と負債感との関係は，欧米のそれらと比べて複雑である可能性が示されている。

　まず，日本における感謝の感情体験に関しては，ポジティブ・ネガティブ双方の感情価を含む内容であることが示唆されている。蔵永・樋口（2011a）は，日本人を対象として，過去に経験した感謝の感情体験をさまざまな感情表現語を使って言い換えてもらう調査を実施した。その結果，感謝の感情体験を表現する語として，嬉しさ，幸せといったポジティブな感情価の表現語が多数報告されたことに加えて，申し訳なさ，すまなさ等，負債感の言い換えにあたるようなネガティブな感情価の表現語も多数報告された。この結果は，感謝の感情体験が複雑な内容であること，感謝と負債感とがオーバーラップしていることを示唆している。

　なぜ日本においては，感謝と負債感とがオーバーラップするようなことが起きるのだろうか。ここでは，生起メカニズムの特徴からその理由について考えてみたい。蔵永・樋口（2011b）は，感謝の感情体験を肯定的側面と否定的側面に分け（図12-2），それぞれの生起メカニズムについて検討を行った。2つの側面のうち肯定的

図 12-2　感謝の肯定的側面と否定的側面

側面は,満足,喜びといった項目で測定され,感情価がポジティブであるという点で,欧米における gratitude に相当するものと考えられる。また,否定的側面は,申し訳なさ,すまなさといった項目で測定され,その内容から,欧米における indebtedness,日本における負債感に相当するものと考えられる。検討の結果,感謝の肯定的側面（gratitude に相当）は,自身が恩恵を得たという認識によって促されること,一方,否定的側面（indebtedness,負債感に相当）は,他者に負担をかけたという認識によって促される傾向が示された。

以上に記した生起メカニズムに関する結果を考慮すると,日本における感謝と負債感とがオーバーラップするのは,援助を受けた際,自身が得た価値と他者にかけた負担の双方に意識が向けられるためという可能性が考えられる。

日本は,個人主義文化－集団主義文化でいうところの集団主義文化に属しているが（Kitayama et al., 1997; Schimmack et al., 2005）,個人の利益が集団の利益よりも重視される個人主義文化に対して,集団主義文化においては,個人の利益よりも集団の利益が優先され,他者との協調・調和が重視される（Hofstede et al., 2010/岩井・岩井,2013）。一言ら（2008）は,このような文化的背景から,日本において自己の利益と他者の負担の認識が連動しやすい可能性を指摘している。他者から援助を受ける場面というのは,他者に負担をかけさせて自身が利益を得ているという点で,他者との関係性に不均衡が起こる場面でもある。衡平理論（Walster et al., 1973）に基づけば,不均衡は,他者との関係の弱体化につながる可能性がある（諸井,1996）。これらのことから,他者との協調・調和が重要となる集団主義文化において,援助を受ける場面というのは,単に自身が利益を得たというだけの場面ではなく,当該文化における適応課題に関して重大なリスクをはらむ場面でもあるといえる。このような場面においては,他者から援助を受けた際,自身が得たものの価値の大きさに喜ぶだけではなく,それを与えてくれた他者を慮ることで,関係の弱体化を防ぐことが適応的だろう。以上のような文化的背景ゆえに,日本においては,援助を受けた際,自身が得た価値についての認識と連動して,他者にかけた負担についての認識が引き起こされやすいと考えられる。他者との関係性が自分個人の利益よりも重視される文化だからこそ,他者との関係性の中で利益を得たとき,自己に対してだけでなく他者に対しても意識が向けられ,その結果,自己利益に焦点が向けられた gratitude に相当する感情と,他者負担に焦点が向けられた indebtedness に相当する感情が同時に生起しやすいのだろう。日本において一言で「感謝」と呼ばれる感情体験は,gratitude と indebtedness の双方が同時に生じ

ているような，複雑な内容を指しているのである。その中には，負債感に該当するような内容の感情体験も含まれているがゆえに，日本における感謝と負債感とはオーバーラップしやすいものと考えられる。

3節　道徳や法と感情

　道徳，特に正義や公正さに関して私たちがもつ基準は，刑法と密接な関連がある。例えば，人を傷つけたり欺いたりしてはならないといった道徳的な基準を逸脱した場合，傷害罪，暴行罪，詐欺罪のように法的に処罰される場合がある。裁判員裁判が施行され，一般市民である裁判員が殺人罪や傷害致死罪などの重大な刑事事件に対する法的判断を担い始めた。このような法的判断に，裁判員が被告人や被害者に対して抱く感情の影響はあるのだろうか。本項では，刑法で処罰の対象になるような重大な道徳違反行為に対して人々が抱く感情の種類や，それらの感情が法的判断に影響を及ぼすことの是非について，これまでに行われてきた研究を概観しながら解説する。

　法的判断に際して，判断者の感情が影響することはこれまでに多くの研究が示してきた。生起する感情としては，犯罪そのものに対する怒り，被害者に対する同情，被害者家族の悲しみへの共感などがあげられる（伊東，2007）。そして，加害者に対する怒りの強さは，有罪率の高さにつながる可能性も指摘されている（Bright et al., 2006）。裁判では証拠に基づく理性的な判断が求められるが，判断者が抱く感情を完全に排除することは難しい。原（2014）は，法的判断に感情が持ち込まれることの正当性を確認する要件として，「(a) その感情が，行為や出来事がもつ事実的，価値的性質を正しく捉えた概念的内容を持つこと。(b) 感情が担う概念的内容が，道徳的判断の内容を含意すること。」(p.49) が重要であるとしている。傷害致死罪の判決文において「被害者の無念と遺族らの悲しみは察するに余りある」（名古屋地裁，2014）とあるように，感情的側面が実際の法的判断にも加味されていると考えてよいだろう。

　法的判断への感情の影響が許容される場合がある一方で，その影響がふさわしくないとされる場合もある。それが嫌悪に基づく法的判断である。嫌悪の区分は非常に複雑で，かつ多種多様な刺激によって誘発される（Rozin et al., 2000）が，少なくとも3つの点において法的判断の妥当性を低める可能性がある。第一に，身体的

な嫌悪（physical disgust）によって道徳的な嫌悪（moral disgust）が高まるように（Eskine et al., 2011; Zhong & Liljenquist, 2006），人は嫌悪の誘発因を混同しやすい。第二に，嫌悪を伴う人物知覚は，その人物に対する非人間化（dehumanization）を促進させ（Harris & Fiske, 2006），それが極端な厳罰志向につながる可能性がある。そして第三に，嫌悪は怒りと異なり，ひとたび誘発されると新たな事実が判明したり被告人の言動に変化があったりしても，それに応じた判断の変化が生じにくいことが指摘されている（Russell & Giner-Sorolla, 2011）。以上の点は，いずれも原（2014）が示す法的判断に感情が持ち込まれることの正当性を確認する要件を満たすうえで問題となりうるだろう。

では，嫌悪を法的判断に持ち込まないためにできることはあるのだろうか。道徳基準の厳しさや嫌悪刺激への感受性の高さといった個人差が，罪責認定のしやすさ（有罪だと思う程度の強さ）につながる可能性を示した研究結果（村山・三浦, 2015）からも，特に一般市民にとって嫌悪を法的判断と切り離すことは難しい。また，嫌悪そのものは，腐敗した食物の摂取や，道徳違反行為を犯した人物に対する回避行動を通して，人が生き延びるために重要な役割を担ってきた必要不可欠な感情であるとされる（Rozin et al., 2000）。しかし先に示した通り，法的判断の根拠としては妥当性が低い。陪審制度を採用しているアメリカでは，嫌悪感受性尺度（Haidt et al., 1994）や，嫌悪感受性と関連が示されている政治的態度（保守的政治態度と嫌悪感受性に正の相関がある：Inbar et al., 2009）の測定を制度的に導入し，嫌悪の影響を極力少なくするべきであると主張する研究者もいる（Inbar & Pizarro, 2009）。

制度に介入する方法に加え，法律の専門家である裁判官や弁護人にできることもある。例えば裁判官としては，評議前の説示等で証拠に基づいた客観的な判断が求められることを繰り返し伝えられる。また弁護人としては，被告人の非人間化を極力防ぐために，犯罪に至った経緯や生い立ちなど，裁判員が被告人の人間性にふれられるような事実を法廷で示せるだろう。これらの効果性の測定や社会制度との関わりを含め，人の道徳性や嫌悪の生起，またそれらの法的判断への影響について，今後もさらなる研究成果の蓄積が必要である。

4節　集団間感情

　人は自分自身に関するもののみならず，自分が所属している集団（内集団）に基づいて，特に他集団（外集団）やその成員に対してさまざまな感情を抱く。例えば，ある他大学の学生が自分の大学を馬鹿にした発言を聞くと，その大学生本人，さらにはその大学全体に怒りを感じることがあるだろう。こうした感情は，集団間感情 (intergroup emotion)，もしくは集団ベースの感情 (group-based emotion) と呼ばれる。集団間感情は，特に偏見，差別，紛争と密接に結びついており，人間関係において重要な役割を担っている。ここからは，特に外集団や外集団成員との関係において，集団間感情がもつ役割をみていく。

1．集団間感情理論

　集団間感情を説明する理論の1つが集団間感情理論である（Intergroup Emotions Theory: Smith, 1993; Mackie et al., 2000）。集団間感情理論とは「われわれとしての感情」をもとに，さまざまな集団間行動を説明しようとする理論であり，認知的評価理論（Frijda, 1986; Roseman, 1984）と自己カテゴリー化理論（Self-Categorization Theory: Turner et al., 1987）の2つの理論を融合したものである。まず，認知的評価理論によると，人の感情は，自らに起きた出来事に対する認知的評価の結果生じる。つまり，出来事をどのように評価するかによって，さまざまな感情が生起するとされる。次に，自己カテゴリー化理論は，社会的アイデンティティ理論（Social Identity Theory: Tajfel & Turner, 1979）の拡張理論の1つである。人は所属している集団やカテゴリーを自己の一部のようなものとして同一視して認知する傾向がある（自己カテゴリー化：self-categorization）。これら2つの理論が示す原理を同時に，集団間現象に当てはめたものが集団間感情理論で生じる心理・行動過程である。自己カテゴリー化によって，人は，自分の所属する内集団やその成員と自分を同一視し，「自分＝内集団」として認識する。したがって，ある出来事が生じたときに，この出来事が自分と同一視された内集団にとってどのような出来事なのかを認知的に評価することで，さまざまな集団間感情が生じる。

　こうした集団間感情理論によって，集団間感情と集団間行動が生起する過程を図12-3にまとめた（縄田, 2015）。ここでは，ある出来事が発生したときに，次の（1）

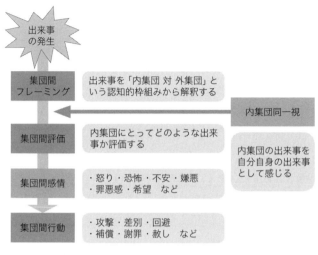

図 12-3　集団間感情理論における集団間感情過程 （縄田, 2015）

〜 (4) の過程がみられる。

(1) 集団間フレーミング：「内集団 対 外集団」という集団間現象としての枠組みからこの出来事が解釈される。
(2) 集団間評価：この出来事が内集団にとってどのような出来事か評価される。なお、これは特に内集団同一視が高まった状況や、特性として内集団同一視が高い人において顕著となる。
(3) 集団間感情：こうした評価の結果として、怒り、恐怖、罪悪感といった集団間感情が喚起される。
(4) 集団間行動：集団間感情に対応する形で攻撃や回避、補償といった集団間行動がなされる。

この一連の過程の例として、来日外国人犯罪報道への接触という場面を考えてみよう。報道によって、ある外国人が日本で強盗殺人を行ったという出来事を知る。このときに、(1) この犯罪を個人間で起きた出来事ではなく、当該国人が日本人を殺した事件として集団間の枠組みで認識し、(2)「当該国人→日本人」という危害事象として評価を行う。この評価の結果 (3a) 怒りを感じて、(4a) 当該国人全般への攻撃・差別行動が行われる。もしくは、(3b) 恐怖を感じて、(4b) 当該国人全般

との関わりを避けようという行動がなされる。

したがって，集団間感情が生起するためには，集団間フレーミングと内集団同一視が大前提となる。「内集団 対 外集団」という集団間の枠組みで出来事が解釈されることで，その出来事は自分とは無関係の出来事ではなく，内集団という自分と関連し事象として解釈される（Dumont et al., 2003; Ray et al., 2008）。また，内集団同一視が強いほど，強い集団間感情が生起することは繰り返し示されてきた（Mackie et al., 2000）。これは，いわば内集団同一視が高い個人では，自分と内集団を重なり合うものとして認知しているために，集団や集団メンバーに対して起きたことは，「他人ごと」ではなく，「自集団ごと＝自分ごと」として認識されているためだといえる。このように，"われわれ vs. 彼ら"の出来事だとして認識することで，自分と同一視した集団成員としての認知的評価が行われ，集団間感情が生起し，それに対応する集団間行動が引き起こされる。

2. 集団間感情が導く集団間行動

集団間感情のアプローチには，特に集団間行動との関係性の理解に対して次のような利点がある（縄田，2015）。1つは，集団間行動をよりよく説明・予測しようとする点である。特に，集団間関係では，社会問題となる外集団への攻撃や差別という行動面を理解することが重要である。感情は行動への準備状態であり，感情は認知よりもよりよく差別行動を予測することも指摘されている（Tropp & Pettigrew, 2005）。集団間感情からアプローチすることで，単なる否定的な認知だけではなく，現実に問題となる否定的集団間行動を説明できることは大きな利点である。

また，集団間感情のアプローチは，感情種類ごとに異なる行動が説明できるのも重要な点である。古典的な差別研究では「外集団＝ネガティブ」という単純な視点からの研究が多かった。しかし，集団間感情研究では，それぞれの外集団への異なる感情反応とそこから導かれる行動を説明できる。以下に述べるように，否定的感情であっても怒り，恐怖，嫌悪それぞれによって，攻撃，回避など引き起こされる行動は異なっている。このように，感情ごとに異なる行動の生起を説明しうるのが集団間感情アプローチの利点である。

では，それぞれの集団間感情ごとにどのような集団間行動が引き起こされるのかみていこう。

(1) 怒り

　最も多くの研究がなされてきたのは，怒り（anger）だろう。怒りは攻撃と密接に結びついた感情である（Anderson & Bushman, 2002）。集団間関係においても集団間怒りは集団間攻撃を予測する。例えば，外集団への対立的主張や行動（Iyer et al., 2007; Mackie et al., 2000）や，軍事攻撃支持態度（縄田・山口，2012; Spanovic et al., 2010）と集団間怒りは正の関連があることが示されてきた。したがって，基本的には怒りは攻撃と結びついており，外集団との関係改善には怒り感情の解消が原則となる。

(2) 恐怖

　恐怖（fear）は回避行動と結びついた感情であり，これは集団間関係でも同様である。外集団に恐怖を感じると，外集団を避ける行動が引き起こされる。その一方で，集団間恐怖と集団間攻撃行動との関連性に関しては，これまで研究ごとに結果が異なっており，一貫性がみられない（Smith & Mackie, 2016; 縄田，2015）。恐怖が引き起こす典型反応は回避である。恐怖が外集団から距離を置くことを促進することで，攻撃がなされなくなることもあるだろう。その一方で，こうした恐怖が，被害を回避するための防衛的攻撃を引き起こすこともある（Leidner et al., 2013）。集団間恐怖が集団間攻撃を引き起こすかどうかは，場面や認知的枠組みに依存する可能性が指摘されている（Mackie & Smith, 2015; 縄田，2015）。

(3) 不安

　不安（anxiety）は特に外集団成員との相互作用場面において，重要な役割を担う（Stephan & Stephan, 1985; Stephan, 2014）。集団間不安を強く感じている人は，外集団との相互作用を回避しようという動機づけが強まる。集団間不安は，外集団成員との相互作用の未実行や中止，また相手から目を逸らすといった非承認のしぐさや表情表出を引き起こす。こうした行動はある種の自己成就の形で実際に外集団成員との関係を悪化させる。後に述べるように，肯定的な形での集団間接触は，集団間不安を低減できることが示されてきた。

(4) 嫌悪

　嫌悪（disgust）は，元々は腐敗や汚物などに対する否定的感情であり，感染症などの汚染から身を守る適応的な機能をもつ。さらに，物理的な清潔さのみならず，

価値観の純粋さ・高潔さを汚染するもの，出来事，人物に対しても嫌悪は生じる。集団間場面においては，外集団への嫌悪が，外集団への回避的・排斥的な行動を増加させることが示されている。例えば，同性愛者に対しては，異性愛者から嫌悪が強く感じられやすく（Cottrell & Newberg, 2005），嫌悪が強い人ほど，同性愛者への権利拡大に反対する（Cottrell et al., 2010）。また，嫌悪は，外集団成員を人間以下のものとして扱う非人間化との密接な関連も指摘されており（Buckels, & Trapnell, 2013），非人間化を通じて集団間紛争場面での過激な暴力を促進する原因となる。

(5) 罪悪感

罪悪感は特に集団間の和解（reconciliation）を導く感情として研究が行われてきた。戦時中の市民殺害などの内集団が行った加害行為に罪悪感を抱き，内集団の責任を認めることで，被害者集団への損害を補償し，外集団の利益となる行動が促進される（e.g., Branscombe & Doosje, 2004; Iyer et al., 2003）。特にすでに集団間紛争が生じてしまい，加害－被害関係が明白な場合に，加害集団成員の罪悪感は，集団間関係の修復に重要な役割をもつ。

3. 集団間感情の視点からの集団間紛争解決

では，集団間感情の視点からみたときに，集団間関係を改善し，外集団との関係を改善するにはどのようなことが重要となるのか。ここでは (1) 集団間接触と (2) 集団間感情制御の2つを紹介する。

(1) 集団間接触

集団間接触とは，外集団成員と出会い，触れ合うことであり，偏見や差別を低減させ，紛争解決に効果的であることが繰り返し示されてきた（Pettigrew, 1998; Pettigrew & Tropp, 2006）。ただし，もちろん接触すれば常に集団間の対人関係が改善されるわけではなく，地位が対等であることや，協力的な関係に基いていることなど，集団間接触が有効に機能する条件も指摘されてきた（Allport, 1954; Amir, 1969; Pettigrew & Tropp, 2006）。

集団間接触が偏見の低減を引き起こす心理プロセスにはいくつかの要因があげられてきたが（Pettigrew & Tropp, 2008; Hewstone et al., 2014），その1つが，外集

団成員とうまく関わることができないのではないかという集団間不安が低減されることである。集団間接触によって，実際に外集団成員と触れ合い，良い相互作用となったことが経験されることで，こうした集団間相互作用への不安が低減する。また，共感も集団間接触が偏見低減をもたらす心理過程として重要である。外集団成員と接触することで，外集団への共感性が高まり，相手の立場からの視点が取れ，同情的な感情反応が引き起こされる。このことは，外集団への偏見を低減する。このように外集団成員との接触による不安低減や共感性増加といった感情面での変化が，集団間の対人関係の改善をもたらす。

(2) 集団間感情制御

もう1つの感情の視点からの集団間紛争解決の方法は，感情制御の視点である。上記のように，集団間感情が集団間行動を大きな役割を担っている。逆にいうと，感情を適切にコントロールできれば，紛争状況での否定的な行動を低減することが可能となり，ひいては集団間紛争の解決を導けるだろう。Gross et al. (2013) は，集団間行動を生起させる感情制御過程として，特に認知的再評価の重要性を指摘している。認知的再評価とは，状況の意味付けを肯定的なものに変化させ，そこからの感情的反応も肯定的に変化させることである。これは集団間関係においても重要な役割を担っている。外集団や紛争状況を解釈する認知的枠組みを直接的・間接的に肯定的なものへ変化させるような介入を行うことで，外集団に対する否定的感情反応が低減され，紛争の解決が期待できる。近年の研究では，現実の民族紛争や宗教対立場面の解決を目指した介入として，こうした集団間感情制御の有効性が示されている (i.e., Halperin et al., 2014; Halperin et al., 2011)。

以上のように，集団間接触や集団間感情制御は，現実での介入効果も支持されていることから，現実社会で問題となる悪化した集団間関係に基づく対人関係の悪化に貢献できる取り組みとなることが期待できる。

感情を偽る
― 感謝の嘘が獲得される背景 ―

　人から助けてもらったとき，たいていの人は，自分を助けてくれた相手に対して「ありがとう」等とお礼を言う。このような行動は，自分を助けてくれた相手に対して「私はあなたに感謝している」ということを示す行動である。しかし，感謝を示すような行動がとられたからといって，必ずしもその人が感謝を感じているとは限らない。例えば，おせっかいを受けたときのことを想像してみてほしい。内心ではいらぬお世話だと思っていても，相手が自分のためにしてくれたのだと思うと，「本当は感謝していないけれど，感謝を感じているかのようにふるまっておこう」ということがあるだろう。このように，人間は，内心では感謝を感じていなくても，さも感謝を感じているようにふるまう，いわば感謝の嘘をつくことがある。筆者が実施した1,000名（15〜74歳，平均41.05歳の男女）を対象とするWEB調査（未公刊）では，これまでに上記のような感謝の嘘をついた経験があるかという質問に対して，経験ありと回答した人が859名（約86％）であった。このことから，感謝の嘘は決して特異な行動ではなく，日常生活に存在する身近な行動であるといえる。

　従来，相手のことを思って感謝の嘘をつくことは，white lie（悪意のない嘘）の一種として，認知発達研究の中で取り上げられてきた。そしてwhite lieに関する研究では，この種の嘘がつかれるようになる背景として，認知発達に伴う「二次の心の理論」の獲得があることが示されている（Broomfield et al., 2002）。「心の理論」とは，他者の行動から心の状態を推測する体系のことを指すが（Premack & Woodruff, 1978），そのうち「二次の心の理論」とは，「Aさんは，『Bさんが……と思っている』と思っている」というように，入れ子構造で他者の心の状態を理解する体系を指す（Perner & Wimmer, 1985）。相手のことを思って感謝の嘘をつく際には，「この人はきっと，『私が喜ぶ』と思ってしてくれたのだろう」という思考があると考えられる。このような思考の様式は，入れ子構造であるという点で，先述の「二次の心の理論」と同じものである。相手のことを思って感謝の嘘をつくことは，自分を喜ばせようとしている相手の善意を汲み取ることができるような認知能力が獲得されているからこそ起こる社会的行動であると考えられる。

微笑み・笑うタイミング
— 対話者どうしの微表情の時系列的変化 —

　微表情は嘘を見破る手がかりの1つである（Ekman & Friesen, 2003）が，話し手が自身の辛い出来事を語る際，聞き手にとって重要な手がかりとなる。それはあるタイミングに話し手が見せる微笑，笑い，顔の向き，視線であり，それらを聞き手が察知しタイミングよく特別な微笑みを返すことで応えると，話し手は自分のわだかまりを乗り越えるきっかけをつかむ。臨床心理学者 Bänninger-Huber（2005）は，心理療法中の来談者と療法士の相互作用をビデオとコンピュータを用いて精密に分析するマイクロプロット法によりこのことを見出した。その現象は Prototypical Affective Microsequences（PAMs）と呼ばれる。それには成功 PAMs と不成功 PAMs がある。

　成功 PAMs は，次のような時系列で生じる。来談者が顔を療法家から背けながらネガティブな出来事をつぶやき出す。それに療法士がどう応じるかを垣間見ながら瞬間的に微笑んだり声を出して笑ったりしつつ顔を療法士に向ける。そのとき，療法士が瞬きしたあと悲しみと微笑みの混ざった表情を見せ，時には声を出して笑う。そうすれば共鳴的な関係が生まれる。こうして2者間によい情緒的関係が成立すると，来談者は自分の辛い出来事に対処できるようになっていくという。

　一方，来談者が独白しだして療法士を垣間見ながら微笑んだり笑ったりしたとき，療法士が悲しみと微笑みの混ざった表情を見せずにいきなり話し出すと，よい情緒的関係が成立せず話は進展しない。場合によってはセッションをやめてしまうこともあるという。療法士はただ微笑むだけではだめで，話の文脈や来談者が瞬間的に発する非言語的手がかりを敏感に察知し，タイミングよく適切な一続きの顔の微細な動きで応じることが必要である。

13章

感情と認知

1節　社会的認知と感情

　社会的認知領域とは主として他者や社会的刺激の認知プロセスを取り扱う研究分野である。社会的認知研究が感情現象，感情変数を取り上げ始めたのは，主として1980年代頃からであったが，その前駆的状態としては，認知領域において認知心理学者たちが行ってきた研究の実績，成果があった。とりわけ，理論的にまとまったBower（1981）さらにこれを改訂・補充したBower（1991）は認知領域，社会領域に広く大きな影響を与えた。その理論的枢要が感情ネットワークモデルである。

1．感情ネットワークモデル

　この時代までに認知領域では，「意味ネットワークモデル」という理論が提示されており，表象内では意味の近接性にしたがって連結（リンク）がなされているというモデルであった。このモデルで扱う意味的概念の1つひとつはノード（結節点）と呼ばれるが，Bower（1981）は「感情」が1つのノードをなすのだという画期的な説を唱えたのである。これによって非常にあいまいで研究上の扱いが難しかった感情が認知理論の中で表現できる可能性を示したのである。意味ネットワークと同様の活性化拡散原理に従い，例えば「喜び」の感情を経験していたとすると，そのときには記憶表象内の「喜び」ノードが活性化される。そして，「喜び」ノードと連結している過去の喜ばしい経験や近接の楽しい経験，嬉しかった経験などが活性

化されて思い出されやすくなる。

　実際に喜び感情を導入すると過去の自伝的記憶から嬉しかった，ポジティブな経験の記憶想起が高められる。この現象を気分一致効果と呼ぶ。

　なお，この際，気分（mood）という用語を用いているのは，初期の感情と認知研究では，強度が強く，瞬発的で持続時間が短いとされる情動（怒り，恐怖など）ではなく，緩やかな基底気分として日常的に持続している気分を取り上げることが多かったので，情動と気分を概念的に区別して用いていたからである。

2. 記銘時の気分と想起時の気分の効果

　気分一致効果は多くの研究によって確かめられたが，自伝的記憶の想起では重要な問題が指摘できる。それは経験した楽しい気分のときにそれと一致した楽しいポジティブな事項がよく覚えられるのか，あるいは想起・検索の今の時点で楽しい気分にあるので，検索メニューの中に楽しい出来事が入ってきやすくなるのか，つまり気分の効果は記銘時の効果なのか検索時の効果なのかがわからない。さらにもう1つ気分状態依存記憶という現象があり，想起対象となる経験は楽しくても悲しくても感情価がなくてもよいけれども，経験した記銘時と想起時の気分が同じであるときに当該の記憶が再現されやすくなるという考え方である。この気分状態依存効果との区別も自伝的記憶の想起だけを扱う分には区別がつかないのである。

　Bower（1981）は，催眠誘導を用いて気分喚起を記銘時と想起時に別々に行うことでこの問題に解答しようとした。記銘時のポジティブ，ネガティブ×想起時のポジティブ，ネガティブで4群の条件を設定したのである。この結果では記銘時の気分効果のほうが全体に強いという結果が得られた。しかし，このあとも研究者間での議論が続き，Bowerの得た結果は催眠導入という方法に由来する点が大きいのではないかと指摘されている。そして多くの検討の結果，どちらかといえば想起時の気分効果が大きいこと，また，気分状態依存記憶の効果はきわめて小さく，条件によるものであることがわかるようになってきた（谷口，2001）。

3. 感情導入の方法

　Bowerの研究に対する批判にもみられたように，どういった方法で気分一致記憶効果の研究を行うかは重要な点である。これらの研究は独立変数として感情状態

を用いていて，実験では所定の感情状態を実験参加者に引き起こさなければならない。Velten 法では，自己価値が高まるような用意された短文を音読することによってポジティブ気分を引き起こしている（Velten, 1968）。他に，実験参加者に知能テストやクイズのような課題に取り組んでもらい，あなたの成績はよかった（80％など）などとフィードバックを与えるボーガス・フィードバック（偽りのフィードバック）法などもある。これらは，いずれも自尊心を高めてしまうので，自尊心の効果と気分効果をはっきり区別したい場合，気分の独自効果を検証したい場合には不向きとなる。

そこでプレゼントをもらったり，コメディフィルムをみたり，気分のよい画像や動画をみたりなどの実際的な経験によって気分を惹起する工夫が多くなされるようになった。またこうした操作が実験者が何を調べようとしているのかの予期を参加者に与えないように細心の注意が払われるべきであろう。その点，自身の過去経験から最近の楽しかった出来事を思い出して記述してもらうという方法も簡単であるためによく採用されていたが，課題の要請が「感情」であることが明白になってしまっている点が欠点といえるだろう（北村ら，2006）。

4. 他の認知機能への影響

こうした喚起方法を用いて記憶への効果だけでなく，商品への評定など社会的対象に対する判断や，問題解決，連想など他の認知機能への影響も検討されている。おおむねポジティブ気分は統制群と比べて認知の柔軟性が増し，通常でない珍しい連想語や発想を豊かにしないと発見できない共通性をみつけるような遠隔連想課題，Duncker, K. のろうそく課題による創造的問題解決など常識的な固着を脱して柔軟に発想する創造性を高めた反応がポジティブ気分群のほうが成績がよいという結果が多く得られた（Isen, 1987）。

5. ポジティブ・ネガティブ・非対称

ここまで気分誘導を含めて喜びなどポジティブ気分の導出を例としてあげてきたが，気分一致効果の検討ではもちろんネガティブ気分も検討されている。しかし，ポジティブ気分時にポジティブな事柄の記憶が再生されやすいことは頑健な結果として確認され続けてきたが，ネガティブ気分時にネガティブな記憶が優れるかどう

かは実験によって安定した結果が得られていない。これをポジティブ・ネガティブ・非対称（PNA現象）と呼ぶ（Isen, 1987; 井口，1991）。理由としては，人はポジティブ気分でいたいがために，ネガティブ気分を誘導しても課題を行う中で課題を通して自己の気分を回復しようとしてしまう傾向があり，ポジティブな事柄や記銘材料を検索，想起して書くことで気分改善を図ってしまうというものである。そのため，気分維持の動機が働きやすい催眠状態や，社会的場面を評価懸念をもって対応する必要があまりない場合（親しい友人と接するなど）の際に限ってネガティブな刺激に惹きつけられてネガティブ気分が維持されやすい，あるいはネガティブ記銘材料の再生が高まることが示されている（Erber & Erber, 2001）。

6. 社会的判断への影響

Isen et al.（1978）は，自分の所有する自動車，テレビについての商品満足度に対してポジティブ気分を喚起した群のほうが評価が高くなることを示した。こうした気分の主効果は，北村（2002）でも確認されている。これを気分一致判断効果と呼ぶ。ポジティブ気分のときにはそうでない場合よりより好意的，肯定的な判断を示し，ネガティブ気分のときにはそうでない場合より非好意的，否定的な判断が相対的に示されるということである。判断効果の場合はネガティブ気分の効果も確認されており，記憶効果ほどの非対称性はみられない。しかし，一貫しない効果もネガティブ気分時に観察され，Schwarz & Clore（1983）ではネガティブ気分は異なる原理で情報処理しているのではないかという考え方が提起され，Schwarz（1990）においてより明確に理論化された。Schwarz（1990）は，感情（気分）も情報的要素を有し，認知機能はその情報を用いて気分要素を判断に組み入れることや，判断を調整する。こうした感情の機能には2つあり，1つは気分一致判断効果を説明する感情情報説（feeling as information）というヒューリスティックを用いた判断を形成するまさに情報的機能を果たすものであり，もう1つは気分は判断の方略，思考方略を動機づけを通して規定するという指示的機能（directive function）を果たすもので感情調整説（affect tuning hypothesis）あるいは感情シグナル説と呼ぶ。

7. 感情情報説

感情情報説（feeling as information）では，判断者は判断の手がかりを自己の気

分状態に求めるというものであり，ポジティブな気分にあればその自分の気分状態に基づいて当該対象に対する肯定的な判断を下す。この説ではこうした判断の基盤として感情が働くのに条件が付されていて，他に利用可能な手がかりがない場合や判断者の認知資源が制限されているとき，判断の手がかりとして有効さが否定されていないときなどがあげられる（Clore et al., 1994）。最後の条件は，自身が気分状態を不適切に利用しようとしているかもしれないなどの気づきがもたらされた場合，気分効果は消失すると考える。Schwarz & Clore（1983）はこれを示しており，北村（2002）においても確認された。こうした制限条件は感情ネットワーク説では説明できないものであり，感情情報機能説の独自の理論的貢献である（北村，2008）。

8. 感情調整説

自己の感情状態を判断に利用することが不適切な状況下でこの作動を無効化するという現象は，ネガティブ気分時にのみ顕著に観察可能である（北村，2002）。これにはポジティブ気分状態とネガティブ気分状態とでは，情報処理方略（strategy），モードが異なるためであるとの主張がなされている（Schwarz, 1990）。ポジティブ気分時にはヒューリスティック処理，現在の二過程モデルでいえばシステム 1（速い直観的処理），ネガティブ気分時にはシステマティック処理（システム 2，遅い熟慮的処理）がとられやすいという（Chaiken & Trope, 1999）。これを感情調整説（affect tuning hypothesis）と呼び，この現象自体は多く確認，検証されているが，その説明機序はさまざまである。Schwarz（1990）は環境の安全／危険を反映した進化に基づく慎重さの動機づけの違いによると述べ，Bless et al.（1996）はさらに一般知識構造の利用の仕方の習慣に基づくことを強調している。詳細は，Forgas（2001），北村（2004a, 2004b）を参照されたい。

9. 感情混入モデル

以上により気分の効果は大別して気分一致効果と情報処理方略に及ぼす効果の 2 つがあげられると整理できるが，これらをモデル内に統合したのが，Forgas（1995）の感情混入モデル（affect infusion model）である。このモデルでは，判断の仕方を直接アクセス，動機的判断，ヒューリスティック判断，実質的判断（熟慮的判断）の 4 類型に分けている。ヒューリスティック判断は，感情情報説（feeling as information) に基づき,実質処理による判断では感情ネットワーク理論に基づいてなされ,いずれにおいても気分一致効果が生じやすくなること,また動機的判断では気分不一致効果も生じることなどが指摘されている。

10. 文化およびマインドセットへのさらなる展開

こうした処理方略への影響は,徐々に「ストラテジー」という語よりも「マインドセット」という概念で取り上げられるようになってきたが,東洋圏ではヒューリスティック判断に近い包括的思考スタイル,西洋圏では局所的・分析的思考スタイルが生じやすいという指摘と共に,ポジティブ気分時に包括的判断,ネガティブ気分時に局所的判断を行いやすいという知見もある (Gasper & Clore, 2002; Nisbett, 2003)。さらに,課題によるそうした変化,対応がポジティブ気分時により円滑に行えるという指摘もある (Baumann & Kuhl, 2005; Isen, 2000; Tan et al., 2009)。近年の Fredrickson (2013) の拡張モデルのように Isen (1987) の延長上にポジティブ感情の柔軟性を強調する議論もみられるが,要検討である。いずれも状態によって優勢となる情報処理の構えが影響を受けるという点で理論が進展,精緻化されてきているといえよう。

2節 感情認知の神経基盤

1. はじめに

感情認知 (emotion recognition) とは,何らかの手がかりに基づいて他者が経験している感情を推測することを指す。例えば,プレゼントをもらって笑顔ではしゃいでいる男の子を見て,「彼は喜んでいる。」と判断することなどである。本節では,感情認知の背後にある心理過程を知覚過程,シミュレーション過程,状況評価過程,統合過程に分け,各々の神経基盤に関する研究知見や理論を概説する (図 13-1)。

2. 知覚過程

人間は,顔の表情 (facial expressions),身体の姿勢や動作 (身体表情: body

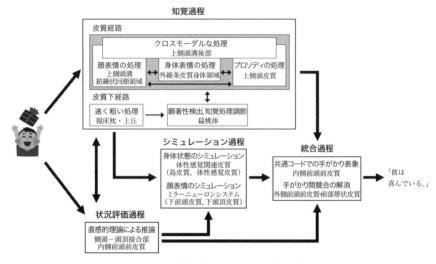

図 13-1　感情認知の心理過程と神経基盤
神経構造は現時点で関与が提案されている特に代表的なもののみを記載。

expressions），声の調子（プロソディ：prosody）など，他者の表出行動に関する知覚情報を手がかりとして感情認知を行う。例えば，笑顔，つまり，口角が後方へ引き上げられ，目尻にしわが生じている顔表情を見ると，私たちはその表出者が喜んでいると判断する（Martin et al., 2017）。このように，表出行動の知覚情報から感情認知の手がかりとなるパターンを抽出する過程をここでは知覚過程と呼ぶことにする。

(1) 速く粗い処理

　感情表出の知覚情報は，他の入力と同様に，感覚受容器から視床（thalamus）の各神経核を経て大脳の初期・高次感覚皮質へと伝達されながら処理を受ける。ただし，こうした皮質経路（high road）以外に，特に恐怖の顔表情のような脅威の存在を指示する情報については，その素早い検出を可能にする皮質下経路（low road）が存在すると従来提案されてきた（LeDoux, 1998）。具体的には，視床枕（pulvinar）や上丘（superior colliculus）などの皮質下構造から，皮質を経由せず，扁桃体（amygdala）へ直接至る神経経路である。この皮質下経路は，顕著性の高い部分的特徴（例えば，恐怖で見開かれた目：Whalen et al., 2004）や低空間周波

数成分（Vuilleumier et al., 2003）などの"粗い情報"を処理すると考えられている。さらに，扁桃体は，脅威の存在を検知した後に，感覚皮質の活動を亢進して詳細な知覚処理を促す調節的機能ももつとされる（Vuilleumier et al., 2004）。

ただし，扁桃体の機能は脅威関連刺激の検出に限定されていない。つまり，扁桃体は恐怖の顔表情だけでなくさまざまな感情認知手がかりに応答することが示されており（Dricu & Fruholz, 2016），広く生存上や社会的に重要な情報の処理に関わると考えられている（Sander et al., 2003）。

(2) モダリティ別の処理

知覚過程の神経基盤，特に皮質の処理経路については，感情認知手がかりの種類ないしモダリティ（modality）による違いが知られている。当然のことながら，視覚手がかりである顔表情の処理には後頭葉（occipital lobe）から側頭葉（temporal lobe）の底部にかけて存在する視覚領野（visual areas）の関与が，聴覚手がかりであるプロソディの処理には上側頭皮質（superior temporal cortex）中部にある聴覚領野（auditory areas）の関与がそれぞれ指摘されている（Dricu & Fruholz, 2016; Wildgruber et al., 2009）。また，顔表情と身体表情はともに視覚刺激だが，前者は紡錘状回（fusiform gyrus）中部に位置する紡錘状回顔領域（fusiform face area: FFA）の活動を強め，後者は後頭側頭皮質（occipitotemporal cortex）外側部に位置する外線条皮質身体領域（extrastriate body area: EBA）の活動を強める（de Gelder et al., 2015）。

ただし，顔表情認知への FFA の関与については異論も少なくない。紡錘状回は顔からの個人認識に重要な役割を果たす領域として広く知られている（河村，2001）。そして，顔からの個人認識は，顔表情の違いに依存しない不変的な構造特徴に基づく必要があるため，顔表情認知とは処理経路が異なると従来考えられてきた（Bruce & Young, 1986）。この理論的立場に依拠し，Haxby et al.（2000）はFFA が顔からの個人識別に，上側頭溝（superior temporal sulcus: STS）が顔表情認知にそれぞれ関与するという仮説を提案している。

(3) モダリティ間の相互作用

各モダリティの知覚手がかりの処理は完全に独立に進行するのではなく，互いに影響を及ぼし合うことも知られている。つまり，ある手がかり（例えば，顔表情）だけに注目して感情を判断しようとしても，同時に提示された他の手がかり（例え

ば，プロソディ）から影響を受け，両者が整合的な場合には促進効果が，不整合な場合には干渉効果が観測される（Tanaka et al., 2010）。こうしたモダリティ間の相互作用は，視床などの皮質下構造（Kreifelts et al., 2007），モダリティ別の処理を行う感覚皮質間の直接的な神経連絡（Blank et al., 2011），種々のモダリティの入力が収束する感覚連合野（例えば，STS 後部，Kreifelts et al., 2009）などを介して，知覚処理に関わる神経経路のさまざまな段階で生じると考えられている（Schirmer & Adolphs, 2017）。

3. シミュレーション過程

　神経心理学的研究は，内受容感覚（interoception: Craig, 2002）に関わる島皮質（insular cortex）や体性感覚皮質（somatosensory cortex）などの身体感覚関連皮質（somatosensory-related cortices）の損傷が，顔表情，身体表情，プロソディを含むさまざまなモダリティの知覚手がかりに基づく感情認知を困難にすることを明らかにしてきた（Heberlein & Atkinson, 2009）。一方，神経イメージング研究は，下前頭皮質（inferior frontal cortex）や下頭頂皮質（inferior parietal cortex）を含むいわゆるミラーニューロン・システム（mirror neuron system: MNS）が顔表情の観察時に活動を高めることを報告している（Carr et al., 2003; Zaki et al., 2010）。MNS とは，自分がある運動をするときにも他者がその運動をするのを観察したときにも応答するニューロン（ミラーニューロン）の存在が示唆されるヒト脳領域である（Rizzolatti & Craighero, 2004）。以上の身体感覚関連皮質と MNS は，感情認知のシミュレーション過程に関与すると考えられている（鈴木，2014）。

　シミュレーションとは，他者の表出行動を観察した人が，他者の感情を自分自身の中に疑似的に再現することを指す。そして，この経験共有が感情認知に因果的影響をもつと仮定する理論をシミュレーション説（simulation theory）という（Adolphs, 1999）。例えば，他者の顔表情を観察すると，観察者の顔表情がそれと似たものになったり（Sato & Yoshikawa, 2007），顔表情の動きを脳内で模倣しているかのような神経活動が観察者の MNS に生じたりする（Carr et al., 2003）。こうした変化に連動して特有の身体状態が引き起こされると（Levenson et al., 1990），その情報が身体感覚関連皮質で処理され，身体状態と感情の対応（Nummenmaa et al., 2014）に基づき，他者の感情が推測されると考えるわけである。

4. 状況評価過程

　他者が置かれている状況（situations）ないし文脈（contexts）に関する情報も，その感情を判断するうえで有用な手がかりとなる（Hassin et al., 2013）。例えば，「甲さんはプレゼントをもらった」と聞けば，顔表情を見なくても，甲さんは喜んでいるはずだと推測できるだろう。これは「プレゼントをもらうと人は喜ぶ」といった感情に関する常識的因果関係から演繹された結論だといえる。このように，感情などの種々の心の状態について人々が有している直感的な理論や知識を適用して他者の心を推論することは，心の理論（theory of mind）またはメンタライジング（mentalizing）と呼ばれる（Frith et al., 1991）。そして，感情認知を含む他者の心の理解全般において心の理論が中心的な役割を果たすとする学説を理論説（theory theory）という（Gopnik & Wellman, 1992）。

　心の理論の神経基盤は，誤信念課題などの感情的内容を含まない題材を用いて伝統的に検討されてきた。そして，側頭－頭頂接合部（temporo-parietal junction）や内側前頭前皮質（medial prefrontal cortex）の関与が多くの研究で共通に見出されている（Koster-Hale & Saxe, 2013; Lieberman, 2010）。さらに，最近の研究は，これらの脳領域が文章（Skerry & Saxe, 2015; Zaki et al., 2010）やアニメーション（Skerry & Saxe, 2014）で描写された状況手がかりに基づく感情認知にも関わっていることを明らかにしている。

5. 統合過程

　現実場面では複数の手がかりが感情認知に利用可能であり，それらを適切に統合することで感情認知の精度を向上できると考えられる（Zaki, 2013）。そして，人間が手がかり統合をどのように行っているかについては，ベイズモデルを用いた理論化が現在進められている（Ong et al., 2015; Saxe & Houlihan, 2017）。例えば，「笑顔」という顔表情も「プレゼントをもらった」という状況も他者が喜びを経験していることの確実な証拠ではないため，その不確実性を確率で表すとする。つまり，笑顔の人が喜んでいる条件付確率をP（喜び|笑顔），プレゼントをもらった人が喜んでいる条件付確率をP（喜び|プレゼント）と書くとしよう。このとき，2つの手がかりが同時に得られた場合の統合的判断，すなわち，笑顔でプレゼントを受け取った人が喜んでいる条件付確率について，ベイズの定理に基づくと，

$$P(\text{喜び}|\text{笑顔}, \text{プレゼント}) \propto \frac{P(\text{喜び}|\text{笑顔})\,P(\text{喜び}|\text{プレゼント})}{P(\text{喜び})}$$

という関係式が成り立つ（Ong et al., 2015）。なお，P（喜び）は一般に人が喜んでいる確率（喜びの事前確率）である。Ong et al.（2015）は，人間がこうしたベイズ的な手がかり統合を行っていることを示すデータを報告している。

以上の理論的考察から，統合過程においては，手がかりの種類の違いに依存せず，感情に関する情報が確率のような"共通のコード"で表現されているものと考えられる。そして，内側前頭前皮質は，同じ感情を示唆する顔表情，身体表情，プロソディ，状況に対して類似の活動パターンを呈することから，共通コードによって感情認知手がかりを符号化しているのではないかと提案されている（Peelen et al., 2010; Skerry & Saxe, 2014）。つまり，内側前頭前皮質が統合過程に関与している可能性が示唆される。

一方，Zaki et al.（2010）は，まったく異なるロジックに基づいて統合過程の神経基盤を検討している。彼らは，感情認知において複数の手がかりが同時に利用できる場合，手がかりが同じ感情を示唆するときよりも異なる感情を示唆するときのほうが，競合を解消する必要性から統合過程への負荷が高いはずだと論じている。そして，手がかりが競合する際に外側前頭前皮質（lateral prefrontal cortex）や前部帯状皮質（anterior cingulate cortex: ACC）の活動が高まったことから，これらの領域が統合過程に関与するのではないかと考察している。

6. まとめ

以上，本節では，感情認知を知覚過程，シミュレーション過程，状況評価過程，統合過程に分け，各々の神経基盤に関する研究知見や理論を概説した（図13-1）。特に，統合過程の神経基盤については，まだ間接的な証拠から推論されている段階にある。また，簡単のため統合過程を最後に取り上げたが，実際には，手がかり間の相互作用や統合はさまざまな段階で生じる（Schirmer & Adolphs, 2017）。今後，感情認知の心理・計算モデルが精緻化されていくことと並行して（Saxe & Houlihan, 2017），こうした統合過程の神経基盤の解明もさらに進んでいくものと期待される。

グループワークにおける感情の変化

　近年，主体的・協働的・双方向的な学びの方法として，「アクティブ・ラーニング」が注目されている。その実施にはグループワークを活用したものが多く，ワークによる学習効果等についてもさまざまな報告がなされているようである。一方で，グループワークを通して受講者たちは何をどのように感じ，それらがどのような効果をもたらすのかに焦点を当てた研究は少ないように思われる。筆者は，「構成的グループ・エンカウンター」という技法を用いて，グループワークによる授業を大学等で展開し，ワークを通じて受講者の感情がどのように変化し，それがどのような効果をもたらすかなどについて検討を行ってきた。ここでは，その成果の一端を紹介する。

　まず，水野（2016）は，授業の初期の段階から受講者の肯定的感情は上昇するが，同時に否定的感情も上昇することを報告し，それと同時に，肯定的感情はその後も上昇する一方で，否定的感情は低下していくことも明らかにしている。また，水野（2010）は，疲労感や抑うつ感なども低下することを見出している。これらのことから，グループワークを取り入れた授業は，期待と不安を抱えながらスタートするが，すみやかに否定的な感情が解消され，肯定的な感情が高まっていくなど，受講者の心理的安心感を確保しながら展開していく様子がうかがえる。さらに水野（2016）は，授業で高められた肯定的感情が，最終的に受講者自身や受講者間の理解を深めるのに寄与することも明らかにしており，グループワークの中で形成された肯定的感情は学習面等にもプラスの効果を及ぼすことが期待される。

　しかし，グループワークの実施には留意すべき点もある。水野（2010）は，グループワークを続けていくことで，その後の爽快感に変化がみられなくなることを見出し，ワークへの慣れによる興味の喪失が急速に起こっている可能性を示唆している。また，水野（2014）は，毎回の授業で継続的にワークを実施することで爽快感が低下していくことを明らかにし，いわゆる「マンネリ化（飽きによる感情喚起の鈍化）」が生じることを指摘している。ワークでは受講者の肯定的感情の高まりに甘んじることなく，さまざまな工夫も必要であるといえよう。

　以上，グループワークを導入した授業について，感情的側面からの特徴を中心にみてきた。グループワークの実施には，ある程度のスキルが必要ではあるが，それがクリアできていれば，受講者に肯定的な感情の喚起を促し，さまざまな面において相応の効果をもたらすと考えられる。

感情研究と教育モデルの構築

　いじめ，差別，紛争といった社会的排斥に関連する問題については，心理学はもとより，さまざまな研究分野で，その背景や問題への対応に関する研究が進められている。このような問題への対応策の1つとして，筆者ら（中村ら，2016）は，学校における道徳教育のモデルを構築することを提言した。

　現在の教育場面では，思いやりや共感性は，人間関係や社会の基礎として重要であり，育むべき能力と考えられている。このこと自体は誤りではないが，共感性は部族主義的な側面をもち，仲間である内集団に対しては肯定的だが，半面，敵とみなされた外集団を排斥する動機づけにもなりうること，すなわち共感の反社会的側面も考慮しておくべきであろう。紙面の制約もあるので，ここではその詳細については触れないが，感情研究の1つの形として，教育モデルの構築を試みることの意義を考えてみたい。

　第一に，感情は，教育場面における重要な要素の1つである。感情研究の重要なテーマとして，感情コンピテンスやスキルの発達，それを支援するための教育方法，教育場面で生じる子ども間の，また子どもと教師間の，さらには教師間や教師と保護者との関係において生じる感情に関わる問題などを指摘することができる。

　第二に，感情というテーマを設定することにより，さまざまな学問分野，領域において個別に進められている研究を共通の視点から統合的に結びつけることが可能になり，有機的かつ学際的，分野融合的研究を行うことができる。冒頭に例示したような社会的排斥に関する事象については，心理学の諸領域はもとより，文学，歴史学，社会学，政治学，国際関係論などの分野で，独自の観点から，研究対象とされ，問題とされてきた。これらの異なる分野領域における研究を結びつけるための方法として，教育モデルの構築を考えることができる。

　第三に，実際の教育改善のための提言につながるという意味で，感情研究が，社会に役立つ研究成果につながることを具体的に示すことができる。個別の分野で行われている個々の研究を，教育モデル構築という観点から，全体として有益な成果に結びつけることが可能である。

　このような現実の社会的問題を設定して感情研究を見直すことにより，研究の射程をより広く，深くするとともに，よりリアルで，その本質に迫るものとするのではないだろうか。

情動多様性と適応
― 加齢との関わり ―

　近年，測定技術の革新（装着・通信可能なパーソナルデバイス等）や，心理学的方法論の発展（日誌法，経験抽出法，一日再構成法等）が相まって，感情・情動の個人内差（intra-individual differences）や個人内変動（intra-individual variability: IIV，この語は短期間の変動に利用されやすい）への関心が高まっている（Diehl et al., 2015）。さらには，縦断的発達研究の進展が，加齢との関係における比較的長期の個人内変化（個人内差）並びに個人内差の個人間差に光を当てている。

　とりわけ，個人内変化・変動の大きさと適応との関わりに着目すると，例えば，認知方略の柔軟な変化は適応に，感情や人生満足度などの個人内変動の大きさは不適応に，それぞれ関係することが指摘されている（Röcke et al., 2009 など）。加えて高齢者を対象とした研究で，個人内でのポジティブ・ネガティブの感情の独立性は高いレジリエンスや低い脆弱性に関連するという（Hülür et al., 2015）。

　こうした感情の個人内変化の個人間差あるいは個人内の感情間関係をもととして，刻々と変化する豊かで複雑である感情に満ちた生活の個人差を表現するため「情動多様性（emodiversity）」という概念が提案されている（Quoidbach et al., 2014）。生態学における生物多様性の考え方を援用した情動多様性は，ポジティブであれネガティブであれ，人が経験する情動がそれぞれ異なり多様でかつ相対的に多数であることを指す。年齢や性別を統制しても，情動多様性が心身の健康を予測するという。さらに中年期を対象として，ポジティブ感情の情動多様性が炎症の低下に関連することなど（Ong et al., 2018），加齢との関係でも論じられている。この情動多様性の指標として，Shannon のエントロピーやジニ係数などが利用されているが，指標が異なると結果も異なり得るため，さまざまな議論が存在する（Benson et al., 2018）。もちろん，理論的・実証的な批判もなされており，今後の課題も少なくない（Brown & Coyne, 2017）。

　それでも，ネガティブ感情のポジティブ効果にも関連し得る情動多様性はきわめて興味深い。加齢との関わりでは，情動多様性の長期的個人内変化と適応・認知機能との関係等，探求すべき面白い課題が残されている。

第4部

感情の個人差

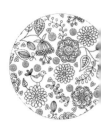

14章

感情特性

1節　気質とパーソナリティ

1. 気質とは

　考えや好み，性質などが人によってそれぞれに異なることを指す言葉として「十人十色」がある。生まれたばかりの新生児ですら，よく大きな声で泣く子もいれば，きわめておとなしい子もいるし，睡眠の周期が一定だったり，その逆であったりと，実にさまざまな違いがみられる。このように，たとえ新生児でも，その子なりの個性があるといえる。主として発達心理学では，子どもの個性を気質（temperament）と呼ぶ。気質とは，生理的・体質的な基盤をもった個人の行動特徴にみられる一貫性であり，後の経験や人間の意思によって変容の可能性はあるが，ある程度の発達的連続性を持つ個人差である（水野，2017）。また，菅原（2003）は，①発達初期より出現する行動上の個人差，②ある程度の期間持続し，その期間内では類似した状況で一貫する傾向を持つ，③胎内や外界のさまざまな環境要因との相互作用によって変化したり安定化したりする，④個人のパーソナリティの最初期でのプロフィールを形成するもの＝「行動上の個性の初期値」であるとしている（佐久間，2014a）。

2. 気質の連続性

　上述のとおり，気質は生得的な基盤をもつが，生涯を通じて変化しないというも

表 14-1　Thomas & Chess（1977）の気質のカテゴリーとその特徴（小塩，2014 と佐久間，2014b より作成）

気質のカテゴリー	特　徴
活動水準	身体運動の活発さ。すなわち，行動における運動の量や速さ。
周期の規則性	睡眠・排泄，睡眠－覚醒などの生理的機能の規則正しさ。
順応性	環境変化への慣れやすさ。
接近・回避	初めて接するものへの反応。すなわち，初めての人や場所，おもちゃなどに積極的に近づいたり触ったり食べたりするか。
刺激に対する閾値	刺激に対する敏感さ・感受性の程度。
反応強度	反応の表出の大きさ。すなわち，反応を強く，はっきりと表すか，穏やかに表すか。
気分の質	機嫌がよいことが多いか少ないか。すなわち，うれしそうな，楽しそうな，友好的な行動と，泣いたり，ぐずったり，つまらなそうな行動との割合。
気の散りやすさ	別の刺激への注目しやすさ。すなわち，的外れな刺激によって，していることを妨害されやすいかどうか。
注意の範囲と持続性	注意の長さ・集中しやすさ。すなわち，ある特定の刺激にたずさわる時間の長さ（注意の範囲）と，妨害が入った後，それまでしていた活動に戻れるか，別の活動に移ってしまうかということ（注意の持続性）。

のではない。乳児期の気質は，乳幼児期の間は一定の連続性があるものの，成人期の行動特徴との関連はきわめて弱いとされる（Thomas & Chess, 1977）。したがって，気質は個々人が置かれる環境に影響を受け，ある程度変化するものであるといえる。この領域の著名な研究に Thomas & Chess（1977）があり，ここでは 136 名の乳児を対象に継続した研究が行われた。このニューヨーク縦断研究（New York longitudinal study）と呼ばれる，乳児の親を対象にした面接調査の結果から，乳児の日常場面における 9 つの行動特徴が見出された（表 14-1）。

　Thomas & Chess（1977）は，この 9 つのカテゴリーをもとに，子どもを①扱いやすい子（easy child: 新しい場面に慣れやすく機嫌がよい），②扱いにくい子（difficult child: 新しい状況に慣れにくく，不機嫌なことが多い），③ウォームアップが遅い子（slow to warm up child: 活動水準が低く，環境の変化に慣れるのに時間がかかる）に分類した。これらの割合は順に，40％，10％，15％（いずれにも分類されない平均的な子どもが 35％）であった。わが国において生後 10～12 か月の子どもについて同様の調査を行った水野（1998）においても，①～③の割合は順に約 33％，約 11％，約 11％，それ以外が約 44％であり，おおむね同様の結果が得られている。

3. 気質からパーソナリティへ

　冒頭で，気質はある程度の発達的連続性を持つと述べた。それでは，その連続性はどの程度のものだろうか。Thomas & Chess（1986）による縦断研究の結果を表14-2 に示す。

　表14-2 を見ると，1年間隔における同じ特性間には一定の相関がみられる（例えば，1歳と2歳の気分の質の r = .52 など）。その一方で，1歳と5歳の箇所や1歳と成人の箇所を見ると，有意な正の相関を示す気質はほとんどない。このことが示すのは，乳幼児期の気質がそのまま引き継がれていくわけではなく，その後の生育環境などによっても変容しうるということである。したがって，例えば幼い頃に泣き虫であることをもって，将来も同様に対人関係に弱さを持つだろう，というように一概に予想することは難しいかもしれない。しかし，Schwartz et al.（2003）は22名の成人（2歳時点で「臆病，恐がり（inhibited）」と分類された人たち（13名）と，「大胆，もの怖じしない（uninhibited）」と分類された人たち（9名））を対象に，fMRI（機能的磁気共鳴画像法）を用いて脳活動の様子を比較した。その結果，2歳時点で「臆病，恐がり」と分類されていた人は，新奇刺激を見ている間に，恐怖感情と関わる扁桃体（amygdala）の反応が強いことが見出された。このことは，少なくとも臆病や恐がりといった気質はある程度引き継がれることを示唆している。今後，脳活動などの指標を用いた研究によって，新たな知見が提供されるかもしれ

表14-2　行動特徴の経年変化（Thomas & Chess, 1986; 菅原, 2003）

気質のカテゴリー	年齢間隔					
	1歳と2歳	2歳と3歳	3歳と4歳	4歳と5歳	1歳と5歳	1歳と成人
活動水準	**.30**	**.38**	**.33**	**.37**	**.18**	.06
周期の規則性	**.41**	**.38**	**.18**	**.35**	**.22**	-.10
順応性	**.33**	**.41**	**.45**	**.52**	.14	.14
接近・回避	.09	.02	**.20**	**.40**	-.03	-.02
刺激に対する閾値	**.43**	**.22**	**.30**	**.28**	**.22**	.15
反応強度	**.45**	**.39**	**.33**	**.33**	.02	**.20**
気分の質	**.52**	**.19**	**.28**	**.29**	.08	-.07
気の散りやすさ	-.07	.17	.19	.11	.08	.03
注意の範囲と持続性	.09	**.35**	**.22**	.14	.02	-.13

太字で示した箇所（N = 131 のため，r = .18 以上）は5%以上で有意な相関係数。

ない。

4. 幼少期以降の発達に及ぼす気質の影響

　それでは，乳幼児期の気質の特徴は，その後の発達にどのように影響するのだろうか。Thomas & Chess（1986）による縦断研究の結果，青年期になるまでに不適応（精神医学的な援助が必要となる行動上の問題）を示したのは，扱いやすい子が18％，扱いにくい子が70％，ウォームアップが遅い子が40％であった。したがって，幼少期に扱いにくい子と判断された子どもは，その後に問題行動を起こしやすいことが示唆される。

　ただし，この結果の捉え方は多様である。なぜならば，扱いやすい子でも18％は問題行動を起こしており，扱いにくい子でも30％には問題行動は生じていないとも読めるためである。やはり，幼少期以降の環境によっては問題行動が発現しない可能性があるといえると同時に，気質は単独で個人の発達を決定づけるものではないといえるだろう。

　こうした結果を理解する枠組みとして，島（2017）は，Waddington（1957）の水路づけモデルを用いた説明を行っている（本来，この水路づけモデルは細胞の発達過程を説明するモデルであるが，気質と環境が発達に与える影響に翻案して紹介されている）。

　図14-1におけるボールは発達する個体を，下部にある起伏は気質をそれぞれ意味しており，上から下に向けて坂を下ることを発達と考える。起伏の形状は人それぞれであり，ある気質的特徴が強い者の谷は深くなり，当該の気質的特徴が弱い者

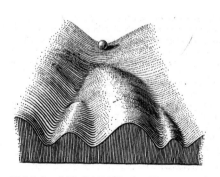

図14-1　水路づけモデル（Waddington, 1957）

の谷はなだらかになる。ボールが坂を下り始めると（i.e., 発達の過程がスタートすると），起伏の形状に合わせて複数の経路のいずれか1つを通ることになる。すなわち，発達の過程がスタートした後，ある程度は気質の影響を受けながら発達していくということである。坂を下る途中で横（i.e., 環境）から力が加わった場合，小さな起伏であれば簡単に超えられるが，大きな起伏はより大きな力が加わらなければ超えることは困難である。すなわち，発達に及ぼす環境の影響が小さい場合，もしくは最初から有している気質がきわめて強い（顕著である）場合，その気質は容易には変容しないことを示す。逆に，環境の影響が強い場合や，最初から有している気質が弱い場合，気質は環境の影響を受けて変化しやすいといえる。

　この説明と同様に，子どもの気質とその子どもが経験する環境（例えば，その子どもに対する両親の関わり方）との適合の度合いによって，その後の発達が異なるというモデルに発達の相乗的相互作用モデル（Sameroff & Chandler, 1975; 三宅, 1990）がある。例えば，先述の「扱いやすい子」は，両親にとっても育てやすい可能性が高く，そうした経験は親の育児に自信を持たせることにつながる。一方で，「扱いにくい子」の場合，親もどのように関わればよいか困難を感じたり，子どもをうまくコントロールしようとして厳しい態度で接したりするかもしれない。その結果，育児に自信が持てなくなることが考えられる。さらに，どういった子が扱いやすいか，という点も親によって異なることが予想される。これらをふまえると，子どもの発達を決めるのは気質だけではなく，環境との適合のよさ（goodness of fit）が重要であるといえる。

2節　愛着の内的作業モデル

1.「愛着」とは

　心理学における愛着（attachment）とは，私たちが日常的な会話の中で用いる「このぬいぐるみに愛着を感じている」「彼に愛着を感じている」などといった「親しみがある，心が引かれる」といった意味とは異なり，「付着（くっつくこと）（中尾, 2014）」を指す。ここでは，日常場面で用いられる「愛着」との混同を避けるために，「アタッチメント」と表記する。

2. 内的作業モデル

　不安や恐れといったネガティブな情動を体験した際，子どもはおもに養育者にくっつく，すなわち付着する。養育者は，子どもが逃げ込んで保護や助けを求められるような安全な避難所としての役割を持つと同時に，子どもが外界を積極的に探索するための安全基地としての役割も持つ。こうしたアタッチメント対象（養育者）との具体的なやり取りを繰り返す中で，子どもは3歳前後には，アタッチメント対象が自分から離れても，必ず自分のところに戻ってきてくれる，困ったことがあれば助けてくれるという確信を持つと考えられている。こうした主観的な確信のことを，Bowlby（1973）は内的作業モデル（internal working model: IWM）と呼び，生後6か月頃から5歳くらいまでの早期のアタッチメント経験を基礎とするIWMの構成が，その後の人生にきわめて重要な意味を持つと考えた（坂上，2005）。

3. IWMの形成と安定

　坂上（2005）によれば，子どもは，主要なアタッチメント対象との間に経験した相互作用を通じて，自分の周りの世界がどのようなものであるか，母親や他の重要な人物がどのようにふるまうのか，そして自分自身がどうふるまうのかといった，自分の周りの世界やアタッチメント対象，および自己に関する心的な表象モデル（i.e., IWM）を構築する。これらのモデルを基礎として，人は種々の出来事を知覚したり，未来を予測したり，自分の行動の計画を立てるとされる。なぜならば，このIWMはアタッチメント対象（養育者）のみならず，他の対人関係（i.e., 友人関係や恋愛関係）にも適用され，未来の関係性にも影響すると考えられるためである。いちど形成されたIWMは，無意識的かつ自動的に働くようになり，意識的な修正は困難であると考えられている。したがって，幼少期に形成されたIWMは，モデルによって表象されている内容と現実との間に大きな不一致が起こらない限りは，加齢にともなって安定性を増していくといえる。

4. IWMの影響

　Shaver & Hazan（1988）は，Bowlbyの理論に基づき，成人のアタッチメント理論を展開している。乳幼児にとってのアタッチメント対象が養育者であるのと同

様，成人にとってのアタッチメント対象は恋人や配偶者であり，人は養育者とのやり取りを恋人や配偶者との間でも再現するとされる。したがって，幼少期に形成されたIWMは，成人期の親密な関係にも影響を及ぼすといえる（浅野，2012）。

5. IWMの測定

成人期のIWMを測定する方法には，アダルト・アタッチメント・インタビュー（adult attachment interview: 以下AAI）や質問紙法などがあげられる。前者は被面接者自身も意識し得ないようなアタッチメントの情報処理過程の個人的特性を抽出しようとするものであり，後者は自らの意識的な回答に基づく形式をとるものである。

(1) AAI

AAIは，Main & Goldwyn（1984）によって作成された半構造化面接による測定方法である。手続きとしては，両親との関係について，子ども時代のことを想起し語ってもらうことから始まり，続いて「思い出せる限り昔にさかのぼって，子どもの頃のご両親との関係を話してください」「どちらの親御さんを親密に感じましたか」「現在，あなたにとって，ご両親との関係はどのようなものですか」といった質問を重ねていく。面接の内容は逐語的に記録され，①主要なアタッチメント対象の行動に関する評定（語りの内容）：親から受けた愛情，拒否，無視，巻き込まれ／役割逆転，達成への圧力の程度，②心の状態に関する評定（語り方）：親についての理想化，思い出せないという主張，感情的に巻き込まれた結果としての怒り，アタッチメントを蔑視する程度，喪失に対する恐れ，メタ認知的モニタリング，話の受動性，そしてそれらを総括する話の首尾一貫性の程度が評価される。その結果，被面接者は自律型，アタッチメント軽視型，とらわれ型，未解決型に分類される。

AAIの実施要領の要約については安達・遠藤（2005）に紹介されているが，そこでは，AAIは，このように手短に修正された要約に基づいて実施できるものではなく，いくつかの質問項目や追加の確認質問が省略されている，という記述がある。また，AAIは訓練を受け，テストに合格した者のみ実施できるものであるため，誰でも容易に使用できる手法ではない。

(2) 質問紙法

　面接によってアタッチメントの個人差にアプローチしようとする AAI に対して，質問紙を用いたアプローチもある。近年において多く用いられているのは，IWM の自己モデル（自分は愛着対象から受容され得る存在かどうか，自分は愛着対象から愛される存在かどうかに関するモデル）と，他者モデル（愛着対象からどのような応答が期待できるのか，愛着対象は信頼できる存在なのかどうか）を組み合わせた測定の枠組みであり，両者の組み合わせは図14-2のように表される（Bartholomew & Horowitz, 1991）。

　このように，肯定的・否定的な自己モデルと他者モデルとを組み合わせ，4つの類型を作成する。なお，わが国では否定的な自己モデルは関係不安（もしくは見捨てられ不安），否定的な他者モデルは親密性の回避と呼ばれることもある。尺度としては，海外で作成された尺度が邦訳されているものが多数あり，例えば親密な関係尺度（中尾・加藤，2004）やその改訂版（金政，2006），アダルト・アタッチメント・スタイル尺度（古村ら，2016）などがあげられる。

　Collins & Feeney（2004）によると，恐れ型の者は他者の言動をネガティブに評価することや，とらわれ型の者はポジティブに評価する一方，ネガティブにも評価するといった傾向があることが示され，否定的な自己モデルや他者モデルを持つ者は，相手の言動を実際より悪くみなして受け取ると考えられる。その他にも，金政（2009, 2010）は，関係不安が高い者（i.e., 見捨てられることへの不安や関係が崩壊

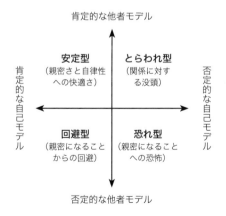

図 14-2　成人期のアタッチメントの類型
　　（Bartholomew & Horowitz, 1991; 浅野，2012 より作成）

することへの懸念が高い者）は，自分が相手から愛されているか否かについて常に不安を抱いており，自分以外の異性と親しげに話すといった相手の何気ない行動に疑いの目を向け，相手を怒らせたりうんざりさせたりする言動をとりやすくなった結果，相手にネガティブ感情を喚起させ，関係を悪化させてしまうという，皮肉な「予言の自己成就」傾向について検討した。ペアデータを用いた調査の結果，大学生と母親との関係，大学生のカップルにおける恋愛関係，中年期の夫婦関係のそれぞれにおいて，この傾向が実証されている。

6. IWMの自動性

ところで，坂上（2005）は，IWMが選択的なフィルタとしてはたらくことにより，自動的にある種の情報に選択的に注意を向け解釈・評価を行い，その結果として注意の拡散を避け，情報処理の効率性や安定性の向上につながると述べている。また，IWMは感情の経験・表出・抑制だけでなく，愛着と関連する情緒的，もしくは感情的に重要な情報の処理方法といった事柄にも影響を与えるとされる（Collins & Read, 1994）。すなわち，自動的・無意識的な情報処理プロセスとして機能しうることがIWMの大きな特徴でもあるといえる。

こうした議論を受けて，近年はIWMを質問紙によらない潜在的測定法を用いて測定しようとする試みも行われている。例えば藤井ら（2015）は潜在的測度の1つであるGo/No-Go Association Task（Nosek & Banaji, 2001）を用いてIWMを測定し，愛着対象がプライムされた直後に呈示された語に対する語彙判断課題に要する反応時間との関係を検討している。また，大浦ら（2017a, b）は，IWMをSingle-Target Implicit Association Test（Bluemke & Friese, 2008）を用いて測定し，抑うつ傾向やアレキシサイミア傾向との関連を検討しており，IWMの自動性をふまえた測定についても，研究が盛んになっているといえる。

IWMを潜在的に測定しようとするAAIと，自己報告による顕在的な測定は，立場が異なる大きな2つの流れであったといえる。上記の先行研究で作成されている潜在的手法は，自己・他者モデルを測定しようとする自己報告式の尺度との立場を共有しつつも，潜在的な測定を試みるという点でAAIと共通する点もある。こうした研究によって両者の知見が統合され，さらなる理論的発展を促すことが期待される。

3節　情動知能（EI）

1. 成績や知能テストで測れないもの

　私たちは普段の生活を送る中で，いろいろな人に出会う。周りにいる人々は（もちろん自分自身も）「何でもできるスーパーマン」ばかりではないだろう。その中には，「あの人は学校での成績はまったく振るわないように見えたのに，一流企業の内定を得た」というような人もいれば「この人はすごく賢いと思うけれど，人付き合いが上手ではないな」と思うような人など，実にさまざまな人がいる。このように考えてみると，特に人間関係などにおいて，私たちの知能（知性）には，学校における成績評定や知能テストといったものだけでは測れない部分があるのかもしれない。

2. 情動に関する知能

　Salovey & Mayer（1990）は，情動に関する知能（知性）として Emotional Intelligence（以下 EI）を提案した。その定義としては，自他の感情や情動をモニターする能力，感情や情動を正確に識別する能力，思考と行動を導くためにその情報を利用する能力とされる。EI が高い人は自らの情動を正確に知覚し，本人にとって重要な目標に向かうために完全かつ高度な手段を用いることができるという（Salovey & Mayer, 1990）。なお，EI をどのように邦訳するかは研究者によってまちまちであり，タイトルに付した情動知能の他にも，情動的知性，感情的知性（もしくは知能）などと呼ばれることもある。本稿では情動知能としたが，他の訳語を否定するものではない。また，EI は Emotional Intelligence Quotient の略記として EQ と表記されることもある。

　Mayer et al.（2000）は，EI を4つの側面からなる能力として説明した（図14-3）。1つ目の能力は「情動の知覚（perceiving emotion）」と呼ばれ，自分の情動を身体面・心理面の両者から正確に知覚する能力や，他者の表情・姿勢などから情動を識別する能力，非言語的な表現や表情・声などから情動を認識する能力を指す。2つ目の能力は「情動の同化（assimilating emotions）」であり，基本的な情動体験をイメージしたり，音や色，味に含まれる感覚を思い浮かべたり，意識して情

動を心内に取り入れるものである。3つ目の能力は情動や情動間の関係を分析し，それによって起こりうることを察知，またその結果を理解するという「情動の理解（understanding emotions）」である。4つ目の能力は，自分にとって感じたくない

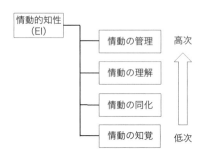

図 14-3　情動的知性の four branches model
（Mayer et al., 2000 より作成）

表 14-3　EI の 4 側面を測定する方法の例（Mayer et al., 2000 より作成）

EI の側面	測定方法の例
情動の知覚	・画面上に提示された画像（表情）を見て，その表情に「幸福，怒り，恐怖，悲しみ，嫌悪，驚き」の成分がどの程度含まれているかの評価を求める。 ・5～10 秒ほどの音楽を聴き，そこに「幸福，怒り，恐怖，悲しみ，嫌悪，驚き」の成分がどの程度含まれているかの評価を求める。
情動の同化	・特定の感覚を生じさせるような場面を想像してもらい，その際の感覚を SD 法（暖かい－冷たい，黄色－紫色，鋭い－鈍いなど）で評価するよう求める。 ・自分が，他者から何らかの感情（例えば，罪悪感や恐怖）を感じさせられた場合，どのように感じるかについて「悲しい，緊張している」などの表現がどの程度当てはまるかについての評価を求める。
情動の理解	・いくつかの成分が混ざり合った情動について，その成分の組み合わせの回答を求める。例えば「optmism は pleasure と anticipation，acceptance と joy，surprise と joy，pleasure と joy のいずれの組み合わせが最も近いと感じるか」の選択を求める。 ・時間の経過とともに，情動反応がどのように進行するかを問う。例えば，誰かに対する怒りが募っていった際に，それが「gloating, resentment, hate, rage」のいずれの結果を導くかを問う。
情動の管理	・他者の情動をどのように管理するかを問う。例えば，同僚から「就職にあたり学位を偽ってしまった（その学位がなければ就職はおそらくできていない）」と相談された際に，提示された対処方法（例：その同僚が本当にあなたの助けを求めている場合に限り，彼を助ける）がどの程度効果的と思えるかの評価を求める。 ・自分の情動をどのように管理するかを問う。例えば，「あなたは数か月にわたりつきあっている恋人がいて，結婚を本気で考えていたが，関係が終わってしまった。そのときにどう対応すればよいか」という文章を提示されたのち，「仕事や他の活動に打ち込み，考えないようにする」といった対処がどの程度効果的と思えるかの評価を求める。

気分を回避したり，当該対象への評価を再度行ったりするという能力を含んだ「情動の管理（managing emotions）」である。情動の管理をどのように行うかには個人差があり，この能力はパーソナリティ的な側面も有している。先に紹介したものほど低次の能力であり，後者ほど高次の能力であるとされる。Mayer et al. (2000) で使用された尺度について，表14-3にまとめた。

3. EIの与える影響

それでは，このようにして測定されるEIが高いことはどういった結果をもたらすのだろうか。Martins et al. (2010) や Schutte et al. (2007) のメタ分析によると，EIの高さは一貫して心身の健康と一定の正の相関が認められている。また，EIが高い者は，友人からも他者の気持ちに敏感であり，友人を気遣っていると評価されるなど，良好な人間関係を築けることが報告されている（Lopes et al., 2005）。そして，Perera & DiGiacomo (2013) によるメタ分析では，EIは学業成績とも一定の関連をもつことも示されている。したがって，EIの高さは学業における成功と関連があるように思われる。

4. 測定方法への指摘

ただし，こうしたEIとポジティブな結果との関連については，EIの測定方法に関する問題点が多く指摘されていることに留意する必要がある。EIの測定には自己報告式の尺度が用いられることが多いが（客観式テストを含めたレビューは野崎 (2015) を参照），EIの尺度に高い得点を示す者は自尊感情が高く（豊田，2014），Big Five における外向性や開放性といったポジティブな側面とは正の相関を，情緒不安定性といったネガティブな側面とは負の相関を示す（豊田ら，2005）といった傾向がある。したがって，人生における成功という結果には，EIの高さが直接的に影響を及ぼしているのか，それともEIの高さに付随する高い自尊感情やポジティブ・ネガティブな特性の影響によるものなのかが明確ではない。

5. 新たな解釈

図14-4に示すように，EIの高さは，人生の結果のみを予測するというよりも，

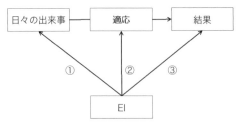

図 14-4　日常生活と EI（石井, 2014 より作成）

①日々の生活の中でネガティブな出来事が起こらないよう計画したり，②嫌なことが起きた際も柔軟に対応できるようにしたり，③人間関係をよりよく結んだりする，といった能力のすべてに影響していると考えることもできる（Ciarrochi et al., 2001; 石井, 2014）。ただし，この点は実証的に示されているものではなく，今後のさらなる研究が求められているといえる。

4節　感情の「感じやすさ」

1. 感情体験のしやすさ

本ハンドブックにおいて網羅されているように，感情は実に多岐にわたるが，そうした感情にかかわる体験をしやすい人もいれば，そうでない人もいるだろう。例えば，人前に出た際に不安や緊張を感じてうまく話せなくなってしまう人もいれば，そうした素振りを見せずに堂々と最後まで話すことができる人もいる。また，優れた他者の存在に対して羨ましさを強く感じる人もいれば，そうした感情とは無縁とさえ思えるような人もいるだろう。このように，人にはそれぞれ個人差をもつ特性としての感情の「感じやすさ」，すなわち感情特性を有することが想定できる。

2. さまざまな感情特性の例

ここでは，まず基本感情についての研究を紹介し，続けてそれ以外のさまざまな感情特性について取り上げる。

(1) 感情特性

　平井（2013）は，「楽しさ」「驚き」「悲しみ」「怒り」「嫌悪感」「恐怖」という6つの基本感情について，「私は○○の感情を，感じやすいと思う」「私は○○を，長い時間感じ続けるほうだ」などの4項目ずつからなる主観的感情特性尺度を作成した。その後，8日間にわたり調査対象者に感情状態を毎日報告してもらい，主観的感情特性尺度がこれらの平均値を予測することを示している。また，平井（2015）は，この主観的特性感情尺度のうち「喜び」「悲しみ」「怒り」の3つを取り上げ，喜びは他のポジティブ特性（例えば，精神的回復力など）と有意な正の相関を示す一方，悲しみ・怒りはそれらとは負の相関がみられることを確認している。

(2) 特性不安

　不安の感じやすさの程度は特性不安（trait anxiety; Spielberger et al., 1970）と呼ばれ，わが国では「困難なことが重なると圧倒されてしまう」「憂うつである」といった項目を用いて測定される（清水・今栄，1981）。この特性不安が高い者は，自身のパフォーマンスが評価されたり，人から注目されたりするといった，緊張が生じる場に置かれた際に，「緊張している」「不安である」といった項目を用いて測定される状態不安が高まりやすい（e.g., Egloff & Schmukle, 2002; 藤井，2013）。

(3) 特性感謝

　「他の人に感謝することを書きだしたら，たくさん書ける」「いろいろな人に感謝している」といった感謝のしやすさ，すなわち特性としての感謝（gratitude）（e.g., 藤原ら，2014; McCullough et al., 2000）が高いほど，「私が困っているとき相談にのってくれた友人に，感謝の言葉を口にする」といった，友人への感謝行動が促進されることが示されている（林ら，2018）。

(4) 特性妬み

　「羨ましく思える人たちに対して，私は悪意を感じる」「他の人たちの成果を見ると，私はムカついてしまう」といった妬みやすさ，すなわち特性としての妬み（envy）（e.g., 澤田・藤井，2016）を感じやすい者は，ステータスが高い架空のターゲット人物（調査対象者と同様に大学生の人物とされるが，高学歴であり，恋人が容姿端麗であるという設定の人物）を提示された際に，そのターゲット人物に対して「嫉妬を感じる」「うらやましさを感じる」といった項目を用いて測定される妬み感情

を抱きやすいことが報告されている（稲垣，2019）。

(5) 特性尊敬

武藤（2016）は，「私の周りには尊敬できる人がたくさんいる」「私はよく尊敬の気持ちを感じる」といった特性尊敬関連感情が高い者は，実際に敬愛・心酔・畏怖といった尊敬関連感情を感じやすいことを示している。

このように，それぞれの感情の感じやすさには個人差があると考えられる。同時に，感情特性を測定する尺度と他の特性や実際の感情体験や関連行動との関連は，感情特性を測定する尺度の基準関連妥当性や予測的妥当性を示すものであるといえる。

3. 感情特性の測定方法に関する指摘

一方で，こうした感情特性を測定する尺度には，その感情特性に関連すると思われる行動をどの程度行いやすいか，といった質問が含まれていること，すなわち両者のオーバーラップの問題が指摘されている（Back et al., 2009）。感情特性（感情の感じやすさ）が関連すると思われる行動（実際に当該感情を感じることや，当該感情に関連した行動をとること）をどの程度予測できるか，という点を純粋に検討するためには，感情特性と行動を問う項目の重複は避けるべきであり，この点は尺度作成の際に留意すべき点といえるだろう。

また，感情特性の測定には質問紙が用いられることが多いが，有光（2002）は，この点について留意すべき点や対策を整理している。まず，質問紙は言語による回答を求めるものであるが，意識と言語に不一致がある可能性がある。また，すでに習慣化した行動は意識することが難しいこと，意識していても言語では表現しにくい可能性がある。その他にも，質問紙法には社会的望ましさや記憶の偏り，要求特性などによる回答の歪みなども指摘されている。こうした点をふまえ，感情を測定する際は，測定値に影響を及ぼしうる第三の変数をあらかじめ実験計画法により統制するなどの配慮が必要である（例えば，気分状態には曜日，日常イベント，日内変動，カフェイン，ニコチン，アルコールの摂取，月経周期などが影響するとされる）。また，ベースラインとしての平常時の感情状態を測定する際には，繰り返し測定するなどして誤差変動の影響を考慮することなども提案されている。

上記に関連して，質問紙を用いて測定する特性不安には社会的望ましさ反応尺度

(谷，2008)の下位尺度である自己欺瞞との中程度の負の相関があることが報告されている（藤井，2010)。こうした社会的望ましさ反応の影響を受けず，自ら意識することが難しい感情特性を測定するために，Implicit Association Test（以下IAT: Greenwald et al., 1998）などの潜在的測度を使用するのは一考に値するかもしれない。例えば藤井（2013）は不安を，相川・藤井（2011）や藤井・相川（2013）はシャイネスを，いずれもIATを用いて測定し，その予測対象を検討している。これらの研究によれば，質問紙で測定した「顕在的な」感情特性は，対人場面における本人の意思でコントロールされた行動を予測する一方，IATで測定した「潜在的な」感情特性はコントロールが困難な行動を予測しており，両者の予測する対象は質的に異なることが示唆されている。複数の指標を用いた測定を行うことで，感情特性をより多面的にとらえることができる可能性があるといえるだろう。

加齢とポジティビティ効果

　高齢者は若年者と比べて，ネガティブな情報よりもポジティブな情報に注意を向けやすいことが知られている。この現象はポジティビティ効果（positivity effect）と呼ばれ，"年をとると心身はどのように変化していくか"という疑問を解決するため，これまで盛んに研究されてきた経緯がある。ポジティビティ効果がなぜ生じるかについては2つの仮説が提出されている。1つは加齢に伴って感情調整や気持ちのコントロールがうまくなることでポジティブ感情が生じやすくなると考える"成熟説"（Carstensen, 2006），もう1つは加齢によって前頭葉や扁桃体の働きに支えられる認知機能が低下することでネガティブ感情が生じにくくなると考える"老化説"（Labouvie-Vief, 2003）である。どちらも現象の説明として有力であるが，前者よりも後者で高齢者にみられる脳機能の特徴，認知加齢を理解できることを見逃してはならない（増本・上野, 2009）。

　過去研究では注意を調べるドット・プローブ課題（Mather & Carstensen, 2003）や，記憶を調べる再生課題（Charles et al., 2003）で，ポジティビティ効果が確認されている。また，注意と記憶に関する多くの実験結果を集めて行われたメタ分析ではポジティビティ効果は課題の種類に関係なく生じるタフな現象であり，その効果は年を取れば取るほど強まることも示されている（Reed et al., 2014）。しかし，欧米圏ではポジティビティ効果は生じやすいが，アジア圏では生じにくいという議論もあり（Fung et al., 2008），文化差や感情表出の規則と関係することも示唆されている。認知機能のほか，加齢に伴うどの側面の変化がポジティビティ効果を生じさせるのか，研究が待たれる。

　"年を取ると丸くなる"という諺(ことわざ)が示すように，加齢によって感情のあり方は変化する。ただし，それは人生経験を積んで"老賢者"となったからなのか，怒ったり泣いたりすることにリソースを割けなくなったからなのかは，現状，明らかにされていない。それはポジティビティ効果でも同様である。ただし，少なくとも近年では，"年を取るほど前向きになれる"ことのエビデンスは集積されつつある。考え方はさまざまだが，年を取るのも悪くないかもしれない。

上を向いて歩こう
— 姿勢と感情 —

『上を向いて歩こう』。この歌を聴くと，なぜか自然と，元気がわいてくる。どこか懐かしさを感じるメロディが，そうさせるのかもしれない。そっと背中を押してくれるような歌詞が，そうさせるのかもしれない。しかし，ここで問いたいのは，歌そのものの素晴らしさではない。無粋な問いかもしれないが，なぜ，「下」でも「横」でもなく，「上」を向いて歩くのだろうか？

身体の姿勢（posture）は，感情と密接な関連を持つ。落ち込んだときには，自然と肩を落とし，うつむいた姿勢になる。反対に，何か嬉しいことや誇らしいことがあれば，上体をまっすぐに，胸を張った姿勢をとる。興味深いのは，感情状態が姿勢を導くだけでなく，姿勢をとること自体が，種々の感情経験を生み出すという点である。うつむくだけで，また上体をまっすぐにする（あるいは反り返る）だけで，それぞれネガティブ・ポジティブな感情が生起するのである（Laird & Lacasse, 2014）。

さて，『上を向いて歩こう』に話を戻すと，その歌詞から推察するに，何か辛いことがあったときに「上」を向くことを勧めている。それでは，実際にネガティブ感情を経験しているとき，「上」を向くこと，あるいは「下」を向かないことに，効果はあるのだろうか。Veenstra et al. (2017) は，上体が「うつむいた (stooped)」姿勢と「まっすぐ (straight)」な姿勢（図）によって，ネガティブ感情の変化に違いが見られるかを検討した。その結果，「まっすぐ」な姿勢では，統制群（自由な姿勢）と同程度にネガティブ感情が低下したが，「うつむいた」姿勢では，その度合いが有意に小さかった。つまり，「うつむいた」姿勢が，ネガティブ感情の自然な低下を妨げたのである。

「上」を向けば，自ずと「下」を向かずに済む。そしてそれが，辛い気持ちを自然と和らげることにつながる。辛いときこそ，心も身体も「上」を向いて（少なくとも「下」を向かずに）歩こう。

図　うつむいた姿勢（左）と
　　まっすぐな姿勢（右）
（Veenstra et al., 2017 より）

15章

幼児期・児童期の感情障害

　本章においてはおもに幼児期を対象とした「感情障害」について説明し，次章では青年期および成人期の「感情障害」を扱う。「感情障害」という用語はかつて広く用いられていたが，現在ではあまり用いられず「気分障害」と呼ばれることが多い。現在，医療機関における精神疾患の診断基準として一般的に用いられているのはアメリカ精神医学会（American Psychiatric Association: APA）によって出版された『精神疾患の診断・統計マニュアル（Diagnostic and statistical manual of mental disorders: DSM）』と，世界保健機関（World Health Organization: WHO）が出版している『国際疾病分類（International statistical classification of diseases and related health problems: ICD）』であるが，近年まで20年にわたって使用されたDSMの第4版にあたるDSM-IV（APA, 1994）では「感情障害」ではなく「気分障害（mood disorder）」という診断名が記述されており，ICDの第10版であるICD-10（WHO, 1992）においても「気分（感情）障害（mood [affective] disorder）」と記されていることがその要因であろう。また，この「気分障害」という名称・分類にも近年変化があり，DSM-IV（APA, 1994）では「大うつ病」と「双極性障害」が「気分障害」という同一カテゴリーに分類されていたが，最新の診断基準にあたるDSM-5（APA, 2013）ではこれらが別カテゴリーとなり，「気分障害」という項目そのものがなくなってしまった。

　このように診断名や診断の基準については新たな研究知見の蓄積や社会情勢などの諸要因によって変化があるため，「感情障害」の意味は時代によって異なる面もある。そこで，本章では「感情障害」という診断の名称ではなく，おもに幼児期に

みられる，幅広く感情に関係すると考えられる精神疾患を紹介する。具体的にはDSM-5 に準拠して「うつ病性障害」「双極性障害」「不安障害（不安症）」「強迫性障害（強迫症）」の4つを取り上げる。「感情障害」に最も対応している概念は「気分障害」であると考えられるが，先述のとおり最新の診断基準とされる DSM-5 では「気分障害」というカテゴリーがなくなっているため，ここでは DSM-IV および ICD-10 分類において「気分障害」として扱われていた「うつ病性障害（depressive disorder）」と「双極性障害（bipolar disorder）」の概念をまずは紹介する。DSM-IV と DSM-5 におけるこれらの概念のカテゴリーは異なるものの，本質的にはほぼ同じ概念であり，改定にあたっての変化や対応関係はいくつかの専門書や総説によって参照可能である（Black & Grant, 2014; 大野，2014）。同じように ICD と DSM の間でも細かい分類に差異があるが，含まれる概念はほぼ同一である。また，現在多く引用されている大規模な疫学研究や質の高い臨床研究の多くは DSM-IV や ICD-10 の分類をもとに報告されており，これらの先行研究の知見は新しい診断基準のもとにおいても十分に活用されている。したがって，改定によって概念そのものがまったく異なるものになっていると捉える必要はないだろう。

　次に，「不安障害（anxiety disorder）」と「強迫性障害（obsessive-compulsive disorder: OCD）」を紹介する。これらも DSM-IV においては「不安障害」という1つのカテゴリーにまとめられていたが，新しい診断基準においては異なる分類となっている。不安は対象が明確ではない恐怖のことを示しており，代表的なネガティブ感情の1つである。その不安感情が高いために，行動面や情緒面で何らかの問題を引き起こしている症状を総称したものが「不安障害」である。また，「強迫性障害」は不合理な思考を自分の意思とは関係なく自動的に繰り返してしまい，またそれらのために不適切な行動が反復されてしまう精神疾患である。DSM-5 においては「強迫症」という診断名も併記されている。

　診断基準が複数存在するため混乱するかもしれないが，本章では DSM-5 を中心として各疾患を紹介しつつ，DSM-IV や ICD-10 との関連を適宜取り上げることとする。まず，各疾患の概要について述べた後に，①診断の基準と症状，②有病率と疫学，③要因と治療・支援，の順に説明することとする。診断の基準については DSM-5 の内容を簡潔に説明する。有病率は，いつ，どこで，どの診断基準によって求められたのかによって数値が異なるが，基本的には世界各国で行われた代表的な大規模な調査での報告をもとに，おおよその数値を紹介する。例えば，アメリカにおける大規模疫学調査としては，National Epidemiologic Survey on Alcohol and

Relate Conditions (NESARC) や National Comorbidity Survey (NCS), National Comorbidity Survey Replication (NCS-R), Epidemiologic Catchment Area Program (ECA), 欧州における大規模な国際疫学調査としては European Study of the Epidemiology of Mental Disorders (ESEMeD) などがあり, 本章で取り上げられる精神疾患についての疫学的な報告がある (Conway et al., 2006; Kessler et al., 1996; Kessler, Berglund et al., 2005; Alonso & Lépine, 2007)。近年の日本における大規模調査としては厚生労働科学研究として川上ら (2006, 2016) によって行われた精神疾患の有病率等に関する大規模疫学調査研究：世界精神保健日本調査セカンドなどがある。有病率は地域, 時代や診断基準, 調査方法によって変動がある数値であることは十分に念頭においてほしい。対象とする年齢帯や性別によっても違いがあり, 算出方法も一生のうちにかかる割合を表す生涯有病率, 1年のうちにかかる割合を示す12か月有病率などさまざまである。ここではこれらの違いについて詳しく扱わないが, 地域差や経年変化などを検討することも重要な研究テーマの1つであるため, より詳細を知りたい場合は16章 (p.323以降) や各調査報告を参照してほしい。

1節　うつ病障害

　人は日々の生活の中で, 好きなことをしているときには楽しい気分になり, つらいことや嫌なことがあれば落ち込むといったように, その時々によってさまざま感情を経験している。感情は主観的なものであり, ポジティブ (快) －ネガティブ (不快) を軸として基本的には二極性をもつものとされ, 日々の出来事や経験に影響を受けて変化することが多い。しかし, ときには自分に起こった出来事に関係なくネガティブな気分が長期にわたって続いてしまうことや, これといった理由もなく急にテンションが高くなってしまい, 極端に過度な楽観性や万能感にとらわれて自分の行動を制御することができなくなる場合もある。こういった状態がある一定期間以上継続し, 日常生活に支障をきたしている場合は「気分障害」である可能性が考えられる。かつては感情障害と呼ばれることも多かったが, 喜んだり悲しんだりするという「感情」の病気というよりも長く続く気分の不調という意味合いが強いためDSM-IVでは「気分障害」と呼ばれ, その後のDSM-5で「抑うつ障害群」と「双極性障害および関連障害群」に分けられることとなった。このうち, ポジティブな

感情が失われてしまって気分の落ち込みが数週間以上にわたって続くのが「抑うつ障害群」にあたり，うつ状態とエネルギッシュな状態が交代で繰り返し現れるのが「双極性障害」にあたる。

「抑うつ障害群」には「うつ病／大うつ病性障害」「持続性抑うつ性障害（気分変調症）」「重篤気分調節症」などが含まれている。このうち，代表的なものが「うつ病／大うつ病性障害」であり，気分が落ち込んで無気力になることや，楽しい・嬉しいといったポジティブな感情が失われること，自責傾向が強くなることなどが症状としてみられ，場合によっては自殺する危険もある。親しい人との死別などの重大なストレスとなるライフイベントや状況が原因となることが多いが，それ以外にもさまざまな要因が存在し，きっかけとなるようなイベントが起こらなくても罹ることもある。はじめのうちは，ネガティブな気分といった精神症状よりも，不眠や倦怠感，軽い頭痛のような身体症状が現れることが多い。再発を繰り返すことも多く，継続的な治療が必要とされる。なお，うつ病に似ているが，さほど重症にはならずに長期に持続する傾向がある症状を示すのが「気分変調性障害」である。

かつては人格形成の途中にある幼児期や児童期の子どもにうつ病は存在しない，という議論がされた時代もあった。そのため，子どものうつ病の研究報告は成人と比較すると少なく，新しいものが多いのが実情である。近年は，成人の診断基準を子ども用に改編すると診断可能な子どもたちが存在すること，大規模な疫学調査においては抑うつ症状を示す子どもが一定の割合でみられること，治療や支援によって抑うつ症状の改善が認められること，子どもの自殺とも関連性がみられることなどが報告されるようになり，子どもにもうつ病は存在するという考えが妥当であるとみなされるようになった。

1. うつ病／大うつ病性障害のおもな診断基準と症状

うつ病の診断基準をDSM-5に基づいて簡潔に説明する。以下の①〜⑨症状のうち，①か②を含めた5つ以上が2週間以上続いており，その症状によって社会的生活などに機能的な問題を起こしており，それが他の疾患によるものではない場合，うつ病である可能性があるとされている。

①ほとんど1日中，暗く悲しい気分が続いている。
②何に対しても興味がわかず，これまで好きだった物事が楽しめない。

③食欲がなく，体重が減少している。あるいは，増加している。
④ほとんど毎日，眠れない。あるいは，寝過ぎてしまう。
⑤ほとんど毎日，焦燥感を感じイライラして，怒りっぽい。
⑥ほとんど毎日，疲労感があり，やる気がない。
⑦自分を責めており，無価値な人間だと感じている。
⑧思考力や集中力がなく，物事を決断できない。
⑨死について何度も考え，死んでしまいたいと思う。

　子どもの症状について考える場合，診断基準となっている中核的な症状と，それに伴う二次的な症状に分けることができる。中核となる精神症状としては，①興味・関心の減退，②意欲・気力の減退，③知的活動能力の減退，があげられる。①は「何をやっても楽しくない，これまで興味関心をもっていたものも楽しく思えなくなった」，②は「元気がない」「気力がなく，何もやりたくない」，③は「何も頭に入らない，考えられない」などの訴えとして現れやすい。身体症状としては，①睡眠の問題，②食欲の問題，③疲労感や倦怠感，④調子の日内変動，がみられる。①について，不登校児の場合は昼夜逆転や入眠障害がみられることがあるが，中途覚醒や早朝覚醒を伴うことは少ないため，これらがみられる場合はうつ病が考えられる。②は食欲不振や好き嫌い，③は慢性的な倦怠感として訴えられることがある。④は，朝方は不調であるが，夕方から楽になることが多いとされている。二次的な症状として無力感，劣等感，自責感，罪悪感，焦燥感・自殺企図などがあげられる。

　特に子どものうつ病を考える状況としては，①休日や長期休みの期間中であっても身体症状が続くこと，②今まで好きだったことも楽しめないこと，③原因として考えられる出来事に対して精神・身体的な症状が大きいこと，④夕方から夜にかけても症状が軽くはなっても消失しないこと，⑤朝通学する時間やその前の時間に中途覚醒，早朝覚醒といった睡眠障害を訴えること，⑥うつ的な状態が長期間持続すること，⑦自責の念が強く自殺企図もみられること，⑧中核となる症状が揃っていることなどがあげられる。うつ病は強い罪悪感や苦悩感，自責感があるため特に自殺には注意が必要であろう。

2. 有病率と疫学

　うつ病については規模の大きな調査報告がいくつもあるが，近年は一貫して増加傾向にあることが指摘されている。成人の生涯有病率は15％程度であり，男性は約12％，女性は約18％である。うつ病は全疾患の中でも健康な生活を妨げる疾患の上位にあると考えられており，子どもから大人まで多くの人にとって身近な疾患となりつつある。

　児童を対象とした大規模調査の報告も複数存在し，欧米では，6か月有病率は12歳以下で0.5～2％程度，17歳までの青年期で2～8％程度と報告されている。わが国の調査でも児童の1～5％程度と推測されており，年齢が上がるにつれて増加傾向にある。青年期では成人と同様に女性に多いと報告される。

3. 要因と治療，支援

　ストレスをはじめとしたさまざまな要因が報告されているが，いまだ明らかではないことが多い。決定的な要因を検討するためには今後のさらなる研究報告が待たれる。おもにストレスと関連イベントを中心とした心理・社会的要因や，神経伝達物質としてのセロトニン系の関与，遺伝子などが有力な要因として指摘されている。

　子どものうつ病の治療にあたっては，まずは適切に診断を受け，保護者が疾患概念の説明を十分に受けることが重要である。身体症状も強く現れることが多いため，まずは十分に休養を取ることが必要となる。そして，抗うつ薬やカウンセリングを中心した治療が行われるのが一般的である。沈み込んだ気分に対して効果のある抗うつ薬を中心に，必要に応じて睡眠を促すための睡眠導入薬や，不安感を軽減するための抗不安薬なども用いた薬物療法が行われる。また，自責傾向や抑うつになりやすい考え方を修正し，ストレスを緩和することを目的としたカウンセリングも行われる。

　抗うつ薬には幾つかの種類があり，先行して用いられてきた三環系および四環系抗うつ薬と，新規抗うつ薬とされる選択的セロトニン再取り込み阻害薬（Selective Serotonin Reuptake Inhibitor: SSRI）やセロトニン・ノルアドレナリン再取り込み阻害薬（Serotonin and Noradrenaline Reuptake Inhibitors: SNRI）などが存在する。その効果においては成人期と児童期・青年期においては違いがあることが示されており，児童・青年期精神疾患の薬物治療ガイドライン（中村，2018）によると，各

国において行われた二重盲検による研究の結果，児童・青年期においては三環系抗うつ薬，四環系抗うつ薬は有効性が認められないといった指摘もある。児童・青年期の抗うつ薬の効果やその使用方法については引き続き多くの研究成果の蓄積が求められており，注意を要することが示唆されている。

　うつ病になっている子どもは，まじめで凡帳面なことも多いため，励ましが逆効果となってその子どもを追いつめることになる可能性もあるため，避けるほうがよいと考えられている。また，症状としての自殺企図があるため，予兆が観察された場合には専門家の対応が必要であり，入院が求められる場合もある。回復しはじめる時期にも自殺が多いことも留意すべき点である。適切な初期対応と治療がなされれば，完全に回復することも多くみられるが，困難で長引く事例もあり，不十分な環境調節や不規則な服薬がその要因となっている場合もある。うつ病はいったんよくなったようにみえても再発することも多いため，症状が消失してもある程度の継続的な治療の必要性が指摘されている。

2節　双極性障害

　かつては同じカテゴリーであった「双極性および関連障害群」と「抑うつ障害群」はDSM-5ではそれぞれ独立した分類となっている。「双極性および関連障害群」には「双極Ⅰ型障害」のほか，最近注目を集めている「双極Ⅱ型障害」が含まれる。双極性障害とは，精神状態が過剰に高揚してしまい，心身状態もエネルギッシュになる「躁状態」と「うつ状態」が数日から数週間ごとに交代する症状が長期にわたって繰り返し現れる精神疾患である。そのため，かつては「躁うつ病」と呼ばれていたが，近年改めてその双極性（bipolarity）に注目が集まっている。

　一般的に，躁状態のときは活動性が高まって睡眠が少なくなるにもかかわらず，疲労感はあまり感じなくなる。さらに，怒りっぽくなり，イライラして落ち着きがなくなることもある。躁状態はその症状が軽い場合には活力があって気力がみなぎっているようにみえるため，他者からはそれが症状として認識されず，本人も病識がない場合が多い。そのため，躁状態ではなくうつ状態が現れたときに専門家に相談することが多くなり，相談時にはうつ病との識別が困難となり，双極性障害は見逃されやすく，確定診断に長期の経過観察が必要となる。うつ病と双極性障害では異なる経過をたどり，治療薬も異なっているため，識別が重要視されることから，

双極性障害は抑うつ障害とは異なる分類がされるようになり，双極スペクトラム障害などの概念が提示され，躁病相を見逃さずになるべく早期から双極性障害へ発展する可能性を考慮した対応が求められるようになった。双極性障害は上述の特徴を示す双極Ⅰ型障害と，それよりも軽い軽躁病のエピソードを有する双極Ⅱ型障害に分けられる。

1. 双極性障害のおもな診断基準と症状

　双極性障害の診断について，DSM-5に基づいて簡便に説明する。双極性障害は明らかな抑うつエピソードと，(軽) 躁病エピソードの組み合わせが特徴である（エピソードの説明は後述）。躁病エピソードは軽躁病エピソードや抑うつエピソードが先行したり，後に続いたりしていることがある。躁病エピソードを呈していれば，抑うつエピソードの有無にかかわらず双極性障害に分類される。双極Ⅰ型障害と診断するには少なくとも1つ以上の躁病エピソードに該当し，躁病エピソードと抑うつエピソードの発症が統合失調感情障害などの他の精神病性障害では説明されないことが必要である。双極Ⅱ型障害と診断するには，1つ以上の現在または過去の軽躁病エピソードと1つ以上の抑うつエピソードが該当すること，過去に躁病エピソードがないこと，統合失調感情障害などの他の精神病性障害では説明されないこと，症状によって社会や重要な領域において機能の障害が引き起こされていることが要件とされる。

　躁病エピソードの基本症状は，異常なほどの高揚感や開放感，易怒性である。さらに，自尊心の肥大，睡眠欲求の減少，多弁や切迫感，観念奔逸，注意散漫，目標志向性の活動の増加または精神運動焦燥，困った結果につながるような活動への熱中などの項目のうち3項目以上の症状が伴う。躁病エピソードであれば1週間，軽躁病エピソードであれば4日間以上持続する。躁病と軽躁病の違いは症状の軽重ではなく，持続期間である。具体的な躁病エピソードの例として，感情が高ぶって自分を過大評価し，尊大になり他人を無視したりするような態度があげられる。また，慌しく朝から夜遅くまで動き回って何かをしようとして，考えも次々と浮かぶが，その内容は誇大的でまとまりがないことも多い。相手の都合を考えない行動や，高価な買い物による消費や異性関係の逸脱行為などもみられる。

　躁病エピソードの診断基準には小児期特有の項目はない。うつ病エピソードは基本的には先述のうつ病の診断基準で紹介されたエピソードである。大人の場合はう

つ病と同じ症状が基本であるが,子どもの場合は抑うつ気分の代わりにイライラ感でもよく,体重減少がみられない代わりに成長に伴って期待される体重増加がみられないことでも当てはまるとされている。

　うつ病と同じく,近年までは子どもの双極性障害は注目されず,まれな精神疾患であるとされてきた。しかし,欧米で子どものうつ病が一定数存在することが報告されるようになると,子どもの双極性障害にも注目が集まるようになった。その結果,1990年代にはアメリカで児童期・思春期の双極性障害(prepubertal and early adolescent bipolar disorder: PEA-BP)に関する論文が増加した(Geller et al., 1994)。一方,日本の調査においてはアメリカと比較すると子どもの双極性障害はかなり少なく,診断する例もほとんどないという報告もある(傳田,2011; 蓮舎・市川,2005)。したがって,日本における子どもの双極性障害についてはさらなる研究結果の蓄積が求められているのが現状であろう。最近の研究報告では,双極性障害とASD(autism spectrum disorder)やAD/HD(attention-deficit/hyperactivity disorder)との合併の問題が論議されており,今後は生物学的要因と心理・社会的要因に加えて,発達要因を統合し理解する枠組みが必要になってくることも考えられている。

2. 有病率と疫学

　欧米では双極Ⅰ型障害を発症する人はおよそ1％前後,双極Ⅰ型とⅡ型の両方を含めると2～3％にも及ぶと報告されており,日本ではⅠ型とⅡ型を合わせた双極性障害の人の割合は0.7％程度と報告されている。日本は欧米と比較すると双極性障害が少ないとされており,人種,社会,文化などの違いが要因として考えられているが,治療や診断のあり方が影響している可能性も考えられるため,欧米と日本で実際に大きな差があるのかどうかについてはさらなる検討が必要である。児童期・思春期の双極性障害については,アメリカで16％とも報告されているが,日本では子どもの双極性障害はかなり少なく,1％未満という報告や,診断例もほとんどないという報告もある(傳田,2011; 蓮舎・市川,2005)。

　国際比較による報告においては,発展途上国よりも先進国で多くみられ,社会経済的状況(SES)が高いものや高学歴者に出現しやすいと報告されている。20歳代～40歳代に多くみられ,双極性障害とうつ病を比較するとうつ病のほうがかなり多いと報告されているが,先述のとおり双極性障害のほうが見逃されやすいと指摘されている。

3. 要因と治療，支援

　双極性障害について，決定的な要因はまだ解明されていないが，近年は精神疾患の中でも特に脳や遺伝子などの生理的な側面の影響が大きい疾患であるとみられている。ストレスがその状態を悪化させる要因になるが，単なる精神的な問題や心理社会的な問題だけで発症するわけではない。したがって，心理療法だけで根本的な治療をすることが難しいと考えられている。双極性障害の治療に使われるのはおもに気分安定薬である。うつ病の治療薬である抗うつ薬を使うと，逆に症状が悪化することがあるため，注意が必要とされている。先述の抗うつ薬と同様に，その効果や副作用については成人期と児童期・青年期では違いがあることが報告されているため，児童・青年期の薬物治療については注意が必要である。

　躁状態の症状が強いときには，自分や他者を傷つける危険があるため，入院による治療を勧められることがある。うつ病と同じく自殺のリスクがあり，決してその数は少なくはなく，他の精神疾患との識別を行って早期発見と早期支援が求められる重大な疾患であるといえる（佐藤ら，2014）。

3節　不安障害

　不安とは，対象が明確ではない漠然とした恐怖のことを指しており，ネガティブな感情の1つである。不安感情そのものは病的な反応ではなく，人間に備わっている危険に対する警戒を促すための重要な機能であり，この感情のおかげで危険を回避したり，未然に危機に備えるといった行動が促されていると考えられている。例えば台風や大地震などのいつ起こるかわからない自然災害に対する不安は防災対策や避難準備につながるであろうし，日常生活の中でも将来の生活への不安が貯蓄行動や健康維持のための運動などに結びついている。このように不安は生存のために役立つ一種の危険信号であり，誰もが経験する正常な反応であるといえる。しかし，その危険信号が過剰となり，危険でないものにまで反応するようになると，その人が生活をしていくうえでの障害となる。あるいは信号が適切であっても，それに対する行動が不適切である場合は社会生活を送るうえでの問題行動となる。不安の生起や反応に不具合があるのが「不安障害」であり，精神疾患の中で不安を主症状とする疾患群をまとめた名称である。その中には，特徴的な不安症状を呈するものや，

原因がトラウマとなる体験によるものなど，さまざまなものが含まれる。子どもは大人と比べると表現力が乏しく，不安と抑うつの識別も難しいことが指摘されているが（傳田，2006; 松本ら，2010），治療法や経過には大きな違いがあるため，区別する必要がある。

1. 不安障害のおもな診断基準と症状

　DSM-5 では不安障害の下にさらに細かい分類として「限局性恐怖症」「社交不安障害」「分離不安障害」「選択性緘黙」「全般性不安障害」「パニック障害」「広場恐怖症」「物質・医薬品誘発性不安障害」がある。大きく分けると，①社交場面や昆虫など，不安の対象が特定のものにある程度限られているもの，②全般的に不安を感じ特定の対象がないもの，③予期しない発作という身体症状を伴うパニック発作を繰り返すもの，またそこから逃れられないような場所や状況を恐れるもの，④アルコールなどの物質を摂取することによって不安が生じるもの，に分けることができる。以下に簡潔に診断基準と症状を説明する。

(1) 限局性恐怖症，社交不安障害，分離不安障害，選択性緘黙
　不安も恐怖もいずれも危険へのシグナルであるが，不安はやや漠然とした不確定の将来の出来事に対するものであるのに対し，恐怖は特定の対象がはっきりと存在している点が異なる。特定の対象とは，目の前に存在している昆虫や尖ったものや，人前で話すとか母親から離れるといった状況や場面など，さまざまである。例えば「社交不安障害」では，恐怖の対象が「他人から注目される場面」などである。その恐怖が過剰であるために社会生活に困難を生じており，持続的で反復的に一定期間以上続いており，他の疾患では説明できないことなどが診断の基準となっている。特定の対象があるため，これらは恐怖症と呼ばれることもあり，高所恐怖症や対人恐怖症などが例としてあげられる。

(2) 全般性不安障害
　上記とは異なり，特定の対象に限らず不安を抱くのが全般性不安障害である。制御できず，特に理由のない過度な不安のために社会生活に多大な困難が存在し，その症状が 6 か月以上継続しており，不安がない日よりもある日のほうが多いことなどが診断の基準である。具体的には，仕事や学業，将来，天災，事故，病気などの

さまざまな出来事または活動について過剰な不安があるが，その原因は特定されておらず，不安のために落ち着きがない，疲労感，倦怠感，動悸，息切れ，ふらつき感や過剰な反応，睡眠の問題などが続いている状態である。

(3) パニック障害，広場恐怖症

パニック発作という予期しない急性・突発性の発作を起こすことが「パニック障害」の特徴的な症状である。突然の激しい動悸，息苦しさ，胸の痛み，発汗，吐き気，震え，めまい，しびれなどの身体症状を伴った強い不安に襲われ，数分以内にピークに達するほど急激に生じるのが特徴である。パニック発作に襲われた場合，本人や周囲の人は心臓発作などと考えて救急車で病院へ向かうこともあるが，病院に着いた頃には症状はほぼおさまっており，検査などでも特に異常がみられずに帰宅することも多い。その後，一定期間を経てまた発作を繰り返すことになる。予期しないパニック発作が繰り返し起こること，発作の結果への心配があること，発作の後も1か月以上発作への心配の継続がみられること，発作と関連した行動の大きな変化がみられること，物質や他の身体疾患や精神疾患ではうまく説明されないことがおもな診断の基準である。予期せず繰り返すパニック発作のため，1人での外出に恐怖を感じることも多い。脱出が難しく援助が得られないような場所である公共交通機関や群集の中，広い場所，1人での外出といった状況への恐怖や不安がいくつもみられるのが「広場恐怖症」である。

(4) 物質・医薬品誘発性不安障害

薬物などによって不安が生じるのが「物質・医薬品誘発性不安障害」である。交感神経を刺激する作用をもつ物質は不安を生じさせることがある。また，交感神経を鎮静させる作用をもつ物質の反動で不安が生じることもある。カフェイン，覚せい剤，アルコール，睡眠剤，抗不安薬などが例としてあげられる。

これらの診断基準や症状はおもに成人を対象としたものであるが，子どもの不安には発達的な基盤があるため，発達段階に応じて正常な範囲が存在することを考慮する必要がある。例えば乳児が母親の不在や見知らぬ人，大きな音などを恐れることや，幼児がお化けや幽霊を恐れること，児童が学校の先生に叱られたり罰を受けることを恐れることは多くの子どもにみられる正常な反応である。子どもは成長につれて，さまざまな恐怖や不安を感じ，それに対して多くの儀式的な行為を行うことが知られており，それらは日常生活や学校生活で障害となるものではない。一方，

病的な不安は発達基盤を考慮してもなお漠然としており，表現しにくく，他人にわかってもらえないが，がまんすることが難しく，長く続いてしまうものである。子どもの不安障害は見逃されやすいと指摘されるが，その理由としては，子どもの不安はごく普段のことだと思われがちであること，子ども自身の表現が未熟であること，発達に伴う自然な寛解があること，破壊的な行動がないため症状の重要さが認識されづらいこと，などが考えられる。不安と抑うつは合併することも少なくなく，混同されやすい概念であるが，治療の観点では区別することが重要となる。

2. 有病率と疫学

近年の欧米での大規模疫学調査によると，不安障害の生涯有病率は15～30％と一貫して高い割合が示されており，患者数が増えていると考えられている。近年の日本における疫学調査では不安障害の生涯有病率は約9％と報告されており，欧米と比較すると少ないがかなり高い割合である。下位分類の生涯有病率は，特定の恐怖症は3.4％，全般性不安障害は1.8％，パニック障害は0.8％とされている。子どもを対象とした不安障害の12か月有病率は約6～18％と報告されており，比較的割合が高いものである。欧米においても日本においても不安障害は男性よりも女性に多く，幅広い年齢でみられている。

3. 要因と治療，支援

治療には薬物療法と心理療法がおもに行われており，いずれかの方法で治療することもあるが，併用したほうが効果的であると考えられている。不安障害に用いられるおもな薬は抗うつ薬と抗不安薬であり，近年は選択的セロトニン再取り込み阻害薬（SSRI）と呼ばれる抗うつ薬が使用されている。ただし，先述と同じく，児童・青年期の薬物治療は成人期とは異なる効果や副作用が報告されているため，子どもや家族に十分に説明することが求められている。

心理療法にはさまざまな種類があるが，近年は認知行動療法と呼ばれる治療法が多く用いられる傾向がある。この治療法においては不安が生じるメカニズムなどを学んだうえで，自分の不安について多角的に評価し，より現実的な行動はどのようなものかを検討し，実行に移す，といった過程を経るのが一般的である。この過程において，不安になりそうな物事に少しずつ向かう方法は段階的暴露と呼ばれてい

る。

　治療の効果や期間は個人によってさまざまであるので，いつまで治療を継続するのかは専門家と十分に相談して進めていく必要がある。薬物治療は中断や減量によって調子を崩すこともあるため注意が必要であり，再発防止のためには慎重かつ計画的に治療期間を終えることが望ましいと考えられている。

　また，不安障害を予防することも重要であり，不安症状や抑うつなどを発症しやすい児童期・思春期・青年期の児童・生徒・学生のために，不安障害のリスク要因となる不安症状と抑うつを予防するためのプログラムを教育機関で行う必要性も提唱されている。

4節　強迫性障害

　「強迫性障害（obsessive-compulsive disorder: OCD）」は，かつては「不安障害」の1つと位置づけられていたが，DSM-5においては分離されている。同一の分類がなされていたのは，不安への不適切な反応として強迫観念や強迫行動が想定されていたためであるが，OCDの患者の中には不安やその自覚が低い場合も多く認められており，脳機能や生物学的背景において他の「不安障害」との相違が多角的に検証される中で，「強迫性障害」はDSM-5において不安障害とは異なる分類となった。

　「強迫性障害」の病態は，強迫観念と強迫行為に特徴づけられる。自分でもその内容が無意味，不適切，不合理でばかばかしいと思っていても，自己の意志に反して繰り返しわきあがる思考のことを強迫観念と呼ぶ。強迫観念は侵入的であり，無視や抑制しようとしても頭から離れない思考や衝動である。一方，自分でも不合理と思う行為や衝動を実行せずにはいられず，実行してしまう行動を強迫行為と呼ぶ。この行為はおもに強迫観念によって高まる不安を緩和するために行われるものとされる。強迫性障害とは，強迫観念とそれに基づく強迫行為のため，日常生活に支障をきたす状態であるといえる。

1. 強迫性障害のおもな診断基準と症状

　DSM-5における強迫性障害の診断基準を簡潔に説明すると，①強迫観念，強迫

行為，またはその両方の存在が認められること，②それによって時間を浪費したり，社会的な苦痛や機能の障害が引き起こされていること，③物質や他の医学的疾患の直接的な作用ではないこと，④他の精神疾患では説明ができないこと，の4点である。以下に代表的な強迫観念と強迫行為を示す。

(1) 汚染に関する強迫観念と洗浄行為，接触を避ける行為

特定の何かを汚れたものや不潔なものと恐れて極端に嫌い，恐れる。例えば，つり革やドアノブなどを直接触れることができない。また，必要以上に手洗い，歯磨き，入浴などの行為を長時間行ったり，何度も繰り返し行う。

(2) 確認行為

戸締まりやガスの切り忘れ，忘れ物などを繰り返し何度も確認する。周囲に執拗に確認をすることもあり，家族も疲弊することがある。

(3) 儀式的に繰り返される行為，物事の順番や配置にこだわる行為

学校や家において，同じ場所を必ず通って移動する，などの行為である。ほかにも椅子の配置，ドアの出入り，決められたルーティーンを常に行わないと不安になるような行為もみられる。また，物の配置や順番，左右の非対称性や，長さの違いが異常なほど気にすることもある。

(4) 収集癖

物を捨ててしまうと非常に不都合なことが起こるという強迫観念によって，物を捨てることができずに保存してしまい，生活環境を悪化させてしまうことがある。

(5) 計算癖

数字に対する強迫的な考えのため，数や時間に強いこだわりをもつために行動の開始時間などが制約される，目に入るすべての数字を常に足してしまう，などの行為がある。

強迫行為の内容自体は子どもの場合も大人の場合も大きな違いがないが，子どもの場合は行動や行為の目的をうまく説明できないことも多い。強迫観念は，本人もその考えがおかしいと思っていても，自らその症状を訴えることはまれであり，発見が遅れることにつながりやすい。

2. 有病率と疫学

　生涯有病率は約 2.5％であり，そのおよそ 80％は 18 歳までに発症すると報告されている。すなわち，特に児童期に多い問題であるといえる。日本においても同程度の数値が報告されている。ただし，積極的に相談することが少ないため，その実態の把握が難しく，また未治療期間が長くなる傾向があるため症状が出現してから治療開始までに長い時間がかかる。

3. 要因と治療，支援

　生物学的な要因が想定されており，脳の前頭葉や大脳基底核の機能異常が指摘されているが，不明なことも多い。強迫症状は精神神経疾患に共通した症状であり，強迫関連障害スペクトラムとして治療することがある。

　海外のガイドラインでは認知行動療法が第 1 選択肢であり，反応が得られない場合に薬物療法を付加することが望ましいとされている（中村，2018）。心理療法としては，曝露反応妨害法には高い再発予防効果があるとして，期待されている。これは，あえて反応を招く場面に直面させ，不安になってもそれをがまんすることを繰り返すことによって，しだいに不安が軽減するというものである。薬物治療は SSRI が用いられ，わが国のガイドラインでも推奨されている。

畏怖，または喝

　筆者は，行き詰まると，天文台に星を見にいく。問題が問題として成立するにはさまざまな前提事項が必要だ。広大な宇宙を目の前にすると，そうした前提事項さえも塵のように散っていく。Keltner & Haidt (2003) によると，畏怖（awe）は，広大さの知覚と調節の必要性という2つの評価によって生じる感情である。広大さとは，自分よりはるかに大きいと感じられる何か，自分の通常レベルの経験や準拠枠をはるかに超越する何かのことである。調節とは，既存のシェマでは同化できない新たな体験を理解するために，既存のシェマを調整していくプロセスのことである。畏怖は，もともとは強力な指導者に対する従属の感情として進化したが，その後，文化による精緻化を経て，大聖堂やオペラ，壮大な景色にまで対象が拡大されたのだという。

　畏怖は自己概念や時間感覚をも変える。畏怖を導入すると，自分を「地球の一住人」といったより大きな集団の一員として定義するようになるし (Shiota et al., 2007)，注意が自分より大きな存在に向くようになって自分の欲望や利害への囚われが低下するようにもなる (Piff et al., 2015)。囚われが低下することで向社会的行動も増加する。また，畏怖を導入すると，時間が無限にあるかのように感じ，慈善活動を支援するためにその時間を使おうという気にもなるし，物の購入よりも体験型の消費を選好するようにもなる (Rudd et al., 2012)。幸福感も高まり，健康状態も増進する (Stellar et al., 2015)。もちろん，広大さと調節の必要性の評価に，脅威の評価が加わると話は別である。竜巻などの映像を見て，無力感を感じた人ほど幸福感は下がることになる (Gordon et al., 2016)。

　しかし，そもそも畏怖を感じるために天文台に出かける必要などない。呼吸に注意を向けて，注意が逸れたら，それに気づき，ただ注意を呼吸に戻すということを繰り返してみよう。思いは断ち消え，思いはただの思いにすぎないことに気づくだろう。と同時に，認識を可能とするが，それ自体は認識を超越する存在の息吹にも気づくはずだ。存在は常に認識を超越している。実のところ，畏怖すべき対象はどこにでも在る。

トラウマの筆記開示が心身の機能に及ぼす影響

　自己開示とは「自分自身をあらわにする行為であり，他人たちが知覚しうるように自身を示す行為」と定義され，自己開示傾向が高い個人は心身が健康であると主張された（Jourard, 1971）。このアイデアは，Pennebaker & Beall（1986）によって実証された。実験では，健常な大学生 46 名がトラウマ感情群，トラウマ事実群，トラウマ連合群（感情と事実の両方を筆記），統制群に無作為に配置された。各群とも，1 日 15 分間，4 日連続で筆記開示が行われた。トラウマ連合群は「あなたの人生で最も精神的に動揺したトラウマティックな経験について，心の奥底にある考えや感情を書いてください」と教示された。即時的には，血圧値，ネガティブ気分は，概して，トラウマ連合群で増大を示している。長期的効果について，大学の健康センターへの月平均訪問回数に関しては，トラウマ連合群だけで変化が認められず（他群では増大），健康の維持効果が認められた。

　その後，筆記開示は喘息や関節リウマチの患者の呼吸機能や症状の改善，ワーキングメモリ（WM）容量の増大などが報告されている（Lepore, & Smyth, 2002）。WM は，干渉ないし妨害に際して注意を維持し制御する能力だが，筆記開示によって一貫した物語が形成され，トラウマに関する侵入的・回避的思考が減少し，結果として WM 容量が回復し，問題解決能力が向上すると考えられている。筆記開示の効果について，欧米において複数のメタ分析が行われ，有意だが「小さい」効果量があると結論づけられている（Pennebaker, 2018）。

　筆記開示の作用機序について，トラウマに関する認知的再評価の増大が考えられ，そのように構造化された筆記開示（構造化開示）こそが，これまでの開示法（自由に感情や思考を書くという点で「自由開示」と呼ぶ）よりも効果的であることが予想された（伊藤ら, 2009）。

　分析の結果，ストレスホルモンとして知られるコルチゾール値については，構造化開示，自由開示，統制開示各群で実験前と比較して 2 週間後，3 か月後に低減した。しかし，1 か月後フォローアップ時に統制群のコルチゾール値のみ上昇し，ベースラインに戻ることが確認され，トラウマの開示は内分泌系の改善効果を維持させる可能性が示唆された。WM 得点については，構造化開示群が統制群と比較して，変化量が大きい傾向を示した。構造化開示群においては，トラウマを多様な視点から捉え，整理し直すことで，トラウマ記憶の体制化が促進され，WM 容量の向上を示した可能性が考えられ，その作用機序は認知的再評価と考えられた。

16章

青年期・成人期の感情障害

1節 はじめに

「人間が抱く感情が精神疾患と密接に関連している」ということに対して異論を唱える心理学者はいないだろう。人間の基本情動（basic emotion）として，喜び，悲しみ，不安・恐怖，怒り，嫌悪などがあげられるが（Oatley & Johnson-Laird, 1987），基本情動の強さが精神疾患の基盤であると主張する研究者もいる（Johnson-Laird et al., 2006）。

世界中の心理学者や実践家に最も参照されている精神疾患の診断基準は，アメリカ精神医学会が出版する『精神疾患の診断・統計マニュアル（*Diagnostic and statistical manual of mental disorders*: DSM）』（表16-1）である。本章でもDSMに基づいて議論を進める。本題に入る前に，「感情障害（affective disorders）」とは何かを説明したい。DSMの最新版であるDSM-5（American Psychiatric Association, 2013）の中には，「感情障害」という疾患名やカテゴリーは存在しない。DSMにおいて「感情障害」という疾患カテゴリーが用いられていたのは，DSM-Ⅲ（APA, 1980）まで遡る。このカテゴリーは，DSM-Ⅲ-R（APA, 1987）において「気分障害（mood disorders）」という名称に変更され，「感情障害」という名称はDSMの中から姿を消した。

実は現在，「感情障害」が意味するものは研究者によって異なっているのである。このことは，雑誌名に「感情障害」という用語が含まれている *Journal of Affective*

表 16-1　DSM の各版の出版年

	原著の出版年	日本語訳の出版年
DSM-Ⅰ	1952 年	—
DSM-Ⅱ	1968 年	—
DSM-Ⅲ	1980 年	—
DSM-Ⅲ-R	1987 年	1988 年
DSM-Ⅳ	1994 年	1995 年
DSM-Ⅳ-TR	2000 年	2002 年
DSM-5	2013 年	2014 年

Disorders の紹介文からもうかがえる[★1]。しかし，感情障害や，その類義語である「情動障害（emotional disorders）」は，DSM-IV-TR（APA, 2000）における気分障害と不安障害という 2 つのカテゴリーに含まれる疾患を指して用いられることが多い（Barlow et al., 2011）。そのため，本章では「感情障害」を，この意味を指す語として用いる。

本章では基本的に DSM-5 での疾患名の表記に倣う。なお，前述の「気分障害」は DSM-IV-TR で用いられていたカテゴリー名であり，DSM-5 ではこの名称が使用されていない。また，DSM-IV-TR の「不安障害」と DSM-5 の「不安症群」（この 2 つはどちらも "anxiety disorders" の訳語ではあるが）では，カテゴリーに含まれる疾患が異なっている。この点については感情心理学という文脈においても大きな意味をもっているため，本章 3 節で言及する。

2 節　感情障害に含まれる各疾患の特徴

ここでは，感情障害に含まれる各疾患を，疾患を特徴づける感情という観点から 3 つに分類し，概観する。なお，本節の内容は，特別な説明がない限り DSM-5（APA, 2013）の記載事項に依っている。

[★1] "The Journal of Affective Disorders publishes papers concerned with affective disorders in the widest sense: depression, mania, mood spectrum, emotions and personality, anxiety and stress". https://www.journals.elsevier.com/journal-of-affective-disorders

1. 悲しみの経験によって特徴づけられる疾患

DSM-5の疾患カテゴリーの1つである抑うつ障害群は，特に悲しみ（抑うつ気分）の経験によって特徴づけられ，怒りを伴うことも多い。抑うつ障害群には8つの疾患が含まれるが，ここでは青年や成人が罹患することが多い3つの疾患を取り上げる。

(1) うつ病

うつ病は"major depressive disorder"の訳語であるが，DSM-IV-TRでは「大うつ病性障害」と訳されていた。うつ病は，抑うつエピソードの経験によって特徴づけられる（エピソードとは，症状を経験している期間のことを指す）。抑うつエピソードとは，以下の9つの症状のうち，①か②のどちらかを含む5つ以上の症状を同時に，ほとんど毎日，2週間以上経験することを指す。①抑うつ気分，②活動に対する興味や喜びの減退，③食欲や体重の減少または増加，④不眠または過眠，⑤精神運動焦燥（静かに座っていられないなど）または制止（会話や体の動きが遅いなど），⑥疲労感または気力の減退，⑦無価値感（自己の価値の否定的な評価）や罪責感，⑧思考力や集中力の減退，または決断困難，⑨自殺念慮や自殺企図。

うつ病は再発の危険性が高く，Klein & Allmann (2014) のレビューによると，地域住民では再発率が40～50％であり，患者群の再発率はそれ以上であることが示されている。

(2) 持続性抑うつ障害

持続性抑うつ障害は，慢性的な抑うつ症状の経験によって特徴づけられる。この疾患では，抑うつ気分がほとんど1日中存在し，その状態がない日よりもある日のほうが多い期間が2年以上持続する。また，以下の6つの症状のうち，2つ以上の症状を経験する。①食欲の減退または増加，②不眠または過眠，③気力の減退または疲労感，④自尊心の低下，⑤集中力の低下または決断困難，⑥絶望感。

持続性抑うつ障害は，DSM-IV-TRにおける慢性のうつ病と気分変調性障害を統合した疾患である。気分変調性障害は，基本的には上記の持続性抑うつ障害の診断基準と同じであるが，症状が生じた最初の2年間にうつ病の診断基準を満たした場合には，気分変調性障害の診断が付与されないことになっていた。しかし，DSM-5では，2年以上続く抑うつエピソードを経験していたとしても，同時に持続性抑う

つ障害の診断基準を満たした場合には，持続性抑うつ障害の診断もなされる形に変更された。

(3) 月経前不快気分障害

月経前不快気分障害は，DSM-5 において正式に疾患として認められた。本疾患では，1年間のほとんどの月経周期において，月経開始前最終週に，以下の①〜④までのいずれかの症状を含む，5つ以上の症状を経験し，月経終了後には消失する。①気分の不安定性（突然悲しくなる，涙もろくなる，など），②いらだたしさ，怒り，または対人関係の摩擦の増加，③抑うつ気分，絶望感，または自己批判的思考，④不安，緊張，または「高ぶっている」や「いらだっている」という感覚，⑤通常の活動（例えば，仕事，学校，友人，趣味）における興味の減退，⑥集中困難，⑦倦怠感，易疲労性，または気力の欠如，⑧食欲の変化，過食や特定の食べ物の渇望，⑨過眠または不眠，⑩圧倒される，または制御不能であるという感覚，⑪他の身体症状（乳房の圧痛または腫脹，関節痛または筋肉痛，「膨らんでいる」感覚，体重増加，など）。

確定診断のためには，2回以上の月経周期にわたる毎日の評価により症状が確認されることが必要とされる。

2. ポジティブ感情の経験によって特徴づけられる疾患

DSM-5 の疾患カテゴリーの1つである双極性障害および関連障害群は，特にポジティブ感情の経験によって特徴づけられる。双極性障害および関連障害群には7つの疾患が含まれているが，ここではこのカテゴリーの代表的な3つの疾患を取り上げる。

(1) 双極Ⅰ型障害

双極Ⅰ型障害は，気分の異常かつ持続的な高揚，開放的または易怒的な気分，および活動や活力の亢進を経験する，躁病エピソードの経験によって特徴づけられる。躁病エピソードでは，これらの変化が1週間以上，ほぼ毎日，1日の大半において持続する。また，エピソード中には，以下の症状の3つ以上（気分が易怒性のみの場合には4つ以上）を伴う。①自尊心の肥大，②睡眠欲求の減少，③多弁やしゃべり続けようとする切迫感，④観念奔逸（いくつもの考えがせめぎあう体験），⑤注

意散漫，⑥目標指向性の活動（社会的，性的な行動や，職場または学校内で認められる行動）の増加，ないし精神運動焦燥，⑦困った結果につながる可能性の高い活動への熱中（買いあさり，性的無分別，無謀な投資，など）。

　双極Ⅰ型障害の罹患者は，抑うつエピソードや後述する軽躁病エピソードを経験することが多い。

(2) 双極Ⅱ型障害

　双極Ⅱ型障害は，異なる時期に軽躁病エピソードと抑うつエピソードのそれぞれを経験することによって特徴づけられる。軽躁病エピソードの診断基準は躁病エピソードとおおむね同じであるが，エピソードの持続期間が「4日間以上」と短い点に違いがある。軽躁病エピソードと抑うつエピソードを合算した生涯のエピソードの経験数は，うつ病や双極Ⅰ型障害よりも双極Ⅱ型障害のほうが多い傾向にある。双極Ⅰ型障害と双極Ⅱ型障害（および，他の特定される，または特定不能の双極性障害および関連障害）は「双極性障害」と総称されることが多い。

(3) 気分循環性障害

　気分循環性障害は，軽躁症状と抑うつ症状を繰り返し，2年間以上経験する疾患である。抑うつ，躁病，または軽躁病エピソードを経験した人には本疾患の診断がなされない。

3. 不安・恐怖の経験によって特徴づけられる疾患

　DSM-IV-TR の疾患カテゴリーの1つである不安障害には，特に不安や恐怖の経験によって特徴づけられる疾患が含められていた。不安障害には12個の疾患が含まれていたが，以下では青年や成人が罹患する危険性が高い疾患を，DSM-5 の疾患名と診断基準に基づいて概説する。

(1) 限局性恐怖症

　限局性恐怖症は，DSM-IV-TR では「特定の恐怖症」という名称であった疾患であり（ともに"specific phobia"の訳語），飛行，高所，動物，注射，血といった特定の対象または状況に対する顕著な恐怖と不安によって特徴づけられる。恐怖の対象や状況は避けられるか，強い恐怖・不安を感じながら耐え忍ばれており，典型

的には症状が6か月以上持続する（「典型的には」とは，それ以下の持続期間であったとしても，診断を下してもよいことを意味する）。

(2) 社交不安症

　社交不安症は，他者から注視される可能性がある社交場面（例えば，雑談や人前での発表）に対する恐怖や不安によって特徴づけられる。社交不安症の罹患者は，自身の行為や不安症状を見られることにより，他者から否定的な評価を受けることを恐れる。また，不安を感じる社交場面は回避されるか，強い恐怖・不安を感じながら耐え忍ばれており，典型的には症状が6か月以上持続する。

(3) パニック症

　パニック症は，予期しないパニック発作を複数回経験することによって特徴づけられる。パニック発作では，以下の症状の4つ以上を同時に経験し，数分以内にピークに達する。①動悸，心悸亢進，心拍数の増加，②発汗，③身震いまたは震え，④息切れ感または息苦しさ，⑤窒息感，⑥胸痛または胸部の不快感，⑦嘔気または腹部の不快感，⑧めまい，ふらつき，頭が軽くなったり，気が遠くなる感じ，⑨寒気または熱感，⑩感覚麻痺やうずき感といった異常感覚，⑪現実感消失または離人感，⑫コントロールを失ったり，どうにかなってしまうことに対する恐怖，⑬死ぬことに対する恐怖。パニック症の罹患者は1か月以上の期間，発作が起きることについて心配したり，発作と関連した行動の変化を起こす（運動や不慣れな状況の回避，など）。

(4) 広場恐怖症

　広場恐怖症は，以下の2つ以上の状況に対する強い恐怖や不安によって特徴づけられる。①公共交通機関の利用（船や飛行機も含む），②広い場所（駐車場や橋など），③囲まれた場所（店や映画館など），④列や人混みの中，⑤家の外に1人でいる。
　広場恐怖症の罹患者は，パニック様の症状や，その他の耐えられない，または当惑するような事態（嘔吐，転倒，失禁，迷子になる，など）が起きたときに，脱出が困難で，助けが得られないと考え，各状況に対して恐怖を抱き，回避する。恐怖や回避は，典型的には6か月以上持続する。

(5) 全般不安症

　全般不安症は，多数の出来事や活動についての過剰な不安と心配によって特徴づけられる。全般不安症の罹患者は，学業，仕事，健康，家計，家族の健康や安全，約束事や家の用事といったさまざまな内容について心配する。不安や心配が起こらない日よりも起こる日のほうが多い状態が6か月以上持続し，また，心配をコントロールすることが困難であると感じられている。不安や心配を経験しているときには，以下の3つ以上の症状を伴う。①落ち着きのなさ，緊張感，または神経の高ぶり，②易疲労性，③集中困難，または心が空白になること，④易怒性，⑤筋肉の緊張，⑥睡眠障害。

(6) 強迫症

　強迫症は，強迫観念と強迫行為という2つの症状によって特徴づけられる。強迫観念とは，意思とは関係なく生じる反復的・持続的な思考，衝動，イメージであり，自身にとって望ましくない内容である。強迫症の罹患者は，汚染，対称性，禁断（性的・宗教的にタブーな考え，など），加害といった内容の強迫観念に悩まされる。強迫行為とは，繰り返される行動または心の中の行為であり，強迫観念によって生じた苦痛を弱めたり，恐ろしい事態（例えば，病気になるなど）が起きるのを防ぐために実施される。例えば，病原菌に汚染されたという強迫観念を払拭するために，手洗いを続けたり，シャワーを浴び続けるのである。強迫観念や強迫行為は1日1時間以上の時間を浪費させる。

(7) 心的外傷後ストレス障害

　心的外傷後ストレス障害は，心的外傷的出来事を自分自身で直接経験するか，他者に起こった出来事を目撃したり，耳にしたりすることが診断の必須条件となっている。心的外傷的出来事とは，事故，誘拐，天災，戦闘への参加といった危うく死ぬ，または重症を負う出来事や，性的暴力を受けることを指す。また，心的外傷的出来事を経験した後に，その出来事のことを意図せずに想起したり，その出来事の夢を見る，あるいはその出来事が再び起こっているように感じ，行動する（フラッシュバック）といった再体験の症状が生じる。さらに，心的外傷的出来事と関連する記憶，思考，感情を経験することの回避，否定的な認知や気分の陰性の変化（例えば，「誰も信用できない」と考える，常に恐怖や怒りを感じる），過覚醒や反応性の著しい変化（過度の警戒心，過剰な驚愕反応，睡眠障害，など）を経験する。診

断のためには，以上の症状を1か月以上経験することが必要とされる。

(8) 急性ストレス障害

急性ストレス障害は，診断基準に心的外傷的出来事の経験が含まれており，症状の構成も心的外傷後ストレス障害と類似しているが，持続期間が3日から1か月までであるという制限がある。出来事を経験してから1か月以上経過した後でも症状が持続している場合には，心的外傷後ストレス障害の診断へと変更することが検討される。

3節　DSM-IV-TRからDSM-5にかけての推移

DSM-IV-TRからDSM-5にかけて，感情障害に関連するカテゴリーには以下の変更が行われた（図16-1）。まず，DSM-IV-TRにおいて「気分障害」としてまとめられていた疾患が，「抑うつ障害群」と「双極性障害および関連障害群」という2つのカテゴリーに分割された。長い年月をかけた知見の蓄積により，うつ病と双極性障害には大きな差があることが示唆されている。例えば，双極性障害のほうがうつ病より発症年齢の平均が15歳若く，再発の頻度が高い，うつ病は神経症傾向と関連がある一方，双極性障害は刺激希求や外向性と関連する，双極性障害の罹患者が同じ家族内で認められやすい，といった差異が報告されてきた（レビューとしてFlint & Kendler, 2014）。また，双極I型障害と統合失調感情障害や統合失調症には，遺伝要因や脳の形態学的な特徴に多くの類似点が認められる（レビューとしてCosgrove & Suppes, 2013）。このような背景をもとに，DSM-5では双極性障害および関連障害群という独立したカテゴリーが設置され，統合失調症スペクトラム障害および他の精神病性障害群と抑うつ障害群の間の章に設置された（DSM-5では，疾患どうしの関連性を考慮して章の構成がなされている）。

一方，不安障害に含められていた強迫症や，心的外傷後ストレス障害および急性ストレス障害が，不安症群とは別のカテゴリーに分類された。強迫症は，とらわれや繰り返し行為を特徴とする醜形恐怖症，ためこみ症，抜毛症，皮膚むしり症といった疾患と一緒に，「強迫症および関連症群」に分類された。このような分類がなされた背景に，強迫症の中には，不安ではなく，「そうせずにはいられない」という前駆衝動，「まさにぴったり感（just right feeling）」の追求（例えば，スリッパ

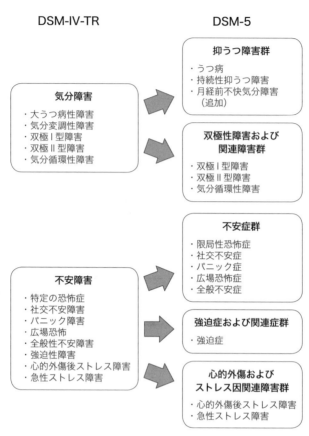

図 16-1 疾患カテゴリーの変化
左側に列挙した疾患名については，DSM-IV-TR の表記を用いた。

が完全な左右対称であると感じるまで並べ直す）や不完全感の解消といった感覚現象に伴って強迫行為が生じる「運動性」の事例が認められることがあげられる（松永・吉田，2016）。また，心的外傷後ストレス障害や急性ストレス障害は，反応性アタッチメント障害や適応障害などと一緒に，「心的外傷およびストレス因関連障害群」に含められた。これは，心的外傷的出来事といったストレスフルな出来事に遭遇した際に現れる心理的苦痛は多種多様であり，不安や恐怖とは異なる症状も生じるためである。

　しかし，強迫症，心的外傷後ストレス障害，および急性ストレス障害と不安・恐怖に密接な関連があることは否定されていない。このことは DSM-5 において，不

安症群,強迫症および関連症群,心的外傷およびストレス関連障害群が,5〜7章までの連続した章に配置されていることからうかがえる。

4節　各疾患の有病率と併存

表 16-2 に,DSM-5 の各疾患の 12 か月有病率を示す。疫学調査の結果を概観する

表 16-2　各疾患の 12 か月有病率（APA, 2013）

疾患	12 か月有病率	注
うつ病	7%	アメリカ
持続性抑うつ障害	0.5%	持続性抑うつ障害の有病率
	1.5%	慢性うつ病の有病率
月経前不快気分障害	1.8 − 5.8%	有月経女性における有病率
双極 I 型障害	0.6%	アメリカ
	0.0 − 0.6%	11 か国
双極 II 型障害	0.8%	アメリカ
	0.3%	国際的には
気分循環性障害	0.4 − 1%	
限局性恐怖症	7 − 9%	アメリカ
	6%	ヨーロッパ諸国
	2 − 4%	アジア,アフリカ,南米諸国
社交不安症	7%	アメリカ
	0.5 − 2.0%	世界の大半の地域
	2.3%	ヨーロッパ諸国での中央値
パニック症	2 − 3%	欧米諸国の若者と成人
	0.1 − 0.8%	アジア,アフリカ,ラテンアメリカの国々
広場恐怖症	1.7%	青年と成人
	0.4%	65 歳以上の人口
全般不安症	0.9%	アメリカの青年
	2.9%	アメリカの成人
	0.4 − 3.6%	他の国
強迫症	1.2%	アメリカ
	1.1 − 1.8%	世界
心的外傷後ストレス障害	3.5%	アメリカの成人
	0.5 − 1.0%	ヨーロッパ,アジア,アフリカ,ラテンアメリカの国々
急性ストレス障害	20%*	対人暴力と関係しない心的外傷的出来事の経験後
	20 − 50%*	暴行,強姦,銃乱射の目撃といった対人間の心的外傷の出来事の経験後

※ DSM-5 の中に各国や各属性における有病率が記されていた場合,注の欄に記載した。
※ *12 か月有病率ではなく,心的外傷的出来事を経験後の有病率。

と，精神疾患に罹患する可能性は非常に高いことがうかがえる。例えば，18歳以上のアメリカ住民9,282名を対象に実施された大規模な調査では，生涯有病率（調査時点までに各疾患を発症したことがある人の割合）は，DSM-IVの気分障害では20.8％，不安障害では28.8％，調査された疾患の全体で46.4％という結果が得られた（Kessler et al., 2005）。

感情障害の発症は女性のほうが多い傾向にある。例えば，不安症群の疾患では，女性の有病率は男性の約2倍あり，青年期早期以降では，女性のうつ病の有病率は男性の1.5～3倍である。一方，双極性障害や気分循環性障害では，有病率に性差はほとんど認められない（APA, 2013）。

うつ病，双極Ⅰ型障害，双極Ⅱ型障害，および気分循環性障害は，診断基準の性質上，併存は起こらない。しかし，それ以外の感情障害の疾患の間では併存が起こりやすい。例えば，うつ病に罹患したことがある人のうち，59.2％がDSM-IVの不安障害の疾患を併存し（Kessler et al., 2003），特にうつ病と併存しやすい疾患は社交不安と全般不安症である（Brown et al., 2001; Zimmerman et al., 2008）。一方，DSM-5の双極Ⅰ型障害や双極Ⅱ型障害の罹患者のうち，75％が不安症群の何らか

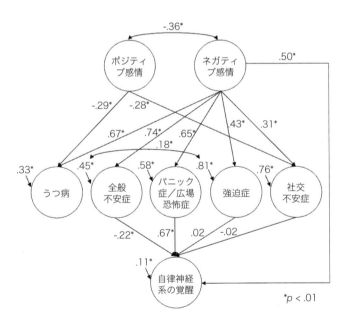

図16-2 各疾患の重症度とポジティブ感情，ネガティブ感情，および自律神経系の覚醒の関連（Brown et al., 1998より作成）

の疾患を併存する (APA, 2013)。

　感情障害の疾患における併存率の高さは，各疾患の特徴の類似や重複が原因となっている可能性はあるが，それ以外にも，以下のような理由が考えられる。まず，各疾患の基盤となる感情やパーソナリティが共通していることが考えられる。例えば，Brown et al. (1998) はうつ病，全般不安症，パニック症／広場恐怖症，強迫症，社交不安症などに罹患する患者群を対象とし，参加者ごとに上記の5つの疾患の重症度を測定したうえで，それらの重症度と，各参加者が普段経験しているポジティブ感情とネガティブ感情の強さとの関連を検討した。その結果，ネガティブ感情はすべての疾患の重症度と関連することが示された (図16-2)。Brown & Barlow (2009) は，このネガティブ感情の経験のしやすさは神経症傾向と読み替え可能であり，行動抑制系と密接に関連していると考えているが，これらの特性次元が感情障害の発症・持続や併存の基盤であると述べている。

　関連して，後述するとおり，感情障害の疾患には，ネガティブな反復性思考といった共通の要因が関与していると考えられる。さらに，ある疾患が別の疾患の発症の原因となっている可能性もある。例えば，社交不安症を発症した人はそうでない人よりも，その後，DSM-IVのうつ病や気分変調性障害を発症する確率が2倍になる (Beesdo et al., 2007)。1つの疾患の発症を契機として生じる生活上の困難さが他の疾患の発症を導くことは容易に想像できる。

5節　感情障害の規定因

1. 遺伝と環境

　心理的特徴の個人差の規定因を探る研究法の代表例として，双生児研究があげられる。双生児研究では，遺伝子を100％共有する一卵性双生児と50％共有する二卵性双生児を対象とし，各双生児の心理的特徴を測定する。そして，各双生児における心理的特徴の一致度をもとに，測定したその特徴の得点の分散が，どの程度遺伝や環境によって規定されているのかを推定する。また，環境については，双子の類似度を高めるようにはたらく共有環境と，双子の類似度を低めるようにはたらく非共有環境に分けて推定を行う (小塩，2010; 安藤，2014)。

　精神疾患の規定因についても双生児研究により推定がなされている。感情障害の

表 16-3　感情障害の各疾患の規定因に関する双生児研究の結果

	遺伝率	共有環境	非共有環境	出典
うつ病	37%	―	63%	Sullivan et al.（2000）
気分変調性障害	28%	―	72%	Kendler et al.（2011）*
双極性障害	85%	―	15%	McGuffin et al.（2003）*
限局性恐怖症				
動物	32%	×	×	Van Houtem et al.（2013）
状況	25%	×	×	Van Houtem et al.（2013）
血液・注射・負傷	33%	×	×	Van Houtem et al.（2013）
社交不安症	27%	4%	69%	Scaini et al.（2014）
パニック症	43%	―	57%	Hettema et al.（2001）
広場恐怖症	48%	―	52%	Mosing et al.（2009）*
全般不安症　※男性のみ	32%	―	68%	Hettema et al.（2001）
※女性のみ	32%	17%	51%	Hettema et al.（2001）
心的外傷後ストレス障害	46%	―	54%	Sartor et al.（2012）*

※「*」は単一の研究の結果であることを意味する。それ以外のものはすべてメタ分析の結果。
※「―」はその要因の影響がないことを意味し，「×」は論文中にその情報が記載されていないことを意味する。

規定因を検討した研究の結果を表 16-3 に示す。これらの結果より，感情障害のすべての疾患の発症に遺伝が影響を及ぼしていることがうかがえる。また，双極性障害を除いた場合，非共有環境の影響が最も強く，各疾患の発症に，環境が強い影響を及ぼしていることがうかがえる。一方，双極性障害の遺伝率は突出している。双極性障害と他の疾患の間には，発症の原因に大きな差があることが示唆される。最後に，感情障害のすべての疾患の発症に対して，共有環境はほとんど影響を及ぼしていない。共有環境は家庭環境と読み替えられることが多いため（安藤，2014），この結果は，家庭環境が感情障害の発症にほとんど影響を及ぼしていないと解釈されかねない。しかし，次項で述べる研究結果より，この結論は適切ではないといえる。

2. ストレスフルな出来事

　ストレスフルな出来事の経験は精神疾患の発症と関連しているが，特に心的外傷的出来事の影響力は強い。例えば，暴行の被害を受けた人のうち，暴行の 2 週間後にうつ病，急性ストレス障害，暴行と関連する限局性恐怖症を発症した人はそれぞれ 18.7%，16.7%，23.6% であり，6 か月後の時点でうつ病，心的外傷後ストレス

表16-4 16歳までに経験したライフイベントと虐待が成人後に罹患した気分障害と不安障害に及ぼす影響 (Hovens et al., 2010 より作成)

	気分障害のみ ($n = 252$)	不安障害のみ ($n = 314$)	気分障害と不安障害の併存 ($n = 845$)
ライフイベント			
親の離婚	1.25 [0.81, 1.92]	1.04 [0.68, 1.57]	1.11 [0.80, 1.54]
親との死別	1.07 [0.57, 2.01]	0.99 [0.56, 1.75]	0.73 [0.47, 1.12]
養護施設や里親に預けられる，少年刑務所に入る	1.60 [0.84, 3.06]	1.54 [0.83, 2.87]	1.67 [1.01, 2.76]
虐待			
情緒的ネグレクト			
低頻度	2.65 [1.68, 4.17]	3.90 [2.56, 5.94]	4.88 [3.40, 7.02]
高頻度	2.23 [1.34, 3.72]	4.56 [2.92, 7.13]	9.03 [6.19, 13.2]
心理的虐待			
低頻度	2.03 [1.19, 3.47]	3.23 [2.00, 5.21]	4.59 [3.06, 6.89]
高頻度	1.61 [0.77, 3.36]	3.79 [2.07, 6.95]	7.50 [4.50, 12.5]
身体的虐待			
低頻度	1.78 [0.89, 3.57]	2.03 [1.07, 3.86]	2.73 [1.61, 4.62]
高頻度	2.90 [1.31, 6.45]	3.06 [1.43, 6.56]	6.69 [3.54, 12.6]
性的虐待			
低頻度	1.07 [0.55, 2.06]	1.65 [0.96, 2.85]	1.95 [1.25, 3.03]
高頻度	2.48 [1.42, 4.34]	1.66 [0.92, 2.98]	3.41 [2.19, 5.31]

※「低頻度」は，16歳までにそれぞれの種類の虐待を経験した頻度が「時々 (sometimes)」以下であり，「高頻度」は「いつも (Regularly)」以上であることを意味する。
※表中の数値はオッズ比であり，16歳までに各ライフイベントや虐待の経験をした場合，どの程度各疾患を発症する危険性が上がるのかを示している。例えば，情緒的ネグレクトを低頻度で経験した者は，過去に気分障害や不安障害を発症したことがない群 ($n=520$) ではなく，過去12か月間に気分障害を発症した群に該当する確率が2.65倍となる。
※ [ ] 内の数値は95%信頼区間であり，1をまたいでいない場合にオッズ比が有意となる。

障害，限局性恐怖症に罹患していた人は16.3％，24.2％，20.0％であった（Kleim & Ehlers, 2008)。

　また，年齢が低い段階に経験したストレス体験の影響は強く，成人後の感情障害の発症にも影響を及ぼす。Hovens et al. (2010) は，平均年齢が約40歳である成人を対象とし，各参加者が16歳までに経験したライフイベントや，両親や親族などから受けた虐待と，過去12か月間に罹患したDSM-IVの気分障害（うつ病，気分変調性障害）と不安障害（社交不安症，パニック症，広場恐怖症，全般不安症）の関連を検討した。その結果，16歳までに経験した虐待が成人後の気分障害や不安障害の発症と関連することが示された（表16-4)。

なお，初発の抑うつエピソードを発症する前にはストレスフルなライフイベントを経験していることが多いが，再発を繰り返す度に，大きな出来事を経験しなくてもエピソードを再発するようになる，という研究結果が数多く報告されている（Monroe & Harkness, 2005）。心理学的には，このような現象は，抑うつエピソードの再発を繰り返す度に感情とネガティブな認知処理パターンの連合が強まり，軽度の抑うつ気分を経験するだけでネガティブな認知処理パターンが活性化しやすくなるために生じると説明される（Segal et al., 1996）。

3. 反すうと反復性思考

　感情障害に影響を及ぼす思考の代表例として反すうがあげられる。反すうは「自己の抑うつ症状や，その症状の影響に注意を焦点づけた行動と思考」と定義され（Nolen-Hoeksema, 1991），特に自身が経験している抑うつ状態の原因や意味に関する自問自答によって特徴づけられる。このような抑うつに関する反すうは特に「抑うつ的反すう」と呼ばれることが多い。

　反すうと抑うつやうつ病との関連は多くの研究で確認されている。例えば，抑うつ状態が強い人に8分間，自己や自身の身体感覚・感情について考えさせ，反すうを誘導すると，抑うつ気分が増加する（Nolen-Hoeksema & Morrow, 1993）。また，普段の反すうのしやすさを測定する Ruminative Responses Scale（RRS）の得点が高い人は，その後1年間にうつ病を発症しやすい（Nolen-Hoeksema, 2000）。さらに，RRSを用いた研究により，双極性障害，社交不安症，急性ストレス障害，心的外傷後ストレス障害の罹患者は反すうしやすいことが示されている（Joormann et al., 2006; Ehring et al., 2008; Johnson et al., 2008; Gruber et al., 2011）。

　また，感情障害の各疾患には，疾患を特徴づける思考が認められる。全般不安症の診断基準に含まれている心配はその典型である。さらに，社交不安症の罹患者は社交場面を経験後に，その場面での自身の失敗や問題点について反すうすることが多く（post-event processing, Brozovich & Heimberg, 2008），急性ストレス障害や心的外傷後ストレス障害の罹患者は，特に心的外傷的出来事について反すうしやすい（Ehring et al., 2008）。以上にあげた思考はすべてネガティブな内容であり，持続的・反復的であるという共通点があるため，ネガティブな反復性思考と総称される（Ehring & Watkins, 2008）。

　一方，双極性障害の罹患者は，ポジティブ感情を経験した際，自己や感情に焦点

を当てた反すうをしやすい（Johnson et al., 2008; Gruber et al., 2011）。つまり，双極性障害は抑うつ的反すうに加えて，ポジティブな反すうの増加とも密接に関連しているのである。

4. 心的イメージ

　心的イメージは，「現実に刺激対象がないときに生じる擬似知覚的経験」と定義され，「心の中の絵や映像のようなもの」とたとえられる（松岡，2014）。近年に行われた実験研究により，イメージは思考よりも感情との結びつきが強いことが示唆されている。例えば，ヘッドホンを通して聴取したネガティブな状況の描写をイメージした条件のほうが，その状況の意味について考えた条件よりも状態不安が増加する（Holmes & Mathews, 2005）。

　Holmes & Mathews（2010）は，侵入的で苦痛なイメージが顕著に認められる感情障害の疾患として，うつ病，限局性恐怖症，社交不安症，広場恐怖症，強迫症，心的外傷後ストレス障害をあげている。例えば，心的外傷後ストレス障害における再体験の症状は，イメージの問題の代表例である。また，強迫症の主要な症状である強迫観念の一部はイメージによって構成されている。

　その他にも，うつ病の罹患者は，ネガティブな侵入的記憶を経験した際に，その出来事のイメージを鮮明に経験し，記憶の苦痛度や日常生活を障害する程度が強いという特徴がある（Newby & Moulds, 2011）。さらに，社交不安症の罹患者は，社交場面において観察者視点による自己イメージ（他者の視点から見た自己の姿のイメージ）を経験し，かつ，そのイメージがネガティブに歪んでいることが示唆されている。例えば，緊張のために激しく身体が震えていたり，赤面し，驚愕の表情を浮かべた自分の姿をイメージする（Hackmann et al., 1998）。

　一方，双極性障害の罹患者はうつ病や気分変調性障害の罹患者よりも，自殺をすることをイメージした際，そのイメージに没頭しやすく，抑制することが困難であることが報告されている（Hales et al., 2011）。さらに，双極性障害の罹患者はうつ病や気分変調性障害の罹患者よりも，ポジティブ感情が生じた際にポジティブなイメージを鮮明に経験し，そのイメージによって強い喜びや興奮を感じる（Ivins et al., 2014）。双極性障害において認められる以上の侵入的なイメージは，将来の出来事に関する内容が中心であるため，「フラッシュフォアード（flashfoward）」と呼ばれている。

5. 回避行動

　Watson & Rayner（1920）は，生後11か月の乳児が白ネズミに触れた瞬間に鋼鉄の棒をハンマーで叩くことを7回繰り返すことで，乳児が白ネズミに恐怖を抱くようになることを示した。この結果より，レスポンデント条件づけが人間の恐怖の形成と関連することが示唆される（図16-3）。

　レスポンデント条件づけによって恐怖が形成されるのであれば，元々恐怖を引き起こしていた刺激（無条件刺激，図16-3では，ハンマーを叩くことによって生じる金属音）が存在しない状況で，本来は恐怖を引き起こさなかった刺激（条件刺激，図16-3では，白ネズミ）に接触することにより，その刺激に対する恐怖を減少できると考えられる（Ramnerö & Törneke, 2008）。不安症群の罹患者も，不安や恐怖を感じる対象と遭遇し，恐れていた事態が起きなければ，その対象に対する不安や恐怖が減少するのである。この過程を消去と呼ぶ。

　しかし，不安症群の罹患者は，不安や恐怖を感じる対象に遭遇することを避けるために，消去が生じにくい。実際，限局性恐怖症，社交不安症，広場恐怖症の診断基準の中には，恐れている状況の回避が含まれている。この回避行動こそが，これらの疾患からの回復を妨害しているのである。また，回避行動は，その個人の生活を妨害する。例えば，社交不安症の罹患者は，職場でプレゼンをすることや，営業先を回ることを避けることにより，職業生活において大きな問題が生じる。

　一方，うつ病の罹患者にも，嫌悪的な状況を回避する行動が頻繁に認められる（Ramnerö et al., 2016）。例えば，気分が落ち込み，疲弊させられるような職場での業務を回避するために，朝，家族に自身の調子の悪さを訴える，という行動がこれにあたる（この行動によって会社に行かずにすむ）。うつ病における回避行動の問題点は，消去の妨害ではなく，環境の悪化を招き，報酬となる出来事を経験しに

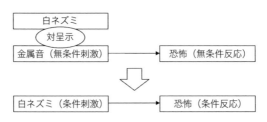

図 16-3　恐怖の条件づけの過程（Watson & Rayner, 1920）

くくすることにある (例えば, 金銭の獲得や他者からの賞賛)。その結果, その個人の建設的な行動が失われていくのである。

6. 衝動性

衝動性は多くの研究者により異なった定義がなされてきた概念であるが, 近年, 質問紙で測定される衝動性は以下の5次元に整理されている (Whiteside & Lynam, 2001; Cyders et al., 2007)。

> ①ネガティブな緊急性 (negative urgency): ネガティブ感情が生じた際に軽率な行動を行ってしまう傾向
> ②計画性の欠如 (lack of premeditation): 熟慮をせずに行動してしまう傾向
> ③忍耐の欠如 (lack of perseverance): 退屈であったり大変な課題に取り組み続けるのが困難な傾向
> ④刺激希求 (sensation seeking): 興奮するような活動や新しい経験を好む傾向
> ⑤ポジティブな緊急性 (positive urgency): ポジティブ感情が生じた際に軽率な行動を行ってしまう傾向

この衝動性の5次元と抑うつ・不安との関連が検討されている。メタ分析の結果, 抑うつとの相関は①〜④の順に .45, .10, .11, -.04 であり, 不安 (強迫症状を含む) との相関は .40, -.02, .06, -.06 であった (Berg et al., 2015)。一方, ポジティブな緊急性に関する知見は数が少ないものの, 抑うつの増加と関連することが示されている (Hasegawa et al., 2018)。また, 双極Ⅰ型障害はネガティブな緊急性とポジティブな緊急性の両方と関連があるものの, ポジティブな緊急性との関連のほうが強い (Muhtadie et al., 2014)。

実験課題で測定される衝動性と感情障害の関連についても検討が行われている。Wright et al. (2014) は, 衝動性の一側面である反応の抑制困難 (impaired response inhibition) を取り上げ, 各疾患との関連についてメタ分析を行った (反応の抑制困難は衝動的行為 (impulsive action) と呼ばれることもある)。反応の抑制困難は, 反応を起こしてはいけないときに抑えることができない傾向を指し, Go/No-go 課題や Conners Continuous Performance Test などで測定される。メタ分析の結果を表 16-5 に示す。

表 16-5　各疾患の罹患者と健常群における反応の抑制困難の差（Wright et al., 2014 より作成）

	効果量（Hedges の g）
うつ病	0.28 [0.09, 0.48]
双極性障害	0.52 [0.27, 0.77]
不安障害＊	-0.10 [-1.12, 0.92]
強迫症	0.37 [-0.01, 0.73]
自閉スペクトラム症	0.46 [0.14, 0.78]
注意欠如・多動症	0.49 [0.42, 0.56]
読字障害	0.65 [-0.13, 1.48]
トゥレット症	0.20 [-0.03, 0.43]
統合失調症	0.33 [0.20, 0.47]
物質関連障害および嗜癖性障害群	0.31 [0.15, 0.48]
パーソナリティ障害群	0.46 [0.28, 0.64]

※＊この論文の投稿時には DSM-5 が出版されていなかったため，"anxiety disorder" を「不安障害」と訳した。
※効果量が正の値である場合，各疾患の罹患者のほうが健常群よりも衝動性が高いことを意味する。
※ [ ] 内の数値は 95％信頼区間であり，0 をまたいでいない場合に群間の差が有意となる。

　質問紙や実験課題を用いて得られた結果をふまえると，以下のように結論づけられる。ネガティブな緊急性とポジティブな緊急性は反応の抑制困難に近い概念である。そのため，感情障害の疾患の中で，特に双極性障害は反応の抑制困難の高さによって特徴づけられると考えられる。うつ病と反応の抑制困難の正の関連についても結果が一貫している。一方，DSM-IV において不安障害に分類されていた疾患については，測定方法によって結果が異なっている。衝動性を質問紙で測定した場合と実験課題で測定した場合では乖離した測定結果が得られるため（$r = .10$: Cyders & Coskunpinar, 2011），「衝動性」という概念の整理をも視野に入れたうえで，さらなる検討を行う必要がある。

　なお，注意欠如・多動症は衝動性の高さによって特徴づけられるが，注意欠如・多動症に罹患する成人は感情障害を併存しやすいことが示されている。例えば，注意欠如・多動症に罹患する成人のうち，DSM-IV の気分障害の疾患を併存している人が 38.3％であり，不安障害の疾患を併存している人が 47.1％である（Kessler et al., 2006）。また，幼少期に注意欠如・多動症の診断がつけられた人は，思春期までにうつ病や気分変調性障害を発症しやすい（Chronis-Tuscano et al., 2010）。これらの研究では衝動性が直接測定されていないが，衝動性と感情障害の関連を示唆す

る，間接的な証拠となる。

6節　おわりに

　以上の研究の成果は，感情障害の治療方法の開発にも大きく貢献している。例えば，不安や恐怖を抱く対象に直面させることを通して消去を促す暴露反応妨害法は，長年にわたって不安障害の疾患に適用され，症状の改善に効果があることが確認されている（Norton & Price, 2007）。また，反すうの特徴をふまえ，その改善に焦点を当てた反すう焦点型認知行動療法（rumination-focused cognitive-behavioral therapy）は，薬物療法によって症状が改善しなかった治療抵抗性うつ病に対して有効であることが示されている（Watkins et al., 2011）。さらに，侵入的な記憶に悩まされる人に対して，その記憶の結末が，本人にとって納得できる内容となるよう繰り返しイメージさせる技法である記憶の書き換え（imagery rescripting）は，うつ病，社交不安症，強迫症，心的外傷後ストレス障害の症状の改善に著効を示す（Morina et al., 2017）。

　ほかにも，瞑想法を中核的な要素として組み入れたマインドフルネス認知療法は，当初うつ病の再発を予防するために開発されたが（Segal et al., 2002），近年，注意欠如・多動症の症状の改善にも有効であることが示されている（Gu et al., 2018; Hepark et al., 2019）。マインドフルネス認知療法は，感情と結びついたネガティブな認知処理パターンを断ち切ることを通してうつ病の再発を予防することが想定されていた（Segal et al., 2002）。しかし，注意欠如・多動症がうつ病の発症の先行要因であるという知見（Chronis-Tuscano et al., 2010）をふまえると，マインドフルネス認知療法により，衝動性といった注意欠如・多動症の症状の改善を通して将来のうつ病の発症や再発を予防することが可能であるかもしれない。

　筆者は，精神疾患に関する正しい理解が効果的な治療方法の開発を導くと考える。つまり，各疾患や，その基盤となる感情に関する基礎研究の蓄積こそが重要である。その意味で，本章の内容が，感情に関する幅広いテーマを扱った本ハンドブックに掲載されたことには大きな意味がある。分野にとらわれない多くの研究者による議論や共同研究により，臨床実践の質の改善を導くことができたらと切に願う。

持たざる者の悪意

topics 34

　自分では到底及ばない才能や力を見せつけられて萎縮してしまう。そんな経験はないだろうか。世の中，上には上がおり，能力にとどまらず境遇や生き方すらまるで次元の違うと思しき者たちに圧倒されたとき，私たちは感心や畏怖を禁じ得ない。自分はその比較の対象にすらならないと思えばなおさらだ。しかし，優れた彼ないし彼女に向けられる感情も，ある幻想に取り憑かれていると厄介な代物となる。同じ年齢，同じ性別，同じ年齢……。「自分と同じ～のはずなのに」という思い込みだ。同様であってしかるべき者が優れていようものなら，敵意を帯びた感情に囚われてしまう。それは「妬み」と呼ばれ，相手を貶めたり，傷つけたりするような行為を導く。しかも，自分自身が妬んで動いているかどうかを知るのは，存外に難しい。劣っている自分を容易には認めがたいので，不満のような受け入れられやすい感情へと妬みを転成させる場合が少なくないからだ (Smith, 2013/ 澤田, 2018)。

　そんな妬みの衝動に抗わず動いた男を見事に描いた映画『アマデウス』(1984) は，老いた音楽家アントニオ・サリエリが，精神病院を訪れた神父に述懐する形で進行する。「神に愛されている」かのごとき非凡な才能を有しているにもかかわらず，軽薄な人間性をさらけ出すウォルフガング・アマデウス・モーツァルト。若き日のサリエリに疎まれたモーツァルトは，遂に死へと追いやられる。ただ，サリエリも決して凡人ではなく，皇帝に評価され，当時の宮廷作曲家にまで登り詰めていた一角の人物であった。しかし，だからこそ彼は，モーツァルトの音楽を誰よりも理解する力を持ち合わせ，誰よりも妬んでしかるべき人物だったと言ってもいい。もちろん，サリエリがモーツァルトを謀殺したという史実はない。それでも，この映画に見入ったなら気づくはずだ。自分たちはモーツァルトではなくサリエリの側にいるのだと。非凡さを敵視しながら，その才能に焦がれていた彼の心境を看取するのは，妬みの苦々しさを少しでも知っているなら造作もない。

　映画の序盤で「神の前ではみな同じです」と述べる神父に対して，終盤で「あんたの慈悲深き神は愛する者の命を奪い，凡庸な人間にはわずかな栄光も与えはしなかった」と嘯くサリエリ。そして，「自分の存在が薄れていき，私の音楽も忘れられていく。今ではもう演奏もされない。だが彼は…」と言い放つや否や，寂しげながらも恍惚と見紛うばかりの表情を浮かべるのだった。私たちはここで得心できる。妬みとはおそらく「愛」の別名なのだということを。

スマイルは0円でも
― 職業場面における感情管理への注目 ―

　テレホンアポインター，ツアーガイド，プロレスラー，飲食店店員，看護師，教員，警察官，そして，弁護士，医者。これらに共通する事柄は何かご存知だろうか。これらを生業としている人々がいるという点は，まず共通していそうである。そして，もう1つ共通することは，これらの職に従事する人々は，好むと好まざるとにかかわらず，その職業上の役割を全うするために，各々の感情を"上手に"管理し，活用することを避けられないという点である。

　それぞれの職には，表示規則（display rules）と呼ばれる感情表出のルールが（多くは暗黙裡に）存在していて，労働者は"本当の自分"を横に置き，職業的な役割に基づく感情状態を意図的に作り出し，それを適切に用いる感情管理（emotion management）を行わなければいけない。これは時に"演技"にもなぞらえられる。このような特徴を持つ職業群を表す"感情労働（emotional labor）"というタームは，Hochschild, A. R. によって元来は感情社会学の概念として1980年代の米国で提唱された（Hochschild, 1983）。

　感情労働では，労働者の感情は売り物（の一部）になる。しかし，感情に値札はついていないし，感情が商品であることも通常は明示されない。顧客も直接的には感情を求めていないものの，もしそこに感情がなかったならば満足度は下がるに違いない。実際に"感情を売っている"わけではなくとも，"感情がなければ売れない"ものはたくさんあるだろう。このように，存在して当然のようにみなされている感情（的なサービス）は，現代の労働とともにある。

　しかし，存在していた職業に対し，新たに"感情労働"なる呼び名を加える企てにはどのような積極的意味があるというのか（e.g., 上野, 2011, p.151）。また，感情労働の中で行われている感情の管理なるものは，"感情制御（emotion regulation）"と呼ばれる一連の過程とどのように関連するのか（e.g., 榊原, 2017, pp.24-26）。そして，"世の中の仕事はすべて感情労働と呼べてしまうではないか"という疑問や批判も出てくるかもしれない。これらに対するクリティカルな検証は今後も必要となるであろう。一方で，"自分の仕事がまさに『感情労働』とわかって『目からうろこ』だった，少し気持ちが楽になった"という声がたくさん届いた（武井, 2013）という事実は，感情労働というフレームワークによって現代の労働のあり方を捉え直し，そのメカニズムを解明していくことに，少なからぬ意義があることを示しているように思えるのである。

17章

感情と
ウェルビーイング

1節　はじめに

　感情にはさまざまな種類があるが，人間の心身の健康や幸福を包括する概念であるウェルビーイング（well-being）と強く関連する感情は，ポジティブ感情だといえる。ポジティブ感情に関する研究は，21世紀の心理学と称されたポジティブ心理学（positive psychology）の動向を受けて急速に増え，現在もポジティブ感情がもつ機能の解明やウェルビーイングに関するさまざまな研究が行われている。例えば近年では，Shiota et al.（2017）は，幸福（happiness）やウェルビーイングの鍵を握るポジティブ感情の機能について，神経科学からの知見を整理しながらポジティブ感情の種別分類の意義とその可能性について論じている。また，Tuck et al.（2017）は，心疾患のリスク低減要因としてポジティブ感情に注目し，ポジティブ感情の経験やその表出スキルの向上が健康促進につながる可能性を示唆している。このように，ポジティブ感情の機能の理解や，ポジティブ感情がどのような過程を経て心身の健康に影響するのかというメカニズムの解明は，私たちのウェルビーイングを考えるうえで重要な知見となる。

　本章では，ウェルビーイングという大きな概念を構成すると考えられる重要な要因としてポジティブ感情と主観的ウェルビーイング／幸福を取り上げ，それらの機能や特徴などを概観しながら，感情の個人差の一側面としてポジティブ感情からウェルビーイングへの過程について論じる。

2節　ポジティブ感情とは

　ポジティブ感情は，ネガティブ感情に関する研究と対比すると，感情の定義や分類について解明されていない点が多い。特に，感情の生物学的な意義として説明されることが多い特定の行動との結びつきという点においても，ポジティブ感情によって引き起こされる行動は固定されておらず，比較的動機づけとしても弱い全般的に落ち着いた状態や行動との結びつきが報告されてきた（Frijda, 1986）。このような背景から，これまで感情研究ではポジティブ感情の明確な細分化は行われず，"ポジティブ感情"とひとくくりにされることが多かったが，先にも紹介したように近年の研究動向や成果を受けて，細分化して扱うことの意義や方向性が検討されている。

　ポジティブ感情の種類については定説が存在しているわけではないが，代表的なポジティブ感情の種類としては，幸せ（happy），喜び（joy），楽しさ（amusement），満足（contentment），興味（interest），愛（love）をあげることができる。この他にも，複合的なポジティブ感情と位置づけられることもあるが，感謝（gratitude）や愛着／アタッチメント（attachment），希望（hope），畏敬・尊敬（awe），誇り（pride）などもある。

　ポジティブ感情の種類に関する議論は，今後も研究知見の蓄積とともに盛んになり，感情の定義も含めて精査されていくと考えられるが，その際にポイントとなるのは個々のポジティブ感情の機能や発生およびウェルビーイングに至るまでのメカニズムの解明だといえる。現時点では，個々のポジティブ感情の機能を考慮した理論やモデルはないが，ポジティブ感情の2つの機能に着目をした拡張－形成理論が提唱されている。そこで，次にその理論について紹介する。

3節　ポジティブ感情の理論：拡張－形成理論

　Fredrickson（1998, 2013）は，ポジティブ感情の機能として「拡張（broaden）」と「形成（build）」があることを指摘し，その名をとって拡張－形成理論（broaden-and-build theory）を提唱した。この理論は，ポジティブ感情の経験が，人間の認知機能に影響し，さまざまな資源の開発や獲得を促し，最終的に人間の成長とウェ

ルビーイングにつながる軌道をもたらすという過程を説明している（Fredrickson, 2005）。

1. ポジティブ感情の拡張機能

図 17-1 にあるように「ポジティブ感情」の生起によって，「拡張」が生じる。この「拡張」機能は，個人の注意や認知，行動の範囲が一時的に広がること，すなわち，新奇で独創的な思考や，さまざまな行動や活動，他者や社会との関係性が活性化されることを意味している。Fredrickson たちは，感情喚起実験を行い，この拡張機能を，思考－行動レパートリー（thought-action repertoire）の増加という側面から実験的に検証している。例えば，ポジティブ感情として喜び（joy），満足（contentment），ニュートラル状態（neutral），ネガティブ感情として恐怖（fear），怒り（anger）を取り上げ，実験参加者に動画の視聴によって各感情を喚起し，その後，「私は○○をしたい」という文章を呈示して，○○の空欄に思いつくことを制限時間内にできるだけ多く記入するという課題を行った（Fredrickson & Branigan, 2001）。そして，この記入された回答を思考－行動レパートリー数として，感情喚起による影響について検討した。その結果，ポジティブ感情喚起群は，ニュートラル状態やネガティブ感情喚起群に比べてレパートリー数が多いことが明らかにされた。

このほか，ポジティブ感情として，楽しさ（amusement）と満足，ニュートラ

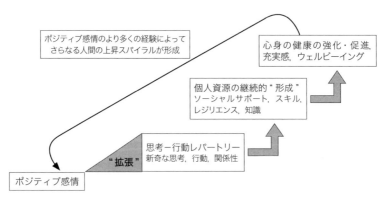

図 17-1　ポジティブ感情の拡張－形成理論（broaden-and-build theory）
（Fredrickson & Cohn, 2008 より作成）

ル状態,ネガティブ感情として怒り(anger)と恐怖(fear)を動画を用いて喚起し,視覚処理に関する課題や何をしたいかを尋ねる課題を行った実験からも,ポジティブ感情によって注意の範囲が広がり,思考−行動レパートリーが拡張することが実証されている(Fredrickson & Branigan, 2005)。また,これらの実験で取り上げられた2つのポジティブ感情は,比較的覚醒レベルの高い喜びや楽しさと,覚醒レベルの低い満足という感情であったが,どちらも他の感情状態に比べて思考−行動レパートリーが広がることが示されている。

　ポジティブ感情の特徴と考えられる拡張機能は,拡張−形成理論として提唱される以前からも Isen たちの数多くの研究から指摘されてきた。例えば,新奇的で独創的な思考や(Isen et al., 1985),柔軟で包括的な思考(Isen & Daubman, 1984; Bolte et al., 2003; Dreisbach & Goschke, 2004),創造的な思考(Isen et al., 1987),統合的な思考(Isen et al., 1991),情報の統合と受容性の向上(Estrada et al., 1997),効率的な意思決定(Isen & Means, 1983),注意の幅を広げること(Isen, 2002)など,さまざまなポジティブ感情の拡張という効果が明らかにされている。

2. ポジティブ感情の形成機能

　ポジティブ感情のもう1つの機能が「形成」である。これは,図17-1にあるようにポジティブ感情の経験によって思考−行動レパートリーが拡張し,次の段階として,身体的,知的,社会的な意味でのさまざまな個人資源が継続的に"形成"されることを意味している。この根拠として,例えば,ポジティブ感情をより経験する人はそうではない人たちに比べて,レジリエンスが高いこと(Fredrickson et al., 2003),スキルや知識などの個人資源を多く有していること(Lyubomirsky, King et al., 2005),より楽観的で活力に満ちた個人特性をもっていること(Fredrickson & Losada, 2005)などが報告されている。形成機能の存在は,拡張機能と同様,理論として提唱される以前から多くの知見が報告されている。例えば,子どもの発達研究から,愛着が安定し,日頃からポジティブ感情を経験する子どもは,そうではない子どもに比べて,粘り強さや柔軟性といった問題の対処に必要な資源や能力を多くもっていること(Arend et al., 1979; Matas et al., 1978)が示されている。また,日常的にポジティブ感情を経験している人は,課題の学習が速く,パフォーマンスがよいこと(Bryan & Bryan, 1991; Bryan et al., 1996),好奇心があり,開放性に代表される知的な個人資源が多い(Mikulincer, 1997)ことが指摘

されている。

　さらに，これらのポジティブ感情の形成機能は，介入研究からも実証されており，例えば，慈しみの瞑想（loving-kindness meditation: LKM）やマインドフルネス瞑想（mindfulness mediation: MM）といったポジティブ感情の生起や経験に焦点を当てた介入を行うことによって，ソーシャルサポートなどの社会的なつながりや（Kok et al., 2013; Mauss et al., 2011），他者への思いやりや人生の目標（Fredrickson et al., 2008）といった個人のポジティブな認知が高まり，さまざまな資源が増加することが明らかにされている。また，LKM と MM を比較検討した介入研究では，日々の感情状態の変化や瞑想の実施状態を測定し，感情に関するインパクトの違いはあるものの両者はいずれもポジティブ感情の喚起と経験を促進し，ウェルビーイングに寄与する可能性が指摘されている（Fredrickson et al., 2017）。

3. ポジティブ感情からウェルビーイングへ

　拡張-形成理論では，図17-1に示すように最後の段階を心身の健康の強化・促進，ウェルビーイングと位置づけている。これは，その前の段階でのさまざまな資源の形成によって，よりポジティブ感情が高まり，それが健康やウェルビーイングに寄与することを意味している（Cohn et al., 2009）。

　仮にストレスフルな状況におかれても，ポジティブ感情によって個人のコーピングやレジリエンス等の個人資源が形成され，その結果，健康／ストレスの評価や対処が変化し，ウェルビーイングが高まると考えられる（Fredrickson et al., 2003; Tugade et al., 2004）。そして，このようなポジティブ感情からウェルビーイングまでの過程はらせん的な変化と人間の成長を意味しており，さらなる人間の上昇スパイラルの形成と循環が生じると位置づけられている（Fredrickson & Joiner, 2002; Fredrickson & Cohn, 2008）。

　図17-2には，ポジティブ感情の介入によってポジティブ感情が喚起され，ポジティブ感情による拡張と身体的，心理的，社会的な資源の形成によって，最終的に幸福感や人生満足感といったウェルビーイングにつながる過程を示した。Fredricksonたちは，ポジティブ感情からウェルビーイングに至る過程について心理的介入の終了後15か月間の追跡データから検討し，介入後にLKMを継続していた人たちは継続しなかった人やLKMをしたことがない対照群に比べてポジティブ感情の増加が認められることを報告している（Cohn & Fredrickson, 2010）。こ

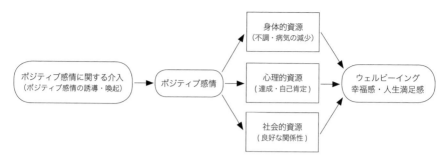

図 17-2　ポジティブ感情の介入による形成効果とウェルビーイングへの過程
（Fredrickson & Cohn, 2008 より改変・作成）

れらの心身の健康とポジティブ感情のメカニズムを解明すべく，LKM や MM の介入前後でのオキシトシンの変化についての検討（Isgett et al., 2016）や，呼吸性洞性不整脈（respiratory sinus arrhythmia）を用いた心拍変動による自律神経系の活動との関連（Kok & Fredrickson, 2010），個々のポジティブ感情の自律神経系の活動の違いや特徴についての実験的検討（Shiota et al., 2011）など，神経生理学的なアプローチが進められており，今後の研究成果が期待されている。現時点では，メカニズムの解明には至っていない側面もあるが，ポジティブ感情は，より健康的な行動の変化と維持をもたらす動因としての役割を果たし，それらはウェルビーイングの向上をより促進する上向きの循環となるのだと考えられている。

　このようなウェルビーイングの高まりに関する考え方は，ポジティブ心理学における強み（human strengths）研究からも指摘されている。Lopez & Snyder（2003）は，人間は本来さまざまな心理学的な強みをもっており，その強みは精神的健康が最適な状態になるように機能し，健康生成過程（healthy process）によって充実した人生の実現や幸せにつながると述べている。このモデルでは，ポジティブ感情という用語では説明はされていないが，ポジティブ感情の経験によって，さまざまな個人の能力や資源が高まることを考えると，まさに個人のポジティブな特性の高まりが，さらなる上向きのらせん的変化と成長を促すという図式はウェルビーイングを考えるうえでの共通した考え方として理解できる。

4節　ウェルビーイングとは

　本章の冒頭でも述べたように，ウェルビーイングは人間の心身の健康や幸福を包括する概念であり，幸福感や充実感，満足感といった用語で表現されることも多い。これらはポジティブ感情に関連した類似した構成要素をもつ概念だといえるが，何に主眼を置き，何を測定したいかという研究課題の設定によって，概念定義や考え方，専門用語，さらにはその測度が異なることもある。本章では，ウェルビーイングを幸福感や満足感などを包括する統合的な概念と位置づけ，研究の流れや内容を整理しながら概観する。

　ウェルビーイングは，"主観的"ウェルビーイング（subjective well-being: SWB）と呼ばれることが多い。これは，人間の幸せを心理学的に評価しようと考えた際，ある個人が幸せかどうかは，周りからの評価やさまざまな条件や状態によって決めるのではなく，あくまでその個人が決めることだという考え方が根底にあるからである。自分が幸せかどうか，自分の人生が満たされているかどうか，という評価を行う際，当然，その人自身が判断できる能力を有することが前提にはなるが，その評価には，個人の価値観や社会文化的な要因，宗教などさまざまな要因が関与する。その中で，個人の主観で評価することが心理学的な幸せの定義として最も妥当だと考えられており，心理学におけるウェルビーイングの研究は主観評価によって測定され，展開してきたといえる。

　主観的ウェルビーイングの研究には，焦点を当てる側面の違いによってさまざまな概念や測度が開発されているが，大きく2つのアプローチがある。それらは，ポジティブ感情や幸福感などの快楽的な側面を重視したヘドニック（hedonic）ウェルビーイングと，人間の理性や人生をよりよく生きる意味，成長などの人間が本来目指し達成する実存的な側面を重視したエウダイモニック（eudaimonic）ウェルビーイングである。

　そこで，次に，この2つのアプローチについて詳しくみていく。

5節　主観的ウェルビーイングの考え方1：ヘドニズム

　ヘドニズム（hedonism）とは，ヘドニック（快楽的）な幸福を重視する立場で

あり，その起源は古代ギリシアの哲学者であるアリスティッポスとされ，そこでは人生の目的は快楽（楽しみ）の最大化と苦痛の最小化を追求することであり，幸福は快楽の総計と位置づけられている（Ryan & Deci, 2001）。このヘドニックの考え方に基づいて Kahneman（1999）は，ウェルビーイングを自分の経験や人生を心地よく快適な状態にするものと定義し，快を追求する心理学をヘドニック心理学と呼んだ。この考え方では，日々の生活で感じる快楽の総量が重要になってくるため，ウェルビーイングを測定する際には，当然，感情的な側面，とりわけポジティブ感情の高さ（分量）が重視される。その際，不快な状態であるネガティブ感情の測定も重要であり，両者のヘドニック・バランス（ポジティブ感情とネガティブ感情のバランス）によって個人の幸福（感）を評価する。このような個人が感じる感情的な側面に焦点を当てたウェルビーイングの評価指標の代表例が，感情状態の評価尺度としても有名な PANAS(the Positive and Negative Affect Scale)である（Watson et al., 1988）。日本語版 PANAS も開発されている（佐藤・安田，2001）。この個人の感情状態を重視して測定される幸福感を感情的ウェルビーイング（emotional well-being）と呼ぶこともある。

　ヘドニック心理学で重視している感情的なウェルビーイングの側面に，人生に対する全体的な満足感という認知的な側面を統合して幸福の測定を目指したのが Diener et al.（1985）が提唱した人生満足感（life satisfaction）という概念である。彼らは，自分の人生をどのように評価するか，ということを主観的ウェルビーイングと位置づけ（Diener et al., 2003），自分が生きてきた人生に対してどのくらい快適な感情を抱き，満足しているのかという人生全般に関する肯定的な感情および認知評価によって，人生満足感（the Satisfaction with Life Scale: SWLS）を測定した。この尺度は，人生に対する満足感を一次元で測定しており，ウェルビーイング研究において広く用いられ，文化比較を含めた研究の発展とその成果に大きく貢献したといえる。近年では，お金に代表される物質的資源や GDP（Gross Domestic Product: 国内総生産）等の国の経済力や，困ったときにサポートがあるかどうかという社会的援助といった社会経済の観点から人生満足感や幸福感への影響が検討され，社会的援助は経済力を超えて幸せに強く影響することが報告されている（大石，2009; Oishi et al., 2010; Oishi & Schimmack, 2010）。

　このほか，幸福（happiness）という用語を用いて主観的ウェルビーイングの測定を目指した主観的幸福感尺度（Subjective Happiness Scale: SHS）もある（Lyubomirsky & Leppers, 1999）。この尺度も人生満足感と同様に，主観的ウェル

ビーイングを感情的な側面と認知的な側面から評価しており，感情的な側面では自身の幸福感をポジティブ感情−ネガティブ感情の軸で評価している。このSHSの興味深い特徴は，認知的な評価において，自身の幸せを同年輩の他者と比較したり，「人生を楽しみ幸福に満ちた人たち」や「うつ状態ではないが，幸せではなさそうな人たち」という文章を呈示し，その人たちの特徴を自分がどの程度もっていると思うかを評定する手法を用いている点である。この尺度の日本版は，島井ら（2004）が作成し，原版と同じく1因子構造となることを報告している。このように，主観的ウェルビーイングの研究は，ウェルビーイングを人生に対する満足（satisfaction）と捉えるか，幸福（happiness）と捉えるかという用語や概念の若干の違いはあるものの，感情的な側面と認知的側面から評価する点は共通している。

6節 主観的ウェルビーイングの考え方2：エウダイモニズム

　エウダイモニズム（eudaimonism）とは，古代ギリシアの哲学者アリストテレスのエウダイモニア（eudaimonia）の概念に基づいた考え方であり，人間のもつ理性や正義，成長を重視する立場である。このエウダイモニズムの考え方は，先に紹介したヘドニズムの考え方とは異なる側面を含むため，"幸福"と表記すると（"eudaimonia"は日本語では"幸福"と訳されることが多いが），若干ニュアンスや正確な概念が伝わりにくくなるが，人間の理性や美徳，正義や自己制御といった人間が本来もつ潜在的な力を重視し，真実と善を追求しながら生きることを強調しており，人間が達成する最善の幸福をエウダイモニアと呼んでいる。この考え方は，RogersやMaslowによって古くから提唱されてきた生きることの意味・意義の探求や自己実現（self-actualization）の欲求という人間の本質の捉え方と共通しており，人間が人間である所以にふれる重要なウェルビーイングの側面を含んでいる。
　Ryff（1989）は，このようなエウダイモニアの視点こそ，人間のウェルビーイングを考えるうえで重要だと主張し，人間の心理的な意味での成長や成熟といった概念を強調して心理的ウェルビーイング（psychological well-being）と呼んだ。そして，ウェルビーイングには，6つの次元があることを指摘し，ポジティブな心理的機能の特徴を有する心理的ウェルビーイング尺度を開発した。それらは，①自己受容（self-acceptance），②ポジティブな対人関係（positive relations with others），③自律性（autonomy），④環境制御（environmental mastery），⑤人生の目的

(purpose in life)，⑥自己成長（personal growth）の6次元（因子）を有する計120項目（6つの次元それぞれに20項目）の尺度である。①の自己受容は，自分のさまざまな面をすべて受け入れることであり，②のポジティブな対人関係は，他者への愛情や親密性を含む信頼関係，③の自律性は，自分で判断や行動等の決定ができることである。そして④の環境制御は，周りの環境に応じて自分をコントロールできること，⑤の人生の目的は，自己実現の欲求をもち，人生に意義を感じ，生きる目的を有していること，最後の⑥の自己成長は，さまざまな経験を通して自身を変化の中におき，自分の成長やその意義を意識することである。この120項目の尺度は，その後，各6つの次元に3項目の計18項目で構成される短縮版も開発されている（Ryff & Keyes, 1995）。

また近年，エウダイモニアの視点を重視した21項目からなるエウダイモニック・ウェルビーイング尺度（the Questionnaire for Eudaimonic Well-Being: QEWB）が開発されている（Waterman et al., 2010）。そこでは，①自己発見（self-discovery），②潜在的能力の可能性の知覚（perceived development of one's best potentials），③人生の目的や意義（a sense of purpose and meaning in life），④卓越の追求における努力を惜しまない投資（investment of significant effort in pursuit of excellence），⑤活動への積極的関与（intense involvement in activities），⑥自身の経験や表現を通して活動を楽しむこと（enjoyment of activities as personally expressive），という6つの概念的側面を重視し，評価している。

7節　主観的ウェルビーイングの考え方における統合と展開

これまでウェルビーイングの考え方として，ヘドニズムとエウダイモニズムの考え方をみてきたが，このほか，社会的な側面に焦点を当てた社会的ウェルビーイングという概念も提唱されている（Keyes, 1998）。これは，人間が社会の中で生きていることを重視し，社会を構成する一員として社会の中での自分の価値や意義，充実感といった側面に焦点を当てた，より大きな視点からウェルビーイングを考えるアプローチである。さらにKeyes（2002）は，社会的ウェルビーイングに，感情的ウェルビーイング，心理的ウェルビーイングを融合・包括して精神的健康連続体（mental health continuum）尺度を提唱した。Keyes（2002）は，精神的健康に関する個人差を，衰退したうつ状態（languishing and depression），うつ状態（pure depression），衰退した状態（purelanguishing），適切な精神的健康状態（moderately mentally healthy），活性状態（flourishing）という側面から評価している。"languishing"は心身ともに消耗した衰退状態を意味しており，一方，"flourishing"は生きることに意義を見出して他者との関係や社会の中で積極的な関わりをもちながら生きている充実した状態にあることを意味しており，この衰退－活性という軸から精神的健康を理解している点もウェルビーイングを考えるうえで興味深い視点である（Provencher & Keyes, 2013）。

　一方，ポジティブ心理学の提唱者としても有名な Peterson et al.（2005）は，先に述べたウェルビーイングの感情的側面と認知的側面の2側面を，それぞれ人生における快楽の追求・志向，人生における意味の追求・志向と位置づけ，これにエンゲージメント（engagement）という人生における没頭や関与することの追求・志向を加えた幸せへの志向性（orientations to happiness）尺度（快楽，意味，没頭の3つの志向性からなる尺度）を提唱した。第1の志向性である快楽は，ヘドニックな幸福を重視する考え方であり，第2の志向性の意味はエウダイモニックな幸福の考えに基づいている。3つ目の没頭は，フロー（flow: Csikszentmihalyi, 1990）と呼ばれるポジティブ感情を伴う熱意と没頭する感覚（没入感）に関する主観的ウェルビーイングの側面であり，人生において挑戦したいと思うような目標をもち，我を忘れるくらい懸命で取り組み，時間を忘れるほど夢中になる没入感と充実感を意味している。この意味では，第3の没頭志向性はヘドニックとエウダイモニックな幸福の考え方を統合した概念だと解釈することができる。この尺度の日本版は熊野（2011）が作成し，原版と同じく3因子構造となることを報告している。

　主観的ウェルビーイングを生物学的な要因との関係から検討し，ウェルビーイングの考え方について検討している研究もある（Ryff et al., 2006）。そこでは，生物学的指標として神経内分泌の唾液中のコルチゾールや心臓血管系の健康指標としてよく用いられる血圧やHDLコレステロール，総コレステロール等を用いて心理的ウェルビーイングとの関係を検討し，相関関係がないことを示したうえで，ウェルビーイングと病気（ill-being）とは1つの軸上で捉えるべきではないことを主張している。この指摘は，心身のポジティブな側面を捉えている指標の得点の高さが，ネガティブな側面を評価している指標の得点の低さと関連するわけではないことを示唆しており，心身の健康の包括概念であるウェルビーイングをどのように捉え，心理学における介入や予防を含む応用研究に発展させることができるのか，という点においても重要な知見だと考えられる。

このほか，近年，ウェルビーイングの一時的な状態だけではなく，持続可能性に関する研究が注目されている。例えば，主観的幸福感尺度 SHS を作成した Lyubomirsky は，持続的幸福モデル（sustainable happiness model）を提唱し，幸福感の規定要因について説明している。それによれば，個人の幸福感は，遺伝的に設定されているセットモデルで 50％が，年齢や性などの環境的要因で 10％が説明されるため，自身の意図的な活動によって変容可能な割合は約 40％だと指摘している（Lyubomirsky, Sheldon et al., 2005; Lyubomirsky, 2008）。つまり，この 40％こそ，自己評価や自身の行動習慣を変えることによって変容可能な幸福感や感情のバランスであり，感情や個人の特性といったさまざまなポジティブな要因を生かしながら認知行動的な介入技法を用いたウェルビーイングの向上とその持続が試みられている。このほか，Seligman（2011）は，Keyes（2002）が指摘した活性状態（flourishing）という側面と同様に，"flourish" という指標を主観的ウェルビーイングの新しい重要な概念として位置づけている。このようなウェルビーイング研究の動向は，一時的な幸福感の高まりだけではなく，それらが長期的に維持するための手法や過程の探求へと展開していることを意味している。

　最後に，Tamir et al.（2017）は，幸福の秘密という論文タイトルの中で，幸せな人の特徴として，ポジティブ感情かネガティブ感情かという感情価にかかわらず，自身が経験したいと思う感情をより頻繁に経験している人であることを見出し，この知見は文化を超えて認められることを報告している。これまで述べてきたように主観的ウェルビーイングは単一の要因からだけでは説明も向上・維持も難しい概念であるが，幸せかどうかを決めるのはあくまで幸福を感じる本人（その意味で"主観"）でしかない。幸せの探求は，心理学が古くから追い続けてきたテーマでもあり，人間が生きることの意味の探求でもある。本章でも紹介したさまざまな心理学的アプローチの発展によって，ウェルビーイングの構造や持続するメカニズムが解明され，心身の健康を維持増進するうえでの重要な知見が多く蓄積されることが大いに期待されている。

高齢者と若年者の感情認知

　コミュニケーションを円滑に進めるうえで，相手の感情をうまく読み取ることは基本的かつ重要な能力といえる。こうした感情認知に関する研究は，他の心理機能と同様に，おもに若年者（大学生）を参加者として行われてきた。では，若年者で得られた研究知見にはどの程度"代表性"があるのだろうか（Henrich et al., 2010）。特に，わが国では総人口に占める65歳以上人口の割合がすでに25％を超え，今後もさらに増えていくと予想されているが，高齢者の感情認知は若年者と変わりないのだろうか。

　当然のことながら，高齢者と若年者の感情認知には類似点も相違点もある。研究が比較的多い顔表情からの感情認知を例にとると，難易度（例えば，喜び顔の認知は易しく，恐怖顔の認知は難しいなど）や誤答のパターン（例えば，怒り顔と嫌悪顔は混同されやすいなど）は両年齢群でよく似ている（Suzuki et al., 2007）。一方，正答率は概して若年者のほうが高齢者よりも高く，その差は怒り，悲しみ，恐怖といったネガティブ感情の顔表情で顕著である（Isaacowitz et al., 2017; Ruffman et al., 2008）。

　上記のような感情認知の年齢差はなぜ生じるのだろうか。高齢者の正答率が概して低いという全般的傾向に着目すると，扁桃体などの感情認知に関わる脳構造の老化が背景にあるという可能性がまず考えられる（Ruffman et al., 2008）。ただし，データを詳細に検討すると，別の可能性も浮上してくる。一般に怒り顔と嫌悪顔は互いに混同されやすいが，嫌悪顔を怒り顔に分類するエラーは高齢者よりも若年者で多くみられる（Suzuki et al., 2007）。このことは，若年者がむしろ怒りに過敏である可能性を示唆する。逆に，高齢者は他者の怒りを過剰に読み取らないため，日常の人間関係でストレスを経験することが相対的に少なく，主観的幸福感が高いのかもしれない（Stone et al., 2010）。つまり，高齢者が若年者よりも他者の怒りを認知しにくいのは，脳の老化ではなく，ある種の感情制御方略の獲得を反映するとも考えられる。

　このように感情認知には成人においても年齢差がみられる（Isaacowitz et al., 2017; Ruffman et al., 2008）。こうした違いは世代間コミュニケーションにどう影響し，もし齟齬を生むとしたら，それをどうすれば解消できるのか。元気な高齢者が増え，多世代の協働が求められている現代社会において，これらは重要な研究課題といえよう。

認知症介護ストレスによるバーンアウトと感情労働

　認知症高齢者は，2012年の時点で全国に約462万人と推計されており，2025年には65歳以上の認知症患者数が約700万人に増加すると予測されているが，これまで，認知症高齢者の介護において，在宅介護の家族や介護施設スタッフが多大なストレスを抱えてきており，現在も深刻な社会問題の1つとなっている。介護施設スタッフのストレスに焦点を当てると，ストレスの1つであるバーンアウトは，さまざまな職業，特に業務内容がヒューマン・サービスとして区分される医師，看護師，ソーシャルワーカー，学校教師などの職業に固有のストレス反応として，アメリカに続いて日本でも顕在化することとなった。バーンアウトを測定するために，数多くの尺度が考案されてきたが，そのうちのMaslach(1976)が用いたマスラック・バーンアウト測定尺度（Maslach's Burnout Inventory: MBI）を，田尾・久保（1996）が日本語に標準化したチェックシートは，現在まで数多くの研究者に採用されて，事例も蓄積されているだけではなく，尺度内容が，情緒的消耗感，脱人格化，個人的達成感の3つの要因に分けられ，バーンアウトの心身にわたる症状を包括的に捉えられると考えられてきた。また，バーンアウトは感情労働から引き起こされる可能性が指摘されており（荻野ら，2004），カナダの社会学者Hochschildは，以下のように述べている。

　「現在の社会はさまざまなサービス業において，適切な感情の内容や表出の仕方が決められており，感情が商品化された時代であり，そのために個人の感情管理はより深いレベルに及び，その人に心理的なストレスや障害を与える」

(Hochschild, 1985)

　そこで，介護業務においても，ストレス軽減のために，勤務体制を柔軟に変化させる，組織外の社会的資源を利用した心理的支援を行うなどさまざまな方策が提言されてきた。その結果，感情労働を緩和する最も根幹となる対策は，利用者の自立支援を考慮した介護を目指すことであると考えられている。しかしながら，さらなる少子高齢化の進行に伴う介護職員の不足に備えて，研修などによる介護技術のスキルアップや，より柔軟な業務システムの検討などが模索されている（田辺，2012）。

18章

感情制御：
基本理論と個人差研究

　人は，日々，さまざまな感情を経験しながら生きている。嬉しいことも，悲しいことも，また誰かを愛することも，時に憎むことも，当然，すべて感情あってのものである。そうした意味で，感情は，人生に彩りを与えてくれるものである。一方で，私たちは，ただ自由に感情を経験・表出するだけでなく，時にそれを適切な形で制御しなければならない。怒りに任せた言動は，社会的信頼の低下や人間関係の悪化を招き，過度な悲しみの遷延は，精神の病を招来しうる。また，場をわきまえない笑顔や喜びは，即座に非難の的となる。健全な社会生活を営みながら，自身の心身の健康や幸福を追い求めなければならない人間という存在にとって，適切な感情の制御は，必要不可欠な能力であるといえるだろう。

　本章では，このような「感情制御（emotion regulation）」という現象について，まずは前半部において，基礎研究を中心としたレビューを試みる。そして後半部において，これまで相対的に見過ごされがちであった，感情制御の個人差に焦点を当て，現在までの研究知見を俯瞰したうえで，今後の展開について論じることとする。

1節　感情制御とは？

　現代において「感情制御」という術語を用いるとき，それは暗に「自己の感情制御（regulation of one's own emotion）」を意味することが多い。しかし，少なくとも1980年代頃までは，おもに発達心理学領域において，「他者の感情制御（regulation of other's emotion)」（例えば，子どもの感情を養育者が制御する，など）という現象を指して，感情制御という術語が用いられることのほうが一般的であった（Thompson, 1991)。また，これらはいずれも，感情を制御の対象としてみなしているが（感情の制御（regulation of emotion)，一方で，例えば気分一致効果（Bower, 1981）のように，制御主体としての感情が他の対象（例えば，認知，行動）を制御することをもって，感情制御とみなすこともできる（感情による制御（regulation by emotion)：Gross & Thompson, 2007)。つまり，これらが意味するところは，元来「感情制御」という術語は，実に多義的なものであるということである。

　本章では，感情制御の中でも特に，上でいうところの「自己の感情制御」で，かつ「感情の制御」たる現象（自分の感情を自分で制御する）をおもに扱うこととする。それをふまえ，本章では，Gross (1998, 2013) に則り，感情制御を「感情をいかなるときに，どのような形で経験・表出するかに影響を与えるプロセス」として定義する。

2節　Grossのプロセスモデル

1. モデルの概要

　1990年代より，心理学における感情制御研究が急激に増加していくわけであるが，その発端となったのが，Gross (1998) において提唱された「プロセスモデル（process model)」である。このモデルにおいて，感情は，状況，注意，評価，反応という段階を経て生起するものとされ（モーダルモデル（modal model)，Gross & Thompson, 2007)，そのうえで，それぞれの段階ごとに，5つの異なる感情制御，すなわち「状況選択（situation selection)」「状況修正（situation modification)」「注意の方向づけ（attention deployment)」「認知的変化（cognitive change)」「反応調整（response modulation)」の存在が想定された（図18-1）。実際に，プロセスモデルにおいていかに感情制御が行われるか，「クモに対する恐怖」を例にみていく。まず，クモに対する恐怖は，クモと遭遇するという「状況」の中で生じるが，端からクモと遭遇しそうな場所を避けたり，たとえ遭遇しても，その場から逃げ出したりすることで，恐怖を回避・低減することができる（状況選択)。また，その状況に留まり，直接クモを追い払うことで，恐怖を解消することも可能である（状況修

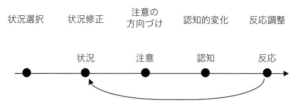

図 18-1　Gross のプロセスモデル（Gross & Thompson, 2007）

正）。さらに，クモとは別の対象に「注意」を向けることで，気を紛らわすこともできるだろう（注意の方向づけ）。たとえ注意を向けたとしても，クモが自分にとってそれほど脅威ではないと「認知」を変えることで，気持ちを落ち着かせることもできる（認知的変化）。そして，仮に恐怖を経験したとしても，それを周りに悟られないように，表情や身体の表出といった「反応」を変化させることも可能である（反応調整）。このようにプロセスモデルでは，状況から反応までの一連の感情生起過程の中で，異なる感情制御が行われることを想定する。

　なお，このプロセスモデルに関して，以下 2 つの点を補足しておきたい。1 つは，あらゆる感情制御が，状況選択から反応調整までの段階を順番に経るわけではないという点である（Gross & Thompson, 2007）。仮に状況選択で感情が十分に制御されれば，その後の段階を経る必要はなくなる。また，反応調整から状況修正の矢印に表されているように，種々の感情反応がその前の段階（状況，注意，評価）へ影響を及ぼすことも想定される（例えば，怒りによって周囲がおびえる，注意を怒りの対象からそらすことが困難になる，など）。つまり，左から右への矢印に沿ったプロセスを一応は想定しつつも，それ以外のさまざまなルートが生じ得ることを念頭に置いておくべきだろう。そしてもう 1 つは，状況，注意，評価，反応という区分が，実際には必ずしも厳密なものではないという点である。これは，Ochsner & Gross（2008）において，「注意」が「評価」を構成する要素とされていることからも明らかであろう。つまり，各段階はあくまで便宜的に措定されたものであって，実質的には明確に区分できるものではないと考えられる。

2. 各段階におけるさまざまな感情制御方略

　プロセスモデルでは，状況選択から反応調整まで，感情制御が行われる 5 つの段階を想定しているが，それぞれの段階には，さまざまな感情制御方略（emotion regulation strategy）が存在する。Naragon-Gainey et al.（2017）は先行研究のレビューに基づき，状況選択・状況修正のもとに「行動的回避（behavioral avoidance）」「問題解決（problem solving）」を，注意の方向づけのもとに「気晴らし（distraction）」「マインドフルネス（mindfulness）」「反すう（rumination）」「心配（worry）」を，認知的変化のもとに「受容（acceptance）」「再評価（reappraisal）」を，そして反応調整のもとに「経験からの回避（experiential avoidance）」「抑制（suppression）」「受容」（認知的変化との重複）をそれぞれ位置づけている。ただし，ここであげられたものですべての方略が網羅されているわけではなく，また方略によっては，さらに細かな下位方略が設定される場合もある（e.g., McRae et al., 2012; 榊原，2017; Webb et al., 2012）。

　種々の方略は，それぞれ全般的な感情制御効果ならびに精神的健康への影響が異なる。例えば，従来最も研究が行われてきた再評価は，ポジティブ・ネガティブ感情の低減・増幅に有効で，長期的な精神的健康の高さを予測することが示されている（e.g., Aldao et al., 2010; Gross & John, 2003）。一方，再評価との比較対照の中で扱われることが多い抑制は，ネガティブ感情の低減効果はなく，逆に生理的反応の亢進を招くなど，不適応的な側面が明らかにされている（e.g., Gross & Levenson, 1997）。他にも，Aldao et al.（2010）や榊原・北原（2016）などにおいて，さまざまな感情制御方略と抑うつ，不安，種々の精神疾患との関連がメタ分析によって検討されている。一般的に，再評価（特に出来事や状況をポジティブに捉え直す「肯定的再評価」）や問題解決は適応的な方略として，抑制，反すう，回避などは不適応的な方略としてみなされることが多い。ただし，方略の適応性は，個人がおかれた文脈や個人内のさまざまな要因に規定されるため，方略自体を適応的・不適応的と一意的に定めるべきではないという指摘もなされている（Aldao, 2013; Bonanno & Burton, 2013）。

3節　感情制御の個人差

　プロセスモデルは，「状況」から「反応」までの一連の過程の中で，さまざまな方略によって感情制御が行われることをモデル化したわけであるが，実際の感情制御のあり方に関していえば，当然，そこに広範な「個人差」の存在が仮定される。日常的な感覚に照らし合わせてみても，感情をうまく制御できる人がいれば，そう

でない人もいるし、また特定の方略を他の人と比べて多く用いがちな人もいれば、バランスよくさまざまな方略を用いる人もいる。こうした感情制御の個人差は、特に介入を試みる場合などにおいて重視されるべきものであるが、モデル自体の妥当性や方略の一般的な効果・影響に関する研究と比べると、相対的に関心は希薄であったといえる。そこで本節では、限られた知見ではあるものの、感情制御の個人差について、現在までの研究の俯瞰を試みることとする。

1. 個人差を捉える視点：頻度と成功

感情制御に個人差が存在するというとき、それは個々人の間のいかなる差異を指し示すのか。感情制御の個人差をいかに捉えるかという点については、従来、必ずしも十分な議論が行われてきたわけではない。そうした中、McRae（2013）により提案された、「頻度（frequency）」と「成功（success）」という観点から感情制御を捉える試みは、上記の問いに答えるうえで有用な視座となりうる。

McRae（2013）によると、従来の感情制御研究では、多くの場合、頻度と成功のどちらかが問題とされてきたという。ここで頻度とは、個人が特定の方略を、日々の生活の中で、一般的にどの程度使用する傾向があるかを示すものである。例えば、いつ、いかなる状況においても、頻繁に再評価を用いる個人もいれば、再評価はほとんど行わず、抑制を用いる傾向が高い個人もいる。一方、成功とは、特定の方略の使用により、どの程度、自身が目標とする状態や事柄を達成することができるかを示すものである。例えば、一度の再評価で効果的にネガティブ感情を低減できる個人もいれば、それが困難な個人もいる。また、怒りをうまく抑制して、良好な対人関係を保つことができる個人もいれば、それがなかなかできない個人もいる。このように、頻度と成功という視点は、同じ感情制御という現象を異なる側面から捉えており、感情制御の個人差を詳細に把握するうえで有用であると考えられる。

なお、頻度については、一般的に何らかの尺度を用いて測定されることが多い。頻度の代表的な尺度として、例えば再評価と抑制を測定する、感情調節尺度（Emotion Regulation Questionnaire: ERQ）（Gross & John, 2003; 吉津ら, 2013）や9つの認知的感情制御方略を測定する、認知的感情制御尺度（Cognitive Emotion Regulation Questionnaire: CERQ）（Garnefski et al., 2001; 榊原, 2015）などがあげられる。一方、成功については、特定の方略の使用とそれに伴うさまざまな感情反応（神経生理学的指標、主観的情感、表情など）の変化をもって測定さ

れることが多い (e.g., Gross, 1998; Troy et al., 2010)。

ところで,特定の方略を使用することの「成功」ではなく,より全般的な個人の感情制御「能力 (ability)」を測定する尺度も複数存在する。葛藤が生じるさまざまな場面において,どのような行動・対応をとることができるかを問う,行動統制尺度 90 (Action Control Scale 90)(青林, 2008; Kuhl, 1994),感情の認識や受容といった,制御プロセスにおける各段階の困難性を測定する,感情制御困難性尺度 (Difficulties in Emotion Regulation Scale)(Gratz & Roemer, 2004; 山田・杉江,2013),コンピテンスという視座から,自己および他者の感情に対する理解や調整などを測定する,情動コンピテンスプロフィール (Profile of Emotional Competence)(Brasseur et al., 2013; 野崎・子安, 2015)などが代表的なものとしてあげられるだろう。ただし,自己報告式の尺度で能力を測定する場合,例えば「自己感情の認識」に困難を示す個人が,正確に「自己感情の認識」について評定できるのかといった問題が生じる (Zeidner et al., 2009)。また,こうした尺度は必ずしも個人の純正な感情制御能力のみを測っているのではなく,個人がどの程度,自身の感情を制御できるかに関する信念,すなわち「感情制御の自己効力感 (emotion regulation self-efficacy)」(Gross, 2015) が少なからず反映されている可能性も指摘されている (遠藤, 2013)。

2. 感情制御の個人差を規定するもの

感情制御に個人差が存在するというとき,それは換言すれば,個人差を規定する何らかの要因があるということにほかならない。以下からは,頻度と成功という点に留意しながら,感情制御の個人差を規定する要因についてみていくこととする。

(1) 性別

全般的に,女性は男性と比べて,感情制御を行う(種々の方略を用いる)頻度が高いことが知られているが (e.g., Nolen-Hoeksema, 2012; Tamres et al., 2002),個々の方略の頻度に関しても性差が確認されている。例えば,反すうや他者への援助希求 (social support seeking) に関しては女性において,抑制や回避などについては男性においてより使用頻度が高く (Butler & Nolen-Hoeksema, 1994; Gross & John, 2003; 吉津ら, 2013; Zimmermann & Iwanski, 2014),再評価についてはおおむね性差はみられない (John & Eng, 2014; ただし Nolen-Hoeksema & Aldao,

2011)。

　女性が男性よりも全般的に感情制御を行う頻度が高いことについては，感情反応の性差，すなわち，女性のほうが男性よりも喚起される感情が強く，それを制御する必要があるためであるという説明がなされてきた。ただし，そうした前提となる知見の多くは，感情反応を自己報告によって測定しており，ステレオタイプ（例えば，「女性は男性よりも感情的である」など）による回答へのバイアスの存在が指摘されている（McRae et al., 2008）。現に，生理的反応や扁桃体（amygdala）の活動といった，ステレオタイプの影響を受けづらい指標においては，必ずしも性差が認められるわけではない（e.g., Vrana & Rollock, 2002; Wager et al., 2003）。

　一方，個々の方略，特に抑制の使用頻度に性差がみられることについては，社会文化的な要因の影響が指摘されている。多くの社会・文化において，気丈さ（tough）や感情的でない（unemotional）ことが「男性性（masculinity）」の象徴としてあり，悲しみや恐れといった感情の表出は，男性性に関する自身の評価の低下へとつながる。そうした感情を他者にみせないようにするために，男性において，抑制を行う頻度が高くなるという（John & Eng, 2014）。

　なお，感情制御の成功の性差については，それを直接的に検証した研究は必ずしも多くはないものの，興味深い知見がいくつか得られている。例えば McRae et al. (2008) では，実験参加者にネガティブ刺激を呈示し，再評価によるネガティブ感情の低減（成功）の程度を，自己報告と fMRI によって測定した。その結果，自己報告によるネガティブ感情の低減の程度に性差は確認されなかったものの，扁桃体の活動の低下は女性よりも男性のほうが大きかった。また，再評価の実行に深く関与することが知られている前頭前皮質の活動は男性のほうが小さく，報酬に関わる腹側線条体 (ventral striatum: VS) の活動は女性のほうが大きかった。この結果について McRae らは，男性のほうが少ない認知資源でより効果的に再評価を行うことができること，女性は再評価によりポジティブ感情を生起させることで，ネガティブ感情を低減させている可能性があることを指摘している。ただし，再評価を使用するという教示を与えず，ただネガティブ感情を低減することだけを指示した研究では，ネガティブ感情の低減に性差はみられず，増幅においては女性のほうが男性よりも効果的に行うことができたとする知見や，再評価によってネガティブ感情を増幅させるよう教示された場合には，女性よりも男性において，再評価と関連する脳部位の活動が高かったという報告もあり（e.g., Domes et al., 2010），必ずしも一貫した知見が得られているわけではない。

(2) 年齢

　年齢と感情制御の関連については，おもに子どもの感情制御発達に関する知見と，成人期以降の加齢に伴う感情制御の変化に着目する知見が存在する。ただし，前者については他（e.g., 遠藤，1992; Thompson & Goodman, 2010）に譲り，ここでは後者についてみていくこととする。

　従来，年齢という観点から特に注目を集めてきたのは，老年期以降における感情制御の変化であるだろう。老年期を迎えると，それ以前と比べて，よりポジティブな刺激を選好し，またネガティブな刺激に対してより回避的な方略を使用するようになる（e.g., Zimmermann & Iwanski, 2014）。こうした変化を説明する理論として有力視されてきたのが，「社会情動的選択性理論（socioemotional selectivity theory）」である。提唱者である Carstensen ら（Carstensen, 1992; Charles & Carstensen, 2014）によると，人は加齢に伴い「人生の残り時間」への意識を強めていくことで，日々の生活における即自的な快をより重視するようになるという。実際に，ポジティブな刺激への選好や，回避的な方略の使用は，短期的な快の維持・増幅，また不快の低減へつながるものである。

　また，社会情動的選択性理論では，高齢者は感情制御に関する豊富な知識，スキル，経験を有することから，若年層よりも高い感情制御能力を有することが主張されている。実際に，Shiota & Levenson（2009）では，高齢者は若年層と比較して，肯定的再評価を用いたネガティブ感情の低減を効果的に行うことが示されている。また，特定の方略の成功だけでなく，柔軟な方略選択によるネガティブ感情への対処についても，高齢者が高い能力を示すことが知られている（Blanchard-Fields et al., 1995; Blanchard-Fields, 2007）。ただし，こうした結果を支持しない知見も存在し（e.g., Opitz et al., 2012），また「人生の残り時間」の感覚が方略の選択へ与える影響も一貫していないことから（e.g., Kessler & Staudinger, 2009），社会情動的選択性理論そのものを訝る向きもある（e.g., Consedine, 2011）。

(3) パーソナリティ

　パーソナリティもまた，感情制御の個人差をもたらすと考えられる。ここでは，John & Gross（2007）やその後のさまざまな実証的知見に基づき，おもにビッグファイブを中心に，パーソナリティと感情制御の関連について論じていくこととする。

　まず，ビッグファイブの中でも，感情制御との間に比較的頑健な関連性を見出す

ことができるのが，神経症傾向と外向性である。例えば，ERQ で測定された再評価と抑制との相関をみたとき，神経症傾向は再評価と負の関連を，抑制とは正の関連を，反対に外向性は再評価と正の関連を，抑制とは負の関連を，おおむね一貫して示している（Balzarotti et al., 2010; Cabello et al., 2012; Gresham & Gullone, 2012; Gullone & Taffe, 2012; Haga et al., 2009; 吉津ら，2013）。これらの相関については，後述するような，ネガティブ感情やその制御について個人が有する信念（belief）や態度（attitude）が関与すると考えられる（John & Gross, 2007）。神経症傾向が高い個人は，一般的にネガティブ感情は制御困難なものであると認識しており，ことに自身のネガティブ感情については，他の人よりも強く，より制御が難しいものと捉える傾向にある（Gross & John, 1998）。そのため，再評価のような，積極的にネガティブ感情の低減を図る方略は，必然的に用いられにくくなり，その結果として，制御されなかったネガティブ感情を抑制しなければならなくなる。一方，外向性については，一般的にポジティブ感情を志向するパーソナリティ特性であることから（Costa & McCrae, 1980），肯定的再評価のような，状況や出来事をポジティブに捉え直す方略が用いられる傾向にあり，結果的に抑制の使用傾向が低下するものと考えられる。

また，特に神経症傾向は，その感情的不安定さやネガティブ感情の経験頻度の高さからか，回避的な方略や自己の感情経験へとらわれる方略といった，しばしば不適応的とみなされる方略と関連する傾向にある（Connor-Smith & Flachsbart, 2007）。中でも，抑うつのリスク要因として注目されてきた反すうとの相関は，時に .70 を超えるほど高い（e.g., Smith & Alloy, 2009; 高野・丹野，2008）。実際に，神経症傾向の高さが反すうの頻度を高め，それが抑うつを上昇させることが示されている（Roberts et al., 1998）。

神経症傾向と外向性以外の特性，すなわち誠実性，協調性，開放性に関しても，感情制御の頻度との関連が示唆されている。例えば誠実性について，特にその自己コントロールに関する側面は，ネガティブ感情の自動的な低減を促進することが示されている（Javaras et al., 2012）。また，協調性は，他者への援助希求の頻度を高めることが明らかにされている（Connor-Smith & Flachsbart, 2007）。さらに，開放性に関しては，その創造性の高さや発想の豊かさといった特徴から，状況を捉え直す方略である再評価において，その頻度および成功を高めることが示唆されている（Gresham & Gullone, 2012）。

こうした感情制御の頻度とビッグファイブの各特性との関連について，

Barañczuk（2019）ではメタ分析を行っている。その結果，再評価，問題解決，マインドフルネスといった一般的に適応的とみなされる方略は，神経症傾向と負の関連を，それ以外の特性とは正の関連を有することが，反対に回避，抑制といった一般的に不適応的とみなされる方略は，神経症傾向と正の関連を，それ以外の特性とは負の関連を有することが示されている。また，これらの関連のうちいくつかは，年齢，性別，対象が臨床群か否かといった要因によって調整されることも明らかにされている。分析の対象となった方略が限られている，測定尺度の違いや細かな下位方略については考慮されていないといった限界はあるものの，これまでの知見を統合した頑健な値を示したという点で，貴重な知見であるといえるだろう。

なお，感情制御の成功という点については，必ずしも直接的な検討は行われていないものの，神経症傾向の関与が想定される知見が一部でみられる。Sheppesらの研究（Sheppes & Gross, 2011; Sheppes & Meiran, 2007）では，強いネガティブ感情を経験している状況において，再評価の効果（ネガティブ感情の低減）が弱まることを明らかにしているが，この知見に照らし合わせると，神経症傾向が高い個人は，日常的に強いネガティブ感情を経験しやすいことから（e.g., Bachorowski & Braaten, 1994），再評価の成功も相対的に低くなると考えらえる。

(4) アタッチメント

発達初期において，子どもは十分な感情制御能力を有していないことから，養育者の助けを借りながら，自身の感情を制御しなければならない。このとき，子どもが発するシグナルに養育者がいかに反応し，また子どもの不安や恐れといったネガティブ感情を，いかにともに制御したか，その経験が子どものアタッチメントを決定する。その意味でアタッチメントとは，子どもと養育者がともに取り組んだ感情制御の歴史であるといえるだろう（Sroufe, 1996）。

養育者との間で形成されたアタッチメントは，その後の個人の感情制御スタイルを規定する。例えば，回避型（avoidant attachment）と呼ばれるアタッチメントを形成した個人は，ネガティブ感情の表出を控え，他者との親密な関わりを避ける傾向にある。これは，発達初期において，自身のシグナルに対する養育者からの反応やはたらきかけが一貫して希薄であり，他者への援助希求が徒労に終わることを学習した結果である（Cassidy, 1994）。こうした経験を通じて形成される「内的作業モデル（internal working model: IWM）」は，後の発達段階における感情制御のベースとなり，方略の使用傾向に少なからず影響を与える。実際に，Gross & John

(2003) では，大学生を対象とした調査において，回避型のアタッチメントの得点が高い個人ほど，感情の表出を抑制する傾向が高いことを示している。

他のアタッチメントスタイルにおいても，感情制御との関連が示唆されている。子どものシグナルに対する養育者の反応やはたらきかけが一貫しないとき，不安型（anxious attachment）と呼ばれるアタッチメントが形成されるが，このタイプの個人は，自身のネガティブ感情を増幅させるような感情制御を行う（Shaver & Mikulincer, 2007）。対応が一貫しない養育者のもと，子どもは泣きや怒りなどのネガティブ感情の表出を激しくすることにより，養育者からのサポートが得られることを学習する。アタッチメントが不安型である個人は，反すうをより使用したり，ネガティブ感情をより表出したりすることが知られているが（e.g., Mikulincer & Florian, 1995），これらは他者の注意を自身へ向けさせるための手段として捉えられるだろう。

なお，「安定型（secure attachment）」と呼ばれるアタッチメントを獲得した個人は，一般的に適応的といわれる感情制御を行う。養育者からの一貫した情緒的な対応，またそれによって適切に感情が制御される経験は，感情は十分に制御可能なものであるという効力感，さらには，いざとなれば他者が助けてくれるという信念を形成する。実際に，アタッチメントが安定型の個人は，問題解決型の方略や再評価をよく使用し，困難な状況では積極的に他者からのサポートを求め，逆に抑制はあまり行わないことが示されている（Shaver & Mikulincer, 2007）。

(5) 信念

感情というものが一般的に，また自身にとって，いかなる存在であるのか，またその制御や具体的な方略についてどのような認識を有しているのか。このような，感情とその制御に対する「信念」もまた，感情制御の個人差を生み出すことが知られている。

感情そのものに対する信念については，「感情の可変性（emotion malleability）」という視点からの研究が行われている。例えば De Castella et al. (2013) は，「感情は変えられない」という信念が再評価の使用頻度に与える影響を検討している。この研究において特徴的なのは，「自分自身の感情は変えられない」という信念と，「人間は一般的に感情を変えられない」という信念を，異なるものとして扱っている点である。実際に，再評価の使用頻度は，「自分自身の感情は変えられない」という信念を有するほど低くなるが，「人間は一般的に感情を変えられない」という

信念とは関連がないという結果が得られている。このような，自分自身の感情の可変性に関する信念は，「感情制御の自己効力感」(Gross, 2015; John & Gross, 2007; Tamir et al., 2007) と実質的に同一の概念として捉えられるだろう。例えば Tamir et al. (2007) では，呈示されたシナリオ場面において，どの程度うまく感情を制御できるかという自己評定をもって，感情制御の自己効力感を測定しているが，De Castella et al. (2013) と同様，再評価の使用頻度と正の関連を有することが示されている。また，当該の状況における感情のコントロール可能性（controllability）の評価が高いと，反すうの使用頻度が低下することも示されている (Sakakibara & Endo, 2016)。

一方，自己報告によらない手法によって感情制御に対する信念を測定しようとする試みもみられる。例えば，自動的な感情制御（automatic emotion regulation）に着目した Mauss et al. (2006) では，特定の対象への潜在的な態度を捉える潜在連合テスト（implicit association test: IAT）を用いて，個人が普段意識しない，感情制御に対する潜在的な態度の測定とその影響を検討している。実験の結果，IAT のスコアが高い，すなわち感情制御に対して潜在的にポジティブな態度を有するほど，怒り喚起状況においても怒りの経験が低く，また心臓血管系の反応も良好なものであった。この結果は，通常は意識されない潜在的な態度が，感情制御の個人差を生じさせていることを支持するものである。

これらの知見は，個人が感情およびその制御に対して一般的に有している信念に関するものであるが，個別の方略，特に反すうに対する信念の影響も検討されている。自己調整実行機能モデル（self-regulatory executive function model）によると，個人は反すうという方略の効果や有効性に対してメタ認知的信念（metacognitive belief）を有するという。特に，反すうへのポジティブな信念（「自分の憂鬱な気分について反すうすることは，私が過去の過ちや失敗を理解するのに役立つ」など）は，反すうの使用を助長し，結果的に抑うつを高めてしまうことが知られている (e.g., Roelofs et al., 2010; 高野・丹野，2010)。

4節　感情制御の個人差研究の展望

ここまで，感情制御の個人差について，特にその規定因に着目し俯瞰してきた。従来の感情制御研究は，どちらかといえば個々の方略の効果や適応性の検証に比重

を置いてきたこともあり，個人差を直接的に問題とする試みは，相対的に希薄であったといえる。しかし，本稿において取り上げたように，近年，徐々にではあるが，感情制御の個人差とその規定因に関する研究が着手されるようになってきた。本節では，今後の感情制御の個人差研究において，重要な視座をもたらすと考えられる概念や視点を呈示していく。

1. 感情制御の柔軟性

　3節において，「頻度」と「成功」という2つの視点から感情制御の個人差を捉える試み（McRae, 2013）を紹介したが，実際には「頻度」と「成功」をそれぞれ単独に問題とするだけでは，個人差を十分に捉えることは難しいと考えられる。例えば，「頻度」に関していえば，あらゆる状況において等しく再評価を行う個人と，特定の状況においてのみ再評価を重点的に行う個人を考えた場合，トータルの再評価の使用回数が同じであったとしても，実際には両者の間には大きな違いがある。つまり，個人の一般的な「頻度」や「成功」だけでは，状況に応じた方略の選択やその遂行に関する個人差を捉えることができない。

　こうした限界を受け，近年，注目を集めているのが，感情制御の「柔軟性（flexibility）」である。以前より，さまざまな方略を状況に応じて柔軟に使い分けることの重要性は指摘されていたが（e.g., Bonanno et al., 2004; Kashdan & Rottenberg, 2010），その定義や測定は研究間で必ずしも一貫していなかった。そうした中，Aldao et al. (2015) は先行研究の定義や知見を整理したうえで，感情制御の柔軟性を「感情制御の変動性（variability）と環境の変化の間の共変動（covariation）の程度」であると定義している。ここで，感情制御の変動性とは，状況によらない方略使用の頻度やバリエーションを指す。例えば，ある個人が状況にかかわらず頻繁に，またさまざまな方略を用いるとき，感情制御の変動性が高いとみなされる。つまり，Aldao et al. (2015) における感情制御の柔軟性とは，こうした変動性がどの程度，環境の変化に伴うものであるのかを表すといえるだろう。

　元来，「柔軟性」という概念は，それ自体が暗に「適応的」という意味を内包しており，構成概念としての問題を含んでいた。そこでAldao et al. (2015) は，感情制御の柔軟性に関しては，それ自体が必ずしも適応的であるわけではなく，個人の目標（goal）の達成可能性を高める場合に，初めて適応的となると指摘している。目標が明確でない場合，適応性を判断することは難しい。例えば，個人が環境の変

化に応じて再評価を使用し，ネガティブ感情を効果的に低減させることは，快楽主義的な観点からいえば適応的であるかもしれないが，もしある程度のネガティブ感情を経験しておくことが目標の達成にとって望ましい状況であれば（例えば，大事な試合を前に程よい緊張感を保っておく，重要な決断を下す際にある程度の不安を感じておく，など），それは一転して不適応的ともなりうる（e.g., Tamir et al., 2015）。この点に関して，Koole（2009）は，「志向性（oriented）」，すなわち何に向けて行われるかという点から，感情制御を「欲求志向的制御」「目標志向的制御」「全人志向的制御」の3つのタイプに分類しているが，感情制御の柔軟性が適応的となるのは，まさにその時々の「志向性」に基づいて，環境の変化に応じた方略を用いるときであるといえるだろう。

このように，感情制御の柔軟性は，感情制御の個人差を捉えるうえでも非常に魅力的な概念であるが，実際にそれを測定するのは容易ではない。実験的な場面であれ，日常的な場面であれ，個人がいかなる方略をどの程度使用したかを測定することは可能であるが，それが環境の変化に応じて行われたものなのか，またそのときの個人の目標達成に寄与するものであるのかを，継時的に測定しなければならない。Aldao et al.（2015）では，個人の感情制御の変動性を環境の変化（例えば，ポジティブかネガティブか，家庭内か家庭外か）で予測し，観測値ごとの残差を利用する手法（残差が正の値であれば，集団平均と比べて環境の変動性に対する感情制御の変動性が高い）や，時系列上の感情制御と環境の変動性の相互相関（cross correlation）を個人ごとに算出し，それを柔軟性とみなす手法（相互相関係数が1に近いほど2つの変動性の類似度が高い）を提案している。これらの手法の有効性については議論の余地があるものの，時系列データの収集がこれまでよりも容易となった今，感情制御の柔軟性に関する研究の発展が期待される。

2. 感情制御アフォーダンス

感情制御の個人差は，従来，個人「内」の要因に規定されることが暗に想定されてきたといえる。これに対して，Kooleら（Koole & Veenstra, 2015; Koole et al., 2015）は，個人「外」の要因にも注目する必要性を指摘している。その中で彼らが提唱している興味深い概念が，「感情制御アフォーダンス（emotion regulatory affordances）」である。アフォーダンスとは，ある環境において，行為者に特定の行為の可能性を与える情報であるが，Kooleらによれば，感情制御においても，何

らかの方略を使用しやすい外的な環境（の中の情報）があるという。

　彼らは，身体的な姿勢や物理的な道具の存在により，使用されやすい方略が異なることを示しているが，個人差という点からより示唆的であるのは，社会的な外的環境に関するものであるだろう。例えば，他者への援助希求は，当然ながら，そもそも周囲に誰もいない環境においては，端からそれを行うことはできない。先述のように，協調性は他者への援助希求と正の関連を示すが，それは「周囲に他者が存在している」ことを前提とするのである。

　こうした外的環境については，一見，感情制御の個人差とは独立したものとして考えられるかもしれない。しかし，個人が自身の適性に応じた環境選択を行うと考えると，外的環境は少なからず，個人が自身の内的要因に基づいて選択したものということになる。先の協調性を例にあげれば，高い協調性を備える個人は，ただ援助希求に長けているだけでなく，そもそも他者と関わる機会が多い，すなわち援助希求を行いやすい環境を選択するが，逆に協調性が低い個人は，援助希求を行うことが苦手であることに加え，端から援助希求が行いやすい環境を選択しないことが想定される。これはつまり，感情制御の個人差が，少なからず，個人の内的要因によって選択された，外的環境に規定されることを意味している。

　従来の感情制御研究は，多くが「自分自身による感情制御（self-regulation of emotion）」に焦点を当てたものであったが，近年，社会的な文脈での感情制御を扱った研究が増加している（e.g., Aldao, 2013; Zaki & Williams, 2013）。しかし，本来これらは独立したものというよりは，相互に不可分に結びつきながら，個人の感情制御を形成しているものと考えられる。こうした個人内・個人外の要因がいかに絡み合い，感情制御の個人差を形成するかを考えるうえで，感情制御アフォーダンスは重要な概念となるだろう。

3. 拡張版プロセスモデル

　本章で紹介した感情制御のプロセスモデルは，長らく感情制御研究の理論的基盤としての役割を果たしてきた。しかし，プロセスモデルでは，感情制御方略の選択や遂行が，具体的にいかなるメカニズムのもとで生じるのかについて，説明することができなかった（野崎, 2017）。そうした中，プロセスモデルを改良する形で新たに提唱されたのが，「拡張版プロセスモデル（the extended process model of emotion regulation）」（Gross, 2015）である。

拡張版プロセスモデルでは，感情制御方略の選択やその具体的な遂行過程において，「価値評価（valuation）」の介在を仮定する。ここで「価値評価」とは，当該の状況が，自身の快・不快や目標との一致などと照らし合わせたとき，総じて自分にとって「良いもの」か，それとも「悪いもの」かを判断することである。例えば，友人からの何気ない一言に怒りを経験した場面を想定する。このとき，当該の状況や自身の目標・信念に基づき，そもそもその怒りを制御するかが判断される。仮に制御することが個人にとって「良いもの」（関係の悪化を防ぐであろうもの）であると価値評価されれば，次の方略選択の段階に入る。この段階では，どのような方略（再評価，抑制，気晴らし，など）が当該の状況において「良いもの」かの価値評価がなされ，ここで選択された方略が用いられることとなる。選択された方略が実際に遂行されるためには，より文脈に即した形に変換される段階を要するが，ここでも，方略を具体的にどのように使用するのが「良いもの」（友人も悪気はなかったと考え直すのがよいだろう，など）なのかについての価値評価が行われ，最終的に方略が実行される（拡張版プロセスモデルの詳細についてはGross（2015），野崎（2017）を参照）。

　拡張版プロセスモデルに基づいた実証研究はいまだ少ないものの，感情制御の個人差を考えるうえでは，有用な視座をもたらすものと考えられる。上述のように，拡張版プロセスモデルでは，感情制御のさまざまな段階における「価値評価」の存在を想定しているが，本章で示した種々の個人差の規定因は，いずれも価値評価の前提やベースとして位置づけることができるだろう。いくつか例をあげれば，「感情の可変性」に関する信念は，感情制御を行うか否かに関与することが想定されるし，特定の方略に対する信念は，方略の選択に関与することが推察される。また，性別・年齢，パーソナリティやアタッチメントなどの要因も，さまざまな価値評価の段階に関与すると考えられるだろう。

　感情制御の個人差研究の発展に向け，感情制御の柔軟性，感情制御アフォーダンス，拡張版プロセスモデルの3つを紹介した。いずれも，実証研究は始まったばかりではあるが，個人差研究のみならず，今後の感情制御研究全体の大きな進展をもたらすことが期待される。

音楽における感情体験とは？

　音楽を聴くことでどのような感情を感じるか，あるいは，音楽作品がどのような感情的な性質を持っていると感じるかについては，形容語選択法やSD法などを用いてカテゴリー的な感情分類を行う研究が，1900年代の半ばから多く行われてきた。それらの研究の背景には，基本感情の考え方があると言ってよいだろう。一方で，1900年代末以降には，ラッセルの円環モデル（Russell, 1980）とAffect Grid（Russell et al., 1989）などの感情次元に基づく，快不快と覚醒度の2軸で音楽による感情を捉えようとする研究が増えてきた。特に後者では，マウスやタッチパネルなどのPCデバイスを利用して主観感情を連続時間で測定すると同時に，心拍などの生理指標を測定し，メロディやリズム，ハーモニーなどの時間的変化との関係を多元的に捉えていこうとする試みも増えている。

　音楽と感情に関わる研究では，基本感情であれ感情次元であれ，感情心理学で想定されているような一般的な感情概念が根底にあった。その一方で，音楽を聴くことによる感情体験は（あるいは映画や小説などによる感情体験も），人間関係や仕事や日常生活で本人が直接関わることによって生じる感情とは異なるのではないか，という思いを抱いていた人も少なくはないだろう。例えば，悲しさをもたらす音楽を聴いたとき，どんな感情が生じたかと問われれば，カテゴリーとしては「悲しい」と答え，快不快軸上では不快方向の評価をする。しかし，自ら悲しい音楽を聴くことは，悲しみをもたらす一般的な状況とは異なり，回避すべきものではなく接近するものである。悲しい音楽を聴いて悲しみに浸ることには，正の価値があり，ある種の快を感じていることさえある。

　川上は，音楽が表現している感情を代理的に体験するとして「代理感情」という概念を提唱したが（Kawakami et al., 2013），音楽によって生じる感情の概念を改めて考えていくことが必要だろう。また，感情心理学の分野でも「なつかしさ」といった，これまであまり注目されてこなかった感覚にも目が向けられるようになった（楠見，2014）。「なつかしさ」や「せつなさ」のような，既存の基本感情のカテゴリーやそこからの混合感情の枠には入らない感覚や，音楽聴取による感動体験（大出，2009）など，音楽と感情との関係には，なお研究すべき課題が残されている。

感動研究の動向

　「感動」という感情の名詞表現は，英語圏には存在しない。しかしながら，近年になって海外においても感動に関する研究が行われるようになってきている。その契機の1つとなったのはTan（2009）が感情の辞書において感動（being moved）という感情を項目として取り上げたことであると推察される。その後，この情動反応について調べていくうちに，さまざまな感情研究者がその存在について言及していたことがわかり，興味が持たれるようになったようだ。そして，その先駆的な実証研究として Tokaji（2003）が紹介されている。当時，感動を英語で表現するにあたり，いろいろと調べて考えた結果，being emotionally moved として感動のニュアンスを海外でもわかってもらおうとした。

　現在の海外での研究の多くも感動を being moved と表現しており，どのような感情反応なのかについて検討がなされている。例えば，Menninghausを中心としたマックス・プランク経験美学研究所のグループは，文学や映画などを通して感じる審美体験という文脈においておもに言語学的および生理学的なアプローチから感動について検討を行っている（Hanich et al., 2014; Wassiliwizky et al., 2017）。一方，オスロ大学の研究チームとUCLAの文化人類学者であるFiskeらは，kama muta という表現を用いて感動研究を行っている（Seibt et al., 2017; Zickfeld et al., 2017）。彼らは，being moved という表現が感動以外の感情喚起においても使用されることからこの表現を用いず，サンスクリット語の kama muta という表現で感動を扱っている。そして，この言葉の意味は人間関係における愛情を通して喚起される情動（being moved）とされている。その意味では，kama muta は人間関係に依拠した感動を指していると考えられる。実際に多くの場合，感動が喚起されるのは親子や夫婦・恋人同士といった人間関係における愛情を前提としているといっても過言ではない。ただし，日本においては，英語圏の畏怖（awe）にあたる美しい自然を前にしても感動し，友情や人々の絆，個人の努力の結実に関しても感動するとされる（戸梶, 2004）。

　今日では，感動を含めたいくつかの感情の国際比較も行われており（Zickfeld et al., 2019），感動の文化差についての研究結果も出されてきている。しかしながら，このように感動研究は国際的に盛んになりつつあるものの，感動という情動として国際的に共通している側面と文化差が存在する側面があることは明らかなため，我が国においてもさらなる研究の蓄積が望まれる。

19章

感情制御と心理学的介入

1節　精神疾患と感情制御

　感情制御は，さまざまな精神疾患の維持と増進に関わっている。例えば，否定的な出来事を経験したとき，考えないように努力したり，その場所を避けるといった制御を用いると，否定的な感情状態が持続してしまう。一方で，否定的な出来事を経験しても，合理的に考えることができれば，否定的な感情を持続させることはない。このように，精神疾患に罹患する脆弱性には，抑制などの不適応的な感情制御を行う傾向と，認知的再評価などの適応的な感情制御を行わないことがあり，そうした制御方略の傾向が不安，抑うつ，摂食障害，物質乱用などの精神症状につながることがわかっている（Aldao et al., 2010）。

　感情制御方略は，適応的，不適応的なものを含めて多くのレパートリーをもち，それらを柔軟に使い分けるほうがメンタルヘルスはよくなることが知られている。一般成人を対象とした調査では，日常生活のストレスに対して，不適応的感情制御方略をよく使用する参加者ほど，適応的感情制御方略がメンタルヘルスに与える影響が大きくなる傾向にあり，不適応的感情制御方略をあまり使用しない参加者群では，適応的感情制御方略とメンタルヘルスには関係が見出されなかった（Aldao & Nolen-Hoeksema, 2012）。すなわち，感情制御方略のレパートリーが少ないと，それだけ精神疾患にかかりやすくなるといえる。

　感情制御が不適応症状に結びつくプロセスを考えるには，Gross（2015）の感情制御モデルを援用するとわかりやすい。このモデルに従って，おもに不安症や気分

表 19-1　感情制御のプロセスモデルと精神疾患（Sheppes et al., 2015 を一部改変）

制御方略と力動	制御要素	臨床状態
同定	知覚	パニック症：現在の感情状態に関する微細な兆候を過剰に表現する 不安の注意の解放バイアス：脅威情報に長時間過剰に注意を向ける アレキシサイミア：感情状態をほとんど表出しない
	評価	体験の回避：感情状態のコストの過剰評価 依存性パーソナリティ障害における依存行動：内発的制御の利益の過小評価
	行動	うつ病における学習性無力感：一般的な制御目標を行動に変換することの失敗
選択	知覚	過食症と自殺行動における自己からの逃避：不適応的な制御選択肢を過剰実行する
	評価	自殺を意図しない自傷行為や物質乱用：一般的には不適応的な制御方略を肯定的に考える
	行動	自閉症における認知修正：一般的には適応的な制御方略を使用する能力の不全
遂行	知覚	ADHDにおける長期間にわたる戦術：適応的な制御方策を少ししかとれない
	評価	全般不安症における心配：不適応的な制御方策を肯定的に考える
	行動	大うつ病における肯定的な気逸らし：適応的な制御方策を使用する能力の不全
モニタリング	停止	うつ病における反すう：不適応的な制御方略をやめるのに時間がかかりすぎる 社交不安症における制御に関する自己効力感の低さ：適応的な制御方策をやめるのが早すぎる
	転換	うつ病，不安症，強迫性パーソナリティ障害：効果的でない実行中の方策を転換するのが遅すぎる 双極性障害における躁状態：制御方略間の転換が早すぎる

障害における感情制御の問題を整理したものが表 19-1 である（Sheppes et al., 2015）。

　パニック症（panic disorder）は，ある状況で生じた心拍数の上昇や発汗といった身体的覚醒を過敏に感じ，それらを死のサインと捉えるなど，非常に悲観的に評価し，パニックを起こしそうな状況を回避することで症状が維持される。パニック症を感情制御の拡張プロセスモデルに当てはめてみると，同定のプロセスでちょっとした身体感覚の変化を大きく捉え（perception），制御しなければ自分自身の安全を守れないと評価する（valuation）。次の選択のプロセスでは，どのような方略が適切か判断される。パニック症の場合，脅威を過剰に評価しているので，回避的方略がとられることになり症状が維持される。一方，感情の知覚が過小のケースと

しては，アレキシサイミアがある．否定的感情を維持するプロセスには，否定的感情を大げさに捉え，それから回避することを肯定的に評価する体験の回避がある．うつ病の学習性無力感は，制御目標から行動に移行しない問題と考えられている．

　選択段階においては，利用可能な制御方略を少なく見積もってしまう知覚の問題がある．過食症や自殺行動は，自己像が望ましくないときに，制御方略として自己にアクセスすることを回避した結果だと考えられる．また，自殺を意図しない自傷行為や飲酒は，それによる利益を過剰に肯定的評価しコストを過小評価した結果生じる．ボーダーライン・パーソナリティ障害の患者は，否定的感情に対して回避以外に自傷を行いやすい．選択した制御方略を充分に行うことができない場合，行動の問題とされる．自閉スペクトラム症の青年は，他者の視点に立つことに不全があるので，認知修正課題を実施してもうまくできないことがある．

　遂行の段階では，注意欠如・多動症をもつ場合，制御方略の遂行がもたらす長期間の利益を知覚することに機能不全がある．全般不安症の患者は，心配することは自分のためになる一方コントロールすることができないと評価しており，心配し続ける．行動の側面では，例えば気分障害の患者には，悲しいときに幸福な記憶を想起すること（肯定的な気逸らし）に困難がある．

　感情制御のモニタリングにおいて，制御方略の転換や停止で問題が生じることがある．うつ病患者では否定的出来事を繰り返し考える反すうがあると，不適応な制御方略を停止するのに時間がかかる．さらに，うつ病だけでなく，強迫症，不安症の患者は，抑制や反すうといった不適応的な方略をとりやすく，実行中の方略を転換するのに時間がかかり，回復が遅れる．また，双極性障害の患者の躁状態の場合，思考があちこちに飛び，制御方略を一貫して遂行することが困難である．うつ病の患者が悩まされる，何度も繰り返し頭の中で否定的なことを考える反すうは止めたり，他の方略に転換したりすることが難しい．他にも，社交不安症の患者は感情制御に対する自己効力感が低いために，認知行動療法を受けて認知的再評価などの適応的な方略を学んでも，使用する努力を止めやすい（Goldin et al., 2013）．

2節　認知行動療法による感情制御の改善

　精神疾患の症状を引き起こす要因の1つが，感情制御の機能不全である．症状改善のためには，認知修正といった適応的な感情制御を身につける心理的介入が有効

となる。認知修正を介入のターゲットにして，適応的な行動を強化する心理的介入の1つが，認知行動療法（cognitive behavior therapy: CBT）である。例えば，嫌いな人と会話する際に不安や緊張が高まる場合，CBTでは「嫌いでない事実」を意図的に探索し，「嫌いでも好きでもない」程度まで思考を変化させる。また，嫌いな人との会話で生じる苦痛度を段階的に評価し，徐々に苦痛度の低い行動から体験し，そのときの苦痛度が思ったほどでないことや時間経過で減少していくことを理解させる。これまで「非常に苦しい難しい」と考えていて回避していた状況が，実は「それほどでもない」ことが理解でき，最終的には長時間の会議での対話など，苦痛度の非常に高い場面での不安や緊張を低減させることができる。CBTを受けることで，認知的再評価の使用が治療後で増加し，その使用に対する自己効力感が増加する（Goldin et al., 2012）。こうした研究は，CBTの治療効果が適応的な感情制御方略の使用によるものであることを示唆している。

　CBTは，感情制御方略のレパートリーを増加させ，さまざまな方略を状況に合わせて柔軟に使用できるようになるため，症状が改善すると考えられる。社交不安症患者を対象とした研究で，CBTのセッションが経過するのに伴って多くの感情制御方略を使用することが，より大きな症状の改善につながることが示されている（Aldao et al., 2014）。CBTの最初の7セッションでは，感情制御に関する心理教育と認知的再構成を学ぶセッションがある（認知的フェイズ）。その後の9セッションでは，認知的再構成を継続して実践するが，セッション外では恐怖を感じる状況に直面したとき行動的暴露を行う（認知＋行動フェイズ）。このフェイズでは，学習した新しい感情制御方略を使用する必要が生じ，制御レパートリーが増える。さらに，治療の3か月後と1年後に評価されるが，その間に学習したスキルを使用することを勧められる（フォローアップ・フェイズ）。CBTの効果としては，フェイズが進むごとに不適応的方略の使用と社交不安症状が低下し，適応的方略が増加した。

　この研究の重要な点は，フェイズごとに制御方略のレパートリーが増加したときに，制御方略が症状をより大きく改善するようになることである。認知フェイズでは，回避的（不適応的）方略には介入が行われず，制御レパートリーは多くない状態が続く。このフェイズで，回避的（不適応的）方略をほとんど使用しなかった参加者は，適応的方略の使用が社交不安症状を低下させた。一方，回避的（不適応的）方略を多く使用した参加者は，適応的方略の使用をしても社交不安症状は改善されなかった。認知＋行動フェイズでは，行動的暴露が開始される。このフェイズでは，

回避的(不適応的)方略をほとんど使用しなかった参加者は,適応的方略は社交不安症状を改善しなかった。一方,回避的(不適応的)方略を多く使用した参加者は,適応的方略の使用が社交不安症状を改善させた。このことは,制御レパートリーが増え,柔軟に使用することが症状改善につながることを示している。さらに,フォローアップでは,回避的方略の使用が社交不安症状を増加させ,適応的方略の使用が社交不安症状を低下させており,CBTの効果が示されていた。また,回避的方略の使用については,認知+行動フェイズと同様の結果が得られていた。この結果は,CBTにより適応的方略を学び,時には認知修正を行い,時には回避的方略を使用するという,柔軟な感情制御を実施できるようになることが重要であることを示唆している。

3節　マインドフルネスに基づく介入による感情制御の改善

　精神疾患の症状改善に向けて,近年注目されているのが,マインドフルネス(mindfulness)に基づく介入である。マインドフルネスとは,今この瞬間に生じているさまざまな感覚,すなわち身体感覚,感情,思考などにすべての注意を向け,気づき,描写し,判断することなく,ありのままに受け入れることである(Kabat-Zinn, 1982)。否定的な出来事に遭遇したとき,前述のプロセスモデルやCBTの枠組みであれば,評価や行動を変化(または修正)させることにより感情を制御することを教えることになる。マインドフルネスに基づく介入では,否定的であっても肯定的であっても事実をありのまま受け入れ,その瞬間に生じている感覚,思考,感情に気づき,その場で集中して行っている行動に気づきを戻すことを目指す。嫌いな人と会話しなければならないとき,「嫌いだ」と思うと嫌いなことばかりが想起され,そうした記憶やそこから生じてくる否定的感情を抑制しようと努力して,より苦痛を感じることがある。マインドフルネスに基づく介入では,ある人物に対する「嫌いだ」という判断が生じた瞬間にそれを「思考」や「解釈」とありのままに気づき,受け入れる実践(practice)をする。呼吸の瞑想(breathing meditation)では,呼吸によって生じる下腹部の「膨らみ」と「縮み」に気づきを向ける中で,一瞬生じてくる「嫌い」などの思考に気づき,また「膨らみ」と「縮み」に気づきを戻すことを繰り返す。こうした実践により,「嫌い」といった判断が生じてきたときにそのまま考え続けて否定的な感情を生じさせるのではなく,思

考をただ思考だと気づくことで否定的な感情が生じずに心が平穏なままでいられる。マインドフルネスは，思考を客観的に観察するという意味では，CBT の枠組みにおける「脱中心化」と類似しているが，注意の転換を行ったり，内受容感覚を含む身体感覚に気づく実践を行う点など，相違点も多い。

　感情制御方略の1つとして，マインドフルネスの有用性を示す研究も存在する。さまざまな年代の187名の参加者の毎日の感情状態のデータと感情制御方略（マインドフルネス，認知的再評価，感情抑制）の相関関係を検討した研究では（Brockman et al., 2017），マインドフルネスは，肯定的感情を高めて否定的感情を低下させ，感情抑制はその逆の効果を示し，認知的再評価は日々の感情状態とは関係しなかった。認知的再評価は，青年期においては否定的感情を高める要因であったが，年を取るごとに否定的感情を低下させる要因になっていた。

　マインドフルネスに基づく介入の1つに，8週間のプログラムであるマインドフルネスに基づくストレス低減法（mindfulness based stress reduction: MBSR）があり，さまざまな精神疾患の症状改善に効果のあることがわかっている。不安症とうつ病に対する MBSR の効果のメタ分析（Rodrigues et al., 2017）では，不安症状全般には中程度だが（Hedges' $g = 0.63$），不安症患者の不安症状には大きな効果がある（Hedges' $g = 0.97$）ことが示されている。うつ病も同様に，一般の成人を含めると中程度の効果（Hedges' $g = 0.59$）であるが患者群だと大きな効果がある（Hedges' $g = 0.95$）。不安と抑うつ症状についての他のメタ分析では（Khoury et al., 2013），事前事後の比較で中程度（Hedges' $g = .55$），待機群との比較でも中程度（Hedges' $g = .53$）の効果があるが，他の治療法との比較（Hedges' $g = .33$）や他の心理療法との比較（Hedges' $g = .22$）だと小程度の効果しかなく，CBT との比較（Hedges' $g = -.07$）や薬物療法との比較（Hedges' $g = .13$）では効果量に違いがないことが明らかになっている。この結果から，MBSR が不安や抑うつの症状に中程度以上の効果があり，その効果は他の治療法と同等であることがわかる。

　MBSR 中の感情制御プロセスについて，社交不安症患者を対象とした研究がある（Goldin & Gross, 2010）。この研究では，MBSR の介入の前後で，自分に関する信念の中でも否定的なものを12秒間想起しているときに，呼吸の瞑想か気逸らしという2つの注意の配置に関する感情制御を行ってもらい，制御中の脳活動をMRIで測定した。分析の結果，呼吸瞑想中に否定的感情経験が減少し，扁桃体（amygdala）の活動が低下し，注意の配置に関係する脳活動が活性化した。いずれの指標も MBSR 前より有意に改善しており，気逸らし課題では同様の変化は認め

られなかった。この結果から，MBSRを受け呼吸の瞑想を繰り返し行うことで脳機能が変化し，感情制御が可能になることが示唆される。

深さの怖れ

　深さの怖れはなぜ生じるのか。深さの怖れに興味を持ち，ビジュアル・クリフ（視覚的断崖）の装置を用いた研究を行ったのは Gibson & Walk（1960）である。ビジュアル・クリフは，高さ 165cm，横 245cm，縦 245cm の木製の枠組みからできており，深い側と浅い側に分かれている。深い側には高さ 110cm の断崖が作られている。浅い側に置かれた乳児が，断崖である深い側に踏み込むかを測定する装置であるが，安全のために深い側には高圧ガラスが張られている。

　浅い側に置かれた乳児が，崖を挟んで立つ母親のほうへ進めば転落するため，深さに対する怖れが生じると母親に近寄りたくても浅い側にとどまることになる。

　Gibson & Walk（1960）は，乳児が深さを怖れることを明らかにしたが，その後，Campos et al.（1970）は，ハイハイを開始する前と後の乳児を対象にして，深い側のガラスの上に降ろす研究を行い，心拍数の指標から，ハイハイ開始前の乳児は深さを怖れないことを明らかにした。

　他方，Bertenthal & Bai（1989）は，ムービング・ルームを使って乳児の視覚的流動に対する姿勢補償を研究している。ムービング・ルームとは，乳児の座る場所の正面，上，左右の四面の壁からなる装置で，乳児に対して前後に動かすことができる装置である。乳児に対して，壁が前方に動くと，前方向に視覚的流動が生じ，後方に倒れたという感覚が生じることから前方に姿勢を補償する現象がみられる。Bertenthal & Bai（1989）は，7か月児では生じない姿勢補償が，9か月児では生じることを見出している。Higgins et al.（1996）は，その時期に生じる姿勢補償がハイハイによる自己移動経験と関係することを明らかにし，Uchiyama et al.（2008）はそれが転倒の怖れと関係することを見出している。

　Dahl et al.（2013）は，これらの2つの関連を検討し，ムービング・ルームにおける姿勢補償の出現が，ビジュアル・クリフにおける深い側の回避行動と関連することを明らかにした。このように，深さの怖れは視覚的流動に対する心理機序が関連していることが明らかとなっているのは，これまでの深さの怖れの機序の解明が新しい展開を迎えているといえよう。

感情と言葉

「恐怖はダークサイドへの道。恐怖は怒りを導き，怒りは憎しみを導き，憎しみは苦しみを導く」。映画『スターウォーズ』のヨーダの言葉だ。古代中国の『黄帝内経』には7種の感情（怒・喜・思・憂・悲・驚・恐）は生得的であると記される。生得的な一定の種類の感情が実在するという見解は，20世紀後半以降の欧米の心理学で基本感情説と呼ばれてきた（Ekman, 1992）。一方，感情の心理学的構成論（Barrett, 2017; Russell & Barrett, 1999）によれば，人類普遍の基本感情は「快-苦」あるいは「いい感じ」と「嫌な感じ」しかない。そうした感情はコア・アフェクトと呼ばれる。コア・アフェクトを発生する神経ハブは島皮質（Insula cortex）である。コア・アフェクト（内受容感覚）と外受容感覚の統合された感覚情報が，意味カテゴリー（語彙）で修飾され，または原因帰属され，または条件づけされた結果が，所与の感情（恐れ，など）の知覚である。コア・アフェクト自体は，意識されることもあればされないこともある神経生化学現象である。

従来の基本感情と呼ばれてきた種々の感情は，生得的ではなく生活経験のプロセスで形成されたものである。事実，従来の基本感情と呼ばれてきた個々の感情に特殊な脳の神経ネットワークも自律神経系パターンも認められない（Barrett, 2017）。個人の感情経験は他者に伝染するのみならず（Kimura et al., 2008），人は自身の感情経験を他者に言語的に共有を図ろうとする（Rimé, 2009）。社会的に語り合うことで，社会的絆やソーシャルサポートが強化されるのみならず，感情経験が精緻化されたり，新しい意味カテゴリーが獲得されたりして，脳における予測精度が向上する。人は衝撃的な出来事に直面すると，すなわち「予測的符号化」（Seth, 2013）による脳内モデルが作動しないと，絶句することがある。予測モデルにない事態に直面すると，侵入思考や過覚醒，高次認知機能の低下などが起こる。ネガティブな感情経験の最中にネガティブな言葉を発する（ラベリングする）と扁桃体の活性が衰弱する（Liberman et al., 2007）。他者と共有を図りがたい経験を，一定時間，紙に鉛筆で書き綴ると苦痛状態が緩和し，心身機能が改善する（Pennebaker, 2010; Yogo & Fujihara, 2008）。語彙が豊富であるほど感情の知覚が豊かになり，感情が多様に変化し，心身機能が適応的に調律されるのである。

武の術と心

　なぜ現代人は，武術の稽古をするのか。特に現代日本では，まずそもそも突然暴漢に襲われるという可能性はきわめて低い。大半の人が，一生そういう目に遭わない。だから大半の人はあえて武術の稽古などしないわけだが，一部の人はそれでも武術をたしなんでいる。いったいなぜだろうか。

　武術とは，白兵戦で敵を制し，殺傷する戦闘術である。手足や武器を使って直接的に敵と戦うスキルである。しかし現代において，それを発揮する機会はゼロに近い。ただこれは現代に限った話ではなく，徳川による天下泰平の時代においても同じことであった。江戸の世の武家は，兵士（戦闘を専門とする職業人）であるにもかかわらず，その専門的職業スキルを使う場を失ってしまった。そこで彼らは，再定義の1つとして，禅との一致を志向した。つまり，武術とは身を調え，息を調え，心を調えるためのシステムなのだという位置づけである。ここに，心身修養法としての武術という意味合いが発生した。これが，明治・大正・昭和・平成を経て，令和の現代までも引き継がれていると考えられる。

　厳しい日々の稽古が体力と精神力を養うといえば，説明されたような気になる。しかし，厳しい日々の練習で体力と精神力を養うならば，野球やサッカーでも可能である。そこでなぜ武術なのか。それは，武術がまさに坐禅と同じだからである。野球やサッカーは勝敗を競い合うスポーツであるのに対し，武術稽古は勝敗を目的としていない。ただひたすら坐る坐禅と同じく，ただひたすら稽古することそのものが目的である。只管打坐ならぬ，只管稽古である。

　私たちの日々のストレスは，自己の内外の刺激に関する快不快の価値判断から生じるさまざまな感情によって彩られている。嬉しいときもあれば悲しいときもある。恐怖や怒りを覚えるときもある。こうした感情がさらなる思いを分泌し，延々と心はさまよい続ける。これがやがて心身の健康を損ねる。

　武術は，坐禅と同じく，こういう私たち人間の心を，身と息から調えるアプローチである。只管打坐ならぬ只管稽古でもって，自身の呼吸と身体へ注意を向け続け，これをただ観察する。そうやって自身の心（思考や感情）と上手につきあう距離感を身に付ける。囚われのないこうした心の持ち様はまた，戦闘術そのものの練度を上げる。だから，戦闘術を身に付ける（身体を練る）という営みの中で，同時に心を練ることが狙いにもなっている。ここが，スポーツと決定的に違う，心身修養法たる由縁である（湯川, 2014, 2017a, 2017b）。

文 献

1章

阿部恒之 (2002). ストレスと化粧の社会生理心理学　フレグランスジャーナル社
Averill, J. R. (1980). A constructivist view of emotion. In R. Plutchik & H. Kellerman (Eds.), *Emotion: Theory, research, and experience* (Theories of emotion, vol. 1, pp. 305–339). New York: Academic Press.
Bayliss, A., Schuch, S., & Tipper, S. P. (2010). Gaze cueing elicited by emotional faces is influenced by affective context. *Visual Cognition*, *18*, 1214–1232.
Blaney, P. H. (1986). Affect and memory: A review. *Psychological Bulletin*, *99*, 229–246.
Campos, J. J., & Stenberg, C. (1981). Perception, appraisal, and emotion: The onset of social referencing. In M. E. Lamb & L. R. Sherrod (Eds.), *Infant social cognition: Empirical and theoretical considerations*. Hillsdale, NJ: Erlbaum.
Cannon, W. B. (1914a). The interrelations of emotions as suggested by recent physiological researches. *American Journal of Psychology*, *25*, 256–282.
Cannon, W. B. (1914b). The emergency function of the adrenal medulla in pain and the major emotions. *American Journal of Physiology-Legacy Content*, *33* (2), 356–372.
Cannon, W. B. (1927). The James-Lange Theory of emotions: A critical examination and an alternative theory. *American Journal of Psychology*, *39*, 106–124.
Cannon, W. B. (1929). *Bodily changes in pain, hunger, fear and rage: An account of recent research into the function of emotional excitement*. New York & London: D. Appleton.
Cannon, W. B. (1931). Again the James-Lange and the thalamic theories of emotion. *Psychological Review*, *38*, 281–295.
Chomsky, N. (1955/1975). *The logical structure of linguistic theory*. New York: Springer-Verlag.
Cornelius, R. R. (1996). *The science of emotion: Research and tradition in the psychology of emotion*. New Jersey: Prentice-Hall.　齊藤　勇 (監訳) (1999). 感情の科学―心理学は感情をどこまで理解できたか―　誠信書房
D'Acquisto, F. (2017). Affective immunology: where emotions and the immune response converge. *Dialogues in Clinical Neuroscience*, *19*, 9–19.
Damasio, A. R. (1994). *Descartes' error: Emotion, reason, and the human brain*. London: Penguin Books.　田中三彦 (訳) (2010). デカルトの誤り―情動, 理性, 人間の脳―　筑摩書房
Damasio, A. R. (1999). *The feeling of what happens*. San Diego, CA: Harcourt Brace & Co.　田中三彦 (訳) (2003). 無意識の脳 自己意識の脳　講談社
Damasio, A. R., Tranel, D., & Damasio, H. C. (1991). Somatic markers and the guidance of behavior: Theory and preliminary testing. In H. S. Levin, H. M. Eisenberg, & A. L. Benton (Eds.), *Frontal lobe function and dysfunction* (pp. 217–229). New York: Oxford University Press.
Darwin, C. (1872). *The expression of the emotions in man and animals*. London: John Murray.　浜中浜太郎 (訳) (1931, 2007). 人及び動物の表情について　岩波書店
Descartes, R. (1649). *Les passions de l'âme*. 野田又夫 (訳) (1967). 情念論　中央公論社
de Waal, F. B. M. (2013). *The bonobo and the atheist*. W. W. Norton & Company.　柴田裕之 (訳) (2014). 道徳性の起源　紀伊國屋書店
Dixon, T. (2003). *From passions to emotions*. New York: Cambridge University Press.
Dumber, R. (1996). *Grooming, gossip and the evolution of language*. Harvard University Press.　松浦俊輔・服部清美 (訳) (1998). ことばの起源―猿の毛づくろい, 人のゴシップ―　青土社
Dunlap, K. (1922). Editor's preface. In C. G. Lange & W. James, *The emotions* (pp.5–7). New York: Hafner Publishing Company.
Ekman, P., & Friesen, W. V. (1971). Constants across cultures in the face and emotion. *Journal of Personality and Social Psychology*, *17*, 124–129.
Ekman, P., & Friesen, W. V. (1975). *Unmasking the face*. New Jersey: Prentice Hall.
Fan, K., Deng, S., Su, C., & Cheng, F. (2015). Theory of variable fuzzy sets for artificial emotions prediction. *Mathematical Problems in Engineering*, 2015, Article ID 250506.

Fredrickson, B. L. (1998). What good are positive emotions? *Review of General Psychology*, *2*, 300–319.
Frijda, N. H. (1986). *The emotions.* Cambridge: Cambridge University Press.
Frijda, N. H. (2000). The psychologists' point of view. In M. Lewis & J. M. Haviland-Jones (Eds.), *Handbook of emotions* (2nd ed., pp. 59–74). New York: The Guilford Press.
Gazzaniga, M. (2011). *Who's change?: Free will and the science of the brain.* NY: Harper Collins. 藤井留美 (訳) (2014). 〈わたし〉はどこにあるのか―ガザニガ脳科学講義― 紀伊国屋書店
Haidt, J. (2006). *The happiness hypothesis.* New York: Basic Books. 藤澤隆史・藤澤玲子 (訳) (2011). しあわせ仮説 新曜社
Hebb. D. O. (1949). *The organization of behavior: A neuropsychological theory.* New York: Wiley & Sons.
Hume, D. (1739). *Treatise of human nature.* Oxford: Clarendon Press. 大槻春彦 (訳) (1949). 人性論 岩波書店
Iacoboni, M. (2008). *Mirroring people: The new science of how we connect with others.* New York: Farrar, Straus & Giroux. 塩原通緒 (訳) (2009). ミラーニューロンの発見―「物まね細胞」が明かす驚きの脳科学― 早川書房
Izard, C. E. (1977). *Human emotions.* New York: Plenum Press.
Izard, C. E. (2010). The many meanings/aspects of emotion: Definitions, functions, activation, and regulation. *Emotion Review*, *2*, 363–370.
James, W. (1884). What's is an emotion? *Mind*, *9*, 188–205. 宇津木成介 (訳) (2007). 情動とはなにか？ 近代, *98*, 35–68.
James, W. (1892). *Psychology, briefer course.* New York: Henry Holt & Co. 今田　寛 (訳) (1992). 心理学 (上・下) 岩波書店
Kazemzadeh, A., Lee, S., & Narayanan, S. (2013). Fuzzy logic models for the meaning of emotion words. *IEEE Computational Intelligence Magazine*, *8* (2), 34–49.
Kim, H. S., Sherman, D. K., Taylor, S. E., Sasaki, J. Y., Chy, T. Q., Ryu, C., Sue, E. M.,& Xu, J. (2010). Culture, serotonin receptor polymorphism and locus of attention. *Social Cognitive & Affective Neuroscience*, *5*, 212–218.
Kitamura, T., Ogawa, S. K., Roy, D. S., Okuyama, T., Morrissey, M. D., Smith, L. M., Redondo, R. L., & Tonegawa, S. (2017). Engrams and circuits crucial for systems consolidation of a memory. *Science*, *356* (6293), 73–78.
北山　忍 (1998). 自己と感情―文化心理学による問いかけ― 認知科学モノグラフ9　共立出版
Laird, J. D. (1974). Self-attribution of emotion: The effects of expressive behavior on the quality of emotional experience. *Journal of Personality and Social Psychology*, *29*, 475–486.
Lange, C. G. (1922). The emotions: A psychophysiological study. In C. G. Lange & W. James, *The emotions* (pp.33–90). New York: Hafner Publishing Company. (Original Danish work published 1885, English translation by I. A. Haupt)
Lange, C. G., & James, W. (1922). *The emotions.* New York: Hafner Publishing Company.
Lazarus, R. S. (1991). Progress on a cognitive-motivational-relational theory of emotion. *American Psychologist*, *46*, 819–834.
LeDoux, J. E. (1986). The neurobiology of emotion. In J. E. LeDoux & W. Hirst (Eds.), *Mind and brain: Dialogues in cognitive neuroscience* (pp. 301–354). MA: Cambridge University Press.
LeDoux, J. E. (1996). *The emotional brain: The mysterious underpinning of emotional life.* New York: Simon & Schuster. 松本　元・川村光毅・小幡邦彦・石塚典生・湯浅茂樹 (訳) (2003). エモーショナル・ブレイン―情動の脳科学― 東京大学出版
文部省・日本心理学会 (編) (1986). 学術用語集―心理学編― 日本学術振興会
中村　真 (2012). 学術用語としての感情概念の検討―心理学における表情研究を例に― 宇都宮大学国際学部研究論集, *33*, 33–45.
Newman, E. B., Perkins, F. T., & Wheeler, R. H. (1930). Cannon's theory of emotion: A critique. *Psychological Review*, *37*, 305–326.
Nisbett, R. E. (2003). *The geography of thought: How Asian and Westerners think differently and why.* New York: Free Press. 村本由紀子 (訳) (2004). 木を見る西洋人，森を見る東洋人―思考の違いはいかにして生まれるか― ダイヤモンド社
Oatley, K. (1992). *Best laid schemes: The psychology of emotions.* Cambridge: Cambridge University Press.
小川時洋・飯田沙依亜 (2015). なぜ概念・定義が問題となるのか　感情心理学研究, *22*, 83–88.
Osgood, C. E., Suci, G., & Tannenbaum, P. (1957). *The measurement of meaning.* Illinois: University of Illinois Press.
大槻文彦 (1904). 言海　吉川弘文館
Otta, E., Folladore Abrosio, F., & Hoshino, R. L. (1996). Reading a smiling face: Messages conveyed by various forms of smiling. *Perceptual and Motor Skills*, *82*, 1111–1121.
Plutchik, R. (1962). *The emotions: Facts, theories, and a new model.* New York: Random House Inc.

Plutchik, R. (1980). A general psychoevolutionary theory of emotion. In R. Plutchik & H. Kellerman (Eds.), *Emotion: Theory, research, and experience* (Theories of emotion vol. 1, pp. 3–33). New York: Academic Press.

Richards, I. A. (1932). *Mencius on the mind: Experiments in multiple definition*. London: Kegan Paul, Trench, Trubner & Co.

Rizzolatti, J., & Craighero, L. (2004). The mirror neuron system. *Annual Review of Neurocience, 27*, 169–192.

Rizzolatti, J., & Sinigaglia, N. (2006). *Mirrors in brain: How our minds share actions, emotions, and experience*. Oxford: Oxford University Press. 柴田裕之(訳)茂木健一郎(監修)(2009). ミラーニューロン　紀伊國屋書店

Schachter, S., & Singer, J. E. (1962). Cognitive social and physiological determinants of emotional state. *Psychological Review, 69*, 379–399.

Scherer, K. R. (2005). What are emotions? And how can they be measured? *Social Science Information, 44*, 695–729.

Scherer, K. R., & Meuleman, B. (2013). Human emotion experiences can be predicted on theoretical grounds: Evidence from verbal labeling. *PLoS ONE 8* (3), e58166.

Selye, H. (1936). A syndrome produced by diverse nocuous agents. *Nature, 138*, 32.

Singer, T. (2006). The neuronal basis and ontogeny of empathy and mind reading: Review of literature and implications for future research. *Neuroscience & Biobehavioral Reviews, 30*, 855–863.

Singer, T., Seymour, B., O'Doherty, J., Kaube, H., Dolan, R. J., & Ftith, C. D. (2004). Empathy for pain involves the affective but not sensory components of pain. *Sience, Feb20*; *303*(5661), 1157–62.

Smith, A. (1759). *The theory of moral sentiments.* 水田　洋(訳)(2003). 道徳感情論(上・下)　岩波書店

Smith, A. (1776). *An inquiry into the nature and causes of the wealth of nations.* 水田　洋(監訳)杉山忠平(訳)(2000). 国富論(一〜四)　岩波書店

Stanovich, K. E., & West, R. F. (2000). Individual differences in reasoning: Implications for the rationality debate? *Behavioral and Brain Sciences, 23* (5), 645–665.

Stepper, S., & Strack, F. (1993). Proprioceptive determinants of emotional and non-emotional feelings. *Journal of Personality and Social Psychology, 64*, 211–220.

鈴木常元(2015). 感情の言語―心の能動(action)と受動(passion)―　感情心理学研究, *23*, 38–45.

Toda, M. (1980). Emotion and decision making. *Acta Psychologica, 45*, 133–155.

戸田正直(1992). 感情―人を動かしている適応プログラム―　認知科学選書 24　東京大学出版会

Tomasello, M. (2009). *Why we cooperate?* MA: The MIT Press. 橋彌和秀(訳)(2013). ヒトはなぜ協力するのか　勁草書房

Tomkins, S. S. (1962). *Affect, imagery, consciousness, vol.1: The positive affects*. New York: Springer.

Tomkins, S. S. (1970). Affect as the primary motivational system. In M.B. Arnold (ed.), *Feelings and emotions: the Loyola symposium*. New York: Academic Press.

友田明美(2017). 子どもの脳を傷つける親たち　NHK 出版

Tourangeau, R., & Ellsworth, P. C. (1979). The role of facial response in the experience of emotion. *Journal of Personality and Social Psychology, 37* (9), 1519.

宇津木成介(2007). 基本的感情の数について　国際文化学研究, *29*, 73–91.

宇津木成介(2013). 心理学術用語の初期の訳語について　日本心理学会第 77 回大会発表論文集, *5*.

宇津木成介(2015). 感情の概念を巡って―用語の歴史的検討の試み―　感情心理学研究, *22*, 75–82.

宇津木成介(2017). 愛他と援助―心理学の立場から―　宝月　誠(監修) 共生社会論の展開　晃洋書房

Watson, J. B. (1930/1967). *Behaviorism* (Revised ed.). Chicago: The University of Chicago Press. (The new print was published by The University of Toronto Press, Toronto.)

Zajonc, R. (1985). Emotion and facial efference: A theory reclaimed. *Science, 228*, 15–21.

2 章

Barrett, L. F. (2011). Was Darwin wrong about emotional expressions? *Current Directions in Psychological Science, 20*, 400–406.

Buss, D. M. (1988). From vigilance to violence: Tactics of mate retention in American undergraduate. *Ethology and Sociobiology, 9*, 291–317.

Buss, D. M. (2015). *Evolutionary psychology: The new science of the mind* (5th ed.). London: Routledge.

Buss, D. M., Larsen, R. J., Westen, D., & Semmelroth, J. (1992). Sex differences in jealously: Evolution, physiology, and psychology. *Psychological Science, 3*, 251–255.

Buss, D. M., & Shackelford, T. K. (1997). From vigilance to violence: Mate retention tactics in married couples. *Journal of Personality and Social Psychology, 72*, 346–361.

Centorrino, S., Djemai, E., Hopfensitz, A., Milinski, M., & Seabright, P. (2015). Honest signaling in trust interactions: smiles rated as genuine induce trust and signal higher earning opportunities. *Evolution and Human Behavior, 36*, 8–16.

Daly, M., Wilson, M., & Weghorst, S. J. (1982). Male sexual jealousy. *Ethology and Sociobiology, 3*, 11–27.

Darwin, C. (1859/1964). *On the origin of species by Charles Darwin: A facsimile of the first edition.* Massachusetts: Harvard University Press. 渡辺政隆 (訳) (2009). 種の起源 (上・下) 光文社

Darwin, C. (1871). *The descent of man and selection in relation to sex.* London: John Murray. 長谷川眞理子 (訳) (1999). 人間の進化と性淘汰 I・II 文一総合出版

Darwin, C. (1872). *The expression of the emotions in man and animals.* London: John Murray. 浜中浜太郎 (訳) (1931). 人及び動物の表情について 岩波書店

Dawkins, R. (1979). Twelve misunderstandings of kin selection. *Zeitschrift für Tierpsychologie, 51*, 184–200.

Ekman, P., & Friesen, W. V. (1971). Constants across cultures in the face and emotion. *Journal of Personality and Social Psychology, 17*, 124–129.

Ekman, P., Sorenson, E. R., & Friesen, W. V. (1969). Pan-cultural elements in facial display of emotions. *Science, 164*, 86–88.

Enquist, M. (1985). Communication during aggressive interactions with particular reference to variation in choice of behaviour. *Animal Behaviour, 33*, 1152–1161.

Fernández-Dols, J.-M., & Ruiz-Belda, M.-A. (1995). Are smiles a sign of happiness? Gold medal winners at the Olympic Games. *Journal of Personality and Social Psychology, 69*, 1113–1119.

Frank, R. H. (1988). *Passions within reason: The strategic role of the emotions.* New York: Norton. 山岸俊男 (監訳) (1995). オデッセウスの鎖―適応プログラムとしての感情― サイエンス社

Fridlund, A. J. (1994). *Human facial expression: An evolutionary view.* San Diego, CA: Academic Press.

Hamilton, W. D. (1964). The genetical evolution of social behaviour. I & II. *Journal of Theoretical Biology, 7*, 1–52.

長谷川眞理子 (2005). クジャクの雄はなぜ美しい？ 増補改訂版 紀伊国屋書店

長谷川寿一・長谷川眞理子 (2000). 進化と人間行動 東京大学出版会

Holmes, W. G., & Sherman, P. W. (1982). The ontogeny of kin recognition in two species of ground squirrels. *American Zoologist, 22*, 491–517.

北村英哉・大坪庸介 (2012). 進化と感情から解き明かす社会心理学 有斐閣

小林牧人・棟方有宗 (2016). 魚類の性行動とホルモン 小林牧人・小澤一史・棟方有宗 (編) 求愛・性行動と脳の性分化 (pp. 9–32) 裳華房

Kraut, R. E., & Johnston, R. E. (1979). Social and emotional messages of smiling: An ethological approach. *Journal of Personality and Social Psychology, 37*, 1539–1553.

Laidre, M. E., & Johnstone, R. A. (2013). Animal signals. *Current Biology, 23*, R829–R833.

LeDoux, J. (1996). *The Emotional brain: The mysterious underpinnings of emotional life.* New York: Touchstone. 松本元・川村光毅・小幡邦彦・湯浅茂樹・石塚典生 (訳) (2003). エモーショナル・ブレイン―情動の脳科学― 東京大学出版会

Lieberman, D., & Lobel, T. (2012). Kinship on the Kibbutz: Coresidence duration predicts altruism, personal sexual aversions and moral attitudes among communally reared peers. *Evolution and Human Behavior, 33*, 26–34.

Lieberman, D., Tooby, J., & Cosmides, L. (2007). The architecture of human kin detection. *Nature, 445*, 727–731.

Mateo, J. M. (2003). Kin recognition in ground squirrels and other rodents. *Journal of Mammalogy, 84*, 1163–1181.

Maynard Smith, J., & Harper, D. G. C. (1995). Animal signals: Models and terminology. *Journal of Theoretical Biology, 177*, 305–311.

Mineka, S., Davidson, M., Cook, M., & Keir, R. (1984). Observational conditioning of snake fear in rhesus monkeys. *Journal of Abnormal Psychology, 93*, 355–372.

Nesse, R. M. (1990). Evolutionary explanations of emotions. *Human Nature, 1*, 261–289.

Nesse, R. M., & Williams, G. C. (1994). *Why we get sick? The new science of Darwinian medicine.* New York: Random House. 長谷川眞理子・長谷川寿一・青木千里 (訳) (2001). 病気はなぜ、あるのか―進化医学による新しい理解― 新曜社

Neuberg, S. L., Kenrick, D. T., & Schaller, M. (2010). Evolutionary social psychology. In S. T. Fiske, D. T. Gilbert, & G. Lindzey (Eds.), *Handbook of social psychology* (5th ed., pp. 761–796). New Jersey: Wiley.

Sahlins, M. (1976). *The use and abuse of biology: An anthropological critique of sociobiology.* Michigan: University of Michigan Press.

Scharlemann, J. P. W., Eckel, C. C., Kacelnik, A., & Wilson, R. K. (2001). The value of a smile: Game theory with a human face. *Journal of Economic Psychology, 22*, 617–640.

Searcy, W. A., & Nowicki, S. (2005). *The evolution of animal communication: Reliability and deception in signaling systems*. Princeton, New Jersey: Princeton University Press.

Shariff, A. F., & Tracy, J. L. (2011). What are emotion expressions for? *Current Directions in Psychological Science, 20*, 395–399.

Susskind, J. M., Lee, D. H., Cusi, A., Feiman, R., Grabski, W., & Anderson, A. K. (2008). Expressing fear enhances sensory acquisition. *Nature Neuroscience, 11*, 843–850.

Teyssier, J., Saenko, S. V., van der Marel, D., & Milinkovitch, M. C. (2015). Photonic crystals cause active colour change in chameleons. *Nature Communications, 6*, 6368.

戸田正直 (1992). 感情―人を動かしている適応プログラム― 東京大学出版会

Trivers, R. L. (1971). The evolution of reciprocal altruism. *Quarterly Review of Biology, 46*, 35–57.

Vuilleumier, P. (2002). Facial expression and selective attention. *Current Opinion in Psychiatry, 15*, 291–300.

3章

Ambady, N., & Bharucha, J. (2009). Culture and the brain. *Current Directions in Psychological Science, 18*(6), 342–345.

Barrett, L. F., Mesquita, B., Ochsner, K. N., & Gross, J. J. (2007). The experience of emotion. *Annual Review of Psychology, 58*(1), 373–403.

Benedict, R. F. (1946). *The chrysanthemum and the sword: Patterns of Japanese culture*. Tokyo: Charles E Tuttle Company. 長谷川松治 (訳)(1967). 定訳・菊と刀―日本文化の型― 社会思想社／角田安正 (訳)(2008). 菊と刀 光文社

Berry, J. W. (2008). Globalisation and acculturation. *International Journal of Intercultural Relations, 32*(4), 328–336.

Boiger, M., Güngör, D., Karasawa, M., & Mesquita, B. (2014). Defending honour, keeping face: Interpersonal affordances of anger and shame in Turkey and Japan. *Cognition & Emotion, 28*(7), 1255–1269.

Cowen, A. S., & Keltner, D. (2017). Self-report captures 27 distinct categories of emotion bridged by continuous gradients. *Proceedings of the National Academy of Sciences, 114*(38), 7900–7909.

Darwin, C. (1859/1964). *On the origin of species by Charles Darwin: A facsimile of the first edition*. Massachusetts: Harvard University Press. 渡辺政隆 (訳)(2009). 種の起源 (上・下) 光文社

Darwin, C. (1872). *The expression of the emotions in man and animals*. London: John Murray. 浜中浜太郎 (訳)(1931). 人及び動物の表情について 岩波書店

De Leersnyder, J., Mesquita, B., & Kim, H. S. (2011). Where do my emotions belong? A study of immigrants' emotional acculturation. *Personality and Social Psychology Bulletin, 37*(4), 451–463.

Ekman, P., Friesen, W. V., O'Sullivan, M., Chan, A., Diacoyanni-Tarlatzis, I., Heider, K., Krause, R., LeCompte, W. A., Pitcairn, T., Ricci-Bitti, P. E., Scherer, K., Tomita, M., & Tzavaras, A. (1987). Universals and cultural differences in the judgments of facial expressions of emotion. *Journal of Personality and Social Psychology, 53*(4), 712–717.

Elfenbein, H. A., & Ambady, N. (2002). On the universality and cultural specificity of emotion recognition: A meta-analysis. *Psychological Bulletin, 128*(2), 203–235.

Ellsworth, P. C. (2013). Basic emotions and the rocks of New Hampshire. *Emotion Review, 6*(1), 21–26.

Fridlund, A. J. (1991). Evolution and facial action in reflex, social motive, and paralanguage. *Biological Psychology, 32*(1), 3–100.

Friesen, W. V. (1972). *Cultural differences in facial expressions in a social situation: An experimental test of the concept of display rules*. (Unpublished doctoral dissertation, University of California, San Francisco.)

Frijda, N. (2006). *The laws of emotion*. New York: Psychology Press.

Graham, J., Haidt, J., & Nosek, B. A. (2009). Liberals and conservatives rely on different sets of moral foundations. *Journal of Personality and Social Psychology, 96*(5), 1029–1046.

Heine, S. J., Kitayama, S., Lehman, D. R., Takata, T., Ide, E., Leung, C., & Matsumoto, H. (2001). Divergent consequences of success and failure in Japan and North America: An investigation of self-improving motivations and malleable selves. *Journal of Personality and Social Psychology, 81*(4), 599–615.

Henrich, J., Heine, S. J., & Norenzayan, A. (2010). The weirdest people in the world? *Behavioral and Brain Sciences, 33*(2–3), 61–83.

Hitokoto, H. (2016). Indebtedness in cultural context: The role of culture in the felt obligation to reciprocate. *Asian Journal of Social Psychology, 19*, 16–25.

Hitokoto, H., Glazer, J., & Kitayama, S. (2016). Cultural shaping of neural responses: Feedback-related potentials vary with self-construal and face-priming. *Psychophysiology*, *53* (1), 52–63.

Ishii, K., Reyes, J. A., & Kitayama, S. (2003). Spontaneous attention to word content versus emotional tone: Differences among three cultures. *Psychological Science*, *14* (1), 39–46.

Izard, C. E. (1994). Innate and universal facial expressions: Evidence from developmental and cross cultural research. *Psychological Bulletin*, *115*, 288–299.

Jack, R. E., Garrod, O., & Yu, H. (2012). Facial expressions of emotion are not culturally universal. *Proceedings of the National Academy of Science*, *109* (19), 7241–7244.

Keltner, D. (2009). *Born to be good: The science of a meaningful life*. New York: W. W. Norton & Company.

Kitayama, S., Ishii, K., Imada, T., Takemura, K., & Ramaswamy, J. (2006). Voluntary settlement and the spirit of independence: Evidence from Japan's 'northern frontier.' *Journal of Personality and Social Psychology*, *91* (3), 369–384.

Kitayama, S., & Markus, H.R. (1994). *Emotion and culture: Empirical studies of mutual influence*. Washington, DC: American Psychological Association.

Kitayama, S., Markus, H. R., & Kurokawa, M. (2000). Culture, emotion, and well-being: Good feelings in Japan and the United States. *Cognition & Emotion*, *14* (1), 93–124.

Kitayama, S., Mesquita, B., & Karasawa, M. (2006). Cultural affordances and emotional experience: Socially engaging and disengaging emotions in Japan and the United States. *Journal of Personality and Social Psychology*, *91* (5), 890–903.

Kitayama, S., & Tompson, S. (2010). Envisioning the future of cultural neuroscience. *Asian Journal of Social Psychology*, *13* (2), 92–101.

Lazarus, R. S. (1995). *Emotion and adaptation*. London: Oxford University Press.

Lee, T.-W., Josephs, O., Dolan, R. J., & Critchley, H. D. (2006). Imitating expressions: Emotion-specific neural substrates in facial mimicry. *Social Cognitive and Affective Neuroscience*, *1* (2), 122–135.

Leung, A. K. Y., & Cohen, D. (2011). Within- and between-culture variation: Individual differences and the cultural logics of honor, face, and dignity cultures. *Journal of Personality and Social Psychology*, *100* (3), 507–526.

Levenson, R. W., Ekman, P., & Friesen, W. V. (1990). Voluntary facial action generates emotion-specific autonomic nervous system activity. *Psychophysiology*, *27* (4), 363–384.

Levenson, R. W., Ekman, P., Heider, K., & Friesen, W. V. (1992). Emotion and autonomic nervous system activity in the Minangkabau of west Sumatra. *Journal of Personality and Social Psychology*, *62* (6), 972–988.

Lindquist, K. A., Barrett, L. F., Bliss-Moreau, E., & Russell, J. A. (2006). Language and the perception of emotion. *Emotion*, *6* (1), 125–138.

Lindquist, K. A., Wager, T. D., Kober, H., Bliss-Moreau, E., & Barrett, L. F. (2012). The brain basis of emotion: A meta-analytic review. *The Behavioral and Brain Sciences*, *35* (3), 121–143.

Markus, H. R., & Conner, A. (2013). *Clash!: How to thrive in a multicultural world*. New York: Plume.

Markus, H. R., & Kitayama, S. (1991). Culture and the self: Implications for cognition, emotion, and motivation. *Psychological Review*, *98* (2), 224–253.

Marsh, A. A., Elfenbein, H. A., & Ambady, N. (2003). Nonverbal "accents" cultural differences in facial expressions of emotion. *Psychological Science*, *14* (4), 373–376.

Masuda, T., Ellsworth, P. C., Mesquita, B., Leu, J., Tanida, S., & Van de Veerdonk, E. (2008). Placing the face in context: Cultural differences in the perception of facial emotion. *Journal of Personality and Social Psychology*, *94* (3), 365–381.

Matsumoto, D. (2007). Apples and oranges: Methodological requirements for testing a possible ingroup advantage in emotion judgements from facial expressions. In U. Hess & P. Philippot (Eds.), *Group dynamics and emotional expression* (pp.140–181). New York: Cambridge University Press.

Matsumoto, D., & Willingham, B. (2009). Spontaneous facial expressions of emotion of congenitally and noncongenitally blind individuals. *Journal of Personality and Social Psychology*, *96* (1), 1–10.

Matsumoto, D., Yoo, S. H., & Fontaine, J. (2008). Mapping expressive differences around the world: The relationship between emotional display rules and individualism versus collectivism. *Journal of Cross-Cultural Psychology*, *39* (1), 55–74.

Mauro, R., Sato, K., & Tucker, J. (1992). The role of appraisal in human emotions: A cross-cultural study. *Journal of Personality and Social Psychology*, *62* (2), 301–317.

Meeren, H. K. M., van Heijnsbergen, C. C. R. J., & de Gelder, B. (2005). Rapid perceptual integration of facial expression and emotional body language. *Proceedings of the National Academy of Sciences, 102* (45), 16518–16523.

Mesquita, B., & Boiger, M. (2014). Emotions in context: A sociodynamic model of emotions. *Emotion Review, 6* (4), 298–302.

Miyamoto, Y., & Ma, X. (2011). Dampening or savoring positive emotions: A dialectical cultural script guides emotion regulation. *Emotion, 11* (6), 1346–1357.

Miyamoto, Y., Uchida, Y., & Ellsworth, P. C. (2010). Culture and mixed emotions: Co-occurrence of positive and negative emotions in Japan and the United States. *Emotion, 10* (3), 404–415.

Murata, A., Moser, J. S., & Kitayama, S. (2013). Culture shapes electrocortical responses during emotion suppression. *Social Cognitive and Affective Neuroscience, 8* (5), 595–601.

Nisbett, R. E., & Cohen, D. (2003). *Culture of honor: The psychology of violence in the South.* London: Hachette UK.

Oishi, S., Diener, E., Suh, E., & Lucas, R. E. (1999). Value as a moderator in subjective well-being. *Journal of Personality, 67* (1), 157–184.

Oishi, S., & Graham, J. (2010). Social ecology: Lost and found in psychological science. *Perspectives on Psychological Science, 5* (4), 356–377.

Oishi, S., Ishii, K., & Lun, J. (2009). Journal of experimental social psychology. *Journal of Experimental Social Psychology, 45* (4), 913–919.

Oishi, S., Lun, J., & Sherman, G. D. (2007). Residential mobility, self-concept, and positive affect in social interactions. *Journal of Personality and Social Psychology, 93* (1), 131–141.

Oishi, S., Rothman, A. J., Snyder, M., Su, J., Zehm, K., Hertel, A. W., Gonzales, M. H., & Sherman, G. D. (2007). The socioecological model of procommunity action: The benefits of residential stability. *Journal of Personality and Social Psychology, 93* (5), 831–844.

Park, J., & Kitayama, S. (2012). Interdependent selves show face-induced facilitation of error processing: Cultural neuroscience of self-threat. *Social Cognitive and Affective Neuroscience,* 9 (2), 201–208.

Reissland, N., Francis, B., Mason, J., & Lincoln, K. (2011). Do facial expressions develop before birth? *PLoS ONE, 6* (8), e24081.

Rimé, B. (2009). Emotion elicits the social sharing of emotion: Theory and empirical review. *Emotion Review, 1* (1), 60–85.

Russell, J. A. (1994). Is there universal recognition of emotion from facial expression? A review of the cross-cultural studies. *Psychological Bulletin, 115* (1), 102–141.

Russell, J. A. (1995). Facial expressions of emotion: What lies beyond minimal universality? *Psychological Bulletin, 118* (3), 379–391.

Scherer, K. R., Matsumoto, D., Wallbott, H. G., & Kudoh, T. (1988). Emotional experience in cultural context: A comparison between Europe, Japan, and the United States. In K. R. Scherer (Ed.), *Facets of emotion: Recent research* (pp. 5–30). Hillsdale: Lawrence Erlbaum Associates, Inc.

Shweder, R. A. (1995). Cultural psychology—What is it? In. N. R. Goldberger & J. B. Veroff (Eds.), *The culture and psychology reader* (pp.41–86). New York: New York University Press.

高田利武 (2004).「日本人らしさ」の発達社会心理学―自己・社会的比較・文化―　ナカニシヤ出版

竹村幸祐・佐藤剛介 (2012). 幸福感に対する社会生態学的アプローチ　心理学評論, 55 (1), 47–63.

Talhelm, T., & Hitokoto, H. (under review). Rice prefectures in Japan are more collectivistic. *Personality and Social Psychology Bulletin.*

Talhelm, T., Zhang, X., Oishi, S., Shimin, C., Duan, D., Lan, X., & Kitayama, S. (2014). Large-scale psychological differences within China explained by rice versus wheat agriculture. *Science, 344* (6184), 603–608.

Tanaka-Matsumi, J., Attivissimo, D., Nelson, S., & D'Urso, T. (1995). Context effects on the judgment of basic emotions in the face. *Motivation and Emotion, 19* (2), 139–155.

内田由紀子 (2015). 未来への展望 問われる幸福の指標の活用―幸福を支える集合的要件―　*Culture, Energy, and Life, 110,* 38–43.

Uchida, Y., Townsend, S. S. M., Markus, H. R., & Bergsieker, H. B. (2009). Emotions as within or between people? Cultural variation in Lay theories of emotion expression and inference. *Personality and Social Psychology Bulletin, 35* (11), 1427–1439.

Uskul, A. K., Kitayama, S., & Nisbett, R. E. (2008). Ecocultural basis of cognition: Farmers and fishermen are more holistic than herders. *Proceedings of the National Academy of Sciences, 105* (25), 8552–8556.

Van Bezooijen, R., Otto, S. A., & Heenan, T. A. (1983). Recognition of vocal expressions of emotion. *Journal of Cross-Cultural Psychology, 14* (4), 387–406.

Vasquez, K., Keltner, D., Ebenbach, D. H., & Banaszynski, T. L. (2001). Cultural variation and similarity in moral rhetorics: Voices from the Philippines and the United States. *Journal of Cross-Cultural Psychology*, *32* (1), 93–120.

Yuki, M., Maddux, W. W., & Masuda, T. (2007). Are the windows to the soul the same in the East and West? Cultural differences in using the eyes and mouth as cues to recognize emotions in Japan and the United States. *Journal of Experimental Social Psychology*, *43* (2), 303–311.

4章

Ainley, V., & Tsakiris, M. (2013). Body conscious? Interoceptive awareness, measured by heartbeat perception, is negatively correlated with self-objectification. *PLoS One*, *8* (2), e55568.

Allard, E., Canzoneri, E., Adler, D., Morélot-Panzini, C., Bello-Ruiz, J., Herbelin, B., Blanke, O., & Similowski, T. (2017). Interferences between breathing, experimental dyspnoea and bodily self-consciousness. *Scientific Reports*, *7* (1), 9990.

Apps, M. A., & Tsakiris, M. (2014). The free-energy self: A predictive coding account of self-recognition. *Neuroscience & Biobehavioral Reviews*, *41*, 85–97.

Aspell, J. E., Heydrich, L., Marillier, G., Lavanchy, T., Herbelin, B., & Blanke, O. (2013). Turning body and self inside out: Visualized heartbeats alter bodily self-consciousness and tactile perception. *Psychological Science*, *24* (12), 2445–2453.

Babo-Rebelo, M., Richter, C. G., & Tallon-Baudry, C. (2016). Neural responses to heartbeats in the default network encode the self in spontaneous thoughts. *Journal of Neuroscience*, *36* (30), 7829–7840.

Bahrick, L. E., & Watson, J. S. (1985). Detection of intermodal proprioceptive-visual contingency as a potential basis of self-perception in infancy. *Developmental Psychology*, *21*, 963–973.

Banakou, D., Groten, R., & Slater, M. (2013). Illusory ownership of a virtual child body causes overestimation of object sizes and implicit attitude changes. *Proceedings of the National Academy of Sciences of the United States of America*, *110*, 12846–12851.

Barnsley, N., McAuley, J. H., Mohan, R., Dey, A., Thomas, P., & Moseley, G. L. (2011). The rubber hand illusion increases histamine reactivity in the real arm. *Current Biology*, *21* (23), R945–R946.

Barrett, L. F. (2017). The theory of constructed emotion: An active inference account of interoception and categorization. *Social Cognitive and Affective Neuroscience*, *12* (1), 1–23.

Bergouignan, L., Nyberg, L., & Ehrsson, H. H. (2014). Out-of-body-induced hippocampal amnesia. *Proceedings of the National Academy of Sciences of the United States of America*, *111* (12), 4421–4426.

Blanke, O. (2012). Multisensory brain mechanisms of bodily self-consciousness. *Nature Reviews Neuroscience*, *13*, 556–571.

Blanke, O., Landis, T., Spinelli, L., & Seeck, M. (2004). Out-of-body experience and autoscopy of neurological origin. *Brain*, *127*, 243–258.

Blanke, O., Ortigue, S., Landis, T., & Seeck, M. (2002). Stimulating illusory own-body perceptions. *Nature*, *419*, 269–270.

Botvinick, M., & Cohen, J. (1998). Rubber hands feel touch that eyes see. *Nature*, *391*, 756.

Canzoneri, E., di Pellegrino, G., Herbelin, B., Blanke, O., & Serino, A. (2016). Conceptual processing is referenced to the experienced location of the self, not to the location of the physical body. *Cognition*, *154*, 182–192.

Cascio, C. J., Foss-Feig, J. H., Burnette, C. P., Heacock, J. L., & Cosby, A. A. (2012). The rubber hand illusion in children with autism spectrum disorders: Delayed influence of combined tactile and visual input on proprioception. *Autism*, *16*, 406–419.

Chang, L., Zhang, S., Poo, M. M., & Gong, N. (2017). Spontaneous expression of mirror self-recognition in monkeys after learning precise visual-proprioceptive association for mirror images. *Proceedings of the National Academy of Sciences of the United States of America*, *114*, 3258–3263.

Cheyne, J. A., & Girard, T. A. (2009). The body unbound: vestibular-motor hallucinations and out-of-body experiences. *Cortex*, *45*, 201–215.

Conway, M. A. (2005). Memory and the self. *Journal of Memory and Language*, *53*, 594–628.

Cooley, C. H. (1902). *Human nature and social order*. New York: Scribner's.

Cowie, D., Makin, T., & Bremner, A. J. (2013). Children's responses to the rubber hand illusion reveal dissociable pathways in body representation. *Psychological Science*, *24*, 762–769.

Craig, A. D. (2009) How do you feel—now? The anterior insula and human awareness. *Nature Reviews Neuroscience*, *10*, 59–70.

Csibra, G., & Gergely, G. (2009). Natural pedagogy. *Trends in Cognitive Sciences*, *13*, 148–153.
Damasio, A. (2010). *Self comes to mind*. New York: Pantheon.
Damasio, A. R. (1999). *Feeling of what happens: Body, emotion, and the making of consciousness*. Harcourt Brace.
D'Argembeau, A., Lardi, C., & Van der Linden, M. (2012). Exploring the identity function of thinking about the future. *Memory*, *20*, 110–120.
Ehrsson, H. H. (2007). The experimental induction of out-of-body experiences. *Science*, *317*, 1048.
Ehrsson, H. H., Weich, K., Weiskopf, N., Dolan, R. J., & Passingham, R. E. (2007). Threatening a rubber hand that you feel is yours elicits a cortical anxiety response. *Proceedings of the National Academy of Sciences of the United States of America*, *104*, 9828–9833.
Elsner, B., & Hommel, B. (2001). Effect anticipation and action control. *Journal of Experimental Psychology: Human Perception and Performance*, *27*, 229–240.
Eshkevari, E., Rieger, E., Longo, M. R., Haggard, P., & Treasure, J. (2012). Increased plasticity of the bodily self in eating disorders. *Psychological Medicine*, *42* (4), 819–828.
Farroni, T., Csibra, G., Simion, F., & Johnson, M.H. (2002). Eye contact detection in humans from birth. *Proceedings of the National Academy of Sciences of the United States of America*, *99*, 9602–9605.
Feldman, R. (2007). Parent-infant synchrony: Biological foundations and developmental outcomes. *Current Directions in Psychological Science*, *16*, 340–345.
Field, T. M., Woodson, R. W., Greenberg, R., & Cohen, C. (1982). Discrimination and imitation of facial expressions by neonates. *Science*, *218*, 179–181.
Frith, C. D., Blakemore, S. J., & Wolpert, D. M. (2000). Explaining the symptoms of schizophrenia: Abnormalities in the awareness of action. *Brain Research Reviews*, *31*, 357–363.
Gallagher, S. (2000). Philosophical conceptions of the self: Implications for cognitive science. *Trends in Cognitive Science*, *4*, 14–21.
Gallup, G. G. (1970). Chimpanzees: Self-recognition. *Science*, *167*, 86–87.
Gibson, J. J. (1979). *The ecological approach to visual perception*. Boston: Houghton Mifflin.
Grossmann, T., Johnson, M. H., Lloyd-Fox, S., Blasi, A., Deligianni, F., Elwell, C., & Csibra, G. (2008). Early cortical specialization for face-to-face communication in human infants. *Proceedings of the Royal Society B: Biological Sciences*, *275* (1653), 2803–2811.
Guterstam, A., Abdulkaraim, Z., & Ehrsson, H. H. (2015). Illusory ownership of an invisible body reduces autonomic and subjective social anxiety responses. *Scientific Reports*, *5*, 9831.
Guterstam, A., Gentile, G., & Ehrsson, H. H. (2013). The invisible hand illusion: Multisensory integration leads to the embodiment of a discrete volume of empty space. *Journal of Cognitive Neuroscience*, *25* (7), 1078–1099.
Hänsel, A., Lenggenhager, B., von Känel, R., Curatolo, M., & Blanke, O. (2011). Seeing and identifying with a virtual body decreases pain perception. *European Journal of Pain*, *15* (8), 874–879.
Haswell, C. C., Izawa, J., Dowell, L. R., Mostofsky, S. H., & Shadmehr, R. (2009). Representation of internal models of action in the autistic brain. *Nature Neuroscience*, *12* (8), 970–972.
Heyes, C. M. (2010). Where do mirror neurons come from? *Neuroscience and Biobehavioural Reviews*, *34*, 575–583.
Ionta, S., Heydrich, L., Lenggenhager, B., Mouthon, M., Fornari, E., Chapuis, D., Gassert, R., & Blanke, O. (2011). Multisensory mechanisms in temporo-parietal cortex support self-location and first-person perspective. *Neuron*, *70*, 363–374.
James, W. (1890). *The principles of psychology*. New York: Dover Publications.
James, W. (1892). *Psychology: Briefer course*. New York: Henry Holt & Co.
Klabunde, M., Acheson, D. T., Boutelle, K. N., Matthews, S. C., & Kaye, W. H. (2013). Interoceptive sensitivity deficits in women recovered from bulimia nervosa. *Eating Behaviors*, *14* (4), 488–492.
Leary, M. R. (1999). Making sense of self-esteem. *Current Directions in Psychological Science*, *8*, 32–35.
Legrand, D., & Ruby, P. (2009). What is self-specific? Theoretical investigation and critical review of neuroimaging results. *Psychological Review*, *116*, 252–282.
Lenggenhager, B., Tadi, T., Metzinger, T., & Blanke, O. (2007). Video ergo sum: Manipulation of bodily self-consciousness. *Science*, *317*, 1096–1099.
Longo, M. R., Schüür, F., Kammers, M. P., Tsakiris, M., & Haggard, P. (2009). Self awareness and the body image. *Acta Psychologica*, *132*, 166–172.
Maister, L., Sebanz, N., Knoblich, G., & Tsakiris, M. (2013). Experiencing ownership over a dark-skinned body reduces implicit racial bias. *Cognition*, *128* (2), 170–178.

Markus, H., & Kitayama, S. (1991). Culture and the self: Implications for cognition, emotion, and motivation. *Psychological Review, 98*, 224–253.

McAdams, D. P. (1996). Personality, modernity, and the storied self: A contemporary framework for studying persons. *Psychological Inquiry, 7*, 295–321.

Mead, G. H. (1934). *Mind, self and society.* Chicago: University of Chicago Press.

Meins, E. (1997). *Security of attachment and the social development of cognition.* UK: Psychology Press.

Meltzoff, A. N. (2007). "Like me": A foundation for social cognition. *Developmental Science, 10*, 126–134.

Meltzoff, A. N., & Moore, M. K. (1977). Imitation of facial and manual gestures by human neonates. *Science, 198*, 75–78.

Moseley, G. L., Olthof, N., Venema, A., Don, S., Wijers, M., Gallace, A., & Spence, C. (2008). Psychologically induced cooling of a specific body part caused by the illusory ownership of an artificial counterpart. *Proceedings of the National Academy of Sciences of the United States of America, 105*, 13169–13173.

Neisser, U. (1993). The self perceived. In U. Neisser (Ed.), *The perceived self: Ecological and interpersonal sources of self-knowledge* (pp. 3–21). New York: Cambridge University Press.

Park, H. D., & Tallon-Baudry, C. (2014). The neural subjective frame: From bodily signals to perceptual consciousness. *Philosophical Transactions of the Royal Society B: Biological Sciences, 369*, 20130208.

Plotnik, J. M., de Waal, F. B., & Reiss, D. (2006). Self-recognition in an Asian elephant. *Proceedings of the National Academy of Sciences of the United States of America, 103*, 17053–17057.

Preston, C., & Ehrsson, H. H. (2014). Illusory changes in body size modulate body satisfaction in a way that is related to non-clinical eating disorder psychopathology. *PLoS One, 9* (1), e85773.

Prior, H., Schwarz, A., & Güntürkün, O. (2008). Mirror-induced behavior in the magpie (Pica pica): Evidence of self-recognition. *PLoS Biology, 6*, e202.

Qin, P., & Northoff, G. (2011). How is our self related to midline regions and the default-mode network? *Neuroimage, 57*, 1221–1233.

Ramenzoni, V. C., & Liszkowski, U. (2016). The social reach: 8-month-olds reach for unobtainable objects in the presence of another person. *Psychological Science, 27* (9), 1278–1285.

Reddy, V. (2003). On being the object of attention: Implications for self-other consciousness. *Trends in Cognitive Sciences, 7* (9), 397–402.

Reiss, F., & Marino, L. (2001). Mirror self-recognition in the bottlenose dolphin: A case of cognitive convergence. *Proceedings of the National Academy of Sciences of the United States of America, 98*, 5937–5942.

Rizzolatti, G., Fogassi, L., & Gallese, V. (2001). Neurophysiological mechanisms underlying the understanding and imitation of action. *Nature Reviews Neuroscience, 2*, 661–670.

Rochat, P. (2009). *Others in mind-social origins of self-consciousness.* New York: Cambridge University Press.

Rochat, P., Broesch, T., & Jayne, K. (2012). Social awareness and early self-recognition. *Consciousness and Cognition, 21*, 1491–1497.

Rochat, P., & Hespos, S. J. (1997). Differential rooting response by neonates: Evidence of an early sense of self. *Early Development and Parenting, 6*, 105–112.

Rohde, M., Di Luca, M., & Ernst, M. O. (2011). The rubber hand illusion: Feeling of ownership and proprioceptive drift do not go hand in hand. *PLoS One, 6* (6), e21659.

Ross, M. (1989). Relation of implicit theories to the construction of personal histories. *Psychological Review, 96*, 341–357.

Russell, J. A. (2003). Core affect and the psychological construction of emotion. *Psychological Review, 110*, 145–172.

Salomon, R., Lim, M., Pfeiffer, C., Gassert, R., & Blanke, O. (2013). Full body illusion is associated with widespread skin temperature reduction. *Frontiers in Behavioral Neuroscience, 7*, 65.

佐藤　徳 (2011). 何が自己を自己たらしめるか？―運動主体感の研究から―　認知科学, *18*, 29–40.

佐藤　徳 (2012). 認知心理学における自己論の流れ　梶田叡一・溝上慎一 (編) 自己の心理学を学ぶ人のために (pp. 80–96) 　世界思想社

佐藤　徳 (2013). 自己主体判断における手がかり統合プロセス　心理学研究, *84*, 281–287.

佐藤　徳 (2015). 運動と身体　榊原洋一・米田英嗣 (編) 発達科学ハンドブック 8　脳の発達科学 (pp. 146–155)　新曜社

佐藤　徳 (2016a). 自尊感情の進化―関係性モニターとしての自尊感情―　中間玲子 (編)　自尊感情の心理学―理解を深める「取扱説明書」― (pp. 172–191)　金子書房

佐藤　徳 (2016b). 幽体離脱は本当に起こるのでしょうか？　Clinical Neuroscience, *34*, 1060.

佐藤　徳 (2018a). 自己と他者　森口佑介・尾崎康子 (編) 発達科学ハンドブック 9　社会的認知の発達科学　新曜社

佐藤　徳 (2018b). 統合失調症における自己の障害　室橋春光・苧阪満里子 (編) 生理心理学と精神生理学　第Ⅲ巻

展開　北大路書房
Sato, A. (2008). Action observation modulates auditory perception of the consequence of others' actions. *Consciousness and Cognition, 17,* 1219–1227.
Sato, A. (2009). Both motor prediction and conceptual congruency between preview and action-effect contribute to explicit judgment of agency. *Cognition, 110,* 74–83.
Sato, A., & Itakura, S. (2013). Intersubjective action-effect binding: Eye contact modulates acquisition of bidirectional association between our and others' actions. *Cognition, 127,* 383–390.
Sato, A., & Yasuda, A. (2005). Illusion of sense of self-agency: Discrepancy between the predicted and actual sensory consequences of actions modulates the sense of self-agency, but not the sense of self-ownership. *Cognition, 94,* 241–255.
Schacter, D. L. (1996). *Searching for memory: The brain, the mind, and the past.* NY: Basic Books.
Schacter, D. L., & Addis, D. R. (2007). The cognitive neuroscience of constructive memory: Remembering the past and imagining the future. *Philosophical Transactions of the Royal Society B: Biological Sciences, 362,* 773–786.
Schacter, D. L., Benoit, R. G., & Szpunar, K. K. (2017). Episodic future thinking: Mechanisms and functions. *Current Opinion in Behavioral Sciences, 17,* 41–50.
Seth, A. K. (2013). Interoceptive inference, emotion, and the embodied self. *Trends in Cognitive Sciences, 17,* 565–573.
Seth, A. K., & Friston, K. J. (2016). Active interoceptive inference and the emotional brain. *Philosophical Transactions of the Royal Society B: Biological Sciences, 371* (1708), 20160007.
篠原郁子 (2013). 心を紡ぐ心—親による乳児の心の想像と心を理解する子どもの発達— ナカニシヤ出版
Stephens, N. M., Markus, H. R., & Phillips, L. T. (2014). Social class culture cycles: How three gateway contexts shape selves and fuel inequality. *Annual Review of Psychology, 65,* 611–634.
Suzuki, K., Garfinkel, S. N., Critchley, H. D., & Seth, A. K. (2013). Multisensory integration across exteroceptive and interoceptive domains modulates self-experience in the rubber-hand illusion. *Neuropsychologia, 51,* 2909–2917.
Synofzik, M., Vosgerau, G., & Lindner, A. (2009). Me or not me: An optimal integration of agency cues? *Consciousness and Cognition, 18,* 1065–1068.
Tajadura-Jiménez, A., Grehl, S., & Tsakiris, M. (2012). The other in me: Interpersonal multisensory stimulation changes the mental representation of the self. *PLoS One, 7* (7), e40682.
Tajadura-Jiménez, A., & Tsakiris, M. (2014). Balancing the "inner" and the "outer" self: Interoceptive sensitivity modulates self-other boundaries. *Journal of Experimental Psychology: General, 143* (2), 736–744.
Tomasello, M. (1999). *The cultural origins of human cognition.* Cambridge: Harvard University Press.
Tsakiris, M. (2008). Looking for myself: Current multisensory input alters self-face recognition. *PLoS ONE, 3,* e4040.
Tsakiris, M., Carpenter, L., James, D., & Fotopoulou, A. (2010). Hands only illusion: Multisensory integration elicits sense of ownership for body parts but not for non-corporeal objects. *Experimental Brain Research, 204,* 343–352.
Tsakiris, M., & Haggard, P. (2005). The rubber hand illusion revisited: visuotactile integration and self-attribution. *Journal of Experimental Psychology: Human Perception and Performance, 31,* 80–91.
Tsakiris, M., Tajadura-Jiménez, A., & Costantini, M. (2011). Just a heartbeat away from one's body: Interoceptive sensitivity predicts malleability of body-representations. *Proceedings of the Royal Society B: Biological Sciences, 278* (1717), 2470–2476.
Tulving, E. (1985). Memory and consciousness. *Canadian Psychology, 26,* 1–12.
Tulving, E. (2001). Episodic memory and common sense: How far apart? *Philosophical Transactions of the Royal Society B: Biological Sciences, 356,* 1505–1515.
Van der Hoort, B., Guterstam, A., & Ehrsson, H. H. (2011). Being Barbie: the size of one's own body determines the perceived size of the world. *PLoS One, 6* (5), e20195.
Vosgerau, G., & Synofzik, M. (2012). Weighting models and weighting factors. *Consciousness and Cognition, 21,* 55–58.
Wegner, D. M. (2002). *The illusion of conscious will.* Cambridge: MIT Press.
Wegner, D. M., Sparrow, B., & Winerman, L. (2004). Vicarious agency: Experiencing control over the movements of others. *Journal of Personality and Social Psychology, 86,* 838–848.
Wegner, D. M., & Wheatley, T. (1999). Apparent mental causation: Sources of the experience of will. *American Psychologist, 54,* 480–492.

5章

Arnold, M. B., & Gasson, S. J. (1954). Feelings and emotions as dynamic factors in Personality integration. In M. B.

Arnold (Ed.), *The human person: An approach to an integral theory of personality* (pp. 294–313). New York: Ronald Press.

Bard, P. (1928). A diencephalic mechanism for the expression of rage with special reference to the sympathetic nervous system. *American Journal of Physiology*, *84*, 490–516.

Barrett, L. F., & Russell, J. A. (2015). An introduction to psychological construction. In L. F. Barrett & J. A. Russell (Eds.), *The psychological construction of emotion* (pp. 1–17). New York, NY: Guilford Press.

Bell, C. (1806). *Anatomy and philosophy of expression as connected with the fine arts.* London: Longman.

Blascovich, J., & Mendes, W. B. (2000). Challenge and threat appraisals: The role of affective cues. In J. P. Forgas (Ed.), *Studies in emotion and social interaction, second series. Feeling and thinking: The role of affect in social cognition* (pp. 59–82). New York: Cambridge University Press.

Bruner, J. (1986). *Possible worlds, actual minds*. Harvard University Press.

Buck, R. W. (2000). *Motivation, emotion, and cognition: A developmental interactionist view.* Presentation at Doshisha University.

Cacioppo, J. T., Gardner, W. L., & Berntson, G. G. (1999). The affect system has parallel and integrative processing components: Form follows function. *Journal of Personality and Social Psychology*, *76*, 839–855.

Cannon, W. B. (1927). The James-Lange theory of emotions: A critical examination and an alternative theory. *The American Journal of Psychology*, *39*, 106–124.

Cannon, W. B., & Britton, S. W. (1925). Pseudo affective medulliadrenal secretion. *American Journal of Physiology*, *72*, 283–294.

Cornelius, R. R. (1996). *The science of emotion: Research and tradition in the psychology of emotion.* Upper Saddle River, NJ: Prentice-Hall.

Damasio, A. R.(1994). *Descartes' error: Emotion, reason, and the human brain.* New York: Putnam Publishing.

Damasio, A. R. (2003). *Looking for Spinoza: Joy, sorrow, and the feeling brain.* Orlando: Harcourt.

Darwin, C. (1965/1872). *The expression of the emotions in man and animals.* Cjicago: University of Chicago Press. (Original work published 1872.)

Dutton, D. G., & Aron, A. P. (1974). Some evidence for heightened sexual attraction under conditions of high anxiety. *Journal of Personality and Social Psychology*, *30*, 510–517.

Ekman, P. (1992). Universal and cultural differences in facial expressions of emotion. In J. K. Cole (Ed.), *Nebraska Symposium on Motivation* (Vol.19, pp.207–282). Lincoln: University of Nebraska.

Frijda, N. H. (1988). The law of emotion. *American Psychologist*, *43*, 349–358.

Izard, C. E. (1997). Emotions and facial expressions: A perspective from differential emotions theory. In J. A. Russell & J. M. Fernández-Dols (Eds.), *Studies in emotion and social interaction, 2nd series. The psychology of facial expression* (pp. 57–77). New York, NY: Cambridge University Press.

James, W. (1884). What is an emotion? *Mind*, *19*, 188–205.

Lange, C. G. (1885/1912). Om Sindsbevaegelser. In R. Benjamin (Ed.), *The Classical Psychologists* (pp. 672–684). Boston: Houghton Mifflin.

Lazarus, R. S. (1982). Thoughts on the relations between emotion and cognition. *American Psychologist*, *37*, 1019–1024.

Lazarus, R. S. (1984). On the primacy of cognition. American *Psychologist*, *39*, 124–129.

Lazarus, R. S. (1999). *Stress and emotion: A new synthesis.* New York: Springer Publishing Co.

LeDoux, J. E. (1995). Emotion: Clues from the brain. *Annual Review of Psychology, 46*, 209–235.

MacLean, P. (1950). Psychosomatic disease and the 'visceral brain', recent developments bearing on the Papez theory of emotion. *Psychosomatic Medicine*, *11*, 338–353.

Morris, W. N., & Schnurr, P. P. (1989). *Springer series in social psychology. Mood: The frame of mind.* New York: Springer-Verlag Publishing.

Ortony, A., & Turner,T. J. (1990). What's basic about basic emotions? *Psychological Review*, *97*, 315–331.

Papez, J. (1937). A proposed mechanism of emotion. *Archives of Neurological Psychiatry*, *38*, 725–743.

Plutchik, R. (1980). *Emotion: A psychoevolutionary synthesis*. New York: Harper & Row.

Russell, J. A. (1980). A circumplex model of affect. *Journal of Personality and Social Psychology*, *39*, 1161–1178.

Russell, J. A. (2003). Core affect and the psychological construction of emotion. *Psychological Review*, *110*, 145–172.

Schachter, S., & Singer, J. E. (1962). Cognitive, social, and psychological determinants of emotional state. *Psychological Review*, *69*, 379–399.

Scherer, K. R. (1992). Emotions are biologically and socially constituted: A response to Greenwood. *New Ideas in Psychology*, *10*, 19–22.

Schlosberg, H. (1954). Three dimensions of emotion. *Psychological Review, 61,* 80–91.
Siegel, E. H., Sands, M. K., Noortgate, W. V. den, Condon, P., Chang, Y., Dy, J., Quigley, K. S., & Barrett, L. F. (2018). Emotion fingerprints or emotion populations? A meta-analytic: Investigation of autonomic features of emotion categories. *Psychological Bulletin, 144,* 343–393.
Solomon, R. C. (Ed.). (2004). *Series in affective science. Thinking about feeling: Contemporary philosophers on emotions.* New York: Oxford University Press.
Thayer, R. E. (1989). *The biopsychology of mood and arousal.* New York: Oxford University Press.
Tomkins, S. S. (1962). *Affect, imagery, consciousness, vol.1: The position affects.* New York: Springer.
Tracy, T. J. (1976). Plato, Galen, and the center of consciousness. In A. Tzanetou (Ed.), *Illinois classical studies* (Vo.1). University of Illinois Press.
Watson D., Clark, L. A, & Tellegen, A. (1988). Development and validation of brief measures of positive and negative affect: the PANAS scales. *Journal of Personality and Social Psychology, 54,* 1063–1070.
Watson, D., & Tellegen, A. (1985). Toward a consensual structure of mood. *Psychological Bulletin, 98,* 219–235.
Witvliet, C. V., & Vrana, S. R. (1995). Psychophysiological responses as indices of affective dimensions. *Psychophysiology, 32,* 436–443.
Wundt, W. (1874). *Grundzüge der Physiologischen Psychologie.* Leipzig: Engelmann.
Wundt, W. (1896). *Grundriss der Psychologie.* Leipzig: Engelmann.
Zajonc, R. B. (1980). Feeling and thinking: Preferences need no inferences. *American Psychologist, 35,* 151–175.

6章

Algoe, S. B., & Haidt, J. (2009). Witnessing excellence in action: The "other-praising" emotions of elevation, gratitude, and admiration. *Journal of Positive Psychology, 4,* 105–127.
有光興記 (2015). 自己意識的感情の経験的定義の言語間比較　感情心理学研究, *22,* 53–59.
Barrett, L. F. (2006a). Are emotions natural kinds? *Perspectives on Psychological Science, 1,* 28–58.
Barrett, L. F. (2006b). Solving the emotion paradox: Categorization and the experience of emotion. *Personality and Social Psychology Review, 10,* 20–46.
Barrett, L. F. (2012). Emotions are real. *Emotion, 12,* 413–429.
Barrett, L. F. (2013). Psychological construction: The Darwinian approach to the science of emotion. *Emotion Review, 5,* 379–389.
Barrett, L. F. (2014). The conceptual act theory: A précis. *Emotion Review, 6,* 292–297.
Barrett, L. F. (2016). Navigating the science of emotion. In H. L. Meiselman (Ed.), *Emotion measurement* (pp. 31–63). Cambridge, MA: Woodhead Publishing.
Barrett, L. F. (2017a). *How emotions are made: The secret life of the brain.* New York: Houghton Mifflin Harcourt.
Barrett, L. F. (2017b). The theory of constructed emotion: An active inference account of interoception and categorization. *Social Cognitive and Affective Neuroscience, 12,* 1–23.
Barsalou, L. W. (2003). Situated simulation in the human conceptual system. *Language and Cognitive Processes, 18,* 513–562.
Barsalou, L. W. (2009). Simulation, situated conceptualization, and prediction. *Philosophical Transactions of the Royal Society of London, Series B, Biological Sciences, 364,* 1281–1289.
Brackett, M. A., Rivers, S. E., Reyes, M. R., & Salovey, P. (2012). Enhancing academic performance and social and emotional competence with the RULER feeling words curriculum. *Learning and Individual Differences, 22,* 218–214.
Brosch, T. (2013). Comment: On the role of appraisal processes in the construction of emotion. *Emotion Review, 5,* 369–373.
Brosch, T., & Sander, D. (2013). Comment: The appraisal brain: Towards a neuro-cognitive model of appraisal processes in emotion. *Emotion Review, 5,* 163–168.
Clore, G. L., & Ortony, A. (2013). Psychological construction in the OCC model of emotion. *Emotion Review, 5,* 335–343.
Condon, P., Wilson-Mendenhall, C., & Barrett, L. F. (2014). The psychological construction of positive emotion as a window into well-being. In J. Gruber & J. T. Moskowitz (Eds.), *Positive emotion: Integrating the light sides and dark sides* (pp. 11–33). New York: Oxford University Press.
Cowen, A. S., & Keltner, D. (2017). Self-report captures 27 distinct categories of emotion bridged by continuous gradients. *Proceedings of the National Academy of Sciences of the United States of America, 114,* E7900–E7909.

Cunningham, W. A., Dunfield, K. A., & Stillman, P. E. (2013). Emotional states from affective dynamics. *Emotion Review, 5*, 344–355.

Damasio, A. R. (2005[1994]). *Descartes' error: Emotion, reason, and the human brain.* New York: Putnam. 田中三彦 (訳) (2010). デカルトの誤り―情動，理性，人間の脳― 筑摩書房

Darwin, C. (1859). *On the origin of species.* London: John Murray 八杉龍一 (訳) (1990). 種の起源 (上)・(下) 岩波書店

Darwin, C. (1872). *The expression of the emotions in man and animals.* London: John Murray. 浜中浜太郎 (訳) (1931). 人及び動物の表情について 岩波書店

Dickinson, A., & Balleine, B. (1994). Motivational control of goal-directed action. *Animal Learning & Behavior, 22*, 1–18.

Ekman, P. (1992). An argument for basic emotions. *Cognition and Emotion, 6*, 169–200.

Ekman, P. (1999). Basic emotions. In T. Dalgleish & M. Power (Eds.), *Handbook of cognition and emotion* (pp. 45–60). West Sussex: John Wiley & Sons.

Ekman, P., & Cordaro, D. (2011). What is meant by calling emotions basic. *Emotion Review, 3*, 364–370.

Ellsworth, P. C. (2007). Appraisals, emotions, and adaptation. In J. P. Forgas, M. G. Haselton, & W. von Hippel (Eds.), *Evolution and the social mind: Evolutionary psychology and social cognition* (pp. 71–88). New York: Psychology Press.

Ellsworth, P. C. (2013). Appraisal theory: Old and new questions. *Emotion Review, 5*, 125–131.

Ellsworth, P. C., & Scherer, K. R. (2003). Appraisal processes in emotion. In R. J. Davidson, K. R. Scherer, & H. H. Goldsmith (Eds.), *Handbook of affective sciences* (pp. 572–595). New York: Oxford University Press.

遠藤利彦 (1996). 喜怒哀楽の起源―情動の進化論・文化論― 岩波書店

遠藤利彦 (2013).「情の理」論―情動の合理性をめぐる心理学的考究― 東京大学出版会

Faucher, L. (2013). Comment: Constructionisms? *Emotion Review, 5*, 374–378.

Fehr, B., & Russell, J. A. (1984). Concept of emotion viewed from a prototype perspective. *Journal of Experimental Psychology: General, 113*, 464–486.

Fernando, J. W., Kashima, Y., & Laham, S. M. (2017). Alternatives to the fixed-set model: A review of appraisal models of emotion. *Cognition and Emotion, 31*, 19–32.

Fontaine, J. J. R., & Scherer, K. R. (2013). From emotion to feeling: The internal structure of the feeling component. In J. J. R. Fontaine, K. R. Scherer, & C. Soriano (Eds.), *Components of emotional meaning: A sourcebook* (pp. 129–148). New York: Oxford University Press.

Fontaine, J. J. R., Scherer, K. R., Roesch, E. B., & Ellsworth, P. C. (2007). The world of emotions is not two-dimensional. *Psychological Science, 18*, 1050–1057.

Fontaine, J. J. R., Scherer, K. R., & Soriano, C. (Eds.) (2013). *Components of emotional meaning: A sourcebook* (pp. 83–97, 542–559). New York: Oxford University Press.

Frijda, N. H. (1986). *The emotions.* New York: Cambridge University Press.

Frijda, N. H. (2007). *The laws of emotion.* Mahwah, NJ: Lawrence Erlbaum Associates.

Gendron, M., & Barrett, L. F. (2009). Reconstructing the past: A century of ideas about emotion in psychology. *Emotion Review, 1*, 316–339.

Gendron, M., & Barrett, L. F. (2018). Emotion perception as conceptual synchrony. *Emotion Review, 10*, 101–110.

Gentsch, K., Grandjean, D., & Scherer, K. R. (2013). Temporal dynamics of event-related potentials related to goal conduciveness and power appraisals. *Psychophysiology, 50*, 1010–1022.

Gentsch, K., Grandjean, D., & Scherer, K. R. (2015). Temporal dynamics and potential neural sources of goal conduciveness, control, and power appraisal. *Biological Psychology, 112*, 77–93.

Grandjean, D., & Scherer, K. R. (2008). Unpacking the cognitive architecture of emotion processes. *Emotion, 8*, 341–351.

Gross, J. J., & Barrett, L. F. (2011). Emotion generation and emotion regulation: One or two depends on your point of view. *Emotion Review, 3*, 8–16.

Haidt, J. (2003). The moral emotions. In R. J. Davidson, K. R. Scherer, & H. H. Goldsmith (Eds.), *Handbook of affective sciences* (pp. 852–870). New York: Oxford University Press.

浜名真以・針生悦子 (2015). 幼児期における感情語の意味範囲の発達的変化 発達心理学研究, *26*, 46–55.

Hupka, R. B., Lenton, A. P., & Hutchison, K. A. (1999). Universal development of emotion categories in natural language. *Journal of Personality and Social Psychology, 77*, 247–278.

James, W. (1884). What is an emotion? *Mind, 9*, 188–205.

John, O. P., Angleitner, A., & Ostendorf, F. (1988). The lexical approach to personality: A historical review of trait taxonomic research. *European Journal of Personality, 2*, 171–203.

Kashdan, T. B., Barrett, L. F., & McKnight, P. E. (2015). Unpacking emotion differentiation: Transforming unpleasant experience by perceiving distinctions in negativity. *Current Directions in Psychological Science, 24*, 10–16.
Keltner, D., Oatley, K., & Jenkins, J. M. (Eds.). (2013). *Understanding emotions* (3rd ed.). Hoboken, NJ: Wiley.
蔵永　瞳・樋口匡貴 (2013). 感謝生起状況における状況評価と感情体験が対人行動に及ぼす影響　心理学研究, *84*, 376–385.
Lakoff, G. (2016). Language and emotion. *Emotion Review, 8*, 269–273.
Lazarus, R. S. (1991). *Emotion and adaptation*. New York: Oxford University Press.
Leventhal, H., & Scherer, K. (1987). The relationship of emotion to cognition: A functional approach to a semantic controversy. *Cognition and emotion, 1*, 3–28.
Levy, R. I. (1984). Emotion, knowing, and culture. In R. A. Shweder & R. A. LeVine (Eds.), *Culture theory: Essays on mind, self, and emotion* (pp. 214–237). Cambridge: Cambridge University Press.
Lewis, M. (2016). The emergence of human emotions. In L. F. Barrett, M. Lewis, & J. M. Haviland-Jones (Eds.), *Handbook of emotions* (4th ed., pp. 272–292). New York: Guilford Press.
Lindquist, K. A. (2013). Emotions emerge from more basic psychological ingredients: A modern psychological constructionist model. *Emotion Review, 5*, 356–368.
Lindquist, K. A., & Barrett, L. F. (2008). Emotional complexity. In M. Lewis, J. M. Haviland-Jones, & L. F. Barrett (Eds.), *Handbook of emotions* (3rd ed., pp. 513–530). New York: Guilford Press.
Lindquist, K. A., Gendron, M., & Satpute, A. B. (2016). Language and emotion: Putting words into feelings and feelings into words. In L. F. Barrett, M. Lewis, & J. M. Haviland-Jones (Eds.), *Handbook of emotions* (4th ed., pp. 579–594). New York: Guilford Press.
Lindquist, K. A., Wager, T. D., Bliss-Moreau, E., Kober, H., & Barrett, L. F. (2012). What are emotions and how are they created in the brain? *Behavioral and Brain Sciences, 35*, 172–202.
Lindquist, K. A., Wager, T. D., Kober, H., Bliss-Moreau, E., & Barrett, L. F. (2012). The brain basis of emotion: A meta-analytic review. *Behavioral and Brain Sciences, 35*, 121–143.
Lomas, T. (2016). Towards a positive cross-cultural lexicography: Enriching our emotional landscape through 216 "untranslatable" words pertaining to well-being. *Journal of Positive Psychology, 11*, 546–558.
Mehu, M., & Scherer, K. R. (2015). The appraisal bias model of cognitive vulnerability to depression. *Emotion Review, 7*, 272–279.
Moors, A. (2009). Theories of emotion causation: A review. *Cognition and Emotion, 23*, 625–662.
Moors, A. (2013). On the causal role of appraisal in emotion. *Emotion Review, 5*, 132–140.
Moors, A. (2014). Flavors of appraisal theories of emotion. *Emotion Review, 6*, 303–307.
Moors, A. (2017). Integration of two skeptical emotion theories: Dimensional appraisal theory and Russell's psychological construction theory. *Psychological Inquiry, 28*, 1–19.
Moors, A., Ellsworth, P. C., Scherer, K. R., & Frijda, N. H. (2013). Appraisal theories of emotion: State of the art and future development. *Emotion Review, 5*, 119–124.
Moors, A., & Scherer, K. R. (2013). The role of appraisal in emotion. In M. D. Robinson, E. R. Watkins, & E. Harmon-Jones (Eds.), *Handbook of cognition and emotion* (pp. 135–155). New York: Guilford Press.
武藤世良 (2014). 尊敬関連感情概念の構造─日本人大学生の場合─　心理学研究, *85*, 157–167.
武藤世良 (2016). 現代日本人における尊敬関連感情の階層的意味構造　心理学研究, *87*, 95–101.
武藤世良 (2018). 尊敬関連感情の心理学　ナカニシヤ出版
中村　真 (2012). 学術用語としての感情概念の検討─心理学における表情研究を例に─　宇都宮大学国際学部研究論集, *33*, 33–45.
Nakatani, H., Muto, S., Nonaka, Y., Nakai, T., Fujimura, T., & Okanoya, K. (2019). Respect and admiration differentially activate the anterior temporal lobe. *Neuroscience research, 144*, 40–47.
Nesse, R. M. (2014). Comment: A general "theory of emotion" is neither necessary nor possible. *Emotion Review, 6*, 320–322.
Nesse, R. M., & Ellsworth, P. C. (2009). Evolution, emotions, and emotional disorders. *American Psychologist, 64*, 129–139.
Niedenthal, P. M., & Ric, F. (2017). *Psychology of emotion* (2nd ed.). New York: Routledge.
Ogarkova, A. (2013). Folk emotion concepts: Lexicalization of emotional experiences across languages and cultures. In J. J. R. Fontaine, K. R. Scherer, & C. Soriano (Eds.), *Components of emotional meaning: A sourcebook* (pp. 46–62). New York: Oxford University Press.
Ogarkova, A. (2016). Translatability of emotions. In H. L. Meiselman (Ed.), *Emotion measurement* (pp. 575–599).

Cambridge, MA: Woodhead Publishing.
Ortony, A., Clore, G. L., & Collins, A. (1988). *The cognitive structure of emotions*. New York: Cambridge University Press.
Rosch, E. (1975). Cognitive representations of semantic categories. *Journal of Experimental Psychology: General, 104*, 192–233.
Rosch, E. (1978). Principles of categorization. In E. Rosch & B. B. Lloyd (Eds.), *Cognition and categorization* (pp. 27–48). Hillsdale, NJ: Erlbaum.
Roseman, I. J. (2013). Appraisal in the emotion system: Coherence in strategies for coping. *Emotion Review, 5*, 141–149.
Russell, J. A. (1980). A circumplex model of affect. *Journal of Personality and Social Psychology, 39*, 1161–1178.
Russell, J. A. (1991). Culture and the categorization of emotions. *Psychological Bulletin, 110*, 426–450.
Russell, J. A. (2003). Core affect and the psychological construction of emotion. *Psychological Review, 110*, 145–172.
Russell, J. A., Weiss, A., & Mendelsohn, G. A. (1989). Affect grid: A single-item scale of pleasure and arousal. *Journal of Personality and Social Psychology, 57*, 493–502.
Sander, D., Grandjean, D., & Scherer, K. R. (2018). An appraisal-driven componential approach to the emotional brain. *Emotion Review, 10*, 219–231.
Saucier, G., & Goldberg, L. R. (1996). The language of personality: Lexical perspectives on the five-factor model. In J. S. Wiggins (Ed.). *The five-factor model of personality: Theoretical perspectives* (pp. 21–50). New York: Guilford Press.
Sauter, D. A. (2018). Is there a role for language in emotion perception? *Emotion Review, 10*, 111–115.
Scarantino, A. (2016). The philosophy of emotions and its impact on affective science. In L. F. Barrett, M. Lewis, & J. M. Haviland-Jones (Eds), *Handbook of emotions* (4th ed., pp. 3–48), New York: Guilford Press.
Scherer, K. R. (1984a). Emotion as a multicomponent process: A model and some cross-cultural data. In P. Shaver (Ed.), *Review of personality and social psychology: Vol.5. Emotions, relationships, and health* (pp. 37–63). Beverly Hills, CA: Sage
Scherer, K. R. (1984b). On the nature and function of emotion: A component process approach. In K. R. Scherer & P. Ekman (Eds.), *Approaches to emotion* (pp. 293–317). Hillsdale, NJ: Lawrence Erlbaum Associates.
Scherer, K. R. (1994). Toward a concept of "modal emotions." In P. Ekman & R. J. Davidson (Eds.), *The nature of emotion: Fundamental questions* (pp. 25–31). New York: Oxford University Press.
Scherer, K. R. (2001). Appraisal considered as a process of multilevel sequential checking. In K. R. Scherer, A. Schorr, & T. Johnstone (Eds.), *Appraisal processes in emotion: Theory, methods, research* (pp. 92–120). New York: Oxford University Press.
Scherer, K. R. (2005). What are emotions? And how can they be measured? *Social Science Information, 44*, 695–729.
Scherer, K. R. (2009a). Emotions are emergent processes: They require a dynamic computational architecture. *Philosophical Transactions of the Royal Society of London, Series B, Biological Sciences, 364*, 3459–3474.
Scherer, K. R. (2009b). The dynamic architecture of emotion: Evidence for the component process model. *Cognition and Emotion, 23*, 1307–1351.
Scherer, K. R. (2012). Neuroscience findings are consistent with appraisal theories of emotion; but does the brain "respect" constructionism? *Behavioral and Brain Sciences, 35*, 163–164.
Scherer, K. R. (2013a). Measuring the meaning of emotion words: A domain-specific componential approach. In J. J. R. Fontaine, K. R. Scherer, & C. Soriano (Eds.), *Components of emotional meaning: A sourcebook* (pp. 7–30). New York: Oxford University Press.
Scherer, K. R. (2013b). The nature and dynamics of relevance and valence appraisals: Theoretical advances and recent evidence. *Emotion Review, 5*, 150–162.
Scherer, K. R. (2019). Studying appraisal-driven emotion processes: Taking stock and moving to the future. *Cognition and Emotion, 33*, 31–40.
Scherer, K. R., & Brosch, T. (2009). Culture-specific appraisal biases contribute to emotion dispositions. *European Journal of Personality, 23*, 265–288.
Scherer, K. R., & Fontaine, J. R. J. (2019). The semantic structure of emotion words across languages is consistent with componential appraisal models of emotion. *Cognition and Emotion, 33*, 673–682.
Scherer, K. R., Fontaine, J. J. R., & Soriano, C. (2013). CoreGRID and MiniGRID: Development and validation of two short versions of the GRID instrument. In J. J. R. Fontaine, K. R. Scherer, & C. Soriano (Eds.), *Components of emotional meaning: A sourcebook* (pp. 523–541). New York: Oxford University Press.
Scherer, K. R., & Moors, A. (2019). The emotion process: Event appraisal and component differentiation. *Annual Review of Psychology, 70*, 719–745.
Schindler, I., Zink, V., Windrich, J., & Menninghaus, W. (2013). Admiration and adoration: Their different ways of

showing and shaping who we are. *Cognition and Emotion*, 27, 85–118.
Shaver, P. R., Wu, S., & Schwartz, J. C. (1992). Cross-cultural similarities and differences in emotion and its representation: A prototype approach. In M. S. Clark (Ed.), *Review of personality and social psychology: Vol.13. Emotion* (pp. 175–212). Newbury Park, CA: Sage.
Shaver, P., Schwartz, J., Kirson, D., & O'Connor, C. (1987). Emotion knowledge: Further exploration of a prototype approach. *Journal of Personality and Social Psychology*, 52, 1061–1086.
Shiota, M. N., & Kalat, J. W. (2018). *Emotion* (3rd ed.). New York: Oxford University Press.
Soriano, C. (2013). Linguistic theories of lexical meaning. In J. J. R. Fontaine, K. R. Scherer, & C. Soriano (Eds.), *Components of emotional meaning: A sourcebook* (pp. 63–79). New York: Oxford University Press.
菅原大地・武藤世良・杉江　征 (2018). ポジティブ感情概念の構造―日本人大学生・大学院生を対象として―　心理学研究, 89, 479–489.
鈴木常元 (2015). 感情の言語―心の能動 (action) と受動 (passion)―　感情心理学研究, 23, 38–45.
手塚洋介 (2018). 感情制御の精神生理学　ナカニシヤ出版
Tissari, H. (2017). Current emotion research in English linguistics: Words for emotions in the history of English. *Emotion Review*, 9, 86–94.
Torre, J. B., & Lieberman, M. D. (2018). Putting feelings into words: Affect labeling as implicit emotion regulation. *Emotion Review*, 10, 116–124.
Tracy, J. L. (2014). An evolutionary approach to understanding distinct emotions. *Emotion Review*, 6, 308–312.
Tugade, M. M., Fredrickson, B. L., & Barrett, L. F. (2004). Psychological resilience and positive emotional granularity: Examining the benefits of positive emotions on coping and health. *Journal of Personality*, 72, 1161–1190.
宇津木成介 (2015). 感情の概念を巡って―用語の歴史的検討の試み―　感情心理学研究, 22, 75–82.
van Peer, J. M., Grandjean, D., & Scherer, K. R. (2014). Sequential unfolding of appraisals: EEG evidence for the interaction of novelty and pleasantness. *Emotion*, 14, 51–63.
Widen, S. C. (2013). Children's interpretation of facial expressions: The long path from valence-based to specific discrete categories. *Emotion Review*, 5, 72–77.
Widen, S. C. (2016). The development of children's concepts of emotion. In L. F. Barrett, M. Lewis, & J. M. Haviland-Jones (Eds), *Handbook of emotions* (4th ed., pp. 307–318), New York: Guilford Press.
Wierzbicka, A. (1999). *Emotions across languages and cultures: Diversity and universals.* New York: Cambridge University Press.
Wilson-Mendenhall, C. D., & Barsalow, L. W. (2016). A fundamental role for conceptual processing in emotion. In L. F. Barrett, M. Lewis, & J. M. Haviland-Jones (Eds.), *Handbook of emotions* (4th ed., pp. 547–563), New York: Guilford Press.
Wu, L.-L., & Barsalou, L. W. (2009). Perceptual simulation in conceptual combination: Evidence from property generation. *Acta Psychologica*, 132, 173–189.
Ye, Z. (2013). Comparing the Natural Semantic Metalanguage (NSM) approach to emotion and the GRID paradigm. In J. J. R. Fontaine, K. R. Scherer, & C. Soriano (Eds.), *Components of emotional meaning: A sourcebook* (pp. 399–409). New York: Oxford University Press.
Yik, M. S. M., Russell, J. A., & Barrett, L. F. (1999). Structure of self-reported current affect: Integration and beyond. *Journal of Personality and Social Psychology*, 77, 600–619.

▌7章

相越麻里 (2009). 身体接触の臨床心理学的効果と青年期の愛着スタイルとの関連　岩手大学大学院人文社会科学研究科紀要, 18, 1–18.
Alonso-Arbiol, I., Shaver, P. R., Fraley, R. C., Oronoz, B., Unzurrunzaga, E., & Urizar, R. (2006). Structure of the Basque emotion lexicon. *Cognition and Emotion*, 20, 836–865.
Anisfeld, E., Casper, V., Nozyce, M., & Cunningham, N. (1990). Does infant carrying promote attachment? An experimental study of the effects of increased physical contact on the development of attachment. *Child Development*, 61, 1617–1627.
Bachorowski, J. -A. (1999). Vocal expression and perception of emotion. *Current Directions in Psychological Science*, 8, 53–57.
Baek, S. K., Bernhardsson, S., & Minnhagen, P. (2011). Zipf's law unzipped. *New Journal of Physics*, 13, 043004.
Banse, R., & Scherer, K. R. (1996). Acoustic profiles in vocal emotion expression. *Journal of Personality and Social*

Psychology, *70*, 614–636.

Benedict, R. (1946). *The chrysanthemum and the sword: Patterns of Japanese culture*. Vermont: Charles E. Tuttle.

Brauer, J., Xiao, Y., Poulain, T., Friederici, A. D., & Schirmer, A. (2016). Frequency of maternal touch predicts resting activity and connectivity of the developing social brain. *Cerebral Cortex*, *26*, 3544–3552.

Bryant, G. A., Fessler, D. M., Fusaroli, R., Clint, E., Aarøe, L., Apicella, C. L., Petersen, M. B., Bickham, S. T., Bolyanatz, A., Chavez, B., De Smet, D., Díaz, C., Fančovičová, J., Fux, M., Giraldo-Perez, P., Hu, A., Kamble, S. V., Kameda, T., Li, N. P., Luberti, F. R., Prokop, P., Quintelier, K., Scelza, B. A., Shin, H. J., Soler, M., Stieger, S., Toyokawa, W., van den Hende, E. A., Viciana-Asensio, H., Yildizhan, S. E., Yong, J. C., Yuditha, T., & Zhou, Y. (2016). Detecting affiliation in colaughter across 24 societies. *Proceedings of the National Academy of Sciences of the United States of America*, *113*, 4682–4687.

Burleson, M. H., Roberts, N. A., Coon, D. W., & Soto, J. A. (2018). Perceived cultural acceptability and comfort with affectionate touch: Differences between Mexican Americans and European Americans. *Journal of Social and Personal Relationships*, *36* (3), 1000–1022.

Calder, A. J., Rowland, D., Young, A. W., Nimmo-Smith, I., Keane, J., & Perrett, D. I. (2000). Caricaturing facial expressions. *Cognition*, *76*, 105–146.

Carrier, J. (1992). Occidentalism: The world turned upside-down. *American Ethnologist*, *19*, 195–212.

千葉浩彦 (1993). 感情の変容と表情　吉川左紀子・益谷　真・中村　真 (編)　顔と心—顔の心理学入門— (pp. 110–135)　サイエンス社

Coan, J. A., Kasle, S., Jackson, A., Schaefer, H. S., & Davidson, R. J. (2013). Mutuality and the social regulation of neural threat responding. *Attachment and Human Development*, *15*, 303–315.

大坊郁夫 (1998). しぐさのコミュニケーション—人は親しみをどう伝えあうか—　サイエンス社

Davitz, J. R. (1964). Auditory correlates of vocal expression of emotional feeling. In J. R. Davitz (Ed.), *The communication of emotional meaning* (pp. 101–112). New York: McGraw-Hill.

Dunbar, R. I. (2010). The social role of touch in humans and primates: Behavioural function and neurobiological mechanisms. *Neuroscience and Biobehavioral Reviews*, *34*, 260–268.

Ekman, P. (1992). An argument for basic emotions. *Cognition and Emotion*, *6*, 169–200.

Ekman, P. (1994). Strong evidence for universals in facial expressions: A reply to Russell's mistaken critique. *Psychological Bulletin*, *115*, 268–287.

Ekman, P., & Friesen, W. (1969). The repertoire of nonverbal behavior: Categories, origins, usage, and coding. *Semiotica*, *1*, 49–98.

Ekman, P., & Friesen, W. V. (1971). Constants across cultures in the face and emotion. *Journal of Personality and Social Psychology*, *17*, 124–129.

Ekman, P., Friesen, W. V., O'Sullivan, M., Chan, A., Diacoyanni-Tarlatzis, I., Heider, K., Krause, R., LeCompte, W. A., Pitcairn, T., Ricci-Bitti, P. E., Scherer, K., Tomita, M., & Tzavaras, A. (1987). Universals and cultural differences in the judgments of facial expressions of emotion. *Journal of Personality and Social Psychology*, *53*, 712–717.

El Ayadi, M., Kamel, M. S., & Karray, F. (2011). Survey on speech emotion recognition: Features, classification schemes, and databases. *Pattern Recognition*, *44*, 572–587.

Elfenbein, H. A., & Ambady, N. (2002). Is there an in-group advantage in emotion recognition? *Psychological Bulletin*, *128*, 243–249.

Elfenbein, H. A., Mandal, M. K., Ambady, N., Harizuka, S., & Kumar, S. (2002). Cross-cultural patterns in emotion recognition: Highlighting design and analytical techniques. *Emotion*, *2*, 75–84.

Everett, D. L. (2017). Grammar came later: Triality of patterning and the gradual evolution of language. *Journal of Neurolinguistics*, *43*, 133–165.

Feldman, R., Eidelman, A. I., Sirota, L., & Weller, A. (2002). Comparison of skin-to-skin (kangaroo) and traditional care: Parenting outcomes and preterm infant development. *Pediatrics*, *110*, 16–26.

Fernández-Dols, J. -M., & Russell, J. A. (2017). Introduction. In J. M. Fernández-Dols & J. A. Russell (Eds.), *The science of facial expression* (pp. 3–14). New York: Oxford University Press.

Ferré, P., Guasch, M., Martínez-García, N., Fraga, I., & Hinojosa, J. A. (2017). Moved by words: Affective ratings for a set of 2,266 Spanish words in five discrete emotion categories. *Behavior Research Methods*, *49*, 1082–1094.

Ferrer-i-Cancho, R. (2005). Decoding least effort and scaling in signal frequency distributions. *Physica A: Statistical Mechanics and its Applications*, *345*, 275–284.

France, D. J., Shiavi, R. G., Silverman, S., Silverman, M., & Wilkes, M. (2000). Acoustical properties of speech as indicators of depression and suicidal risk. *IEEE Transactions on Biomedical Engineering*, *47*, 829–837.

Fridlund, A. (1994). *Human facial expression: An evolutionary view*. San Diego: Academic Press.
Fujimura, T., Matsuda, Y. T., Katahira, K., Okada, M., & Okanoya, K. (2012). Categorical and dimensional perceptions in decoding emotional facial expressions. *Cognition and Emotion, 26*, 587–601.
Gebhardt, C., Alliger-Horn, C., Mitte, K., & Glaesmer, H. (2017). All-or-nothing thinking: The processing of emotional expressions in traumatized post-deployment soldiers. *Journal of Anxiety Disorders, 47*, 69–74.
呉　映妍 (2009). 接触行動の異文化比較—心理学的研究の展望—　鶴山論叢, 9, 21–37.
Green, L. (2016). The trouble with touch? New insights and observations on touch for social work and social care. *British Journal of Social Work, 47*, 773–792.
Guo, K., & Shaw, H. (2015). Face in profile view reduces perceived facial expression intensity: An eye-tracking study. *Acta Psychologica, 155*, 19–28.
Hall, E. T. (1966). *The hidden dimension*. New York: Anchor Books/Doubleday.
浜名真以・針生悦子 (2015). 幼児期における感情語の意味範囲の発達的変化　発達心理学研究, 26, 46–55.
Hertenstein, M. J., Keltner, D., App, B., Bulleit, B. A., & Jaskolka, A. R. (2006). Touch communicates distinct emotions. *Emotion, 6*, 528–533.
Hertenstein, M. J., Verkamp, J. M., Kerestes, A. M., & Holmes, R. M. (2006). The communicative functions of touch in humans, nonhuman primates, and rats: A review and synthesis of the empirical research. *Genetic, Social, and General Psychology Monographs, 132*, 5–94.
Hofstede, G. (1983). Dimensions of national cultures in fifty countries and three regions. In J. B. Deregowski, S. Dziurawiec, & R. C. Annis (Eds.), *Explications in cross-cultural psychology* (pp. 335–355). Netherlands: Swets & Zeitlinger.
Hugenberg, K. (2005). Social categorization and the perception of facial affect: Target race moderates the response latency advantage for happy faces. *Emotion, 5*, 267–276.
Huisman, G. (2017). Social touch technology: A survey of haptic technology for social touch. *IEEE Transactions on Haptics, 10*, 391–408.
池本真知子・鈴木直人 (2009). 感情判別における声質の影響—単音節，短文を用いて—　感情心理学研究, 16, 209–219.
Izard, C. E. (1971). *The face of emotion*. New York: Appleton-Century-Crofts.
Jack, R. E., Sun, W., Delis, I., Garrod, O. G., & Schyns, P. G. (2016). Four not six: Revealing culturally common facial expressions of emotion. *Journal of Experimental Psychology: General, 145*, 708–730.
Javdani, S., Sadeh, N., Donenberg, G. R., Emerson, E. M., Houck, C., & Brown, L. K. (2017). Affect recognition among adolescents in therapeutic schools: Relationships with posttraumatic stress disorder and conduct disorder symptoms. *Child and Adolescent Mental Health, 22*, 42–48.
Jean, A. D., Stack, D. M., & Arnold, S. (2014). Investigating maternal touch and infants' self-regulatory behaviours during a modified face-to-face still-face with touch procedure. *Infant and Child Development, 23*, 557–574.
Jourard, S. M. (1966). An exploratory study of body-accessibility. *British Journal of Social and Clinical Psychology, 5*, 221–231.
Juslin, P. N. (2013). Vocal expression of affect: Promises and problems. In E. Altenmüller, S. Schmidt, & E. Zimmerman (Eds.), *Evolution of emotional communication* (pp. 252–273). New York: Oxford University Press.
Juslin, P. N., & Laukka, P. (2003). Communication of emotions in vocal expression and music performance: Different channels, same code? *Psychological Bulletin, 129*, 770–814.
Juslin, P. N., Laukka, P., & Bänziger, T. (2018). The mirror to our soul? Comparisons of spontaneous and posed vocal expression of emotion. *Journal of Nonverbal Behavior, 42*, 1–40.
Kanwal, J., Smith, K., Culbertson, J., & Kirby, S. (2017). Zipf's law of abbreviation and the principle of least effort: Language users optimise a miniature lexicon for efficient communication. *Cognition, 165*, 45–52.
菊谷麻美・小川時洋・鈴木直人 (1998). 感情語の 2 次元空間内の布置について　同志社心理 , 45, 31–37.
北原保雄 (2003). 日本国語大辞典　第 2 版　小学館
Kitayama, S., & Ishii, K. (2002). Word and voice: Spontaneous attention to emotional utterances in two languages. *Cognition and Emotion, 16*, 29–59.
Kleck, R. E., & Mendolia, M. (1990). Decoding of profile versus full-face expressions of affect. *Journal of Nonverbal Behavior*, 14, 35–49.
小林ゆかり・宮谷真人 (2005). 感情が発話過程に及ぼす影響を調べるための感情語と非感情語の選定　広島大学心理学研究, 5, 211–217.
Kusserow, A. (1999). Crossing the great divide: Anthropological theories of the Western self. *Journal of Anthropological*

Research, 55, 541–562.
Lautenbacher, S., Bär, K., Eisold, P., & Kunz, M. (2017). Understanding facial expressions of pain in patients with depression. *Journal of Pain, 18*, 376–384.
Leff, J. (1973). Culture and the differentiation of emotional states. *British Journal of Psychiatry, 123*, 299–306.
Li, J., Wang, L., & Fisher, K. W. (2004). The organisation of Chinese shame concepts. *Cognition and Emotion, 18*, 767–797.
李 礼真・松本芳之 (2011). 日本人と韓国人における表示規則 心理学研究, *82*, 415–423.
Matsumoto, D. (1990). Cultural similarities and differences in display rules. *Motivation and Emotion, 14*, 195–214.
Matsumoto, D. (1991). Cultural influences on facial expression of emotion. *Southern Communication Journal, 56*, 128–137
Matsumoto, D., & Hwang, H. S. (2011). Judgments of facial expressions of emotion in profile. *Emotion, 11*, 1223–1229.
Matsumoto, D., & Hwang, H. C. (2017). Methodological issues regarding cross-cultural studies of judgments of facial expressions. *Emotion Review, 9*, 375–382.
松山義則・浜 治世・川村安子・三根 浩 (1978). 情動語の分析 心理学研究, *49*(4), 229–232.
McDaniel, E., & Andersen, P. A. (1998). International patterns of interpersonal tactile communication: A field study. *Journal of Nonverbal Behavior, 22*, 59–75.
Mendolia, M. (2007). Explicit use of categorical and dimensional strategies to decode facial expressions of emotion. *Journal of Nonverbal Behavior, 31*, 57–75.
門地里絵・片山 敦・引地 聰 (2009). 感情語を用いた快適感の意味構造の分析と測定法の開発 日本化粧品技術者会誌, *43*, 10–18.
Morrison, I. (2016). Keep calm and cuddle on: Social touch as a stress buffer. *Adaptive Human Behavior and Physiology, 2*, 344–362.
Mozziconacci, S. (2001). Modeling emotion and attitude in speech by means of perceptually based parameter values. *User Modeling and User-Adapted Interaction, 11*, 297–326.
Murray, I. R., & Arnott, J. L. (1993). Toward the simulation of emotion in synthetic speech: A review of the literature on human vocal emotion. *Journal of the Acoustical Society of America, 93*, 1097–1108.
Murry, M. W., & Isaacowitz, D. M. (2018). Age similarities in interpersonal perception and conversation ability. *Journal of Nonverbal Behavior, 42*, 101–111.
Ogarkova, A., Borgeaud, P., & Scherer, K. (2009). Language and culture in emotion research: A multidisciplinary perspective. *Social Science Information, 48*, 339–357.
Paulmann, S., Pell, M. D., & Kotz, S. A. (2008). How aging affects the recognition of emotional speech. *Brain and Language, 104*, 262–269.
Pell, M. D. (2001). Influence of emotion and focus location on prosody in matched statements and questions. *Journal of the Acoustical Society of America, 109*, 1668–1680.
Pell, M. D., Monetta, L., Paulmann, S., & Kotz, S. A. (2009). Recognizing emotions in a foreign language. *Journal of Nonverbal Behavior, 33*, 107–120.
Pell, M. D., Paulmann, S., Dara, C., Alasseri, A., & Kotz, S. A. (2009). Factors in the recognition of vocally expressed emotions: A comparison of four languages. *Journal of Phonetics, 37*, 417–435.
Pell, M. D., & Skorup, V. (2008). Implicit processing of emotional prosody in a foreign versus native language. *Speech Communication, 50*, 519–530.
Rasmussen, S. (2001). *Healing in community: Medicine, contested terrains, and cultural encounters among the Tuareg.* Connecticut: Bergin & Garvey.
Remland, M. S., Jones, T. S., & Brinkman, H. (1995). Interpersonal distance, body orientation, and touch: Effects of culture, gender, and age. *Journal of Social Psychology, 135*, 281–297.
Ruba, A. L., Johnson, K. M., Harris, L. T., & Wilbourn, M. P. (2017). Developmental changes in infants' categorization of anger and disgust facial expressions. *Developmental Psychology, 53*, 1826–1832.
Russell, J. A. (1994). Is there universal recognition of emotion from facial expression? A review of the cross-cultural studies. *Psychological Bulletin, 115*, 102–141.
Russell, J. A., & Bullock, M. (1985). Multidimensional scaling of emotional facial expressions: Similarity from preschoolers to adults. *Journal of Personality and Social Psychology, 48*, 1290–1298.
Russell, J. A., Suzuki, N., & Ishida, N. (1993). Canadian, Greek, and Japanese freely produced emotion labels for facial expressions. *Motivation and Emotion, 17*, 337–351.
Sanchez, A., Romero, N., Maurage, P., & De Raedt, R. (2017). Identification of emotions in mixed disgusted-happy faces as a function of depressive symptom severity. *Journal of Behavior Therapy and Experimental Psychiatry, 57*, 96–102.

Sapir, E. (1921). *Language*. New York: Harcourt, Brace & Co.
Scherer, K. R. (1986). Vocal affect expression: A review and a model for future research. *Psychological Bulletin*, *99*, 143–165.
Scherer, K. R. (2013). Vocal markers of emotion: Comparing induction and acting elicitation. *Computer Speech and Language*, *27*, 40–58.
Scherer, K. R., Banse, R., & Wallbott, H. G. (2001). Emotion inferences from vocal expression correlate across languages and cultures. *Journal of Cross-cultural Psychology*, *32*, 76–92.
Scherer, K. R., & Bänziger, T. (2010). On the use of actor portrayals in research on emotional expression. In K. R. Scherer, T. Bänziger, & E. B. Roesch (Eds.), *Blueprint for affective computing: A sourcebook* (pp. 166–176). Oxford: Oxford University Press.
Schino, G. (2001). Grooming, competition and social rank among female primates: A meta-analysis. *Animal Behavior*, *62*, 265–271.
Schino, G., Scucchi, S., Maestripieri, D., & Turillazzi, P. G. (1988). Allogrooming as a tension-reduction mechanism: A behavioral approach. *American Journal of Primatology*, *16*, 43–50.
Schlegel, K., Vicaria, I. M., Isaacowitz, D. M., & Hall, J. A. (2017). Effectiveness of a short audiovisual emotion recognition training program in adults. *Motivation and Emotion*, *41*, 646–660.
Schuller, B., Rigoll, G., & Lang, M. (2004). Speech emotion recognition combining acoustic features and linguistic information in a hybrid support vector machine-belief network architecture. *Acoustics, Speech, and Signal Processing, 2004. Proceedings. (ICASSP '04). IEEE International Conference on*, *1*, 577–580.
Shaver, P. R., Murdaya, U., & Fraley, R. C. (2001). Structure of the Indonesian emotion lexicon. *Asian Journal of Social Psychology*, *4*, 201–224.
Shaver, P., Schwartz, J., Kirson, D., & O'connor, C. (1987). Emotion knowledge: Further exploration of a prototype approach. *Journal of Personality and Social Psychology*, *52*, 1061–1086.
Sheldon, K. M., Titova, L., Gordeeva, T. O., Osin, E. N., Lyubomirsky, S., & Bogomaz, S. (2017). Russians inhibit the expression of happiness to strangers: Testing a display rule model. *Journal of Cross-Cultural Psychology*, *48*, 718–733.
Shin, J., Suh, E. M., Eom, K., & Kim, H. S. (2018). What does "happiness" prompt in your mind? Culture, word choice, and experienced happiness. *Journal of Happiness Studies*, *19*(3), 649–662.
Shiroma, P. R., Thuras, P., Johns, B., & Lim, K. O. (2016). Facial recognition of happiness among older adults with active and remitted major depression. *Psychiatry Research*, *243*, 287–291.
Sobin, C., & Alpert, M. (1999). Emotion in speech: The acoustic attributes of fear, anger, sadness, and joy. *Journal of Psycholinguistic Research*, *23*, 347–365.
Sundberg, J. (1998). Expressivity in singing: A review of some recent investigations. *Logopedics Phoniatrics Vocology*, *23*, 121–127.
Suvilehto, J. T., Glerean, E., Dunbar, R. I., Hari, R., & Nummenmaa, L. (2015). Topography of social touching depends on emotional bonds between humans. *Proceedings of the National Academy of Sciences of the United States of America*, *112*, 13811–13816.
Takehara, T., Ochiai, F., & Suzuki, N. (2015). Scaling laws in emotion-associated words and corresponding network topology. *Cognitive Processing*, *16*, 151–163.
Takehara, T., Ochiai, F., & Suzuki, N. (2016). A small-world network model of facial emotion recognition. *Quarterly Journal of Experimental Psychology*, *69*, 1508–1529.
Terry, R. L. (1970). Primate grooming as a tension reduction mechanism. *Journal of Psychology*, *76*, 129–136.
Thompson, W., & Balkwill, L. -L. (2006). Decoding speech prosody in five languages. *Semiotica*, *158*, 407–424.
Tsonis, A. A., Schultz, C., & Tsonis, P. A. (1997). Zipf's law and the structure and evolution of languages. *Complexity*, *2*, 12–13.
Van Goozen, S., & Frijda, N. H. (1993). Emotion words used in six European countries. *European Journal of Social Psychology*, *23*, 89–95.
Vesker, M., Bahn, D., Degé, F., Kauschke, C., & Schwarzer, G. (2018). Perceiving arousal and valence in facial expressions: Differences between children and adults. *European Journal of Developmental Psychology*, *15*(4), 411–425.
Wang, L., & Fischer, K. W. (1994). *The organization of shame in Chinese*. Cognitive Development Laboratory Report. Massachusetts: Harvard University.
Weijkamp, J., & Sadakata, M. (2017). Attention to affective audio-visual information: Comparison between musicians and

non-musicians. *Psychology of Music, 45*, 204–215.
Weiss, S. J., Wilson, P., Hertenstein, M. J., & Campos, R. (2000). The tactile context of a mother's caregiving: Implications for attachment of low birth weight infants. *Infant Behavior and Development, 23*, 91–111.
Whorf, B. L. (1956). *Language, thought, and reality*. The MIT Press.
Young, A. W., Rowland, D., Calder, A. J., Etcoff, N. L., Seth, A., & Perrett, D. I. (1997). Facial expression megamix: Tests of dimensional and category accounts of emotion recognition. *Cognition, 63*, 271–313.
Zebrowitz, L. A., Kikuchi, M., & Fellous, J. -M. (2010). Facial resemblance to emotions: Group differences, impression effects, and race stereotypes. *Journal of Personality and Social Psychology, 98*, 175–189.
Zipf, G. K. (1949). *Human behavior and the principle of least effort*. Cambridge: Addison-Wesley.
Zwick, J. C., & Wolkenstein, L. (2017). Facial emotion recognition, theory of mind and the role of facial mimicry in depression. *Journal of Affective Disorders, 210*, 90–99.

8 章

Barrett, L. F. (2006). Are emotions natural kinds? *Perspectives on Psychological Science, 1*, 28–58.
Barrett, L. F., Quigley, K. S., Bliss-Moreau, E., & Aronson, K. R. (2004). Interoceptive sensitivity and self-reports of emotional experience. *Journal of Personality and Social Psychology, 87*, 684–697.
Bechara, A., & Damasio, A. R. (2005). The somatic marker hypothesis: A neural theory of economic decision. *Games and Economic Behavior, 52*, 336–372.
Bechara, A., Damasio, H., Tranel, D., & Damasio, A. R. (1997). Deciding advantageously before knowing the advantageous strategy. *Science, 275*, 1293–1295.
Bradley, M. M., Codispoti, M., Cuthbert, B. N., & Lang, P. J. (2001). Emotion and motivation I: Defensive and appetitive reactions in picture processing. *Emotion, 1*, 276–298.
Campbell, B. A., Wood, G., & McBride, T. (1997). Origins of orienting and defensive responses: An evolutionary perspective. In P. J. Lang, R. F. Simons, & M. T. Balaban (Eds.), *Attention and orienting: Sensory and motivational processes* (pp. 41–67). Hillsdale, NJ: Erlbaum.
Cannon, W. B. (1929). Organization for physiological homeostasis. *Psychological Review, 9*, 399–431.
Craig, A. D. (2003). Interoception: The sense of the physiological condition of the body. *Current Opinion in Neurobiology, 13*, 500–505.
Critchley, H. D. (2004). The human cortex responds to an interoceptive challenge. *Proceedings of the National Academy of Sciences of the United States of America, 101*, 6333–6334.
Damasio, A. R. (1994). *Descartes' error: Emotion, reason, and the human brain*. New York: Putnam.
Damasio, A. R. (1996). The somatic marker hypothesis and the possible functions of the prefrontal cortex. *Philosophical Transaction of the Royal Society: Biological Sciences, 351*, 1413–1420.
Damasio, A. R. (1999). *The feeling of what happens: Body and emotion in the making of consciousness*. New York: Harcourt Brace.
Ekman, P., Levenson, R. W., & Friesen, W. V. (1983). Autonomic nervous system activity distinguishes among emotions. *Science, 221*, 1208–1210.
James, W. (1884). What is an emotion? *Mind, 9*, 188–205.
Johnsen, B. H., Thayer, J. F., Laberg, J. C., Wormnes, B., Raadal, M., Skaret, E., Kvale, G., & Berg, E. (2003). Attentional and physiological characteristics of patients with dental anxiety. *Journal of Anxiety Disorders, 17*, 75–87.
Kolodyazhniy, V., Kreibig, S. D., Gross, J. J., Roth, W. T., & Wilhelm, F. H. (2011). An affective computing approach to physiological emotion specificity: Toward subject-independent and stimulus-independent classification of film-induced emotions. *Psychophysiology, 48*, 908–922.
Kreibig, S. D. (2010). Autonomic nervous system activity in emotion: A review. *Biological Psychology, 84*, 394–421.
Krypotos, A., Jahfari, S., van Ast, V. A., Kindt, M., & Forstmann, B. U. (2011). Individual differences in heart rate variability predict the degree of slowing during response inhibition and initiation in the presence of emotional stimuli. *Frontiers in Psychology, 2*, 1–8.
Lang, P. J., Bradley, M. M., & Cuthbert, B. N. (2008). *International affective picture system (IAPS): Affective ratings of pictures and instruction manual. Technical Report A-8*. Gainesville, FL: University of Florida.
Levenson, R. W., Ekman, P., & Friesen, W. V. (1990). Voluntary facial action generates emotion-specific autonomic nervous system activity. *Psychophysiology, 27*, 363–384.
Melzig, C., Weike, A., Hamm, A., & Thayer, J. (2009). Individual differences in fear-potentiated startle as a function of

resting heart rate variability: Implications for panic disorder. *International Journal of Psychophysiology*, *71*, 109–117.

Peyron, R., Laurent, B., & García-Larrea, L. (2000). Functional imaging of brain responses to pain. A review and meta-analysis (2000). *Neurophysiologie Clinique/Clinical Neurophysiology*, *30*, 263–288.

Pollatos, O., Schandry, R., Auer, D. P., & Kaufmann, C. (2007). Brain structures mediating cardiovascular arousal and interoceptive awareness. *Brain Research*, *1141*, 178–187.

Russell, J. A. (2003). Core affect and the psychological construction of emotion. *Psychological Review*, *110*, 145–172.

Shenhav, A., & Mendes, W. B. (2014). Aiming for the stomach and hitting the heart: Dissociable triggers and sources for disgust reactions. *Emotion*, *14*, 301–309.

Shiota, M. N., Neufeld, S. L., Yeung, W. H., Moser, S. E., & Perea, E. F. (2011). Feeling good: Autonomic nervous system responding in five positive emotions. *Emotion*, *11*, 1368–1378.

Stemmler, G. (2004). Physiological processes during emotion. In P. Philippot & R. S. Feldman (Eds.), *The regulation of emotion* (pp. 33–70). Mahwah, NJ: Erlbaum.

Thayer, J. F., & Brosschot, J. F. (2005). Psychosomatics and psychopathology: Looking up and down from the brain. *Psychoneuroendocrinology*, *30*, 1050–1058.

Usami, K., Kawai, K., Sonoo, M., & Saito, N. (2013). Scalp-recorded evoked potentials as a marker for afferent nerve impulse in clinical vagus nerve stimulation. *Brain Stimul*, *6*, 615–623.

Williams, L. M., Brammer, M. J., Skerrett, D., Lagopolous, J., Rennie, C., Kozek, K., Olivieri, G., Peduto, T., & Gordon, E. (2000). The neural correlates of orienting: An integration of fMRI and skin conductance orienting. *Neuroreport*, *11*, 3011–3015.

Zaki, J., Davis, J. I., & Ochsner, K. N. (2012). Overlapping activity in anterior insula during interoception and emotional experience. *NeuroImage*, *62*, 493–499.

9章

Adolphs, R. (2003). Cognitive neuroscience of human social behaviour. *Nature Reviews Neuroscience*, *4* (3), 165–178.

Adolphs, R., Tranel, D., Damasio, H., & Damasio, A. (1994). Impaired recognition of emotion in facial expressions following bilateral damage to the human amygdala. *Nature*, *372* (6507), 669–672.

Banks, S. J., Eddy, K. T., Angstadt, M., Nathan, P. J., & Phan, K. L. (2007). Amygdala-frontal connectivity during emotion regulation. *Social Cognitive and Affective Neuroscience*, *2* (4), 303–312.

Bard, P. (1929). Emotion: I. The neuro-humoral basis of emotional reactions. In C. Murchison (Ed.), *The foundations of experimental psychology* (pp. 449–487). Massachusetts: Clark University Press.

Bastiaansen, J. A., Servaas, M. N., Marsman, J. B. C., Ormel, J., Nolte, I. M., Riese, H., & Aleman, A. (2014). Filling the gap: Relationship between the serotonin-transporter-linked polymorphic region and amygdala activation. *Psychological Science*, *25* (11), 2058–2066.

Bechara, A., Tranel, D., Damasio, H., Adolphs, R., Rockland, C., & Damasio, A. R. (1995). Double dissociation of conditioning and declarative knowledge relative to the amygdala and hippocampus in humans. *Science*, *269* (5227), 1115–1118.

Beck, A. T. (2005). The current state of cognitive therapy: A 40-year retrospective. *Archives of General Psychiatry*, *62* (9), 953–959.

Budisavljevic, S., Kawadler, J. M., Dell'Acqua, F., Rijsdijk, F. V., Kane, F., Picchioni, M., McGuire, P., Toulopoulou, T., Georgiades, A., Kalidindi, S., Kravariti, E., Murray, R. M., Murphy, D. G., Craig, M. C., & Catani, M. (2016). Heritability of the limbic networks. *Social Cognitive and Affective Neuroscience*, *11* (5), 746–757.

Buhle, J. T., Silvers, J. A., Wager, T. D., Lopez, R., Onyemekwu, C., Kober, H., Weber, J., & Ochsner, K. N. (2014). Cognitive reappraisal of emotion: A meta-analysis of human neuroimaging studies. *Cerebral Cortex*, *24* (11), 2981–2990.

Cacioppo, J. T., Berntson, G. G., Bechara, A., Tranel, D., & Hawkley, L. C. (2011). Could an aging brain contribute to subjective well-being? The value added by a social neuroscience perspective. In A. Todorov, S. Fiske, & D. Prentice (Eds.), *Social neuroscience: Toward understanding the underpinnings of the social mind* (pp. 249–262). New York: Oxford University Press.

Cahill, L., Babinsky, R., Markowitsch, H. J., & McGaugh, J. L. (1995). The amygdala and emotional memory. *Nature*, *377* (6547), 295–296.

Canli, T., & Lesch, K. P. (2007). Long story short: The serotonin transporter in emotion regulation and social cognition.

Nature Neuroscience, 10 (9), 1103–1109.

Cannon, W. B. (1927). The James-Lange theory of emotions: A critical examination and an alternative theory. *American Journal of Psychology, 39* (1–4), 106–124.

Cao, H., Harneit, A., Walter, H., Erk, S., Braun, U., Moessnang, C., Geiger, L. S., Zang, Z., Mohnke, S., Heinz, A., Romanczuk-Seiferth, N., Mühleisen, T., Mattheisen, M., Witt, S. H., Cichon, S., Nöthen, M. M., Rietschel, M., Meyer-Lindenberg, A., & Tost, H. (2018). The 5-HTTLPR polymorphism affects network-based functional connectivity in the visual-limbic system in healthy adults. *Neuropsychopharmacology, 43* (2), 406–414.

Carstensen, L. L., & DeLiema, M. (2018). The positivity effect: A negativity bias in youth fades with age. *Current Opinion in Behavioral Sciences, 19*, 7–12.

Casey, B. J., Jones, R. M., & Hare, T. A. (2008). The adolescent brain. *Annals of the New York Academy of Sciences, 1124* (1), 111–126.

Chaiken, S., & Trope, Y. (1999). *Dual-process theories in social psychology*. New York: Guilford Press.

Charles, S. T., Mather, M., & Carstensen, L. L. (2003). Aging and emotional memory: The forgettable nature of negative images for older adults. *Journal of Experimental Psychology: General, 132* (2), 310–324.

Cowen, A. S., & Keltner, D. (2017). Self-report captures 27 distinct categories of emotion bridged by continuous gradients. *Proceedings of the National Academy of Sciences of the United States of America, 114* (38), E7900–E7909.

Culverhouse, R. C., Saccone, N. L., Horton, A. C., Ma, Y., Anstey, K. … Bierut, L. J. (2017). Collaborative meta-analysis finds no evidence of a strong interaction between stress and 5-HTTLPR genotype contributing to the development of depression. *Molecular Psychiatry, 23* (1), 133–142.

Cunningham, W. A., & Brosch, T. (2012). Motivational salience: Amygdala tuning from traits, needs, values, and goals. *Current Directions in Psychological Science, 21* (1), 54–59.

Damasio, A. R. (1994). *Descartes' error: Emotion, reason and the human brain*. New York: Putnam.

Damasio A. R. (1999). *The feeling of what happens*. New York: Harcourt.

Darwin, C. (1872). *The expression of the emotions in man and animals*. London: John Murray. 浜中浜太郎 (訳) (1931). 人及び動物の表情について　岩波書店

Davidson, M. C., Amso, D., Anderson, L. C., & Diamond, A. (2006). Development of cognitive control and executive functions from 4 to 13 years: Evidence from manipulations of memory, inhibition, and task switching. *Neuropsychologia, 44* (11), 2037–2078.

Delgado, P. L., Charney, D. S., Price, L. H., Aghajanian, G. K., Landis, H., & Heninger, G. R. (1990). Serotonin function and the mechanism of antidepressant action: Reversal of antidepressant-induced remission by rapid depletion of plasma tryptophan. *Archives of General Psychiatry, 47* (5), 411–418.

Dolcos, F., LaBar, K. S., & Cabeza, R. (2004). Interaction between the amygdala and the medial temporal lobe memory system predicts better memory for emotional events. *Neuron, 42* (5), 855–863.

Dolcos, F., LaBar, K. S., & Cabeza, R. (2005). Remembering one year later: Role of the amygdala and the medial temporal lobe memory system in retrieving emotional memories. *Proceedings of the National Academy of Sciences of the United States of America, 102* (7), 2626–2631.

Dolcos, S., Katsumi, Y., & Dixon, R. A. (2014). The role of arousal in the spontaneous regulation of emotions in healthy aging: A fMRI investigation. *Frontiers in Psychology, 5*, 681.

Dörfel, D., Lamke, J. P., Hummel, F., Wagner, U., Erk, S., & Walter, H. (2014). Common and differential neural networks of emotion regulation by detachment, reinterpretation, distraction, and expressive suppression: A comparative fMRI investigation. *NeuroImage, 101*, 298–309.

Eisenberg, N., Fabes, R. A., Murphy, B., Karbon, M., Maszk, P., Smith, M., O'Boyle, C., & Suh, K. (1994). The relations of emotionality and regulation to dispositional and situational empathy-related responding. *Journal of Personality and Social Psychology, 66* (4), 776–797.

Eisenberger, N. I., Lieberman, M. D., & Williams, K. D. (2003). Does rejection hurt? An fMRI study of social exclusion. *Science, 302* (5643), 290–292.

Eshel, N., Nelson, E. E., Blair, R. J., Pine, D. S., & Ernst, M. (2007). Neural substrates of choice selection in adults and adolescents: Development of the ventrolateral prefrontal and anterior cingulate cortices. *Neuropsychologia, 45* (6), 1270–1279.

Fan, Y., Duncan, N. W., de Greck, M., & Northoff, G. (2011). Is there a core neural network in empathy? An fMRI based quantitative meta-analysis. *Neuroscience and Biobehavioral Reviews, 35* (3), 903–911.

Feinstein, J. S. (2013). Lesion studies of human emotion and feeling. *Current Opinion in Neurobiology, 23* (3), 304–309.

Freese, J. L., & Amaral, D. G. (2006). Synaptic organization of projections from the amygdala to visual cortical areas TE

and V1 in the macaque monkey. *Journal of Comparative Neurology, 496* (5), 655–667.
Frith, C. D., & Frith, U. (2006). The neural basis of mentalizing. *Neuron, 50* (4), 531–534.
Gallese, V. (2001). The 'shared manifold' hypothesis. From mirror neurons to empathy. *Journal of Consciousness Studies, 8* (5–7), 33–50.
Gallese, V., & Goldman, A.I. (1998). Mirror neurons and the simulation theory of mind-reading. *Trends in Cognitive Sciences, 2* (12), 493–501.
Goldin, P. R., McRae, K., Ramel, W., & Gross, J. J. (2008). The neural bases of emotion regulation: Reappraisal and suppression of negative emotion. *Biological Psychiatry, 63* (6), 577–586.
Gopnik, A., & Wellman, H. M. (1992). Why the child's theory of mind really is a theory. *Mind and Language, 7* (1–2), 145–171.
Gordon, R. M. (1986). Folk psychology as simulation. *Mind and Language, 1* (2), 158–171.
Grandjean, D., Sander, D., Pourtois, G., Schwartz, S., Seghier, M. L., Scherer, K. R., & Vuilleumier, P. (2005). The voices of wrath: Brain responses to angry prosody in meaningless speech. *Nature Neuroscience, 8* (2), 145–146.
Greene, J. D., Nystrom, L. E., Engell, A. D., Darley, J. M., & Cohen, J. D. (2004). The neural bases of cognitive conflict and control in moral judgment. *Neuron, 44* (2), 389–400.
Greene, J. D., Sommerville, R. B., Nystrom, L. E., Darley, J. M., & Cohen, J. D. (2001). An fMRI investigation of emotional engagement in moral judgment. *Science, 293* (5537), 2105–2108.
Gross, J. J. (1998). Antecedent-and response-focused emotion regulation: Divergent consequences for experience, expression, and physiology. *Journal of Personality and Social Psychology, 74* (1), 224–237.
Grühn, D., & Scheibe, S. (2008). Age-related differences in valence and arousal ratings of pictures from the International Affective Picture System (IAPS): Do ratings become more extreme with age? *Behavior Research Methods, 40* (2), 512–521.
Gschwind, M., Pourtois, G., Schwartz, S., Van De Ville, D., & Vuilleumier, P. (2012). White-matter connectivity between face-responsive regions in the human brain. *Cerebral Cortex, 22* (7), 1564–1576.
Hamann, S. B., Ely, T. D., Hoffman, J. M., & Kilts, C. D. (2002). Ecstasy and agony: Activation of the human amygdala in positive and negative emotion. *Psychological Science, 13* (2), 135–141.
Hare, T. A., Tottenham, N., Galvan, A., Voss, H. U., Glover, G. H., & Casey, B. (2008). Biological substrates of emotional reactivity and regulation in adolescence during an emotional go-nogo task. *Biological Psychiatry, 63* (10), 927–934.
Hareli, S., & Weiner, B. (2002). Dislike and envy as antecedents of pleasure at another's misfortune. *Motivation and Emotion, 26* (4), 257–277.
Hariri, A. R., Mattay, V. S., Tessitore, A., Kolachana, B., Fera, F., Goldman, D., Egan, M. F., & Weinberger, D. R. (2002). Serotonin transporter genetic variation and the response of the human amygdala. *Science, 297* (5580), 400–403.
Heinz, A., Braus, D. F., Smolka, M. N., Wrase, J., Puls, I., Hermann, D., Klein, S., Grüsser, S. M., Flor, H., Schumann, G., Mann, K., & Büchel, C. (2005). Amygdala-prefrontal coupling depends on a genetic variation of the serotonin transporter. *Nature Neuroscience, 8* (1), 20–21.
Heyes, C. M., & Frith, C. D. (2014). The cultural evolution of mind reading. *Science, 344* (6190), 1243091.
Hofmann, S. G., Heering, S., Sawyer, A. T., & Asnaani, A. (2009). How to handle anxiety: The effects of reappraisal, acceptance, and suppression strategies on anxious arousal. *Behaviour Research and Therapy, 47* (5), 389–394.
Hooker, C. I., Verosky, S. C., Germine, L. T., Knight, R. T., & D'Esposito, M. (2008). Mentalizing about emotion and its relationship to empathy. *Social Cognitive and Affective Neuroscience, 3* (3), 204–217.
Iacoboni, M. (2009). Imitation, empathy, and mirror neurons. *Annual Review of Psychology, 60*, 653–670.
Jackson, P. L., Brunet, E., Meltzoff, A. N., & Decety, J. (2006). Empathy examined through the neural mechanisms involved in imagining how I feel versus how you feel pain. *Neuropsychologia, 44* (5), 752–761.
Jackson, P. L., Meltzoff, A. N., & Decety, J. (2005). How do we perceive the pain of others? A window into the neural processes involved in empathy. *NeuroImage, 24* (3), 771–779.
James, W. (1884). What is an emotion? *Mind, 9*, 188–205.
Jensen, J., McIntosh, A. R., Crawley, A. P., Mikulis, D. J., Remington, G., & Kapur, S. (2003). Direct activation of the ventral striatum in anticipation of aversive stimuli. *Neuron, 40* (6), 1251–1257.
Kahneman, D. (2011). *Thinking, fast and slow*. New York: Farrar, Straus and Giroux.
Kanske, P., Heissler, J., Schönfelder, S., Bongers, A., & Wessa, M. (2011). How to regulate emotion? Neural networks for reappraisal and distraction. *Cerebral Cortex, 21* (6), 1379–1388.
Kassam, K. S., Markey, A. R., Cherkassky, V. L., Loewenstein, G., & Just, M. A. (2013). Identifying emotions on the basis of neural activation. *PLoS ONE, 8* (6), e66032.

Kensinger, E. A., & Corkin, S. (2003). Memory enhancement for emotional words: Are emotional words more vividly remembered than neutral words? *Memory and Cognition, 31* (8), 1169–1180.
Klüver, H., & Bucy, P. C. (1939). Preliminary analysis of functions of the temporal lobes in monkeys. *Archives of Neurology and Psychiatry, 42* (6), 979–1000.
Kragel, P. A., & LaBar, K. S. (2015). Multivariate neural biomarkers of emotional states are categorically distinct. *Social Cognitive and Affective Neuroscience, 10* (11), 1437–1448.
Kragel, P. A., & LaBar, K. S. (2016). Decoding the nature of emotion in the brain. *Trends in Cognitive Sciences, 20* (6), 444–455.
Krishnan, A., Woo, C.-W., Chang, L. J., Ruzic, L., Gu, X., López-Solà, M., Jackson, P. L., Pujol, J., Fan, J., & Wager, T. D. (2016). Somatic and vicarious pain are represented by dissociable multivariate brain patterns. *eLife, 5*, e15166.
Kross, E., & Ayduk, O. (2008). Facilitating adaptive emotional analysis: Distinguishing distanced-analysis of depressive experiences from immersed-analysis and distraction. *Personality and Social Psychology Bulletin, 34* (7), 924–938.
Kühn, S., & Gallinat, J. (2012). The neural correlates of subjective pleasantness. *NeuroImage, 61* (1), 289–294.
Lamm, C., Decety, J., & Singer, T. (2011). Meta-analytic evidence for common and distinct neural networks associated with directly experienced pain and empathy for pain. *NeuroImage, 54* (3), 2492–2502.
Lang, P. J., Bradley, M. M., Fitzsimmons, J. R., Cuthbert, B. N., Scott, J. D., Moulder, B., & Nangia, V. (1998). Emotional arousal and activation of the visual cortex: An fMRI analysis. *Psychophysiology, 35* (2), 199–210.
Lange, C. G. (1885). The mechanism of the emotions. In B. Rand (Ed.), *The classical psychologist* (pp. 672–685). Boston: Houghton Mifflin.
Lanzenberger, R., Baldinger, P., Hahn, A., Ungersboeck, J., Mitterhauser, M., Winkler, D., Micskei, Z., Stein, P., Karanikas, G., Wadsak, W., Kasper, S., & Frey, R. (2013). Global decrease of serotonin-1A receptor binding after electroconvulsive therapy in major depression measured by PET. *Molecular Psychiatry, 18* (1), 93–100.
Lesch, K.-P., Bengel, D., Heils, A., Sabol, S. Z., Greenberg, B. D., Petri, S., Benjamin, J., Müller, C. R., Hamer, D. H., & Murphy, D. L. (1996). Association of anxiety-related traits with a polymorphism in the serotonin transporter gene regulatory region. *Science, 274* (5292), 1527–1531.
Lewis, M. D., Lamm, C., Segalowitz, S. J., Stieben, J., & Zelazo, P. D. (2006). Neurophysiological correlates of emotion regulation in children and adolescents. *Journal of Cognitive Neuroscience, 18* (3), 430–443.
Lim, S. L., Padmala, S., & Pessoa, L. (2009). Segregating the significant from the mundane on a moment-to-moment basis via direct and indirect amygdala contributions. *Proceedings of the National Academy of Sciences of the United States of America, 106* (39), 16841–16846.
Lindquist, K. A., Satpute, A. B., Wager, T. D., Weber, J., & Barrett, L. F. (2016). The brain basis of positive and negative affect: Evidence from a meta-analysis of the human neuroimaging literature. *Cerebral Cortex, 26* (5), 1910–1922.
Lindquist, K. A., Wager, T. D., Kober, H., Bliss-Moreau, E., & Barrett, L. F. (2012). The brain basis of emotion: A meta-analytic review. *Behavioral and Brain Sciences, 35* (3), 121–143.
López-Solà, M., Koban, L., Krishnan, A., & Wager, T. D. (2017). When pain really matters: A vicarious-pain brain marker tracks empathy for pain in the romantic partner. *Neuropsychologia*. doi: 10.1016/j.neuropsychologia.2017.07.012.
Luna, B., Thulborn, K. R., Munoz, D. P., Merriam, E. P., Garver, K. E., Minshew, N. J., Keshavan, M. S., Genovese, C. R., Eddy, W. F., & Sweeney, J. A. (2001). Maturation of widely distributed brain function subserves cognitive development. *NeuroImage, 13* (5), 786–793.
Mather, M. (2012). The emotion paradox in the aging brain. *Annals of the New York Academy of Sciences, 1251* (1), 33–49.
Mather, M. (2016). The affective neuroscience of aging. *Annual Review of Psychology, 67*, 213–238.
Mather, M., & Carstensen, L. L. (2005). Aging and motivated cognition: The positivity effect in attention and memory. *Trends in Cognitive Sciences, 9* (10), 496–502.
McGaugh, J. L. (2004). The amygdala modulates the consolidation of memories of emotionally arousing experiences. *Annual Review of Neuroscience, 27*, 1–28.
Middeldorp, C., Cath, D., Van Dyck, R., & Boomsma, D. (2005). The co-morbidity of anxiety and depression in the perspective of genetic epidemiology: A review of twin and family studies. *Psychological Medicine, 35* (5), 611–624.
宮内　哲 (2013). 脳を測る—改訂 ヒトの脳機能の非侵襲的測定—　心理学評論, *56* (3), 414–454.
Morawetz, C., Bode, S., Baudewig, J., & Heekeren, H. R. (2016). Effective amygdala-prefrontal connectivity predicts individual differences in successful emotion regulation. *Social Cognitive and Affective Neuroscience, 12* (4), 569–585.
Morawetz, C., Bode, S., Derntl, B., & Heekeren, H. R. (2017). The effect of strategies, goals and stimulus material on the neural mechanisms of emotion regulation: A meta-analysis of fMRI studies. *Neuroscience and Biobehavioral*

Morris, J. S., Friston, K. J., Büchel, C., Frith, C. D., Young, A. W., Calder, A. J., & Dolan, R. J. (1998). A neuromodulatory role for the human amygdala in processing emotional facial expressions. *Brain, 121* (1), 47–57.

Morris, J. S., Öhman, A., & Dolan, R. J. (1998). Conscious and unconscious emotional learning in the human amygdala. *Nature, 393* (6684), 467–470.

Murphy, S., Norbury, R., Godlewska, B., Cowen, P., Mannie, Z., Harmer, C., & Munafo, M. (2013). The effect of the serotonin transporter polymorphism (5-HTTLPR) on amygdala function: A meta-analysis. *Molecular Psychiatry, 18* (4), 512–520.

Murray, E. A. (2007). The amygdala, reward and emotion. *Trends in Cognitive Sciences, 11* (11), 489–497.

Nashiro, K., Sakaki, M., & Mather, M. (2012). Age differences in brain activity during emotion processing: Reflections of age-related decline or increased emotion regulation. *Gerontology, 58* (2), 156–163.

Neumeister, A., Nugent, A. C., Waldeck, T., Geraci, M., Schwarz, M., Bonne, O., Bain, E. E., Luckenbaugh, D. A., Herscovitch, P., Charney, D. S., & Drevets, M. D. (2004). Neural and behavioral responses to tryptophan depletion in unmedicated patients with remitted major depressive disorder and controls. *Archives of General Psychiatry, 61* (8), 765–773.

Ochsner, K. N., Bunge, S. A., Gross, J. J., & Gabrieli, J. D. (2002). Rethinking feelings: An fMRI study of the cognitive regulation of emotion. *Journal of Cognitive Neuroscience, 14* (8), 1215–1229.

Ochsner, K. N., & Gross, J. J. (2005). The cognitive control of emotion. *Trends in Cognitive Sciences, 9* (5), 242–249.

Öhman, A., Flykt, A., & Esteves, F. (2001). Emotion drives attention: Detecting the snake in the grass. *Journal of Experimental Psychology: General, 130* (3), 466–478.

Pessoa, L., McKenna, M., Gutierrez, E., & Ungerleider, L. (2002). Neural processing of emotional faces requires attention. *Proceedings of the National Academy of Sciences of the United States of America, 99* (17), 11458–11463.

Phelps, E. A. (2004). Human emotion and memory: Interactions of the amygdala and hippocampal complex. *Current Opinion in Neurobiology, 14* (2), 198–202.

Phelps, E. A., & LeDoux, J. E. (2005). Contributions of the amygdala to emotion processing: From animal models to human behavior. *Neuron, 48* (2), 175–187.

Premack, D., & Woodruff, G. (1978). Does the chimpanzee have a theory of mind? *Behavioral and Brain Sciences, 1* (4), 515–526.

Ray, R. D., Wilhelm, F. H., & Gross, J. J. (2008). All in the mind's eye? Anger rumination and reappraisal. *Journal of Personality and Social Psychology, 94* (1), 133–145.

Ruffman, T., Henry, J. D., Livingstone, V., & Phillips, L. H. (2008). A meta-analytic review of emotion recognition and aging: Implications for neuropsychological models of aging. *Neuroscience and Biobehavioral Reviews, 32* (4), 863–881.

Saarimäki, H., Gotsopoulos, A., Jääskeläinen, I. P., Lampinen, J., Vuilleumier, P., Hari, R., Sams, M., & Nummenmaa, L. (2016). Discrete neural signatures of basic emotions. *Cerebral Cortex, 26* (6), 2563–2573.

Scult, M. A., & Hariri, A. R. (2018). A brief introduction to the neurogenetics of cognition-emotion interactions. *Current Opinion in Behavioral Sciences, 19*, 50–54.

Sebastian, C. L., Tan, G. C., Roiser, J. P., Viding, E., Dumontheil, I., & Blakemore, S.-J. (2011). Developmental influences on the neural bases of responses to social rejection: Implications of social neuroscience for education. *NeuroImage, 57* (3), 686–694.

Shigemune, Y., Abe, N., Suzuki, M., Ueno, A., Mori, E., Tashiro, M., Itoh, M., & Fujii, T. (2010). Effects of emotion and reward motivation on neural correlates of episodic memory encoding: A PET study. *Neuroscience Research, 67* (1), 72–79.

Singer, T., Seymour, B., O'Doherty, J., Kaube, H., Dolan, R. J., & Frith, C. D. (2004). Empathy for pain involves the affective but not sensory components of pain. *Science, 303* (5661), 1157–1162.

Smith, R. H., & Kim, S. H. (2007). Comprehending envy. *Psychological Bulletin, 133* (1), 46–64.

Smith, R. H., Turner, T. J., Garonzik, R., Leach, C. W., Urch-Druskat, V., & Weston, C. M. (1996). Envy and Schadenfreude. *Personality and Social Psychology Bulletin, 22* (2), 158–168.

Somerville, L. H., & Casey, B. J. (2010). Developmental neurobiology of cognitive control and motivational systems. *Current Opinion in Neurobiology, 20* (2), 236–241.

Steinberg, L. (2008). A social neuroscience perspective on adolescent risk-taking. *Developmental Review, 28* (1), 78–106.

Takahashi, H., Kato, M., Matsuura, M., Mobbs, D., Suhara, T., & Okubo, Y. (2009). When your gain is my pain and your pain is my gain: Neural correlates of envy and schadenfreude. *Science, 323* (5916), 937–939.

Takahashi, H., Yahata, N., Koeda, M., Matsuda, T., Asai, K., & Okubo, Y. (2004). Brain activation associated with evaluative processes of guilt and embarrassment: An fMRI study. *NeuroImage*, *23* (3), 967–974.

高野晴成 (2012). ECT と TMS の作用機序に関する PET 研究　日本生物学的精神医学会誌 , *23* (2), 137–142.

Todd, R. M., Cunningham, W. A., Anderson, A. K., & Thompson, E. (2012). Affect-biased attention as emotion regulation. *Trends in Cognitive Sciences*, *16* (7), 365–372.

Van Leijenhorst, L., Zanolie, K., Van Meel, C. S., Westenberg, P. M., Rombouts, S. A., & Crone, E. A. (2010). What motivates the adolescent? Brain regions mediating reward sensitivity across adolescence. *Cerebral Cortex*, *20* (1), 61–69.

Van Overwalle, F. (2009). Social cognition and the brain: A meta-analysis. *Human Brain Mapping*, *30* (3), 829–858.

Viviani, R., Sim, E.-J., Lo, H., Beschoner, P., Osterfeld, N., Maier, C., Seeringer, A., Godoy, A. L., Rosa, A., Comas, D., & Kirchheiner, J. (2010). Baseline brain perfusion and the serotonin transporter promoter polymorphism. *Biological Psychiatry*, *67* (4), 317–322.

Vuilleumier, P. (2005). How brains beware: Neural mechanisms of emotional attention. *Trends in Cognitive Sciences*, *9* (12), 585–594.

Vytal, K., & Hamann, S. (2010). Neuroimaging support for discrete neural correlates of basic emotions: A voxel-based meta-analysis. *Journal of Cognitive Neuroscience*, *22* (12), 2864–2885.

山鳥　重 (2008). 知・情・意の神経心理学　青灯社

Yang, Z., Zuo, X.-N., McMahon, K. L., Craddock, R. C., Kelly, C., de Zubicaray, G. I., Hickie, I., Bandettini, P. A., Castellanos, F. X., Milham, M. P., & Wright, M. J. (2016). Genetic and environmental contributions to functional connectivity architecture of the human brain. *Cerebral Cortex*, *26* (5), 2341–2352.

Yatham, L. N., Liddle, P. F., Dennie, J., Shiah, I.-S., Adam, M. J., Lane, C. J., Lam, R. W., & Ruth, T. J. (1999). Decrease in brain serotonin 2 receptor binding in patients with major depression following desipramine treatment: A positron emission tomography study with fluorine-18-labeled setoperone. *Archives of General Psychiatry*, *56* (8), 705–711.

Yatham, L. N., Liddle, P. F., Lam, R. W., Zis, A. P., Stoessl, A. J., Sossi, V., Adam, M. J., & Ruth, T. J. (2010). Effect of electroconvulsive therapy on brain 5-HT2 receptors in major depression. *British Journal of Psychiatry*, *196* (6), 474–479.

Young, S. N., & Leyton, M. (2002). The role of serotonin in human mood and social interaction: Insight from altered tryptophan levels. *Pharmacology Biochemistry and Behavior*, *71* (4), 857–865.

Zaki, J. (2014). Empathy: A motivated account. *Psychological Bulletin*, *140* (6), 1608–1647.

Zaki, J., & Ochsner, K. N. (2012). The neuroscience of empathy: Progress, pitfalls and promise. *Nature Neuroscience*, *15* (5), 675–680.

∥ 10 章

Ainley, V., Apps, M. A. J., Fotopoulou, A., & Tsakiris, M. (2016). 'Bodily precision': A predictive coding account of individual differences in interoceptive accuracy. *Philosophical Transactions of the Royal Society of London. Series B, Biological Sciences*, *371*, 20160003.

Atlas, L. Y., Bolger, N., Lindquist, M. A., & Wager, T. D. (2010). Brain mediators of predictive cue effects on perceived pain. *Journal of Neuroscience*, *30*, 12964–12977.

Barbas, H., & Rempel-Clower, N. (1997). Cortical structure predicts the pattern of corticocortical connections. *Cerebral Cortex*, *7*, 635–646.

Barrett, L. F. (2006). Are emotions natural kinds? *Perspectives on Psychological Science*, *1*, 28–58.

Barrett, L. F. (2017a). *How emotions are made: The secret life of the brain*. New York, NY: Houghton Mifflin Harcourt.

Barrett, L. F. (2017b). The theory of constructed emotion: An active inference account of interoception and categorization. *Social Cognitive and Affective Neuroscience*, *12*, 1–23.

Barrett, L. F., Quigley, K. S., & Hamilton, P. (2016). An active inference theory of allostasis and interoception in depression. *Philosophical Transactions of the Royal Society of London. Series B, Biological Sciences*, *371*, 20160011.

Barrett, L. F., & Simmons, W. K. (2015). Interoceptive predictions in the brain. *Nature Review Neuroscience*, *16*, 419–429.

Crapse, T. B., & Sommer, M. A. (2008). Corollary discharge across the animal kingdom. *Nature Review Neuroscience*, *9*, 587–600.

Critchley, H. D., & Harrison, N. A. (2013). Visceral influences on brain and behavior. *Neuron*, *77*, 624–638.

Damasio, A. R. (1999). *The feeling of what happens: Body and emotion in the making of consciousness*. New York: Harcourt.

田中三彦 (訳) (2003). 無意識の脳 自己意識の脳—身体の情動と感情の神秘—　講談社

Damasio, A. R. (2003). *Looking for Spinoza: Joy, sorrow, and the feeling brain.* New York: Harcourt. 田中三彦 (訳) (2005). 感じる脳―情動と感情の脳科学 よみがえるスピノザ― ダイヤモンド社

Dworkin, B. R. (2007). Interoception. In J. T. Cacioppo, L. G. Tassinary, & G. G. Berntson (Eds.), *Handbook of Psychophysiology* (3rd ed., pp. 482–506). New York: Cambridge University Press.

Ekman, P., & Cordaro, D. (2011). What is meant by calling emotions basic. *Emotion Review, 3*, 364–370.

Farb, N., Daubenmier, J., Price, C. J., Gard, T., Kerr, C., Dunn, B. D., Klein, A. C., Paulus, M. P., & Mehling, W. E. (2015). Interoception, contemplative practice, and health. *Frontiers in Psychology, 6*, 763.

Fazeli, S., & Büchel, C. (2018). Pain-related expectation and prediction error signals in the anterior insula are not related to aversiveness. *Journal of Neuroscience, 38*, 6461–6474.

Friston, K. (2010). The free-energy principle: A unified brain theory? *Nature Review Neuroscience, 11*, 127–138.

Friston, K., Kilner, J., & Harrison, L. (2006). A free energy principle for the brain. *Journal of Physiology Paris, 100*, 70–87.

Friston, K., Stephan, K. E., Montague, R., Dolan, R. J., (2014). Computational psychiatry: the brain as a phantastic organ. *The Lance Psychiatry, 1*, 148–158.

Frith, C. D., Blakemore, S. J., & Wolpert, D. M. (2000). Abnormalities in the awareness and control of action. *Philosophical Transactions of the Royal Society of London. Series B, Biological Sciences, 355*, 1771–1788.

福島宏器 (2019). 身体を通して感情を知る―内受容感覚の感情科学― 心理学評論, *61*, 301–321

Garfinkel, S. N., Seth, A. K., Barrett, A. B., Suzuki, K., & Critchley, H. D. (2015). Knowing your own heart: Distinguishing interoceptive accuracy from interoceptive awareness. *Biological Psychology, 104*, 65–74.

Gendron, M., & Barrett, L. F. (2018). Emotion perception as conceptual synchrony. *Emotion Review, 10*, 101–110.

Geuter, S., Boll, S., Eippert, F., & Büchel, C. (2017). Functional dissociation of stimulus intensity encoding and predictive coding of pain in the insula. *eLife, 6*, e24770. doi: 10.7554/eLife.24770.

Gu, X., Hof, P. R., Friston, K. J., & Fan, J. (2013). Anterior insular cortex and emotional awareness. *The Journal of Comparative Neurology, 521*, 3371–3388.

Hassanpour, M. S., Simmons, W. K., Feinstein, J. S., Luo, Q., Lapidus, R. C., Bodurka, J., Paulus, M. P., & Khalsa, S. S. (2018). The insular cortex dynamically maps changes in cardiorespiratory interoception. *Neuropsychopharmacology, 43*, 426–434.

Helmholtz, H. (1962/1866). Concerning the perceptions in general. *Treatise on physiological optics: Vol. III.* New York: Dover. (original work published 1866)

乾 敏郎 (2018). 感情とはそもそも何なのか―現代科学で読み解く感情のしくみと障害― ミネルヴァ書房

James, W. (1884). What is an emotion? *Mind, 9*, 188–205.

Joffily, M., & Coricelli, G. (2013). Emotional valence and the free-energy principle. *Plos Computational Biology, 9*, e1003094. doi: 10.1371/journal.pcbi.1003094.

片平健太郎 (2018). 行動データの計算論モデリング―強化学習モデルを例として― オーム社

Keramati, M., & Gutkin, B. (2014). Homeostatic reinforcement learning for integrating reward collection and physiological stability. *eLife, 3*, e04811. doi: 10.7554/eLife.04811.

Khalsa, S. S., Adolphs, R., Cameron, O. G., Critchley, H. D., Davenport, P. W., … Zucker, N. (2018). Interoception and mental health: A roadmap. *Biological Psychiatry: Cognitive Neuroscience and Neuroimaging, 3*, 501–513.

Lee, D., Seo, H., & Jung, M. W. (2012). Neural basis of reinforcement learning and decision making. *Annual Review of Neuroscience, 35*, 287–308.

Montague, P. R., Dolan, R. J., Friston, K. J., & Dayan, P. (2012). Computational psychiatry. *Trends in Cognitive Sciences, 16*, 72–80.

Moriguchi, Y., & Komaki, G. (2013). Neuroimaging studies of alexithymia: Physical, affective, and social perspectives. *BioPsychoSocial Medicine, 7*, 8. doi: 10.1186/1751-0759-7-8

Nitschke, J. B., Dixon, G. E., Sarinopoulos, I., Short, S. J., Cohen, J. D., Smith, E. E., Kosslyn, S. M., Rose, R. M., & Davidson, R. J. (2006). Altering expectancy dampens neural response to aversive taste in primary taste cortex. *Nature Neuroscience, 9*, 435–442.

Ogawa, K., & Inui, T. (2007). Lateralization of the posterior parietal cortex for internal monitoring of self-versus externally generated movements. *Journal of Cognitive Neuroscience, 19*, 1827–1835.

Ohira, H. (2010). The somatic marker revisited: Brain and body in emotional decision making. *Emotion Review, 2*, 245–249.

大平英樹 (2017a). 内受容感覚に基づく行動の制御 *BRAIN and NERVE, 69*, 383–395.

大平英樹 (2017b). 予測的符号化・内受容感覚・感情 エモーション・スタディーズ, *3*, 2–12.

大平英樹 (2018). 内受容感覚の予測的符号化―福島論文へのコメント― 心理学評論, *61*, 322–329.

Petzschner, F. H., Weber, L. A. E., Gard, T., & Stephan, K. E. (2017). Computational psychosomatics and computational

psychiatry: Toward a joint framework for differential diagnosis. *Biological Psychiatry*, *82*, 421–430.
Prinz, J. J. (2004). *Gut Reactions: A Perceptual Theory of Emotion*. Oxford University Press. 源河　亨 (訳) (2016). はらわたが煮えくりかえる―情動の身体知覚説―　勁草書房
Russell, J. A. (1980). A circumplex model of affect. *Journal of Personality and Social Psychology*, *39*, 1161–1178.
Russell, J. A., & Barrett, L. F. (1999). Core affect, prototypical emotional episodes, and other things called emotion: Dissecting the elephant. *Journal of Personality and Social Psychology*, *76*, 805–819.
Schachter, S., & Singer, J. E. (1962). Cognitive, social, and physiological determinants of emotional state. *Psychological Review*, *69*, 379–399.
Scherer, K. R. (2012). Neuroscience findings are consistent with appraisal theories of emotion; but does the brain "respect" constructionism? *Behavioral and Brain Sciences*, *35*, 163–164.
Schultz, W. (1998). Predictive reward signal of dopamine neurons. *Journal of Neurophysiology*, *80*, 1–27.
Seth, A. K., & Friston, K. J. (2016). Active interoceptive inference and the emotional brain. *Philosophical Transactions of the Royal Society of London. Series B, Biological Sciences*, *371*, 20160007. doi: 10.1098/rstb.2016.0007
Seth, A. K., Suzuki, K., & Critchley, H. D. (2012). An interoceptive predictive coding model of conscious presence. *Frontiers in Psychology*, *2*, 395.
Sherrington, C. S. (1906). *The integrative action of the nervous system*. New Haven: Yale University Press.
Sperry, R. W. (1950). Neural basis of the spontaneous optokinetic response produced by visual inversion. *Journal of Comparative Physiology and Psychology*, *43*, 482–489.
Stephan, K. E., Manjaly, Z. M., Mathys, C. D., Weber, L. A. E., Paliwai, S., Gard, T., Tittgemeyer, M., Fleming, S. M., Haker, H., Seth, A. K., & Petzschner, F. H. (2016). Allostatic self-efficacy: A metacognitive theory of dyshomeostasis-induced fatigue and depression. *Frontiers in Human Neuroscience*, *15*, 10, 550. doi: 10.3389/fnhum.2016.00550.
Stewart, S. H., Buffett-Jerrott, S. E., & Kokaram, R. (2001). Heartbeat awareness and heart rate reactivity in anxiety sensitivity: A further investigation. *Journal of Anxiety Disorders*, *15*, 535–553.
寺澤悠理・梅田　聡 (2014). 内受容感覚と感情をつなぐ心理・神経メカニズム　心理学評論, 57, 49–66.
Uddin, L. Q., Supekar, K., Lynch, C. J., Khouzam, A., Phillips, J., Feinstein, C., Ryali, S., & Menon, V. (2013). Salience network–based classification and prediction of symptom severity in children with autism. *Journal of the American Medical Association Psychiatry*, *70*, 869–879.
Wilson-Mendenhall, C. D., Barrett, L. F., & Barsalou, L. W. (2013). Neural evidence that human emotions share core affective properties. *Psychological Science*, *24*, 947–956.
Wilson, R. C., Takahashi, Y. K., Schoenbaum, G., & Niv, Y. (2014). Orbitofrontal cortex as a cognitive map of task space. *Neuron*, *81*, 267–279.
Wolpert, D. M. (1997). Computational approaches to motor control. *Trends in Cognitive Science*, *1*, 209–216.
Wolpert, D. M., Ghahramani, Z., & Jordan, M. I. (1995). An internal model for sensorimotor integration. *Science*, *269*, 1880–1882.

11章

Borke, H. (1971). Interpersonal perception of young children: Egocentrism or empathy? *Developmental Psychology*, *5* (2), 263–269.
Bowlby, J. (1969). *Attachment and loss. Vol. 1: Attachment*. New York: Basic Books.
Bridges, K. M. B. (1932). Emotional development in early infancy. *Child Development*, *3*, 324–341.
Bridgett, D. J., Burt, N. M., Edwards, E. S., & Deater-Deckard, K. (2015). Intergenerational transmission of self-regulation: A multidisciplinary review and integrative conceptual framework. *Psychological Bulletin*, *141* (3), 602–654.
Camras, L. (1977). Facial expressions used by children in a conflict situation. *Child Development*, *48*, 1431–1435.
Chen, F. M., Lin, H. S., & Li, C. H. (2012). The role of emotion in parent-child relationships: Children's emotionality, maternal meta-emotion, and children's attachment security. *Journal of Child and Family Studies*, *21*, 403–410.
Darwin, C. R. (1872). *The expression of the emotions in man and animals* (1st ed.). London: John Murray.
Dodge, K. A., Pettit, G. S., McClaskey, C. L., & Brown, M. M. (1986). Social competence in children. *Monographs of Society for Research in Child Development*, *51* (serial No.213).
Edward, A., Shipman, K., & Brown, A. (2005). The socialization of emotional understanding: A comparison of neglectful and nonneglectful mother and their children. *Child Maltreatment*, *10* (3), 293–304.

Eisenberg, N., & Fabes, R. A. (1994). Mother's reactions to children's negative emotions: Relations to children's temperament and anger behavior. *Merrill-Palmer Quarterly, 40* (1), 138–156.

Ekman, P., & Friesen, W. V. (1971). Constants across cultures in the face and emotion. *Journal of Personality and Social Psychology, 17*, 124–129.

Ellis, B. H., Alisic, E., Reiss, A., Dishion, T., & Fisher, P. A. (2014). Emotion regulation among preschoolers on a continuum of risk: The role of maternal emotion coaching. *Journal of Child and Family Studies, 23*, 965–974.

Emde, R. N., & Sorce, J. E. (1983). The rewards of infancy: Emotional availability and maternal referencing. In J. D. Call, E. Galenson, & R. Tyson (Eds.), *Frontiers of infant psychiatry* (Vol. 2., pp. 17–30). New York: Basic Books.

Edward, A., Shipman, K., & Brown, A. (2005). The socialization of emotional understanding: A comparison of neglectful and nonneglectful mother and their children. *Child Maltreatment, 10* (3), 293–304.

Felitti, V. J., & Anda, R. F. (2009). The relationship of adverse childhood experiences to adult medical disease, psychiatric disorder, and sexual behavior: Implications for healthcare. In Lanius, R., & Vermetten, E. (Ed.), *The hidden epidemic: The impact of early life trauma on health and disease*. Cambridge University Press.

Field, T. (1994). The effects of mother's physical and emotional unavailability on emotion regulation. *Monographs of the Society for Research in Child Development, 59*, 208–227.

Field, T., Healy, B., Goldstein, S., Perry, S., Bendell, D., Schanberg, S., Zimmerman, E. A., & Kuhn, C. (1988). Infants of depressed mothers show "depressed" behavior even with nondepressed adults. *Child Development, 59*, 1569–1579.

Field, T. M., Woodson, R. W., Greenberg, R., & Cohen, C. (1982). Discrimination and imitation of facial expressions by neonates. *Science, 218*, 179–181.

Gibson, E. J., & Walk, R. D. (1960). The "visual cliff". *Scientific American, 202*, 64–71.

Gnepp, J., Klayman, J., & Trabasso, T. (1982). A hierarchy of information sources for inferring emotional reactions. *Journal of Experimental Child Psychology, 33*, 111–123.

Harrigan, J. (1984). The effects of task order on children's identification of facial expressions. *Motivation and Emotion, 8*, 157–169.

Harris, P. L., Donnelly, K., Guz, G. R., & Pitt-Watson, R. (1986). Children's understanding of the distinction between real and apparent emotion. *Child Development, 57*, 895–909.

Hoffman, M. L. (2006). Empathy and prosocial behavior. In M. Lewis, J. M. Haviland-Jones, & L. F. Barrett (Eds.), *Handbook of emotions* (3rd ed., pp. 440–455). New York: Guilford Press.

Hongrefe, G. J., & Wimmer, H. (1986). Ignorance versus false belief: A developmental lag in attribution of epistemic states. *Child Development, 57*, 567–582.

Izard, C. E. (1971). *The face of emotion*. New York: Appleton-Century-Crofts.

Izard, C. E., Hembree, E. A., Dougherty, L. M., & Spizzirri, C. C. (1983). Changes in facial expressions of 2-to 19-month-old infants following acute pain. *Developmental Psychology, 19*, 418–426.

Izard, C. E., & Malatesta, C. Z. (1987). Perspectives of emotional development: I. Differential emotions theory of early emotional development. In J. D. Osofsky (Ed.), *Handbook of infant development* (pp.494–554). New York: Wiley.

岩田純一・田村清美 (1988). 矛盾解消のためのエピソード生成に及ぼすモデルの効果 金沢大学教育学部紀要 (教育科学編), *37*, 99–104.

鹿子木康弘 (2013). 共感・同情行動の発達的起源 ベビーサイエンス, *13*, 26–35.

紀平省悟 (2007). トラウマと脱愛着—発達神経学的視点からみた乳幼児の解離— トラウマティックストレス, *5*, 15–23.

菊池哲平 (2004). 幼児における自分自身の表情に対する理解の発達的変化 発達心理学研究, *15*, 207–216.

Klinnert, M. D., Campos, J. J., Sorce, J. F., Emde, R. N., & Svejda, M. (1983). Emotions as behavior regulators: Social referencing in infancy. In R. Pultchik, & H. Kellerman (Eds.), *Emotion: Theory, research, and experience, Vol.2: Emotions in early development* (pp. 57–86). New York: Academic Press.

LaBarbera, J. D., Izard, C. E., Vietze, P., & Parisi, S. (1976). Four- and six-month-old infants' visual responses to joy, anger, and neutral expressions. *Child Development, 47*, 535–538.

Lewis, M. (2000). The emergence of human emotion. In M. Lewis, & J. M. Haviland-Jones (Eds.), *Handbook of emotions* (2nd ed., pp.265–280). New York: Guilford Press.

Lewis, M., & Ramsay, D. (2002). Cortisol response to embarrassment and shame. *Child Development, 73*, 1034–1045.

Lewis, M., Sullivan, M. W., Stanger, C., & Weiss, M. (1989). Self-development and self-conscious emotions. *Child Development, 60*, 146–156.

Lyons-Ruth, K., Pechtel, P., Yoon, S. A., Anderson, C. M., & Teicher, M. H. (2016). Disorganized attachment in infancy predicts greater amygdala volume in adulthood. *Behavioral Brain Research, 308*, 83–93.

MacDonald, P. M., Kirkpatrick, S. W., & Sullivan, L. A. (1996). Schematic drawings of facial expressions for emotion recognition and interpretation by preschool-aged children. *Genetic Social and General Psychology Monographs, 122* (4), 373–388.
丸山 (山本) 愛子 (1999). 対人葛藤場面における幼児の社会的認知と社会的問題解決方略に関する発達的研究　教育心理学研究, *47*, 451–461.
Nemeroff, C. B. (2004). Neurobiological consequences of childhood trauma. *Journal of Clinical Psychiatry, 65* (Supplements 1), 18–28.
大河原美以 (2010). 教育臨床の課題と脳科学研究の接点 (1)—「感情制御の発達不全」の治療援助モデルの妥当性—　東京学芸大学紀要総合教育科学系 I, *61*, 121–135.
大河原美以 (2011). 教育臨床の課題と脳科学研究の接点 (2)—感情制御の発達と母子の愛着システム不全—　東京学芸大学紀要総合教育科学系 I, *62*, 215–229.
大河原美以 (2015). 子どもの感情コントロールと心理臨床　日本評論社
小原倫子 (2005). 母親の情動共感性及び情緒応答性と育児困難感との関連　発達心理学研究, 16, 92–102.
Oster, H. (1981). "Recognition" of emotional expression in infancy. In M. E. Lamb, & L. R. Sherrod (Eds.), *Infant social recognition*. New York: Lawrence Erlbaum Associates.
Perry, B. D., & Pollard, R. (1998). Homeostasis, stress, trauma, and adaptation, a neurodevelopmental view of childhood trauma. *Child and Adolescent Psychiatric Clinics of North America, 7* (1), 33–51.
Pons, F., Harris, P. L., & de Rosnay, M. (2003). Emotion comprehension between 3 and 11 years: Developmental periods and hierarchical organization. *European Journal of Developmental Psychology, 2*, 127–152.
Porges, S. W. (2007). The polyvagal perspective. *Biological Psychology, 74*, 116–143.
Russell, J. A. (1980). A circumplex model of affect. *Journal of Personality and Social Psychology, 39*, 1161–1178.
Russell, J. A., & Bullock, M. (1985). Multidimensional scaling of emotion facial expressions: Similarity from preschoolers to adults. *Journal of Personality and Social Psychology, 48*, 1290–1298.
Russell, J. A., & Bullock, M. (1986). On the dimensions preschoolers use to interpret facial expressions of emotion. *Developmental Psychology, 22*, 97–102.
Saarni, C. (1979). Children's understanding of display rules for expressive behavior. *Developmental Psychology, 15*, 424–429.
Saarni ,C., Campos, J. J., Camras, L. A., & Witherington, D. (2006). Emotional development: Action, communication, and understanding. In N. Eisenberg (Ed.), *Handbook of child psychology, Vol.3: Social, emotional, and personality development* (6th ed., pp. 226–299). New York: John Wily & Sons.
櫻庭京子・今泉　敏 (2001). 2～4歳児における情動語の理解力と表情認知能力の発達の比較　発達心理学研究, *12*, 36–45.
笹屋里絵 (1997). 表情および状況手掛りからの他者感情推測　教育心理学研究, *45*, 312–319.
澤田瑞也 (2009). 感情の発達と障害―感情のコントロール― (pp. 2–28)　世界思想社
澤田忠幸 (1997). 幼児期における他者の見かけの感情の理解の発達　教育心理学研究, *45*, 416–425.
澤田忠幸 (2000). 幼児期における表情手がかりと状況手がかりを統合するエピソード構成　心理学研究, *71*, 331–337.
Schore, A. N. (2003). *Affect dysregulation & disorder of the self*. New York: W. W. Norton.
Schore, A. N. (2009). Relational trauma and the developing right brain: An interface of psychoanalytic self psychology and neuroscience. *Annals of the New York Academy of Sciences, 1159*, 189–203.
Schwartz, A. N., Campos, J. J., & Baisel, E. J. (1973). The visual cliff: Cardiac and behavioral responses on the deep and shallow sides at five and nine months of age. *Journal of Experimental Child Psychology, 15*, 86–99.
Shipman, K. L., & Zeman, J. (2001). Socialization of children's emotion regulation in mother-child dyads: A developmental psychopathology perspective. *Development and Psychopathology, 13*, 317–336.
Shipman, K. L., Schneider, R., Fitzgerald, M. M., Sims, C., Swisher, L., & Edwards, A. (2007). Maternal emotion socialization in maltreatment and non-maltreating families: Implications for children's emotion regulation. *Social Development, 16* (2), 268–285.
Sorce, J. F., & Emde, R. N. (1981). Mother's presence is not enough: Effect of emotional availability on infant exploration. *Developmental Psychology, 17*, 737–745.
Sroufe, L. A. (1996). *Emotional development: The organization of emotional life in the early years*. Cambridge University Press.
Sroufe, L. A., & Waters, E. A., & Mates, L. (1974). Contextual determinants of infant affective response. In M. Lewis & L. A. Rosenblum (Eds.), *The origins of fear* (pp. 49–72).

Stenberg, C. R., Campos, J. J., & Emde, R. N. (1983). The facial expression of anger in seven-month-old infants. *Child Development*, *54*, 178–184.
田中あかり (2009). 母親の情動表現スタイルが幼児の気質に及ぼす影響　発達心理学研究, *20* (4), 362–372.
Teicher, M. H., Andersen, S. L., Polcari, A., Anderson, C. M., Navalta, C. P., & Kim, D. M. (2003). The neurobiological consequences of early stress and childhood maltreatment. *Neuroscience and Biobehavioral Reviews*, *27* (1–2), 33–44.
Tucker, D. M., Luu, P., & Derryberry, D. (2005). Love hurts: The evolution of empathic concern through the encephalization of nociceptive capacity. *Development and Psychopathology*, *17*, 699–713.
Vaish, A., Carpenter, M., & Tomasello, M. (2009). Sympathy through affective perspective taking and its relation to prosocial behavior in toddlers. *Developmental Psychology*, *45* (2), 534–543.
Van der Hart, O., Nijenhuis, E., & Solomon, R. (2010). Dissociation of personality in complex trauma-related disorder and EMDR: Theoretical consideration. *Journal of EMDR practice and Research*, *4* (2), 76–92.
Van der Kolk, B. A. (2005). Developmental trauma disorder: Toward a rational diagnosis for children with complex trauma histories. *Psychiatric Annual*, *35*, 401–408.
Watson, J. B. (1930). *Behaviorism* (revised ed.). Chicago: University of Chicago Press. 安田一郎 (訳) (1968). 行動主義の心理学　河出書房新社
Walker-Andrews, A. S. (1986). Intermodel perception of expressive behaviors: Relation of eye and voice? *Developmental Psychology*, *22*, 373–377.
Walker-Andrews, A. S. (1997). Infants' perception of expressive behaviors: Differentiation of multimodel information. *Psychological Bulletin*, *121*, 437–456.
Widen, S. C., & Russell, J. A. (2008). Children acquire emotion categories gradually. *Cognitive Development*, *23*, 291–312.
Zahn-Waxler, C., Radke-Yarrow, M., Wagner, E., & Chapman, M. (1992). Development of concern for others. *Developmental Psychology*, *28* (1), 126–136.

12章

Allport, G. W. (1954). *The nature of prejudice*. Cambridge, MA: Perseus Books.
Altman, I., & Taylor, D. A. (1973). *Social penetration: The development of interpersonal relationships*. Oxford, UK: Holt, Rinehart & Winston.
Amir, Y. (1969). Contact hypothesis in ethnic relations. *Psychological bulletin*, *71*(5), 319–342.
Anderson, C.A., & Bushman, B. J. (2002). Human aggression. *Annual Review of Psychology*, *53*, 27–51.
Argyle, M. (1987). *The psychology of happiness*. London: Methuen.
Baker, L. R., McNulty, J. K., & Overall, N. C. (2014). When negative emotions benefit close relationships. In W. G. Parrott (Ed.), *The positive side of negative emotions* (pp. 101–125). New York: Guilford Press.
Baumeister, R. F., & Leary, M. R. (1995). The need to belong: Desire for interpersonal attachments as a fundamental human motivation. *Psychological Bulletin*, *117*, 497–529.
Branscombe, N. R., & Doosje, B. (Eds.) (2004). *Collective guilt: International perspectives*. Cambridge University Press.
Bright, D. A., & Goodman-Delahunty, J. (2006). Gruesome evidence and emotion: Anger, blame, and jury decision-making. *Law and Human Behavior*, *30*, 183–202.
Buckels, E. E., & Trapnell, P. D. (2013). Disgust facilitates outgroup dehumanization. *Group Processes & Intergroup Relations*, *16*, 771–780.
Clark, M. S., & Finkel, E. J. (2005). Willingness to express emotion: The impact of relationship type, communal orientation, and their interaction. *Personal Relationships*, *12*, 169–180.
Cottrell, C. A., & Neuberg, S. L. (2005). Different emotional reactions to different groups: A sociofunctional threat-based approach to "prejudice". *Journal of Personality and Social Psychology*, *88*, 770–789.
Cottrell, C. A., Richards, D. A., & Nichols, A. L. (2010). Predicting policy attitudes from general prejudice versus specific intergroup emotions. *Journal of Experimental Social Psychology*, *46*, 247–254.
Diener, E., & Seligman, M. E. P. (2002). Very happy people. *Psychological Science*, *13*, 81–84.
Dumont, M., Yzerbyt, V., Wigboldus, D., & Gordijn, E. H. (2003). Social categorization and fear reactions to the September 11th terrorist attacks. *Personality and Social Psychology Bulletin*, *29*, 1509–1520.
Eskine, K. J., Kacinik, N. A., & Prinz, J. J. (2011). A bad taste in the mouth: Gustatory disgust influences moral judgment. *Psychological Science*, *22*, 295–299.
Festinger, L. (1954). A theory of social comparison processes. *Human Relations*, *7*, 117–140.

Frijda, N. H. (1986). *The emotions*. Cambridge, England: Cambridge University Press.
藤原武弘・黒川正流・秋月左都士 (1983). 日本版 Love-Liking 尺度の検討　広島大学総合科学部紀要Ⅲ, *7*, 39–46.
Gonzaga, G. C., Haselton, M. G., Smurda, J., Davies, M. S., & Poore, J. C. (2008). Love, desire, and the suppression of thoughts of romantic alternatives. *Evolution and Human Behavior*, *29*, 119–126.
Graham, S. M., Huang, J. Y., Clark, M. S., & Helgeson, V. S. (2008). The positives of negative emotions: Willingness to express negative emotions promote relationships. *Personality and Social Psychology Bulletin*, *34*, 394–406.
Gross, J. J., Halperin, E., & Porat, R. (2013). Emotion regulation in intractable conflicts. *Current Directions in Psychological Science*, *22*, 423–429.
Haidt, J., McCauley, C., & Rozin, P. (1994). Individual differences in sensitivity to disgust: A scale sampling seven domains of disgust elicitors. *Personality and Individual Differences*, *16*, 701–713.
Halperin, E., Cohen-Chen, S., & Goldenberg, A. (2014). Indirect emotion regulation in intractable conflicts: A new approach to conflict resolution. *European Review of Social Psychology*, *25*, 1–31.
Halperin, E., Russell, A. G., Dweck, C. S., & Gross, J. J. (2011). Anger, hatred, and the quest for peace: Anger can be constructive in the absence of hatred. *Journal of Conflict Resolution*, *55*, 274–291.
原　塑 (2014). 刑法と感情—感情による法的判断の正当化—　感情心理学研究, *21*, 49–54.
Harris, L. T., & Fiske S. T. (2006). Dehumanizing the lowest of the low: neuroimaging responses to extreme out-groups. *Psychological Science*, *17*, 847–853.
Hatfield, E., Cacioppo, J. T., & Rapson, R. L. (1994). *Emotional Contagion*. New York: Cambridge University Press.
Hewstone, M., Lolliot, S., Swart, H., Myers, E., Voci, A., Al Ramiah, A., & Cairns, E. (2014). Intergroup contact and intergroup conflict. *Peace and Conflict: Journal of Peace Psychology*, *20*, 39.
一言英文・新谷　優・松見淳子 (2008). 自己の利益と他者のコスト—心理的負債の日米間比較研究—　感情心理学研究, *16*, 3–24.
Hobfoll, S. E., & London, P. (1986). The relationship of self-concept and social support to emotional distress among women during war. *Journal of Social and Clinical Psychology*, *4*, 189–203.
Hofstede, G., Hofstede, G. J., & Minkov, M. (2010). *Cultures and organizations: Software of mind* (3rd ed.). London: McGraw-Hill.　岩井八郎・岩井紀子 (訳) (2013). 多文化世界〔原著第 3 版〕—違いを学び未来への道を探る—　有斐閣
Holmes, T. H., & Rahe, R. H. (1967). The social readjustment rating scale. *Journal of Psychosomatic Research*, *11*, 213–221.
Ickes, W., & Simpson, J. (1997). Managing empathic accuracy in close relationships. In W. Ickes (Ed.), *Empathic accuracy* (pp. 281–250). New York: Guilford Press.
Inbar, Y., & Pizarro, D. A. (2009). Grime and Punishment: How disgust influences moral, social, and legal judgments. *The Jury Expert*, *21*, 11–23.
Inbar, Y., Pizarro, D. A., & Bloom, P. (2009). Conservatives are more easily disgusted than liberals. *Cognition and Emotion*, *23*, 714–725.
伊東裕司 (2007). 裁判員の判断に関する感情的要因の影響　岡田悦典・仲真紀子・藤田政博 (編)　裁判員制度と法心理学 (pp. 196–206)　ぎょうせい
Iyer, A., Leach, C. W., & Crosby, F. J. (2003). White guilt and racial compensation: The benefits and limits of self-focus. *Personality and Social Psychology Bulletin*, *29*, 117–129.
Iyer, A., Schmader, T., & Lickel, B. (2007). Why individuals protest the perceived transgressions of their country: The role of anger, shame, and guilt. *Personality and Social Psychology Bulletin*, *33*(4), 572–587.
Johnson, D. J., & Rusbult, C. E. (1989). Resisting temptation: Devaluation of alternative partners as a means of maintaining commitment in close relationships. *Journal of Personality and Social Psychology*, *57*, 967–980.
金政祐司・大坊郁夫 (2003). 愛情の三角理論における 3 つの要素と親密な異性関係　感情心理学研究, *10*, 11–24.
Keltner, D., & Haidt, J. (1999). Social functions of emotions at four levels of analysis. *Cognition & Emotion*, *13*, 505–522.
Kimura, M., Daibo, I., & Yogo, M. (2008). The study of emotional contagion from the perspective of interpersonal relationships. *Social Behavior and Personality*, *36*, 27–42.
Kitayama, S., Markus, H. R., Matsumoto, H., & Norasakkunkit, V. (1997). Individual and collective processes in the construction of the self: Self-enhancement in the United States and self-criticism in Japan. *Journal of Personality and Social Psychology*, *72*, 1245–1267.
Knobloch, L. K., & Metts, S. (2013). Emotion in relationships. In J. A. Simpson & L. Campbell (Eds.), *The Oxford handbook of close relationships* (pp. 514–534). New York: Oxford University Press.
蔵永　瞳・樋口匡貴 (2011a). 感謝の構造—生起状況と感情体験の多様性を考慮して—　感情心理学研究, *18*, 111–119.

蔵永　瞳・樋口匡貴 (2011b). 感謝生起状況における状況評価が感謝の感情体験に及ぼす影響　感情心理学研究, 19, 19–27.
Laurenceau, J-P., Barrett, L. F., & Piertromonaco, P. R. (1998). Intimacy as an interpersonal process: The importance of self-disclosure, partner disclosure, and perceived partner responsiveness in interpersonal exchanges. *Journal of Personality and Social Psychology*, 74, 1238–1251.
Leary, M. R., & Baumeister, R. F. (2000). The nature and function of self-esteem: Sociometer theory. In M. P. Zanna (Ed.), *Advances in experimental social psychology* (Vol. 32, pp. 1–62). New York: Academic Press.
Leidner, B., Tropp, L. R., & Lickel, B. (2013). Bringing science to bear—on peace, not war: Elaborating on psychology's potential to promote peace. *American Psychologist*, 68, 514–526.
Mackie, D. M., Devos, T., & Smith, E. R. (2000). Intergroup emotions: Explaining offensive action tendencies in an intergroup context. *Journal of Personality and Social Psychology*, 79, 602–616.
Mackie, D. M., & Smith, E. R. (2015). Intergroup emotions. In M. Mikulincer & P. R. Shaver (Eds.), *APA handbook of personality and social psychology, Vol. 2: Group processes* (pp. 263–293). Washington, DC: American Psychological Association.
諸井克英 (1996). 親密な人間関係における衡平性　大坊郁夫・奥田秀宇 (編)　親密な対人関係の科学 (pp. 59–85) 誠信書房
村山　綾・三浦麻子 (2015). 非専門家の法的判断に影響を及ぼす要因―道徳基盤・嫌悪感情・エラー管理に基づく検討―　認知科学, 22 (3), 426–436.
名古屋地方裁判所 (2014). 平成 25 年 (わ) 第 2450 号　平成 26 年 9 月 19 日刑事第 2 部判決
縄田健悟 (2015). "我々"としての感情とは何か？　エモーション・スタディーズ, 1, 9–16.
縄田健悟・山口裕幸 (2012). 集団間攻撃における集合的被害感の役割―日中関係における検討―　心理学研究, 83, 489–495.
Oishi, S., Diener, E., & Lucas, R. E. (2007). The optimal level of well-being: Can we be too happy? *Perspectives on Psychological Science*, 2, 346–360.
Pettigrew, T. F. (1998). Intergroup contact theory. *Annual Review of Psychology*, 49, 65–85.
Pettigrew, T. F., & Tropp, L. R. (2006). A meta-analytic test of intergroup contact theory. *Journal of Personality and Social Psychology*, 90, 751.
Pettigrew, T. F., & Tropp, L. R. (2008). How does intergroup contact reduce prejudice? Meta-analytic tests of three mediators. *European Journal of Social Psychology*, 38, 922–934.
Ray, D. G., Mackie, D. M., Rydell, R. J., & Smith, E. R. (2008). Changing categorization of self can change emotions about outgroups. *Journal of Experimental Social Psychology*, 44, 1210–1213.
Rimé, B. (2009). Emotion elicits the social sharing of emotion: Theory and empirical review. *Emotion Review*, 1, 60–85.
Roseman, I. J. (1984). Cognitive determinants of emotions: A structural theory. In P. Shaver (Ed.), *Review of personality and social psychology, Vol.5: Emotions, relationships, and health* (pp. 11–36). Beverly Hills, CA: Sage.
Rozin, P., Haidt, J., & McCauley, C. R. (2000). Disgust. In M. Lewis & J. M. Haviland-Jones (Eds.), *Handbook of emotions* (2nd ed., pp. 637–653). New York: Guilford Press
Rubin, Z. (1970). Measurement of romantic love. *Journal of Personality and Social Psychology*, 16, 265–273.
Russell, P. S., & Giner-Sorolla, R. (2011). Moral anger is more flexible than moral disgust. *Social Psychological and Personality Science*, 2, 360–364.
澤田匡人 (2006). 子どもの妬み感情とその対処―感情心理学からのアプローチ―　新曜社
Schimmack, U., Oishi, S., & Diener, E. (2005). Individualism: A valid and important dimension of cultural differences between nations. *Personality and Social Psychology Review*, 9, 17–31.
Schoebi, D., & Randall, A. K. (2015). Emotional dynamics in intimate relationships. *Emotion Review*, 7, 1–7.
Smith, E. R. (1993). Social identity and social emotions: Toward new conceptualizations of prejudice. In D. M. Mackie & D. L. Hamilton (Eds.), *Affect, cognition, and stereotyping: Interactive processes in group perception* (pp. 297–315). San Diego, CA: Academic Press.
Smith, E. R., & Mackie, D. M. (2016). Group-level emotions. *Current Opinion in Psychology*, 11, 15–19.
Smith, R. H. (2000). Assimilative and contrastive emotional reactions to upward and downward social comparisons. In J. Suls & L. Wheeler (Eds.), *Handbook of social comparison: Theory and research* (pp. 173–200). New York: Kluwer Academic/Plenum.
Spanovic, M., Lickel, B., Denson, T. F., & Petrovic, N. (2010). Fear and anger as predictors of motivation for intergroup aggression: Evidence from Serbia and Republika Srpska. *Group Processes & Intergroup Relations*, 13, 725–739.
Stephan, W. G. (2014). Intergroup anxiety: Theory, research, and practice. *Personality and Social Psychology Review*, 18,

239–255.
Stephan, W. G., & Stephan, C. W. (1985). Intergroup anxiety. *Journal of Social Issues, 41* (3), 157–175.
Sternberg, R. J. (1986). A triangular theory of love. *Psychological Review, 93*, 119–135.
Tajfel, H., & Turner, J. C. (1979). An integrative theory of intergroup conflict. In W. G. Austin & S. Worchel (Eds.), *The social psychology of intergroup relations*. Monterey, CA: Brooks-Cole.
Tooby J., & Cosmides, L. (2008). The evolutionary psychology of the emotions and their relationship to internal regulatory variables. In M. Lewis, J. M. Haviland-Jones, & L. F. Barrett (Eds.), *Handbook of emotions* (3rd ed., pp. 114–137). New York: Guilford Press.
Tropp, L. R., & Pettigrew, T. F. (2005). Differential relationships between intergroup contact and affective and cognitive dimensions of prejudice. *Personality and Social Psychology Bulletin, 31*, 1145–1158.
Turner, J. C., Hogg, M. A., Oakes, P. J., Reicher, S. D., & Wetherell, M. S. (1987). *Rediscovering the social group: A self-categorization theory*. Oxford and New York: Blackwell.
Walster, E., Berscheid, E., & Walster, G. W. (1973). New directions in equity research. *Journal of Personality and Social Psychology, 25*, 151–176.
Watkins, P. C., Scheer, J., Ovnicek, M., & Kolts, L. (2006). The debt of gratitude: Dissociating gratitude and indebtedness. *Cognition and Emotion, 20*, 217–241.
山本恭子・余語真夫・鈴木直人 (2004). 感情エピソードの開示を抑制する要因の検討　感情心理学研究, *11*, 73–81.
Zaki, J., & Williams, W. C. (2013). Interpersonal emotion regulation. *Emotion, 13*, 803–810.
Zhong, C. B., & Liljenquist, K. (2006). Washing away your sins: Threatened morality and physical cleansing. *Science, 313*, 1451–1452.

13章

Adolphs, R. (1999). Social cognition and the human brain. *Trends in Cognitive Sciences, 3*, 469–479.
Baumann, N., & Kuhl, J. (2005). Positive affect and flexibility: Overcoming the precedence of global over local processing of visual information. *Motivation and Cognition, 29*, 123–134.
Blank, H., Anwander, A., & von Kriegstein, K. (2011). Direct structural connections between voice- and face-recognition areas. *Journal of Neuroscience, 31*, 12906–12915.
Bless, H., Schwarz, N., & Kemmelmeier, M. (1996). Mood and stereotyping: Affective states and the use of general knowledge structures. In W. Stroebe & M. Hewstone (Eds.), *European review of social psychology* (Vol. 7, pp. 63–93). John Wiley & Sons.
Bower, G. H. (1981). Mood and memory. *American Psychologist, 36*, 129–148.
Bower, G. H. (1991). Mood congruity of social judgments. In J. P. Forgas (Ed.), *Emotion and social judgments* (pp. 31–53). Pergamon Press.
Bruce, V., & Young, A. (1986). Understanding face recognition. *British Journal of Psychology, 77*, 305–327.
Carr, L., Iacoboni, M., Dubeau, M. C., Mazziotta, J. C., & Lenzi, G. L. (2003). Neural mechanisms of empathy in humans: A relay from neural systems for imitation to limbic areas. *Proceedings of the National Academy of Sciences of the United States of America, 100*, 5497–5502.
Chaiken, S., & Trope, Y. (Eds.) (1999). *Dual-process theories in social psychology*. New York: Guilford Press.
Clore, G. L., Schwarz, N., & Conway, M. (1994). Affective causes and consequences of social information processing. In R. S. Wyer, Jr., & T. K. Srull (Eds.), *Handbook of social cognition, Vol.1: Basic processes* (2nd ed., pp. 323–417). Mahwah, NJ: Erlbaum.
Craig, A. D. (2002). How do you feel? Interoception: The sense of the physiological condition of the body. *Nature Reviews Neuroscience, 3*, 655–666.
de Gelder, B., de Borst, A. W., & Watson, R. (2015). The perception of emotion in body expressions. *Wiley Interdisciplinary Reviews: Cognitive Science, 6*, 149–158.
Dricu, M., & Fruholz, S. (2016). Perceiving emotional expressions in others: Activation likelihood estimation meta-analyses of explicit evaluation, passive perception and incidental perception of emotions. *Neuroscience and Biobehavioral Reviews, 71*, 810–828.
Erber, M. W., & Erber, R. (2001). The role of motivated social cognition in the regulation of affective states. In J. P. Forgas (Ed.), *Handbook of affect and social cognition* (pp. 275–290). Mahwah, NJ: Erlbaum.
Forgas, J. P. (1995). Mood and judgment: The affect infusion model (AIM). *Psychological Bulletin, 117*, 39–66.
Forgas, J. P. (Ed.) (2001). *Handbook of affect and social cognition*. Mahwah, NJ: Erlbaum.

Fredrickson, B. L. (2013). Positive emotions broaden and build. In P. Devine & A. Plant (Eds.), *Advances in experimental social psychology* (Vol. 47, pp. 1–53). Burlington, MA: Academic Press.

Frith, U., Morton, J., & Leslie, A. M. (1991). The cognitive basis of a biological disorder: Autism. *Trends in Neurosciences*, *14*, 433–438.

Gasper, K., & Clore, G. L. (2002). Attending to the big picture: Mood and global versus local processing of visual information. *Psychological Science*, *13*, 34–40.

Gopnik, A., & Wellman, H. M. (1992). Why the child's theory of mind really is a theory. *Mind & Language*, *7*, 145–171.

Hassin, R. R., Aviezer, H., & Bentin, S. (2013). Inherently ambiguous: Facial expressions of emotions, in context. *Emotion Review*, *5*, 60–65.

Haxby, J. V., Hoffman, E. A., & Gobbini, M. I. (2000). The distributed human neural system for face perception. *Trends in Cognitive Sciences*, *4*, 223–233.

Heberlein, A. S., & Atkinson, A. P. (2009). Neuroscientific evidence for simulation and shared substrates in emotion recognition: Beyond faces. *Emotion Review*, *1*, 162–177.

Isen, A. M. (1987). Positive affect, cognitive processes, and social behavior. In L. Berkowitz (Ed.), *Advances in experimental social psychology* (Vol.20, pp. 203–253). San Diego, CA: Academic Press.

Isen, A. M. (2000). Positive affect and decision making. In M. Lewis & J. Haviland-Jones (Eds.), *Handbook of emotions* (2nd ed., pp.417–435). New York: Guilford Press.

Isen, A. M., Shalker, T. E., Clark, M. S., & Karp, L. (1978). Positive affect, accessibility of material in memory, and behavior: A cognitive loop? *Journal of Personality and Social Psychology*, *36*, 1–12.

河村　満 (2001).「街の顔」と「人の顔」失語症研究, *21*, 128–132.

北村英哉 (2002). ムード状態が情報処理方略に及ぼす効果――ムードの誤帰属と有名さの誤帰属の2課題を用いた自動的処理と統制的処理の検討―― 実験社会心理学研究, *41*, 84–97.

北村英哉 (2004a). 認知と感情　大島　尚・北村英哉 (編) 認知の社会心理学 (pp. 108–130) 北樹出版

北村英哉 (2004b). 社会的認知と感情. 行動, 動機づけ 岡　隆 (編) 社会的認知研究のパースペクティブ――心と社会のインターフェイス―― (pp. 67–84) 培風館

北村英哉 (2008). 感情研究の最新理論―社会的認知の観点から―― 感情心理学研究, *16*, 156–166.

北村英哉・木村　晴・榊　美智子 (2006). 感情の研究法　北村英哉・木村　晴 (編) 感情の研究の新展開 (pp. 43–64) ナカニシヤ出版

Koster-Hale, J., & Saxe, R. (2013). Functional neuroimaging of theory of mind. In S. Baron-Cohen, M. Lombardo, & H. Tager-Flusberg (Eds.), *Understanding other minds: Perspectives from developmental social neuroscience* (pp. 132–163). Oxford: Oxford University Press.

Kreifelts, B., Ethofer, T., Grodd, W., Erb, M., & Wildgruber, D. (2007). Audiovisual integration of emotional signals in voice and face: An event-related fMRI study. *Neuroimage*, *37*, 1445–1456.

Kreifelts, B., Ethofer, T., Shiozawa, T., Grodd, W., & Wildgruber, D. (2009). Cerebral representation of non-verbal emotional perception: fMRI reveals audiovisual integration area between voice- and face-sensitive regions in the superior temporal sulcus. *Neuropsychologia*, *47*, 3059–3066.

LeDoux, J. (1998). *The emotional brain: The mysterious underpinnings of emotional life*. New York: Simon and Schuster.

Levenson, R. W., Ekman, P., & Friesen, W. V. (1990). Voluntary facial action generates emotion-specific autonomic nervous-system activity. *Psychophysiology*, *27*, 363–384.

Lieberman, M. D. (2010). Social cognitive neuroscience. In S. T. Fiske, D. T. Gilbert, & G. Lindzey (Eds.), *Handbook of social psychology* (5th ed., pp. 143–193). Hoboken, NJ: John Wiley & Sons.

Martin, J., Rychlowska, M., Wood, A., & Niedenthal, P. (2017). Smiles as multipurpose social signals. *Trends in Cognitive Sciences*, *21*, 864–877.

Nisbett, R. E. (2003). *The geography of thought: Why we think the way we do*. New York: The Free Press. 村本由紀子 (訳) (2004). 木を見る西洋人, 森を見る東洋人―思考の違いはいかにして生まれるか―― ダイヤモンド社

Nummenmaa, L., Glerean, E., Hari, R., & Hietanen, J. K. (2014). Bodily maps of emotions. *Proceedings of the National Academy of Sciences of the United States of America*, *111*, 646–651.

Ong, D. C., Zaki, J., & Goodman, N. D. (2015). Affective cognition: Exploring lay theories of emotion. *Cognition*, *143*, 141–162.

Peelen, M. V., Atkinson, A. P., & Vuilleumier, P. (2010). Supramodal representations of perceived emotions in the human brain. *Journal of Neuroscience*, *30*, 10127–10134.

Rizzolatti, G., & Craighero, L. (2004). The mirror-neuron system. *Annual Review of Neuroscience*, *27*, 169–192.

Sander, D., Grafman, J., & Zalla, T. (2003). The human amygdala: An evolved system for relevance detection. *Reviews in*

the Neurosciences, *14*, 303–316.
Sato, W., & Yoshikawa, S. (2007). Spontaneous facial mimicry in response to dynamic facial expressions. *Cognition*, *104*, 1–18.
Saxe, R., & Houlihan, S. D. (2017). Formalizing emotion concepts within a Bayesian model of theory of mind. *Current Opinion in Psychology*, *17*, 15–21.
Schirmer, A., & Adolphs, R. (2017). Emotion perception from face, voice, and touch: Comparisons and convergence. *Trends in Cognitive Sciences*, *21*, 216–228.
Schwarz, N. (1990). Feeling as information: Informational and motivational functions of affective states. In E. T. Higgins & R. M. Sorrentino (Eds.), *Handbook of motivation and cognition: Foundations of social behavior* (Vol.2, pp. 527–561). New York: Guilford Press.
Schwarz, N., & Clore, G. L. (1983). Mood, misattribution, and judgments of well-being: Informative and directive functions of affective states. *Journal of Personality and Social Psychology*, *45*, 513–523.
Skerry, A. E., & Saxe, R. (2014). A common neural code for perceived and inferred emotion. *Journal of Neuroscience*, *34*, 15997–16008.
Skerry, A. E., & Saxe, R. (2015). Neural representations of emotion are organized around abstract event features. *Current Biology*, *25*, 1945–1954.
鈴木敦命 (2014). 表情認知と体現的シミュレーション 心理学評論, *57*, 5–23.
Tan, H. K., Jones, G. V., & Watson, D. G. (2009). Encouraging the perceptual underdog: Positive affective priming of nonpreferred local-global processes. *Emotion*, *9*, 238–247.
Tanaka, A., Koizumi, A., Imai, H., Hiramatsu, S., Hiramoto, E., & de Gelder, B. (2010). I feel your voice: Cultural differences in the multisensory perception of emotion. *Psychological Science*, *21*, 1259–1262.
谷口高士 (1991). 言語課題遂行時の聴取音楽による気分一致効果について 心理学研究, *62*, 88–95.
谷口高士 (2001). 気分状態依存効果 山本眞理子・外山みどり・池上知子・遠藤由美・北村英哉・宮本聡介 (編) 社会的認知ハンドブック (p.145) 北大路書房
Velten, E. Jr. (1968). A laboratory task for induction of mood states. *Behaviour Research and Therapy*, *6*, 473–482.
Vuilleumier, P., Armony, J. L., Driver, J., & Dolan, R. J. (2003). Distinct spatial frequency sensitivities for processing faces and emotional expressions. *Nature Neuroscience*, *6*, 624–631.
Vuilleumier, P., Richardson, M. P., Armony, J. L., Driver, J., & Dolan, R. J. (2004). Distant influences of amygdala lesion on visual cortical activation during emotional face processing. *Nature Neuroscience*, *7*, 1271–1278.
Whalen, P. J., Kagan, J., Cook, R. G., Davis, F. C., Kim, H., Polis, S., McLaren, D. G., Somerville, L. H., McLean, A. A., Maxwell, J. S., & Johnstone, T. (2004). Human amygdala responsivity to masked fearful eye whites. *Science*, *306*, 2061.
Wildgruber, D., Ethofer, T., Grandjean, D., & Kreifelts, B. (2009). A cerebral network model of speech prosody comprehension. *International Journal of Speech-Language Pathology*, *11*, 277–281.
Zaki, J. (2013). Cue integration: A common framework for social cognition and physical perception. *Perspectives on Psychological Science*, *8*, 296–312.
Zaki, J., Hennigan, K., Weber, J., & Ochsner, K. N. (2010). Social cognitive conflict resolution: Contributions of domain-general and domain-specific neural systems. *Journal of Neuroscience*, *30*, 8481–8488.

14 章

相川 充・藤井 勉 (2011). 潜在連合テスト (IAT) を用いた潜在的シャイネス測定の試み 心理学研究, *82*, 41–48.
安達智子・遠藤利彦 (2005). 青年期・成人期におけるアタッチメントの測定法 (1) アダルト・アタッチメント・インタヴュー 数井みゆき・遠藤利彦 (編) アタッチメント—生涯にわたる絆— (pp. 144–148) ミネルヴァ書房
有光興記 (2002). 質問紙法による感情研究 感情心理学研究, *9*, 23–30.
浅野良輔 (2012). パーソナリティと親密な関係 鈴木公啓 (編) パーソナリティ心理学概論—性格理解への扉— (pp. 97–108) ナカニシヤ出版
Back, M. D., Schmukle, S. C., & Egloff, B. (2009). Predicting actual behavior from the explicit and implicit self-concept of personality. *Journal of Personality and Social Psychology*, *97*, 533–548.
Bartholomew, K., & Horowitz, L. M. (1991). Attachment styles among young adults: A test of a four-category model. *Journal of Personality and Social Psychology*, *61*, 226–244.
Bluemke, M., & Friese, M. (2008). Reliability and validity of the Single-Target IAT (ST-IAT): Assessing automatic affect towards multiple attitude objects. *European Journal of Social Psychology*, *38*, 977–997.

Bowlby, J. (1973). *Separation: anxiety and anger* (Attachment and loss, Vol. II). New York: Basic Books.
Ciarrochi, J., Chan, A., Caputi, P., & Roberts, R. (2001). Measuring emotional intelligence. In J. Ciarrochi, J. P. Forgas, & J. D. Mayer (Eds.), *Emotional intelligence in everyday life: A scientific inquiry* (pp. 25–45). New York: Psychology Press.
Collins, N. L., & Feeney, B. C. (2004). Working models of attachment shape perceptions of social support: Evidence from experimental and observational studies. *Journal of Personality and Social Psychology*, *87*, 363–383.
Collins, N. L., & Read, S. J. (1994). Cognitive representations of attachment: The structure and function of working models. In K. Bartholomew & D. Perlman (Eds.), *Attachment processes in adulthood* (pp. 53–90). London, UK: Jessica Kingsley Publishers.
Egloff, B., & Schmukle, S. C. (2002). Predictive validity of an implicit association test for assessing anxiety. *Journal of Personality and Social Psychology*, *83*, 1441–1455.
藤井 勉 (2010).「暗黙の」知能観と社会的望ましさの関連—他の特性との関連も交えて— 学習院大学人文科学論集, *19*, 151–162.
藤井 勉 (2013). 対人不安 IAT の作成および妥当性・信頼性の検討 パーソナリティ研究, *22*, 23–36.
藤井 勉・相川 充 (2013). シャイネスの二重分離モデルの検証—IAT を用いて— 心理学研究, *84*, 529–535.
藤井 勉・上淵 寿・山田琴乃・斎藤将大・伊藤恵里子・利根川明子・上淵真理江 (2015). 潜在的な愛着の内的作業モデルと情報処理の関連—GNAT を用いて— 心理学研究, *86*, 132–141.
藤原健志・村上達也・西村多久磨・濱口佳和・櫻井茂男 (2014). 小学生における対人的感謝尺度の作成 教育心理学研究, *62*, 187–196.
Greenwald, A. G., McGhee, D. E., & Schwartz, J. L. K. (1998). Measuring individual differences in implicit cognition: The implicit association test. *Journal of Personality and Social Psychology*, *74*, 1464–1480.
林 楚悠然・稲垣 勉・相川 充 (2018). 感謝 IAT の開発の試み 筑波大学心理学研究, *55*, 49–57.
平井 花 (2013). 主観的感情特性尺度の作成—基本感情に基づいた感情特性の各特徴について— 日本感情心理学会第 21 回大会発表論文集, 24.
平井 花 (2015). 喜び・悲しみ・怒りの感情特性・感情制御の比較—再評価・思考抑制・表出抑制・回復力・反芻の関係— 日本心理学会第 79 回大会発表論文集, 950.
稲垣 勉 (2019). Dark Triad とシャーデンフロイデ—特性妬みとの関連も踏まえて— 鹿児島大学教育学部研究紀要, *70*, 133–142.
石井佑可子 (2014). 情動の知性と社会的適応 遠藤利彦・石井佑可子・佐久間路子 (編著) よくわかる情動発達 (pp. 74–75) ミネルヴァ書房
金政祐司 (2006). 恋愛関係の排他性に及ぼす青年期の愛着スタイルの影響について 社会心理学研究, *22*, 139–154.
金政祐司 (2009). 青年期の母—子ども関係と恋愛関係の共通性の検討—青年期の 2 つの愛着関係における悲しき予言の自己成就— 社会心理学研究, *25*, 11–20.
金政祐司 (2010). 中年期の夫婦関係において成人の愛着スタイルが関係内での感情経験ならびに関係への評価に及ぼす影響 パーソナリティ研究, *19*, 134–145.
古村健太郎・村上達也・戸田弘二 (2016). アダルト・アタッチメント・スタイル尺度 (ECR-RS) 日本語版の妥当性評価 心理学研究, *87*, 303–313.
Lopes, P. N., Salovey, P., Coté, S., & Beers, M. (2005). Emotion regulation abilities and the quality of social interaction. *Emotion*, *5*, 113–118.
Main, M., & Goldwyn, R. (1984). Adult attachment scoring and classification system. Unpublished manuscript, Berkeley, CA: University of California at Berkeley.
Martins A., Ramalho N., & Morin, E. (2010). A comprehensive meta-analysis of the relationship between emotional intelligence and health. *Personality and Individual Differences*, *49*, 554–564.
Mayer, J. D., Salovey, P., & Caruso, D. R. (2000). Models of emotional intelligence. In R. J. Sternberg (Ed.), *Handbook of intelligence* (pp. 396–420). Cambridge, UK: Cambridge University Press.
McCullough, M. E., Emmons, R. A., & Tsang, A. (2000). The grateful disposition: A conceptual and empirical topography. *Journal of Personality and Social Psychology*, *82*, 112–127.
三宅和夫 (1990). 子どもの個性—生後 2 年間を中心に— 東京大学出版会
水野里恵 (1998). 乳児期の子どもの気質・母親の分離不安と後の育児ストレスとの関連—第一子を対象にした乳幼児期の縦断研究— 発達心理学研究, *9*, 56–65.
水野里恵 (2017). 子どもの気質・パーソナリティの発達心理学 金子書房
武藤世良 (2016). 特性尊敬関連感情尺度 (青年期後期用) の作成の試み 心理学研究, *86*, 566–576.
中尾達馬 (2014). 愛着とは何か 遠藤利彦・石井佑可子・佐久間路子 (編著) よくわかる情動発達 (pp. 128–129)

ミネルヴァ書房
中尾達馬・加藤和生 (2004). 成人愛着スタイル尺度 (ECR) の日本語版作成の試み 心理学研究, 75, 154–159.
Nosek, B. A., & Banaji, M. R. (2001). The Go/No-go Association Task. *Social Cognition*, 19, 625–664.
野崎優樹 (2015). 情動知能と情動コンピテンスの概念上の差異に関する考察 京都大学大学院教育学研究科紀要, 61, 271–283.
大浦真一・松尾和弥・稲垣 (藤井) 勉・島 義弘・福井義一 (2017a). 顕在・潜在的内的作業モデルがアレキシサイミア傾向に及ぼす影響—潜在連合テストを用いた検討— 第22回日本心療内科学会総会・学術大会プログラム・抄録集, 103.
大浦真一・松尾和弥・稲垣 (藤井) 勉・島 義弘・福井義一 (2017b). 顕在・潜在的内的作業モデルが対人ライフイベントの経験頻度に及ぼす影響 日本心理学会第81回大会発表論文集, 41.
小塩真司 (2014). パーソナリティ心理学—Progress & Application— サイエンス社
Perera, H. N., & DiGiacomo, M. (2013). The relationship of trait emotional intelligence with academic performance: A meta-analytic review. *Learning and Individual Differences*, 28, 20–33.
坂上裕子 (2005). アタッチメントの発達を支える内的作業モデル 数井みゆき・遠藤利彦 (編) アタッチメント—生涯にわたる絆— (pp. 32–48) ミネルヴァ書房
佐久間路子 (2014a). 気質と情動 遠藤利彦・石井佑可子・佐久間路子 (編) よくわかる情動発達 (pp. 172–173) ミネルヴァ書房
佐久間路子 (2014b). 気質に関する代表的理論 遠藤利彦・石井佑可子・佐久間路子 (編) よくわかる情動発達 (pp. 174–175) ミネルヴァ書房
Salovey, P., & Mayer, J. D. (1990). Emotional intelligence. *Imagination, Cognition and Personality*, 9, 185–211.
Sameroff, A. J., & Chandler, M. J. (1975). Reproductive risk and the continuum of caretaking casualty. In: F. D. Horowitz, E. M. Hetherington, S. Scarr-Salapatek, & G. M. Siegel (Eds.), *Review of child development research* (Vol. 4, pp. 187–244). Chicago: University of Chicago Press.
澤田匡人・藤井 勉 (2016). 妬みやすい人はパフォーマンスが高いのか？—良性妬みに着目して— 心理学研究, 87, 198–204.
Schutte, N. S., Malouff, J. M., Thorsteinsson, E. B., Bhullar, N., Rooke, S. E. (2007). A meta-analytic investigation of the relationship between emotional intelligence and health. *Personality and Individual Differences*, 42, 921–933.
Schwartz, C. E., Wright, C. I., Shin, L. M., Kagan, J., & Rauch, S. L. (2003). Inhibited and uninhibited infants "grown up": Adult amygdalar response to novelty. *Science*, 300, 1952–1953.
Shaver, P. R., & Hazan, C. (1988). A biased overview of the study of love. *Journal of Social and Personal Relationships*, 5, 473–501.
島 義弘 (2017). 発達—パーソナリティ心理学の視点から— 島 義弘 (編) パーソナリティと感情の心理学 (pp. 81–99) サイエンス社
清水秀美・今栄国晴 (1981). State-trait anxiety inventoryの日本語版 (大学生用) の作成 教育心理学研究, 29, 348–353.
Spielberger, C. D., Gorsuch, R. L., & Lushene, R. E. (1970). *STAI manual for the State-trait anxiety inventory*. Palo Alto, CA: Consulting Psychologists Press.
菅原ますみ (2003). 個性はどう育つか 大修館書店
谷 伊織 (2008). バランス型社会的望ましさ反応尺度日本語版 (BIDR-J) の作成と信頼性・妥当性の検討 パーソナリティ研究, 17, 18–28.
Thomas, A., & Chess, S. (1977). *Temperament and development*. New York: Brunner/Mazel.
Thomas, A., & Chess, S. (1986). The New York Longitudinal Study: From infancy to early adult life. In R. Plomin & J. Dunn (Eds.), *The study of temperament: Changes, continuities and challenges* (pp. 39–52). Hillsdale, NJ: Erlbaum.
豊田弘司 (2014). 愛着スタイル，情動知能及び自尊感情の関係 奈良教育大学教育実践開発研究センター紀要, 23, 1–6.
豊田弘司・森田泰介・金敷大之・清水益司 (2005). 日本版ESCQ (Emotional Skills & Competence Questionnaire) の開発 奈良教育大学紀要, 54, 43–47.
Waddington, C. H. (1957). *The strategy of the genes: A discussion of some aspects of theoretical biology*. London: Allen & Unwin.

15章

Alonso, J., & Lépine, J. P. (European Study of the Epidemiology of Mental Disorders / Mental Health Disability, A

European Assessment in the Year 2000 Scientific Committee) (2007). Overview of key data from the European Study of the Epidemiology of Mental Disorders (ESEMeD). *Journal of Clinical Psychiatry, 68*, 3–9.
American Psychiatric Association (1994). *Diagnostic and statistical manual of mental disorders* (4th ed.). Washington, DC: American Psychiatric Association. 高橋三郎・大野　裕 (訳) (1995). DSM-IV 精神疾患の診断・統計マニュアル　医学書院
American Psychiatric Association (2013) Diagnostic and statistical manual of mental disorders (5th ed.). Arlington, VA: American Psychiatric Association Publishing. 高橋三郎・大野　裕 (監訳), 染矢俊幸・神庭重信・尾崎紀夫・三村　將・村井俊哉 (訳) (2014). DSM-5—精神疾患の診断・統計マニュアル—　医学書院
Black, D. W., & Grant, J. E. (2014). DSM-5 Guidebook: The Essential Companion to the Diagnostic and Statistical Manual of Mental Disorders. Arlington, VA: American Psychiatric Association Publishing. 高橋三郎 (監訳) (2016). DSM-5 ガイドブック—診断基準を使いこなすための指針—　医学書院
Conway, K. P., Compton, W., Stinson, F. S., & Grant, B. F. (2006). Lifetime comorbidity of DSM-IV mood and anxiety disorders and specific drug use disorders: Results from the National Epidemiologic Survey on Alcohol and Related Conditions. *Journal of Clinical Psychiatry, 67*, 247–257.
傳田健三 (2006). 小児のうつと不安—診断と治療の最前線—　新興医学出版社
傳田健三 (2011). 子どもの双極性障害—DSM-5 への展望—　金剛出版
古荘純一 (2006). 新小児精神神経学—学校・保育現場における子どもの理解・支援のために—　日本小児医事出版社
Geller, B., Fox, L.W., & Clark, K. A. (1994). Rate and predictors of prepubertal bipolarity during follow-up of 6- to 12-year-old depressed children. *Journal of American Academy of Child and Adolescent Psychiatry, 33*, 461–468.
蓮舎寛子・市川宏伸 (2005). 児童青年期における双極性障害—青少年の攻撃性との関連—　精神科治療学, *20*, 1121–1126.
川上憲人 (2006). こころの健康についての疫学調査に関する研究　平成 18 年度厚生労働科学研究費 (こころの健康科学研究事業) こころの健康についての疫学調査に関する研究　総括研究報告書
川上憲人 (2016). 厚生労働科学研究費補助金 (障害者対策総合研究事業) 精神疾患の有病率等に関する大規模疫学調査研究：世界精神保健日本調査セカンド　総合研究報告書
Kessler, R. C., Berglund, P., Demler, O., Jin, R., Merikangas, K. R., Walters, E.E. (2005). Lifetime prevalence and age-of-onset distributions of DSM-IV disorders in the National Comorbidity Survey Replication. *Archives of General Psychiatry, 62*, 593–602.
Kessler, R. C., Nelson, C. B., McGonagle, K. A., Edlund, M. J., Frank, R. G., & Leaf, P. J. (1996). The epidemiology of co-occurring addictive and mental disorders: Implications for prevention and service utilization. *American Journal of Orthopsychiatry, 66*, 17–31.
松本英夫・傳田健三・齋藤万比古 (編) (2010). 子どもの不安障害と抑うつ (子どもの心の診療シリーズ)　中山書店
中村和彦 (編)(2018). 児童・青年期精神疾患の薬物治療ガイドライン　じほう
大野　裕 (2014). 精神医療・診断の手引き—DSM-III はなぜ作られ，DSM-5 はなぜ批判されたか—　金剛出版
佐藤祐基・傳田健三・石川　丹 (2014). 児童・青年期の双極性障害に関する臨床的研究　児童青年精神医学とその近接領域, *55*, 1–14.
World Health Organization (1992). *The ICD-10 classification of mental and behavioural disorders: Clinical descriptions and diagnostic guidelines*. Geneve: World Health Organization.　融　道男・中根允文・岡崎祐士・大久保善朗 (訳) (2005). ICD-10 精神および行動の障害—臨床記述と診断ガイドライン—　医学書院

▎16 章

American Psychiatric Association (1980). *Diagnostic and statistical manual of mental disorders* (3rd ed.). Washington, DC: American Psychiatric Association.
American Psychiatric Association (1987). *Diagnostic and statistical manual of mental disorders* (3rd ed., rev.). Washington, DC: American Psychiatric Association.　高橋三郎 (訳) (1988). DSM-III-R 精神障害の診断・統計マニュアル　医学書院
American Psychiatric Association (2000). *Diagnostic and statistical manual of mental disorders* (4th ed., text rev.). Washington, DC, London: American Psychiatric Association.　高橋三郎・大野　裕・染谷俊幸 (訳) (2002). DSM-IV-TR 精神疾患の診断・統計マニュアル　医学書院
American Psychiatric Association (2013). *Diagnostic and statistical manual of mental disorders* (5th ed.). Washington, DC, London: American Psychiatric Publishing.　高橋三郎・大野　裕 (監訳) (2014). DSM-5 精神疾患の診断・統計

マニュアル　医学書院
安藤寿康 (2014). 遺伝と環境の心理学―人間行動遺伝学入門―　培風館
Barlow, D. H., Farchione, T. J., Fairholme, C. P., Ellard, K. K., Boisseau, C. L., Allen, L. B., & Ehrenreich-May, J. T. (2011). *Unified protocol for transdiagnostic treatment of emotional disorders: Therapist guide*. New York: Oxford University Press. 伊藤正哉・堀越　勝 (訳) (2012). 不安とうつの統一プロトコル―診断を越えた認知行動療法セラピストガイド―　診断と治療社
Beesdo, K., Bittner, A., Pine, D. S., Stein, M. B., Höfler, M., Lieb, R., & Wittchen, H.-U. (2007). Incidence of social anxiety disorder and the consistent risk for secondary depression in the first three decades of life. *Archives of General Psychiatry, 64*, 903–912.
Berg, J. M., Latzman, R. D., Bliwise, N. G., & Lilienfeld, S. O. (2015). Parsing the heterogeneity of impulsivity: A meta-analytic review of the behavioral implications of the UPPS for psychopathology. *Psychological Assessment, 27*, 1129–1146.
Brown, T. A., & Barlow, D. H. (2009). A proposal for a dimensional classification system based on the shared features of the DSM-IV anxiety and mood disorders: Implications for assessment and treatment. *Psychological Assessment, 21*, 256–271.
Brown, T. A., Campbell, L. A., Lehman, C. L., Grisham, J. R., & Mancill, R. B. (2001). Current and lifetime comorbidity of the DSM-IV anxiety and mood disorders in a large clinical sample. *Journal of Abnormal Psychology, 110*, 585–599.
Brown, T. A., Chorpita, B. F., & Barlow, D. H. (1998). Structural relationships among dimensions of the DSM-IV anxiety and mood disorders and dimensions of negative affect, positive affect, and autonomic arousal. *Journal of Abnormal Psychology, 107*, 179–192.
Brozovich, F., & Heimberg, R. G. (2008). An analysis of post-event processing in social anxiety disorder. *Clinical Psychology Review, 28*, 891–903.
Chronis-Tuscano, A., Molina, B. S. G., Pelham, W. E., Applegate, B., Dahlke, A., Overmyer, M., & Lahey, B. B. (2010). Very early predictors of adolescent depression and suicide attempts in children with attention-deficit/hyperactivity disorder. *Archives of General Psychiatry, 67*, 1044–1051.
Cosgrove, V. E., & Suppes, T. (2013). Informing DSM-5: Biological boundaries between bipolar I disorder, schizoaffective disorder, and schizophrenia. *BMC Medicine, 11* (127). doi: 10.1186/1741-7015-11-127
Cyders, M. A., & Coskunpinar, A. (2011). Measurement of constructs using self-report and behavioral lab tasks: Is there overlap in nomothetic span and construct representation for impulsivity? *Clinical Psychology Review, 31*, 965–982.
Cyders, M. A., Smith, G. T., Spillane, N. S., Fischer, S., Annus, A. M., & Peterson, C. (2007). Integration of impulsivity and positive mood to predict risky behavior: Development and validation of a measure of positive urgency. *Psychological Assessment, 19*, 107–118.
Ehring, T., Frank, S., & Ehlers, A. (2008). The role of rumination and reduced concreteness in the maintenance of posttraumatic stress disorder and depression following trauma. *Cognitive Therapy and Research, 32*, 488–506.
Ehring, T., & Watkins, E. R. (2008). Repetitive negative thinking as a transdiagnostic process. *International Journal of Cognitive Therapy, 1*, 192–205.
Flint, J., & Kendler, K. S. (2014). The genetics of major depression. *Neuron, 81*, 484–503.
Gruber, J., Eidelman, P., Johnson, S. L., Smith, B., & Harvey, A. G. (2011). Hooked on a feeling: Rumination about positive and negative emotion in inter-episode bipolar disorder. *Journal of Abnormal Psychology, 120*, 956–961.
Gu, Y., Xu, G., & Zhu, Y. (2018). A randomized controlled trial of mindfulness-based cognitive therapy for college students with ADHD. *Journal of Attention Disorders, 22*, 388–399.
Hackmann, A., Surawy, C., & Clark, D. M. (1998). Seeing yourself through others' eyes: A study of spontaneously occurring images in social phobia. *Behavioural and Cognitive Psychotherapy, 26*, 3–12.
Hales, S. A., Deeprose, C., Goodwin, G. M., & Holmes, E. A. (2011). Cognitions in bipolar affective disorder and unipolar depression: imagining suicide. *Bipolar Disorders, 13*, 651–661.
Hasegawa, A., Kunisato, Y., Morimoto, H., Nishimura, H., & Matsuda, Y. (2018). Depressive rumination and urgency have mutually enhancing relationships but both predict unique variance in future depression: A longitudinal study. *Cogent Psychology, 5* (1450319). doi: 10.1080/23311908.2018.1450919
Hepark, S., Janssen, L., de Vries, A., Schoenberg, P. L. A., Donders, R., Kan, C. C., & Speckens, A. E. M. (2019). The efficacy of adapted MBCT on core symptoms and executive functioning in adults with ADHD: A preliminary randomized controlled trial. *Journal of Attention Disorders, 23*, 351–362.
Hettema, J. M., Neale, M. C., & Kendler, K. S. (2001). A review and meta-analysis of the genetic epidemiology of anxiety

disorders. *The American Journal of Psychiatry, 158*, 1568–1578.
Holmes, E. A., & Mathews, A. (2005). Mental imagery and emotion: A special relationship? *Emotion, 5*, 489–497.
Holmes, E. A., & Mathews, A. (2010). Mental imagery in emotion and emotional disorders. *Clinical Psychology Review, 30*, 349–362.
Hovens, J. G. F. M., Wiersma, J. E., Giltay, E. J., van Oppen, P., Spinhoven, P., Penninx, B. W. J. H., & Zitman, F. G. (2010). Childhood life events and childhood trauma in adult patients with depressive, anxiety and comorbid disorders vs. controls. *Acta Psychiatrica Scandinavica, 122*, 66–74.
Ivins, A., Di Simplicio, M., Close, H., Goodwin, G. M., & Holmes, E. (2014). Mental imagery in bipolar affective disorder versus unipolar depression: Investigating cognitions at times of 'positive' mood. *Journal of Affective Disorders, 166*, 234–242.
Johnson, S. L., McKenzie, G., & McMurrich, S. (2008). Ruminative responses to negative and positive affect among students diagnosed with bipolar disorder and major depressive disorder. *Cognitive Therapy and Research, 32*, 702–713.
Johnson-Laird, P. N., Mancini, F., & Gangemi, A. (2006). A hyper-emotion theory of psychological illnesses. *Psychological Review, 113*, 822–841.
Joormann, J., Dkane, M., & Gotlib, I. H. (2006). Adaptive and maladaptive components of rumination? Diagnostic specificity and relation to depressive biases. *Behavior Therapy, 37*, 269–280.
Kendler, K. S., Aggen, S. H., Knudsen, G. P., Røysamb, E., Neale, M. C., & Reichborn-Kjennerud, T. (2011). The structure of genetic and environmental risk factors for syndromal and subsyndromal common DSM-IV axis I and all axis II disorders. *The American Journal of Psychiatry, 168*, 29–39.
Kessler, R. C., Adler, L., Barkley, R., Biederman, J., Conners, C. K., Demler, O., Faraone, S. V., Greenhill, L. L., Howes, M. J., Secnik, K., Spencer, T., Ustun, T. B., Walters, E. E., & Zaslavsky, A. M. (2006). The prevalence and correlates of adult ADHD in the United States: Results from the National Comorbidity Survey Replication. *The American Journal of Psychiatry, 163*, 716–723.
Kessler, R. C., Berglund, P., Demler, O., Jin, R., Koretz, D., Merikangas, K. R., Rush, A. J., Walter, E. E., & Wang, P. S. (2003). The epidemiology of major depressive disorder: Results from the National Comorbidity Survey Replication (NCS-R). *Journal of the American Medical Association, 289*, 3095–3105.
Kessler, R. C., Berglund, P., Demler, O., Jin, R., Merikangas, K. R., & Walters, E. E. (2005). Lifetime prevalence and age-of-onset distributions of DSM-IV disorders in the National Comorbidity Survey Replication . *Archives of General Psychiatry, 62*, 593–602.
Kleim, B., & Ehlers, A. (2008). Reduced autobiographical memory specificity predicts depression and posttraumatic stress disorder after recent trauma. *Journal of Consulting and Clinical Psychology, 76*, 231–242.
Klein, D. N., & Allmann, A. E. S. (2014). Course of depression: Persistence and recurrence. In I. H. Gotlib & C. L. Hammen (Eds.), *Handbook of depression* (3rd ed., pp. 64–83). New York: Guilford Press.
松永寿人・吉田賀一 (2016). 強迫症および関連症群への認知行動療法の適用をいかにするか　認知療法研究, 9, 23–33.
松岡和生 (2014). 心的イメージ　行場次朗・箱田裕司 (編)　新・知性と感性の心理―認知心理学最前線― (pp. 80–96)　福村出版
McGuffin, P., Rijsdijk, F., Andrew, M., Sham, P., Katz, R., & Cardno, A. (2003). The heritability of bipolar affective disorder and the genetic relationship to unipolar depression. *Archives of General Psychiatry, 60*, 497–502.
Monroe, S. M., & Harkness, K. L. (2005). Life stress, the "kindling" hypothesis, and the recurrence of depression: Considerations from a life stress perspective. *Psychological Review, 112*, 417–445.
Morina, N., Lancee, J., & Arntz, A. (2017). Imagery rescripting as a clinical intervention for aversive memories: A meta-analysis. *Journal of Behavior Therapy and Experimental Psychiatry, 55*, 6–15.
Mosing, M. A., Gordon, S. D., Medland, S. E., Statham, D. J., Nelson, E. C., Heath, A. C., Martin, N. G., & Wray, N. R. (2009). Genetic and environmental influences on the co-morbidity between depression, panic disorder, agoraphobia, and social phobia: A twin study. *Depression and Anxiety, 26*, 1004–1011.
Muhtadie, L., Johnson, S. L., Carver, C. S., Gotlib, I. H., & Ketter, T. A. (2014). A profile approach to impulsivity in bipolar disorder: The key role of strong emotions. *Acta Psychiatrica Scandinavica, 129*, 100–108.
Newby, J. M., & Moulds, M. L. (2011). Characteristics of intrusive memories in a community sample of depressed, recovered depressed and never-depressed individuals. *Behaviour Research and Therapy, 49*, 234–243.
Nolen-Hoeksema, S. (1991). Responses to depression and their effects on the duration of depressive episodes. *Journal of Abnormal Psychology, 100*, 569–582.

Nolen-Hoeksema, S. (2000). The role of rumination in depressive disorders and mixed anxiety/depressive symptoms. *Journal of Abnormal Psychology, 109*, 504–511.

Nolen-Hoeksema, S., & Morrow, J. (1993). Effects of rumination and distraction on naturally occurring depressed mood. *Cognition and Emotion, 7*, 561–570.

Norton, P. J., & Price, E. C. (2007). A meta-analytic review of adult cognitive-behavioral treatment outcome across the anxiety disorders. *The Journal of Nervous and Mental Disease, 195*, 521–531.

Oatley, K., & Johnson-Laird, P. N. (1987). Towards a cognitive theory of emotions. *Cognition and Emotion, 1*, 29–50.

小塩真司 (2010). はじめて学ぶパーソナリティ心理学―個性をめぐる冒険― ミネルヴァ書房

Ramnerö, J., Folke, F., & Kanter, J. W. (2016). A learning theory account of depression. *Scandinavian Journal of Psychology, 57*, 73–82.

Ramnerö, J., & Törneke, N. (2008). *The ABCs of human behavior: Behavioral principles for the practicing clinician.* Oakland: New Harbinger Publications. 松見淳子 (監修) 武藤 崇・米山直樹 (監訳) (2009). 臨床行動分析の ABC 日本評論社

Sartor, C. E., Grant, J. D., Lynskey, M. T., McCutcheon, V. V., Waldron, M., Statham, D. J., Bucholz, K. K., Madden, P. A. F., Heath, A. C., Martin, N. G., & Nelson, E. C. (2012). Common heritable contributions to low-risk trauma, high-risk trauma, posttraumatic stress disorder, and major depression. *Archives of General Psychiatry, 69*, 293–299.

Scaini, S., Belotti, R., & Ogliari, A. (2014). Genetic and environmental contributions to social anxiety across different ages: A meta-analytic approach to twin data. *Journal of Anxiety Disorders, 28*, 650–656.

Segal, Z. V., Williams, J. M. G., & Teasdale, J. D. (2002). *Mindfulness-based cognitive therapy for depression: A new approach to preventing relapse.* New York: Guilford Press. 越川房子 (監訳) (2007). マインドフルネス認知療法―うつを予防する新しいアプローチ― 北大路書房

Segal, Z. V., Williams, J. M., Teasdale, J. D., & Gemar, M. (1996). A cognitive science perspective on kindling and episode sensitization in recurrent affective disorder. *Psychological Medicine, 26*, 371–380.

Sullivan, P. F., Neale, M. C., & Kendler, K. S. (2000). Genetic epidemiology of major depression: Review and meta-analysis. *The American Journal of Psychiatry, 157*, 1552–1562.

Van Houtem, C. M. H., Laine, M. L., Boomsma, D. I., Ligthart, L., van Wijk, A. J., & De Jongh, A. (2013). A review and meta-analysis of the heritability of specific phobia subtypes and corresponding fears. *Journal of Anxiety Disorders, 27*, 379–388.

Watkins, E. R., Mullan, E., Wingrove, J., Rimes, K., Steiner, H., Bathurst, N., Eastman, R., & Scott, J. (2011). Rumination-focused cognitive-behavioural therapy for residual depression: Phase II randomised controlled trial. *The British Journal of Psychiatry, 199*, 317–322.

Watson, J. B., & Rayner, R. (1920). Conditioned emotional reactions. *Journal of Experimental Psychology, 3*, 1–14.

Whiteside, S. P., & Lynam, D. R. (2001). The Five Factor Model and impulsivity: Using a structural model of personality to understand impulsivity. *Personality and Individual Differences, 30*, 669–689.

Wright, L., Lipszyc, J., Dupuis, A., Thayapararajah, S. W., & Schachar, R. (2014). Response inhibition and psychopathology: A meta-analysis of go/no-go task performance. *Journal of Abnormal Psychology, 123*, 429–439.

Zimmerman, M., McGlinchey, J. B., Chelminski, I., & Young, D. (2008). Diagnostic co-morbidity in 2300 psychiatric out-patients presenting for treatment evaluated with a semi-structured diagnostic interview. *Psychological Medicine, 38*, 199–210.

‖ 17 章

Arend, R., Gove, F. L., & Sroufe, L. A. (1979). Continuity of individual adaptation from infancy to kindergarten: A predictive study of ego-resiliency and curiosity in preschoolers. *Child Development, 50*, 950–959.

Bolte, A., Goschke, T., & Kuhl, J. (2003). Emotion and intuition: Effects of positive and negative mood on implicit judgments of semantic coherence. *Psychological Science, 14*, 416–421.

Bryan, T., & Bryan, J. (1991). Positive mood and math performance. *Journal of Learning Disabilities, 24*, 490–494.

Bryan, T., Mathur, S., & Sullivan, K. (1996). The impact of positive mood on learning. *Learning Disabilities Quarterly, 19*, 153–162.

Cohn, M. A., & Fredrickson, B. L. (2010). In search of durable positive psychology interventions: Predictors and consequences of long-term positive behavior change. *The Journal of Positive Psychology, 5*, 355–366.

Cohn, M. A., Fredrickson, B. L., Brown, S. L., Mikels, J. A., & Conway, A. M. (2009). Happiness unpacked: positive emotions increase life satisfaction by building resilience. *Emotion, 9*, 361–368.

Csikszentmihalyi, M. (1990). *Flow: The psychology of optimal performance.* NY: Cambridge University Press.
Diener, E., Emmons, R. A., Larsen, R. J., & Griffin, S. (1985). The satisfaction with life scale. *Journal of Personality Assessment, 49,* 71–75.
Diener, E., Oishi, S., & Lucas, R. E. (2003). Personality, culture, and subjective well-being: Emotional and cognitive evaluations of life. *Annual Review of Psychology, 54,* 403–425.
Dreisbach, G., & Goschke, T. (2004). How positive affect modulates cognitive control: reduced perseveration at the cost of increased distractibility. *Journal of Experimental Psychology: Learning, Memory, and Cognition, 30,* 343–353.
Estrada, C. A., Isen, A. M., & Young, M. J. (1997). Positive affect facilitates integration of information and decreases anchoring in reasoning among physicians. *Organizational Behavior and Human Decision Processes, 72,* 117–135.
Fredrickson, B. L. (1998). What good are positive emotions? *Review of General Psychology, 2,* 300–319.
Fredrickson, B. L. (2005). The broaden-and-build theory of positive emotions. In F. A. Huppert, N. Baylis, & B. Keverne (Eds.), *The science of well-being* (pp. 217–238). New York: Oxford University Press.
Fredrickson, B. L. (2013). Positive emotions broaden and build. *Advances in Experimental Social Psychology, 47,* 1–53.
Fredrickson, B. L., Boulton, A. J., Firestine, A. M., Van Cappellen, P., Algoe, S. B., Brantley, M. M., Kim, S. L., Brantley, J., & Salzberg, S. (2017). Positive emotion correlates of meditation practice: A comparison of mindfulness meditation and loving-kindness meditation. *Mindfulness, 8,* 1623–1633.
Fredrickson, B. L., & Branigan, C. A. (2001). Positive emotions. In T. J. Mayer & G. A. Bonnano (Eds.), *Emotion: Current issues and future directions* (pp.123–151). New York: Guilford Press.
Fredrickson, B. L., & Branigan, C. A. (2005). Positive emotions broaden scope of attention and thought-action repertoires. *Cognition and Emotion, 19,* 313–332.
Fredrickson, B. L., & Cohn, M. A. (2008). Positive emotions. In M. Lewis, J. Haviland-Jones, & L. F. Barrett (Eds.), *Handbook of emotions* (3rd ed., pp. 777–796). New York: Guilford Press.
Fredrickson, B. L., Cohn, M. A., Coffey, K. A., Pek, J., & Finkel, S. M. (2008). Open hearts build lives: Positive emotions, induced through loving-kindness meditation, build consequential personal resources. *Journal of Personality and Social Psychology, 95,* 1045–1062.
Fredrickson, B. L., & Joiner, T. (2002). Positive emotions trigger upward spirals toward emotional well-being. *Psychological Sciences, 13,* 172–175.
Fredrickson, B. L., & Losada, M. F. (2005). Positive affect and the complex dynamics of human flourishing. *American Psychologist, 60,* 678–686.
Fredrickson, B. L., Tugade, M. M., Waugh, C. E., & Larkin, G. R. (2003). What good are positive emotions in crises? A prospective study of resilience and emotions following the terrorist attacks on the United States on September 11th, 2001. *Journal of Personality and Social Psychology, 84,* 365–376.
Frijda, N. H. (1986). *The emotions.* Cambridge, England: Cambridge University Press.
Isen, A. M. (2002). Missing in action in the AIM: Positive affect's facilitation of cognitive flexibility, innovation, and problem solving. *Psychological Inquiry, 13,* 57–65.
Isen, A. M., & Daubman, K. A. (1984). The influence of affect on categorization. *Journal of Personality & Social Psychology, 47,* 1206–1217.
Isen, A. M., Daubman, K. A., & Nowicki, G. P. (1987). Positive affect facilitates creative problem solving. *Journal of Personality & Social Psychology, 52,* 1122–1131.
Isen, A. M., Johnson, M. M., Mertz, E., & Robinson, G. F. (1985). The influence of positive affect on the unusualness of word associations. *Journal of Personality and Social Psychology, 48,* 1413–1426.
Isen, A. M., & Means, B. (1983). The influence of positive affect on decision-making strategy. *Social Cognition, 2,* 18–31.
Isen, A. M., Rosenzweig, A. S., & Young, M. J. (1991). The influence of positive affect on clinical problem solving. *Medical Decision Making, 11,* 221–227.
Isgett, S. F., Algoe, S. B., Boulton, A. J., Way, B. M., & Fredrickson, B. L. (2016). Common variant in OXTR predicts growth in positive emotions from loving-kindness training. *Psychoneuroendocrinology, 73,* 244–251.
Kahnemann, D. (1999). Objective happiness. In D. Kahnemann, E. Diener, & N. Schwarz (Eds.), *Well-being: The foundation of hedonic psychology* (pp. 3–25). New York: Russell Sage Foundation.
Keyes, C. L. M. (1998). Social well-being. *Social Psychology Quarterly, 61,* 121–140.
Keyes, C. L. M. (2002). The mental health continuum: From languishing to flourishing in life. *Journal of Health and Social Behavior, 43,* 207–222.
Kok, B. E., Coffey, K. A., Cohn, M. A., Catalino, L. I., Vacharkulksemsuk, T., Algoe, S. B., Brantley, M., & Fredrickson, B. L. (2013). How positive emotions build physical health: Perceived positive social connections account for the

upward spiral between positive emotions and vagal tone. *Psychological Science, 24*, 1123–1132.

Kok, B. E., & Fredrickson, B. L. (2010). Upward spirals of the heart: Autonomic flexibility, as indexed by vagal tone, reciprocally and prospectively predicts positive emotions and social connectedness. *Biological Psychology, 85*, 432–436.

熊野道子 (2011). 日本人における幸せへの3志向性　心理学研究, *81*, 6, 619–624.

Lopez, S. J., & Snyder, C. R. (2003). The future of positive psychological assessment: Making a difference. In S. J. Lopez & C. R. Snyder (Eds.), *Positive psychological assessment: A handbook of model and measures* (pp.459–468). Washington, DC: American Psychological Association.

Lyubomirsky, S. (2008). *The how of happiness: A scientific approach to getting the life you want.* New York: Penguin Press.

Lyubomirsky, S., King, L., & Diener, E. (2005). The benefits of frequent positive affect: Does happiness lead to success?. *Psychological Bulletin, 131*, 803–855.

Lyubomirsky, S., & Lepper, S. H. (1999). A measure of subjective happiness: Preliminary reliability and construct validation. *Social Indicators Research, 46*,137–155.

Lyubomirsky, S., Sheldon, K. M., & Schkade, D. (2005). Pursuing happiness: The architecture of sustainable change. *Review of General Psychology, 9*, 111–131.

Matas, L., Arend, R. A., & Sroufe, L. A. (1978). Continuity of adaptation in the second year: The relationship between quality of attachment and later competence. *Child Development, 49*, 547–556.

Mauss, I. B., Shallcross, A. J., Troy, A. S., John, O. P., Ferrer, E., Wilhelm, F. H., & Gross, J. J. (2011). Don't hide your happiness! Positive emotion dissociation, social connectedness, and psychological functioning. *Journal of Personality and Social Psychology, 100*, 738–748.

Mikulincer, M. (1997). Adult attachment style and information processing: Individual differences in curiosity and cognitive closure. *Journal of Personality and Social Psychology, 72*, 1217–1230.

大石繁宏 (2009). 幸せを科学する　新曜社

Oishi, S., Krochik, M., & Akimoto, S. (2010). Felt understanding as a bridge between close relationships and subjective well-being: Antecedents and consequences across individuals and cultures. *Social and Personality Psychology Compass, 4*, 403–416.

Oishi, S., & Schimmack, U. (2010). Culture and well-being: A new inquiry into the psychological wealth of nations. *Perspectives on Psychological Science, 5*, 463–471.

Peterson, C., Park, N., & Seligman, M. E. P. (2005). Orientations to happiness and life satisfaction: The full life versus the empty life. *Journal of Happiness Studies, 6*, 25–41.

Provencher, H. L., & Keyes, C. L. M. (2013). Recovery: A complete mental health perspective. In C. L. M. Keyes (Ed.), *Mental well-being: International contributions to the study of positive mental health* (pp. 277–297). Netherlands: Springer.

Ryan, R., & Deci, E. L. (2001). On happiness and human potentials: A review of research on hedonic and eudaimonic well-being. *American Review of Psychology, 52*, 141–66.

Ryff, C. D. (1989). Happiness is everything, or is it? Explorations on the meaning of psychological well-being. *Journal of Personality and Social Psychology, 57*, 1069–1081.

Ryff, C. D., & Keyes, C. L. M. (1995). The structure of psychological well-being revisited. *Journal of Personality and Social Psychology, 69*, 719–727.

Ryff, C. D., Love, G. D., Urry, H. L., Muller, D., Rosenkranz, M. A., Friedman, E. M., Davidson, R., & Singer, B. (2006). Psychological well-being and ill-being: Do they have distinct or mirrored biological correlates? *Psychotherapy and Psychosomatics, 75*, 85–95.

佐藤　德・安田朝子 (2001). 日本語版 PANAS の作成　性格心理学研究, *9*, 138–139.

Seligman, M. E. P. (2011). *Flourish: A visionary new understanding of happiness and well-being.* New York: Free Press.

島井哲志・大竹恵子・宇津木成介・池見　陽・Lyubomirsky, S. (2004). 日本版主観的幸福感尺度 (SHS) の信頼性と妥当性の検討　日本公衆衛生会誌, *51*, 845–853.

Shiota, M. N., Campos, B., Oveis, C., Hertenstein, M. J., Simon-Thomas, E., & Keltner, D. (2017). Beyond happiness: Building a science of discrete positive emotions. *American Psychologist, 72*, 617–643.

Shiota, M. N., Neufeld, S. L., Yeung, W. H., Moser, S. E., & Perea, E. F. (2011). Feeling good: autonomic nervous system responding in five positive emotions. *Emotion, 11*, 1368–1378.

Tamir, M., Schwartz, S. H., Oishi, S., & Kim, M. Y. (2017). The secret to happiness: Feeling good or feeling right? *Journal of Experimental Psychology: General, 146*, 1448–1459.

Tuck, N. L., Adams, K. S., Pressman, S. D., & Consedine, N. S. (2017). Greater ability to express positive emotion is associated with lower projected cardiovascular disease risk. *Journal of Behavioral Medicine, 40*, 855–863.

Tugade, M. M., Fredrickson, B. L., & Feldman Barrett, L. (2004). Psychological resilience and positive emotional granularity: Examining the benefits of positive emotions on coping and health. *Journal of Personality, 72*, 1161–1190.

Waterman, A. S., Schwartz, S. J., Zamboanga, B. L., Ravert, R. D., Williams, M. K., Agocha, V. B.,Kim, S. Y., & Donnellan, B. (2010). The questionnaire for eudaimonic well-being: Psychometric properties, demographic comparisons, and evidence of validity. *Journal of Positive Psychology, 5*, 41–61.

Watson, D., Clark, L. A., & Tellegen, A. (1988). Development and validation of brief measures of positive and negative affect: The PANAS scales. *Journal of Personality and Social Psychology, 54*, 1063–1070.

18章

Aldao, A. (2013). The future of emotion regulation research: Capturing context. *Perspectives on Psychological Science, 8*, 155–172.

Aldao, A., Nolen-Hoeksema, S., & Schweizer, S. (2010). Emotion-regulation strategies across psychopathology: A meta-analytic review. *Clinical Psychology Review, 30*, 217–238.

Aldao, A., Sheppes, G., & Gross, J. J. (2015). Emotion regulation flexibility. *Cognitive Therapy and Research, 39*, 263–278.

青林　唯 (2008). 行動―状態志向性測定尺度の内的一貫性と妥当性の検討　パーソナリティ研究, *16*, 129–140.

Bachorowski, J. A., & Braaten, E. B. (1994). Emotional intensity: Measurement and theoretical implications. *Personality and Individual Differences, 17*, 191–199.

Balzarotti, S., John, O. P., & Gross, J. J. (2010). An Italian adaptation of the Emotion Regulation Questionnaire. *European Journal of Psychological Assessment, 26*, 61–67.

Barańczuk, U. (2019). The five factor model of personality and emotion regulation: A meta-analysis. *Personality and Individual Differences, 139*, 217–227.

Blanchard-Fields, F. (2007). Everyday problem solving and emotion: An adult developmental perspective. *Current Directions in Psychological Science, 16*, 26–31.

Blanchard-Fields, F., Jahnke, H.C., & Camp, C. (1995). Age differences in problem-solving style: The role of emotional salience. *Psychology and Aging, 10*, 173–180.

Bonanno, G. A., & Burton, C. L. (2013). Regulatory flexibility: An individual differences perspective on coping and emotion regulation. *Perspectives on Psychological Science, 8*, 591–612.

Bonanno, G. A., Papa, A., O'Neill, K., Westphal, M., & Coifman, K. (2004). The importance of being flexible: The ability to both enhance and suppress emotional expression predicts long-term adjustment. *Psychological Science, 15*, 482–487.

Bower, G. H. (1981). Mood and memory. *American Psychologist, 36*, 129–148.

Brasseur, S., Grégoire, J., Bourdu, R., & Mikolajczak, M. (2013). The profile of emotional competence (PEC): Development and validation of a self-reported measure that fits dimensions of emotional competence theory. *PLoS One, 8*, e62635.

Butler, L. D., & Nolen-Hoeksema, S. (1994). Gender differences in responses to depressed mood in a college sample. *Sex Roles, 30*, 331–346.

Cabello, R., Salguero, J. M., Fernández-Berrocal, P., & Gross, J. J. (2012). A spanish adaptation of the emotion regulation questionnaire. *European Journal of Psychological Assessment, 29*, 234–240.

Carstensen, L. L. (1992). Social and emotional patterns in adulthood: support for socioemotional selectivity theory. *Psychology and Aging, 7*, 331–338.

Cassidy, J. (1994). Emotion regulation: Influences of attachment relationships. *Monographs of the Society for Research in Child Development, 59*, 228–283.

Charles, S. T., & Carstensen, L. L. (2014). Emotion regulation and aging. In J.J. Gross (Ed.), *Handbook of emotion regulation* (2nd ed., pp. 203–218). New York: Guilford Press.

Connor-Smith, J. K., & Flachsbart, C. (2007). Relations between personality and coping: A meta-analysis. *Journal of Personality and Social Psychology, 93*, 1080–1107.

Consedine, N. S. (2011). Capacities, targets, and tactics: Lifespan emotion regulation viewed from developmental functionalism. In I. Nyklíček, A. Vingerhoets, & M. Zeelenberg (Eds.) *Emotion regulation and well-being.* (pp. 13–30). New York: Springer.

Costa, P.T., & McCrae, R.R. (1980). Influence of extraversion and neuroticism on subjective well-being: Happy and unhappy people. *Journal of Personality and Social Psychology*, *38*, 668–678.

De Castella, K., Goldin, P., Jazaieri, H., Ziv, M., Dweck, C.S., & Gross, J.J. (2013). Beliefs about emotion: Links to emotion regulation, well-being, and psychological distress. *Basic and Applied Social Psychology*, *35*, 497–505.

Domes, G., Schulze, L., Böttger, M., Grossmann, A., Hauenstein, K., Wirtz, P. H., Heinrichs, M., & Herpertz, S. C. (2010). The neural correlates of sex differences in emotional reactivity and emotion regulation. *Human Brain Mapping*, *31*, 758–769.

遠藤利彦 (1992). 情動とその制御　無藤　隆 (編)　別冊発達 15 現代発達心理学入門 (pp. 82–98). ミネルヴァ書房

遠藤利彦 (2013).「情の理」論―情動の合理性をめぐる心理学的考究― 東京大学出版

Garnefski, N., Kraaij, V., & Spinhoven, P. (2001). Negative life events, cognitive emotion regulation and emotional problems. *Personality and Individual Differences*, *30*, 1311–1327.

Gratz, K. L., & Roemer, L. (2004). Multidimensional assessment of emotion regulation and dysregulation: Development, factor structure, and initial validation of the difficulties in emotion regulation scale. *Journal of Psychopathology and Behavioral Assessment*, *26*, 41–54.

Gresham, D., & Gullone, E. (2012). Emotion regulation strategy use in children and adolescents: The explanatory roles of personality and attachment. *Personality and Social Psychology*, *51*, 616–621.

Gross, J.J. (1998). Antecedent-and response-focused emotion regulation: Divergent consequences for experience, expression, and physiology. *Journal of Personality and Social Psychology*, *74*, 224–237.

Gross, J. J. (2013). Emotion regulation: Taking stock and moving forward. *Emotion*, *13*, 359–365.

Gross, J. J. (2015). The extended process model of emotion regulation: Elaborations, applications, and future directions. *Psychological Inquiry*, *26*, 130–137.

Gross, J. J., & John, O. P. (1998). Mapping the domain of expressivity: multimethod evidence for a hierarchical model. *Journal of Personality and Social Psychology*, *74*, 170–191.

Gross, J. J., & John, O. P. (2003). Individual differences in two emotion regulation processes: Implications for affect, relationships, and well-being. *Journal of Personality and Social Psychology*, *85*, 348–362.

Gross, J. J., & Levenson, R. W. (1997). Hiding feelings: The acute effects of inhibiting negative and positive emotion. *Journal of Abnormal Psychology*, *106*, 95–103.

Gross, J. J., & Thompson, R. A. (2007). Emotion regulation: Conceptual foundations. In J. J. Gross (Ed.), *Handbook of emotion regulation* (pp. 3–26). New York: Guilford Press.

Gullone, E., & Taffe, J. (2012). The Emotion Regulation Questionnaire for Children and Adolescents (ERQ-CA): A psychometric evaluation. *Psychological Assessment*, *24*, 409–417.

Haga, S. M., Kraft, P., & Corby, E. K. (2009). Emotion regulation: Antecedents and well-being outcomes of cognitive reappraisal and expressive suppression in cross-cultural samples. *Journal of Happiness Studies*, *10*, 271–291.

John, A. P., & Eng, J. (2014). Three approaches to individual difference in affect regulation: Conceptualization, measures, and findings. In J. J. Gross (Ed.), *Handbook of emotion regulation*. (2nd ed., pp. 321–345). New York: Guilford Press.

John, O. P., & Gross, J. J. (2007). Individual differences in emotion regulation. In J. J. Gross (Ed.), *Handbook of emotion regulation* (pp. 351–372). New York: Guilford Press.

Jvaras, K. N, Schaefer, S. M., van Reekum, C. M., Lapate, R. C., Greischar, L. L, Bachhuber, D. R., Love, G.D., Ryff, C. D., & Davidson, R. J. (2012). Conscientiousness predicts greater recovery from negative emotion. *Emotion*, *12*, 875–881.

Kashdan, T. B., & Rottenberg, J. (2010). Psychological flexibility as a fundamental aspect of health. *Clinical Psychology Review*, *30*, 865–878.

Kessler, E. M., & Staudinger, U. M. (2009). Affective experience in adulthood and old age: The role of affective arousal and perceived affect regulation. *Psychology and Aging*, *24*, 349–362.

Koole, S. L. (2009). The psychology of emotion regulation: An integrative review. *Cognition and Emotion*, *23*, 4–41.

Koole, S. L., & Veenstra, L. (2015). Does emotion regulation occur only inside people's heads? Toward a situated cognition analysis of emotion-regulatory dynamics. *Psychological Inquiry*, *26*, 61–68.

Koole, S. L., Webb, T. L., & Sheeran, P. L. (2015). Implicit emotion regulation: Feeling better without knowing why. *Current Opinion in Psychology*, *3*, 6–10.

Kuhl, J. (1994). Action versus state orientation: Psychometric properties of the action control scale (ACS-90). In J. Kuhl & J. Beckmann (Eds.), *Volition and personality: Action versus state orientation.* (pp. 47–59). Göttingen: Hogrefe & Huber.

Mauss, I. B., Evers, C., Wilhelm, F. H., & Gross, J. J. (2006). How to bite your tongue without blowing your top: Implicit evaluation of emotion regulation predicts affective responding to anger provocation. *Personality and Social Psychology Bulletin, 32*, 589–602.
McRae, K. (2013). Emotion regulation frequency and success: Separating constructs from methods and time scale. *Social and Personality Psychology Compass, 7*, 289–302.
McRae, K., Ciesielski, B., & Gross, J. J. (2012). Unpacking cognitive reappraisal: Goals, tactics, and outcomes. *Emotion, 12*, 255–260.
McRae, K., Ochsner, K. N., Mauss, I. B., Gabrieli, J. J. D., & Gross, J. J. (2008). Gender differences in emotion regulation: An fMRI study of cognitive reappraisal. *Group Processes and Intergroup Relations, 11*, 143–162.
Mikulincer, M., & Florian, V. (1995). Appraisal of and coping with a real-life stressful situation: The contribution of attachment styles. *Personality and Social Psychology Bulletin, 21*, 406–414.
Naragon-Gainey, K., McMahon, T. P., & Chacko, T. P. (2017). The structure of common emotion regulation strategies: A meta-analytic examination. *Psychological Bulletin, 143*, 384–427.
Nolen-Hoeksema, S. (2012). Emotion regulation and psychopathology: The role of gender. *Annual Review of Clinical Psychology, 8*, 161–187.
Nolen-Hoeksema, S., & Aldao, A. (2011). Gender and age differences in emotion regulation strategies and their relationship to depressive symptoms. *Personality and Individual Differences, 51*, 704–708.
野崎優樹 (2017). 情動コンピテンスの成長と対人機能—社会的認知理論からのアプローチ— ナカニシヤ出版
野崎優樹・子安増生 (2015). 情動コンピテンスプロフィール日本語版短縮版の作成 心理学研究, *86*, 160–169.
Ochsner, K. H., & Gross, J. J. (2008). Cognitive emotion regulation insights from social cognitive and affective neuroscience. Current Direction in Psychological Science, *17*, 153–158.
Opitz, P. C., Rauch, F. C., Terry, D. P., & Urry, H. L. (2012). Prefrontal mediation of age differences in cognitive reappraisal. *Neurobiology of Aging, 33*, 645–655.
Roberts, J. E., Gilboa, E., & Gotlib, I. H. (1998). Ruminative response style and vulnerability to episodes of dysphoria: Gender, neuroticism, and episode duration. *Cognitive Therapy and Research, 22*, 401–423.
Roelofs, J., Huibers, M., Peeters, F., Arntz, A., & van Os, J. (2010). Positive and negative beliefs about depressive rumination: A psychometric evaluation of two self-report scales and a test of a clinical metacognitive model of rumination and depression. *Cognitive Therapy and Research, 34*, 196–205.
榊原良太 (2015). 認知的感情制御方略の使用傾向と精神的健康の関連—日本語版 Cognitive Emotion Regulation Questionnaire (CERQ) の作成及びネガティブ感情強度への着目を通して— 感情心理学研究, *23*, 46–58.
榊原良太 (2017). 感情のコントロールと心の健康 晃洋書房
Sakakibara, R., & Endo, T. (2016). Cognitive appraisal as a predictor of cognitive emotion regulation choice. *Japanese Psychological Research, 58*, 175–185.
榊原良太・北原瑞穂 (2016). メタ分析による認知的感情制御尺度と抑うつ・不安の関連の検討 心理学研究, *87*, 179–185.
Shaver, P.R., & Mikulincer, M. (2007). Adult attachment strategies and the regulation of emotion. In J. J. Gross (Ed.), *Handbook of emotion regulation* (pp. 351–372). New York: Guilford Press.
Sheppes, G., & Gross, J.J. (2011). Is timing everything? Temporal considerations in emotion regulation. *Personality and Social Psychology Review, 15*, 319–331.
Sheppes, G., & Meiran, N. (2007). Better late than never? On the dynamics of online regulation of sadness using distraction and cognitive reappraisal. *Personality and Social psychology Bulletin, 33*, 1518–1532.
Shiota, M. N., & Levenson, R. W. (2009). Effects of aging on experimentally instructed detached reappraisal, positive reappraisal, and emotional behavior suppression. *Psychology and Aging, 24*, 890–900.
Smith, J. M., & Alloy, L. B. (2009). A roadmap to rumination: A review of the definition, assessment, and conceptualization of this multifaceted construct. *Clinical Psychology Review, 29*, 116–128.
Sroufe, L. A. (1996). *Emotional development: The organization of emotional life in the early years.* New York: Cambridge University Press.
高野慶輔・丹野義彦 (2008). Rumination-Reflection Questionnaire 日本語版作成の試み パーソナリティ研究, *15*, 259–261.
高野慶輔・丹野義彦 (2010). 反芻に対する肯定的信念と反芻・省察 パーソナリティ研究, *19*, 15–24.
Tamir, M., Bigman, Y. E., Rhodes, E., Salerno, J., & Schreier, J. (2015). An expectancy-value model of emotion regulation: Implications for motivation, emotional experience, and decision making. *Emotion, 15*, 90–103.
Tamir, M., John, O. P., Srivastava, S., & Gross, J. J. (2007). Implicit theories of emotion: Affective and social outcomes

across a major life transition. *Journal of Personality and Social Psychology, 92*, 731–744.
Tamres, L. K., Janicki, D., & Helgeson, V. S. (2002). Sex differences in coping behavior: A meta-analytic review and an examination of relative coping. *Personality and Social Psychology Review, 6*, 2–30.
Thompson, R.A. (1991). Emotional regulation and emotional development. *Educational Psychology Review, 3*, 269–307.
Thompson, R. A., & Goodman, M. (2010). Development of emotion regulation: More than meets the eye. In A. Kring & D. Sloan (Eds.), *Emotion regulation and psychopathology* (pp. 38–58). New York, NY: Guilford.
Troy, A. S., Wilhelm, F. H., Shallcross, A. J., & Mauss, I. B. (2010). Seeing the silver lining: Cognitive reappraisal ability moderates the relationship between stress and depressive symptoms. *Emotion, 10*, 783–795.
Vrana, S. R., & Rollock, D. (2002). The role of ethnicity, gender, emotional content, and contextual differences in physiological, expressive, and self-reported emotional responses to imagery. *Cognition and Emotion, 16*,165–192.
Wager, T. D., Phan, K. L., Liberzon, I., & Taylor, S. F. (2003). Valence, gender, and lateralization of functional brain anatomy in emotion: A meta-analysis of findings from neuroimaging. *Neuroimage, 19*, 513–531.
Webb, T. L., Miles, E., & Sheeran, P. (2012). Dealing with feeling: A meta-analysis of the effectiveness of strategies derived from the process model of emotion regulation. *Psychological Bulletin, 138*, 775–808.
山田圭介・杉江　征(2013). 日本語版感情制御困難性尺度の作成と信頼性・妥当性の検討　感情心理学研究, *20*, 86–95.
吉津　潤・関口理久子・雨宮俊彦 (2013). 感情調節尺度 (Emotion Regulation Questionnaire) 日本語版の作成　感情心理学研究 , *20*, 56–62.
Zaki, J., & Williams, W. C. (2013). Interpersonal emotion regulation. *Emotion, 13*, 803–810.
Zeidner, M., Matthews, G., & Roberts, R. D. (2009). *What we know about emotional intelligence: How it affects learning, work, relationships, and our mental health.* Cambridge, MA: The MIT Press.
Zimmermann, P., & Iwanski, A. (2014). Emotion regulation from early adolescence to emerging adulthood and middle adulthood: Age differences, gender differences, and emotion-specific developmental variations. *International Journal of Behavioral Development, 38*, 182–194.

19章

Aldao, A., Jazaieri, H., Goldin, P. R., & Gross, J. J. (2014). Adaptive and maladaptive emotion regulation strategies: Interactive effects during CBT for social anxiety disorder. *Journal of Anxiety Disorders, 28*, 382–389.
Aldao, A., & Nolen-Hoeksema, S. (2012). When are adaptive strategies most predictive of psychopathology? *Journal of Abnormal Psychology, 121*, 276.
Aldao, A., Nolen-Hoeksema, S., & Schweizer, S. (2010). Emotion-regulation strategies across psychopathology: A meta-analytic review. *Clinical Psychology Review, 30*, 217–237.
Brockman, R., Ciarrochi, J., Parker, P., & Kashdan, T. (2017). Emotion regulation strategies in daily life: Mindfulness, cognitive reappraisal and emotion suppression. *Cognitive Behavior Therapy, 46*, 91–113.
Kabat-Zinn J. (1982). An outpatient program in behavioral medicine for chronic pain patients based on the practice of mindfulness meditation: Theoretical considerations and preliminary results. *General Hospital Psychiatry, 4*, 33–47.
Khoury, B., Lecomte, T., Fortin, G., Masse, M., Therien, P., Bouchard, V., Chapleau, M. A., Paquin, K., & Hofmann, S. G. (2013). Mindfulness-based therapy: A comprehensive meta-analysis. *Clinical Psychology Review, 33*, 763–771.
Goldin, P. R., & Gross, J. J. (2010). Effects of mindfulness-based stress reduction (MBSR) on emotion regulation in social anxiety disorder. *Emotion, 10*, 83–91.
Goldin, P. R., Jazaieri, H., Ziv, M., Kraemer, H., Heimberg, R., & Gross, J. J. (2013). Changes in positive self-views mediate the effect of cognitive-behavioral therapy for social anxiety disorder. *Clinical Psychological Science, 1*, 301–310.
Goldin, P. R., Ziv, M., Jazaieri, H., Werner, K. H., Kraemer, H. C., Heimberg, R. G., & Gross, J. J. (2012). Cognitive reappraisal self-efficacy mediates the effects of individual cognitive-behavioral therapy for social anxiety disorder. *Journal of consulting and clinical psychology, 80*, 1034–1040.
Gross, J. J. (2015). Emotion regulation: Current status and future prospects. *Psychological Inquiry, 26*, 1–26.
Rodrigues, M. F., Nardi, A. E., Levitan, M. (2017). Mindfulness in mood and anxiety disorders: a review of the literature. *Trends in Psychiatry and Psychotherapy, 39*, 207–215.
Sheppes, G., Suri, G., & Gross, J. J. (2015). Emotion regulation and psychopathology. *Annual review of clinical psychology, 11*, 379–405.

トピックス 01

James, W. (1884). What is an Emotion ? *Mind*, *9* (34), 188–205.
Kraut, R. E., & Johnston, R. E. (1979). Social and emotional messages of smiling: An ethological approach. *Journal of Personality and Social Psychology*, *37*, 1539–1553.
Morris, D. (1977). *Manwatching: A field guide to human behavior*. London: Jonathan Cape.　藤田　統 (訳) (2007). マンウォッチング (小学館文庫)　小学館

トピックス 02

Ferraro, K. F. (1995). *Fear of crime: Interpreting victimization risk*. New York: State University of New York Press.
Ferraro, K. F., & LaGrange, R. (1987). The measurement of fear of crime. *Social Inquiry*, *57*, 70–101.
Garofalo, J. (1981). The fear of crime: Causes and consequences. *The Journal of Criminal Law & Criminology*, *72*, 839–857.
Warr, M. (2000). Fear of crime in the United States: Avenues for research and policy. *Criminal Justice*, *4*, 451–489.

トピックス 03

Arimitsu, K., Hitokoto, H., Kind, S., & Hofmann, S. G. (2018). Differences in compassion, well-being, and social anxiety between Japan and the USA. *Mindfulness*. doi: 10.1007/s12671-018-1045-6

トピックス 04

薊理津子 (2010). 屈辱感，羞恥感，罪悪感の喚起要因としての他者の特徴　パーソナリティ研究, *18*, 85–95.
Combs, D. J. Y., Campbell, G., Jackson, M., & Smith, R. H. (2010). Exploring the consequences of humiliating a moral transgressor. *Basic and Applied Social Psychology*, *32*, 128–143.
Elison, J., & Harter, S. (2007). Humiliaion: Causes, correlates, and consequences. In J. L. Tracy, R. W. Robins, & J. P. Tangney (Eds.), *The self-conscious emotions: Theory and research* (pp. 310–329). New York: Guilford Press.
Gilbert, P. (1997). The evolution of social attractiveness and its role in shame, humiliation, guilt and therapy. *The British Journal of Medical Psychology*, *70*, 113–147.
Hartling, L. M., & Luchetta, T. (1999). Humiliation: Assessing the impact of derision, degradation, and debasement. *Journal of Primary Prevention*, *19*, 259–278.
Kendler, K. S., Hettema, J. M., Butera, F., Gardner, C. O., & Prescott, C. A. (2003). Life event dimensions of loss, humiliation, entrapment, and danger in the prediction of onsets of major depression and generalized anxiety. *Arch General Psychiatry*, *60*, 789–796.
McCauley, C. (2017). Toward a Psychology of humiliation in asymmetric conflict. *American Psychologist*, *72*, 255–265.

トピックス 05

戸田正直 (1992). 感情，人を動かしている適応プログラム　認知科学選書21　東京大学出版会
James, W. (1981). *Psychology: Briefer course*. University of Norte Dame Press.　今田　恵 (訳)(1950).　心理学　下巻　岩波書店

トピックス 06

Ekman, P., & Friesen, W. V. (1976). *Pictures of facial affect.* Palo Alto, CA: Consulting Psychologists Press.
Fujimura, T., & Umemura, H. (2018). Development and validation of a facial expression database based on the dimensional and categorical model of emotions. *Cognition and Emotion*, *32*(8), 1–8.
Kaulard, K., Cunningham, D. W., Bülthoff, H. H., & Wallraven, C. (2012). The MPI facial expression database—A validated database of emotional and conversational facial expressions. *PLoS ONE*, *7*, e32743.
Pantic, M., Valstar, M., Rademaker, R., & Maat, L. (2005). Web-based database for facial expression analysis. *Paper presented at the IEEE International Conference on Multimedia and Expo.*
van der Schalk, J., Hawk, S. T., Fischer, A. H., & Doosje, B. (2011). Moving faces, looking places: Validation of the Amsterdam Dynamic Facial Expression Set (ADFES). *Emotion*, *11*, 907–920.

トピックス 07

Butler, L. D., & Nolen-Hoeksema, S. (1994). Gender differences in responses to depressed mood in a college sample. *Sex Roles*, *30*, 331–346.

Hasegawa, A. (2013). Translation and initial validation of the Japanese version of the Ruminative Responses Scale. *Psychological Reports*, *112*, 716–726.

Hasegawa, A., Hattori, Y., Nishimura, H., & Tanno, Y. (2015). Prospective associations of depressive rumination and social problem solving with depression: A 6-month longitudinal study. *Psychological Reports*, *116*, 870–888.

長谷川　晃・服部陽介・西村春輝・丹野義彦 (2016). 抑うつエピソードの経験者と未経験者における社会的問題解決と反すうの差異―日本人大学生を対象として― パーソナリティ研究, *25*, 162–165.

Hasegawa, A., Koda, M., Hattori, Y., Kondo, T., & Kawaguchi, J. (2013). Longitudinal predictions of the Brooding and Reflection subscales of the Japanese Ruminative Responses Scale for depression. *Psychological Reports*, *113*, 566–585.

Hasegawa, A., Koda, M., Hattori, Y., Kondo, T., & Kawaguchi, J. (2014). Depressive rumination and past depression in Japanese university students: Comparison of Brooding and Reflection. *Psychological Reports*, *114*, 653–674.

Hasegawa, A., Kunisato, Y., Morimoto, H., Nishimura, H., & Matsuda, Y. (2018). How do rumination and social problem solving intensify depression? A longitudinal study. *Journal of Rational-Emotive & Cognitive-Behavior Therapy*, *36* (1), 28–46.

Joormann, J., Dkane, M., & Gotlib, I. H. (2006). Adaptive and maladaptive components of rumination? Diagnostic specificity and relation to depressive biases. *Behavior Therapy*, *37*, 269–280.

Nolan, S. A., Roberts, J. E., & Gotlib, I. H. (1998). Neuroticism and ruminative response style as predictors of change in depressive symptomatology. *Cognitive Therapy and Research*, *22*, 445–455.

Nolen-Hoeksema, S. (2000). The role of rumination in depressive disorders and mixed anxiety/depressive symptoms. *Journal of Abnormal Psychology*, *109*, 504–511.

トピックス 08

Consedine, N. S., Krivoshekova, Y. S., & Harris, C. R. (2007). Bodily embarrassment and judgment concern as separable factors in the measurement of medical embarrassment: Psychometric development and links to treatment-seeking outcomes. *British Journal of Health Psychology*, *12*, 439–462.

樋口匡貴・中村菜々子 (2018). ビデオ視聴法によるコンドーム購入インターネットトレーニングの効果　日本エイズ学会誌, *20*, 146–154.

トピックス 09

Bigelow, A. E., & Walden, L. M. (2009). Infants' response to maternal mirroring in the still face and replay tasks. *Infancy*, *14*, 526–549.

Fonagy, P., Gergely, G., Jurist, E., & Target, M. (2002). *Affect-regulation, mentalization and the development of the self.* New York: Other Press.

Fonagy, P., & Target, M. (1997). Attachment and reflective function: Their role in self-organization. *Development and Psychopathology*, *9*, 679–700.

Gergely, G. (2007). The social construction of the subjective self: The role of affect-mirroring, markedness, and ostensive communication in self-development. In L. Mayes, P. Fonagy, & M. Target (Eds.), *Developmental Science and Psychoanalysis*. London: Karnac.

Gergely, G., & Watson, J. S. (1996). The social biofeedback theory of parental affect-mirroring: The development of emotional self-awareness and self-control in infancy. *The International Journal of Psycho-Analysis*, *77*, 1–31.

Gergely, G., & Watson, J. S. (1999). Early social-emotional development: Contingency perception and the social biofeedback model. In P. Rochat (Ed.), *Early Social Cognition* (pp. 101–137). Hillsdale, NJ: Erlbaum.

Iacoboni, M. (2008). *Mirroring people: The new science of how we connect with others.* New York: Farrar, Straus & Giroux. 塩原通諸 (訳) (2009). ミラーニューロンの発見―「物まね細胞」が明かす驚きの脳科学―　早川書房

Meins, E., Fernyhough, C., Fradley, E., & Tuckey, M. (2001). Rethinking maternal sensitivity: Mothers' comments on infants' mental processes predict security of attachment at 12 months. *Journal of Child Psychology and Psychiatry*, *42*, 637–648.

Rayson, H., Bonaiuto, J. J., Ferrari,P. F., & Murray, L. (2017). Early maternal mirroring predicts infant motor system

activation during facial expression observation. *Scientific Reports*, *7*, e11738.
Stern, D. N. (1985). *The Interpersonal Word of the Infant*. New York: Basic Books.

▌トピックス 10

Datu, J., King, R. B., & Valdez, J. (2016). The benefits of socially-oriented happiness: Validation of the interdependent happiness scale in the Philippines. *Child Indicators Research*, *9* (3), 631–649.
Heine, S., Lehman, D. R., Markus, H. R., & Kitayama, S. (1999). Is there a universal need for positive self-regard? *Psychological Review*, *106*(4), 766–794.
Hitokoto, H., Takahashi, Y., & Kaewpijit, J. (2014). Happiness in Thailand: Variation between urban and rural regions. *Psychologia*, *57*, 229–244.
Hitokoto, H., & Uchida Y. (2015). Interdependent happiness: Theoretical importance and measurement validity. *Journal of Happiness Studies*, *16*, 211–239.
Hitokoto, H. (2017). Systematic cultural variation of Interdependent Happiness. *Presented at the Southeast Asia Regional Conference of Psychology* (Hanoi, Vietnam).
Uchida, Y., & Kitayama, S. (2009). Happiness and unhappiness in east and west: Themes and variations. *Emotion*, *9* (4), 441–456.

▌トピックス 11

金井雅仁・湯川進太郎 (2016). 文化的自己観と感情認識の明瞭性とを結ぶ内受容感覚　感情心理学研究, *24* (2), 71–81.
Kashima, E. S., & Hardie, E. A. (2000). The development and validation of the Relational, Individual, and Collective self-aspects (RIC) Scale. *Asian Journal of Social Psychology*, *3*, 19–48.
Kitayama, S., Park, H., Sevincer, A. T., Karasawa, M., & Uskul, A. K. (2009). A cultural task analysis of implicit independence: Comparing North America, Western Europe, and East Asia. *Journal of Personality and Social Psychology*, *97* (2), 236–255.
Kitayama, S., Akutsu, S., Uchida, Y., & Cole, S. W. (2016). Work, meaning, and gene regulation: Findings from a Japanese information technology firm. *Psychoneuroendocrinology*, *72*, 175–181.
Na, J., Grossmann, I., Varnum, M. E. W., Kitayama, S., Gonzalez, R., & Nisbett, R. E. (2010). Cultural differences are not always reducible to individual differences. *Proceedings of the National Academy of Sciences*, *107* (14), 6192–6197.
Noguchi, K. (2007). Examination of the content of individualism/collectivism scales in cultural comparisons of the USA and Japan. *Asian Journal of Social Psychology*, *10* (3), 131–144.
Oyserman, D., Coon, H. M., & Kemmelmeier, M. (2002). Rethinking individualism and collectivism: Evaluation of theoretical assumptions and meta-analyses. *Psychological Bulletin*, *128* (1), 3–72.
Park, J., & Kitayama, S. (2012). Interdependent selves show face-induced facilitation of error processing: Cultural neuroscience of self-threat. *Social Cognitive and Affective Neuroscience*, *9*(2), 201–208.
Singelis, T. M. (1994). The measurement of independent and interdependent self-Construals. *Personality and Social Psychology Bulletin*, *20* (5), 580–591.
高田利武 (2000). 相互独立的―相互協調的な自己観尺度に就いて―　奈良大学総合研究所報, *8*, 145–163.
Vignoles, V. L., Owe, E., Becker, M., Smith, P. B., Easterbrook, M. J., Brown, R., … Bond M. H. (2016). Beyond the "East–West" dichotomy: Global variation in cultural models of selfhood. *Journal of Experimental Psychology: General*, *145* (8), 966–1000.

▌トピックス 12

今田純雄 (2019). 嫌悪感情の機能と役割―Paul Rozin の研究を中心に―　エモーション・スタディーズ, *4*, 39–46.
Olatunji, B. O., & McKay, D. (2009). *Disgust and its disorders: Theory, assessment, and treatment implications*. Washington, DC, US: American Psychological Association.　今田純雄・岩佐和典 (監訳) (2014). 嫌悪とその関連障害：理論・アセスメント・臨床的示唆　北大路書房
Rozin, P., Haidt, J., McCauley, C. R., & Imada, S. (1997). Disgust: Preadaptation and the cultural evolution of a food-based emotion In H. M. Macbeth (Ed.), *Food preferences and taste: Continuity and change* (pp. 65–82). Oxford, England: Berghahn.

トピックス 13

Creemers, D. H., Scholte, R. H., Engels, R. C., Prinstein, M. J., & Wiers, R. W. (2013). Damaged self-esteem is associated with internalizing problems. *Frontiers in Psychology*, *4*, 152.

藤井　勉 (2014). 顕在的・潜在的自尊感情の不一致と抑うつ・不安および内集団ひいきの関連　心理学研究, *85*, 93-99.

藤井　勉 (2015a). ネガティブ感情に及ぼす顕在的・潜在的自尊感情の不一致の影響―不一致の「大きさ」と「方向」の観点から―　日本パーソナリティ心理学会第 24 回大会発表論文集, *21*.

藤井　勉 (2015b). 韓国人大学生における顕在的・潜在的自尊感情の不一致と心理的適応の関連―不一致の「大きさ」と「方向」に注目して―　日本感情心理学会第 23 回大会発表論文集, OS09.

Greenwald, A. G., McGhee, D. E., & Schwartz, J. L. K. (1998). Measuring individual differences in implicit cognition: The implicit association test. *Journal of Personality and Social Psychology*, *74*, 1464-1480.

原島雅之・小口孝司 (2007). 顕在的自尊心と潜在的自尊心が内集団ひいきに及ぼす効果　実験社会心理学研究, *47*, 69-77.

稲垣 (藤井) 勉・大浦真一・松尾和弥・島　義弘・福井義一 (2017). 顕在的・潜在的自尊心の不一致と自殺念慮との関連　日本感情心理学会第 25 回大会発表論文集, PS13.

伊藤忠弘 (2002). 自尊感情と自己評価　船津　衛・安藤清志 (編)　自我・自己の社会心理学 (pp. 96-111)　北樹出版

Jordan, C. H., Spencer, S. J., Zanna, M. P., Hoshino-Browne, E., & Correll, J. (2003). Secure and defensive high self-esteem. *Journal of Personality and Social Psychology*, *85*, 969-978.

Nuttin, J. M., Jr. (1985). Narcissism beyond gestalt and awareness: The name letter effect. *European Journal of Social Psychology*, *15*, 353-361.

トピックス 15

Houben, K., Havermans, R. C., Nederkoorn, C., & Jansen, A. (2012). Beer à no-go: Learning to stop responding to alcohol cues reduces alcohol intake via reduced affective associations rather than increased response inhibition. *Addiction*, *107*, 1280-1287.

Morewedge, C. K., Huh, Y. E., & Vosgerau, J. (2010). Thought for food: Imagined consumption reduces actual consumption. *Science*, *330*, 1530-1533.

Narumi, T., Ban, Y., Kajinami, T., Tanikawa, T., & Hirose, M. (2012). Augmented perception of satiety: Controlling food consumption by changing apparent size of food with augmented reality. *Proceedings of the SIGCHI Conference on Human Factors in Computing Systems*, 109-118.

Spence, C. (2017). *Gastrophysics: The new science of eating*. New York: Viking.

トピックス 16

Gifford, R. (2002). *Environmental psychology* (3rd ed.). Colville, WA: Optimal Books.　羽生和紀・牧　究・松村陸雄 (訳) (2005, 2007). 環境心理学 (上・下)―原理と実践―　北大路書房

引地博之・青木俊明・大渕憲一 (2009). 地域に対する愛着の形成機構―物理的環境と社会的環境の影響―　土木学会論文集 D, *65* (2), 101-110.

石盛真徳・岡本卓也・加藤潤三 (2013). コミュニティ意識尺度 (短縮版) の開発　実験社会心理学研究, *53*, 22-29.

大谷　華 (2013). 場所と個人の情動的なつながり　環境心理学研究, *1*, 58-66.

大森純子・三森寧子・小林真朝・小野若菜子・安齋ひとみ・高橋和子・宮崎紀枝・酒井太一・齋藤美華 (2014). 公衆衛生看護のための"地域への愛着"の概念分析　日本公衆衛生看護学会誌, *3*, 40-48.

Tuan, Yi-Fu (1977). *Space and Place: The perspective of experience*. Minneapolis, MN: University of Minnesota Press.　山本　浩 (訳) (1988, 1993). 空間の経験―身体から都市へ―　筑摩書房

トピックス 18

Baker, F. A., & Bor, W. (2008). Can music preference indicate mental health status in young people? *Australas Psychiatry*, *16*, 284-288.

Coyne, S. M., & Padilla-Walker, L. M. (2015). Sex, violence, & Rock n' roll: Longitudinal effects of music on aggression, sex, and prosocial behavior during adolescence. *Journal of Adolescence*, *41*, 96-104.

Gowensmith, W. N., & Bloom, L. J. (1997). The effects of heavy metal music on arousal and anger. *Journal of Music*

Therapy, *34*, 33–45.

Greitemeyer, T. (2011). Exposure to music with prosocial lyrics reduces aggression: First evidence and test of the underlying mechanism. *Journal of Experimental Social Psychology*, *47*, 28–36.

Sharman, L., & Dingle, G. A. (2015). Extreme metal music and anger processing. *Frontiers in Human Neuroscience*, *9*, Article 272.

Selfhout, M. H. W., Delsing, M. J. M. H., ter Bogt, T. F. M., & Meeus, W. H. J. (2008). Heavy metal and hip-hop style preferences and externalizing problem behavior: A two-wave longitudinal study. *Youth & Society*, *39*, 435–452.

▌▌ トピックス 19

Truffi, L., & Koelsch, S. (2014). The paradox of music-evoked sadness: An online survey. *PLoS ONE*, *9* (10), e110490

Van den Tol, A. J. M., & Edwards, J. (2011). A rationale for sad music listening after experiencing adverse emotional events. *Psychology of Music*, *41*, 440–465.

▌▌ トピックス 20

Hodson, G., Choma, B. L., Boisvert, J., Hafer, C. L., MacInnis, C. C., & Costello, K. (2013). The role of intergroup disgust in predicting negative outgroup evaluations. *Journal of Experimental Social Psychology*, *49*, 195–205.

Miller, S. L., & Maner, J. K. (2012). Overperceiving disease cues: The basic cognition of the behavioral immune system. *Journal of personality and social psychology*, *102*, 1198.

Olatunji, B. O. (2010). Changes in disgust correspond with changes in symptoms of contamination-based OCD: A prospective examination of specificity. *Journal of anxiety disorders*, *24*, 313–317.

Schaller, M., Murray, D. R., & Bangerter, A. (2015). Implications of the behavioural immune system for social behaviour and human health in the modern world. *Philosophical Transactions of the Royal Society of B, Biological sciences*, *370*, 20140105. doi: 10.1098/rstb.2014.0105.

Schaller, M., & Park, J. H. (2011). The behavioral immune system (and why it matters). *Current Directions in Psychological Science*, *20*, 99–103.

▌▌ トピックス 21

Eibl-Eibesfeldt, I. (1989). *Human ethology.* New York: Aldine De Gruyter. 日高敏隆 (監修) (2001). ヒューマン・エソロジー ミネルヴァ書房

Kawano, M., Hanari, T., & Ito, K. (2011). Contact avoidance toward people with stigmatized attributes: Mate choice. *Psychological Reports*, *109*, 639–648.

河野和明・羽成隆司・伊藤君男 (2015). 恋愛対象者に対する接触回避 パーソナリティ研究, *24*, 95–101.

▌▌ トピックス 22

Dantzer, R., & Kelley, K. W. (2007). Twenty years of research on cytokine-induced sickness behavior. *Brain, behavior, and immunity*, *21*, 153–160.

Garfinkel, S. N., & Critchley, H. D. (2016). Threat and the body: how the heart supports fear processing. *Trends in cognitive sciences*, *20*, 34–46.

Kimura, K., Izawa, S., Sugaya, N., Ogawa, N., Yamada, K. C., Shirotsuki, K., Mikami, I., Hirata, K., Nagano, Y., & Hasegawa, T. (2013). The biological effects of acute psychosocial stress on delay discounting. *Psychoneuroendocrinology*, *38*, 2300–2308.

Kirschbaum, C., Pirke, K. M., & Hellhammer, D. H. (1993). The 'Trier Social Stress Test'–a tool for investigating psychobiological stress responses in a laboratory setting. *Neuropsychobiology*, *28*, 76–81.

Pilgrim, K., Marin, M. F., & Lupien, S. J. (2010). Attentional orienting toward social stress stimuli predics increased cortisol responsivity to psychosocial stress irrespective of the early socioeconomic status. *Psychoneuroendocrinology*, *35*, 588–595.

Roelofs, K., Bakvis, P., Hermans, E. J., van Pelt, J., & van Honk, J. (2007). The effects of social stress and cortisol responses on the preconscious selective attention to social threat. *Biological Psychology*, *75*, 1–7.

トピックス 23
Bänziger, T. (2016). Accuracy of judging emotions. In J. A. Hall, M. S. Mast & T. V. West (Eds.), *The social psychology of perceiving others accurately* (pp.23–51). Cambridge: Cambridge University Press.
De Gelder, B., Stienen, B. M. C., & Van den Stock, J. (2013). Emotions by ear and eye. In P. Belin, S. Campanella, & T. Ethofer (Eds.), *Integrating face and voice in person perception* (pp.253–270). New York: Springer.
Elfenbein, H. A. & Ambady, N. (2002). On the universality and cultural specificity of emotion recognition: A meta-analysis. *Psychological Bulletin, 128*, 203–235.
Hall, J. A., Andrzejewski, S. A., Murphy, N. A., Schmid Mast, M., & Feinstein, B. (2008). Accuracy of judging others' traits and states: Comparing mean levels across tests. *Journal of Research in Personality, 42*, 1476–1489.
Hertenstein, M. J., Holmes, R., McCullough, M. & Keltner, D. (2009). The communication of emotion via touch. *Emotion, 9*, 566–573.
Scherer, K. R., Clark-Pollner, E. & Mortillaro, M. (2011). In the eye of the beholder? Universality and cultural specificity in the expression and perception of emotion. *International Journal of Psychology, 46*, 401–435.

トピックス 24
Glick, P., & Fiske, S. T. (2001). Ambivalent sexism. In M. P. Zanna (Ed.), *Advances in experimental social psychology* (Vol. 33, pp.115–188). San Diego, CA: Academic Press.

トピックス 25
Broomfield, K. A., Robinson, E. J., & Robinson, W. P. (2002). Children's understanding about white lies. *British Journal of Developmental Psychology, 20*, 47–65.
Perner, J., & Wimmer, H. (1985). "John thinks that Mary thinks that…" attribution of second-order beliefs by 5- to 10-year-old children. *Journal of Experimental Child Psychology, 39*, 437–471.
Premack, D., & Woodruff, G. (1978). Does the chimpanzee have a theory of mind? *The Behavioral and Brain Sciences, 4*, 515–526.

トピックス 26
Ekman, P., & Friesen, W. V. (2003). *Unmasking the Face.* MA: Malor Books.
Bänninger-Huber, E. (2005). [1997 1st] Prototypical affective microsequences in psychotherapeutic interaction. In Ekman, P. & Rosenberg, E. L. (Eds.), *What the Face Reveals: Basic and Applied Studies of Spontaneous Expression Using the Facial Action Coding System (FACS)* (2nd ed., pp.512–528). New York: Oxford University Press.

トピックス 27
水野邦夫 (2010). 構成的グループ・エンカウンターにおけるグループの深まりに影響する要因について　帝塚山大学心理福祉学部紀要, 6, 165–177.
水野邦夫 (2014). 構成的グループ・エンカウンターにおける感情体験が人間的成長に及ぼす影響―継続・研修型の問題点に対する改善のための提言を含めて―　帝塚山大学心理学部紀要, 3, 57–66.
水野邦夫 (2016). 単発・研修型による構成的グループ・エンカウンターのプロセスに関する研究―感情的変化と心理的成長感をもとに―　帝塚山大学心理学部紀要, 5, 11–18.

トピックス 28
中村　真・清水奈名子・米山正文 (2016).「排斥的行動」に対応するための異分野融合研究の可能性―共感の反社会性を踏まえた教育モデル構築に向けた試論―　宇都宮大学国際学部研究論集, 43, 63–82.

トピックス 29
Benson, L., Ram, N., Almeida, D. M., Zautra, A. J., & Ong, A. D. (2018). Fusing biodiversity metrics into investigations of daily life: illustrations and recommendations with emodiversity. *Journals of Gerontology Series B-Psychological*

Sciences and Social Sciences, *73*, 75–86.
Brown, N. J. L., & Coyne, J. C. (2017). Emodiversity: Robust predictor of outcomes or statistical artifact? *Journal of Experimental Psychology: General*, *146*, 1372–1377.
Diehl, M., Hooker, K., & Sliwinski, M. J. (Eds.) (2015). *Handbook of intraindividual variability across the life span.* New York: Routledge/Taylor & Francis Group.
Hülür, G., Hoppmann, C. A., Ram, N., & Gerstorf, D. (2015). Developmental associations between short-term variability and long-term changes: intraindividual correlation of positive and negative affect in daily life and cognitive aging. *Developmental Psychology*, *51*, 987–997.
Ong, A. D., Benson, L., Zautra, A. J., & Ram, N. (2018). Emodiversity and biomarkers of inflammation. *Emotion*, *18*, 3–14.
Quoidbach, J., Gruber, J., Mikolajczak, M., Kogan, A., Kotsou, I., & Norton M. I. (2014). Emodiversity and the emotional ecosystem. *Journal of Experimental Psychology: General*, *143*, 2057–2066.
Röcke, C., Li, S. C., & Smith, J. (2009). Intraindividual variability in positive and negative affect over 45 days: Do older adults fluctuate less than young adults? *Psycholgy and Aging*, *24*, 863–878.

トピックス 30

Carstensen, L. L. (2006). The influence of a sense of time on human development. *Science*, *312*, 1913–1915.
Charles, S. T., Mather, M., & Carstensen, L. L. (2003). Aging and emotional memory: The forgettable nature of negative images for older adults. *Journal of Experimental Psychology: General*, *132*, 310–324.
Fung, H. H., Lu, A. Y., Goren, D., Isaacowitz, D. M., Wadlinger, H. A., & Wilson, H.R. (2008). Age-related positivity enhancement is not universal: Older Chinese look away from positive stimuli. *Psychology and Aging*, *23*, 440–446.
Labouvie-Vief, G. (2003). Dynamic integration: Affect, cognition, and the self in adulthood. *Current Direction in Psychological Science*, *12*, 201–206.
増本康平・上野大介 (2009). 認知加齢と情動. 心理学評論, *52*, 326–339.
Mather, M., & Carstensen, L. L. (2003). Aging and attentional biases for emotional faces. *Psychological Science*, *14*, 409–415.
Reed, A. E., Chan, L., & Mikels, J. A. (2014). Meta-analysis of the age-related positivity effect: Age differences in preferences for positive over negative information. *Psychology and Aging*, *29*, 1–15.

トピックス 31

Laird, J.D., & Lacasse, K. (2014). Bodily influences on emotional feelings: Accumulating evidence and extensions of William James's theory of emotion. *Emotion Review*, *6*, 27–34.
Veenstra, L., Schneider, I. K., & Koole, S.L. (2017). Embodied mood regulation: The impact of body posture on mood recovery, negative thoughts, and mood-congruent recall. *Cognition and Emotion*, *31*, 1361–1376.

トピックス 32

Gordon, A. M., Stellar, J. E., Anderson, C. L., McNeil, G. D., Loew, D., & Keltner, D. (2016). The Dark Side of the Sublime: Distinguishing a threat-based variant of awe. *Journal of Personality and Social Psychology*, *113*, 310–328.
Keltner, D., & Haidt, J. (2003). Approaching awe, a moral, aesthetic, and spiritual emotion. *Cognition and Emotion*, *17*, 297–314.
Piff, P. K., Dietze, P., Feinberg, M., Stancato, D. M., & Keltner, D. (2015). Awe, the small self, and prosocial behavior. *Journal of Personality and Social Psychology*, *108*, 883–899.
Rudd, M., Vohs, K. D., & Aaker, J. (2012). Awe expands people's perception of time, alters decision making, and enhances well-being. *Psychological Science*, *23*, 1130–1136.
Shiota, M. N., Keltner, D., & Mossman, A. (2007). The nature of awe: Elicitors, appraisals, and effects on self-concept. *Cognition and Emotion*, *21*, 944–963.
Stellar, J. E., John-Henderson, N., Anderson, C. L., Gordon, A. McNeil, G. D. & Keltner D. (2015). Positive affect and markers of inflammation: Discrete positive emotions predict lower levels of inflammatory cytokines. *Emotion*, *15*, 129–133.

トピックス 33

伊藤大輔・佐藤健二・鈴木伸一 (2009). トラウマの開示が心身の健康に及ぼす影響―構造化開示群, 自由開示群, 統制群の比較― 行動療法研究, 5, 1-2.
Jourard, S. M. (1971). *The transparent self* (Rev. ed.). New York: Van Nostrand Reinhold. 岡堂哲雄 (訳) (1974). 透明なる自己 誠信書房
Lepore, S. J., & Smyth, J. M. (Eds.). (2002). *The writing cure: How expressive writing promotes health and emotional well-being*. Washington, DC: American Psychological Association. 余語真夫・佐藤健二・河野和明・大平英樹・湯川進太郎 (監訳) (2004). 筆記療法―トラウマやストレスの筆記による心身健康の増進― 北大路書房
Pennebaker, J. W. (2018). Expressive writing in psychological science. *Perspectives on Psychological Science, 13*, 226–229.
Pennebaker, J. W., & Beall, S. K. (1986). Confronting a traumatic event: Toward an understanding of inhibition and disease. *Journal of Abnormal Psychology, 95*, 274–281.

トピックス 34

Smith, R. H. (2013). *The joy of pain: Schadenfreude and the dark side of human nature*. New York: Oxford University Press. 澤田匡人 (訳) (2018). シャーデンフロイデ―人の不幸を喜ぶ私たちの闇― 勁草書房
Zeantz, S. (Producer), & Forman, A. (Director). (1984). *Amadeus* [Film]. United States: Orion Pictures. ゼインツ, S. (製作)・フォアマン, M. (監督) (1998). アマデウス ワーナー・ホーム・ビデオ

トピックス 35

Hochschild, A. R. (1983). *The managed heart: Commercialization of human feeling*. Berkeley: University of California Press.
榊原良太 (2017). 感情のコントロールと心の健康 晃洋書房
武井麻子 (2013). 感情労働の視点からの反論 保健医療社会学論集, 24, 51–61.
上野千鶴子 (2011). ケアの社会学―当事者主権の福祉社会へ― 太田出版

トピックス 36

Henrich, J., Heine, S. J., & Norenzayan, A. (2010). Most people are not WEIRD. *Nature, 466*, 29.
Isaacowitz, D. M., Livingstone, K. M., & Castro, V. L. (2017). Aging and emotions: Experience, regulation, and perception. *Current Opinion in Psychology, 17*, 79–83.
Ruffman, T., Henry, J. D., Livingstone, V., & Phillips, L. H. (2008). A meta-analytic review of emotion recognition and aging: Implications for neuropsychological models of aging. *Neuroscience and Biobehavioral Reviews, 32*, 863–881.
Stone, A. A., Schwartz, J. E., Broderick, J. E., & Deaton, A. (2010). A snapshot of the age distribution of psychological well-being in the United States. *Proceedings of the National Academy of Sciences of the United States of America, 107*, 9985–9990.
Suzuki, A., Hoshino, T., Shigemasu, K., & Kawamura, M. (2007). Decline or improvement? Age-related differences in facial expression recognition. *Biological Psychology, 74*, 75–84.

トピックス 37

Maslach, C. (1976). Burned-Out. *Human Behavior, 5* (9), 16–22.
Hochschild, Arlie R. (1985). *The managed heart; Commercialization of human feeling*. California: University of California Press. 石川 准・室伏亜希 (訳) (2000). 管理される心―感情が商品になるとき― 世界思想社
荻野佳代子・瀧ヶ崎隆司・稲木康一郎 (2004). 対人援助職における感情労働がバーンアウトおよびストレスに与える影響 心理学研究, 75(4), 371–377.
田尾雅夫・久保真人 (1996). バーンアウトの理論と実際―心理学的アプローチ― 誠信書房
田辺毅彦 (2012). 介護ストレスを再考する―在宅および施設介護ストレスの問題点― 認知症ケア事例ジャーナル, 4(4), 378–388.

トピックス 38

Kawakami, A., Furukawa, K., Katahira, K., & Okanoya, K. (2013). Sad music induces pleasant emotion. *Frontiers in Psychology*, *4*, 311, 1–15.

楠見　孝 (編) (2014). なつかしさの心理学―思い出と感情―　誠信書房

大出訓史・今井　篤・安藤彰男・谷口高士 (2009). 音楽聴取における"感動"の評価要因―感動の種類と音楽の感情価の関係―　情報処理学会論文誌, *50*, 1111–1121.

Russell, J. A. (1980). A circumplex model of affect. *Journal of Personality and Social Psychology*, *39*, 1161–1178.

Russell, J. A., Weiss, A., & Mendelsohn, G. A. (1989). Affect Grid: A single-item scale of pleasure and arousal. *Journal of Personality and Social Psychology*, *57*, 493–502.

トピックス 39

Hanich, J., Wagner, V., Shah, M., Jacobsen, T., & Menninghaus, W. (2014). Why we like to watch sad films: The pleasure of being moved in aesthetic experiences. *Psychology of Aesthetics, Creativity, and the Arts*, *8*, 130–143.

Seibt, B., Schubert, T. W., Zickfeld, J. H., & Fiske, A. P. (2017). Interpersonal closeness and morality predict feelings of being moved. *Emotion*, *17*, 389–394.

Tan, E. S. (2009). Being moved. In D. Sander & K. R. Scherer (Eds.), *Companion to emotion and the affective sciences* (p. 74). Oxford, UK: Oxford University Press.

Tokaji, A. (2003). Research for determinant factors and features of emotional responses to "kandoh" (the state of being emotionally moved). *The Japanese Psychological Research*, *45*, 235–249.

戸梶亜紀彦 (2004). 『感動』体験の効果について―人が変化するメカニズム―　広島大学マネジメント研究, *4*, 27–37.

Wassiliwizky, E., Jacobsen, T., Heinrich, J. Schneiderbauer, M., & Menninghaus, W. (2017). Tears falling on goosebumps: Co-occurrence of emotional lacrimation and emotional piloerection indicates a psychophysiological climax in emotional arousal. *Frontiers in Psychology*, *8*, 41.

Zickfeld, J. H., Schubert, T. W., Seibt, B., & Fiske, A. P. (2017). Empathethic concern is part a more general communal emotion. *Frontiers in Psychology*, *8*, 723.

Zickfeld, J. H., Schubert, T. W., Seibt, B., Blomster, J. K., Arriaga, P., Basabe, N., Blaut, A., Caballero, A., Carrera, P., Dalgar, I., Ding, Y., Dumont, K., Gaulhofer, V., Gračanin, A., Gyenis, R., Hu, C.-P., Kardum, I., Lazarević, L. B., Mathew, L., Mentser, S., Nussinson, R., Onuki, M., Páez, D., Pásztor, A., Peng, K., Petrović, B., Pizarro, J. J., Schönefeld, V., Śmieja, M., Tokaji, A., Vingerhoets, A., Vorster, C., Vuoskoski, J., Zhu, L., & Fiske, A. P. (2019). Kama muta: Conceptualizing and measuring the experience often labelled being moved across 19 nations and 15 languages. *Emotion*, *19* (3), 402–424.

トピックス 40

Bertenthal, B. I., & Bai, D. L. (1989). Infants' sensitivity to optical flow for controlling posture. *Developmental Psychology*, *25*, 936–945.

Campos, J. J., Langer, A., & Krowitz, A. (1970). Cardiac responses on the visual cliff in prelocomotor human infants. *Science*, *170*, 196–197.

Dahl, A., Campos, J. J., Anderson, D. I., Uchiyama, I., Witherington, D. C., Ueno, M., Lejeune, L., & Barbu-Roth, M. (2013). The epigenesist of wariness of heights. *Psychological Science*, *24*, 1361–1367.

Gibson, E. J., & Walk, R. (1960). The "visual cliff". *Scientific American*, *202*, 64–71.

Higgins, C. I., Campos, J. J., & Kermoian, R. (1996). Effect of self-produced locomotion on infant postural compensation to optic flow. *Developmental Psychology*, *32*, 836–841.

Uchiyama, I., Anderson, D. I., Campos, J. J., Witherington, D. C., Frankel, C. B., Lejeune, L., & Barbu-Roth, M. (2008). Locomotor experience affects self and emotion. *Developmental Psychology*, *44*, 122–1231.

トピックス 41

Barrett, L. F. (2017). *How emotions are made: The secret life of the brain*. Boston: Houghton Mifflin Harcourt.

Ekman, P. (1992). An argument for basic emotions. *Cognition and Emotion*, *6*, 169–200.

Kimura, M., Daibo, I., & Yogo, M. (2008). The study of emotional contagion from the perspective of interpersonal

relationships. *Social Behavior and Personality: An International Journal*, *36*, 27–42.
Lieberman, M. D., Eisenberger, N. I., Crockett, M. J., Tom, S. M., Pfeifer, J. H., & Way, B. M. (2007). Putting feelings into words: affect labeling disrupts amygdala activity in response to affective stimuli. *Psychological Science*, *18*, 421–428.
Pennebaker, J. W. (2010). Expressive writing in a clinical setting. *The Independent Practitioner*, *30*, 23–25.
Rimé, B. (2009). Emotion elicits the social sharing of emotion: Theory and empirical review. *Emotion Review*, *1*, 60–85.
Russell, J. A. & Barrett, L. F. (1999). Core affect, prototypical emotional episodes, and other things called emotion: Dissecting the elephant. *Journal of Personality and Social Psychology*, *76*, 805–819
Seth, A. K. (2013). Interoceptive inference, emotion, and the embodied self. *Trends in Cognitive Sciences*, *17*, 565–573.
Yogo, M. & Fujihara, S. (2008). Working memory capacity can be improved by expressive writing: A randomized experiment in a Japanese sample. *British Journal of Health Psychology*, *13*, 77–80.

トピックス 42
湯川進太郎 (2014). 空手と禅　BAB ジャパン
湯川進太郎 (2017a). 空手と太極拳でマインドフルネス　BAB ジャパン
湯川進太郎 (2017b). 実践 武術瞑想　誠信書房

人名索引

● A

阿部恒之 22
安達智子 284
相川 充 293
秋月左都士 244
Alcmaion 83
Aldao, A. 353, 362, 363, 368
Algoe, S. B. 139
Allmann, A. E. S. 316
Ambady, N. 48, 54, 241
Anaxagoras 81
Argyle, M. 246
有光興記（Arimitsu, K.） 42, 92, 292
Aristoteles 79, 81
Arnold, M. B. 80, 86, 101, 102, 103
Aron, A. P. 86
浅井正昭 93
Averill, J. R. 23, 80

● B

Back, M. D. 292
Baek, S. K. 153
Bai, D. L. 375
Baker, L. R. 245
Balkwill, L. -L. 156
Bänninger-Huber, E. 261
Bänziger, T. 241
Barañczuk, U. 359
Barbas, H. 205
Bard, P. 84
Barlow, D. H. 325
Barrett, L. F. 50, 80, 88, 89, 101, 102, 105, 112, 120, 122-128, 130-137, 141, 195, 196, 198, 199, 205, 207, 214, 376
Barsalou, L. W. 123, 133
Bartholomew, K. 285
Baumeister, R. F. 245
Beall, S. K. 313
Bechara, A. 167
Bekhterev 84
Benedict, R. 45
Bertenthal, B. I. 375
Bharucha, J. 54
Blanke, O. 61, 63
Blascovich, J. 80, 86

Bless, H. 266
Boiger, M. 50
Borke, H. 237
Bower, G. H. 262, 263
Bowlby, J. 232, 283
Bridges, K. M. B. 226, 236
Britton, S. W. 84
Broomfield, K. A. 260
Brosch, T. 130
Brown, T. A. 325
Bryant, G. A. 148
Büchel, C. 210
Buck, R. W. 80, 89
Bucy, P. C. 178
Bullock, M. 238
Burleson, M. H. 157
Buss, D. M. 30

● C

Cacioppo, J. T. 80, 89
Campos, J. J. 80, 93, 375
Camras, L. 239
Cannon, W. B. 14-18, 20, 22, 80, 83, 84, 166
Carstensen, L. L. 294, 357
Chandler, M. J. 282
Chess, S. 279-281
Chomsky, N. 4
Clore, G. L. 110, 265, 266
Cohen, D. 53
Cohen, J. 63
Collins, N. L. 285
Conway, K. P. 298
Conway, M. A. 62
Cooley, C. H. 74
Cordaro, D. 105
Coricelli, G. 215, 216
Cornelius, R. R. 19
Cosmides, L. 245
Cowen, A. S. 138
Csikszentmihalyi, M. 346
Cunningham, W. A. 135

● D

Dahl, A. 375
大坊郁夫 245

Damasio, A. R.　2, 3, 19, 61, 70, 71, 80, 82, 115, 167, 168, 196, 197, 199
Darwin, C. R.　3, 5, 10, 16, 21, 27, 28, 30, 36, 44, 45, 80, 101, 124, 179, 226
Davidson, R. J.　80
Dawkins, R.　31
De Castella, K.　361
De Leersnyder, J.　51
Deci, E. L.　343
Descartes, R.　8, 9, 19, 80, 81, 83, 84
Diener, E.　246, 343
DiGiacomo, M.　289
Diogenes　81
Dodge, K. A.　239
土居健郎　92
Duncker, K.　264
Dunlap, K.　14
Dutton, D. G.　86
Dworkin, B. R.　197

● E
Edwards, J.　194
Ekman, P.　10, 21, 36, 44-49, 59, 80, 82, 83, 87, 89, 90, 93, 96, 101, 104, 105, 109, 145, 154, 155, 171, 195, 238, 261, 376
Elfenbein, H. A.　48, 241
Ellsworth, P. C.　18, 50, 101
Empedcles　81
遠藤利彦　101, 102, 114, 139, 284
Erikson, E. H.　159

● F
Fazeli, S.　210
Feeney, B. C.　285
Feldman, R.　73
Fernando, J. W.　140
Ferré, P.　158
Festinger, L.　248
Fiske, S. T.　242
Fonagy, P.　95
Fontaine, J. J. R.　100, 120
Fontaine, J. R. J.　121
Forgas, J. P.　266
Frank, R. H.　34
Fredrickson, B. L.　22, 80, 267, 337, 338
Fridlund, A. J.　39, 48
Friesen, W. V.　21, 45, 145, 155, 238, 261
Frijda, N. H.　12, 21, 50, 81, 80, 92, 93, 102, 337
Friston, K. J.　202, 204, 208, 216
Frith, C. D.　68, 202
Fujihara, S.　376
Fujimura, T.　145
藤原武弘　244

福島宏器　219

● G
Galenus　83
Garfinkel, S. N.　220
Gazzaniga, M.　3
Gebhardt, C.　147
Gendron, M.　131
Gergely, G.　95
Gibson, E. J.　375
Gibson, J. J.　66
Gifford, R.　174
Gilbert, P.　43
Glick, P.　242
Gnepp, J.　238
呉　映研　157
Goldin, P. R.　370
Goldwyn, R.　284
Graham, J.　54
Greene, J. D.　186
Gross, J. J.　136, 259, 351, 352, 357, 359, 368
Gutkin, B.　199

● H
Haidt, J.　139, 312
Hall, J. A.　241
濱　治世　92, 93
浜名真以　152
原　塑　252, 253
Harrigan, J.　237
Harris, P. L.　240
Hartling, L. M.　43
針生悦子　152
長谷川　晃　76
Hassanpour, M. S.　211, 214, 215, 219
畑山俊輝　92
Hatfield, E.　247
Hazan, C.　283
Head, H.　84
Hebb, D. O.　4
Helmholtz, H.　202, 204
Hertenstein, M. J.　151
Higgins, C. I.　375
樋口匡貴　77, 140, 250
引地博之　174
Hippocrtes　83
平井　花　291
一言英文（Hitokoto, H.）　53, 54, 56, 96, 97, 250, 251
Hobfoll, S. E.　247
Hochschild, A. R.　335, 349
Hoffman, M. L.　236
Hofstede, G.　251

Holmes, E. A. 329
Holmes, T. H. 246
Horowitz, L. M. 285
Hovens, J. G. F. M. 327
Hume, D. 8

● I
Iacoboni, M. 5
Ickes, W. 246
今田　寛 93
今田純雄 142
今泉　敏 237
稲垣（藤井）勉 143, 286, 291-293
Isaacowitz, D. M. 146
Isen, A. M. 265, 267, 339
Ishii, K. 49, 156
石盛真徳 174
糸魚川直祐 92
Izard, C. E. 10, 21, 44, 47, 82, 83, 101, 155, 228, 229, 237

● J
Jack, R. E. 48, 49
James, W. 8-10, 14, 16, 19, 25, 58, 60, 61, 68, 80, 81, 83, 101, 133, 165, 166, 199
Javdani, S. 147
Joffily, M. 215, 216
John, O. P. 357, 359
Johnson-Laird, P. N. 314
Johnston, R. E. 25
Johnstone, R. A. 40
Jordan, C. H. 143
Juslin, P. N. 147

● K
Kabat-Zinn, J. 372
Kagan, J. 92
Kahneman, D. 343
金政祐司 245, 285
鹿子木康弘 230
Kant, I. 70
Kawakami, A. 366
川上憲人 298
河野和明（Kawano, K.） 223
Kazemzadeh, A. 12
Keltner, D. 50, 138, 312
Kendler, K. S. 321
Keramati, M. 199
Kessler, R. C. 298
Keyes, C. L. M. 345, 347
菊池哲平 238
Kimura, K. 224
Kimura, M. 247, 376

北原瑞穂 353
北村英哉 264-266
北山　忍（Kitayama, S.） 4, 51, 52, 62, 92, 96, 97, 156, 251
Klein, D. N. 316
Klüver, H. 178
小林ゆかり 152
Kober, H. 130
Koelsch, S. 194
Kolodyazhniy, V. 172
Koole, S. L. 363
Kraut, R. E. 25
Kreibig, S. D. 172
久保真人 349
蔵永　瞳 140, 250
黒川正流 244

● L
Laidre, M. E. 40
Laird, J. D. 18
Lakoff, G. 139
Lang, P. J. 80, 170
Lange, C. G. 14, 16, 81, 101
Laukka, P. 147
Lazarus, R. S. 50, 80, 85, 86, 101, 102, 108, 109
Leary, M. R. 245
LeDoux, J. E. 19, 34, 80, 85
Legrand, D. 66
Levenson, R. W. 80, 82, 357
Levy, R. I. 128
Lewis, M. 227, 228, 230
李　礼真 156
Liberman, M. D. 376
Lieberman, D. 33
Lindquist, K. A. 122, 130, 179
London, P. 247
Lopez, S. J. 341
Luchetta, T. 43
Lun, J. 54
Lynam, D. R. 331
Lyubomirsky, S. 347

● M
Ma, X. 51, 53
MacDonald, P. M. 237
MacLean, P. 80, 85
Main, M. 284
Markus, H. R. 51, 52, 62
Martins, A. 289
丸山愛子 239
Maslach, C. 349
Maslow, A. H. 344
Mather, M. 294

Mathews, A. 329
Matsumoto, D. 48, 83, 155
松本芳之 156
松山義則 58, 92-94, 152
Mauss, I. B. 361
Mayer, J. D. 287, 289
McCauley, C. 43
McDougall, W. 10
McKay, D. 142
McRae, K. 354, 356
Mead, G. H. 74
Mehrabian, A. 80, 87, 88
Meltzoff, A. N. 73
Melzig, C. 173
Mendes, W. B. 172
Mendolia, M. 145
Mesquita, B. 50
三宅和夫 (Miyake, K.) 92, 93, 282
Miyamoto, Y. 51, 53
宮谷真人 152
水野邦夫 273
水野里恵 279
Montague, P. R. 216
Moore, M. K. 73
Moors, A. 100-104, 108, 109, 111, 121, 131, 132, 135-137
Morawetz, C. 184
諸井克英 251
Morris, D. 25
Morris, W. N. 88
Morrison, I. 151
孟子 6
Murry, M. W. 146
武藤世良 139, 140, 292

● N
中村 真 92, 93, 101, 274
中村奈々子 77
Naragon-Gainey, K. 353
縄田健悟 254, 256, 257
Neisser, U. 66
Nesse, R. M. 32, 35, 134
Neuberg, S. L. 32
Newman, E. B. 16
Nisbett, R. E. 5, 53, 267
西 周 6
Nolen-Hoeksema, S. 368

● O
Oatley, K. 80, 314
Ochsner, K. H. 352
Ogarkova, A. 128, 129, 157
Oishi, S. 54, 246

Olatunji, B. O. 142, 222
Ong, D. C. 272
大河原美以 233-236
大原健士郎 92
大平英樹 92, 93, 206, 208, 212, 213, 217, 218
大森純子 174
大谷 華 174
大坪庸介 30
大浦真一 286
Ortony, A. 87, 110
Osgood, C. E. 11, 12

● P
Papez, J. W. 80, 85
Paulmann, S. 149
Pavlov, I. P. 183
Pennebaker, J. W. 313, 376
Perera, H. N. 289
Perner, J. 260
Perry, B. D. 234
Peterson, C. 346
Petzschner, F. H. 216
Plato 83
Plutchik, R. 12, 21, 80-82, 93
Pollard, R. 234
Pons, F. 238
Porges, S. W. 235
Premack, D. 260
Prinz, J. J. 199

● R
Rahe, R. H. 246
Rayner, R. 330
Rayson, H. 95
Reddy, V. 74
Rempel-Clower, N. 205
Richards, I. A. 6
Rimé, B. 247, 376
Rizzolatti, J. 3, 5
Rogers, C. R. 344
Rosch, E. 117, 133
Roseman, I. J. 101, 103, 108
Roussy, G. 84
Rozin, P. 142, 253
Ruba, A. L. 146
Rubin, Z. 244
Ruby, P. 66
Russell, J. A. 45-47, 57, 62, 80, 83, 88-90, 93, 101, 120, 123, 124, 130-133, 135, 145, 155, 195, 198, 238, 366, 376
Russell, P. S. 253
Ryan, R. 343
Ryff, C. D. 344

● S

Saarni, C. 237, 240
Sahlins, M. 31
坂上裕子 283, 286
榊原良太 335, 353, 354
櫻庭京子 237
Salovey, P. 287
Sameroff, A. J. 282
Sander, D. 119, 136, 137
笹屋里絵 239
佐藤　德（Sato, A.） 61, 62, 68, 69, 72, 73, 75
佐藤　香 92
Sauter, D. A. 128
澤田忠幸 240
Scarantino, A. 101, 111, 136
Schacter, D. L. 67
Schachter, S. 17, 18, 80, 82, 86, 199
Scherer, K. R. 11, 80, 83, 86, 101, 102, 104, 109, 112-117, 120, 121, 127, 129, 130-134, 139, 141, 156, 195
Schimmack, U. 251
Schindler, I. 139
Schlegel, K. 149
Schlosberg, H. 80
Schnurr, P. P. 88
Schore, A. N. 232
Schutte, N. S. 289
Schwartz, C. E. 280
Schwarz, N. 265, 266
Segal, Z. V. 328
Seligman, M. E. P. 246, 347
Selye, H. 22
Seth, A. K. 208, 214, 376
Shaver, P. R. 117, 152, 157, 283
Sheldon, K. M. 155
Shenhav, A. 172
Sheppes, G. 359, 369
Sherrington, C. 198
Shields, S. 93
島　義弘 281
島井哲志 344
Shin, J. 157
篠原郁子 72
Shiota, M. N. 336, 357
Siegel, E. H. 83
Simmons, W. K. 214
Simpson, J. 246
Singer, J. E. 17, 18, 82, 86, 199
Singer, T. 2
Smith, A. 12, 13
Smith, R. H. 248, 249
Snyder, C. R. 341
Solomon, R. C. 79

荘厳舜哉 93
Spence, C. 160
Sperry, R. W. 201
Spinoza, B. de 79-82
Sroufe, L. A. 227
Stanovich, K. E. 20
Stearn, P. 92
Stenberg, C. R. 229
Stephan, K. E. 212, 217
Stepper, S. 19
Sternberg, R. J. 245
Stewart, S. H. 217
Strack, F. 19
菅原大地 140
菅原ますみ 278, 280
Sutherland, A. 16
Suvilehto, J. T. 157
鈴木敦命（Suzuki, A.） 270, 348
鈴木直人（Suzuki, N.） 92, 93, 247
鈴木常元 8
Synofzik, M. 69

● T

高橋惠子 92
高橋雅延 92
竹原卓真（Takehara, T.） 92, 145, 152, 153
Tamir, M. 347, 361
Tan, E. S. 367
田辺　毅 349
田尾雅夫 349
Taruffi, L. 194
手塚洋介 102
Tellegen, A. 88
Thayer, R. E. 88
Thomas, A. 279-281
Thompson, W. 156
戸田正直（Toda, M.） 10, 11, 22, 27, 28, 32, 34, 58
Tokaji, A. 367
Tomasello, M. 74
Tomkins, S. S. 10, 18, 44, 80, 82, 101, 105
Toody, J. 245
Tourangeau, R. 18
Tracy, J. L. 105
Tuan, Yi-Fu. 174
Tuck, N. L. 336
Tucker, D. M. 232
Tulving, E. 62, 67
Turner, T. J. 87

● U

Uchida, Y. 56, 96
内山伊知郎（Uchiyama, I.） 92, 375
Uddin, L. Q. 217

Uskul, A. K.　53
宇津木成介　7, 8, 10, 13

● V

Van den Tol, A. J. M.　194
Van der Hart, O.　235
Van der Kolk, B. A.　232
Veenstra, L.　295
Verkamp, J. M.　151

● W

Waddington, C. H.　281
Wager, T. D.　130
Walk, R.　375
Walker-Andrews, A. S.　236, 237
Walster, E.　251
Watkins, P. C.　250
Watson, D.　80, 82, 88, 89
Watson, J. B.　10, 80, 226, 330
Watson, J. S.　95
Waynbaum, I.　18
West, R. F.　20

Whorf, B. L.　127
Wierzbicka, A.　128
Williams, W. C.　247
Wolpert, D. M.　201
Woodworth, R. S.　80
Wright, L.　331
Wundt, W.　80, 87

● Y

山本恭子　247
余語真夫（Yogo, M.）　92, 247, 376
吉田正昭　93
Young, A. W.　145
湯川進太郎　92, 377
Yuki, M.　49

● Z

Zajonc, R. B.　18, 80, 85
Zaki, J.　247, 272
Zebrowitz, L. A.　155
Zipf, G. K.　154

事項索引

●あ
アージ（システム理論）　11, 27, 28, 33, 58
愛　5, 50, 81, 152, 157, 226, 245, 337
アイオワ・ギャンブリング課題　167
アイコンタクト　74
愛情　244
愛情の三角理論　245
愛着　232, 282
　→　アタッチメント
愛着行動　232
愛着理論　232
アイデンティティ　43, 66, 67, 254
アカゲザル　39, 74, 178
アクティブ・ラーニング　273
（東）アジア人　48, 49, 55, 56
アタッチメント　232, 282, 359, 360
　→　愛着
アタッチメントトラウマ　232
アダルト・アタッチメント・インタビュー（AAI）　284
圧力釜効果（pressure cooker effect）　247
アドレナリン　17, 18, 86, 163
アバター　65, 69
アフェクト　122
　→　コア・アフェクト
アフォーダンス　363-365
アメリカ（人）　49, 55-57, 156, 323
アメリカ精神医学会　296, 314
アレキシサイミア（alexithymia）　198, 370
アロスタシス（allostasis）　123
安心・安全　232-236
安定型　360

●い
怒り　257
イギリス　156, 198
意思決定（decision-making）　199
痛み　2, 3, 64, 81, 146, 187-189, 197, 210, 232
イタリア　45, 83, 156
一次解離　235
一次的評価（primary appraisal）　109
一人称視点　66
慈しみの瞑想（loving-kindness meditation: LKM）　340
一種の誤差に基づく学習課題（error-based learning task）　220

イディア　79
遺伝　325
遺伝子多型　189, 190
稲作　54
畏怖　140, 312
今ここ　28, 34, 62, 68, 70
意味空間　11, 87, 89
意味格子プロフィール　79
意味構成子（meaning constructors）　129
意味ネットワークモデル　262
移民　51, 54
因果的評価モデル（causal appraisal model）　110
因果的評価理論　110
インドネシア　156, 157

●う
ウェルビーイング（well-being）　102, 336
嘘（悪意のない）　260, 261
うつ病　316, 370
右脳　232
ウルバッハ・ヴィーテ病（Urbach-Wiethe disease）　178

●え
エウダイモニズム（eudaimonism）　344
エウダイモニック（eudaimonic）ウェルビーイング　342
エウダイモニック・ウェルビーイング尺度（the Questionnaire for Eudaimonic Well-Being: QEWB）　345
笑顔　13, 25, 27, 39-41, 153, 271, 272, 350
疫学調査　297-299, 308, 323
エピソード記憶　62
エピネフリン　17, 32
エラー関連電位　55
エンカウンター　273
円環モデル（circumplex model）　88, 120
エングラム　4, 5
エンゲージメント（engagement）　346
援助　250
遠心性　113
遠心性コピー（efference copy）　201

●お
欧米人　48, 49

445

恐れ　21, 109, 124, 171, 172, 178, 226-229, 244, 307
驚き　21, 59, 82, 153, 179, 227, 238, 291
オノマトペ　152
親子関係　150,233
音楽　149, 193, 194, 334, 366
音響学（的）　148, 149
音量　147, 193

●か
介護ストレス　349
外集団　64, 222, 241, 254-259
外受容感覚　198, 207
外線条皮質身体領域（extrastriate body area: EBA）269
外側前頭前皮質（lateral prefrontal cortex）268, 272
開拓者精神　53
外適応（exadaptation）23
→ 前適応
概念　122, 123
概念結合（conceptual combination）124
概念的行為理論（conceptual act theory）105, 196
海馬　234
回避型　359
回避行動　330
快－不快　87-88, 106, 145, 148, 170, 179, 197-198, 209-210, 238
→ 感情価
解離（dissociative）反応　234
カウンセリング　301
顔の向き　261
顔表情　268, 348
顔表情データベース　59
過覚醒（hyper arousal）反応　234
確実性　103
学習　182, 183
覚醒（度，活性－不活性）17-18, 86-90, 106, 120-123, 129, 132-133, 145-146, 148, 169-171, 197-198, 209-210, 219, 238
拡大－建設（形成）理論（broaden-and-build theory）22, 337, 340
拡張現実感　160
拡張版プロセスモデル　364
拡張モデル　267
確率学習（probabilistic learning）210
下前頭皮質（inferior frontal cortex）268, 270
価値（value）199
活性化拡散　262
活性状態（flourishing）347
活動傾向説　81
→ 行為傾向
カテゴリー化（categorization）101, 116, 122, 196
カテゴリー説（分類説）89

カテゴリーモデル　145
下頭頂小葉（inferior parietal lobule: IPL）184, 188
下頭頂皮質（inferior parietal cortex）268, 270
悲しみ　9, 11, 21, 27, 50, 82, 89, 105, 126, 147, 153, 156, 179, 194, 197, 227, 238, 244, 252, 261, 288, 291, 316, 350, 360
悲しみのパラドックス　194
下方比較　248
顆粒細胞　205
加齢　190, 191
含意（implication）113
感覚信号　14, 20, 84, 201-206, 208
感覚モダリティ　67
環境（心理学）174, 201, 230, 233, 234, 266, 278-282, 325-326, 344, 345, 347, 362-364
環境由来の感覚　68
関係不安　285
韓国（人）143, 155, 158
感謝　250, 291
→ gratitude
感じやすさ（感情の）290-292
感謝の嘘　260
感情（の定義）ii, 2-6, 10-11, 13, 44, 58, 82-83, 90, 94,178, 196, 337
感情エピソード（emotion(al) episode）100, 123
感情価（valence）106
→ 快－不快
→ 誘因価
感情概念（emotion concepts）101, 122, 123
感情観　56
感情喚起画像セット　170
感情管理　335, 349
感情空間　88, 118, 145
感情経験　16, 104
感情語　101, 144, 151, 152, 157, 237
感情語彙　128
感情語構造　157
感情コミュニケーション　147, 151
感情コミュニケーションチャネル　151
感情混合モデル　266
感情シグナル説　265
感情障害　107, 314
感情情報説　265
感情ストループテスト　149
感情制御　233, 240, 259, 350, 368
感情制御アフォーダンス　363
感情制御の自己効力感　361
感情制御の柔軟性　362
感情族（emotion family）136
感情的知性（emotional intelligence）126, 287
→ 情動知能
感情調整　294
感情調整説　266

感情的ウェルビーイング（emotional well-being） 343
感情伝染 236
感情導入 263
感情特異反応 82
感情特性 107, 290
感情認知 236, 267, 348
感情ネットワークモデル 262
感情のアージ理論 27
　→ アージ（システム理論）
感情の可変性 360
感情の社会化 233
感情の神経基盤 178
感情の認識精度（emotion recognition accuracy: ERA） 241
感情表出 294
感情表出動機 240
感情プログラム（affect program） 105
感情ラベリング（affect labeling） 138
感情粒度（emontional granularity） 125
感情連想語 152, 154
感情労働 335, 349
関心（concerns） 102
間接経路 19
完全愛 245
感動（being moved） 367
感動体験 366
顔面表情プログラム 45
顔面フィードバック仮説（facial feedback hypothesis） 18
関連性（relevance） 113

●き
記憶 182, 183
記憶の書き換え 333
擬音語 152
機械学習 180, 188, 192
危急反応（emergency reaction） 17
気質 278
疑似的身体ループ 168
帰属 4, 47, 52, 110
擬態語 152
機能局在 178
機能的磁気共鳴画像法（functional magnetic resonance imaging: fMRI） 176, 209, 280
気晴らし（daily uplifts） 22, 353
規範の重要性（normative significance） 113
規範との適合性 114
気分 263
気分一致効果 13, 263, 351
気分循環性障害 318
気分障害 314
気分状態依存記憶 263
気分不一致効果 267
基本感情（fundamental emotions） 21
基本感情（basic emotion） 228, 237, 238
基本感情理論 101, 105, 228
基本情動（basic emotion） 45, 195, 314
基本情動説 45
基本情動理論 195
記銘 183, 263, 265
客我 60
虐待 233, 235, 327
究極要因 29
求心性 10
急性ストレス障害 321
教育モデル 274
強化学習（reinforcement learning） 200
共感（empathy） 187, 188, 236
共生 13
強制選択 46
鏡像自己認知 73
協調性 54, 96, 97, 358, 364
共同注意 74
強迫症 320, 370
強迫性障害（obsessive-compulsive disorder: OCD） 297, 309
恐怖 257
興味 5, 21, 227, 228, 300, 337
共有環境 325
共有経験 187, 188
ギリシア（人，時代） 8, 79, 81, 343, 344
近親相姦 33
近赤外分光法（Near infrared spectroscopy: NIRS） 176
緊張−眠り 87
　→ 覚醒

●く
クオリア（qualia） 115
屈辱感 43
苦悩 21
グリーフワーク 159
クリューヴァー・ビューシー症候群（Klüver-Bucy-syndrome） 178

●け
経験からの回避 353
経済学（行動） 12, 13, 187, 195
計算論的心身医学（computational psychosomatic medicine） 216, 220
計算論的精神医学（computational psychiatry） 216, 220
計算論モデル（computational model） 212, 220
軽蔑 21, 27, 248
刑法 252

形容語選択法　366
化粧　159
化粧行動　159
血圧　162, 217-219, 346
血縁識別　31
血縁淘汰　30, 31
毛繕い（グルーミング）　150
月経前不快気分障害　317
楔前部（precuneus）　71, 188
嫌悪感受性尺度　253
嫌悪（感情）　142, 257
限局性恐怖症　318
言語共同体　128
言語相対性仮説　127
言語発達　237, 238
言語ファースト（language-first）アプローチ　128
顕在的　143
原自己　61, 70

●こ
コア・アフェクト（core affect）　73, 106, 196, 220, 376
　　→ アフェクト
コア・アフェクト（核心感情）理論（core affect theory）　88, 195
好意　244
行為傾向（action tendency）　100, 109
　　→ 活動傾向説
　　→ 特異活動傾向
交感神経系　162
交感神経−副腎髄質系（sympathetic adrenomedullary system/axis）　17
攻撃　5, 17, 38, 43, 193, 255-257
向社会性　50, 312
哄笑（laughter）　25
恒常性（homeostasis）　199
公正　252
構成感情理論（theory of constructed emotion）　105, 122
構成情動理論（theory of constructed emotion）　196
構成的評価モデル（constitutive/constructive appraisal model）　110
構成的評価理論　110
構成要素パターニング（component patterning）　113
構造化開示　313
肯定的　7, 12, 42, 51, 52, 55, 96, 143, 237, 250, 259, 273, 285, 369, 370
肯定的再評価　353
行動（行為）傾向　11, 30, 33, 38, 89, 100, 106, 109, 113, 121
行動生態学的観点（behavioral ecology view）　48

後頭側頭皮質（occipitotemporal cortex）外側部　269
行動的回避　353
行動免疫（behavioral immune system）　222
後頭葉（occipital lobe）　269
広範から分化仮説（broad-to-differentiated hypothesis）　125
幸福　13, 21, 49-51, 96, 123, 158, 179, 216, 238, 244, 288, 336, 343, 346, 347
後部上側頭溝（posterior superior temporal sulcus: pSTS）　185, 188
後部帯状皮質（posterior cingulate cortex: PCC）　187, 188
興奮　21, 153
衡平理論　251
合理性　22, 78
高齢者　348
声（と感情）　147-149, 151, 154, 156, 169, 228, 231, 261, 287
呼吸　25, 166, 172, 312, 372-374
呼吸の瞑想　372
国際感情学会（International Society for Research on Emotion: ISRE）　i, 92
国際疾病分類　296
黒人　155
互恵的利他主義　30
心の問題　146
心の理論　185, 187, 260, 271
心を想定する傾向（mind-mindedness）　95
個人差　64, 125, 173, 189, 278, 350, 353-355, 361-365
個人主義文化　251
個人内差　275
個体群思考（population thinking）　124
固定セットモデル（fixed-set model）　140
言葉　376
コヒーレンス　5
個別感情（discrete emotion）理論　228
個別的評価理論　108
コミットメント　245
コミュニケーション　10, 37, 48, 144-148, 150-157, 230, 348
コミュニティ意識　174
コミュニティ感覚　174
ゴムの手錯覚　63
固有感覚（自己受容感覚）　73, 198, 201, 202, 207, 208
コルチゾール　224, 346
コンドーム　77
コンパッション　42
コンピュータ　21, 78, 144, 149, 261
コンポーネント・プロセス・モデル（Component Process Model: CPM）　83, 86, 109, 112

●さ

罪悪感(guilt) 184, 185, 258
最小限の普遍性 47
最小努力の原理 154
サイトカイン 199
再評価 353-356, 358-361
　→　認知的再評価
最頻的感情(modal emotions) 116
最頻的反応マーカー(modal response markers) 129
細胞集成体(cell assembly)理論 4
サイレント・カウンティング 169
サピア・ウォーフ仮説 157
差別 254
三位一体説 85

●し

幸せへの志向性(orientations to happiness)尺度 346
視覚野 207, 208
視覚領野(visual areas) 269
自我状態 235
至近要因 29
シグナル 37, 39, 40
刺激評価チェック(stimulus evaluation checks: SECs) 113
次元説 87
　→　次元理論
　→　情動次元理論
次元的アプローチ 83
次元的評価理論 108
次元モデル 145
次元理論 120
　→　次元説
　→　情動次元理論
自己意識の感情 230
思考 3, 20, 53, 60, 69, 122, 127, 157, 185, 260, 267, 309, 320, 328, 338, 339, 372, 373
思考-行動レパートリー(thought-action repertoire) 338
自己カテゴリー化理論 254
自己観 44, 51, 53, 56, 97, 107
自己欺瞞 293
自己効力感 77, 335, 361
自己主体感(sense of agency) 61, 68, 69, 202
自己受容感覚 73
　→　固有感覚
自己受容的身体 72
自己受容ドリフト 63
自己焦点-他者焦点 248, 249
自己所属感 63
自己制御能力 73
自己調整実行機能モデル 361

自己由来の感覚 68
自殺(念慮・企図) 143, 193, 299, 300, 302, 305, 316, 329, 369, 370
視床(thalamus) 14, 19, 20, 34, 84, 166, 268
視床下部(hypothalamus) 14, 17, 20, 22, 84, 166, 168, 208, 210, 224, 234
視床下部-下垂体-副腎(皮質)系 22
　→　HPA系
事象関連電位(event-related potentials: ERPs) 118
視床説(thalamic theory) 14
視床-皮質-扁桃体経路 20
視床-扁桃体経路 19
システマティック処理 266
システム1 20
システム2 20
姿勢 19, 295, 375
自然類(種) 124
自然類(natural kinds) 124, 209
持続性抑うつ障害 316
持続的幸福モデル(sustainable happiness model) 347
自尊感情 75, 143, 159
自尊心 52, 96, 264, 303, 316
嫉妬 33
ジップの法則 153
質問紙法 284
自伝的記憶 62, 66, 263
自動感情認識 149
児童期 239, 29
児童虐待 232
児童・青年期精神疾患の薬物治療ガイドライン 301
自動的な感情制御 361
シナプス 3
自発的微笑 228
自閉スペクトラム症 370
嗜癖 236
シミュレーション 122
シミュレーション過程 267, 268, 270, 272
シミュレーション説(simulation theory) 187, 270
シャーデンフロイデ(Schadenfreude) 185, 186
社会構成主義(social constructivism/constructionism) 23, 122
社会構成主義的 51
社会情動的選択性理論 357
社会生態学的心理学 54
社会的アイデンティティ理論 254
社会的ウェルビーイング 345
社会的感情(social emotions) 184-186
社会的客我 60
社会的共有(social sharing) 247

事項索引　449

社会的現実（social reality）124
社会的参照　237
社会的な表出のルール　240
社会的認知　262
社会的脳　150
社会的望ましさ　292
社会的判断　265
社会的比較　248
シャクター説（Schachter theory）17
　→　情動二要因説
社交不安症　319
自由エネルギー原理（free energy principle）204
住居流動性（residential mobility）54
集団間感情　254
集団間感情制御　259
集団間感情理論　254
集団間攻撃　257
集団間行動　254-256, 259
集団間接触　258
集団間フレーミング　255, 256
集団主義文化　251
集団ベースの感情　254
羞恥心（embarrassment）184, 185
集中的気晴らし　183
周波数（ピッチ）147, 173
皺眉筋（活動）172
主我　60, 71
主観的ウェルビーイング（subjective well-being: SWB）342, 343, 347
主観的情感（feeling）104, 115
主観的な感じ（経験，情動）11
『種の起源（On the origin of the species）』44, 124
受容　353
生涯有病率　301
小学校　235
状況修正　351
状況選択　351
状況に応じた概念化（状況的概念化: situated conceptualization）123
状況評価（過程）107, 108, 125, 140, 267, 268, 271, 272
称賛　110,139
上側頭溝（superior temporal sulcus: STS）3, 187, 268, 269
情緒応答性（emotional availability）231
情動次元理論（dimensional theory of emotion）195
　→　次元理論
情動障害　315
衝動性　331
情動多様性　275
情動知能　287
　→　感情的知性（emotional intelligence）

情動的な映し出し（affective or emotional mirroring）95
情動伝染（emotional contagion）247
情動二要因説　199
　→　シャクター説
情動発達　227
情動表現スタイル　231
情動モジュール　3
情熱　245
情念　7, 19
少年院　175
情念論　83
情報科学　78
上方比較　248
食科学　160
食行動　160
食心理学　160
自律神経系　113, 160, 162
自律的な AI　91
人格　60, 61, 235, 299, 349
人格の構造的解離理論　235
進化心理学　29
進化適応の環境（environment for the evolutionary adaptedness: EEA）22
進化論　16, 27, 29, 30, 44, 80, 81, 145, 226
進化論的立場　80
新奇性　86, 103, 114, 119, 120
シンギュラリティ（singularity）78, 90
神経学的立場　80
神経構成主義（neuroconstruction）122
神経主観フレーム　61
神経伝達物質　163, 164, 168, 180-181, 189, 301
神経文化説　45
人工知能（AI）12, 74, 78, 90
心身一元論者　81
心身症　198, 216-218
心身二元論　83
新生児　27, 33, 68, 73, 226-228, 236, 278
人生の残り時間　357
人生満足感（life satisfaction）96, 340, 341, 343
人性論　8
心臓血管系　81, 224, 346, 361
新ダーウィン主義　82
身体化（embodiment）117
　→　身体性
身体化された予測的内受容符号化モデル（embodied predictive interoception coding model）196
身体学的立場　80
身体状態　199
身体スキーマ　64, 65, 69
身体性（embodiment）20
　→　身体化

身体接触　144, 150, 151, 154, 156, 157, 223
身体知覚説　199
身体的自己感　61, 62, 67
身体的な嫌悪（physical disgust）　252
身体内環境（internal milieu）　197
身体表情　267
身体ループ　168
心的イメージ　329
心的外傷後ストレス障害（PTSD）　147, 320
心的距離　150
心電図　165, 173
侵入的記憶　329
信念　360, 361, 365
心配　353
心拍（heart rate: HR）　165
心拍検出課題　220
心拍変動　173
親密性　245
親密性の回避　285
心理学的構成主義（psychological constructivism／construction(ism)）　101, 105, 195, 196
心理学的構成（理）論　170, 376
心理（的）構成主義　50, 88
　→　心理学的構成主義
心理進化説　81
人類学（文化）　31, 45, 195

●す
遂行　369
随伴発射（corollary discharge）　201
水路づけモデル　281
ステレオタイプ　155, 242, 356
ストレス（stress）　22
スペイン　158
スマイル　335
　→　微笑
スモールワールドネットワークモデル　145

●せ
生活の質　159, 174
　→　QOL
正義　252, 344
制御　138, 139, 162, 183, 184, 199, 201, 217, 313
性行動　28, 178,
政治的態度　253
精神疾患　314
『精神疾患の診断・統計マニュアル』　314
精神的客我　60
精神的健康連続体（mental health continuum）尺度　345
性淘汰　30
青年期　190, 191, 301, 314
西洋　46, 51, 53, 79, 157

世界保健機関　296
世代間連鎖　236
接触回避　223
摂食障害　65, 126, 159, 368
セロトニン　180, 181
セロトニン・トランスポーター　189
禅　377
善悪　12
潜在的　143
潜在連合テスト　361
線条体（striatum）　191, 207, 208
選択　369
前適応（preadaptation）　23
　→　外適応
蠕動運動　206
前頭眼窩皮質（orbitofrontal cortex: OFC）　84, 85, 207, 208
前頭前皮質（prefrontal cortex）　3, 4, 173, 177, 184, 203, 233, 356
全般不安症　320, 370
前部帯状皮質（anterior cingulate cortex: ACC）　64, 84, 85, 166, 169, 177, 180, 181, 185, 187, 188, 191, 207, 208, 268, 272
前部島（anterior insula: AI）　64, 180, 184, 187, 188, 207, 209-214
前部島皮質（anterior insula cortex）　169
羨望　227, 230

●そ
想起　62, 66, 183, 263
双極Ⅰ型障害　317
双極スペクトラム障害　303
双極性（bipolarity）　302
双極性障害　302, 370
双極性障害および関連障害群　317
双極Ⅱ型障害　318
相互独立的自己観　52
相乗的相互作用モデル　282
双生児研究　325
創造的問題解決　264
創発説（emergentism）　111
創発的なプロセス　112
即時的遠心性（immediate efference）　113
側頭頭頂接合部（temporo-parietal junction: TPJ）　187, 188, 271
側頭葉（temporal lobe）　178, 206, 269
ソシオメーター理論　245
ソマティック・マーカー仮説（somatic marker hypothesis）　19, 82, 167, 199
尊敬　140, 291

●た
第１風味（first flavor）　108

体外離脱経験　63
大頬骨筋（活動）172
体験の回避　370
第3風味（third flavor）　111
胎児　47, 72
対象（object）　123
対処可能性（coping potential）　113
対人関係の調和に生じる懸念　53
対人感情制御（interpersonal emotion regulation）　247
対人嫌悪　142
体性感覚皮質（somatosensory cortex）　268, 270
体性神経系　113, 162
第2風味（second flavor）　108
体罰　233
対比的感情　249
代理感情　366
タガログ（語）　156
他者称賛感情（other-praising emotions）　139
脱中心化　373
単純接触効果　85

●ち
地域への愛着　174
知覚過程　267, 268
知覚経験　71, 203, 204
注意　182-184
注意欠如・多動症　332, 370
注意の方向づけ　351
中核意識　70
中核関連テーマ（core relational theme）　109
中核自己感　61, 70, 75
中国　6, 54, 156, 157, 376
中枢起源説（centralist theory）　14, 165
中枢神経系　162
中脳水道灰白質（periaqueductal gray: PAG）　208, 210
直接経路　19

●つ
「強い」言語相対性仮説　127

●て
定義　2-6, 10, 102, 152, 178, 196, 337, 342, 362
データベース　59
手がかり　18, 31, 33, 35, 57, 69, 210, 237, 239, 241, 261, 269, 271
手掛かり　39, 41
敵意　239
適応　21, 22, 27-33, 36-38, 58, 79, 105, 116, 126, 234, 235, 275
テキスト・マイニング（text mining）　220
デフォルトネットワーク　71

照れ　230
伝染　236, 247

●と
島・島皮質（insula cortex）　2, 3, 84, 168, 169, 177, 180, 206-208, 219, 268, 270, 376
動因（drive）　199
同化−対比　248, 249
同化的感情　249
同期（synchronization）　115
動機づけ　2, 86, 87, 97, 100, 106, 112, 113, 136, 243, 257, 265, 274, 337
統計的学習（statistical learning）　125
瞳孔　162, 163, 210, 109, 114
統合過程　268, 271, 272
同性愛（者）　258
闘争か逃走か（fight or flight）　17
闘争・逃走反応（fight or flight response）　27, 162
淘汰　30, 31
同定　369
道徳感情（moral sentiment）　12
道徳感情（moral emotions）　186, 187
道徳的な嫌悪（moral disgust）　253
東南アジア　156
東洋　53, 56, 157, 267
ドーパミン　180
特異活動傾向（specific action tendency）　21
　→　行為傾向
特性不安　291
特性論　11
独立性　52, 97, 275
トップダウン　64, 104, 182, 210, 218, 233
トラウマティックストレス　235
トリプトファン　181

●な
内集団　254
内集団（の）優位性（内集団有利）　48, 155, 156, 241
内受容感覚（interoception）　122, 169, 196-198, 207, 270
内省機能（reflective function）　95
内臓運動皮質（visceromotor cortex）　207, 217
内側前頭前皮質（medial prefrontal cortex: MPFC）　74, 181, 185-188, 268, 271, 272
内的作業モデル　283, 359
内的モデル（inner model）　201
内容モデル　242
生業　53

●に
二過程モデル　266

二経路説　85
二経路モデル　20
西アフリカ　157
二次的評価（secondary appraisal）　109
二次の心の理論　260
二重過程説（dual process theory/two process theory）　20, 187
二重支配　162
2045年問題　90
日本（人，語，文化）　7, 42, 45, 46, 49-54, 56-59, 76, 96, 140, 152, 250-252, 304
日本感情心理学会　i, 93
乳児　71-74, 146, 228-231, 279, 375
ニューロン　3
二要因説（帰着説：two factor theory）　17, 82, 86
　→　シャクター説
　→　情動二要因説
人間関係　243, 367
認知　34, 48, 85, 182, 183, 236-239, 262-267
認知加齢　294
認知行動療法　371
認知症介護ストレス　349
認知的再評価（cognitive reappraisal）　139, 184, 368
　→　再評価
認知的評価　103
　→　評価
認知的評価理論　254
　→　評価理論
認知的変化　351
「認知の精度がきわめて高い（hypercognized）」感情　128
「認知の精度がきわめて低い（hypocognized）」感情　128
認知論　85
認知論的立場　80

●ね
ネガティブ感情　151, 294, 339
妬み（envy）　184, 185, 291
ネットワーク　4, 145, 189

●の
脳幹部　233
脳機能イメージング　176
脳磁図（magnetoencephalography: MEG）　176
脳損傷患者　167, 176-179
能動的推論（active inference）　204, 206
脳波（electroencephalography: EEG）　118

●は
パーソナリティ　89, 278, 280, 357

ハーモニー　366
バーンアウト　349
背外側前頭前皮質（dorsolateral prefrontal cortex: DLPFC）　177, 184, 186
配偶（者）　26, 29, 30, 32-34, 38, 246, 284
背側迷走神経（dorsal vagal nervous system）　235
ハイハイ　229, 375
背内側前頭前皮質（dorsomedial prefrontal cortex: DMPFC）　177, 184
ハイブリッドモデル　145
白人　64, 155
暴露反応妨害法　333
恥　21, 23, 50, 77, 157, 227, 248
場所愛着　174
場所感覚　174
バスク（語）　157
発汗　162-164, 219, 307
発達　190, 191
発達障害　236
発達段階説　159
発話速度　147
パニック症　319, 369
パニック障害　307
ハミルトン則　31
「バリエーションが標準（Variation is the norm）」　106, 141
犯罪不安　26
反射　10, 66, 115, 173, 208
繁殖　29, 30
反すう　76, 328, 353, 355, 358, 361
反すう焦点型認知行動療法　333
判断主義（judgmentalism）　111
汎適応症候群（general adaptation syndrome）　22
反応調整　351
反応レジスター（response registers）　117
反復性思考　328

●ひ
非共有環境　325
非言語的感情コミュニケーション　150
非言語的コミュニケーション　148
非行　193
皮質　233
皮質下構造　233
ビジュアルクリフ　229, 375
微笑（smile）　25, 73, 119, 228, 261
筆記開示　313
否定的　7, 12, 42, 45, 55, 250, 256, 273, 285, 368, 370, 372, 373
ヒト　2, 10, 30, 31, 62, 73, 176, 182, 189
『人及び動物の表情について（The expression of the emotions in man and animals）』　44, 101
非人間化（dehumanization）　253

事項索引　453

微表情　261
皮膚温　64, 66, 171, 172
皮膚コンダクタンス反応　64, 65, 164, 210
皮膚電気活動（electrodermal activity）　164
ヒューリスティック処理　266
評価（appraisal）　102
　→　認知的評価
評価規準　102
評価次元　102
評価脳（appraising brain）　119
評価バイアス（appraisal bias）　107
評価－反応セット　114
評価変数　102
評価要因　102
評価理論　101, 106, 195
　→　認知的評価理論
評価レジスター（appraisal registers）　117
表示規則　155
表出　48, 239
表象　70, 115, 199, 213
表情　36, 38, 39, 236, 237, 239
表情コミュニケーション　146, 155
広場恐怖症　307, 319

●ふ
ファジー集合　11
ファッション　159
不安　257
不安型　360
不安症　370
不安障害（anxiety disorder）　297, 305, 315
不安症群　315
フィードバック　15, 16, 18, 19, 68, 84, 107, 117, 130, 220, 247, 264
フィードバック関連電位　55
フィードフォワード　85
夫婦間暴力（DV）　235
風味（flavors）　108
プエルトリコ　156
フェロモン　28
不確実性の回避　96
腹外側前頭前皮質（ventrolateral prefrontal cortex: VLPFC）　138, 177, 184, 191
副交感神経系　162
複雑性PTSD　235
副腎　17, 22, 163, 224
腹側線条体（ventral striatum: VS）　177, 179, 180, 185, 356
腹内側前頭前皮質（ventromedial prefrontal cortex: VMPFC）　19, 21, 71, 167, 168, 177, 179, 209
負債感　250
　→　indebtedness
武術　377

物質的客我　60
普遍性　36, 44, 45, 129, 154
フラストレーション　229
フラッシュフォアード　329
フロー（flow）　346
プログラム記述子（program descriptors）　129
プロセスモデル　351
プロソディ　268
プロトタイプ（アプローチ）　117, 123
プロトタイプ的感情エピソード（prototypical emotional episode）　123
プロトタイプ理論　117
分化（differentiation）　125
文化差　294
文化神経科学　54
文化的課題　97
文化的自己観理論　51
文化的焦点　50
文化比較　44, 49, 121, 343
文化表示規則　45
文化ファースト（culture-first）アプローチ　128
分散型ネットワーク　4
分析的思考　53
紛争　254
文脈　47, 53, 57, 79, 90, 97, 101, 106, 119, 136, 170, 210, 237, 241, 250, 261, 271, 353, 364, 367
文明合理性　22

●へ
ベイズ（統計学，の定理）　202-204, 271
ベイズモデル　271
ベジタリアン　142
ヘドニズム（hedonism）　342
ヘドニック（hedonic）ウェルビーイング　342
ヘビーメタル　193
変異　30
辺縁系（limbic system）　233, 234
偏見　254
弁証法的信念　53
ベンゾジアゼピン　180
変動セットモデル（variable set model）　140
扁桃体（amygdala）　3, 19, 20, 34, 84, 119, 168, 177-180, 182-185, 209, 268, 348

●ほ
防衛反応　170, 171, 234
包括的思考　53
報酬（reward）　199
紡錘状回（fusiform gyrus）　269
紡錘状回顔領域（fusiform face area: FFA）　268, 269
法的判断　252, 253
ボーダーライン・パーソナリティ障害　370

北米　44-46, 50-54
誇り（pride）　184
ポジティビティ効果　191, 294
ポジティブ感情　151, 294, 336
ポジティブ心理学　341, 346
ポジティブ・ネガティブ・非対称（PNA 現象）　265
ポジトロン断層撮像法（positron emission tomography: PET）　177
ポリヴェーガル理論　235
本質主義（essentialism）　124
本能　10, 82, 233

● ま
マイクロプロット法　261
マインドセット　267
マインドフルネス　353, 359, 372
マインドフルネスに基づくストレス低減法（mindfulness based stress reduction: MBSR）　373
マインドフルネス認知療法　333
マインドフルネス瞑想（mindfulness mediation: MM）　340
マザリーズ　74
末梢起源説（peripheralist theory）　14, 165, 199
末梢神経系　162
マッピング　192
マルチボクセルパターン解析（multi-voxel pattern analysis）　180

● み
見かけの感情　240
右背内側前頭前皮質（right dorso-medial prefrontal cortex）　150
見せかけの怒り（sham rage）　84
ミラーニューロン（システム）　4, 270
魅力　43, 110, 244

● む
無意識的　19, 85, 103, 104, 115, 182
無意識の推論（unconscious inference）　202

● め
名目類（nominal kinds）　124
名誉の文化　53
メタ認知　89
メタ認知的信念　361
メタ分析　241, 289, 294, 313, 326, 331, 353, 359, 373
メロディ　295, 366
免疫系　64, 122, 197, 219, 224
メンタライジング　187, 188, 271
メンタルヘルス　151, 232, 368

● も
目標　103, 114, 131, 199, 362, 363
目標基盤的概念（goal-based concepts）　123
目標指向的メカニズム（goal-directed mechanism）　131
モダリティ　65, 67, 182, 203, 269, 270
モニタリング　369
模倣　5, 73
問題解決　353, 359

● や
野生合理性　22
やっかい事（daily hassles）　22

● ゆ
誘因価（快－不快）　88
　→　快－不快
　→　感情価

● よ
養育者　71-74, 95, 150, 151, 230, 231, 283, 359, 360
幼児期　239, 296
容積脈波　165
ヨーロッパ　156, 157, 323
抑うつ　76, 143, 248, 299, 303, 316, 318, 328, 331
抑うつ障害群　316
抑制　353-356, 358-360, 368
予測誤差（prediction error）　201, 203, 207
予測的符号化（predictive coding）　201, 202, 220, 376
喜び　9, 21, 59, 89, 117, 146, 147, 153, 155, 156, 171, 227, 228, 262, 271, 272, 291

● ら
ライフイベント　299, 327, 328
ライフスパン　189, 191, 192
ラテン（人，語）　3, 8, 83, 156
ラテンアメリカ　156, 323
ラベリング　88, 112, 113, 116, 117, 119, 129, 130, 132-134, 138, 237, 247, 376

● り
リスク　19, 35, 167
リズム　147, 194, 366
利他行動　30, 31
領域一般的（domain general）　219
領域一般的コア・システム（domain-general core systems）　111
領域特異的（domain specific）　219
理論説（theory theory）　187, 271

● る
類型論　9, 89

●れ

レジリエンス　275, 339, 338, 340
レスポンデント条件づけ　330
レディネス（action readiness）　21
恋愛感情　244
連続時間　366
連続体（continuum）　136

●ろ

ロシア（人）　84, 155
ロボット工学　78

●わ

和解　258
笑い　25, 148

●欧文

Affect Grid　133, 366
AI（人工知能）　78
as-if loop　19
Cannon-Bard の視床説（中枢説）　84
　→　視床説
CoreGRID　121
Ekman-Russell 論争　89
Emotion Review　93
evaluative space model（WSM）　89
go/no-go 課題　160
gratitude　250
　→　感謝
GRID　119
GRID（格子）パラダイム　119
HPA 軸　234
HPA 系（hypothalamic-pituitary-adrenal system/axis）　22
　→　視床下部−下垂体−副腎（皮質）系
indebtedness　250
　→　負債感
James-Lange（の末梢）説　14, 81
LPP（late positive potential）　55
MacLean の三位一体説　85
MiniGRID　121
NSM（Natural Semantic Metalanguage）理論　128
OCC モデル　110
PANAS　89
QOL　159, 174
　→　生活の質
Papez の情動回路　85
SD 法　366
Velten 法　264
white lie（悪意のない嘘）　260
Zajonc-Lazarus 論争　85, 103

あとがき

　このハンドブックのまとめに代えて，本書で実現できたこととこれからの課題について，簡単に述べておきたい。
　まず，感情研究の心理学における位置づけについて確認しておこう。評価の手がかりとして，日本の一般心理学の中心的学術団体である公益社団法人日本心理学会（2018年3月末現在の会員数が，7,855名）をみると，会員の専門分野を5つの部門に分けている。具体的には，第1部門（知覚，生理，思考，学習），第2部門（発達，教育），第3部門（臨床，人格，犯罪，矯正），第4部門（社会，産業，文化），第5部門（方法，原理，歴史，一般）とされているが，ここに「感情」は含まれていない。このことは，心理学において感情というテーマが注目されるようになってから日が浅いこと，すなわち，これらの専門部門が設定された時点では感情が必ずしも重視されていなかったことを反映していると考えられる。日本心理学会が90年以上の歴史（1927年設立）を有するのに対して，日本感情心理学会が設立されたのは1992年であり，3分の1弱の歴史ということになる（5章を参照）。
　しかし実際には，日本の心理学界において，感情をテーマにした研究は，遅くとも1990年代から今日まで数多く報告されてきた。本学会はもとより，心理学関係の諸学会における研究発表の多くが，その学会の名称や会員の専門分野を問わず，感情のさまざまな側面を扱っていることは，雑誌や大会プログラムの題目を概観するだけでも明らかである。このたび，本学会の企画により，感情を正面から取り上げたハンドブックを世に送り出したことは，今後の日本の感情研究を発展させるうえでも，心理学，また感情研究の歴史に残る重要な出来事といえるだろう。
　参考までに，最も網羅的な日本心理学会大会における研究発表については，例えば，2019年度の申込の要領を見ると，20の区分（1原理・方法，2人格，3社会・文化，4臨床・障害，5犯罪・非行，6数理・統計，7生理，8感覚・知覚，9認知，10学習，11記憶，12言語・思考，13情動・動機づけ，14行動，15発達，16教育，17産業・交通，18スポーツ・健康，19ジェンダー，20環境）が設けられている。感情研究はこの中の，情動・動機づけの区分で発表されることが多いが，実際には，あらゆる区分において感情に関わる成果が発表されている。このたび，このハンドブックの各章で取り上げられているテーマは，これら20の研究区分のほとんどと関連している。すなわち，本書の内容は，現在の心理学における感情研究をおおむ

ね網羅し，最新の感情研究の広がりを示しているといえるだろう。

　ところで，ハンドブックという性質上，読者はテーマとの関係で特定の章を選択的に読むことが多いだろう。しかし，もし，できることなら，1章から19章までのすべての章とトピックスを通読されることにも挑戦していただきたい。もしくは，複数の章をまとめて読んでいただきたい。なぜなら，本書では，同一のテーマや問題が繰り返し取り上げられ，観点を変えて吟味されているからである。本書は，感情研究の歴史と最新の展開，発展を相対化しながら，より深く理解できる専門的案内書としての役割を果たしてくれるだろう。

　最後に今後の課題について簡潔に書いておきたい。感情は，近年，さまざまな学問分野，領域で盛んに取り上げられる重要な研究テーマでもある。先の20の区分でいえば，本書で直接取り上げることのできなかった，産業・交通，スポーツ，ジェンダー，環境のような，心理学における応用領域はもとより，哲学・倫理学，文学，文化論，人類学，教育学，歴史学，法学，経済学，国際関係論のような人文社会科学の諸分野，さらに医学，脳神経科学，情報科学など，その射程は大きな広がりを見せている。

　この広がりは，感情という研究テーマが分野を越え，分野を融合するような視野で捉えられるべきものであることを示している。本学会では，設立時から発行している『感情心理学研究』が心理学分野の専門性を深める役割を果たしてきたが，融合的研究を含むさまざまな感情研究の成果を公表し，共有するためのプラットフォームとして，『エモーション・スタディーズ』が2015年に創刊されたところである。今後は，これらのメディア，もしくはプラットフォームを活用して，感情研究のさらなる深化と融合を進めることが求められる。

　さらに，さまざまな分野領域の感情研究者に課せられた次の目標は個別分野の研究を深めるとともに，分野を越えた研究成果共有の場を作ることであり，その場を基礎にして，現実の多様な問題に分野を越えて取り組むことであろう。そのことによって，感情研究が，人間の核心に肉薄する研究としてさらなる発展を遂げ，その成果として，「融合的感情研究」ハンドブックが生み出されるものと思う。

日本感情心理学会　2013-2018年度　理事長
中村　真

執筆者一覧（執筆順）

- ◆内山伊知郎　監修　　　　　　　　　　　　　　　　　　　　はじめに，トピックス40
- ◆中村　　真　編集（第1部）　　　　　　　　　　　　　　　トピックス28，あとがき
- ◆荘厳　舜哉　元　京都光華女子大学　人文学部　　　　　　　1章1節
- ◆宇津木成介　元　神戸大学　大学院国際文化学研究科　　　　1章2節
- ◆阿部　恒之　東北大学　大学院文学研究科　　　　　　　　　1章3節，トピックス01
- ◆大坪　庸介　神戸大学　大学院人文学研究科　　　　　　　　2章
- ◆一言　英文　福岡大学　人文学部　　　　　　　　　　　　　3章，トピックス10，11
- ◆佐藤　　徳　富山大学　人間発達科学部　　　　　　　　　　4章，トピックス32
- ◆鈴木　直人　同志社大学　心理学部　　　　　　　　　　　　5章
- ◆武藤　世良　編集（第2部）　　　　　　　　　　　　　　　6章
- ◆大平　英樹　編集（第2部）　　　　　　　　　　　　　　　10章
- ◆竹原　卓真　同志社大学　心理学部　　　　　　　　　　　　7章
- ◆藤村　友美　産業技術総合研究所
　　　　　　　　　人間拡張研究センター・人間情報研究部門　　8章，トピックス06
- ◆柳澤　邦昭　京都大学　こころの未来研究センター　　　　　9章
- ◆阿部　修士　京都大学　こころの未来研究センター　　　　　9章
- ◆樋口　匡貴　編集（第3部）　　　　　　　　　　　　　　　トピックス08
- ◆石川　隆行　編集（第3部）
- ◆尾上　恵子　修文大学短期大学部　生活文化学科　　　　　　11章1節
- ◆大河原美以　東京学芸大学　教育心理学講座　　　　　　　　11章2節
- ◆柴田　利男　京都橘大学　健康科学部　　　　　　　　　　　11章3節
- ◆木村　昌紀　神戸女学院大学　人間科学部　　　　　　　　　12章1節，トピックス23
- ◆蔵永　　瞳　滋賀大学　教育学部　　　　　　　　　　　　　12章2節，トピックス25
- ◆村山　　綾　近畿大学　国際学部　　　　　　　　　　　　　12章3節
- ◆縄田　健悟　福岡大学　人文学部　　　　　　　　　　　　　12章4節
- ◆北村　英哉　東洋大学　社会学部　　　　　　　　　　　　　13章1節，トピックス24
- ◆鈴木　敦命　東京大学　大学院人文社会系研究科　　　　　　13章2節，トピックス36
- ◆榊原　良太　編集（第4部）　　　　　　　　　　　　　　　18章，トピックス31
- ◆有光　興記　編集（第4部）　　　　　　　　　　　　　　　19章，トピックス03
- ◆稲垣　　勉　鹿児島大学　教育学部　　　　　　　　　　　　14章，トピックス13

◆谷　　伊織	愛知淑徳大学　健康医療科学部	15章
◆長谷川　晃	東海学院大学　人間関係学部	16章，トピックス07
◆大竹　恵子	関西学院大学　文学部	17章
◆澤田　匡人	編集（トピックス）	トピックス34
◆湯川進太郎	編集（トピックス）	トピックス42
◆荒井　崇史	東北大学　大学院文学研究科	トピックス02
◆薊　理津子	江戸川大学　社会学部	トピックス04
◆大坊　郁夫	北星学園大学	トピックス05
◆久崎　孝浩	九州ルーテル学院大学　人文学部	トピックス09
◆今田　純雄	広島修道大学　健康科学部	トピックス12
◆伊波　和恵	東京富士大学　経営学部	トピックス14
◆井上　和哉	首都大学東京　人文社会学部	トピックス15
◆石盛　真徳	追手門学院大学　経営学部	トピックス16
◆伊藤　義徳	琉球大学　人文社会学部	トピックス17
◆岩永　　誠	広島大学　大学院総合科学研究科	トピックス18，19
◆岩佐　和典	就実大学　教育学部	トピックス20
◆河野　和明	東海学園大学　心理学部	トピックス21
◆木村　健太	産業技術総合研究所　自動車ヒューマンファクター研究センター	トピックス22
◆米谷　　淳	神戸大学　大学教育推進機構	トピックス26
◆水野　邦夫	帝塚山大学　心理学部	トピックス27
◆成田　健一	関西学院大学　文学部	トピックス29
◆沼田恵太郎	大阪成蹊短期大学　幼児教育学科	トピックス30
◆佐藤　健二	徳島大学　大学院社会産業理工学研究部	トピックス33
◆関谷　大輝	東京成徳大学　応用心理学部	トピックス35
◆田辺　毅彦	北星学園大学　文学部	トピックス37
◆谷口　高士	大阪学院大学　情報学部	トピックス38
◆戸梶亜紀彦	東洋大学　社会学部	トピックス39
◆余語　真夫	同志社大学　心理学部	トピックス41

＊所属などは発刊当時のものである。

監修

内山伊知郎（うちやま・いちろう）

1987 年　名古屋大学大学院教育学研究科博士後期課程単位取得退学
現　在　同志社大学心理学部　教授
【主著・論文】
『新・発達心理学ハンドブック』（分担執筆）福村出版　2016 年
『マザリーズの理論と実践』（監修）北大路書房　2015 年
『感情心理学』（分担執筆）朝倉書店　2007 年
Locomotor experience affects self and emotion.（共著）*Developmental Psychology, 44*, 1225–1231.　2008 年

編集（執筆順）＊は編集幹事

中村　真（なかむら・まこと）＊

1988 年　大阪大学大学院人間科学研究科博士前期課程修了
現　在　宇都宮大学学術院（国際学部）教授
【主著・論文】
『感情心理学』（共著）培風館　2018 年
『共感（岩波講座 コミュニケーションの認知科学 第 2 巻）』（共著）岩波書店　2014 年
『微笑みのたくらみ』（翻訳）化学同人　2013 年
『人はなぜ笑うのか』（共著）講談社ブルーバックス　1994 年
特集 社会的共生と排斥行動：問題の所在（共編）エモーション・スタディーズ 4 巻 Special issue 日本感情心理学会　2019 年

武藤世良（むとう・せら）

2016 年　東京大学大学院教育学研究科博士課程単位取得満期退学
現　在　お茶の水女子大学基幹研究院人間科学系講師　博士（教育学）
【主著・論文】
『生涯発達心理学』（共著）ナカニシヤ出版　2019 年
『尊敬関連感情の心理学』（単著）ナカニシヤ出版　2018 年
特性尊敬関連感情尺度（青年期後期用）の作成の試み　心理学研究, *86*, 566–576.　2016 年
尊敬関連感情の行為傾向：大学生の感情エピソードに着目した検討　心理学研究, *87*, 122–132.　2016 年
尊敬関連感情概念の構造：日本人大学生の場合　心理学研究, *85*, 157–167.　2014 年

大平英樹（おおひら・ひでき）

1990 年　東京大学大学院 社会学研究科 社会心理学 博士課程 単位取得満期退学
現　在　名古屋大学大学院情報学研究科　心理・認知科学専攻　教授　博士（医学）
【主著・論文】
『マインドフルネス：基礎と実践』（分担執筆）日本評論社　2016 年
『行動医学テキスト』（分担執筆）中外医学社　2015 年
『虚構の形而上学：「あること」と「ないこと」のあいだで』（分担執筆）春風社　2015 年
Social Neuroscience and Public Health : Foundation for the Science of Chronic Disease Prevention.（分担執筆）Springer.　2013 年
『経済学に脳と心は必要か？』（分担執筆）河出書房新社　2013 年

樋口匡貴（ひぐち・まさたか）
2002 年　広島大学大学院教育学研究科博士課程後期修了
現　在　上智大学総合人間科学部教授　博士（心理学）
【主著・論文】
『社会心理学・再入門』（監訳）　新曜社　2017 年
『保健と健康の心理学』（共著）　ナカニシヤ出版　2016 年
ビデオ視聴法によるコンドーム購入インターネットトレーニングの効果（共著）　日本エイズ学会誌, 20, 146–154.　2018 年
社会心理学における"p-hacking"の実践例（共著）　心理学評論, 59, 84–97.　2016 年

石川隆行（いしかわ・たかゆき）
2001 年　同志社大学大学院心理学研究科博士課程後期課程　単位取得満期退学
現　在　宇都宮大学学術院（共同教育学部）准教授　博士（心理学）
【主著・論文】
『子どものこころを育む発達科学』（共著）　北大路書房　2008 年
『自己意識的感情の心理学』（共著）　北大路書房　2009 年
いじめ場面における中学生の行動と言語的援助要請スキル，援助不安および共感性の関連　道徳性発達研究, 12, 25-32.　2018 年
少年院在院者と一般の青少年における万引きをはじめとした窃盗に関する要因の検討：少年の窃盗に関する新たな体系的な教育プログラムの開発に向けて（共著）　矯正教育研究, 63, 143–150.　2018 年

榊原良太（さかきばら・りょうた）
2016 年　東京大学大学院教育学研究科博士課程単位取得満期退学
現　在　鹿児島大学法文学部准教授　博士（教育学）
【主著・論文】
『心の治療における感情：科学から臨床実践へ』（共訳）　北大路書房　2018 年
『感情のコントロールと心の健康』（単著）　晃洋書房　2017 年
メタ分析による認知的感情制御尺度と抑うつ・不安の関連の検討（共著）　心理学研究, 87, 179–185.　2016 年
Cognitive appraisal as a predictor of cognitive emotion regulation choice.（共著）　Japanese Psychological Research, 58, 175–185.　2016 年

有光興記（ありみつ・こうき）*
2000 年　関西学院大学大学院文学研究科博士課程後期課程　単位取得満期退学
現　在　関西学院大学文学部総合心理科学科教授　博士（心理学），公認心理師，臨床心理士
【主著・論文】
『モラルの心理学』（編著）　北大路書房　2015 年
『自己意識的感情の心理学』（編著）　北大路書房　2009 年
『"あがり"とその対処法』（単著）　川島書店　2005 年

澤田匡人（さわだ・まさと）

2003 年　筑波大学大学院心理学研究科博士課程修了
現　在　学習院女子大学国際文化交流学部教授　博士（心理学）
【主著・論文】
『シャーデンフロイデ：人の不幸を喜ぶ私たちの闇』（訳）　勁草書房　2018 年
『子どもの妬み感情とその対処：感情心理学からのアプローチ』（単著）　新曜社　2006 年
本音と建前の天秤：適応にまつわるパーソナリティ研究の動向　教育心理学年報, 53, 37–49.　2014 年
妬みやすい人はパフォーマンスが高いのか？：良性妬みに着目して（共著）　心理学研究, 87, 198–204.
　　2016 年

湯川進太郎（ゆかわ・しんたろう）

1994 年　早稲田大学第一文学部哲学科心理学専修卒業
1999 年　筑波大学大学院博士課程心理学研究科修了
現　在　白鷗大学教育学部教授　博士（心理学）
【主著・論文】
『禅僧沢庵 不動智神妙録』（単著）　誠信書房　2019 年
『"老子"の兵法』（単著）　BAB ジャパン　2018 年
『空手と太極拳でマインドフルネス』（単著）　BAB ジャパン　2017 年
『実践 武術瞑想』（単著）　誠信書房　2017 年
『空手と禅』（単著）　BAB ジャパン　2014 年

感情心理学ハンドブック

2019年9月20日	初版第1刷発行
2024年5月20日	初版第3刷発行

定価はカバーに表示してあります。

企画者	日本感情心理学会
監修者	内山伊知郎
編集者	中村　真
	武藤世良
	大平英樹
	樋口匡貴
	石川隆行
	榊原良太
	有光興記
	澤田匡人
	湯川進太郎

発行所　　（株）北大路書房

〒603-8303　京都市北区紫野十二坊町12-8
電話（075）431-0361（代）
FAX（075）431-9393
振替　01050-4-2083

©2019

印刷・製本／シナノ書籍印刷（株）
検印省略　落丁・乱丁本はお取り替えいたします。

ISBN978-4-7628-3077-8　Printed in Japan

・ JCOPY 〈(社)出版者著作権管理機構 委託出版物〉
本書の無断複写は著作権法上での例外を除き禁じられています。
複写される場合は，そのつど事前に，(社)出版者著作権管理機構
（電話 03-5244-5088, FAX 03-5244-5089, e-mail: info@jcopy.or.jp）
の許諾を得てください。

北大路書房の好評関連書

感情制御ハンドブック
基礎から応用そして実践へ

有光興記（監修）
飯田沙依亜，榊原良太，手塚洋介（編著）

A5判・上製・432頁・本体価格5,600円＋税
ISBN978-4-7628-3182-9

本邦で展開されてきた多彩な感情制御研究を一望できる書。基礎理論に始まり，社会・人格・認知・発達・臨床・教育の心理学領域，さらには経済・司法・労働分野に亘る最新知見を8部31章21トピックスで紹介。54名の専門家による豊富なテーマが横断研究や実践との往還が期待される今後の発展に向けて新たな出発点を提供する。

（税抜き価格で表示しています。）